至圣先师——孔子

　　孔子（前551年9月28日～前479年4月11日），子姓，以孔为氏，名丘，字仲尼，春秋时期鲁国陬邑昌平乡(今曲阜市南辛镇)人，我国古代伟大文学家，思想家，政治家，教育家，社会活动家，古文献整理家，儒家学派创始人。孔子师郯子、苌弘、师襄、老聃，相传有弟子三千，贤弟子七十二人；曾修《诗》、《书》，订《礼》、《乐》，序《周易》，作《春秋》，他一生从事传道、授业、解惑，被中国人尊称"至圣先师，万世师表"。后人把孔子的言行语录，作成《论语》。1988年，75位诺贝尔奖的获得者在巴黎集会，会议结束后发表联合宣言，呼吁全世界"人类如果要在21世纪生存下去，就必须回首2500年前，去孔子那里汲取智慧。"

亘古一帝——秦始皇

　　秦始皇（前259~前210）名政，嬴姓，赵氏，又名赵正(政)秦政，自称祖龙，中国历史上第一个大一统王朝——秦王朝的开国皇帝，秦庄襄王之子，出生于赵国首都邯郸（今河北省邯郸市）。公元前247年，秦王政13岁时即王位，前238年，秦始皇22岁时，在故都雍城举行了国君成人加冕仪式，开始"亲理朝政"，除掉吕不韦、嫪毐等人，重用李斯、尉缭，自公元前230年至公元前221年，先后灭韩、赵、魏、楚、燕、齐六国，39岁时完成了统一中国大业，建立起一个以汉族为主体统一的中央集权的强大国家——秦朝。定都咸阳，公元前210年，秦始皇东巡途中驾崩于沙丘（今河北省邢台市）。

一代女皇——武则天

　　武则天(624年2月17日~705年12月16日)，汉族。武则天以67岁的高龄君临天下，成为中国历史上唯一一个正统的女皇帝，也是继位年龄最大的皇帝(67岁即位)，又是寿命最长的皇帝之一(终年82岁)。唐高宗时为皇后(655~683)、唐中宗和唐睿宗时为皇太后(683~690)，后自立为武周皇帝(690~705)，改国号"唐"为"周"，定都洛阳，并号其为"神都"，史称"武周"或"南周"，705年退位。武则天也是一位女诗人和政治家。武后临朝称制后，开始了真正独断朝纲的时代。登基伊始，徐敬业（李勣的孙子）在扬州会聚了十万人马，发动了一场针对武则天的叛乱，武则天派遣三十万大军迅速平定了叛乱，基本清除了朝中的反对派；她还设计逼反李唐宗室，借机大开杀戒。

铁面无私——包拯

　　包拯（999~1062），汉族，宋庐州合肥（今属安徽）人，字希仁，天圣朝进士。累迁监察御史，建议练兵选将、充实边备，历任三司户部判官，京东、陕西、河北路转运使，入朝担任三司户部副使，请求朝廷准许解盐通商买卖，改知谏院，多次论劾权幸大臣，授龙图阁直学士、河北都转运使，移知瀛、扬诸州，再召入朝，历权知开封府、权御史中丞、三司使等职，嘉裕六年（1061），任枢密副使，后卒于位，谥号"孝肃"。包拯做官以断狱英明刚直而著称于世，知庐州时，执法不避亲党，民间传说包公黑脸，额头有新月，体现了普通百姓对包公铁面无私、不徇私情、不畏权贵的敬佩和怀念。包公为官清廉，大公无私，百姓称其为"包青天"。至今，包公的形象和精神也一直为后人所敬仰。

女中俊杰——李清照

　　李清照（1084~1155），济南章丘（今属山东）人，号易安居士，宋代女词人，婉约词派代表。早期生活优裕，与夫赵明诚共同致力于书画金石的搜集整理，金兵入据中原，流寓南方，境遇孤苦。她不但有高深的文学修养，而且有大胆的创造精神，从总的情况看，她的创作内容因她在北宋和南宋时期生活的变化而呈现出前后期不同的特点。所作词，前期多写其悠闲生活，后期多悲叹身世，情调感伤，也流露出对中原的怀念，形式上善用白描手法，自辟途径，语言清丽，论词强调协律，崇尚典雅，提出词"别是一家"之说，反对以作诗文之法作词；能诗，留存不多，部分篇章感时咏史，情辞慷慨，与其词风不同。有《易安居士文集》、《易安词》，已散佚，后人有《漱玉词》辑本，今人有《李清照集校注》。

窃国大盗——袁世凯

　　袁世凯（1859年~1916年），字慰亭（又作慰廷），号容庵、洗心亭主人，汉族，河南项城人，故人称"袁项城"，中国近代史上著名的政治家、军事家，北洋军阀领袖。袁世凯早年发迹于朝鲜，归国后在天津小站训练新军，清末新政期间积极推动近代化改革，辛亥革命期间逼清帝溥仪退位，以和平的方式推翻清朝，成为中华民国临时大总统。1913年镇压二次革命，同年当选为首任中华民国大总统，1914年颁布《中华民国约法》，1915年12月宣布自称皇帝，改国号为中华帝国，建元洪宪，史称"洪宪帝制"。此举遭到各方反对，引发护国运动，袁世凯不得不在做了83天皇帝之后宣布取消帝制。1916年6月6日因尿毒症不治而亡，归葬于河南安阳。

前　言

　　在漫漫历史长河中,总有这样一群人:他们有着精深的智慧,远大的抱负,无比坚强的毅力。他们为社会的发展做出了杰出的贡献,为后世的人们做出了表率,对后世有着深远的影响。他们的名字为后世所知,人们永远记着他们。这,就是名人。

　　名人是一面镜子。名人的成功经验是我们事业进取的宝贵精神财富,名人的失败教训会让我们在人生奋斗历程中多几分冷静,少些许急躁。古往今来成大器者,都十分重视吸取名人的经验教训。牛顿说:我之所以成功,是因为我站在了巨人的肩上。现代社会纷繁复杂,每个想在事业进取中少走弯路,多几分成功机率的人,都没有理由不去关注名人的成败得失。

　　古人常说,以史为鉴,可知兴亡,以人为鉴,可知得失。历史是人的历史,读史即是读人;品人也正是论史。历史生态中的人物,是最有魅力又最值得回味的。历史的天空群星灿烂,或怒发冲冠,或荡气回肠,如大风悲歌,又如高山流水,即千年以降,其叱咤风云、慷慨磊落之气,尚纵横驰骋于二万里华夏大地,磅礴激荡于亿兆炎黄子孙心中。

　　在我们中华民族悠久的历史中,每个时期都有各自的特色和所谓时代精神,都有自己的思想理论体系;每个时代都有值得我们追随的人,他们或以其深邃的思想推动了世界文明的进步,或以其叱咤风云的政治生涯影响了历史的进程,或以其在自然科学领域中的巨大成就造福于人类,帝王的风流韵事及驭臣之术,名妓与才子的悲欢离合,枭雄名将和谋略家的治国安邦之策,义军领袖们的改朝换代,权臣与宦官之间的勾心斗角……在华夏五千年的文明史中,他们所处的历史地位和所发挥的作用,为后人留下了丰富的物质和精神遗产。以这些历史人物的演绎进程为主线,归纳出历史长河中那些不能湮灭的时代和人物特点,提取他们的智慧精华,使他们再次登台亮相,正是我们整理出版《中华名人百传》的目的所在。

　　本书通过精选中国历史上最有影响的100多位历史人物,纵向排序,分类组合,形成纵横比较,共分为"中华帝王""后妃公主""帝师谋士""名相贤臣""阉海权宦""兵圣武将""一代枭雄""商界名人""科技名家""先贤圣哲""文坛巨擘"和"奇才名女"十二大板块,欲以考察历史棋局,反映历史大势,启迪思维,以供评说,以供欣赏,视角独特,读来使人兴味无穷。西汉历史学家司马迁有言:"古者富贵而名磨灭,唯有非常倜傥之人称焉。"他们之中有的人生前显赫,死后默默无闻;有的人生前无名,死后流芳百世。100多位历史人物,贯通中华上下五千年,可以说本书历史内容是中国五千年悠久文化的浓缩,思想内容是当代学术精英集体智慧的结晶。本书还向您展示了英杰伟人的坚毅的品格,过人的胆略,恒定的信念与执着的勇气,希望有助于完善读者的知识结构,从他们留下的高尚的人格财富,珍贵的精神遗产中获得教益,获得感悟,获得启迪。

总之,本书呈现的是一个个在历史生态中遨游的活生生的人物,而不是收藏在博物馆中的孤立的、冰冷地脱离了时代的名人标本。将一个人物放回他所在的历史生态之中,就会看到以往我们所忽视的一些内容:忠臣对一个国家的影响,是不是一定是好的?在固定的政治秩序下,如何打破僵局,谋求个人的发展?义正词严的反对派,是不是真的愿意为他所认为的真理献身?一个权倾朝野的人物,真的适合在政坛中生存吗?……他们演绎着中华民族进程的轨迹,充扮了自己不可缺少的角色。

我们的时代千变万化,充满机遇,我们渴望成功,但我们却不想奋斗,我们要的是一夜成名。浮躁和急功近利或许会使我们取得昙花一现的成就,但绝不能让我们跻身人类中的不朽者之列。阅读他们的传记,了解他们的生平、思想、智慧,以及人格魅力,必然会使人汹涌澎湃,思绪万千,对我们的人生也一定会产生重大的影响……因此,读读《中华名人百传》也许会让我们清醒一些。毕竟"故天降大任于是人也,必先苦其心志,劳其筋骨,饿其体肤,空乏其身,行拂乱其所为,所以动心忍性,增益其所不能。"

尽情品味名人成功的秘诀,领会名人的成长轨迹,犹如一次大脑的洗涤。当你走进成长的泥泞,犹豫不决,彷徨苦闷,左右徘徊时,能给你以启迪,尽早走出心灵的误区;当你意气风发,大步向前时,能给你以帮助,更加坚定自己的信念,乘风破浪,扬帆前行,勇往直前,获取成功人生。

目 录

中华帝王

中华传世藏书

中华名人百传

目录

二

中华传世藏书

中华名人百传

目录

五

六

中华名人百传

中华帝王

王书利⊙主编

导　读

　　帝王作为历史的重要角色之一,是当时左右和影响国家、民族的关键人物,研究他们的是非功过,治乱兴替,在一定意义上事关国家盛衰、民族兴亡、个人成败,并对我们现代人有着极大的借鉴意义。

　　中华历史五千年,产生的帝王约有千人。他们有的是这条河中的顺风船,有的是中流石,有的似春汛,有的如冬凌,有的是与水俱下的泥沙,有的是顺流而漂的朽木……帝王作为全国或某个地区最高最尊的统治者,其言被奉为金科玉律,其行被视为规范准则,其思想、意志则与法律无异。他们施政,其治国方略、用人之道、典章制度,以及个人生活等,无不对当时的政治、经济、军事、外交,乃至社会风气和习俗,产生巨大的影响,其中许多内容已沉淀为中华文化的传统。

　　本卷《中华帝王》以崭新的视角,多层面、多方位、多角度地展示中华历代帝王的政治风采,披露了五千年中国帝王波谲云诡的政治内幕,还对帝王的种种阴谋和权变进行了披露和剖析,为我们辩证地洞悉帝王的千秋功过,去粗纳精。

　　《中华帝王》为您提供一把梳子,用来梳理中国历史发展的脉络;一把钥匙,用来开启中华文化智慧的大门。凭借“梳子”和“钥匙”,使您了解我们的国家和民族所走过的威武雄壮而又曲折艰辛的道路,把握历史脉搏,与古人对话,感悟博大精深的中华五千年文明,引领您跨越千年时光,全面领略中华帝王的风采。

亘古一帝

——秦始皇嬴政

名人档案

始皇帝：名政。庄襄王子。十三岁即秦王位，由仲父吕不韦摄政。亲政后灭六国，称始皇帝。在位37年，其中称王25年，称帝12年。病死，终年50岁。

生卒时间：公元前259年~公元前210年。

安葬之地：葬于骊山(今陕西临潼东北)。

性格特点：嬴政属虎，性格也很像虎。他的重要辅佐尉缭曾这样描述说：秦王生得高鼻子、长眼睛，胸膛像鸟似的鼓着。对人没感情，揣着颗虎狼心。当他还没达到目的时，对人还算谦和，可一旦得志，就能吃人！如果让他得了天下，天下人就都成了他的俘虏了！只几句话就把他的相貌、性格勾勒得极为恰切。

历史功过：他统一了六国，废封建、改郡县。做到了车轨、文字、货币、度量衡天下一致。对中国各族文化的融合，对中国版图的确立，都有着不可磨灭的功绩。可是，他扫平海内后，实行苛政峻法、焚书坑儒、大兴土木、肆意挥霍、迷信邪数、梦想长生，致使怨声四起、哀鸿遍野，所以他死后不久，秦王朝就淹没在农民起义的火海中……

名家评点：统一中国、功勋赫赫，苛政如虎、千夫所指，为中国历史上的大暴君。

不韦投资

　　公元前 259 年,一个具有秦王室血统的婴儿降生在赵国都城邯郸。这个男孩降生后迎接他的并不是喜悦和宠爱,而是仇恨和冷漠。因为他刚一降生,生身之父就离开了他,只有他和母亲留在一个视他们为敌人的环境中,相依为命。他的名字叫赵政,也就是后来的千古一帝秦始皇嬴政。

　　他出生前后,战国七雄中唯一堪与秦国抗衡的仅有赵国了,"赵地方三千里,带甲数十万,兵千乘,骥万匹,西有常山,南有河潭,东有清河,北有燕国"。因此赵国成为秦国最后统一中国的严重阻碍,为此双方还展开了决定由谁统一中国的最后角逐——秦赵大战;这场战争史上空前惨烈的大会战延续了十三年,最终,在长平之战中,秦国战胜只懂纸上谈兵的赵括,将四十万赵国壮丁全部活埋,从此赵国陷入败亡的泥沼,秦赵两国的兴亡也由此发生了决定性的改变,赵政的命运就因这场会战而发生了翻天覆地的变化。

　　长平之战前,赵政的父亲异人正在赵国当人质。异人并不是秦国太子安国君的长子,也不是太子妃的儿子,安国君不喜欢异人的母亲夏姬。安国君有二十多个儿子,他一点也不重视异人,所以才被派到赵国——秦国的世仇——当人质。因为父亲不喜欢他,所以秦国人甚至没有给他足够的生活费用。秦赵连年大战,死在秦国人手中的赵国人不计其数,因此赵国人异常憎恨秦国人。虽然异人贵为秦国的王子,但在赵国的生活却是贫穷和痛苦的。他常常借酒消愁,要不是他无意中遇到一个人,就不会有秦始皇的出世,中国的历史也许会被改写。这个改变他一生命运的人,就是中国历史上的政治赌徒——吕不韦。

　　当时的吕不韦是阳翟(今河南禹县)的一个大商人。古时的商人虽然有钱财,但是没有权势,地位很低。大商人们千方百计和各国的权贵套近乎,攀交情,吕不韦自然也不例外。有一次,他正好来到赵国为自己的货物打通关节,在街上无意中撞到了落魄潦倒的异人。异人身材消瘦,与生俱来的高贵和落难江湖的窘迫,反倒给他增添了一种飘逸潇洒的气度,给吕不韦留下了深刻的印象。吕不韦走南闯北,自然是阅人无数,看得出异人不是普通人,所以他询问赵国人知道了异人的身份后,兴奋得一句话脱口而出:"真是奇货可居啊!"

　　胸怀着前所未有的宏大计划,他直接去登门拜访异人。

　　刚一见面,吕不韦就说了莫测高深的一句话:"您知道吗,我能最大限度地改变您目前的处境。"

　　异人一愣,他知道吕不韦只是个寻常商人,不由啼笑皆非,于是他带着讽刺,傲慢地说:"你还是先改变你自己的地位再说吧。"

　　吕不韦不动声色,微笑着说:"这您就不懂了。要想改变我自己的地位,就得先改变您的地位。"

异人也是聪明人,知道这次来的不是一个普通的商人,而且话里有话,他立刻把吕不韦请进了里屋,两人开始了改变命运的一番详谈。

吕不韦开门见山地问:"您有希望当秦国的太子吗?"

异人苦笑着摇摇头。吕不韦双目熠熠生辉,低声凑近他耳边说:"只有我能让您当上秦国的国王,就看您肯不肯相信我了?"

异人大吃一惊,目瞪口呆。吕不韦先是分析了异人的处境,又允诺在生活上帮助他,让他不至于为衣食发愁,而且可以结交邯郸城有势力的人物,提高自己的名声;接下来为他去秦国活动,让他登上秦国太子之位。

异人感激涕零,赌咒发誓说:"只要我异人能有出头之日,保证和你共享秦国的权力和富贵。"

两人从此开始分头实施制定的计划。异人不仅摆出慷慨豪爽的派头,花钱如流水,结交赵国权贵,还在众人面前不断提起远在咸阳的父亲——安国君,痛哭流涕地表示自己多么惦记父母,天天祈祷两人平安。

吕不韦则只身来到咸阳,他计划中最关键的一环取决于一个女人——华阳夫人。华阳夫人是安国君的正室,此刻正非常得宠,但是华阳夫人有个致命的缺陷——她没有孩子。安国君已经有了二十多个儿子,大儿子懦弱无能,安国君一向瞧他不上,所以尚未立储。只要华阳夫人认异人为义子,异人就成了名正言顺的嫡子,也就有了继承秦国国君之位的资格。吕不韦不认识华阳夫人,但他并不担心,因为财可通神。

他先去见了华阳夫人的姐姐,获得了她的信任,指出了华阳夫人没有子嗣的危险;又通过阳泉君——华阳夫人的弟弟推荐异人,华阳夫人最后决定认异人为儿子,以巩固自己王后的地位。她施展浑身解数,苦苦哀求安国君为她日后的命运着想。安国君拿自己最爱的女人无可奈何,两人刻璧为证,同意立异人为秦国太子。

从无人问津的贵族弃子陡然成为炙手可热的强秦太子,异人立刻成了各国权贵巴结的对象。以往冷漠鄙视的嘴脸忽然堆满了谄媚和热诚,从此异人陶醉在醉生梦死、日日笙歌的生活中。但他并没有忘记,今天的风光全仰仗吕不韦的倾囊资助,共同的成败荣辱使两人结成生死同盟,亲如兄弟。

一次吕不韦请他到家中小聚,叫来歌舞姬表演助兴,主角是吕不韦新收房的绝色歌姬,能歌善舞,在邯郸城名动公卿。一见到艳色照人、媚骨天成的赵姬,异人立刻被她深深吸引,接下来的几天更是失魂落魄,茶饭不思。最后他鼓起勇气,吞吞吐吐地向吕不韦表示愿娶赵姬为妻。吕不韦心中大怒,但只是绷紧了面皮,没有即刻回绝。

接下来的几天,吕不韦心中激烈地交战着,一方是自己最爱的女子,一方是未来的荣华富贵;是儿女情长,还是争权夺势?商人利益至上的本性逐渐战胜真挚感情,他已经几乎倾家荡产来下这惊世的赌注,怎么可以为了一个女人放弃唾手可得的权势和荣耀呢?

当他有些为难地向赵姬摊牌时,尚沉浸在幸福快乐中的赵姬先是惊诧,继而愤怒,她冷冷地质问吕不韦:为了权势,是不是连亲生儿子都可以放弃?吕不韦这才知道赵姬已经身怀有孕,欣喜若狂,只留下一句话:宁愿儿子做普天之下最有权势的秦国国君,而不

是一个普通商人。赵姬无奈地接受了自己的命运，做了异人明媒正娶的妻子。

然而好景不长，长平之战，赵国大败，四十万赵人的鲜血使得秦赵两国结下解不开的深仇大恨。群情激奋的赵国人打算杀死异人为冤死的国人报仇。异人与吕不韦仓皇出逃秦国，留下了赵姬和刚出生不久的儿子赵政。

异人和吕不韦逃走后，秦国围困赵都城邯郸三年，城内缺粮，饿死的人多过战死的人。赵姬母子东躲西藏才躲过搜捕。只要有人发现他们是秦国的家眷，就不得不开始新的逃亡。幼小的赵政随着母亲过着颠沛流离、惊惶不安的动荡生活，过早地体会了人性的冷酷与卑劣。面对战乱的残酷与血腥，他不得不忍受周围人们的鄙视与欺凌，养成了他孤僻冷酷、沉默寡言的性格。唯一能激励他的就是远在西北，让六国人谈之色变的遥远而神秘的秦国，体内流淌的秦国好斗的血液全部被激发成为复仇的火种，他心中无数次地发誓，只要有一天能成为秦王，就一定要灭掉所有的国家，杀掉所有曾经欺负过他们母子的人，让全天下的人在他脚下俯首称臣。

公元前 251 年，秦昭襄王去世，安国君被立为秦君，史称孝文王。吕不韦随同异人回到秦国后，很受器重。异人为了讨好华阳夫人，已经改名为子楚，因为华阳夫人是楚国人，改名字可以增加对他的好感。吕不韦走遍天下，见多识广，花重金买到毒药混在给安国君的食物中，安国君日日花天酒地，本来身体就虚弱，不久暴病身亡。公元前 249 年，异人秦庄襄王继位，吕不韦为丞相。同年九月，吕不韦找到已经 9 岁的赵政，把他接回秦国，正式改名为嬴政。

铲灭异己

庄襄王继位，吕不韦上台伊始，就大赦天下，这自然是个很得民心的举措。吕不韦被封为文信侯，以河南洛阳 10 万户为封邑。三年后，吕不韦重施故技，趁庄襄王生病的机会，再次下毒，庄襄王也在继位仅仅三年后离奇死亡。公元前 246 年，秦王政继位。但是他只有 13 岁，所有的政事都由丞相和太后掌管。吕不韦还封自己为仲父。

从公元前 246 年秦王政继位到公元前 238 年亲政的九年间，吕不韦是秦国实际的掌权者，他实行了一系列政治军事行动，充分显示了吕不韦作为政治家和军事家的才干。

当吕不韦志得意满，傲视天下时，却遇到一件非常棘手的事，并因此而断送了自己的前途和性命。庄襄王去世后，赵姬和吕不韦旧情复燃。但作为大秦的丞相，秦王的臣子，和太后有不正当的关系，再加上秦王嬴政的身世之谜，都是绝对不能落人口实的天大秘密，只要有一点风声传出去，就是抄家灭族的大祸。吕不韦深知这种关系的危险，他绞尽脑汁，终于想出了李代桃僵之计。他门下有一个舍人叫嫪毐，容貌俊秀，体质超人，原本是韩国贵族，犯罪后逃到秦国，并做了吕不韦的舍人。吕不韦和他合演了一出戏，谎称他已经被净了身，把他偷偷送进宫里献给赵姬。

吕不韦自以为找到了万全之策，但他万万没想到，这给自己树了一个强敌。嫪毐以

假宦官入宫之后,和太后赵姬有了真感情,并生了两个孩子。他不甘只是个男宠的身份,千方百计招揽宾客,权力越来越大。公元前239年,嫪毐被封为"长信侯",以河西太原郡(今山西中部)为封国,封疆裂土。嫪毐也给自己封了一个"假父"的头衔。吕不韦与嫪毐两大集团针锋相对的局面,使得秦国内政乱成一团,秦国也因此成为六国的笑柄。这使得逐渐长大的秦王政倍感耻辱,母子感情不断疏远,最后连母亲的面也不见了。

按照秦国的惯例,君主22岁时要举行成人大礼,从此正式亲政。赵姬和嫪毐怕秦王政亲政后不会放过他们,密谋用自己的孩子取代他做秦王。公元前238年,秦王嬴政在雍城祖庙行冠礼,嫪毐趁机发动叛乱。不料秦王政早有准备,昌文君率兵很快就平复了叛乱,嫪毐兵败被杀,夷灭全族,他与赵姬的两个儿子被乱棍打死。嬴政把母亲赵姬囚禁在雍城,发誓永不相见;嫪毐的四千舍人被流放到巴蜀地区。秦王政刚刚亲政,就处变不惊地以冷血手段处置了第一次叛乱,第一次显示了少年君主的手段与城府。

嫪毐集团虽然覆灭了,但是秦王政并不轻松,因为最危险的并不是太后撑腰的假宦官,而是手握重权、根深蒂固的丞相吕不韦。只要有吕不韦的存在,年轻的君主就难有自己施展拳脚的机会。嬴政忍辱负重多年,无比艰辛才登上王位,决不允许身边有人指手画脚,说长道短。但他沉住气,在嫪毐集团覆灭的第二年才开始动手。秦王政找到证据证实嫪毐伪装宦官混进宫中是吕不韦的阴谋,立刻罢免了吕不韦相国之职,开始了他镇压吕不韦集团、夺取权力的斗争。消息传开后,天下震动。

嫪毐集团本来已销声匿迹了,现在看秦王政开始镇压吕不韦集团,觉得东山再起的机会来了。不断有嫪毐从前的门客跑来进谏,恳求秦王政接回幽禁在雍城的秦太后赵姬。秦王政大为恼怒,下令:谁敢来说情,就把谁推出去砍头。一共处死了27个游说之士,尸体就挂在宫门口,但是跑来劝谏的人依然络绎不绝。

有个齐国人叫茅焦,原是嫪毐的门客,也来冒死进谏。秦王政看到居然还有人敢来,怒不可遏,命人点起了一堆火,火上放一个油锅,做好了把他下油锅的准备,才命他进来。没想到茅焦面不改色,主动脱了衣服,不慌不忙地说:"我听说天上有28个星宿,现在死的人已经有27个,正好差一个,要是我说的不中您的意,您大可把我杀了凑数。"

秦王政看他临危不乱,倒有几分佩服,就示意他说完。茅焦正色道:"您杀死同胞兄弟太不仁慈;幽禁生身之母太不孝顺;屠杀劝谏之人与暴君没什么两样。倘若天下人都这样看待您,有谁还会来依附?"

秦王政听完,大惊失色,连忙从王位上走下来,握着他的手说:"是我做得过分了!谢谢先生指点。"于是封茅焦为仲父,又亲自带兵接回太后赵姬。

正当秦王政准备诛杀吕不韦时,一个关于他身世的流言却慢慢在咸阳传开了——他不是异人的儿子,而是吕不韦偷天换日的结果。这个流言有如重磅炸弹在秦国王室掀起轩然大波,刚刚登基的年轻的秦王政面临着一生中最艰难的决定。如果他赦免吕不韦,恰好证实了他和吕不韦之间有着不可告人的关系,这是抄家灭族的滔天大祸。不仅秦王宝座,甚至自己的性命都难以保全。如果他不赦,又怎能杀死一手辅助他登上秦王宝座,对秦国劳苦功高的生身之父呢?

公元前236年，秦王政下令吕不韦离开咸阳，回到他河南的封地，紧接着下诏斥责他："你对秦国有什么功劳，却能洛阳封侯？你和秦国有什么关系，敢用仲父的称号？"

吕不韦看完信后，悲喜交加。悲的是自己由炙手可热、呼风唤雨的一代权相落到如此地步；喜的是见识到自己儿子的非常手段，这和他当年是多么相似。只有非常之人才能勇敢承担起一统天下的重任。为了保护秦王政，吕不韦服毒自尽。此后秦王政宣布赦免流放的嫪毐余党。也就在这一年，嬴政将吕不韦所有的门客诛杀，以掩盖秘密。

几乎在同时，轰动朝野的"郑国间谍案"发生了。这一突发性事件使秦国刚刚平静的政坛又掀起一场轩然大波。公元前246年，韩国人郑国假装流亡入秦，取得了吕不韦的信任，建造泾洛大运河，使秦国把人力物力都投入到长达三百里的运河上，极大地消耗了秦国的财力和人力，这本来是韩王挖空心思想出来的消耗秦国力量的馊主意，使得秦国无力再对六国用兵。但长远看来，泾洛大运河使贫瘠的关中变成沃野千里的天府之国，给秦国提供充足的粮食储备，成为秦国征战六国过程中军粮的重要来源，对秦国来说实在是利远远大于弊。因此，虽然郑国在事情败露后被抓进监牢，但在他陈述了运河的好处以后，秦王政不但没杀他，还让他继续修建运河。

高层贵族向来有排外的特点，尽管秦国的强大与网罗六国人才有极大的关系，但外族人即使立下汗马功劳，时过境迁后，往往难有善终。商鞅、范雎、吕不韦都是如此。借着吕不韦的垮台和郑国案，秦国的排外情绪又一次高涨起来，秦始皇无奈之下，下了逐客令。这个命令却使得一个人脱颖而出，成为秦始皇生前死后最信任、最倚重的人之一，也是除吕不韦、韩非之外对秦始皇有非常重要影响的人物。这人便是李斯。

李斯字通古，是楚国上蔡人（今河南上蔡县）。年轻时曾担任过"郡小吏"的职务，也就是现在的普通文官，专门为官员写文章。有一次上厕所，看见老鼠正吃脏东西，老鼠见到他后慌慌张张地四处逃窜；后来他无意中进了粮仓，也看见老鼠，但粮仓的老鼠又肥又大，根本不怕人，看到他视若无睹，照吃不误。李斯由此恍然大悟："人的处境和这些老鼠是没什么区别的，好与坏全在于自己的选择。"一个普通人要想有好的地位，就得刻苦努力，凭着才华周游列国，得到君王的赏识，实现自己的价值。他不甘心留在家乡，一辈子做个默默无闻的小官。因此，公元前254年，李斯离开家乡，告妻别子，进入赵国向荀子拜师学艺。

荀子名况，赵国人，是战国后期最有影响的思想家之一。15岁即进入齐国的学术中心——稷下学宫，以后成为六国学术思想的无可争议的领袖人物，备受各国学子的推崇和各国君主的赞许。晚年退隐于兰陵（今山东范山县）。在为哪国君主效力的问题上，李斯和老师荀子产生了激烈的冲突。李斯看好秦国，但出身儒家正统的荀子则认为秦国暴虐凶残，不守信用，坚决反对。

李斯入秦前，曾与荀子有过一场激烈的争辩，他说："人最可耻的就是卑微，最可悲的就是穷困。一个人连饭都吃不饱，却自命清高，抨击现实，标榜自己无欲无求，绝不是真正有能力的人。一个有能力的人首先就要改变自己的命运。"他最后与老师荀子决裂，投向法家思想。

李斯入秦后，吕不韦正得势，于是他先投吕不韦，由于他能言善辩，才气过人，很快得到吕不韦的赏识。吕不韦在提拔亲信的时候，也把李斯包括在内。吕不韦让他充任郎官，陪在嬴政身边，影响未来的秦王。吕不韦本以为他是荀子的学生，应该属于儒家学派，但他没想到李斯已经完全接受了法家思想。在李斯的影响下，秦王政对法家的思想有了深入的了解，秦国一贯采用的本来就是法家治国之道，思想上的共鸣使两人越走越近。

公元前241年，五国联军合纵抗秦大败。李斯审时度势，提出武力统一天下论，正中秦王政的下怀，升他任长史。李斯在吕不韦集团被镇压前已经归向秦王政，因而并没有受到吕氏集团败亡的影响。

正当他以为可以一展才华时，"逐客令"的颁布使他所有的希望和前途成为泡影，李斯不甘心自己多年的苦心经营付之东流，写就了千古流传的文章《谏逐客令》，雄辩滔滔地说明了"逐客令"会对秦国产生的危害，显示了过人的才华。一门心思都放在统一天下的秦王政看了，立刻撤销了"逐客令"，还把所有被驱逐的客卿追了回来。李斯已经离开咸阳城，又被秦王政派出的快马信使接回来。他的这一举动提高了他在秦王政心目中的地位，从此，他进入了秦人的高级决策层，发挥了越来越重要的作用。

统一六国

吕不韦死后，再也没有人能妨碍秦王政实现儿时的理想。他虚心求教于各路人才，采用蔚缭、尉弱的建议，用军事进攻和离间分化的两手措施，仅仅用了十年，相继兼并韩、赵、燕、魏、楚、齐六国，结束了五百年分裂的局面，实现了一统天下的雄心壮志。

第一个灭掉的是韩国。韩国正好位于秦国东征的路途上，又最为弱小。寻找薄弱环节是确保首战告捷的因素，符合远交近攻的方略，也符合先弱后强的军事原则。而且韩国地处中原腹地，是春秋时晋国分裂后独立出去的诸侯国，它和另两个独立的诸侯国——赵国、魏国关系密切，是最容易团结对抗秦国的国家之一。

在秦国决定逐一消灭六国前，秦王政对于先打韩国还是先打赵国，一直和谋士们有分歧。先灭韩国本来对秦国最有好处，但是秦王政从小在赵国备受欺凌，早就决心拿赵国开刀，报仇雪恨。

趁着他们争论不休，韩王又想出一条计策，派韩非出使秦国，游说秦王政把目标定在赵国。韩非是韩国贵族，与李斯是同学，是荀子最优秀的学生之一。由于他是个结巴，不善言辞，反倒更可以埋头苦读，专心致志研究学问。他总结了历代法家思想，形成了法家完整的治国理论，世称《韩非子》。

秦王政非常欣赏韩非子的才华，看完他的书后，感叹道："要是能结识这个人，我就是死了也心甘情愿。"他还曾三藩五次派人到韩国，请求韩王派遣韩非来秦国。

借此机会，韩非入秦，极力劝说先攻打赵国。李斯坚决反对，揭露了韩非来秦国的真正目的。秦王政失望之下把韩非子关进了监狱。秦王政本来不打算杀他,但是李斯深知韩非的理论才能远在他之上,将来对自己的地位是个严重的威胁,所以他背着秦王政把韩非毒死了,然后报告秦王政说韩非畏罪自杀。秦王政虽然万分可惜,但忙于争霸天下的他无暇处理这件事。公元前230年,内史地拿下韩国都城新郑,生擒韩王安,韩国灭亡。秦王政在韩国的疆土上设颍川郡。

公元前228年,秦国开始攻打赵国。虽然长平之战元气大伤,但赵国是战国时期名将辈出的国家,廉颇、赵奢、李牧都是名闻天下的大将,与秦国的白起、王翦齐名。赵王恐慌之下,派人去请在魏国的廉颇,廉颇很高兴再次为国家效力,在使者面前吃了三大碗饭,饭后还舞了一会儿大刀,表示自己老当益壮,宝刀未老。可是使者早被秦国收买了,他回去告诉赵王:廉颇虽然勇武,一顿饭没完就跑了三次厕所,已经老得不中用啦。赵王信以为真,就不再用他了。廉颇又气又伤心,不久就病死了。

赵国只剩下李牧。李牧常年和匈奴作战,经验丰富,沉着冷静,以不变应万变,硬是把秦军困在赵国边境,只要再支持一段时间,秦国断粮就得退兵。秦王政派姚贾出使各国,再次使用离间计,骗得赵王相信李牧要造反,夺了李牧的兵权,并迫使他自杀。这样赵国自毁长城,再也没有名将可以抵御秦国大军,仅仅五个月,邯郸城破,赵国灭亡。秦王政亲自主持接收邯郸城的仪式,找到当年欺辱他们母子的人,并全部杀死。他异常兴奋地回到秦国,打算告诉母亲自己已经为她报了仇,没想到赵姬就在这期间过世了,没能见他最后一面。

在短短的三年时间内,关东六国被秦国灭掉了两个,天下震动。其中最惊恐的当然是燕国。因为赵国是燕国的天然屏蔽,如今赵国灭亡,燕国不得不单独直接面对强大的秦国军队,燕国的国势比韩国还弱,根本没有抵挡秦国大军的能力。当时燕王喜在位,燕太子丹也是个礼贤下士的人才。他和秦王政一样,也在赵国做过人质,因此认识秦王政。秦王政亲政后,太子丹以人质身份来到咸阳,满以为凭着过去的交情,秦王政会盛情款待,没想到秦王政对待他连普通人都不如。太子丹逃回燕国,发誓报仇,他广收天下人才,还收容了秦国的叛将樊於期。太子丹认为,如果正面作战,燕国无论如何不是秦国的对手,为了解燃眉之急,他想出刺杀秦王政的计策,到处寻找能当此大任的能人异士。最后选中了荆轲。

荆轲是齐国庆氏的后裔,迁居到卫国改姓荆。荆轲年轻时到各国游历,结识了许多豪杰志士。来到燕国后与当地的击筑音乐大家高渐离交上了朋友。太子丹找到了另一个出名的剑客田光,田光推荐了荆轲,自己为保守秘密自杀而亡。太子丹封荆轲为上卿,安排他住在最好的房子,每天还去问安,好酒好饭招待,各种珍宝、车骑、美女由他随意享受。赵国灭亡后,太子丹就决定由荆轲入秦刺杀秦王政。与荆轲同行的还有一个人叫秦舞阳,是燕国有名的杀人狂。

这便是后人传颂的荆轲刺秦王,易水相送别。高渐离悲壮的送行曲"风萧萧兮易水寒,壮士一去不复还"随之成为千古绝唱。

为了能够取得秦王政的信任,接近秦王政,樊於期自杀,荆轲将他的头颅装入锦盒,

并假称将燕国督亢地区献给秦国,从而得到了面见秦王政的机会。当荆轲捧着装有樊於期头颅的匣子,秦舞阳捧着装地图的匣子到了宫殿台阶前,秦舞阳突然吓得变了脸色,浑身发抖。大臣们都感到奇怪。荆轲笑着看了秦舞阳一眼,说道:"北方小子没见过世面,见到天子的威仪害怕了。请大王原谅。"秦王政很是得意。

荆轲接过秦舞阳捧着的地图,送了上去。

秦王慢慢打开地图,荆轲一把抽出藏在最后卷轴中的一把匕首,左手揪住秦王的袖子,右手拿起匕首就向秦王胸口刺去。秦王政大吃一惊,匆忙闪躲,挣断了衣袖。秦王政想拔出腰间的佩剑,可是剑太长,一下子拔不出来。荆轲在后面不断追刺,秦王政没兵器不能抵挡,只好绕着柱子跑。大臣们惊惶失措,在台阶下乱成一团,而带有武器的侍卫郎中又都在殿下,根据秦法,没有诏谕上殿是死罪。而且距离太远,等他们发现奇变陡生,奋力冲上来救驾,秦王政已是险象环生。

旁边侍奉的太医夏无且首先清醒过来,他提起手上的药袋就向荆轲砸过去,其他人全在台阶下拼命叫喊:"大王背剑!"荆轲看到砸来的药箱,顾不上追杀秦王政,挥剑将药箱砍飞,但就是这一瞬间的功夫,秦王政已经缓过神,拔出剑,趁机一剑将荆轲的左腿砍断。荆轲跪在地上,将匕首用力投向秦王。秦王一闪,匕首击中了铜柱。秦王将荆轲连砍八剑。荆轲血流如注,倚着柱子,慢慢坐倒在地,却放声大笑,说:"我原本是想活捉你,逼你归还占领的土地。否则你早就被我杀死了!"郎中们冲上殿,将荆轲杀死。

秦王政大怒,立即命令出兵攻燕。公元前226年,秦攻克燕国都城,灭燕。

公元前225年,灭魏战争开始。秦军围困魏国都城大梁,掘开城外狼汤河水灌城,三月后城墙倒塌,魏国灭亡。秦王政在魏国的疆土上设立东郡。

在攻灭六国的战役中,最惨烈的战事发生在楚国。楚国历史悠久,地域辽阔,有鲜明的地域特点。

刚开始灭楚时,由于一连串的胜利,秦王政并未将楚国放在眼里;导致决策失误。老将王翦认为必须用60万兵马才能攻破楚国,年轻将领李信则认为20万秦兵就足够了。秦王政也怕老将功劳过大,打算逐步用年轻将领取代他们,他接受了李信的建议。王翦一赌气回了老家。楚军由项燕指挥,大败秦军,七个校尉被杀,李信受伤。秦王政亲自去请王翦,用60万大军与楚国决战,当时的60万大军已是秦国全国所有能用的兵力。

秦王政亲自将举将王翦送到咸阳城外,王翦忽然提出要良田美宅,秦王政大惑不解询问原因,王翦说要为子孙留产业。秦王政大笑着答应了。王翦带兵还没走出秦境,就接连派信使五次返回要赏赐。有人因看不过去而问他原因,王翦笑着说:"秦王向来多疑,现在我带走秦国所有军队,装成贪图享受的样子,才让他不会怀疑我造反。"

果然秦王政对王翦深信不疑,秦楚决战,项燕独木难支,兵败身死,楚国灭亡。

最后剩下的齐国不战而降。齐国原本是东方大国,拥有完全超过三晋和楚国的实力,但它长期实行锁国自保的政策,在秦国远交近攻的策略下,大部分高官重臣被秦国收买,成为秦国的棋子;齐王昏聩无能,又躺在管仲变法创造的齐桓公的辉煌美梦里不能自拔,还与秦国并称东西二帝,不但不参与连纵,反而不断趁各国与秦国交战之际,袖手旁观,趁火打劫,所以在秦王政灭六国的过程中,以灭齐国最为顺利,几乎没有经过什么战事。齐王建在秦国的哄骗下,举国弃械投降,最终也没有得到秦国许诺的五百亩封地,而是被囚禁在共地(今河南辉县)的一个松树林里,并被活活饿死了。

千古一帝

秦王政灭掉六国,做出了前所未有的功绩,接下来就要考虑怎样巩固辛辛苦苦打下的江山。秦王政确立了两大政治文化体系。

首先确立的是指导思想——法家路线。战国之前并没有法的观念,规范人们行为的是"礼法",也就是儒家思想的出发点。在春秋战国时代,"礼法"规范人们的行为,但是"礼法"强调教化和自律;到了春秋末期,社会发生了巨变,人们不再严格遵行"礼法"规定的事情,社会陷入了空前未有的失控状态。如何规范社会成员,重建有序的社会秩序,成为战国时期许多有识之士的追求目标,从而出现了"百家争鸣"的局面,大学者们纷纷著书立说,宣传自己的政治主张。

其中法家理论的出发点是"人性本恶论"和"君主专制",认为人生来就是自私的,是没有是非对错观念的,人与人之间的关系完全是利益关系,所以强调用"刑法"来规范社会成员的行为,以取代名存实亡的"礼法"。这番主张应和了战国时期诸侯争霸建立一统和君主专制的要求,被历代秦君奉为治国之道,商鞅变法之后更成为秦国立国之本。秦始皇所接受的教育和个人的生活经历使得他从小就倾向于法家理论。秦始皇把法家理论推到了一个极端的程度,变成了他个人残忍暴虐的工具。

另一个政治文化体系是五德终始说,这是邹衍的理论。

邹衍是战国末期齐国人,阴阳学派的代表,他认为,世上万物都是由五种元素组成的——金、木、水、火、土,五种元素相生相克,互相取代,循环往复。王朝的兴衰也体现这种特点,比如黄帝是土德,大禹是木德,木德取代土德;商汤是金德,金德取代木德;周朝是火德,火德取代金德;现在周朝灭亡,是因为注定要被秦的水德取代。水是黑色的,因此秦朝政府的衣服和旗帜都是黑色的。水结冰之后是六角形,因此秦朝的符节和法冠为六寸,车要六尺,一步是六尺,驾车的马是六匹。黄河也改名叫德水。水是阴性的,为执行酷烈的秦法找到了天命的依据。秦王朝在统一的新形势下使用了韩非和邹衍的新理论。这两种风马牛不相及的理论被秦始皇融合在一起,用神的意义包装法家理论,使得没人敢质疑它的合理性。

既然秦国胜利是神的旨意,那么赢得如此丰功伟绩的秦王岂不等同于神了?

秦国刚刚统一不久,嬴政就召集丞相王绾、御史大夫冯劫、廷尉李斯等人,要他们给自己起一个符合身份的名称。古时候有三皇五帝,三皇是天皇、地皇、泰皇,五帝是黄帝、颛顼、帝喾、唐尧、虞舜,嬴政本人认为他"德兼三皇,功过五帝",因此,取"三皇"之"皇""五帝"之"帝"为"皇帝"。嬴政是第一个皇帝,所以称始皇帝,其后世按子孙世系排列,

为二世、三世……传之无穷。"制""诏""朕"作为皇帝专用术语，其他人都不能使用。整个帝国都是属于皇帝的，其地位和权力至高无上，朝廷和地方的主要官吏都由皇帝任免。玉玺是皇帝行使权力的凭证，只有皇帝的印信才能称为玺。皇帝名号和权位确定以后，皇帝的亲属尊号也相继确定，父亲叫"太上皇"，母亲叫"皇太后"，正妻叫"皇后"。

秦始皇还下令博士官参照六国礼仪，制定一整套宫廷礼仪。比如：

皇帝高高在上坐着，群臣进殿叩见皇帝时得站着。

政治制度：三公九卿制。

丞相：协助皇帝处理国家大事，是最高行政长官。

御史：品级低于丞相与廷尉，但可以监管各级官员，为帝王指出过失，等于最高监察长官。

廷尉：管理全国军事，是最高军事长官。

地方行政机构：最高一级是郡，设郡守；郡下设县，万户以上的是县守，万户以下的是县令；县下设乡，有三老、蔷夫和游徼。三老是道德首领，由德高望重的老人担任，有纷争的时候做出判定；蔷夫是掌管诉讼的；游徼负责收缴赋税。乡下设亭，以十亭为一乡，亭设亭长。亭下设里，十里是一亭。

当时传说有人在临洮见过十二个巨人出现，秦始皇就按照神秘的流言，没收全国的兵器，把所有的兵器铸成 12 个巨大的铜人，又铸了许多铜乐器；统一了钱币，以圆形方孔钱作为统一流通的货币；统一并推广了度量衡，规定小篆是官方正式使用的文字，但后来逐渐被隶书所取代。据说隶书是程邈创造的；他原本是秦国的一个小吏，因犯小罪被关进监狱十年，创立了隶书，上书秦始皇。秦始皇赏程邈做了御史。

在灭亡六国的过程中，每灭掉一个国家，秦始皇就让画师画下宫殿的样式，在咸阳重新建造，共建起一百四十多处宫殿。秦始皇生前住的阿房宫是咸阳的中心，规模之大无与伦比，直到他死都没有修建完工，后被项羽一把火烧为灰烬。他雄心万丈修建的宏大工程，把全天下的人都变成了建筑工人。为了建造各式各样的宫殿，秦国人从 15 岁开始服役，到 60 岁才能服完。当时全国人口两千多万，但青壮劳力服役的就有三百万，占人口的 15%，是全国劳动力的一半。

病死沙丘

统一全国后，秦始皇总共进行了五次大规模的巡游。

公元前 220 年，秦始皇巡游西北边陲，欣赏大漠风光，同时抵御匈奴，鼓舞士气。

公元前 219 年，秦始皇去泰山封禅。他主要是借封禅为名，向上天表现自己的功劳，再次神化自己。秦始皇志得意满地封禅完毕，下山时遇到瓢泼大雨，几百人淋得像落汤鸡一样，狼狈不堪，秦始皇好不容易找到一棵松树避雨。雨停了后，他封这棵松树为"五大夫"作为酬谢。尽管封禅完毕，但是中途被雨淋总归不是什么好兆头，这在他心里留下了阴影。

此后秦始皇又到东海登莱山，路过彭城（今天的江苏徐州）时，听说海里埋着周朝九个鼎中的一个。周鼎象征着王权，于是他派人打捞周鼎，但一无所获。秦始皇一行只好继续西行。走到湘山湖时，准备祭祀湘水之神——湘君。不料忽然狂风大作，水浪滔天，秦始皇大怒之下把湘君祠一把火烧个精光，还把湘山上所有的树都砍光。

第三次巡游是在公元前218年，途经博浪沙时遇到张良行刺。张良是韩国贵族，韩国灭亡后，张良发誓为国家和家族报仇，他也像当年的太子丹一样四处寻访能人异士，后来结交了一个大力士，能一只手舞动120斤的大铁锤，两人埋伏在秦始皇车队的必经之处。但是秦始皇也怕六国人行刺，早有防备，自己坐在第二辆车中，结果大力士砸死了坐在第一辆车里的人。受到巨大惊吓的秦始皇悬赏重金捉拿凶手。此后，张良只好四处逃亡。

公元前215年，秦始皇第四次巡游，到达北海，建造了碣石宫。

公元前210年，秦始皇身体已经极度虚弱，仍然强打精神进行第五次巡游。这一年是始皇帝三十六年，据说不断有天象和凶兆出现。第一次是"荧惑守心"，意味着天下大乱。联想到他亲政时的"彗星竞天"，秦始皇忧心忡忡；在这之后东郡地区有一颗流星坠落，上面刻着"始皇帝死"几个字，他在盛怒之下，将附近村民全部杀死，并烧毁了陨石。

同年秋天，出使关东的使者郑容回咸阳途中，半夜过华阴道（今陕西华阴北）时，一个神秘的人忽然出现，拦住郑容，交给他一块玉璧，并说"今年祖龙死"，还没等郑容问清楚到底是什么意思，那个神秘的人就消失了。秦始皇让史官查查是什么时候的玉璧，史官查出来，八年前秦始皇经过长江时，遇狂风巨浪，曾经把一块玉璧投进江水里，立刻风平浪静了，那个神秘的人交给郑容的就是那块玉璧。秦始皇听后沉默良久，最后说："山鬼只知道一年内的事情。"

据说出行可以增加寿命，消灾避祸，因此秦始皇决定抱病继续出巡。

一路上不断有平头百姓出于好奇来看这位横扫六合的一代天骄。在前来观看的人群中就包括后来灭掉秦国的项羽和刘邦。项羽是楚国大将项燕的后人，随叔父项梁隐姓埋名在此避难。据说项羽从小器宇轩昂，要学万人敌。当他见到秦始皇时，脱口而出："我可以取而代之。"另一个人汉高祖刘邦当时只是一个默默无闻的沛县亭长，看到秦始皇出行的气势和排场后，感叹说："大丈夫生当如此！"

最后，秦始皇到达琅邪海岸。他找来方士徐福询问不死药有没有找到。徐福不敢说没有，撒谎说海中有大鱼出没，阻挡他的去路。于是秦始皇命人入海射杀鲸鱼，并派遣徐福带三千童男童女入海求取仙药。

秦始皇这五次出巡行程约三万公里，占统一后的一半时间。出巡的目的，除了扬威天下，就是求取仙药。秦始皇天性"刚戾自负"，自认为可以与天争命，与神比功，到晚年这种感觉越发强烈。他千里奔波，心力交瘁，终于一病不起，死于沙丘。随行的赵高、李斯和胡亥等人知道秦始皇时日不多，但因秦始皇忌讳说"死"字，所以没有人敢向他问身后的国事如何安排。随着病情越来越重，秦始皇也意识到生命到了极限，便留下了遗诏，要长子扶苏奔赴咸阳主办丧礼，并继承皇位。

诏书放在当时任中车府令的赵高那里，还没有等诏书送出，秦始皇便于公元前210

年的 7 月暑热季节病死在沙丘平台(现在河北广宗境内)。这也是当年一代暴君殷厉王埋骨之处。秦始皇死后,赵高和李斯封锁了消息,将秦始皇的尸首放在车里继续向咸阳赶路,但由于天热,尸体开始腐烂,散发出臭气。为了掩盖真相,李斯让每辆车上都装一石鲍鱼,用鱼臭掩盖尸体的腐臭。

秦始皇死时仅 50 岁,他在秦王位共 25 年,称皇帝 12 年,总共 37 年。

秦始皇的长子叫扶苏,是个敦厚宽容的人。他看不惯秦始皇一系列荒谬的行为,曾经劝说过秦始皇:"现在天下刚刚安定,但远处的民众还没有彻底安定,士人们现在也都在推崇儒家的主张。父皇用严酷法律治理天下,儿臣担心会令天下不稳。希望父皇能认真考虑,改变政策,安定人心。"

秦始皇听不进扶苏的话,反而斥责扶苏多事。最后,秦始皇将扶苏派到北面边境的军队中做监军,和大将蒙恬一起抵御匈奴。秦始皇死后,赵高为了自己专权,借扶苏不喜欢李斯的事实来蛊惑李斯,二人一起篡改诏书,让胡亥继承了皇位,同时假造圣旨逼扶苏自杀了。

胡亥即位后称秦二世。

功过评说

尉缭曾给赵政留下一幅肖像:"秦王为人,蜂准,长目,鸷鸟膺,豺声,少恩而虎狼心,居约易出人下,得志亦轻食人。我布衣,然见我常身自下我。诚使秦王得志于天下,天下皆为虏矣。不可与久游。"

郭沫若曾做过考证,认为这四项都是生理缺陷。鸷鸟是现代医学上的鸡胸,是软骨症的一种症状;蜂准是马鞍鼻,豺声有气管炎。可能赵政小时候在赵国时发育不良。这是一个集自傲与自卑,冷酷与狂热,进取与残忍于一身,除了强烈的复仇欲望之外并无深刻情感的铁血君主的雏形。赵政出生于战国时代的烽火岁月,大概从记事起,就目睹了数不清的刀光剑影,经历了无数的宫廷内外的明争暗斗,过早接触了政治斗争和与之相伴的残酷无情,泯灭了童心和爱心。这一切对于塑造他的性格有着十分重要的作用,也深深地影响了他的帝王生涯和一系列重要改革。

秦王朝在中国历史上是如此特别,如此短暂却又影响深远。秦始皇是乱世和分裂的结束者,但从另一个角度说,又开创了暴虐的君主专政体制;秦始皇的最重要的历史功绩,在于完成了统一大业,建立了历史上第一个封建的中央集权的国家,并且奠定了多民族封建国家的基础。秦统一后实行的各种政策和措施,有的不仅影响至以后两千年的封建社会,而且及于现在,包括统一的度量衡、货币及文字,从中央到地方的郡县的三层框架体系,以防为主、以和为贵的外交军事路线……秦始皇采取的各种统一措施和制度,对当地的历史发展来说,是一种大胆的革新,他改变割据状态的政治和文化,从而使封建的社会经济顺利地向前发展。秦代制定的一些制度大部分为后来所继承就证明:这些制度和措施是适应当时历史形势的。他的功绩是主要方面,但不能因此掩盖罪恶;他的罪恶是深重的,但也不应因此抹煞其历史功绩。

平民皇帝

——汉高祖刘邦

名人档案

刘　邦:字季,属蛇。生于普通农民家庭。其性格放荡不羁,风流倜傥。有农民的刁钻,也有豪侠的仗义。起兵后善用人,从谏如流。从他斩白蛇起义,到他即位称帝,充满了喜剧和偶然。他做汉王4年,称帝8年,病死,终年62岁。

生卒时间:公元前256年——公元前195年

安葬之地:葬于长陵(今陕西咸阳东),谥号高皇帝,庙号高祖。

历史功过:继承和发展了秦朝体制,改革和放弃了始皇的苛政峻法,给百姓以休养生息的机会,为以后汉朝的200年基业奠定了基础。可惜他稍稍地走了回头路,对子弟大举分封,在他死后不久,各藩国间又开始相互攻伐,它们的势力甚至威胁中央,直至武帝时才彻底解决。

名家评点:毛泽东说"刘邦是一位高明的政治家。"史学大师汤因比更将其与西方的恺撒并列,认为他们是对人类文明最有影响力的两大历史人物。可是民国时的李宗吾推举刘邦为脸厚心黑的代表者,因为他"厚"得到家,"黑"得彻底,所以才获得成功。

赤蛇传说

公元前256年,刘邦出生于沛县丰邑(今江苏丰县)中阳里。当时秦始皇还没有统一

六国,这里还属于楚国的领土。按照中国生肖算,刘邦属蛇,后来大家传说他是赤练蛇的儿子,斩杀了白蛇。巧的是项羽也属蛇,人们都说他是白蛇转世。刘邦起兵的时候还是天下大乱,实力微弱,连母亲都不能保护,她死在兵荒马乱中,被草草掩埋,最后连埋在哪里都不知道了。他做了皇帝后,在母亲死去的地方为母亲招魂,结果看见一条红蛇从水边游来,钻进了棺材。这些与蛇纠缠在一起的传说使得他的身世也扑朔迷离起来。

《史记》记载,刘邦的母亲在怀他的时候,有一天出门去看朋友,回来的时候觉得累,在湖边休息时睡着了,他的父亲不放心就出来找,却见到电闪雷鸣,大雨倾盆,一条蛟龙从湖中冲天而起,盘绕在她的身上。好半天才云散雨收,蛟龙也消失了。这就是人们对于刘邦以一介草民竟能称王称霸所给予的一种朴素解释——不是真命天子哪有这等福分?

一次,他押送一批犯人进京服苦役,一路上犯人跑了不少,刘邦就索性放了所有的犯人,自己也躲进了深山。一天半夜他喝醉了酒,醉醺醺地走在乡间小道上,看见路中间有一条白蛇挡道,他借着酒兴,拔剑杀死了大蛇。过后随从来找他时,看见道路中间有个老妇人在蛇尸体边上痛哭,并说:"我的儿子变成白蛇,但是被赤蛇杀死了。"当人们想把她抓起来时,老妇人却消失了。

刘邦本人相貌堂堂,他身材高大,天庭饱满,鼻子挺直,留着一把浓密的大胡子,很符合楚地美男子的标准。他在家排行第三,大哥叫刘伯,早死,二哥叫刘仲,还有个弟弟叫刘交。他的家境较好,所以豁达大度,宽厚爱施舍,放荡不羁,颇有浪荡少年的意味。据说少年时,有一次来了几位朋友,他天天领着朋友去二嫂家蹭饭,二嫂十分不满意,看见他们来了,猛刮锅底,显示饭已经没有了,朋友们都找借口溜走了,使得刘邦无比尴尬。直到他做了皇帝后,对这事仍然耿耿于怀,不肯封他的侄子。

青年时代的刘邦不肯安分地呆在家中,游手好闲,交朋结友,因而被父亲和家里人看作是没出息和不成事的人,经常拿他的二哥和他做比较,认为他不会有什么成就。刘邦虽然我行我素,但心里难免感到气愤、无奈。后来称帝后,在大宴群臣的时候,刘邦当着众大臣的面,不无调侃地问父亲:"当年您总说我不如二哥有出息,现在我和二哥比,哪个更有出息,产业更多?"刘父无言可对,众大臣大笑。

他一直孑然一身,直到四十多岁才娶妻生子。他的岳父吕公是沛县县令的好朋友,因为躲避仇家来到沛县定居。沛县的乡绅听说是县令的朋友,纷纷前去道贺,萧何当时正是宴会的主持人,他跟门房说,送贺礼不到一千钱的,不能坐到正堂去。

刘邦也混了进去,但他并没有带任何礼物,却夸口说自己送了一万钱,大摇大摆地进了正堂。吕公听说有人送了一万钱,慌忙出来道谢。吕公据说善于看相,可能看出他相貌非凡,就让他坐了上座。萧何大惑不解,偷偷对吕公说:"刘老三是个好说大话的人,靠不住的。"但吕公不以为然,宴会后又把刘邦留了下来,告诉他自己有个女儿叫吕雉,愿意招他为女婿,而且不用他破费半文钱。面对天上掉下来的美事,刘邦当然大喜过望。

吕公的夫人不明原因,埋怨丈夫说:"你一向说女儿是贵命,怎么要把她嫁给这么个不务正业的小混混?"吕公并不解释,只说了句:"女人家知道什么?"然后坚持把女儿嫁给

了他。

这便是中国历史上第一个出名的女主——吕雉。她为刘邦生下一儿一女,便是后来的汉惠帝和鲁元公主。传说有一次她在田间劳作时,有一个老翁来讨水喝,她就给了他一碗饭。饭后老翁对她说:"看相貌夫人是天下贵人。"

吕后半信半疑,又让他给儿女相面,老人指着她的儿子说:"你的富贵就是因为有了这个儿子!"

投奔项羽

秦二世满以为刑法严酷,就可以巩固权力,稳固地位,天下太平,但没想到换来的却是公元前209年以陈胜、吴广领导的大泽乡(今安徽宿州东)起义所点燃的秦末农民暴动的熊熊烈火。陈胜、吴广都是楚人,打出的旗号也是"张楚"(张大楚国之意),甚至以楚国大将项燕为号召。令秦始皇念念不忘的"楚虽三户,亡秦必楚"的预言似乎变成了现实。

陈胜,字涉,阳城(今河南方城)人,是一个普通的农夫,但从小胸怀大志。有一次田间休息时,陈胜对一起耕田的人说:"如果有一天我富贵了,决不会忘记各位的!"

众人哈哈大笑,取笑他说:"你就是一个耕田的,能有什么富贵?"

陈胜不回答,只是哼了一声,过了一会儿才叹道:"你们就像普通的麻雀一样,又怎么会知道鸿鹄的远大志向呢!"

吴广,字叔,阳夏(今河南太康)人,起义时他和陈胜都是被征发到渔阳戍边的小兵,被洪水围困在大泽乡,误了到达的日期,等待他们的只有被全体处死的命运。他们两个人认为,与其等着被杀,不如起来反抗。他们领头杀死了带军的将领,并带领其他士兵攻占了蕲县。

他们起义的消息如野火般迅速传遍秦帝国全境,陈胜的兵马很快壮大,成为一支强大的军团,并建立了张楚政权,楚地各部落趁机杀死各郡县的官员,四处响应。其中最为有名的就有刘邦在沛县自立,以及项梁、项羽在会稽起兵。会稽郡统有战国时的吴越两国,辖区有26个县,几乎占据了东南半壁江山。项梁带着侄子项羽避祸来到这里,因为是项燕的后人,再加上自己疏财仗义,见识过人,在吴中地区名气颇大,会稽太守殷通也对他另眼相看。陈胜、吴广起义后,会稽郡也受到影响,一方面怕陈胜南下攻打,一方面为了对付新出现的良莠不齐的起义队伍,各县纷纷组建自卫队。面对这种混乱局面,殷通忐忑不安,于是决定先下手为强,割地自立。

殷通找来了项梁,让他去寻找楚地另一个地方领袖恒楚,项梁假装答应,兴冲冲跑回家嘱咐项羽杀了殷通,占领会稽。项羽一进郡守府立刻发难,杀死了殷通,宣布会稽自立,很快成为江南最有势力的军队。十二月,项梁叔侄渡过长江,挥军北上,一路上收编了陈婴、黥布等多支起义军,实力大增,成为拥兵六七万的劲旅了。之后项羽击败了彭城的秦嘉,声势更盛。

与此同时，秦王朝也派出了大军严厉镇压各地的叛乱，首当其冲的就是先举反秦大旗、自立为王的陈胜。陈胜由于自己骄傲自大，内部又纷争不断，在秦将章邯的强大攻击之下，节节败退，陈胜被庄贾刺杀，并送给章邯邀功请赏。

公元前209年，萧何偷偷去找刘邦，让他带人回来占领沛县，不料被县令发现了。县令命令关上城门，不许刘邦他们进城，曹参和樊哙杀了县令，打开城门迎接刘邦一行，随后萧何、曹参推举刘邦为沛公，先后夺取了胡陵、方与、薛县等好几个城池。正当刘邦踌躇满志，准备举兵北上时，后院起火，不但夺得的城池被人占领，还丢掉了大本营丰邑。刘邦气得大病一场，只好去投靠另一股起义军秦嘉。这成为刘邦一生的转折点，刘邦遇到了他事业上最得力的帮手——张良。

张良字子房，祖父和父亲相继当过五任韩国丞相，是韩国的豪门。秦国灭韩后，张良以复国雪耻为己任，散尽家财，结交豪侠，为了刺杀秦始皇，特意到东海去见一个神秘人物——仓海君。仓海君推荐了一个大力士，张良和这位大力士策划了震惊全国的博浪沙事件——刺杀出巡的始皇帝。但是他们误中副车，功败垂成。张良相貌文雅，像女人一样秀美。他成功逃脱了追捕之后，也跑到原来属于楚国的疆土中躲了起来。

博浪沙后的某一天，张良过一座小桥时，有个穿褐色衣服的老头坐在桥头，看到他后故意把鞋子扔到桥下，对路过的张良说："年轻人，把我的鞋子捡回来！"

张良听后一怔，本想不理他，但看对方是个老人，忍住火气跑到桥下把鞋捡了回来，不料老人又说："给我把鞋穿上！"

或许张良看出这老人有些不寻常，反倒不生气了，恭恭敬敬跪下来帮他穿好鞋。老人笑道："孺子可教！五天后的早上就在这桥上来和我见面。"

当张良依约来到桥头时，老人早到了，见他就怒骂："与老人约会还能迟到，太没礼貌了。你五天后再来吧！"张良只好回去了。

五天后鸡刚啼晓，张良就去了桥头，不料老人比他去得还早，一番呵斥后还是五天后见。张良无奈，最后天没亮就早早等在桥头。老人来了看见他，微笑道："这就对了。"

随后老人拿出一本书给他，又郑重地说："这本书可以让你成为王者之师。十年后一定会天下大乱，所以这十年内你要勤奋学习，一定会有过人的成就。十三年后来济州找我吧，古城山底下有块黄石头就是我！"

说完老人就飘然而去，从此再也没人见过这个被人称为"黄石公"的老人。

张良得到的是传说中的《姜太公兵法》。十年后果然天下大乱，张良早已把这部兵法烂熟于胸，于是带了一百多个少年去投奔秦嘉，想借此机会恢复韩国，恰好遇到了也来投奔秦嘉的刘邦。

张良隐居十年苦读兵法，好不容易见到志同道合的人，自然会借机讨论，以显示生平所学，让他大为惊讶的是，刘邦竟然一点就透，和他以往所遇到的懵然不知者截然不同，而且还能举一反三，应用到为人处世上，恰到好处，张良不由大为惊叹："沛公才是天生的英雄。"于是就和这一百多人归附了刘邦。从此刘邦不仅拥有如云的猛将，还拥有智谋过人的谋士，如虎添翼。

《姜太公兵法》并不是兵书,而是"政术"之书,有点像是法家的"法术势"——通过检讨古往今来兴亡成败的故事,总结出避祸求福的教训,寻找"以弱胜强,克敌制胜"的方法。在运用这些兵法时,依靠智谋和诡计获胜,这正中人少势微的刘邦的下怀,也符合两人当时所处的境况,并在日后与勇猛强大的项羽作战时发挥了全部的威力。

张良给一个素不相识的平凡老头捡鞋,还跪下来给他穿上,可见其过人的冷静隐忍和城府之深,连续几次被辱骂而不动声色,可见其性格里的坚毅和韧性,遇到具有相似秉性的刘邦自然会意气相投,引为知己,誓死追随。

刘邦归附秦嘉后不久,秦嘉被项羽打败,身死沙场,余下的部队也被项羽收编。刘邦虽然赢得了几次胜利,但没有稳固的根基,在张良的指点下,率军投靠了声势最强的项羽。由于章邯率秦军继续南下,势如破竹,所有的起义军暂时放下内部矛盾,共同迎击章邯的秦军。

汉王刘邦

公元前208年,项羽在薛城召开各路起义军首领大会。在这之前,项梁请来了谋士范增。范增原本隐居在庐江郡,已经七十多岁了,但身体硬朗,博古通今,见识过人,他曾断定陈胜成不了气候,主动投奔项梁为他效力,并劝说项梁寻找楚王后裔,以王者之师的名义号令天下,不要重蹈陈胜的覆辙。

项梁听从了他的建议,找到了已经沦为牧羊人的楚怀王的孙子熊心,仍然号称楚怀王,作为起义军的共同领袖,项梁自称武信君,成为所有起义军众望所归的军事首领。

薛城会议协调了各路起义军的整体作战行动,摆脱了陈胜失败的阴影,结成统一的团体,以便加强实力共同对付强大的秦军。公元前208年短短几个月内,项羽与刘邦合军,以项羽军为主力,两军配合,四战四捷,大败章邯。然而胜利使得项梁骄傲轻敌,被章邯在定陶突袭,猝不及防,兵败身亡,起义军遭受重大损失。

章邯的胜利使得秦王朝以为高枕无忧,从而犯下了致命的错误。首先是李斯被赵高陷害,夷灭三族。在军事上,秦王朝以为项梁既死,其余的人不再构成威胁。于是章邯北渡黄河,进攻刚宣布复国的赵国,赵国损失惨重,不得已向楚怀王求救。楚怀王吸取了陈胜孤军败亡的教训,为了避免被秦军各个击破,他与各起义军将领达成了历史上著名的怀王之约。内容包括:第一,保留秦的国号,疆土限制在关中地区;第二,先入关中的就是秦王;第三,即使到达咸阳,不许烧杀抢掠。

起义军兵分两路,一路由宋义指挥,项羽为副帅;一路由刘邦统帅,共同进入关中。宋义原本是楚国贵族,祖辈担任过楚国的令尹,对楚国军政颇为了解,还研究过秦王朝大将章邯的兵法,楚怀王登位后封他做首席谋士。项梁被章邯突袭前,宋义警告过他小心轻敌,但项梁没有理会。项梁遇袭身亡后,宋义受到重用。

公元前207年,宋义率军到达安阳(今山东曹县南),命令全军停止前进,一驻就是四

十多天,尽管求救的使者络绎不绝,宋义装聋作哑。这时已是十一月份,进入雨季,楚军困在安阳弹丸小地,饥寒交迫,怨声不绝。项羽急于为项梁报仇,恨不能早日与章邯决战,便借着朝会的时候,发动兵变杀死宋义,对外宣布是楚怀王的命令。楚怀王虽然对他擅杀主将极为不满,但自己并没有惩罚他的实力,只好任命他为上将军,全线指挥。

章邯正在加紧围攻巨鹿,巨鹿城已是强弩之末,城破在即。巨鹿位于邯郸东北,离漳河不远,历来是兵家必争之地,章邯率三十万大军前来攻打时,张耳和赵王歇移往巨鹿,准备长期抗战。章邯驻扎在巨鹿平原,将巨鹿城团团围住,以逸待劳,具有压倒性的优势。项羽日夜督军,就在巨鹿城即将崩溃之际,赶到了漳河沿岸。楚军只有七万之众,赵军被围困多日,已没有多少再战的能力,若是硬攻,无异于以卵击石,因此唯一的胜算便是突袭。

项羽命令全军两万人渡河,渡河后将全部船只凿沉,烧饭的锅统统砸光,沿途的房屋一律烧毁,每人只携带三天的粮食,表示有进无退、义无反顾的决心。这就是"破釜沉舟"这一成语的由来。

渡河后,项羽立刻指挥主力马不停蹄地投入战斗,直抵巨鹿。他身先士卒,亲自上阵,斩杀秦将苏角,活捉王离,另一秦将涉间拒不投降,自焚而死。

这一战创造了军事史上以少胜多、以弱胜强的军事奇迹。当秦楚两军决战时,各路援军亲眼目睹项羽决战战场的骁勇和彪悍。当秦军投降,项羽邀请各路援军首领来见面时,他们都跪在项羽面前,连头也不敢抬。当项羽创下巨鹿之战的光辉战绩时,年仅 26 岁。

巨鹿之战后,秦二世把失败的责任全部推到章邯的身上,大加斥责,章邯陷于进退维谷的境地,连连败退,只好投降了,项羽代表诸侯封章邯为雍王。至此秦军精锐已经损失殆尽,项羽亲率大军沿黄河而西,浩浩荡荡向咸阳进军,几乎没有遇到任何抵抗。但当公元前 206 年底项羽到达咸阳时,刘邦已经先期到达,秦王朝已宣告灭亡两个月了。

刘邦对于怀王之约的"先入关中者为秦王"十分向往,所以比宋义的大军出发得更早,而且沿途没有遇到强大的秦军阻拦,各个城池守军也不多,路上又收编了不少项梁的旧部,力量不断壮大,所以过关夺城十分顺利。

公元前 207 年,刘邦大军到达宛城,宛城城防坚固,易守难攻。郡守派人与刘邦谈判,刘邦答应他只要归降,还可以继续担任郡守留守宛城,而宛城的军队要跟随刘邦继续前进。这以后,刘邦一路顺风,秦王朝的官吏纷纷投降,他兵不血刃地一路西进。刘邦严格约束士兵,每攻克一地,都严禁士兵劫掠百姓,给人们留下了很好的印象。八月,他攻下武关,打开了南面通往咸阳的门户,这时项羽也结束了巨鹿之战,从东面进军咸阳。

这时的秦王朝已濒临崩溃。秦二世在赵高的蒙骗下,胡作非为。赵高为了诛杀与自己不和的大臣,有一天在上朝时牵了一匹马进来,一口咬定是鹿,秦二世问大臣这是马还是鹿,凡是回答是马的立刻斩首,导演了一幕"指鹿为马"的闹剧。赵高接着还杀死了秦二世,想立他的兄弟子婴为傀儡,同时派使者与刘邦谈判,企图保留关中,不料反被子婴杀死。但咸阳已无险可守,无兵可用,子婴只好投降刘邦。

刘邦自从挥军西进，就开始了独立作战，很快军队壮大了十倍以上，纵横驰骋黄河以南。刘邦的确是幸运的，反秦起义军浩浩荡荡赶往咸阳的征途中，刘邦选择的是一条最容易的道路。当时秦军的主力有两支：一支是章邯率领的关中精锐，一支是对付匈奴的勇武之师，两队都集中在黄河以北。项羽遇到的就是秦王朝最强悍的军队。

各起义军差不多都服过兵役，受过秦军虐待，现在风水轮流转了，他们也开始虐待秦军士兵。项羽害怕进入关中后秦军哗变，而且粮饷这时也不够了，为了轻装上阵早进咸阳，一天晚上便趁秦军睡熟，发动突然袭击把20万秦军一夜之间全部杀光。消息传出，关中百姓恨他入骨，骂他歹毒残暴，怕他会是第二个秦始皇，他所到之处军民拼死抵抗，宁死不降，耗费了他大量时间。20万秦军本来可以成为项羽送给关中百姓最好的见面礼，完全可以赢得拥护和好感，与刘邦争夺关中民心。然而由于项羽决策的失误，为自己日后的失败埋下了祸根。

公元前207年，刘邦首先进入咸阳，穷县僻壤出身的刘邦面对奢华的阿房宫，晕头转向，并设想着据为己有。但在众谋士的轮番劝说下，他恋恋不舍地封存了所有财物，退出咸阳城，并推出了"约法三章"：第一，除了杀人和盗窃罪外，其余秦法全部废除；第二，所有旧官员一律留任；第三，宣布自己的军队不会扰民。这"约法三章"保证了关中百姓的生命安全，解除了他们的恐慌心理，取得了百姓的好感，与项羽杀降卒的行为形成了鲜明的对比。

当项羽日夜兼程赶来时，刘邦自认为凭着楚怀王的命令，自己是秦王了，于是派兵驻守函谷关，拒绝项羽和其他诸侯入关。项羽大怒，强行闯关。各方诸侯也对刘邦独占功劳的行为不满，双方剑拔弩张，一场大战一触即发。

就在项羽决定攻打刘邦之前的一个晚上，一个人半夜里偷偷跑出项羽军营，找到张良，让他赶快逃走，以免有杀身之祸。这个人叫项伯，是项羽的叔叔，和张良私交很好。张良暗中一惊，不动声色："大丈夫做事有始有终，总得让我和沛公辞行吧！"

他稳住项伯，赶快通知刘邦。刘邦一听立刻慌了手脚，一把拉住张良，要他赶快想办法。张良思忖半晌，微笑道："现在只有项伯能救你了！"

张良将刘邦介绍给项伯，刘邦一边夸赞项伯豪情仗义，一边赌咒发誓自己对项羽忠心耿耿，绝无二心。两人越聊越投机，最后为儿女定下婚事，成了亲家。项伯连夜跑回见项羽，为刘邦说好话。项伯虽然是项羽的叔叔，但是一向忌惮自己的侄子。他与范增不合，在楚汉战争中还暗中投效刘邦。项羽败后，他看大势已去，就举家归附了刘邦。但项羽从未怀疑过自己的叔父，一直信任有加。

第二天一大早，刘邦和张良带着姻亲樊哙和几个手下来到项羽军中负荆请罪。项羽经过项伯一番劝解，已经打消了杀刘邦之意。一见面，刘邦痛哭流涕，埋怨项羽不念兄弟之情，听信外人挑拨离间；咒骂在项羽耳边离间的小人；又信誓旦旦表示自己从没想过拥关自立为秦王，只不过准备好一切等项羽来接受。项羽于是设宴款待刘邦。

席上刘邦不断回忆两人并肩作战的日子，说到动情处两人相视大笑。范增冷眼旁观，看出项羽不忍心下手。于是他出来找到项庄要他借表演助兴为名杀了刘邦。项庄依

计而行,项伯老奸巨猾,立刻看出端倪,拔剑而起和项庄斗在一处。项羽看形势已无法控制,也不好出言制止。张良见形势危急,跑出来找到樊哙,要他闯进去救刘邦。樊哙打退卫士,硬闯而入。项羽大怒,按剑起身。不料樊哙进来后把兵器往地上一扔,主动请罪。刘邦慌忙起来赔礼,表示樊哙是个粗人。

项羽一向赞赏勇士,见此神色立和,吩咐赏酒菜。樊哙狼吞虎咽,吃得干干净净后,大声说:"我一向认为项将军是个英雄,没想到也会妒贤嫉能。我姐夫功劳最大,又对你忠心不二,你竟然使出这种毒计想暗杀我们。这怎么能让天下英雄佩服?这和秦始皇有什么区别?"

项羽无言以对,挥手示意樊哙坐下。樊哙威风凛凛地坐在刘邦身旁。范增一时也想不出什么好办法,既可在众目睽睽下杀了刘邦,又不伤项羽的颜面。不一会儿刘邦借口上厕所,溜了出去。几个人会合后一商议,决定刘邦只身先回去,免得项羽反悔,只留下张良赔罪。等到刘邦差不多到军营了,张良才不慌不忙地告诉项羽,并献上带来的珠宝。项羽也未在意,一笑收下了。只有范增气呼呼打破了项羽送给他的玉碗,说:"放虎归山,以后夺天下的必定是这个刘邦了!"

这就是千古流传、脍炙人口的"鸿门宴"。

项羽占领咸阳后,大加杀戮,抢掠财富,并烧毁了阿房宫。干完了这一切后,他决定带军回楚国。这时有个人来见项羽,劝他留在咸阳。但是项羽却说:"一个人富贵了却不能让家乡人知道,就好像半夜穿上华丽的衣服出门,没有任何价值。"

这个劝谏的人听了瞠目结舌,出门后感叹说:"我听说楚国人都是上不了台面的傻子,果然不错。简直和穿上人衣服的猴子一样傻。"

项羽听了大怒,就把他抓回来杀了。

公元前206年,项羽开始分封诸侯。他自立为西楚霸王,占有原楚国的领土,显示自己高居诸侯之上的地位。对于其他的诸侯,项羽根据自己的好恶和亲疏远近给予分封。他对于刘邦的分封着实费了一番心机,最后封刘邦为汉王,据有巴蜀和汉中,巴蜀离中原很远,关山重重,是秦朝流放犯人之地;汉中又有南山阻隔,只有崎岖的栈道和关中沟通、联系。项羽又在关中部署三个诸侯防备刘邦。刘邦进入关中后,根据张良之计,立刻命人烧毁栈道,令项羽相信他准备据守关中,永无二心,从而不再防备。

时隔不久,诸侯间就因为不满意地域分配,重新开战。项羽带军四处镇压。但是一方平罢一方又起,弄得西楚霸王焦头烂额,疲于奔命。

楚汉相争

趁着关外一片混乱,刘邦"明修栈道,暗度陈仓",神不知鬼不觉地打回关外。这个计策出自一个新冒出的军事天才——韩信。

韩信是淮阴(今属江苏)人,年轻时名声不好,没有正当职业,到处混饭吃,有一次饿

得在江边昏过去了，一个老妇人看见了可怜他，给他饭吃，韩信感激不已，允诺日后加倍报答。他性格自负倨傲，难与人相处，一次一伙无赖少年挑衅，要么拔剑杀死他们，否则就从裤裆下爬过去，韩信选择了忍受"胯下之辱"，从他们的裤裆下爬了过去。从此"胯下之徒"的名声一直如影障形地伴随着他，并使他一直不受重用。

天下大乱之后他便去投奔项羽，未受重视，韩信感到灰心绝望。诸侯分封后，他主动要求跟随刘邦进入汉中。不料还没见到刘邦，就卷入一场集体违法事件，按律处斩。轮到他时，想到平生所学还没有机会施展，壮志未酬，就送了命，很不甘心，便仰天长叹："汉王不是想夺取天下嘛，怎么可以杀我这么有本事的人呢？"

他这一番感叹正好被夏侯婴听见，觉得他出语不凡，和他交谈一番后非常满意，便把他推荐给刘邦。此时的刘邦正为自己的士兵不断逃走而烦恼，只给了他主管全军粮饷的职位，并没有表现出特别的礼数与重视。

韩信虽然死里逃生，又得到破格提拔，但他自负才华盖世，当世奇才，怀着建功立业的雄心壮志，却难以得到充分的施展，因此总感到壮志难酬、闷闷不乐。他早就料到中原势必展开新的群雄逐鹿的大战，于是就在某一天夜里逃跑了。韩信在做治粟都尉时，常与萧何接触，几次交谈后萧何认定韩信是个难得的军事人才，他听说韩信跑了，就连夜去追，连和刘邦打招呼的时间都没有。这就是著名的"萧何月下追韩信"的故事。萧何把韩信追回来，劝服刘邦正式任命韩信为全军统帅。

公元前205年，汉军采用"明修栈道，暗度陈仓"之计，攻下陈仓。刘邦自己率兵出关向中原进军。一路诸侯们纷纷归附，一时间达到56万人，声势浩大，势如破竹，并攻下了彭城。项羽率领精兵3万，急返彭城。结果汉军虽然人多，但良莠不齐，指挥不利，被项羽杀得大败，死了十几万人。刘邦一路溃退，又在灵璧（今安徽省东北）东濉水上被项羽追上，又有十几万汉军被杀死，只逃走了包括刘邦在内的几十个人。在溃逃的路上，刘邦为了减轻重量，保证逃跑的速度，三次将自己的儿女抛出车外，都被夏侯婴救起。各路诸侯看到刘邦大败，纷纷叛离，归附项羽。

刘邦慌不择路，遇到领兵来救的韩信才稳定下来。当年八月，刘邦封韩信为左丞相，领兵攻打反叛的魏国。两军在黄河两岸对峙。魏王豹在黄河东岸的蒲坂设下重兵，韩信驻扎在蒲坂对面的临晋，假装要正面渡河强攻，把大量船只集中在临晋，却悄悄用瓦罐和木框作成临时的小船，从上游夏阳渡过黄河，突袭安邑，突然出现在魏军背后，两面夹攻大破魏军，俘获魏王豹。

这时，刘邦和项羽作战，接连失败，退到荥阳。刘邦命令韩信率领的主力军到荥阳加强守备。韩信只好带了剩下的一万余人东下井陉攻打赵国。赵王歇和赵军统帅成安君陈余集中20万兵力于太行山区的井陉口，抢先占据有利地形，准备与韩信带领的一万多人决战。

韩信分出两千骑兵，半夜迂回到赵军大营的侧后方埋伏。天明后，韩信自己率主力军到河边背水列阵。赵军一看汉军人数很少，地理位置也不好，立刻倾巢而出，将全部兵力都投入战斗，想要一下子打垮汉军。预先伏下的两千轻骑轻易地攻入了赵军空营，插

上汉军红旗。

赵军陷入腹背受敌的境地，前面的汉军是背河而战，无路可退，所以人人拼死作战，而后面的赵军大本营失守，因此赵军军心大乱。韩信趁势反击，大破20万赵军，斩杀赵军统帅陈余，生擒赵王歇。

刘邦退到荥阳之后，两军在荥阳一带对峙。项羽派兵侵扰汉军的运粮通道，最终将荥阳的汉军围困起来。刘邦只好向项羽求和，提出以荥阳为分界线，荥阳以西为汉。

项羽想答应刘邦，但范增却不同意，说现在正是消灭汉军的好时机，如果错过这个机会，放虎归山，就后患无穷了。项羽于是又加紧攻打荥阳。刘邦走投无路，就采用了另一个谋臣陈平的离间计。

陈平，阳武（今山东）人，与张良一样属于黄老派。年轻的时候家徒四壁，游手好闲，为了混点酒食帮人料理丧事过活。一次举行社祭，他负责分祭肉，分得很公平，人人夸奖，他叹息说："如果让我主宰天下，也一定会和分祭肉一样公平。"

天下大乱后，陈平先投陈胜，又投项羽，都没有得到重用。楚汉相争时，陈平得罪了项羽，渡河去投奔刘邦，船家看他相貌堂堂，衣饰华丽，以为是有钱的贵公子，打算谋财害命，陈平看出他们不怀好意，故意脱下衣服同他们一起划船，让划船的知道他身无分文，才保住了性命。陈平找到刘邦后，两人一番密谈，他为刘邦夺得彭城立下大功，被任命为都尉，监管全军人员调配。

陈平使计，当项羽派使者来劝刘邦投降时，就让人先摆出盛情款待的样子，送去好酒美食，见了使者，故意惊奇地说："我们听说是亚父的使者来了，原来是项王的使者啊。"接着就将美食撤了下去。

使者大怒，饭也没吃，回去告诉项羽，项羽信以为真，从此不再听取范增的意见。他怀疑范增背叛自己，私下和刘邦交往。范增得知内情，勃然大怒，对项羽说："既然你不相信我，我还是回老家吧！大王自己多保重。"范增赌气离开了项羽，但没能到达彭城，就气得病死在半途中。

范增走后，项羽加紧进攻荥阳。刘邦的大将纪信和刘邦长得有点相似，于是自告奋勇，冒充刘邦向项羽假投降。纪信乘坐着刘邦的车出东门，所有的楚军都跑来看汉王投降，刘邦则趁机从西门逃出城去，项羽一气之下将纪信烧死。

项羽和刘邦在荥阳东北部的广武山一带对峙，时间长达几个月之久。项羽的粮草供应常遭到汉军袭击，为了尽早结束战斗，同时迫使刘邦投降，项羽就把原先俘获的刘邦的父亲押到了两军阵前，他对刘邦说："你如果再不投降，我就把你的父亲煮了吃！"

刘邦回答道："我和你怎么说也是拜把子兄弟，所以我的父亲就是你的父亲了。如果你一定要煮了我的父亲，那就请便吧。不过，别忘了给我也留一碗肉汤。"项羽无可奈何，只好又将他的父亲带回去。

两军对峙时，项羽提出与刘邦单独决斗。刘邦回答说："我和你只斗智，不斗勇。"

刘邦当着两军的面，大骂项羽有十大罪状，并说："我现在率领众将领来诛杀你这残忍的逆贼，何必非要和你单独决斗呢！"

项羽怒不可遏，趁机射了刘邦一箭，正中刘邦的胸部，中箭之后，刘邦不敢让军士知道自己受重伤，立刻捂住自己的大脚趾，大声呼痛，逃过死劫。

在对阵了十多个月之后，项羽兵源缺乏，粮草不足，刘邦逐渐占了上风。双方立下了停战协定：楚汉以鸿沟（今河南荥阳中牟、开封一带）为界，东西分治。协定达成之后，项羽将刘邦的父亲和妻子送还。项羽领兵返回楚国，张良和陈平则极力劝说刘邦趁机灭掉项羽，不要放虎归山。

公元前 202 年，刘邦的军队在固陵（今河南太康西）追上了项羽，然而，韩信和彭越的军队还没有到达。项羽向汉军猛烈反击，将汉军击溃。刘邦只得坚守不出，不断催促韩信带兵来汇合，却收到韩信要求当齐王的信，刘邦勃然大怒，当着信使的面破口大骂。坐在他身边的张良和陈平一人踢了他一脚，刘邦立刻反应过来，转了口风说："要当就当真的，当什么假的。"立刻封韩信为齐王，并封另一个也在观望中的大将彭越为梁王。这样两人才率兵来汇合。

同时，楚大司马周殷也被刘邦派人劝降，淮南王英布也领兵赶来会师。汉军会合各路援军共 30 万，把项羽围困在垓下。

一天夜里，韩信用计，让围困项羽的汉军唱起了楚国苍凉的歌，楚军想起家乡，军心动摇，半夜里就有很多人逃跑了。项羽以为汉军已占有全部楚地，万念俱灰。他在帐营中和虞姬饮酒话别，乘着酒兴慷慨而歌："力拔山兮气盖世，时不利兮骓不逝。骓不逝兮可奈何，虞兮虞兮奈若何！"

虞姬唱道："汉兵已略地，四地楚歌声。大王意气尽，贱妾何聊生。"虞姬不想拖累项羽，含泪自刎。项羽率领 800 骑兵趁夜突围。

第二天早晨，汉军才发现项羽已经突围而去，灌婴率骑兵火速追击。项羽渡过淮河后，身边只剩下了 100 人，到达阴陵时，慌不择路，韩信事先安排了一个人假装给他们指路，结果把他们骗进了大沼泽。从大沼泽出来后，在东城被灌婴的 5000 骑兵追上，一番血战后，只剩下 28 个人了。

项羽又和汉军激战三次，杀伤几百汉军后，再次突围而出，但只剩他单人孤骑了，一直跑到了长江北岸的乌江（今安徽和县），乌江亭长正划着一条小船在江边等他，劝他赶快渡过乌江，重整旗鼓。项羽惨然大笑，说："我带了八千江东子弟兵打天下，到今天只剩我一个人还活着，那有脸面去见江东父老。这是天要亡我！"他不忍心和自己征战多年的战马被汉军杀死，将战马送给了乌江亭长。

项羽转身面对汉军，毫无惧色，杀死数百人后已是精疲力竭，但是汉军也早已被他的悍勇惊吓，一时间也不敢再冲上来。看到汉军中有一个熟人，项羽大笑道："我认识你，我的头价值千金，看在相识一场的分上，我的头就送给你了！"说罢横剑自刎，年仅 31 岁。

至此，楚汉战争以项羽的失败而结束。

"生当作人杰，死亦为鬼雄，至今思项羽，不肯过江东。"这便是宋代女词人李清照为慷慨悲壮的末路英雄送上的一首挽歌。

称帝建汉

公元前 202 年二月初三,刘邦在山东定陶汜水举行登基大典,定国号为汉。同时,封吕氏为皇后,儿子刘盈为太子,定都长安。

汉朝继承了秦朝大部分的制度,但是采取的是郡县制与分封制并行的办法,与秦朝的残酷刑法和严厉的治国思想不同,汉朝采取清静无为的黄老思想为治国的指导思想,中央是三公九卿,地方是郡县制。

除了郡县制外,汉朝还采用封国制,即分封诸侯王到地方建立诸侯国和王国。最初,除了同姓王之外,还分封了七个功臣为异姓王,同时规定:诸侯王国的政治地位等同于郡,中央政府派相国辅佐各诸侯王,相国是中央的官吏,不准与各诸侯王勾结对抗中央,否则就要以"阿党附益"的重罪处罚。同时,还分封了一些侯国,地位和县等同,主要是封给建国功臣们。这样,诸侯国和郡县并立,因王国和诸侯有自己独立的司法审判权,从而使得后来的地方政治机制混乱不堪。

为了促进经济的繁荣发展,汉朝实行了"重农抑商"的经济政策。汉高祖下令释放囚犯、流民返乡、军人复员、解放奴婢、鼓励生育。同时,他又调整土地政策,发展农业经济。在秦的赋税制度的基础上,采取了轻徭薄赋政策。此外,还通过"赐爵""复爵"等手段来调动农民的积极性。对工商业的政策也做了调整,主要措施就是放宽对私人工商业的限制,振兴了工商业,同时也促进了农业生产。

经过一番整顿,汉朝国势渐渐好起来,人民安居乐业。但是刘邦却越来越觉得不安稳了。七个异姓王始终是横在他心头的七根刺。他患得患失,既怕他们起兵造反,也怕自己死后像秦国一样四分五裂。刘邦坐立不安。

汉初三杰之一,运筹帷幄、决胜千里之外的张良,在汉朝建立后就过上半隐居生活,没有争权夺利的野心;致力于安居乐业、国富民强的萧何对他忠心耿耿,也没有争天下的野心;只有叱咤风云、出奇制胜的绝世名将韩信,始终让他耿耿于怀,更何况韩信当年在楚汉之争中,在刘邦最危急的时刻,要挟过刘邦,并强迫刘邦封他为齐王。

刘邦首先把韩信由齐王改封为楚王。公元前 201 年,即高祖六年,朝中有人告发韩信谋反。陈平认为,韩信是当世名将,善于用兵,没人是他的对手,如果发兵攻打,无异于自找麻烦,以卵击石。不如假装巡游云梦,通知各个异姓王到陈县会面,韩信必定也会前来谒见,到那时,就可以轻而易举地把他抓起来。

韩信一到陈县,立即被逮捕。韩信大喊冤枉,他感慨道:"果然像人们说的那样:'狡兔死,走狗烹;飞鸟尽,良弓藏;敌国破,谋臣亡'。"

后来因为查无实据,不能乱杀以免激起所有旧人的恐慌,刘邦又赦免了韩信,但把他贬为淮阴侯。后来刘邦亲征匈奴,吕后怕韩信趁机谋反,采用萧何的计策,把他骗入宫中逮捕,然后斩首于长乐宫的钟室。韩信死前叹道:"成也萧何,败也萧何!"

刘邦的同乡卢绾，自刘邦浪迹沛县市井之时，就是刘邦患难与共的朋友。卢绾是富户，一直死心塌地追随刘邦，为他提供粮饷。称霸战争时是刘邦的亲信和心腹，建国后被封为燕王。但最后刘邦怀疑他私通匈奴，有谋反的嫌疑。最终逼得卢绾真的逃亡匈奴。

赵王张耳本是刘邦的女婿，也因涉嫌谋反被废除王位，贬为宣平侯。

韩信被杀不到三个月，刘邦灭了陈豨，回到洛阳，又有彭越的手下人告发彭越谋反。刘邦听到这个消息，派人把彭越逮住，下了监狱。彭越是韩信之后最有名望、最有军事才能的大将，后来因为没有查到彭越谋反的真凭实据，就把他贬为平民，遣送到蜀中。

彭越去蜀中的路上，遇到吕后回京，于是他苦苦央告吕后在刘邦面前替他说句好话，让他能回自己的老家。吕后一口答应，她把彭越带回洛阳。吕后见到刘邦就对他说："彭越是个枭雄，把他送到蜀中，这不是放虎归山，自找麻烦吗？"

刘邦恍然大悟，于是杀了彭越，并将他的尸体剁成肉酱，再派人分赐给各位诸侯和功臣品尝，以示威胁与警告。功臣们因此更加胆战心惊。彭越事件后，淮南王英布自知不能幸免，被迫铤而走险，起兵反叛，最后兵败被杀。

这样，在汉朝建立的短短七年之内，刘邦就利用各种借口，将除偏守南方而又势力弱小的长沙王吴芮以外的所有异姓诸侯王相继铲除。对于六国的残余贵族，汉高祖也同样没有忘记要消除他们。公元前198年，他接受娄敬的建议，把六国的残余贵族和各地的一些名门豪族十几万人都迁到了关中。这样一来，就可以对他们进行有效的控制。

萧何看穿了刘邦的心意，为了自保，他故意败坏自己的名誉，强买强卖长安附近的土地，装成贪财好利的样子。但是刘邦还是觉得萧何权力太大，处心积虑地等待时机削弱他的权力。

公元前195年，萧何建议："长安地方狭小，而上林苑中空地很多，已经废弃。希望陛下能下令允许百姓进去耕作，不要把它变成了养兽的场所。"

刘邦听了大怒，认为对萧何下手的机会来了，于是，他说萧何是受了商贾的贿赂，才来为他们请求开放上林苑的，便不顾多年交情，下令把萧何逮捕，关进监狱。

过了几天有人问他相国犯了什么大罪。刘邦解释说："我听说李斯做秦始皇的相国，有功都归于秦始皇，有坏事都算在自己头上，现在相国不仅接受商贾的许多贿赂，还请求开放我的上林苑，讨好百姓，所以我把他关进监狱治罪。"

过后不久，刘邦又释放了萧何，但他已经失去了从前的权力了。

晚年，刘邦宠幸戚姬而疏远吕后。戚姬的儿子叫如意，刘邦对他十分钟爱，而大儿子刘盈从小宽容敦厚，刘邦怕自己死后吕后专权，有心立如意为太子。他在朝堂上提出很多次，旧臣认为不可行，纷纷反对。刘邦大发雷霆，不料周昌坚决反对，并说如果改立太子，就先杀了他。刘邦无奈，拂袖而去。

周昌是出名的谏臣，直言大胆，宁折不弯。

据说有一次周昌有事去见刘邦，正好碰见刘邦和姬妾在屋里喝酒，周昌扭头就走，刘邦乘着酒兴追出来，骑着周昌的脖子问他："你说说我是个什么样的皇帝？"

周昌气得脸色铁青，结结巴巴说："像夏桀、商纣王一样，是个暴君！"

刘邦哈哈大笑,也没追究,让他走了。

所有的大臣都不敢违刘邦的意,只有周昌据理力争,以死要挟,不换太子。刘邦拂袖而去后,在后面偷听的吕后走出来向周昌跪下表示感谢,她含泪说:"今天要不是先生,我们母子将来就死无葬身之地了!"

为了巩固儿子的太子地位,吕后千方百计逼求早已不问世事的张良出山。张良无奈,最后答应为汉朝出力。

一天,宫中大摆筵席,四位须发皆白的长者,肃立在太子刘盈身后,刘邦得知他们就是"商山四皓"。汉朝建立后,刘邦千方百计想要网罗德高望重的"商山四皓",为治理国家出谋划策,但"商山四皓"始终不肯答应。刘邦万万料不到他们竟然被张良说动出来辅助太子刘盈。询问原因时,"商山四皓"说:"因为太子天性仁厚,是个好皇帝,早就天下归心。"

听了这话,刘邦心里明白太子根基已定,如果废除,争权夺利,天下就会大乱。他回宫后只好无奈地劝慰戚姬。刘邦知道自己百年之后吕后不会放过戚姬和如意,为了保护儿子,他封如意为王,派往外地,又让周昌辅助。

公元前196年,刘邦在平定英布叛乱时被箭射中,在回长安的路上箭伤开始发作,回到长安后病情已经很严重。刘邦问太医自己的病情如何,太医说能治。但刘邦听了太医的口气,知道自己命在旦夕,就说:"我一介草民,手提三尺剑,居然能得天下,就是天命。现在天要我死,就是神医扁鹊来了也没有用!"说完赏赐太医五十金打发他走了。

刘邦知道自己已经不行了,便开始为自己安排后事。为了确保汉朝万世的江山,刘邦召集群臣,特意宰了匹白马,与群臣歃血为盟:"从今以后,非刘姓者不能称王,违背此约者,天下共起而击之!"

在病榻上,吕后问他人事上的安排:"萧何死了后,由谁来接替相国?"刘邦说曹参。

吕后问曹参之后又由谁接替,刘邦说:"王陵可以,但王陵智谋不足,可以由陈平辅佐。陈平虽然有智谋,但不能断大事。周勃虽然不擅言谈,但为人忠厚,日后安定刘氏江山为国立功的肯定是他,让他做太尉吧。"

吕后又追问多年之后怎么办,刘邦有气无力地说:"以后的事你也不用知道了。"

刘邦死于公元前195年,即高祖十二年四月二十五日。葬于长陵,谥号为高皇帝,庙号是高祖。刘邦死后,吕后之子刘盈为帝,即孝惠帝。

汉高祖不通文、不通武,但能役使天下英雄为犬马,虽曰天命,也得益于他容人、识人、用人的度量。观他打天下、治天下,所用之策虽皆出自臣下,但如果不是由于他的英明正确、智虑深远,也难以致用。一个成功的君主不一定要有非凡的才能,关键是用对人、用好人,汉高祖为后人提供了一个最鲜明的例证。战国以后不断有平民出身的大臣涌现,但像西汉立国时那样,君臣将相均为平民出身则是前所未有的,刘邦以自己的传奇为后世的野心家树立了最好的榜样。

开疆拓土

——汉武帝刘彻

名人档案

武　　帝:名刘彻,景帝子,属猴。性情暴烈而有霸气,志向远大、雄才大略。景帝死后即位。在位54年。病死,终年71岁。

生卒时间:公元前157年~公元前87年

安葬之地:葬于茂陵(今陕西兴平市东北)。谥号孝武皇帝,庙号世宗。

历史功过:他把汉朝推向了一个极盛时期,他的主要功业是开拓疆土,称雄东方。可是他也有两大罪孽。一是罢黜百家、独尊儒术,给历代统治者找到了专制思想武器,使中华民族禁锢了两千年,长期难以摆脱其影响。二是穷兵黩武,耗尽国力,使大汉国力大损。

名家评点:儒术定国,改革政体。开拓疆域,穷兵黩武。追求永年,晚年落寞。其命运很像始皇。

登上帝位

景帝前元元年(前156)七月,春华秋实,正是金秋收获时节。

武帝就在这时来到人世。

他的父皇景帝刘启已经32岁了,但登基才一个月。他给新生儿取名曰"彘"。彘,今名猪。景帝怎给儿子取此等贱名?魏晋时人托名班固撰的《汉武帝内传》说,一日,景帝

在崇芳阁少憩,梦见一头红毛猪,醒来找卜者姚翁解梦,姚翁说此阁中将产生一位伟人,为汉家盛世之主。于是,景帝改崇芳阁为猗兰殿,吩咐武帝生母王娡搬进去住,遂生武帝。遂取名"彘"。此说荒诞不经,景帝给儿子取此名盖如后世给婴儿取阿狗、阿猫之类那样,用意在于命贱易活。

4岁那年上,刘彘被封为胶东王。

此后不久,刘彘的启蒙教育便开始了,景帝派人教他学写字。当然,一天学不了几个字,更多的时间是尽情玩耍。

他还不知道,一桩改变他一生命运的姻缘落在了他的头上。

促成这桩婚事的,是馆陶长公主。

馆陶长公主姓刘名嫖,景帝的大姐,下嫁给堂邑侯陈午,生有一女,叫陈娇。馆陶长公主想把女儿许配给皇太子刘荣,以便将来女儿能出人头地。不曾想,刘荣的生母栗姬竟一口回绝了,原因很简单,馆陶长公主时常引荐一些美女给景帝,景帝有了新欢,自然就冷落了别的嫔妃。别人倒还耐得住寂寞,栗姬生性好妒,心中恨透了馆陶长公主,如今见她来求婚,就摆出一副皇太子生母的架子,回绝了,以泄怨恨。栗姬心中好不痛快,岂不知此举惹下了大祸,她后来为此付出了惨重的代价。

馆陶长公主碰了钉子,自是愤懑不已。虽说她的丈夫陈午只是个堂邑侯,且这侯爵还是祖父陈婴出生入死挣下的,陈午只是坐享其成而已。可她是当朝天子的姐姐,老母窦太后的掌上明珠。栗姬如此不给脸面,怎不惹她恼怒? 她暂且按捺下怒火,从长计议,慢慢算计栗姬不迟。

给刘荣做妃子是不成了,馆陶长公主打算从亲王中物色一个,最后相中了刘彘。她向王娡求婚,王娡是个有心计的女人,这等大好姻缘做梦都不曾有,赶紧答应下来。

刘彘与陈娇都还年幼,自母亲定下他们的婚事后,两家来来往往,二人两小无猜,倒很合得来。托名班固撰的《汉武故事》说,有一次,馆陶长公主把小刘彘抱在膝上,逗他:"想要个媳妇吗?"刘彘嬉笑道:"想。"左右有侍女若干,馆陶长公主一一指着问刘彘,刘彘都说不喜欢。最后,馆陶长公主指着爱女问她:"阿娇好不好?"刘彘这才笑着说:"好! 如果给我当媳妇,我就造座金屋给她住。"这便是"金屋藏娇"故事的由来。当然,这事不一定可信。不过,年仅五六岁的刘彘自然不会喜欢大他十几岁的那些侍女,喜爱与自己一同嬉闹玩耍、年龄又相仿的陈娇,也是情理中事。

就在这时,后宫嫔妃之间展开了一场明争暗斗。

导火线是薄皇后被废。

薄皇后是靠了景帝祖母薄太后而正位中宫的,景帝不喜欢祖母的这个娘家女。薄皇后无子无女,这原因可能在她本人,更有可能是景帝绝少与她同床共枕。她的皇后位子一开始就不稳,只是靠了薄太后才勉强维系着。薄太后一死,景帝很快就废了她。

谁将成为景帝的第二任皇后?

栗姬最有希望。她正得景帝之宠,更重要的是她的儿子刘荣已被立为皇太子,母以子贵,乃古之通例。栗姬自以为皇后那顶凤冠非她莫属,万分得意。

她高兴得太早了。馆陶长公主决计要报昔日拒婚之仇，见了景帝就百般诋毁栗姬。景帝绝非那种轻信谗言之君，馆陶长公主与栗姬的恩怨，他也知晓，故对馆陶长公主的话只是姑妄听之而已。凭馆陶长公主一人之力，很难扳倒栗姬。问题是算计栗姬的并非馆陶长公主一人，那些自以为有问鼎实力的，还有妒忌栗姬的嫔妃，也都不忘寻机诽谤栗姬几句。众口铄金，不怕景帝不信。事情很快就有了转机。一次，景帝生病，栗姬在旁侍奉，景帝有些悲伤，对栗姬说，他万一有个三长两短，要栗姬善待诸皇子。栗姬心胸狭窄，且正恼恨到处败坏她的众嫔妃，出言不逊。至于她说了些什么，《史记》《汉书》没有记载，《汉武故事》说她骂景帝"老狗"，恐系揣测之辞。景帝大为不快，联想起馆陶长公主和诸嫔妃之言，觉得栗姬确实不配做那母仪天下的皇后。

刘彻的母亲王娡一直在悄悄地注视着这场皇后之争，窥伺景帝不满于栗姬后，大为亢奋，要再给栗姬以致命一击。她忖量自己出面会引起景帝的怀疑，就暗中指使人挑唆典客去奏请册封栗姬为皇后。典客乃九卿之一，负责迎往送来、封爵授官等礼仪，皇宫内的恩恩怨怨，他岂能知？只觉得皇后之位不宜久空，遂上疏奏请立栗姬为皇后。景帝正对栗姬大失所望，典客此疏偏偏戳他痛处，不禁大怒，以"非所宜言"的罪名杀了典客。接着，又颁诏废太子刘荣为临江王。

贬刘荣，实际上是要断栗姬的皇后梦。栗姬不仅功亏一篑，且连累了儿子，恚恨而死。

刘荣一废，皇太子位空缺，又一场角逐开始了。

景帝共有14个儿子，除去刚被废黜的刘荣，还有13个竞争者。他们当中，刘彻最有实力。刘彻机敏过人，连景帝都为之惊奇。除自身的条件外，他还有未来的岳母馆陶长公主的鼎力相助。自从把爱女许配给刘彻那天起，馆陶长公主就打算搞掉刘荣，代之以刘彻。现在，刘荣被废，她不遗余力地为刘彻活动。刘彻的生母王娡也竭力为他谋划，况且儿子的富贵也就是她的富贵。

最后，景帝终于拿定主意，立刘彻为嗣。

前元七年（前150）夏四月，景帝诏立王娡为皇后。12天后，又颁下一诏，立刘彻为皇太子，并给他改名"彻"。彻，圣彻过人之意。

这年，刘彻年方7岁。

太子乃储君，身系江山安危，故历代无不重视对太子的教育，景帝亦然，他任命忠厚老实的卫绾为太子太傅，教育刘彻。卫绾升任御史大夫后，景帝又任命儒士王臧为太子少傅。除了读书学习外，景帝有时还让刘彻参与一些军国大政，以便在实践中锻炼他的能力。

刘彻16岁那年上，景帝病逝，享年48岁。

国不可一日无君。刘彻在景帝病逝当天即皇帝位。他死后的谥号为"武"，史称汉武帝。

独尊儒术

君临天下的武帝,首先面临的问题,是转变统治思想。

用什么思想来取代"无为而治"?

从当时的情况来看,儒家思想最有竞争力。

诸子百家,有一套治国理论的法、儒两家而已;墨、道、阴阳、杂、兵、纵横、名、农诸家,仅在某些方面提出了某些主张。鉴于亡秦之教训,法家那一套已被否定。可供选择的,实际上仅有儒家。

儒家还有一个优势:朝中多儒。

翻检《汉书·百官公卿表》,武帝即位之初,在丞相任上的是窦婴,太尉为田蚡,御史大夫是赵绾。窦、田都热衷儒学,赵绾乃名倾天下的儒学大师、鲁人申培的弟子。三公是清一色的儒者。九卿中,郎中令王臧也是申培的弟子;中尉张欧虽学过法家那一套,然其人忠厚,行事更像个儒者;太仆灌夫,一个侠客般人物;太常许昌、大行令光,思想倾向失载。九卿可考者五人,一个儒家,一个行类儒者。三公九卿中,儒家者流占了优势。

两个优势加在一起,给儒学崛起提供了一个绝好时机。

机不可失,在王臧、赵绾的策划下,一场尊儒活动在建元元年(前140)拉开了帷幕。窦婴、田蚡予以积极支持。年过80的申培也被礼请到长安做顾问。

然而,此举得罪一个人,她就是武帝祖母、太皇太后窦氏。这位拥有监国权的老太后亲身经历过黄老思想指导下的"无为而治",始终坚信这是最好的治国思想。她双目早已失明,但两耳不聋,脑子也还清晰。王臧、赵绾、窦婴、田蚡的活动,很快就有人密奏给她。王、赵、窦、田也知道他们犯了太皇太后之大忌,密谋之后,决定来个先下手为强,由赵绾出面,奏请武帝凡事不必向太皇太后请示,要自行决断。王、赵、窦、田四人精明过人,这次却委实小瞧了老太后。很快,从太皇太后的长乐宫传出一旨,要武帝处置王、赵、窦、田四个"祸国乱制"的罪人。武帝岂敢抗命?遂将王臧、赵绾投进死牢,窦婴、田蚡免职,把申培打发回老家。这是建元二年(前139)的事。

尊儒的首次尝试就这么失败了。

第五年(前135)的五月,太皇太后寿终正寝,武帝亲掌国政。

怎样才能把国家治理好?这位22岁的年轻皇帝不时陷入深思之中。最后,他决定按照先帝的做法,向那些有名望有德才的文人学士——当时叫"贤良方正"——请教。元光元年(前134)五月,100多名文人学士应征到长安,接受武帝的策问。他们当中有一位来自广川(今河北景县)的儒生,名叫董仲舒,是研究《公羊传》的。他给武帝上了著名的《天人三策》,请求罢黜百家,独尊儒术。武帝终于被说动了,诏准。

元光元年,儒学史上一个最重要的年份。儒学从此登上了中国思想的统治舞台,历2000多年,直至清朝的大龙旗落下。

不过，武帝也不是完全用儒学来治国，他实行的是"阳儒阴法"，即表面上是儒学那一套，满口仁义道德，骨子里却是法家那一套，严刑峻法。法治在"独尊儒术"后明显地强化，一批新的律令制订、颁布，法网更密，执法者的几案上摆满了法律文书，连他们都不能遍睹。这批新的律令主要是针对官吏的，因为武帝明白："明主治吏不治民。"一国之君难治一国之民，贤明的君主应把精力放在官吏的管理上，通过他们来间接地统治百姓。武帝一朝的立法活动，几乎都是针对官吏的。武帝一朝，杀了5个丞相，5个御史大夫，1个太常，3个少府，1个郎中令，2个卫尉，1个大鸿胪，1个大农令，凡19人。这仅仅是三公九卿中的大员，其他官吏被杀的就更多了。严刑峻法，使得酷吏辈出。《汉书·酷吏传》收录以杀戮立威的酷吏14人，武帝一朝便占了9人；还有2个最有名的酷吏，单独立传，一是张汤，一是杜周。若再加上他俩，则16个酷吏中，有11人出在武帝朝，占酷吏总数的69%。

武帝厘定的"阳儒阴法"，被他的曾孙宣帝刘询称为"汉家故事"。实际上不独汉代，后世封建王朝也大多因循这一做法。

强化皇权

强化皇权的第一项措施，是打击地方割据势力，目标有两个，一是诸侯王，二是豪强大族。

对于诸侯王，除了诛杀图谋不轨的淮南王刘安、衡山王刘赐、江都王刘建等人外，主要是颁布了一项新的法令：推恩令。

推恩令是主父偃提出来的，他是临淄（今属山东）人，少学纵横家言，晚乃学《易》《春秋》，书读了不少，却没求得什么功名，最后孤注一掷，诣阙上书。武帝看了他的大作，挨不到明日，当晚便召见，拜为郎中，不到一年，连升四级，成为中大夫。第二年，即元朔二年（前127）正月，主父偃提出了推恩令：诸侯王国，除了诸侯王的长子继承王位外，其他儿子可以裂地而分封为侯。名义上是"推恩"于诸侯王的其他儿子，实质上是分化、削弱诸侯王国。因为，一旦封侯，地盘就要从王国中分离出来，划归附近的郡管辖。从《汉书·王子侯表》看，从元朔二年正月以后，16个王国中，王子封侯的就达154人；最多的是城阳国（都莒县，今属山东），有33人。这样，兼有数郡、连城数十的王国被一块块分割出去，仅剩下区区数县，难成什么气候了。

此外，又重申了《左官律》《阿党法》和《附益法》。《左官律》规定，王国官吏低于同级的中央皇朝官吏，且他们不得再到中央做官。《阿党法》禁止王国官吏阿附诸侯王。《附益法》严禁为诸侯王谋取私利。这三条律令汉初已有，此番仅是重申，要求严格执行。

对付豪强大族的办法有两个，一是迁徙，二是诛杀。

迁徙是个传统办法，汉初，刘敬就向刘邦提出把六国贵族后裔和豪强大族徙入关中。如此，一来可以增加中央直辖的关中地区的人口；二来把他们从他们势力盘根错节的故

乡迁到京畿地区,易于控制。刘邦依计而行。武帝迁徙的对象与曾祖时有所不同,以资产为标准,凡是家产300万以上者,一律迁到他的茂陵附近;另外,凡是二千石以上的大官,也一律把家迁到茂陵附近。全国总共迁去了16000户。在茂陵附近,设了个茂陵邑,编制相当于县。

迁徙还算是一种较温和的手段,另一手诛杀就残酷多了。武帝朝的酷吏,大都靠诛杀豪强大族而出名。有个叫王温舒的酷吏做河内(郡治怀县,今河南武涉西南)太守时,抓了豪强大族1000多家,或灭族,或诛其首恶,血流10余里。

强化皇权的第二项措施,是组建中朝。

这项措施,实际上就是以臣制臣。武帝把才学出众、思维敏锐、能言善辩且比较年轻的严助、朱买臣、主父偃、兒宽等人,任命为中大夫,又给一批他赏识的人加官给事中、侍中,让这两种人在身边侍奉,帮他出谋划策、赞襄辅弼。于是,中大夫和加官给事中、侍中的官员就组成了一个新的权力中枢,因他们都在宫中供职,被称为"中朝"。中朝成为决策机构,而以丞相为首的外朝,变为执行机构。中朝官品秩不高,易于驱使;他们大都年轻气盛,血气方刚,如不怕虎的初生牛犊,直凌丞相、九卿等一班老臣出其上。

强化皇权的第三项措施,是加强监察。

在这个方面,最重要的是设置13州刺史。

那是在元封五年(前106),武帝下令废止从前的监御史,改置13州刺史。这13州刺史分别是豫州刺史、冀州刺史、兖州刺史、徐州刺史、青州刺史、荆州刺史、扬州刺史、凉州刺史、益州刺史、并州刺史、幽州刺史、朔方刺史和交趾刺史。每州刺史监察数郡,监察对象主要是二千石大员,即二千石的郡太守、诸侯国相,相当于二千石的郡国都尉;其次是他们的子弟;再次是豪强大族。从监察的范围来看,对二千石的监察重在他们是否恪守诏令,公正地行使职权;对他们子弟的监察重在是否靠他们的权势谋取私利;对豪强大族的监察则重在他们是否兼并民田,欺凌小民。每年八月,刺史乘车巡行所察郡国,岁末回京,将情况上奏。刺史品秩仅六百石,但监察的却是二千石大员,秩卑而权重。若刺史品秩过高,权力又大,则刺史本人就难以控制了。武帝以后,刺史地位提高,权力膨胀,成了一股分裂割据势力。实践证明武帝比他的子孙高明。

强化皇权的第四项措施,是建设官僚队伍。

首先是广开仕途。

汉初的察举,到武帝时制度化,且新增了几个科目。首先是孝子、廉吏,这两个科目又往往合称"孝廉"。从武帝起,孝廉成为察举最重要的科目,又叫"察廉举孝"。察廉是考察官吏,提拔。重用那些清正廉洁的;举孝是推举民间的孝子贤孙出来做官。元光元年(前134),武帝诏令每个郡和每个诸侯王国要推举孝、廉各一人。第七年上,又颁布一道诏令:不认真推举孝子贤孙的,以"不敬"论处;不认真举荐廉吏的,罢官。按照汉律,"不敬"是死罪。从此以后,孝廉成为清流之目,汉代官吏大多由此进身。

孝廉之外,还有秀才一科。秀才,即优秀的人才,东汉时避光武帝刘秀讳,改称"茂才"。故在东汉人班团的《汉书》中,都作"茂才"。

孝廉、秀才是武帝新设的科目，汉初的贤良方正一科仍沿用。这样，察举的范围就扩大了。

在察举之外，还有很多选官方式，如：

征辟。皇帝、三公九卿、郡国守相直接征聘优秀人才为吏。

博士弟子。经过考试，博士官的弟子可以做官。

上书拜官。无论谁人，都可以上书言得失，武帝亲加审阅，从中发现人才。

任子。这是汉初就有的制度，吏二千石以上，任职满3年，子弟一人可以做郎官。武帝保留了这项措施。

武帝的方针，是尽可能地通过各种途径，把各种各样的优秀人才都选拔出来。凡有一技之长的，在武帝朝，都有条件、有机会出来做官。

但是，这些人的才干也有优劣高下之分，还存在一个如何使用的问题。在这第二步棋上，武帝的高招是：量能使用。如果真有才干，武帝往往破格重用，有个叫汲黯的大臣说武帝用人就好比堆木柴，后来者居上。他是濮阳（今属河南）人，刚直粗俗，官位久久不得升迁，眼见比自己低得多的小吏一个个被提拔起来，就发了这句牢骚。不过，他这句牢骚也的确道出了武帝用人的方针。前面提到的那位临淄人主父偃，以上书而拜郎中，一年之中又连升四级。

广开仕途，量能使用，使得武帝一朝人才济济，班固在《汉书》中说，汉朝人才最多的时期，就是武帝一朝。

开通西域

古时居住在汉族周边的少数部族，被称为"四夷"。武帝一朝用兵的重点，就是"四夷"，重大军事行动有以下几项：北伐匈奴，南平两越，东定朝鲜，开西南夷，通西域。其中，北伐匈奴又是重中之重，是武帝一朝历时最久、用兵最多的军事行动。

战事是从元光二年（前133）拉开序幕的。

这年，马邑（今山西朔县）人聂壹献计，利诱匈奴人南下，伏兵围歼。武帝批准了这个方案，出动30万大军，埋伏在马邑附近的山谷中，然后让聂壹以献马邑城为诱饵，把匈奴人引进包围圈。这时，统治匈奴的是军臣单于，他在领兵南进的路上，识破了汉军的妙计，慌忙退兵。

从此开始，汉、匈的"和亲"破裂。

4年后，即元光六年（前129），武帝发动了第一次北伐。

汉军4万精锐骑兵，分4路北上：

车骑将军卫青从上谷（郡治沮阳，今河北怀来东南）出击；

骑将军公孙敖从代郡（郡治代县，今河北蔚县东北）出击；

骁骑将军李广从雁门（郡治善无，今山西右玉南）出击；

轻车将军公孙、贺从云中(郡治云中,今内蒙古托克托东北)出击。

4 路大军在东西千余里的战线上,同时发起攻击。

卫青麾兵北上,深入匈奴腹地,一直打到龙城(今内蒙古锡林郭勒盟西乌珠穆沁附近)。龙城是匈奴的"圣地",每年五月,匈奴人大会于此,祭祀天地、祖先与鬼神。卫青斩首生俘 7000 余人,凯旋而归。公孙敖却被匈奴打得大败,1 万骑兵损失了 7000 多。

李广更惨,被匈奴活捉,在被押送去见军臣单于的路上,夺得一匹马逃回。公孙贺一路没寻着匈奴,徒劳而返。

4 路大军唯卫青一路立功,卫青从此脱颖而出。

卫青是个私生子,他的母亲卫媪是阳信公主府中的婢女,已有 4 个儿女,又与在阳信公主府当差的郑季私通。生了卫青。郑季任职期满,撇下卫媪、卫青,回了平阳(今山西临汾西南)老家,卫媪一人含辛茹苦,抚养卫青。待他稍大一点,就打发他去找亲生父亲。几个同父异母的兄弟不把他当人看,受尽了苦难,就又逃回了母亲身边。长大成人后,卫青成了阳信公主的一名骑奴——骑马扈从的奴隶。过了几年,他的三姐卫子夫入宫,受到武帝宠幸,卫青也摆脱了奴仆身份,成了武帝身边的官吏。这次北伐,武帝慧眼识英才,又把他提升为车骑将军。

从此,卫青成为北伐匈奴的主帅。

元光六年这一仗,匈奴人占了上风,军臣单于得意起来,要再给武帝君臣一点儿颜色看看,接连出兵南下。

武帝也决计以进攻来解决问题。

元朔元年(前 128)秋,武帝命卫青率 3 万骑兵从雁门出击,又命将军李息率一支人马从代郡北进,与卫青互为犄角。卫青斩杀数千匈奴兵,李息则无功而还。

第二年,武帝调整了战略,决定先夺取"河南地"(今内蒙古河套南伊盟一带)。此为匈奴人的发祥地,水草丰美,距长安也近,直线距离仅 700 公里。秦将蒙恬曾攻取此地,秦末战乱,驻守上郡(郡治扶施,今陕西榆林南)的 30 万秦军奉调去镇压项羽、刘邦等,匈奴人乘机把它夺回。武帝决定攻取"河南地",解除匈奴对长安的威胁。这一重任又交给了卫青,他率李息等将从榆溪塞(今陕西榆林东北)北上,抵达云中,突然挥师西进,攻占了高阙(今内蒙古临河西北石兰计山口),切断了驻牧"河南地"的匈奴楼烦王、白羊王与以北匈奴的联系。接着,卫青移师南下,大败楼烦、白羊二王,俘虏数千人。楼烦王、白羊王丢下 100 多万头牛羊,带着残兵败将北逃。

匈奴政权分三部,单于居中,统领全族;东为左贤王,管领东部;西为右贤王,管领西部。"河南地"在右贤王的辖区。右贤王在新即位的伊稚斜单于的督责下,麾兵南下,想夺回这块风水宝地。

武帝决定组织一次大的战役,打垮右贤王。

元朔五年(前 124)春,卫青率 4 员大将从朔方出击。右贤王麻痹大意,以为汉兵不会深入漠北,喝得酩酊大醉。卫青麾兵急行军六七百里,在一个月黑风高之夜摸到了右贤王的大营附近,卫青一声令下,汉兵杀人。右贤王惊醒后,在数百名精骑的扈从下,突围

北逃。卫青俘获匈奴小王10余人,男女15000多人,牛马羊数百万头。

卫青以赫赫战功晋升为大将军。

在汉军的沉重打击下,伊稚斜单于北撤。北撤的确是良策,因为汉军决意消灭匈奴主力,匈奴南下,正好撞在汉军的枪矛上。撤到漠北,汉军若寻找匈奴主力,必定长途跋涉,兵马劳乏,而匈奴则可以逸待劳。伊稚斜北撤,也给了武帝一个时机,决定乘北部边塞无患之际,腾出手来,发动河西之役。

河西,即河西走廊,地势险要,匈奴屡次从此入寇。占据河西的是匈奴浑邪王、休屠王二部。为了确保西北边陲的安全,河西一带,势在必争。

武帝把夺取河西的重任交给了霍去病。

霍去病也是个私生子,他父亲霍仲孺也是平阳人,也是去阳信公主府当差,与卫媪的女儿卫少儿私通,生下了他。论辈分,他是卫青的外甥。元朔六年,卫青北伐,霍去病以票姚校尉随从,立下殊功,显示了他的军事才干,武帝擢升他为骠骑将军,命他去收复河西。

元狩二年(前121)春三月,河西之役开始。

汉军仅出动1万骑兵,他们在霍去病指挥下从陇西(郡治狄道,今甘肃临洮)出发,一直打到焉支山(在今甘肃山丹东南)以西,行程千余里,俘杀15000多人。夏,霍去病再次带兵出击,一直打到祁连山,俘杀30200多人,仅匈奴小王就有70多个。浑邪、休屠二王遭到致命打击,又被伊稚斜单于怒斥,就打算降汉。霍去病统兵去迎,不料,休屠王反悔,浑邪王杀了他,带4万人降。

从此,河西走廊无匈奴踪迹。

接下来,武帝要解决漠北匈奴主力了。

元狩四年(前119),漠北之役开始。

是年夏,武帝集结了10万骑兵,又招募了4万人马,由卫青、霍去病分领;征调数十万步兵,转运粮草。卫青一路穿越大漠北上,与伊稚斜的主力遭遇,经过一场恶战,匈奴兵败,伊稚斜带了数百精骑,突围北逃,卫青统兵追击,一直追到寘颜山(今蒙古人民共和国杭爱山南面的一支)脚下的赵信城,也未能追上。霍去病一路深入漠北2000多里,遇上匈奴左贤王的大军,霍去病麾兵攻击,左贤王大败。

这次漠北会战,消灭匈奴兵90000人。伊稚斜主力损失殆尽,无力再南下攻掠。为征伐匈奴,汉朝也付出了巨大的人力、物力、财力,难以再对匈奴大规模用兵。此后,武帝一方面加强边防建设;一方面派出使者,想不战而屈匈奴之兵。但匈奴不肯归顺,且扣留了汉使苏武等人,苏武在荒无人烟的北海度过了19个春秋,坚贞不屈,直到昭帝始元六年(前81),汉匈和亲,才全节而归。

得知苏武被扣的消息,武帝知道兵不血刃是不行的了,又恢复了军事行动。这时,霍去病、卫青都已先后病死,李广利成为北伐主帅。他是李夫人的哥哥,没什么将才,再加上汉朝内部危机严重,始终没能取得什么战果。

武帝虽然没能彻底解决匈奴问题,但基本上解除了匈奴人的威胁。

北伐匈奴,还有一个"副产品",即张骞通西域。

为了断匈奴右臂,武帝招募智勇双全之人出使西域,联络大月氏人,夹击匈奴。在应募的人中,武帝相中了张骞。

张骞是成固(今陕西成固张家村)人,当时是个郎官,智勇过人。与他一同应募的,还有堂邑氏的一名奴隶,叫甘父,匈奴族人,人称"堂邑父"。经过一番准备,建元三年(前138),张骞率一个有100多名随员的使团从长安出发,踏上了西行之路。出了陇西,再往西便是匈奴人的势力范围了。结果,他们被匈奴人俘虏。张骞在匈奴人那里呆了12年,匈奴人还硬塞给他一个匈奴族妻子,两人还生了一个儿子。但张骞始终没忘自己的使命,第十二年上的一天,乘匈奴人不备,他和堂邑父等逃了出来,日夜兼程,风餐露宿,躲着匈奴哨卡,向西行进,经大宛、康居,到达大月氏国。大月氏人原住在河西走廊,在匈奴人的侵逼下才西迁。这一带水草丰美,也很少有人敢侵凌他们,安居乐业,不想再与匈奴人打仗,谢绝了联手对付匈奴的建议。张骞在大月氏逗留了一年,最后只得东归。回来的路上,他们又被匈奴人俘获。一年后,军臣单于病死,匈奴内乱,才乘机与堂邑父和妻子逃了出来,回到了阔别13年的长安。随行的100多人只剩下他和堂邑父了。

张骞把一路上所见所闻,特别是西域各国的情况,整理成一篇800字左右的报告,呈给武帝。这篇保留在《史记·大宛列传》中的报告,是中国历史上对西域的第一次真实记述。张骞是打通西域的第一人。

元狩四年(前119),张骞又奉命带领一个300多人的使团,出使西域乌孙国。此次与第一次出使情况不同了,河西走廊已在两年前被霍去病将兵攻取,他们用不着躲避匈奴人,也不用为粮水而发愁,很快就到了乌孙。乌孙虽然不想与汉联手对付匈奴,却很想与汉结好。张骞又派副使出使大宛、康居、大月氏、大夏、安息、于阗等国,与他们建立了联系。张骞回国后一年病死,此后不久,他派往西域各国的副使也陆续回国。

这次出使之后,汉与西域各国正式建立了联系,双方使臣、商人来往日渐频繁,经济、文化交流加强。

张骞开通的西域之路,成为闻名世界的"丝绸之路"。

垄断财利

开土斥境,南征北伐,东进西讨,虽然戡定了边患,开拓了疆域,然所费不赀。一笔笔钱粮从国库中支出,到元朔二年(前127),国库已捉襟见肘。三年后,大司农奏报,国库已空。文景时期积累起来的财富告罄。

不设法缓解财政危机,不仅征伐战争难以继续进行下去,且会危及大汉江山。局势迫使武帝采取行动。

增加粮食生产,无疑是解决财政危机的根本方法之一。而增加灌溉面积,无疑又是增加粮食生产的根本方法之一。于是,一批水利工程纷纷上马。为修建这些水利工程,投入了十几个亿的钱物。但是,收益要在完工之后才能逐渐显示出来。武帝觉得收效太慢。于是,武帝开始卖官鬻爵。

卖官鬻爵收效快,马上可以见钱。但是,这无异于饮鸩止渴。买了官爵的人步入仕途,就得给他们发俸禄,卖官爵的钱财又分批还给了他们。卖官鬻爵只视钱财,不问贤愚,致使官僚队伍鱼龙混杂。而买爵到了一定级别,就可以不服役,又影响了徭役的征发。有鉴于此,武帝逐渐放弃了这个敛钱的法子,另找出路。

有个叫卜式的,是河南(今河南洛阳)人,家里很富有。汉军北伐匈奴时,他上书武帝,愿献一半家产以助军用。武帝对卜式的义举很不理解,让人问他,是不是想当官,卜式说不是;又问他是不是有冤案,卜式说没有;最后,卜式说他此举只是想为北伐匈奴尽微薄之力。丞相公孙弘说卜式居心叵测,武帝以为然,不再理睬卜式。然而,卜式又一再捐钱捐物,官府给他的奖赏,又全不要。武帝这才认识到卜式捐钱捐物是出于真心,他心想,像这般忠心爱国的,不会只卜式一人吧?决定大树卜式这个典型,劝民捐献。然而,大失武帝所望,芸芸富豪不仅无一人效法卜式,且乘机大发国难财。武帝的希望落空。于是,决定采取强制手段从富商大贾的口袋里往外掏钱。于是,有了算缗告缗。

算缗,就是向商人和手工业主征收高额财产税,商人每2000钱征税一算(120钱),手工业主每4000钱征税一算。隐匿应税物品不报的,或呈报不实的,罚戍边一年,没收全部财产。检举揭发偷税漏税的,奖励被检举者财产的一半,是为告缗。尽管惩罚很严,然而,意料中的隐匿不报、少报漏报还是很多。于是,武帝发动了一个告缗运动,派了一个叫杨可的人专门负责此事。很快,告缗运动就在全国轰轰烈烈地开展起来,中等以上的商人、手工业者大都成了被告。当然,这里面不能排除诬告。但是,负责审理"缗钱案"的御史中丞杜周,是个著名的酷吏,案子到了他那里,绝少有翻案的。

告缗运动持续了8年才宣告结束。

通过这场告缗运动,政府收缴了大量的"赃物",计有以亿计的财物,以千、万计的奴婢,还有大批土地、房屋。

但是,这只能解一时之急,绝非长久之计。对此,武帝君臣心中也明白。所以,在算缗告缗的同时,又决计把富商大贾赖以赚钱的行业收归国有。于是,又有了垄断财利的一系列措施。

第一项措施是盐铁官营。

元狩三年(前120),御史大夫张汤提出把社会需求量大、利润亦大的盐铁收归官府经营,武帝马上批准,命人拿出具体实施方案。经过几年酝酿,元狩六年(前117),大农丞东郭咸阳和孔仅拿出了盐铁官营的具体方案。他俩本来就是大盐铁商人,对盐铁官营本来就不满,当他俩到各地推行盐铁官营政策时,乘机安插了一批盐铁商人子弟,负责当地盐铁事务。武帝当机立断,罢了他俩的官,提升大农丞桑弘羊为治粟内史代理大农令,整顿盐铁官营。在桑弘羊的努力下,盐铁官营切实开展起来,全国设置了35处盐官、48处铁官,从生产到销售,全部由官府经营。

第二项措施是均输平准。

这项措施是桑弘羊在元鼎二年(前115)提出来的。把各郡县应上缴中央的物品,一律按当地市价,折合成当地出产的、价格低廉的土特产品,交给均输官,再由均输官运往缺少这些物品的地区出售,是为"均输"。"平准"即平衡物价,在京师长安设立平准官,管理国有物资。当市场上物价上涨时,就抛售物资;物价下跌时,就大量吃进,以此平衡、稳定物价。

第三项措施是统一铸币。

元鼎四年(前113),武帝下令禁止郡国铸币,郡国以前铸造的钱币统统销毁,把铜上缴上林三官——钟官、辨铜、技巧,由上林三官统一铸造。

第四项措施是酒类专卖。

酒类专卖是天汉三年(前88)实施的,由官府供给私营作坊谷物、酒曲等原料,规定酿造格式、品类、质量,产品上缴,由官府统一销售。

上述各种措施,对于集中一切财力、物力,保证征伐战争进行下去,起了巨大作用。但是,这些措施大都是搜刮富商大贾,与民争利,不能从根本上解决财政危机。

晚年转变

武帝曾对卫青说:"汉家诸事草创,匈奴等又不断侵陵,我如果不改革制度,后世就无所依据;不出师北伐,天下就难以安定。因此,不得不劳民伤财。但是,如果后世仍像我这样,就会重蹈亡秦的覆辙。"武帝是位英明的君主,他清楚征伐战争不可能长期打下去,最终要把军国大政的重点从征伐战争转移到恢复发展国民经济上来。这是武帝的既定方针。不过,他把政策的转变设计在他的下一代,他要在有生之年解决匈奴等问题。

然而,社会危机的总爆发迫使他不得不提前实行大政方针的转变。

社会危机总爆发的标志,是农民起义。

征伐战争,再加上武帝的穷奢极欲,耗尽了国库的钱财,也搜刮尽了富商大贾的钱物,农民也纷纷破产。难以继续生活下去的贫苦农民,揭竿而起。到天汉二年(前99)前后,形成4支较大规模的起义军:

(1)梅兔、百政起义军,活动于南阳一带。

(2)段中、杜少起义军,活动于楚国故地。

(3)徐勃起义军,活动于泰沂山区。

(4)坚卢、范生起义军,活动于燕赵一带。

每支起义军都有数千人,自立名号。此外,还有数不胜数的小股起义军。从燕赵到江淮,到处都是衣衫褴褛、面黄肌瘦而手执刀枪、攻城夺池的农民。

武帝采取种种手段,试图剿灭起义者。

然而,就像那野火烧不尽、春风吹又生的离离原上草,镇压了一批,又冒出一批。

武帝意识到,不改弦更张,大汉江山将不保。

就在这时，搜粟都尉桑弘羊会同丞相田千秋、御史大夫商丘成，联名上了一道请求加强对西域经营的奏疏。又有人上疏，提议从囚徒中招募一批人，深入漠北，去刺杀匈奴单于。武帝以此为契机，痛下了罪己诏——《轮台诏》。在这份中国历史上第一个皇帝罪己诏中，武帝检讨了自己的失误，宣布：当务之急，是禁苛暴，止擅赋，力本农。也就是说，要把军国大政的重心转移到恢复发展经济上来。

这是征和四年(前89)的事。这年，武帝已是68岁的老人。

他的果敢、胆魄，大令后人称赞。

《轮台诏》仅是一个纲领性的文件，如何实现政策的转变，从哪里入手作为突破口？武帝决定先从农业抓起。民以食为天，生产生活资料的农业是生存与一切生产一般最先决的条件。武帝明白，要安定社会必须先安民，安民必须先让他们有饭吃有衣穿。于是，在颁布《轮台诏》的同时，武帝诏封丞相田千秋为"富民侯"，下诏把力农定为第一要务。

在发展农业生产上，武帝把改进农业生产技术作为突破口，任命农学家赵过为搜粟都尉，让他负责农业生产技术的改进。

赵过总结前人的经验，发明了"代田法"。

代田法是在一亩地上开挖三条沟，深、宽各一尺。把种子播进沟里，待幼苗生长起来，进行中耕，除了锄草，还需将垄上的土逐次锄下，培壅苗根。到了天热的时候，垄上的土削平，作物的根长得很深。第二年则将做垄的地方变为沟，做沟的地方变为垄，一年一换，故名"代田法"。

代田法主要通过以下三点使庄稼增产：

(1)种子播在沟里，可使幼苗避免干风之吹，减少叶面水分蒸发。同时，也可使庄稼充分利用沟底的水分——对于干旱的北国来说，水分尤为重要。

(2)随着作物生长，逐次培壅，根部愈来愈深，既可防止庄稼倒伏，又能使其吸收更多的水分。

(3)沟、垄一年一换，使土地轮番使用，地力得到恢复。

赵过还发明了从耕地、下种到耘锄一整套新式农具，其中最重要的是耦犁。耦犁用二牛三人，二牛共挽一犁，牛前一人双手各牵一牛，右牛后一人执鞭赶牛，一人扶犁。

不过，黎民百姓不是家家户户都有牛的，没牛的人户就难以使用耦犁了。有个叫光(姓氏失传)的人，做过平都(今陕西子长西南)县令，他教赵过用人拉犁的方法，赵过奏请武帝，任命他为搜粟都尉的属吏，推广此法。

赵过先在宫廷附近的闲地上试验代田法和新式农具。结果，亩产量比别的农田高一斛以上。武帝大为高兴，命令大农令选择身手好的工匠制作赵过发明的新式农具，郡国守相派县令、长等人，领取新式农具，学习代田法。

不久，代田法和新式农具便在沿边各郡、河东、弘农和关中地区推广开来，极大地促进了农业生产的发展。

不过，这时武帝已疾病缠身，自度不久于人世。刚刚开始的政策转变能否在他身后继续下去，成为武帝关心的焦点。如果后继者不能沿着他厘定的方针走下去，那么，大汉

江山的安危就难说了。武帝要在有生之年,安排好身后事,确保他的新经济方针在他死后也能贯彻执行下去。

选定继承人,成为头等大事。

武帝的长子刘据,7岁那年上被立为皇太子。刘据为人,仁恕温谨,敦厚好静,与武帝的性格有别。武帝雄才大略,好大喜功,有点儿看不上刘据。有个叫江充的大臣,是武帝身边的红人,与刘据有矛盾,想乘机扳倒刘据。刘据走投无路,只好举兵造反,抢夺帝位。兵败,刘据自杀。他的母后卫子夫参与了反叛,也自杀身亡。

这是征和二年(前91)七月的事。

刘据死后,皇太子之位一直虚悬。武帝把尚健在的4个儿子逐一衡量,最后决定立小儿子刘弗陵为皇太子。

刘弗陵年幼,必须有人辅佐。于是,武帝又开始物色顾命大臣。

第一人选是霍光。

霍光,霍去病同父异母弟弟。父亲霍仲孺去阳信公主府当差,与卫少儿私通,生了霍去病。任职期满,霍仲孺回家,娶妻,生了霍光。霍去病北伐匈奴,路过平阳,把霍光带到了长安。当时,霍光年仅10岁,武帝让他做了一名郎官,侍从于左右。过了几年,霍光升任诸曹侍中。霍去病死后,霍光被任命为奉车都尉、光禄大夫,成为武帝最亲近的大臣。霍光为人端庄谨慎,循规蹈矩,在武帝身边侍奉20多年,不曾出过差错。

武帝认定,霍光是顾命大臣的最佳人选。

霍光之外,武帝又选定了金日磾、上官桀、桑弘羊和田千秋4人。

后元二年(前87)二月,武帝去了五柞宫。五柞宫在长安东南,宫中有5棵大柞树,故名。到了五柞宫不久,武帝就病倒了,他把霍光、金日磾、上官桀、桑弘羊和田千秋召集到病榻边,宣布遗诏:立刘弗陵为皇太子,以霍光为大司马大将军,金日磾为车骑将军,上官桀为左将军,桑弘羊为御史大夫,田千秋为丞相,共辅少主。其中,霍光为首辅。

第二天,武帝驾崩,享年70岁。

皇太子刘弗陵即日就帝位,是为昭帝。

18天后,武帝的灵柩入葬茂陵。

昭帝即位那年才8岁,无法担当起治国理民的重任,霍光以大司马大将军领尚书事,总理朝政。他忠实地履行武帝的既定方针,经济恢复发展起来,在昭帝和昭帝的接班人宣帝两朝,大汉帝国又出现了一派兴旺景象,史称"昭宣中兴"。

功过评说

武帝以赫赫功业奠定了他在西汉历史上的地位。

汉人认为,高祖刘邦提三尺剑,出生入死打下天下,惠帝、吕后、文帝、景帝祖述高祖,无为而治,到武帝才又轰轰烈烈,把西汉皇朝推向辉煌,功至著。这个评价是中肯的。汉初 60 余年,清静无为,致力于医治战争创伤,恢复发展经济,是给武帝打基础、搭舞台的。武帝登基,把属于他的那 54 年演得有声有色。武帝死后,余音未绝,又有一幕"昭宣中兴"。一部西汉史,武帝占去大半。

武帝不仅是一位功至著的汉家天子,更是一位在中国历史上影响深远的百代之人物。

如是说是基于中国封建社会的若干制度、措施,始创于武帝,如尊儒术,建中朝,盐铁酒官营,均输平准,等等;还有,中国的疆域版图,于此时基本奠定;中、西经济文化交流的通道,从此开通。人们常以"秦皇汉武"连称,确实是事出有因,他们同是中国封建时代开风气的人物。

武帝能够在汉代和中国历史上占有重要一席,首先是时代的造就。此外,还有一个重要因素:武帝的才识。

雄才大略,是班固写完《汉书·武帝纪》后,给武帝下的一个评语。班氏所言不虚。在具体问题的处理上,武帝可能有失误、不当之处,但他有统揽全局之明。他的才识展现在他对天下大势高屋建瓴般的把握上,雄才大略之内涵,即在于此。武帝一朝,事情千头万绪,变化多端,但武帝对时局始终有清醒的认识,有整体的把握,因此他知道什么时候应该干什么,怎么干。即位之初,他对外征伐,对内改制,完成时代赋予他的使命。当此之时,他已制订了下一步对策:一旦"外攘夷狄"大功告成,即把军国大政的重点从对外征伐转移到恢复发展经济上来。当危机日重、百姓蜂起之时,他又意识到不能等到他的下一代再转变了,当机立断,痛下罪己诏。秦皇、汉武并称,二人在若干方面颇有相似之处,但在对时局的把握、及时地调整统治方针上,始皇实不及武帝雄才大略。始皇是个实干家,事无大小,都要亲自裁决,一天要看一石奏章,看不完不休息。武帝则像个战略家,他的精力更多地用在战略方针的研究、制定上,具体事务多责臣下。

因此,武帝也有更多的时间来游玩、享乐,声色犬马。后宫佳丽成群,多至数千,武帝以好色而屡遭后人讥斥。他还喜欢驰逐射猎,观赏斗兽、歌舞,与臣子玩射壶、蹴鞠等游戏,或泛舟湖上。他还是一个出手不凡的文学家,赋做得很有水平。武帝是一位至尊至贵至高至上的皇帝,但他又是一个有血有肉、有情有欲的人。当他登上未央宫前殿时,他是天下共主;下得殿来,他又成了食人间烟火的一员。皇帝的权威与人的本性,在他身上都有充分的体现。

光武中兴

——汉光武帝刘秀

名人档案

光武帝：名刘秀，字文叔。刘邦九世孙，东汉开国皇帝。属兔。性情温和儒雅，隐忍而胸有韬略。在推翻王莽、刘玄后称帝。在位33年。病死，终年64岁。

生卒时间：公元前6年~公元57年

安葬之地：葬于原陵（今河南孟津境内）。谥号光武皇帝，庙号世祖。

历史功过：光武恢复了大汉，巩固了一统，结束了战乱。称帝后，以柔治国，使凋敝的民生得以恢复发展，各方面又呈欣欣向荣，功莫大焉。可惜他以柔治国的方略，给以后的政权留下了祸患。

名家评点：以"智"得天下，以"柔"治天下，国家得统一，百姓得安乐。"柔"过则弊生，祸乱隐其中。

乘乱兴兵

刘秀出生的时代，是一个矛盾丛生、动荡不安的时代。西汉从成帝、哀帝以后，社会矛盾极为尖锐。公元9年，王莽建立国号为"新"的王朝，他所推行的一系列改革措施使得本已动乱的社会更加混乱。各地的反莽斗争更加风起云涌。公元22年，刘縯、刘秀兄弟在南阳郡（今河南南阳市）组织了一支七八千人的队伍发动起义。由于刘氏为西汉皇族，所以群众把他们领导的起义军叫"汉军"。不久，汉军与绿林军结为联军，共同打击王莽军。

这支队伍南征北战，日益发展壮大。由于起义军中参加进了许多刘氏贵族分子，这些人既有宗族关系，又有统治人民的经验，在攻下南阳之前，竟篡夺了农民起义大军的领导权，并于公元23年推举刘玄（刘秀的族兄）做了皇帝，号称"更始"，并大封宗室，组织起刘家政权来。起义军首领反而降为臣下。同年昆阳（今河南叶县）之战，起义军大败王莽军40万，势力大盛。刘玄忌刘縯）威名，把他杀死，后又封刘秀为破虏大将军，出征河北。

此时，作为王莽统治基础的上层豪强，也逐渐离开王莽。特别是公元17年，王莽下令没收官吏家财产五分之四，允许下属告发长官，奴婢告发主人。这样一来把地主豪强阶级也得罪了。王莽统治失去了基础，公元23年，在起义军的攻击下，京都长安城破。长安市上小工商业者响应起义军，攻入王莽宫，屠户杜虞斩王莽头。起义军将王莽的头送到起义军首领刘玄处，有人又把王莽的舌头割下切碎分食，因为王莽用那条长舌欺骗了很多人。

且说刘秀率军进入河北后，在豪强地主们的支持下，组成了一支比较强大的地主武装，破了"铜马""青犊"等起义军后，公元25年在农民起义的血泊中称起皇帝来；不久又南下击败刘玄的河南更始军，进据洛阳。公元27年初，当赤眉军被迫撤出关中时，为刘秀阴谋截击于崤底（今河南洛宁东北），牺牲过半；余部东退到河南宜阳，又陷于刘秀军队的重重包围之中，饥困已极，刘盆子等被迫投降。同年夏，樊崇、逢安企图再举义旗，失败被害。公元纪元初期的轰轰烈烈的农民大起义，至此便告结束。

回忆从起兵到推翻王莽政权，到建立东汉政权，再到消灭割据势力，统一全国，刘秀可谓身经百战。其中对刘秀一生产生重大影响的主要有三次大的举动。

一次是昆阳之战。公元23年2月，即农民起义军建立了"更始"政权后一个月，刘秀与诸将分兵而进，攻下了河南的昆阳、定陵、郾城，包围了宛城。绿林军的节节胜利，引起王莽的极大恐慌。他派王邑、王寻两员大将，征调了全国兵力42万人，号称百万大军，向宛城进发。队伍路过昆阳，发现驻有义军，王邑、王寻遂下令围困昆阳。

面对王莽军队的进攻，对于是否能守住昆阳城，起义军将领意见颇不统一。外有敌军压境，内部军心浮动，形势十分危急。在这种严峻的情况下，刘秀表现出大智大勇的军事才能。他力排众议，冷静分析，主张集中兵力坚守昆阳，争取其他外援夹击敌军。趁着敌军尚未合围，刘秀只带13名骑兵从南门突围，到郾城和定陵去调集援军。

这年6月，刘秀带领援兵来到昆阳城外，他亲自率领步、骑1000余人，在距敌四五里的地方摆下阵来。王邑、王寻派数千人前来交战，刘秀身先士卒，率军冲入敌阵，大败敌军，首战告捷。随后与昆阳城内的起义军相配合，形成内外夹攻之势，刘秀亲率3000人的"敢死队"，从城西渡水，一鼓作气，直扑敌人的指挥中心，敌军主力全部歼灭。

昆阳之战，无论在军事上还是在政治上，都给王莽以致命的打击。这年9月，起义军攻入长安，杀掉王莽，推翻"新政"。在整个战争中，面对号称百万的莽军，刘秀有勇有谋，指挥若定，表现出智勇双全的大将风度，也大大提高了刘秀在起义军的威望。

刘秀再一重要举措是"镇抚河北，建立创业基地"。随着刘縯）和刘秀在宛城和昆阳功勋的建树，随着王莽政权即将灭亡，农民起义军内部争权的矛盾日渐显露出来。刘玄

担忧刘縯)、刘秀兄弟影响他在"更始"政权中的地位,于是与农民将领"遂共谋诛刘縯)之计"。随后,刘縯)及其部下以莫须有的罪名被诛杀。

刘縯)的死,对刘秀来说无疑是一个沉重的打击。面对巨大的压力,刘秀"凡遇大事而表现出沉着冷静的胸怀与气度"。一方面他为失去一起举兵,一起奋战,同生死共患难的哥哥充满悲痛,充满怨愤;另一方面,为了免除刘玄的猜忌和打击,又表现得十分谨慎和大度。他从前线返回宛城之后,没有向刘玄谈昆阳之功,不为刘縯)服丧,不与刘縯)旧属往来。但他深知,尽管一时消除了刘玄等人的猜忌与疑虑,却无法从根本上解决问题。为了避开种种矛盾,寻求更大的发展,他一方面"韬光养晦",另一方面暗中发展势力,为摆脱刘玄的"更始"政权,进而为克定天下做准备。

公元 23 年 10 月,刘秀奉刘玄之命,以破虏将军兼大司马的名义出使河北,稳定那里的局势。河北地广人密,物产丰富,人才济济。刘秀一方面想早日摆脱刘玄的控制;另一方面决心把河北建设成他克定天下的根据地。有些知心朋友也建议他"延揽英雄,务悦民心",激励他"立汉高祖之业,救万民之命"。

然而,事与愿违,正当此时,王郎的出现,为刘秀占据河北设置了很大障碍。王郎谎称自己是汉成帝的儿子刘子舆,利用河北地区一些豪强地主为确保自身利益而排挤刘秀的心理,在邯郸建立了一个割据政权。王郎悬赏 10 万户通缉刘秀,公元 24 年初,由于双方力量悬殊,刘秀不敢进行决战,只好从真定逃往蓟县,又从蓟县逃往他处。一路上被王郎军围追堵截,风餐露宿,险象环生。最后逃到信都(今河北邢台)刘秀才始脱险境。刘秀在那里,发布檄文,征发精兵。这样,刘秀才站稳了脚跟。

经过几个月的精心准备和深入发动群众,广泛积蓄力量,公元 24 年 4 月,刘秀亲率大军包围了邯郸。双方激战 20 多天,王军被消灭,王郎被杀死于逃跑途中。这样黄河以北广大地区基本上为刘秀所有,河北成了他脱离"更始政权"、创建统一大业的重要基地。

且说刘秀攻克邯郸后,除留少数兵力守城外,继续追击逃兵,沿途击斩王郎将士 3 万多人,并连克涿郡、中山郡以及巨鹿、河间、清河等 22 县。刘秀大军所到之处,受到群众热烈欢迎,一位白发秀才前来迎驾道:"百姓患苦王莽,复思刘氏,闻汉兵起义,莫不欢腾,如脱虎口,复归慈母矣!"刘秀遂遣使告捷,刘玄乃封刘秀为萧王。这样一来,为刘秀进一步扩大势力,克定天下创造了更有利的条件。

公元 25 年 6 月,刘秀在将士和谋臣们的劝进下,在河北鄗城(今河北省柏乡县北)举行大典,登基即位。改鄗城为高邑,定为首都,年号建武,大赦天下,东汉王朝从此建立。

据蔡东藩的《后汉演义》所载,在这之前,早在蓟州和中山(今河北省定州市),刘秀诸将就多次劝进,请上尊号,多遭刘秀拒绝。他说:"寇贼未平,四面皆敌,奈何遽欲称尊呢?"诸将见刘秀无允意正欲退出,耿纯将军奋进道:"士大夫捐亲戚,弃乡土,来归大王,甘冒矢石,无非欲攀龙附凤,借博功名,今大王违反众意,不肯正位,士大夫望绝计穷,尽有去志,恐大众一散,不能复合,大王亦何苦自失众心呢?"刘秀沉思半响,方答道:"待我三思后而行。"

平定王郎之后,刘秀少年游学长安的同学强华又前来劝进。强华从袖中取出一函,

双手捧呈,刘秀接过一阅,封面上标明"赤伏符"三字,及披阅内文,开首有三句话:

"刘秀发兵捕不道,

四夷云集龙斗野,

四七之际火为主。"

刘秀看后,颇觉费解,乃复问强华。强华解说道:"大汉本尚火德,赤为火色,伏有藏意,故名赤伏符。所云四七之际,四七为二十八,自从高祖至今,计得二百二十八年,正与四七相合。四七之际火为主,乃是火德复兴,应该属诸大王,愿大王勿疑!"

听了强华这番解说,刘秀开颜笑道:"这果可深信吗?"强华道:"谶文相传,为王瑞应,强华何敢臆造呢?"刘秀乃留强华食宿,与其谈古今兴废事宜,夜半乃寝。

第二天清晨,即由诸将向刘秀递入表文,大略说是:

"受命之符,人应为大,万里合信,不议同情,周之白鱼,曷足此焉?今上无天子,海内淆乱,符瑞之应,昭然著闻,宜答天神,以塞群望。"

刘秀批准众议,乃命有司就鄗南设坛,择日受朝。有司至鄗城南郊,看定千秋亭畔,五成陌间,筑起坛场,高约丈许。并拣选六月己末日,为黄道吉辰,请萧王刘秀即皇帝位。届期这一天,巧值天高气爽,旭日东升,萧王刘秀戴帝冕,服龙袍,出乘法驾,由诸将拥至南郊,燔柴告天,禋六宗,祀群神,祝官宣读祝文。

祭礼告终,萧王刘秀,缓步登坛,南面就座,受文武百官朝贺,改元建武,颁诏大赦,改名鄗邑为高邑。是年本为"更始"三年六月,史家因刘秀登基,汉室中兴,与刘玄失败不同,所以将正统归于刘秀,表明建武为正朔,且因刘秀后来庙号,叫作光武,遂沿称为光武皇帝。

东汉建立之初,绿林军坚守着洛阳,赤眉军占领了长安,独霸一方的地主割据势力,几乎遍及大江南北,社会仍处于四分五裂之中,统一全国的进程,才刚刚起步,而且任务将十分繁重。刘秀用了十几年的时间,南征北战,终于完成了统一全国的伟大事业。下面就是他建国以后统一天下的时间表:

公元25年10月,固守洛阳的绿林军统帅朱鲔在汉军围攻下举城投降。刘秀迁都洛阳。

公元26年,收复洛阳以东及洛阳至长安沿线的豫西地区。

公元27年,赤眉军投降,汉军占领长安。

公元28年,消灭东方的割据势力刘永。

公元29年,消灭河北地方割据势力彭宠,河西的窦融归顺。

公元30年,消灭淮南割据势力李宪,平定关东地区。

公元31年至36年,消灭了西北的隗嚣、西南的公孙述各部,北方的卢芳逃往匈奴。

从公元22年起兵,到公元36年消灭公孙述,刘秀在刀光剑影中拼杀了15年,在这15年中,他拼出了一个东汉帝国,杀出了一个统一局面。他死后,文武百官根据他一生的作为,给他定的谥号是"光武"。"光"是光复汉室,光大汉业;"武"是克定祸乱,安定天下。但他对战争造成的社会混乱、经济衰退、人口锐减的直接结果,有着十分清醒的认

识。因此,他平定天下后,决心要把注意力集中到社会经济、政治、文化的建设上,尽快改变社会面貌,为重振华夏做出自己的努力!

重建汉朝

刘秀清楚地懂得,要想治国,必须首先"安民"。必须恢复发展生产。王莽所以垮台,就是因为残酷暴虐,怨声载道,最后被轰轰烈烈的农民起义所推翻。但是,无论是农民起义军,还是割据诸雄,对社会动荡,农商失业,人民流离失所的现实都显得束手无策。

刘秀也知道,在这 10 多年的征战中,他所以能由小到大,由弱到强,最终能完成统一,一方面固然由于他能团结大部分地方武装,因而加强了他的军事和经济力量;另一方面,由于他爱惜民生,解放奴婢,保护农商,赢得了广大群众的支持。

公元 26 年,即汉光武帝的第二年,当时战争还在进行,刘秀便下诏书,解放民间奴婢。自公元 26 年到 38 年,下了 7 次诏书,释放官私奴婢。诏书说:敢拘留不放的奴隶主,按贩卖人口律治罪。他又给那些被父母出卖为奴婢的人制定了保护生命的法律。特别值得指出的是,仅在公元 35 年,刘秀就连下 3 次诏书:第一次宣诏"奴婢主杀奴婢不得减罪";第二次宣诏"奴婢主炙灼奴婢,按法律治罪";第三次宣诏"废除奴婢射伤人处死刑"的法律。这些诏令和规定,对积存已久的问题,在战争灾荒严重缺乏劳力的情况下,免奴婢为庶民对恢复和发展社会生产具有积极作用。特别在诏书中提出"天地之性人为贵"的观点,尊重奴婢的人格,提高奴婢的地位,表现出以人为本的思想,具有进步意义。

公元 41 年(建武十七年),刘秀还乡,宴请故旧父老。席间,刘氏宗室的女长辈们都说:"文叔从小就诚实可信,从不假献殷勤,既爽快,又柔顺,所以今天才能光宗耀祖。"刘秀听后大笑道:"我治理天下,也是想用柔顺之道啊!"

为尽快地恢复被破坏了的农村经济,公元 30 年(建武六年),他就下令实行"三十税一"的田赋制度。每逢突发性的自然灾害,他都要下令减免徭役,对那些鳏寡孤独以及因贫穷有病而不能自给的人,官府经常予以救济。自公元 53 年到 79 年,朝廷发给鳏寡孤独及不能生活的贫民粟三斛或五六斛前后凡 10 次,平均 3 年发 1 次救急粮,主要用意也在减少贫民卖身为奴。

刘秀执政期间,再一重要的举措是停止武力征伐。长期的戎马生活,使他迫切希望摆脱鞍马劳顿的辛苦,体会安宁谐和的幸福;长期的动荡混战,使他希望尽快恢复生产,重建家园。在他当政的 33 年中,除了在建国初期十几年时间外,他确实没有发动过任何战争。

为了减轻民赋,刘秀还采取了一系列精简地方机构、裁减兵员和合理安置功臣等一系列措施。公元 30 年(建武六年),光武帝就下诏要精简机构、裁减吏员,诏令颁布的当年,就"并省四百余县,吏职减损,十置其一"。这不仅节省了国家财政开支,而且加强了中央对地方的控制。另外,他又恢复了汉武帝时期开始实行的"刺史"制度,除首都和京畿地区外，其他 12 州，每州设一刺史，遵照皇帝的命令，代表中央，巡行郡国。从而强化了中央对地方的监督与控制。与此同时，还废除了地方兵权，取消了三种地方军队——步兵、骑兵和水兵，撤销了地方军长官郡都尉，让地方士兵一律退伍还乡，从事农业和手工业生产。中央军队称南北军，由中央直接控制，重大军事行动由京都兵担任。这样，既有利于把军队集中在中央，又能防地方上的叛乱。

合理安置功臣，又是光武帝安定社会的重要措施。刘秀是靠着血与火的激烈征战创立帝业的。在这个过程中，一大批足智多谋、骁勇善战的将军立下了赫赫战功。其中最著名的是"云台二十八将"。开国皇帝与开国元勋之间，往往有着十分复杂的关系，如果处理不好，就会使之骄纵妄为，尾大不掉，甚至危及皇权；或心存疑惧，广生二心，甚至另立旗号。在这方面，西汉初的历史曾留下了深刻的教训。刘秀对这些功臣中有较高政治才能的，仍加以重用。如邓禹，善于谋略，器量恢弘，刘秀经常委以重任。刘秀即位，任命邓禹为大司徒，参议国事。另一方面，刘秀对那些屡建军功却缺少治国才能的功臣，不授以实职实权，只是在生活上和职位上给以优厚的荣誉待遇。如马武，是一个文化水平不高的草莽英雄，但在战斗中却每次都冲锋在前，勇猛无敌，屡立战功。刘秀称帝后，拜为侍中，骑都尉，封山都侯。尽管如此，刘秀仍只是奖功封侯，而不授予实际权力。

刘秀对这些功臣，既督以洁身自爱，又与之其乐融融，难怪清初学者王夫之发出"三代以下，君臣交尽其美，唯东汉为盛焉"的赞叹！

光武帝除了加快经济上的恢复，政治上的重建外，还推行了一系列加强中央集权的措施。首先提高了尚书的权力，把原来地位较低的事务性官员变为政务官，设置尚书台，掌管全国政事，直接对皇帝负责。他限制三司（太尉、司徒、司空）的权力，让他们各有职掌，各负其责，不可逾越。这样，尚书权高位低，三公有职无权，宦官只供驱使，大权便集于皇帝一身。

与此同时，鉴于过去多次的教训，刘秀还限制外戚的权力。在建国之初，他考虑到外戚是他进行统一战争和巩固政权的依靠力量，因而对外戚也多加任用和封赏。但统治稳定之后，刘秀便开始抑制外戚势力，防止他们结党营私，扰乱朝政。下令将外戚结交的政治掮客，皆依法治罪，重者处死，轻者贬官，如皇后阴丽华同母弟阴兴就是其中的一个。

这样，政治掮客就不敢轻易结交外戚，外戚也不敢轻易招揽宾客了。到刘秀统治后期，对外戚的限制就更加严厉了。在太子太傅的选择上，他明确表示不用外戚阴识，而用正谏之臣张佚。在临终前 4 个月，他甚至派司空告礼高庙，降太后吕雉尊号，宣布她不宜配食高庙。这样，外戚的参政权力被限制、削弱，威胁便得到了有效的控制，皇权便得到了有效地加强。

光武帝刘秀是个儒者皇帝，他深知夺取天下需要勇猛和魄力，靠的是武将，而治理天下更需要远见和卓识，靠的是文吏。因此，在东汉建国之初，刘秀便注意"退功臣而进文吏"，这些"文吏"主要是儒生，史称"光武中兴，爱好经术，未及下车，而先访儒雅"。他广泛搜求儒生，担任国家重要官职。如《易》学者刘昆，《尚书》学者欧阳歙，《春秋》学者丁恭，《论语》学者包咸，都先后被任命都尉、大司徒、侍中等重要官职。这些儒生进入政治，

不仅辅助朝廷更好地制定和落实政策,而且对经学传播起到了积极作用。

公元 29 年,也就是刘秀即位后的第五年,光武帝就在首都洛阳兴办太学,传授经学,设立五经博士,恢复西汉时期的十四博士之学。刘秀还亲自巡视太学,赏赐儒生。在他的倡导之下,不仅中央设立太学,许多郡县也创办学校,而且民间的私学也如雨后春笋般地发展起来。无论是官学,还是私学,无论是博生还是经生,都对提高国民的文化素质和人才的培养,做出了历史性的贡献。

勤俭理政

刘秀所以能在群雄竞起,风云变幻中登上历史舞台,所以能在道德沦丧十分严重的特殊时代,立法垂制,拨乱反正,集 62 年的人生阅历和 33 年的皇帝生涯,其主要经验是:勤俭理政,虚心纳谏,广结贤士,从而不断纠正自己的过失和减少决策中的失误。其中三条经验中最核心的是"施爱于民,以勤为本"。

据史籍所考,刘秀 9 岁丧父,是叔父把他拉扯长大的。他在叔父任职的萧县读小学,完成启蒙教育,后到长安太学留学,专攻儒家经典。寄养的生活和所受的教育,使他形成了谨厚诚信、克勤克俭的性格。刘秀游学长安后,回到家乡南阳,从事农业生产。史称"乐施爱人,勤于稼穑"。由于长于民间,深知百姓生活的艰难和民情的好恶,所以他为政宽简,并大力减轻百姓负担。

刘秀是个谨慎细心的人,谨厚的性格使他愿意听从别人的意见,最后集中大家的意见形成自己的决策。"择善而从,虚心纳谏",使得刘秀延揽的大批人才,最大限度地发挥了他们的聪明才智,也使得刘秀及其所建立的政权最大限度地减少了决策的失误。刘秀政权中的人才十分广泛。从区域结构上遍及各地,有的是与他同举义旗的,有的是投奔而来的,有的则是从敌对营垒中争取来的。从社会层次上,包罗万象,如吴汉曾是"贩马自业"的小商贩,卓茂则是精通经学的儒生博士。

无论出身如何,无论来自何方,刘秀都以"诚信相待,用而不疑"。公元 24 年,刘秀攻破邯郸,诛灭王郎,缴获了大批秘密文件,其中有大量各州郡将吏与王郎互通的书信,但刘秀无意拆开,立即召集众将,把这些文件当众全部烧毁,并宣称"令反侧子自安"。破铜马时,刘秀对来降的铜马将领厚加礼遇,并封为诸侯,这些人心存疑惧,于是刘秀又让他们仍回原部,统领自己的军队。刘秀亲自骑马巡视各部,这些将领都感慨道:"萧工(刘秀曾被'更始'帝刘玄封为萧王)推心置腹中,安得不效死乎!"

征西大将军冯异本为王莽任官,刘秀却信而不疑。由于冯异为人正直,办事沉稳,不邀战功,诸将论功时,人称"大树将军"。后被拜为征西大将军,长期镇守关中,权威恃重。有人造谣中伤,说他要当"咸阳王"。冯异知道后上书请求辞职。刘秀则不信谗言,下诏抚慰他说:"将军之于国家,义为君臣,恩犹父子,何嫌何疑,而有惧意?"彻底打消了冯异的疑虑。因此有人评论说:"光武中兴的局面,与刘秀对人才的重视、信任是不可分的。"

勤俭治国、廉洁奉公又是光武帝的一大亮点。刘秀自从做了皇帝，仍和过去一样，每日都是清晨即起，早早上朝，议讲经，很晚才退朝。处理政务"兢兢如不及"。太子见他太辛苦了，便劝他注意休息，他却说："吾自乐此，不为疲也。"他在生活上不事浮华，简洁朴素，"耳不听郑卫之音，手不持珠玉之玩"。他屡次拒绝群臣"封禅泰山"的进谏，直到死前一年才带领百官，登封泰山。针对秦始皇开始形成并愈演愈烈的"厚葬"之风，他还屡次下诏提倡薄葬。光武帝在临终前，又下了一道遗诏说："朕无益百姓，皆如孝文皇帝制度，务从约者。"因而《后汉书·循吏传》称颂这个时期是"勤约之风，行于上下"。

刘秀一生特别厌恶贪污腐败。因此对那些贪赃枉法的腐败官吏和行为，坚决打击，严惩不贷。公元39年，刘秀颁布诏书，清查私人所占土地数额，核查户口多少，年纪大小，与实际情况是否相符。这就是东汉历史上颇有影响的"度田"。但这一政策却遭到地方豪族势力不同程度的抵制。刚刚提拔为大司徒的欧阳歙，世授《尚书》，八代为博士，颇孚众望；但他在任汝南太守期间，没有按照朝廷的命令认真"度田"，并且贪赃千万。刘秀查证属实后，立即将他下狱，虽有上千名儒生守候宫阙，请求宽赦，甚至还有人甘愿代他而死，刘秀仍将他绳之以法。他还下令考实2000石的官吏，有虚报谎报的一律加以处罚，一下就杀了河南尹等守相10余人。

刘秀不仅对官吏要求很严，对其子女要求也很严，教育他们必须遵守国法，秉公务国，严禁贪污腐败。因此皇室子女，大都能遵守家纪国法，严格约束自己。其中刘秀的继承人、东汉的第二代君主、汉明帝刘庄就是一个有代表性的例子。刘庄即位的时候，他的父亲已经为他创造了一个稳定的政治局面和良好的经济环境，因而他做了皇帝之后，所面临的主要问题不是如何改革，而是如何建设，如何加快经济发展施惠于民。对此，汉明帝有着十分清醒的认识。他在即位之后颁布的诏书上说：

予末小子，奉承圣业，夙夜震畏，不敢荒宁。先帝受命中兴，德侔帝王，协和万邦，假于上下，怀柔百神，惠于鳏寡。朕承大运，继体守文。

"继体守文"即承继先统，恪守规矩，这正是他执政的一大原则。他注意吸取光武帝的统治经验，甚至仿效光武帝的一些做法。在政治上继续限制"三公"的权力，妥善处理与诸侯王的关系；继续防范外戚专权，有效控制外戚的势力；继续整肃吏治，选拔精干廉洁、敢于直陈时弊的士人，充任各级官吏。

在经济上，继续轻徭减赋，扶植农工。他曾10余次下诏，减轻刑罚或赦免罪犯，减免税赋和徭役，实行"假民公田"，即把国家控制的荒地及苑囿、山林川泽租借给无地或少地的贫民进行生产，安置丧失土地的流民。他还利用光武帝积聚的经济力量，大规模地进行水利建设。在文化上，继续重视儒学和教化，积极支持兴办各类学校，褒奖广大儒生，重用优秀儒生，人才储备充实，正如宋代的史学家叶适所说的，"人才之盛，十倍前汉也"。

历史学家几乎普遍认为，明帝一朝政治清明，社会安定，经济发展，文化昌盛。在历史上或将他与其父光武帝刘秀并称，誉之为"建武永平之政"，或把他与其子章帝刘炟并列，称之为"明章之治"。毫无疑问，他已经成为历史上颇有成就的守成之君，使中兴事业进入了一个新的时期。

然而,在东汉后期,由于政治日渐腐败,在统治阶级方面,基本上就是外戚、宦官两大集团附带着一个官僚集团的活动、冲突和变化。这三个集团在东汉前期虽说也有活动,但由于汉光武帝和他的继承人汉明帝还能掌握皇帝的权力,外戚,尤其是宦官,还不敢公然横行作恶。他们在位的时候,确实惩治不法官吏比较严,赋税、徭役比较轻,对外战争比较少,史家称汉明帝时"天下安平,百姓殷富"。但汉章帝以后,即改变了汉光武帝、汉明帝的"严切"政治,被称为"宽厚长者"。外戚、宦官得到宽厚待遇,开始做起恶来。汉章帝死后,东汉政治便进入了黑暗时期。在这里,历史又形成了一个怪圈。

太康之治

——晋武帝司马炎

名人档案

武　　帝：名司马炎。司马懿之孙，司马昭之长子。司马昭死后，他继为晋王，并于当年逼魏帝曹奂退位后称帝，建立晋朝。在位25年。病死。终年55岁。

生卒时间：公元236年~公元290年

安葬之地：葬于峻阳陵。谥号武帝，庙号世祖。

历史功过：司马炎再次统一了中国，并施行无为而治。与民休息，发展生产。经济得到很大繁荣。可惜后期耽于淫乐，纵欲无度。在他的影响下，淫靡之风遍布全国。

名家评点：雄姿英发统一全国，无为而治安民靖边。惜乎后来荒淫无度，声色物欲劣迹斑斑。

三代侍曹

　　司马炎的祖父就是司马懿，他的祖上许多人做过东汉的大官，是当时有名的望族，后来当上了曹操丞相府主管一切事务的主簿。司马懿智慧超群，精明过人。曹操死后，司马懿历任魏文帝曹丕、魏明帝曹叡两代总管朝政的重臣，军事大权也始终把持在他的手里，几度统率魏军，在三国中左冲右突。即便蜀汉智谋惊人的诸葛亮，遇到司马懿时，也不免要慎之又慎。东吴的孙权对他顾忌更大，曾评价他说："司马懿善用兵，可谓变化如神，所向无敌。"

公元 239 年，魏明帝死后，又把 8 岁的曹芳托付给实力已经很强大的司马懿和曹爽共辅。曹爽也是个聪明人，当然知道司马懿对自家江山的威胁，所以，决定除掉司马懿。老谋深算的司马懿当然对此事有所察觉，于是，便用了计策蒙骗曹爽。在他们共同辅政后的第 8 年，司马懿声称自己年老多病，力不从心，告老还乡，却在暗地里等待时机，伺机而动。聪明的曹爽也觉得司马懿突然称病肯定另有阴谋，就派人去观察。遗憾的是，曹爽的内线却是个糊涂人，他回来汇报说，司马懿已经不能吃东西了，话也不能说了，头脑也不清楚了。曹爽想想既然已经如此，也就放松了对司马懿的警惕。

公元 249 年，曹爽陪伴魏帝曹芳到洛阳城南 90 里的高平陵去祭祀。佯称重病的司马懿利用这一时机，假借皇太后的懿旨，一改病态，在城内突然举行政变，其长子司马师指挥早已蓄养的 3000 名敢死队员，关上洛阳城所有的城门，占据武器仓库，接管了守卫皇宫的禁军。然后，又派主力冲出宣阳门，来到洛水浮桥边上，逼向祭祀的人群。最后，魏帝曹芳迫于司马懿的威逼，杀了曹爽。曹魏的军政大权重新转移到司马懿手中。这次司马懿再也不用伪装了，他已经完全把魏帝控制于自己的手掌之中。

公元 251 年，司马懿得病去世，他的长子司马师任抚军大将军、录尚书事，继续掌控曹魏。公元 254 年，已经成年的魏帝曹芳不满司马师专权，与几位大臣密谋除掉司马师。由于风声走漏，司马师首先动手，杀了几位参与密谋的大臣，曹芳也被废黜，另立年仅 14 岁的曹髦为帝。不久，司马师死，他的弟弟司马昭接任其职，朝廷里的事务已经完全被司马家族所控制，甚至皇帝的废立也都操纵于司马家族手中。随着曹髦的成熟，他已经懂得朝政，想到魏朝天下被司马家族控制，他当然十分不满。曹髦在激愤至极时说出"司马昭之心，路人皆知"这句名言，使得司马昭在后世成了野心家的代名词。

公元 260 年，曹髦命令宫中宿卫士兵，捕杀司马昭。司马昭派大将贾充率兵将曹髦杀死，然后胁迫太后出来说话，以掩盖自己的弑君之罪。太后下诏说："曹髦越大越不像话，竟用箭射向宫中要杀我，有的箭还掉到我的脚旁，他还狠心地用毒药来害我，这种不孝不敬的人，早该死了！"这样，司马昭杀掉无德不孝之君的行为就成为顺理成章，甚至是有功的事情。

曹魏皇帝连续被废被杀，这预示着改朝换代已为时不远，而此时的司马昭实际上已经掌握了皇权。不过社会上还有相当一批人对这一局面很不满意。司马昭一边收罗文人学士，为自己登基制造舆论，一边积极准备征讨三国之中力量较弱的蜀汉。蜀汉被灭掉后，魏帝曹奂下诏将司马昭封为晋公，拜为相国，并赐"九锡"。

此外，司马昭还以皇帝的名义封自己为晋王，甚至与皇帝平起平坐，让曹氏封自己的王后为皇后，世子也成了太子。司马昭后期所立的世子，其实就是未来的皇帝。因为，曹氏皇权要移位，本来就是迟早的事，正可谓"司马昭之心——路人皆知"。与曹操不同的是，曹操自己并没有称帝，而是把这个机会留给了儿子，司马昭却不同，他就是没有当皇帝的命，就在他积极策划篡位之际，却忽然中风，暴病而亡，让司马炎捡了个开国皇帝的称号。

司马炎是司马昭的长子，字安世，生于公元 235 年。虽然他后来坐上了父亲没有坐

到的皇帝宝座,可是,和大多数争夺太子之位的王子们一样,他起初也并非一帆风顺。

按理说,司马炎是司马昭的长子,继承王位也是顺理成章的事,不过,司马昭似乎并不太喜欢他。因为司马昭似乎对他的另一个儿子司马攸倍加爱护。司马炎的弟弟司马攸是个非常聪慧的人,史书中说他为人忠厚仁慈,很喜欢古籍文章,颇具儒者风范。司马昭在把司马攸过继给哥哥司马师后,就很想把他立为世子,做自己晋王王位的继承人。当他和司马攸在一起的时候,总是拍拍自己的座位说:"这就是桃符(司马攸的小名)以后的座位。"

虽然司马攸是优秀的,而且很受父亲赏识,但和司马炎一比,司马炎的政治家特征还是比他明显得多。这方面,司马炎更像他的父亲司马昭,有心计,有谋略,脸上却显得非常仁慈大度。

司马炎看到父亲宠爱司马攸,冷落了自己,很不甘心,况且按照长子继承制,王位本是应该由他来继承的,弟弟没有这个权力。所以,司马炎便憋着股劲儿和弟弟争夺世子的位置。这场争夺世子的斗争最后还是司马炎取得了胜利,当然,这场争斗中除了司马炎的努力外,还主要依仗于大臣们的帮助。很多大臣联合起来劝阻司马昭,要他吸取历来废长立幼的血的教训,司马昭起初还是有些不愿意,甚至还因此夺了劝阻大臣贾充的兵权。贾充本是朝廷中很有地位的人,司马攸又是他的女婿,他都没有同意,其他大臣更是联合起来反对,而司马昭毕竟也是有些政治头脑的人,没有再感情用事,最后接受了大臣们的提议,将司马炎立为世子。

公元265年,司马昭死后,司马炎继任相国、晋王,掌握了魏的国家大权,魏国皇帝又成了司马炎的傀儡。同年12月,经过精心准备之后,司马炎仿效曹丕代汉的故事,为自己登基做准备。在司马炎接任相国后,就有一些人受司马炎指使劝说魏帝曹奂早点让位。不久,曹奂下诏书说:"晋王家世代辅佐皇帝,功勋高过上天,四海蒙受司马家族的恩泽,上天要我把皇帝之位让给你,请顺应天命,不要推辞!"司马炎假意多次推让。司马炎的心腹太尉何曾、卫将军贾充等人,带领满朝文武官员再三劝谏,他才接受魏帝曹奂禅让,封曹奂为陈留王。

历史有惊人的相似之处,魏王朝从曹丕让汉帝禅位称帝,传了45年,到此结束。司马昭也同样让魏帝以禅让的手段获取了帝位,魏国灭亡。史书上同样写为"禅让",其实都是一个好听的名字,没有武力威逼,谁肯让出这样至高无上的权位呢?登着父祖奠定的基业,司马炎坐上帝位,改国号为晋,史称为西晋,司马炎成了中国历史上即位最轻松的开国皇帝。他没有经过白手起家的艰难困苦,也用不着亲自到战场上拼杀,是个比较特殊的开国皇帝。这一年,司马炎30岁。

虽然从曹奂手中接过帝位的道路很顺利,但先人留下的基业也给他带来了困惑:错综复杂的人际关系和利益纠葛已经伸进了这个国家赖以生存的基础,任何一点风吹草动都可能直接危及皇帝的统治。他很清楚,虽然他登上皇帝宝座,但危机仍然存在。这一切,都需要他一点点去平衡。

无为而治

时光荏苒,三国时代辉煌的群星相继黯淡了下来,鼎足天下的分裂局面也即将结束。在北方,虽然魏国的曹氏政权已经逐渐被司马氏取代,但在几代曹姓君主的努力之下,北方地区的人才优势和经济优势却显现出来。而在南方的蜀国和吴国,新任继承人的才能和见识与他们的前辈简直无法相比,君主昏庸,统治混乱,其区域综合实力已经远远落后于北方。就这样,三国之间的势力均衡被打破了,胜利的天平倾向了北方。而此时的司马炎正赶上了这样一个好时代!他也正是借着这一时机,发展国民经济,继而将三国归于晋朝。

像每个刚拥有皇位的皇帝一样,立国之初的司马炎还算是做出了一点成绩。即位以后,他开始总结曹魏政权失败的原因,以便更好地改进自己的统治方法,并相继采取了几项措施。

1.司马炎先是给家里人一定的权力和好处。

司马炎从曹丕贬抑诸弟中看到,由于皇帝对宗室的防范过于严密谨慎,宗室的手中没有权力,日后皇帝一旦出现危难,就没有得力的亲属来辅佐他。所以,司马炎一上台,就把许多叔侄兄弟都封为王,给了他们领地和军队,还有任命属地内官员的权力,又让几位宗王带兵镇守荆州、许昌、邺城、长安等战略要地,既掌民事又掌军权。

他这一想法本身也算是好的,不过,此间他却忘记了另一个前车之鉴:当年刘邦大封同姓子侄,导致后来的皇帝控制不住诸侯王们,以致引发"七国之乱"。这次他重蹈覆辙,若干年后,司马氏宗亲中爆发"八王之乱",同样也让晋朝精疲力竭。

2.为了稳固自己的统治,司马炎开始培植自己的势力,对那些为他登基出过力的大臣大肆奖赏。

为了维护自己集团的利益,司马炎为此做了很多,比如封给具有荣誉意义的官职,给予优厚的生活待遇,另外还封了许多异姓公侯,赐给他们食邑。作为一国的帝王,司马炎培植自己的力量当然无可厚非,不过,司马炎做得有点过分了,因为,当时的人们刚从战火中平静下来,而分封赐赏都要从百姓的赋税中产生,由此给百姓造成的负担可想而知。

3.在对待汉魏残余势力时,司马炎也显得很宽容。

司马昭为了给司马氏家族夺取帝位铺平道路,曾经对曹操以后的曹氏家族以及附属势力进行了残酷的屠杀,这件事所造成的阴影横亘在人们的心中。从外部看,蜀汉虽平,孙吴仍在,虽说此时的东吴已不足以与晋抗衡,但毕竟也是一个不小的威胁。内忧外患告诉司马炎,要想巩固政权,进而完成吞并东吴、统一中国的大业,首先要强固统治集团本身的凝聚力,而要达到这个目的,就必须采取宽容的政策。为此,司马炎在即位的第一年,即下诏让已成为陈留王的魏帝载天子旌旗,行魏正朔,郊祀天地礼乐制度皆如魏旧,上书不称臣。同时又赐安乐公刘禅子弟一人为驸马都尉,第二年又解除了对汉室的禁

无为而治

锢。这样的举措当然不是司马炎在犯糊涂，而他是用这种政策来缓和朝廷内部的矛盾，而且还消除了已成为司马氏家族统治对象的曹氏家族心理上的恐惧，更安定了蜀汉人心。同时，此举也为赢得吴人的好感、吞并东吴取得了主动权。

另外，他在用人的时候也不计旧仇，把一些曾经帮助曹魏政权，反对司马氏的人都任命为官，即使有人反对，他也毫不在乎。对于有能力的前蜀国官员，他也大胆起用，让更多的人感受到新政权的好处。

4.司马炎为了争取民众的好感，也为了恢复在战争中锐减的人口，决定以宽厚的精神治国。

为了尽早地使国家从动乱不安的环境中摆脱出来，为统一奠定牢固的基础，无为与宽松的政策成了西晋之初的立国精神。

这种立国精神在国家的各种领域中充分地体现出来。公元 268 年，司马炎在诏书中明确指出："为永葆我大晋的江山，现以无为之法作为统领万国的核心。"同年，又向郡国颁下 5 条诏书：一曰正身，二曰勤百姓，三曰抚孤寡，四曰敦本息末，五曰去人事。当年，曹魏王朝的奠基者曹操继东汉的动乱之后，为了安定人心，恢复国力，曾实行了比较宽松开放、节俭求实的治国方略。但到了曹丕，政治渐趋严厉，社会风气亦腐败，曹操当年的风范已不复存在。皇帝为了满足自己的私欲，往往不断把沉重的物质重负转移到百姓的身上，而长期的战乱更使百姓在惨淡的生计之外，还在心理上增添了一种恐惧与疲惫之感。在这种情况下，司马炎去除了一些关于死刑和株连的刑罚，缓和了社会上各种矛盾。在大臣张华等人的提醒下，司马炎还很重视法律的宣传普及，让人把关于死刑的条目抄出来张贴在驿站里，让百姓前去观看了解，扩大了在民间的影响。

5.在少数民族政策上，司马炎也以宽容为根本。

司马炎任命匈奴人刘渊为北部匈奴都尉，又任命东部鲜卑慕容部酋长慕容廆为鲜卑都督。当时有许多内迁的匈奴、鲜卑等少数民族在北方居住，时常受到不公正的待遇，所以也时时爆发反抗。曾经有人建议司马炎将这些少数民族迁回原地居住，以免将来爆发更加严重的民族冲突，但司马炎考虑到这种建议很难执行，同时也会使晋朝丧失很多兵源和劳动力，没有采纳。但这种矛盾确实日益加深，在司马炎死后终于彻底爆发，北方陷入了十六国的动乱时期，曾经受到司马炎重用的刘渊和慕容廆也成了汉国和前燕两个政权的建立者。

开国之初的司马炎用无为的思想来治理国家，还是有一定作用的。当时的司马炎还不时为百姓着想。有一次，司马炎病愈后，一些大臣为之祝福，他便下诏说："每当想到瘟疫造成的死亡，我便怆然泪下，作为一国之主，朕岂能为了自己而忘记百姓的痛苦？所有献礼者都必须严加杜绝。"在司马炎统治的早期，他是非常节俭的，甚至太医司马程据向司马炎献雉头裘的时候；他不但没有接受，还将之焚烧于殿前，并下令：内外敢有犯者罪之。君主奉行的节俭，或许对魏以来的奢靡之风起不了太多的作用，但是这种倡导节俭的做派，至少能起到一点上行下效的作用。

"人生若只初相见，何事秋风悲画扇。"将纳兰容若的词套而用之，即："皇帝若只三五

年,恐无憾事满人间。"是的,司马炎若只当了几年的皇帝,可能是会让人们景仰的。因为,截止到此时,他还是个让人满意的皇帝。

三国归晋

相对于那些掌了权就开始享乐的皇帝来说,司马炎在这一时期还是值得肯定的,他励精图治,使西晋的国力逐渐增强,而这时的东吴却如江河日下。吴王孙皓的残忍统治,更是让东吴走向了灭亡的边缘。孙皓的昏庸衬托着司马炎的开明,使处在痛苦与黑暗中的东吴人开始向西晋寻求寄托,一些将领率众倒戈,投降西晋。

面对人心所向,面对国盛民强。司马炎并没有因此而急于灭吴,因为他知道,东吴虽弱,却也已立国几十年,东吴的根基还是很强大的。所以即便朝野的灭吴呼声很高,他仍是没有鲁莽行动,直到公元270年,他才派羊祜到晋吴交界地荆州进行灭吴的准备工作。

羊祜是一个卓有谋略的军事家。他是司马师的内弟,才能出众,忠心耿耿,受到当时百姓的尊敬。他仔细分析了当时的形势,并做出了一系列的战略规划。

他分析到:虽然吴国的国力已经每况愈下,但江东依然有许多人才,而且,三国名将陆逊的儿子陆抗出任东吴对晋作战的主帅。这个人又颇有其父的遗风,上任没多久,就在与晋方的较量中攻城破阵,让羊祜看到了他的军事才能。羊祜明白自己遇上了对手,就采取相持战略,在积极备战的同时采取怀柔政策,安抚边界军民,让东吴百姓也感受到西晋政权带来的好处。

羊祜一方面立即占领要害之处和膏腴之地,使吴军在军事与物资上匮乏,军心不稳;另一方面实行屯田,为日后的军事行动打下了雄厚的物质基础,让自己的军心稳固。另外,他还积极取得吴人的信任,使他们对晋产生亲切感。比如他与吴人交战时,从不搞偷袭;晋军如果俘虏了吴人的孩子,都要再给送回去;东吴将领邓香被俘,羊祜亲解其缚,为了报答羊祜的不杀之恩,邓香率部降晋。羊祜的这些策略可谓用心良苦。吴人慢慢对晋军消除了敌视态度,甚至有人敬称他为羊公,边境也慢慢地稳定了起来。他在做着这些工作的同时,也在加紧谋划怎样一举攻下东吴。可是,朝中权臣贾充等人却从中阻挠,使司马炎始终下不了灭吴的决心。

五年之后,陆抗病逝,晋军又得到了机会。羊祜向司马炎提出讨伐吴国的建议,却又遭到贾充等人的反对。贾充是司马炎时期的重要人物,在史书中历来以奸臣的面目出现。他前期最重要的活动是在司马氏夺取政权的关键时期领兵杀死了魏帝曹髦,因此受到司马昭的器重,后来又在立储事件中站在司马炎一方,成了司马炎最信任的大臣。这个人出身法学世家,颇有才干,曾经主持修撰《泰始律》,为四晋王朝立下汗马功劳。他强烈反对伐吴确实也有理由:西晋对平定东吴的确没有必胜的把握,曹操大败于赤壁的阴影犹在,他认为皇帝不该拿江山去冒险。这种极端的小心翼翼导致行动上的患得患失,贾充成了极端的反战派。

虽然羊祜一再请战，但司马炎在贾充等人的影响下总是犹疑不决。羊祜很忧愤，感叹说："天下不如意事真是太多了。现在上天给了我们这么好的机会，难道一定要等到错过以后才后悔吗？"又过了两年，羊祜也患了重病。临终前他让张华转告司马炎，说如今孙皓暴戾，已经尽失江东人心，趁着这个机会攻打东吴，一定可以成功。但如果孙皓死了，下面再有个英明能干的人继承他的位置，调整战略，重新赢得江南人心，再加上长江天险，恐怕西晋就再难灭掉吴国了。最后他向朝廷推荐杜预，让他继续完成自己未竟的事业。羊祜于公元278年去世，他谋划了近十年的攻吴，并为此做了许多准备工作，却始终没有等到这一天。

羊祜看得没错，杜预果然也是个卓越的统帅。他到任后先设了一道离间计，让孙皓换掉了颇有能力的西陵总督张政，削弱了吴军的西线实力。几个月后，他再次向朝廷上表要求攻吴，司马炎又陷入了犹豫中。

正在这时，益州刺史王濬也向司马炎上书请求出兵。为了制造攻打东吴所用的战船，他几年前就去了四川，在益州制造了大批舰船，造船时削下的木屑沿着长江顺流而下漂到东吴，当地的官员猜出了西晋的战略意图，向孙皓报告，但他却完全不理会。东吴官员只好用铁索横拦住长江沿线的战略要地，还造了不少一丈多长的铁锥放入江中，想用这种方法阻挡住西晋的战船。

从王濬开始造船到现在，前后已经有7年了。早期制造的船已经开始朽烂，70岁的王濬觉得自己来日无多，向司马炎表示自己希望能在去世之前看到东吴的平定。司马炎徘徊无计之余，找来张华一起下棋，希望调整一下自己的思绪。正在这时，杜预的又一份请战书送过来，一向积极主战的张华推了棋盘，向司马炎极力陈述灭吴的好处。这次司马炎终于不再犹豫，不顾贾充等人的反对，下定决心要攻打东吴。

公元279年，司马炎派出6路大军总共20万人，分别从武昌、江陵、夏口、巴蜀等地出征，开始了平定东吴的军事行动。作为司马炎最亲信的大臣，贾充被任命为这次军事行动的元帅。诏令发出，贾充仍然坚持说伐吴不利，还说自己老了，难以担当此任。但司马炎却说如果贾充不答应的话，他就要御驾亲征，贾充没有办法，只好去襄阳上任，负责军队的调度工作。第二年年初，晋军开始一路攻城略地，所向披靡，王濬率领着接连百里的水军船队从益州出发，沿长江顺流而下。他们造了几十个巨大的木筏先行开路，江里的铁锥都扎在木筏上，漂到远处去了。然后晋军又造了许多几十丈长的大火把，把它们放在船的前面，一遇到铁索就点燃火把，结果铁索纷纷被烧熔断开。贾充这时还在从中作梗，他怕战功卓越的人才取代了他的地位，于是向司马炎上书："现在正值春夏之交，吴地瘟疫流行，应该召回各路大军。并且要腰斩张华，以谢天下。"这一次，司马炎倒很明智，"此是吾意，华但与吾同耳"，于是各路大军继续前进。

此后的晋军势如破竹，陆路大军也已到了横江（今安徽和县）。在两路大军的夹攻下，建业城中的孙皓成了瓮中之鳖，只得素车白马、肉袒而缚，投降西晋，东吴的40多个郡、300多个县、230余万人口全部归入西晋的版图。东吴这个立国近60年、曾经雄踞江东的国家，终于收在了司马炎手中。

朝廷中的文武百官纷纷向司马炎道贺，只有先前从吴国投奔来的孙秀没有参与，他回忆起当年20岁的校尉孙策在江东创立基业的辉煌，不禁痛心疾首，面向南方落泪不止，感叹说："苍天啊，这究竟是谁的过错！"而在羊祜生前最喜欢登游的岘山上，襄阳的百姓们为他建起了祠庙，立碑祭祀，司马炎追思起当年羊祜为灭吴而进行的苦心经营，不禁也潸然泪下，说："今天的这一切，都是羊祜的功劳啊！"

延续了半个多世纪的三国鼎立时代终于结束，天下重新归于一统。几百年后，唐代诗人刘禹锡在《西塞山怀古》中写道："王濬楼船下益州，金陵王气黯然收。千寻铁锁沉江底，一片降幡出石头。"充满了对这段历史的追思与感怀。那令人神往，英雄辈出的三国时代终于在历史的风尘中，画上了最后的句点。

后期昏庸

孙皓被送到洛阳后，司马炎在大殿上见到他，说："我在大殿上给你设这个座位已经很久了。"孙皓在统治国家上虽然没有才干，却颇有骨气，当下回答说："我在南方的时候，也给你设了这么个座位。"

贾充也不怀好意地问孙皓："听说你在南方设了不少酷刑，有凿人眼睛，剥人脸皮的，这是什么刑罚？"

能言善辩的孙皓当然不会让贾充占了便宜，他回答说："这种刑法是专门给那些弑君的奸臣准备的。"

贾充听了顿时面红耳赤，一句话也说不出来。司马炎却并不生气，给孙皓安排了优裕的生活，又任命了许多随他投降的东吴大臣为官，还减免了东吴百姓的赋役，让江南人民对晋朝增加了不少好感，当地也因此稳定不少。

攻下东吴，晋国赢得了国家的统一，同时，晋朝也发展到了建国后最鼎盛的时期。这时，司马炎便把主要精力放到恢复经济、发展生产上来。首先，晋武帝着手颁布新的土地制度，即"占田制"。占田制规定，每个男子可以占田70亩，女子占田30亩。占田制对提高人民的生产积极性，解放生产力，起到了一定的作用，而且对于增加人口也有好处。公元280年，西晋有户240余万，但到了公元282年，就增加到了371万户。在封建时代，人口的增减往往是衡量社会安定与动乱的浮标，西晋初年人口的增长在某种意义上说明政府的政策法令收到了一定的成效。

如果这样的日子持续下去，在那个时期也还算是百姓之幸。可是好景不长，这位从忧患的日子走进和平的司马炎开始了大变脸。本来以俭约清廉著称的司马炎，灭吴后生活上开始奢侈起来。他大规模修建祖先的陵庙，12根巨大的铜柱皆镀以黄金、饰以明珠，所用石料都是从远方运来，耗费的民力令人惊叹。

不仅如此，这个曾经英明的皇帝又掉在了色欲之中，灭吴的时候，他收留了孙皓宫中5000多宫女，以至于后宫人数超过一万。因为妃嫔太多，他只能驾着羊车漫游，一些想接近皇帝、一睹天颜的后妃，便在门前插上竹叶，并撒上盐巴，以使贪吃的羊走过自己门前时能够停下。人世浮华，司马炎很快就忘记了那些曾经征战的岁月，那些曾经倡导过的清明政策。

司马炎执政后期，朝政握在了皇后的父亲杨骏以及杨骏的弟弟杨珧、杨济的手里。他们互相勾结利用，权倾朝野，时人称他们为"三杨"，许多朝廷里的旧臣都被疏远、贬退，朝廷渐渐显现出破败的气象。在这期间，也经常有人向司马炎提出规劝，司马炎虽然心里明白自己做得不对，却也已经形成了习惯，而且这些事情处理起来千头万绪，他感到懈怠，不愿意再去做努力了。

扫灭东吴是司马炎人生中的一个辉煌时刻，但统一之后，各种各样的内部矛盾又摆在了他的面前。许多开国帝王在建立国家时，面对的天下是一片废墟，他们可以在这张白纸上尽情挥洒，草创制度，一砖一瓦地按照计划建立起一个新的帝国。而司马炎则不同，他面前是一个已经颇有基础的国家，名义上他是个开国皇帝，实际上却不得不面对一个守成之君所必须面对的问题。朝中到处都是比他资格更老的元老和长辈，每一步举措都可能触动很多人的利益，引出数不清的麻烦和纷争。平吴之后，王濬和王浑两位功臣争功不下，司马炎封赏其中一方，就会引起另一方不满，最终皇帝也只能在他们之间疲于奔命，拼命消除来自双方的抱怨。在这种形势下，司马炎经常陷入进退维谷的境地，他只能时刻小心翼翼地维持各方面的关系，让它们不至于进一步恶化。

也正是因此，司马炎对于大臣们的建议总是显得很宽容，即使他们意见再激烈、态度再不客气也不怪罪。因为他明知道许多建议于国于民有利，却因为各种原因而不能付诸实施，也只能用和颜悦色的赞同来表示安抚了。就这样，虽然事出无奈，他却因此成了中国历史上对大臣劝谏最为宽容的皇帝之一。

尚书左仆射刘毅就是个直言敢谏的人。西晋时的人都很迷信吉兆福瑞，于是在司马炎受禅即位的当月里，全国就有六只凤凰、三条青龙、两条白龙和一头麒麟出现，成为改朝换代的祥瑞标志。在此后的一年里，各地又频繁出现祥瑞，算是对皇帝即位第一年成绩的肯定。以后几年里，青龙、白龙又在各地的井里和湖泊里源源不断地出现，直到有一天连京城武器库的井里都出现了龙，司马炎亲自过去观看，觉得是难得的吉兆，忍不住喜形于色。众人正要向司马炎道喜，刘毅却泼冷水说："当年有龙降落在夏朝，后来又在周朝出现，结果骊山烽火戏诸侯，周室从此衰微，可见有龙不一定是什么好事。"

又有一次，司马炎率群臣到洛阳南郊祭祀，他问随行的司录校尉刘毅："我能和汉代的哪一个皇帝相比？"司马炎当时以为他一定说出个刘邦、刘彻等英明之人，谁知刘毅的回答却是："可以和桓帝、灵帝相比。"司马炎一愣，"怎么会是如此地步？"刘毅毫不掩饰地说道："桓帝之世虽然卖官鬻爵，但把钱留给了官府，陛下如今卖官鬻爵，却在中饱私囊。"面对这个耿直的臣下，晋武帝只得自嘲说："桓、灵之世，不闻此言。今有直臣，故不同也。"这司马炎居然将大臣敢直言也纳入了自己的贤明之列！

刘毅做官的时候，惩办起豪门权贵来毫不手软，就连皇太子奏乐进入宫门的行为违反了宫中的规定，他也毫无顾忌地向司马炎检举。有个姓羊的官员掌管皇帝的亲兵，他

仗着自己曾经有恩于司马炎,多年来一直横行不法,刘毅就向司马炎检举,认为应该把这个人判处死刑。司马炎实在难以决定,就派司马攸悄悄去找刘毅求情,刘毅也只好答应放过。但这个人罪行太多,后来又被别人检举,司马炎也没有办法,只能下令免职。但过了一阵,他又悄悄起用这个人,让他以平民的身份兼任职务。就这样,在司马炎的姑息之下,许多不良风气和不法之徒得不到遏制和惩治,社会风气和朝廷纲纪都受到了很大的影响。

司马炎执政初期,曾经厉行节俭,削减各地进贡,禁止乐舞百戏和游猎器具,甚至连宫中牵牛用的青丝绳断了,他也要下令用青麻代替青丝。但到了后期,随着政权的稳定和社会经济的发展,整个统治集团奢靡成风,再也无法控制,不单石崇、王恺这样的大臣竞相斗富,就连司马炎自己也改变了当初勤俭的习惯,日子越过越荒唐。

或许是国力日盛,或许是司马炎统一全国后,他的自尊心得到了满足;又或许他认为自己做了皇帝,这天下便是自己的,所以穷奢极欲,毫不节制。本来司马炎统治初期,社会风气已经渐渐好转,而司马炎末期又将一切打回了魏明帝时期的样子,西晋的朝野掀起了一股奢侈之风。我们来看一下这些朝野权贵人士的生活:太尉何曾的帷帐车服穷极绮丽,厨膳滋味过于王者,虽然在饮食上日费万钱,犹言无处下箸;而尚书任恺的奢侈更是有过之,何曾不过是日费万钱,而他每顿饭就要花去万钱;司马炎的女婿王济,菜肴中的乳猪,居然用人乳烹制;富豪石崇宴请客人时总让美女敬酒,如果客人饮酒不尽,便将美女斩首。而且石崇家也特别讲究,就连厕所也建造得如闺阁一般,一次,散骑常侍在他家做客,需要解手,仆人把他带到一间挂着锦绣帐幔、布置豪华的房屋,见一些侍女捧着香囊站在两边,以为走进了内室,吓得退了出来,向石崇道歉,但石崇告诉他那就是厕所。

司马炎非但不以臣子的荒淫而感到愤怒,反而认为这是国家繁荣的体现。他从来没有想过他们的这些钱到底是从哪里来的?他为此而感到满足,甚至有些沾沾自喜自己的领导能力。

立嗣痴儿

时光荏苒,司马炎就这样过着荒淫的日子,而且他本来性格温和,如今天下一统,他也无心再管政事,任由其发展。不过,有一件事是他不能不关心的,这就是立太子的问题。

本来,他只需要从自己的子嗣中选一个就够了,可是,这件事并非这么简单,因为,当年和他争皇位的弟弟司马攸现在又来和自己的儿子争继承权了。

司马攸本来就才能出众,这些年来对未能即位心有不甘,于是有意树立自己的形象,以至于朝野归心,很多人都希望他能成为下一个皇帝。这让司马炎感到了威胁,觉得这个弟弟留在京城里太危险,就打算把他远远打发出去,命他去青州担任都督,并且一再催促他赶紧出发。

这下司马攸又气又恨，生了重病。他向司马炎申请去给太后守陵，但司马炎却不答应，派来御医给他看病。御医们知道司马炎的心思，异口同声说司马攸没有病。其间许多大臣劝司马炎让司马攸留在京城，说司马攸德才兼备，留下来会对朝廷有好处，这一下更让司马炎警惕起来，催促得更加急迫。司马攸的病越来越重，但他一向很重视自己的风度仪表，虽然已经病入膏肓，但去向司马炎辞行的时候还是尽量维持着平时的神态举止，看起来和往常没有什么区别，结果更让司马炎怀疑他只是装病。

司马攸终于踏上了去青州的旅途，但没有几天他就吐血去世了。有人说司马炎直到这时才明白先前弟弟是真的生了重病，也有人说司马攸本来就是被司马炎授意害死的。但事实究竟如何，后人已经不可能得知了。总之，当司马炎前去吊唁司马攸的时候，听到司马攸的儿子痛哭着说他父亲的病是被医生给耽误了，就立即下令杀了医生，让他们做了替罪羊，随后下令高规格办理司马攸的后事。

在司马攸事件里，另一个受到牵连的人是贾充。贾充的一个女儿嫁给了司马攸，另一个女儿嫁给了太子司马衷，按说亲疏相同，下一步由谁来做皇帝，一对他的利害关系都是一样，于是当初就有大臣找到他，希望他能支持司马攸。虽然当时贾充并没有发表意见，但是司马炎知道了这件事，对贾充产生了怀疑，就剥夺了他的兵权，不过依然优待备至。

那位嫁给太子的贾充之女，就是著名的贾南风。在她嫁给太子之前，司马炎已经打算选卫家的女儿做太子妃，而且他早听说过贾充的女儿脾气不好，长得又黑又矮又丑，嫉妒心又非常强，无论如何也不打算答应。但是贾充早已经打通了所有的关系，皇帝身边所有的人都异口同声说贾家的女儿长得非常漂亮，而且德才兼备，最后连司马炎自己都怀疑起以前听到的消息有误，就答应了和贾家的婚事。

对于司马衷，后人一般认为他是个白痴皇帝。他留下的笑话太多，比如著名的"为何不食肉糜"，又比如他听到蛤蟆叫就问这蛤蟆是官家的还是私家的，大臣们都不知道怎么回答，最后有人说在官家叫的蛤蟆就是官家的，在私家叫的就是私家的，这才让他满意。但也有人提出异议，因为后来当司马衷遇到动乱时，嵇康的儿子嵇绍为了掩护他而死，鲜血溅到他衣服上，他就说这是忠臣的鲜血，不许别人将它洗去。如果从这件事看来，司马衷还是很明白大道理的。后来有人认为司马衷的智商和蜀国后主刘禅类似，只是运气不如后者，没有遇到诸葛亮那样的辅国大臣。

但无论如何，与聪明有为的司马攸比起来，司马衷确实差得太远。大臣们都对这个太子非常不满意，曾经有大臣借着酒醉，抚摸着皇帝的宝座感叹："这个座位可惜了！"但司马炎只当作没听到。司马衷的妻子贾南风也是个厉害人物，她比司马衷大了两岁，和她父亲一样攻于心计，把司马衷管得老老实实，事事都由她做主。有一次大臣在司马炎面前坚持说司马衷不适合当太子，司马炎也没有办法，只得发给太子一道奏章让他去提意见。贾南风就赶紧找人来代笔，写了篇很漂亮的文章打算交给司马炎，但旁边有侍臣立即提出异议，说皇帝本来就知道太子的脑筋不清楚，现在拿篇这样的文章过去显然是作弊，皇帝根本就不会相信。一句话提醒了贾南风，她立即让人另写了一篇文章，虽然语

句平常,但却还能把道理说明白。司马炎看了很高兴,把文章拿给提意见的大臣看,大家哑口无言。

其实司马炎也并非不知道司马衷愚钝无能,他把希望寄托在一个聪明的小孙子头上,期望当他即位时能够有所好转。但历史并没有给他这个机会。公元290年,司马炎去世,司马衷顺理成章地即位,从此朝廷就成了贾南风的舞台。她残忍好杀,除掉了杨太后的势力,从此把朝廷大权都握在自己手里。古人经常说红颜祸国,贾南风的长相虽然和红颜的标准背道而驰,却也一样控制朝政,肆意乱为,最后引出"八王之乱",把西晋的江山折腾得风雨飘摇。

岁月匆匆,曾经壮怀激烈的司马炎,终因纵欲纵乐,而使身体极度衰弱。公元290年农历三月,司马炎病重。四月,这位开国皇帝病逝,终年55岁。死后葬在了峻阳陵。

圣人可汗

——隋文帝杨坚

名人档案

文　帝:名杨坚。属鸡。性格深沉稳重、孤傲多疑。北周隋王,后废杀北周静帝宇文阐而称帝,建立隋朝。在位23年,被子杨广谋杀,终年64岁。

生卒时间:公元541年~公元604年

安葬之地:葬于泰陵(今陕西武功县西南20里处)。谥号文皇帝,庙号高祖。

历史功过:统一中国;推行均田;改革户籍制度,增加收入;改革官制,确立三省六部制,加强中央集权统治。开科举制先河,以科举选拔朝廷官吏。他内修制度,外抚四夷,崇尚节俭,勤理政务。对反叛旧臣、豪强大吏,诛夷罪退,毫不手软;对百姓则实行较宽缓的政策。但晚年好猜疑,不善明察,听信谗言、任用小人,且不悦诗书,迷信符瑞。隋朝统治短暂,与杨坚有一定关系。

名家评点:对后世影响深远的政治家。

青云直上

　　西魏大统七年(541)六月的某天,冯翊(今陕西大荔)般若寺。夜色朦胧,静静的寺院中突然传出婴儿的啼哭声。一个新生儿在这里降生了。

婴儿的父亲姓杨名忠。杨忠祖籍弘农华阴(今属陕西),汉太尉杨震第十三代孙。弘农杨氏是最负盛名的门阀世族之一。婴儿出生时,杨忠20多岁,正在西魏权臣宇文泰手下效力,颇受信用。他的妻子吕氏,小名芳桃,济南(今属山东)人,家境贫寒。这个婴儿是她第一个儿子。

杨忠给他的儿子取名"坚"。

杨坚的降生,有若干稀奇古怪的传说:

他降生时,般若寺紫气缭绕,祥云笼罩。天明,从河东(今山西一带)来了位尼姑,对吕芳桃说:"这个孩子生来异常,不能让他生活在俗世。"遂把杨坚带到庵中抚育。一天,吕芳桃抱着儿子玩耍,忽然看见他头上生出两角,身上长出鳞,芳桃大惊失色,孩子坠落地上。这时,尼姑从外面进来,道:"孩儿受了这一惊吓,做皇帝要晚好几年。"

杨坚的长相也颇古怪,身子上长下短,面孔像龙,前额有五根柱子直贯头顶,目光如电射,手上有纹似"王"字……

这些传说都是为了说明杨坚何以能做皇帝而面壁虚构的。

虽然古人奢谈杨坚生来便有天子气象,但少年时的杨坚却没有什么超人之处。他的嗜好唯有音乐,常怀抱琵琶自弹自唱,还编写过两支歌。他曾入最高学府太学读书,从后世多讥讽他不学无术,他也自称"不晓书语"看,他当时也不是个用功的学生。他与众略有不同的是,整天板着脸,不苟言笑。在太学读书时,即使好友也不敢跟他开玩笑。

不过,他的父亲杨忠却很走红,成为宇文泰的得力干将,被赐鲜卑姓"普六茹"。

靠着父亲的权势,杨坚14岁便步入仕途,京师长安的地方长官京兆尹薛善任用他为功曹。功曹是重要的属吏,职司庶务。薛善任用一个14岁的少年为功曹,完全是看在杨忠的面上。15岁时,杨坚又因父亲的功勋被授予散骑常侍、车骑大将军、仪同三司的官衔,封成纪县公。16岁时,杨坚又升为骠骑大将军、开府仪同三司。

这时,一场废立阴谋正在悄悄地进行。

主谋是西魏的执政大臣宇文护。宇文护乃宇文泰的侄儿。宇文泰在杨坚升任骠骑大将军这年的九月病死,临终,他把儿子宇文觉兄弟托付给侄儿宇文护。宇文泰死后,宇文护辅政。西魏君主恭帝拓跋廓自即位以来便是个傀儡,他无权预闻政事,便整天与嫔妃寻欢作乐。宇文护图谋废掉拓跋廓,拥立堂弟宇文觉。这年十二月,宇文护逼迫拓跋廓禅位宇文觉。

第二年,宇文觉在长安即皇帝位,改国号为"周"。

杨忠在这场宫廷政变中,为宇义护、宇文觉鞍前马后地效力,立下汗马功劳。宇文觉君临天下后,杨忠进官为柱国、大司空,封随国公。

宇文觉做了九个月的皇帝,便被宇文护杀掉。宇文护拥立宇文觉的长兄宇文毓为帝,是为周明帝。

杨坚被晋封为大兴郡公。

第四年,即武成二年(560)四月,宇文护鸩杀宇文毓,拥立宇文毓的四弟宇文邕为帝,是为周武帝。

杨坚升为左小官伯。不久,出为随州(今湖北随州)刺史,进位大将军。

这年,杨坚仅19岁。

做了一个时期的随州刺史,杨坚被征还京师。适逢生母吕氏罹病,杨坚昼夜服侍,不离左右,大令众人称赞。

25岁那年上,杨坚大婚。妻子独孤伽罗,是独孤信的七女。独孤信是鲜卑大贵族,官居柱国大将军,是自西魏以来的权臣。他的长女是周明帝的皇后。独孤信见杨坚前途无量,便把14岁的七女嫁给了杨坚。

与独孤氏联姻,更加提高了杨坚的地位。

杨坚地位的提高,引起执政宇文护的猜忌,多次想干掉杨坚,幸亏大将侯伏侯万寿替他说情,才免一死。

27岁那年上,父亲杨忠病死,杨坚承袭随国公的爵位。

第五年上,武帝宇文邕诛灭宇文护及其同党,亲揽朝政。杨坚的威胁消除。宇文邕选杨坚的长女杨丽华为皇太子宇文赟的妃子。杨坚成为皇亲国戚。

觊觎龙位

杨坚虽然深得宇文邕器重,但他对宇文邕却不忠,觊觎其龙位。不过,他的羽翼未丰,不敢有所表示,只是心中暗暗地盘算,偷偷地培植自己的势力。

一些精明的大臣觉察出杨坚图谋不轨。齐王宇文宪奏告武帝:"普六茹坚相貌非同寻常,臣每次见到他,总感到浑身不自在。此人恐不是久居人下者,请尽早把他除掉!"武帝不以为然,道:"此人只不过是一名武将罢了。"内史王轨也奏言杨坚有歹相,也没有引起武帝的重视。

杨坚闻讯宇文宪、王轨等奏劾他图谋不轨,并没有胆怯,只是更加隐秘地做夺权的准备。

周武帝虽非庸才,但被杨坚的假象所迷惑,加上武帝此时的精力用在攻伐北齐上,对杨坚也无暇留心考察。他没有想到,由于他的粗心、失察,终于断送了"大周"江山。

杨坚34岁那年上,即建德四年(575)七月,武帝下诏伐齐。北周出动水步18万大军,武帝亲率6万士卒直趋河阴(今河南孟津),杨坚奉命率领水军3万,顺黄河东下。起初,进军较为顺利,攻取了一些州县。但在攻打渖城(今河南孟津)时受阻,围攻了20多天也没攻克。武帝心急如焚,病倒了,大军不得不西撤。第二年十月,武帝再次御驾亲征,14万多兵马分为左三军、右三军和前军,杨坚统领右三军中的一军。这次出兵,大获全胜,灭亡北齐,统一了北部中国。

杨坚以功进位柱国,出任定州总管,随即转为亳州总管。

不久,武帝驾崩,皇太子宇文赟即位,是为宣帝。

宣帝立杨丽华为皇后,父以女贵,杨坚被拜为上柱国、大司马。第二年,转为大后丞、

右司武,旋即升为大前疑。宣帝外出,便由杨坚处理日常政务。

年轻的宣帝是个昏君,荒淫无道。武帝尸骨未寒,他便把父皇宫人全部接收过来,供他发泄兽欲。忠直的大臣遭诛杀,奸佞小人却受到重用。他做皇帝的第二年二月二十日,禅位7岁的皇太子宇文阐,是为静帝,自己称"天元皇帝",做太上皇去了。不过,他并没有放弃权力。北周王朝在他的统治下迅速走向黑暗。

正觊觎着皇位的杨坚却心中暗喜,他抓住时机,做取代周室的准备工作。

一次,杨坚与好友宇文庆谈论时局,杨坚道:"天元皇帝没什么德政,看相貌也不会长寿。加上法令繁多而严苛,整天沉湎于声色中,我看皇上的统治维持不了多久。宇文宗室诸王各就封国,既不能有效地控制地方,朝廷内也失去亲信。像这种局面,一旦天下有事,局势将不可收拾。"接着,他又对掌握实权的地方势力做了分析:"安阳太守尉迟迥是皇亲国戚,声望素著,若天下有变,他必首先起来作乱,但此人才智平庸,子弟也多轻浮,且贪财好利,对部下不事拉拢,肯定成不了大事。驻守郧州的司马消难是个反复无常的小人,若有机会,肯定会发难,不过此人轻薄,缺少智谋,也不足为虑,至多失败后投奔江南。益州易守难攻,总管王谦却是个蠢材,没有什么心计,即使受人唆使而作乱,也成不了气候。"

杨坚料定北周的统治即将结束,对他取代周后如何应付可能出现的动乱局面有了充分的准备。

周宣帝虽然是个昏君,但对杨坚图谋不轨也略有觉察。他有4个宠妃,并立为皇后。4个皇后争宠,互相诋毁。宣帝对杨丽华皇后最为不满,动辄骂道:"朕要诛灭你家族!"有一次,他宣召杨坚进宫,吩咐身边的卫士:"若他表情有异,就立即把他干掉!"杨坚入宫,神情自若,宣帝又怀疑起自己的判断力来了:是不是自己搞错了,杨坚果真有二心吗?他拿不定主意,放过了杨坚。

尽管杨坚表面上不露声色,但心中对宣帝的猜忌甚感不安,他权衡再三,决定暂时离开朝廷,到地方上避避风头。他把自己的想法告诉了同窗好友郑译。郑译是个见风使舵的无耻小人,他善于阿谀奉承,深得宣帝欢心。但他明白,北周气数已尽,杨坚迟早要夺权的,遂表面上信誓旦旦地效忠宣帝,背地里却投靠了杨坚。大象二年(580)五月,宣帝心血来潮,要南征,郑译乘机推荐杨坚为扬州总管。

大军还未发,宣帝就病倒了,宣召大臣刘昉、颜之仪进宫,欲托以后事。两人到时,宣帝已不能说话。静帝宇文阐年方8岁,乳臭未干。刘昉是个很识时务的人,他知道宣帝一死,宇文阐是无法控制杨坚的。为了自己的前程,他下定决心投靠杨坚。他找来郑译,两人一同草拟了一个假诏,声称宣帝遗嘱杨坚辅政。然后,刘昉去找杨坚,杨坚还有顾虑,刘昉道:"你要愿意,就赶快答应。你若不愿意,我就自己去做。"杨坚遂答应下来。但是,当刘昉拿着假诏要颜之仪签字时,颜之仪却断然拒绝,说诏书有诈。于是,刘昉便替他签了。不久,宣帝驾崩,刘昉、郑译秘不发丧,把假诏颁发,任命杨坚都督中外诸军事,总理朝政。在杨坚接管了权力后,他们才公布了宣帝的死讯。此时,宣帝已死3天了。

刘昉、郑译把杨坚扶上辅佐的地位后,建议杨坚任大冢宰,郑译做大司马,刘昉为小冢宰,三人共掌朝政。杨坚不愿让他们分割自己的权力,在亲信李德林等人的支持下,拒绝了他们的建议。经过周密策划之后,杨坚出任左大丞相,任命郑译为相府长史,刘昉为相府司马,把他们二人置于自己的控制之下。

杨坚已基本上控制了朝政。

代周自立

杨坚虽然成为北周实际上的最高统治者,但要代周自立,还需花一番功夫。

首先是培植自己的心腹党羽。

郑译、刘昉仅会阿谀奉承,没什么才干,一心谋取私利,不肯死心塌地地为杨坚效力。他们要求做大司马、小冢宰的愿望被拒绝后,心中颇为不满。靠他们这号人是不行的,必须另物色人选。

杨坚费尽心机,网罗得力干将。

高颎便是其中一个。

高颎,又名敏,字玄昭,自称系渤海蓨县(今河北景县)人,聪明机智,才华出众。杨坚看中了他,派人与他面谈,他欣然应允,愿举家以事杨坚,赴汤蹈火,在所不辞。杨坚大喜,委任他为相府司隶,颇为依重。

经过一番努力,杨坚网罗了一批有真才实学且死心塌地愿为其效力的心腹。

有了一批党羽后,杨坚便开始行动了。

当朝天子静帝的叔父宇文赞官居上柱国、右大丞相,与杨坚平起平坐。杨坚让刘昉去劝他回家,不要过问朝政,骗他说以后让他做皇帝。宇文赞是个不满 20 岁的年轻人,刘昉天花乱坠的一番话,竟把他说动了,高高兴兴地回家等着做皇帝去了。

但是,在对付几个藩王上,杨坚却颇费周折。

赵王宇文招、陈王宇文纯、越王宇文盛、代王宇文达、滕王宇文逌,都是宇文泰的儿子,身居王位,握有重兵。杨坚知道,他们是不会坐视自己代周而立的。还在宣帝死讯未公布时,杨坚便假借千金公主出嫁突厥的名义,召他们入京。一个月后,五王到了长安,被收缴了兵符。这时,他们才知道中计了。

诚如杨坚在任大前疑时分析的那样,尉迟迥在相州(今河南安阳)起兵,传檄天下,讨伐杨坚。王谦、司马消难等纷纷响应。杨坚命大将韦孝宽出击尉迟迥,梁睿出击王谦,王谊出击司马消难。

京师长安城中,五王也蠢蠢欲动。

杨坚陷于危险的境地。

派去出击尉迟迥的韦孝宽,率军进至河阳(今河南孟州市)便停了下来,没人敢再前进一步。传言梁士彦、宇文忻、崔宏度等将校收受了尉迟迥的贿赂。形势危急,需派一名既忠心耿耿又有魄力的人去做监军。杨坚挑选了大臣崔仲方,崔仲方以老父在尉迟迥的

占领地为由拒绝。杨坚又想到了郑译、刘昉,但郑译说他有老母在堂,刘昉说他没有带过兵。杨坚犯难了。这时,高颎自告奋勇,甘负重任。杨坚欣然同意。高颎到达前线后,调整战术,督军进攻,大败尉迟迥。

王谦、司马消难也被梁睿、王谊击败。

消息传到长安,杨坚大为亢奋。

五王闻讯尉迟迥等兵败大惊,为了宇文氏的江山,他们决定铤而走险,刺杀杨坚。经过一番密谋,一个刺杀计划敲定了:由赵王宇文招出面,宴请杨坚,周围埋伏刀斧手;把杨坚的随从挡在门外,只让他一人入内;席间,宇文招的儿子送瓜上来,拿刀切瓜时刺杀杨坚。一切准备就绪,宇文招开始行动。

杨坚对于五王估计不足,觉得已经收缴了他们的兵符,解除了他们的兵权,量他们也没什么作为了,见宇文招有请,遂带着杨弘、元胄等几个随员前往。到了赵王府邸,随从都被挡在门外,杨弘、元胄硬是闯了进去。元胄进去一看苗头不对,便对杨坚道:"相府有事,丞相不宜久留!"

"我与丞相说话,你插什么言!"宇文招斥责元胄,喝令他退下。

元胄两眼圆睁,不但不退,反而提刀上前保护杨坚。宇文招不敢动强,问过元胄姓名,道:"你过去不是在齐王手下做事吗?真是一个壮士!"赐给元胄一杯酒,说:"我哪有什么恶意,你何必如此紧张?"说完,装作呕吐,欲离开座位,被元胄强行扶回座位上。宇文招几次想离开,都被元胄"劝"止。宇文招又说口渴,元胄便让人送来水让他在座位上喝。宇文招被置于元胄的威胁下,他手下的人也不敢轻举妄动。这时,滕王宇文逌来到,乘杨坚出门迎接,元胄在他耳边说:"苗头不对,赶快离开这里!"

杨坚估计风险不大,道:"他没有兵马,能干什么?"

"兵马本来就是他们的,只要他们先下手干掉丞相,一切都完了。"元胄道:"不是我怕死,因为我死了也解决不了任何问题。"

杨坚没有走,镇静地回到席上坐下。

元胄听到后堂有披挂盔甲的声音,急了,上前对杨坚说:"相府的事那么多,丞相怎么这样,老坐着不走?"说完,拉着杨坚就走。宇文招快步追出来,元胄堵在门口,等杨坚出了府邸大门,他才紧走几步赶上。

杨坚回到了相府,以谋反的罪名杀了宇文招、宇文逌。

杨坚彻底击败了他的敌人。

不久,杨坚就以静帝的名义下诏,任命自己为大丞相,废除左、右大丞相,免得有人利用二相并立的条件与自己分庭抗礼。

二个月后,静帝颁诏,盛赞杨坚功德,进位相国,以20郡之地封杨坚为随王,剑履上殿,入朝不趋,赞拜不名,位在诸侯王之上。杨坚假意谦让了一番,最后,除了减去10郡封地外,其他全部接受。

为了削弱宇文氏的影响,杨坚下令废除所有对汉人的赐姓,令各复本姓。这一命令得到了汉人的普遍拥护。

不久,在杨坚的授意下,静帝又颁诏:杨坚的王冕为十二旒,建天子旌旗,出警入跸,乘坐金银车,驾六马,享用八佾乐舞。杨坚假意辞让,前后三次,才无可奈何般地接受。

杨坚的人臣之位已是无以复加了。

接着,杨坚派人为静帝写好退位诏书,诏书中盛誉杨坚功德,请杨坚接过帝位。诏书由朝廷大臣奉送到随王府。在百官的再三恳求下,杨坚才勉为其难般地接诏。他穿上早已准备好的皇服,在百官簇拥下入宫,登上帝位。周静帝北面称臣,杨坚封他为介国公,食邑5000户,享用原来的车马、旌旗、服饰、乐舞,不向新帝称臣,只是新朝的客人。

杨坚承嗣父亲随国公的爵位,后又晋称随王,遂定国号为"随"。但他觉得"随"字有"辶",与"走"同义,不吉利,遂改"随"为"隋",仍以长安为国都,立独孤伽罗为皇后,长子杨勇为皇太子,改元"开皇"。

这年,是公元581年。杨坚时年40岁。

完善体制

每个开国皇帝,都要在前王朝典章制度的基础上,结合新王朝的实际情况,厘定一套新的体制,以维系新王朝的生存。在这个方面,有成功的,也有失败的。

杨坚也厘定了一套新的体制。

在中央,设置三师、三公、五省、六部、二台、九寺、十二府。

太师、太傅、太保,为三师。三师官衔为正一品,在名义上是皇帝的老师,与皇帝坐而论道,但不置官署,没有什么实权,仅是赐予德高望重大臣的荣誉官衔。三公为太尉、司徒、司空,也是正一品。三公虽置僚属,有参议国家大事的权力,但一般不设;即使设置,也不单设,而是给某些重臣的加官。五省,为内史省、门下省、尚书省、秘书省和内侍省。秘书省管理图书历法,内侍省是宦官机构,这二省在政权中不占重要地位,真正的权力中枢是内史、门下、尚书三省。内史省协助皇帝决策军国大政,长官为内史监、内史令,各一人,旋即废内史监,置内史令二人,正三品。门下省负责审核大政方针,认为不妥的,可以驳回,长官为纳言二人,正三品。尚书省主持日常政务,长官为尚书令一人,正二品,但一般不授人,有隋一代,只有炀帝时杨素以翊戴之功,进位尚书令,故尚书省长官实际上是左右仆射,从二品。在尚书省之下,设吏、礼、兵、都官(后改刑部)、度支(后改民部)、工六部,分掌具体事务。吏部负责文官的选拔、考核,礼部负责礼乐、学校,兵部负责武官的选拔、兵籍、军令,都官负责刑狱、司法,度支负责赋税、财政,工部负责土木工程、水利。六部长官为尚书,正三品。尚书左仆射领导吏、礼、兵三部,右仆射管理都官、度支、工三部。左右仆射和六部尚书,合称"八座",地位显赫。二台为御史台、都水台。御史台职司监察,都水台掌管舟楫、河渠。九寺为太常寺、光禄寺、卫尉寺、宗正寺、太仆寺、大理寺、鸿胪寺、司农寺、太府寺,分司各项事务。十二府为军事机构,各设大将军一人,将军二人。

上面这些,只是中央主要机构,此外还有一些权位较低的衙署。

对最要害的三省六部,杨坚委任他最信任的 8 人担任长官:

高颎为尚书左仆射兼门下纳言,李德林为内史令,虞庆则为内史监兼吏部尚书,韦世康为礼部尚书,元岩为兵部尚书,元晖为都官尚书,杨尚为度支尚书,长孙毗为工部尚书。这 8 人都是杨坚做丞相以来网络的心腹,且都是精明强干的人物。特别是高颎,身兼尚书、门下二省长官,权位极重。

至于郑译、刘昉这样的人,杨坚的看法是:"没有这几个人,朕就没有今天。但朕知道他们实际上都是反复无常的人,周宣帝时以无赖进幸,宣帝病重,他们为了个人私利,推举朕辅政。朕要治理国家,他们又跟朕捣乱。对这些人,若任用他们,他们不会老老实实做事;不用他们,他们又牢骚满腹。"结果,郑译得到的仅是第一等勋官官阶——上柱国,刘昉得到的是第二等勋官官阶——柱国。

杨坚登基的时候,地方上有州 201 个,郡 508 个,县 1124 个。每个州管辖的郡,仅 2 个或 3 个;每个郡也只管辖 2 个或 3 个县。州、郡、县都分九等,一般都有两套职官,一套是由吏部直接任命的,州除刺史外,还有长史、司马等;另一套是由刺史聘任的,如州都、祭酒从事等。郡也是这样,除太守、丞由中央任命外,还有一大批由太守聘任的僚佐。县也是如此。这样,州、郡、县官员十分庞大,如第一等州额定官员多达 323 人。造成了民少官多、十羊九牧的局面。开皇三年(583),杨坚下令裁省郡一级行政单位,实行州、县二级制,又合并了一些州县,并下令废除州县长官聘任的僚佐。这样,既节省了开支,又简化了政令推行的程序。

为了有效地控制地方,杨坚把子弟分遣到战略要地,镇守一方。他们大都是挂着"行台尚书省"长官的官衔出镇的。行台尚书省简称行台省,长官也叫尚书令,相当于中央尚书省在地方的派出机构,总统一方军政,管区内的州县都受其节制,权任极重。开皇二年(582),置河北道行台于并州(今山西太原),以晋王杨广为尚书令;置西南道行台于益州(今四川成都),以蜀王杨秀为尚书令;置河南道行台于洛州(今河南洛阳),以秦王杨俊为尚书令。在行台尚书省之外,还有总管府,掌一州或数州军政,一般也以亲王充任总管。

在刑律上,制订、颁布了《开皇律》。

这部新律是苏威、牛弘等人修订的。苏威是武功(今属陕西)人,牛弘是安定(今甘肃泾川北)人。两人都博闻强记,精通律令。开皇三年(583),杨坚把制订新律的重任交给他们,他们广泛汲取了魏晋南北朝以来的立法经验,结合当时社会的实际状况,完成了一代法典《开皇律》。《开皇律》共分 12 篇,500 条,删除了魏晋南北朝以来一些残酷的刑罚,定刑名为 5 种:死刑二,有绞、斩;流刑三,有 1000 里、1500 里、3000 里;徒刑五,有一年、一年半、二年、二年半、三年;杖刑五,从 60 至 100 不等;笞刑五,从 10 至 50 不等。为了确保杨氏家天下,又规定"十恶":谋反、谋大逆、谋叛、恶逆、不道、大不敬、不孝、不睦、不义、内乱,属于"十恶"的罪犯,从重从严惩处,不得宽赦。官僚地主犯罪,只要不是十恶不赦之罪,都可以减一等,也可以出钱赎罪,还可以用官品来折抵徒刑。

在经济上,继续推行均田制。

每个成年男子(18 岁—60 岁)给露田 80 亩,永业田 20 亩;成年女子给露田 40 亩。

露田死后归还政府,永业田可以传给子孙。奴婢也像平民一样分田,亲王的奴隶受田限300人,一般地主不得超过60人。每头耕牛给露田60亩,限四牛。自亲王至都督,给永业田100顷至40亩不等。京官自一品至九品,给职分田自五顷至一顷不等,作为俸禄。

在赋役上,分租、调、力役。

一夫一妇每年纳粟三石,叫作"租";种桑养蚕地区每年交绝绢一匹、绵二两,种麻织布地区每年交布一端、麻三斤,叫作"调"。成年男子每年服役一个月,叫作"力役"。开皇三年(583),成年的年龄从18岁提高到21岁,服役时间从一个月减为20天,调绢从一匹减为二丈。到开皇十年,规定成年男子的力役,从50岁以后可以交纳布帛代替,称为"庸"。

在户籍管理上,推行"大索貌阅""输籍定样"。

"大索貌阅"即根据户籍上登记的年龄和本人的体貌相核对,检验是否谎报年龄,诈老诈小。"输籍定样"是根据各户资产划分户等,根据户等制定税额,写成定簿。每年五月,县令派人核查,重新制定"定簿"。

这些措施、制度的推行,强化了君主专制主义中央集权统治,也在一定程度上促进了经济、文化的发展。不仅如此,杨坚时厘定的体制,承上启下,对后世中国封建社会有深远的影响,特别是中央的三省六部制,地方的州县二级制,刑法上的《开皇律》,经济上的均田制,对唐代及其以后的封建王朝都有重大影响。

统一全国

当杨坚登基称帝时,华夏大地仍处于分裂状态,隋的南面还有梁、陈两个小朝廷。

梁的都城在江陵(今属湖北),历史上称为"后梁"。后梁地盘不大,自萧詧建国以来,一直依附于北朝,是个"儿皇帝"角色。杨坚称帝时,统治后梁的是萧詧的儿子萧岿,杨坚派特使赐他黄金500两、白银1000两、布帛10000匹、马500匹,以示恩宠。第二年,杨坚又派人去江陵为晋王杨广选妃,经过占卜,所选美女都不吉,萧岿想起自己还有个女儿在舅父家住着,何不让她一试?于是派人把女儿接来,占卜吉凶,得了个"吉",于是萧岿的女儿就成了杨广的妃子,后来杨广做了皇帝,萧妃又成了皇后,这是后话。由于这次联姻,杨广很优遇萧岿,取消了派去监视萧岿的江陵总管,让萧岿自己处理后梁事务。第三年上,萧岿去长安朝见杨坚,杨坚又钦准他的地位在王公之上。翌年,萧岿病死,子萧琮嗣位。萧琮为人倜傥,博学好文,娴于弓马,风采不逊乃父。但在杨坚眼里,已不被看重了,原因很简单,这时隋内部已整顿完毕,杨坚腾出手来,准备完成统一大业了。杨坚宣布恢复江陵总管,重新把后梁置于隋的监管之下。萧琮即位第三年上,杨坚征萧琮入朝,萧琮自然不敢违命,率文武百官200余人北上,江陵父老叹道:"我主这一去,就回不来了。"正如他们所料,萧琮离江陵北上,隋将崔弘度就带兵南下,说是去守卫江陵。萧琮叔父萧岩知道崔弘度来者不善,率城中官民10余万人投奔陈而去。消息传到长安,杨坚宣

布废掉后梁,改封萧琮为莒国公。

杨坚的下一个目标,就是建都建康(今江苏南京)的陈了。

当时,坐在建康皇宫龙座上的是陈叔宝。

陈叔宝多才多艺,风流倜傥。但他的聪明才智全用在玩乐上,整日沉湎于酒色之中。

　　　　烟笼寒水月笼沙,夜泊秦淮近酒家。

　　　　商女不知亡国恨,隔江犹唱《后庭花》。

这是唐代大诗人杜牧的《泊秦淮》诗。

诗中说的《后庭花》,全名为《玉树后庭花》,是陈叔宝与嫔妃饮酒作乐时谱写的曲子。他最宠爱的妃子,一是张丽华,一是孔贵妃,就连上朝听政,也要一手揽着张丽华,一手抱着孔贵妃,一边与她们调情,一边决断军国大事。若两贵妃插上一句,他马上就说:"就按贵妃说的办!"昏君在位,纲纪紊乱,奸佞专权,贿赂公行,江南锦绣江山被他们搞得乌烟瘴气。几个有识之士上疏劝谏,陈叔宝置若罔闻。

陈的覆灭已是指日可待。

废除后梁以后,杨坚便加快了灭陈的准备工作。第二年秋,兵力部署既毕,杨坚下诏,大举攻陈。

隋军51.8万人马,兵分八路出击:

晋王杨广统兵出六合(今属江苏);

秦王杨俊将兵出襄阳(今湖北襄樊);

清河公杨素领兵出永安(今四川奉节);

荆州刺史刘仁恩统兵出江陵(今属湖北);

宜阳公王世积将兵出蕲春(今属湖北);

新义公韩擒虎领兵出庐江(今安徽合肥);

襄邑公贺若弼统兵出广陵(今江苏扬州西北);

落丛公燕荣将兵出东海(今江苏连云港西南)。

八路大军由晋王杨广节制,在东起大海,西迄四川的数千里战线上,同时发起强攻。

陈叔宝仍在与张、孔二贵妃纵情歌舞。

不久,隋军将士的呐喊就淹没了皇宫里面的歌舞声。第二年正月,贺若弼、韩擒虎两路大军突破长江防线,陈军10万将士,全无斗志,大将任忠投降,引韩擒虎所部从朱雀门攻入建康城。文武百官四散逃命,偌大一个宫殿,只剩下一个叫袁宪的侍臣陪伴在陈叔宝身边。"我从来待你不如他人,现在只有你在这里相陪,真令我追悔莫及。"陈叔宝说了几句感激的话,就要找个地方藏起来,袁宪劝他说,事已至此,哪里还有藏身之处? 陈叔宝不听,说:"锋刃之下,怎敢大意? 你不必多说,我自有办法。"说完,就拉着张、孔二贵妃躲进一口枯井中。不久,隋兵杀入皇宫,见井边有绳,伏下身去喊叫,不见答应,便说往下填石头,才听见喊声,即用绳拉人,但觉得很沉,不免有些惊异,待拔出井外,才发现一根绳子系了陈、张、孔三人,众人不禁失笑。

陈叔宝成了阶下囚,陈各地官军,也纷纷投降。

自西晋倾覆以来 270 多年的分裂局面至此结束,全国重新统一。

在灭陈的当年,杨坚认为军人和兵器的历史使命应该结束了,否则,便会造成不安定因素。于是,杨坚下令:除边疆和京师戍卫军队外,其余的兵器等军事装备立即停止制造,民间兵器立即销毁;军人子弟应偃武习文。开皇十五年,杨坚又下令收缴天下兵器,若发现有私自打造者,严加惩处。开皇八年,又下令收缴江南三丈以上的大船。杨坚想消除一切不安定因素,确保杨氏家天下。

自坏长城

从一个贵公子,一步步走向帝位,建立了自己主宰的皇朝,说明杨坚很有才干。隋朝建立后,他厘定的政治、法律、经济体制,承上启下,影响深远;废梁,灭陈,使长期分裂的中国重新统一,凡此使杨坚成为中国历史上一个很有作为的皇帝。但是,他身上也有很多恶劣习性:猜疑苛察、刚愎自用、喜怒无常、不学无术、惑于佛教等等。他的这些恶劣习性最终危及了他苦心经营、竭力维系的隋朝江山。

杨坚的皇位是篡夺宇文氏的,他极担心臣子仿效他,篡夺皇位。故他对文武大臣保持高度警惕,留意他们的言行,常常疑神疑鬼。

虞庆则颇有才干,很为杨坚赏识。杨坚代周后,任命虞庆则为内史监兼吏部尚书,是群臣中的第三号人物。后来,虞庆则升任尚书右仆射,颇受杨坚信任。开皇十七年,桂州(今广西桂林)人李代贤反叛,朝中无人愿领兵讨伐,杨坚便指名要虞庆则去。虞庆则的内弟与虞庆则的妾私通,向杨坚说虞庆则的坏话,说虞庆则不愿去。杨坚很不高兴,怀疑起虞庆则的忠心来。凯旋回师的路上,虞庆则指着一个地方说:"若这里有个合适的人把守,只要有足够的粮食,便难以攻破。"作为一名将领,注意山川地形,本是正常现象。但有人把虞庆则的话密告给杨坚后,杨坚的疑心更大了,遂以图谋不轨的罪名杀了虞庆则。

高颎是杨坚的得力辅佐,杨坚君临天下,高颎被委以尚书右仆射兼纳言的重任,位冠群臣,杨坚巩固君主专制主义中央集权的统治措施,多出自高颎之手。灭陈时,虽说晋王杨广为总统帅,但高颎为杨广的长史,主持各种军务。北击突厥,高颎为帅。高颎为杨坚立下赫赫战功,杨坚颇为倚重。杨坚对皇太子杨勇日渐不满,欲立晋王杨广为嗣。高颎劝谏说废长立少有违礼仪,因为杨勇的女儿是高颎的儿媳,杨坚遂怀疑起高颎来。最后,高颎被褫夺官爵,贬为平民。

猜疑是对自己的统治缺乏信心的表现。为了树立自己的绝对权威,杨坚还滥用酷刑。

在杨坚的宫殿里,放着棍棒,谁人不顺眼,便加杖打,有时一天就打数人。他还嫌行刑者下手过轻,怀疑他们是不是手下留情,行刑人只得卖力往死里打。有些大臣上疏,说朝堂非杀人之所,殿廷非杖罚之地,杨坚迫于舆论压力,下令撤去棍棒,再想打人时,便用鞭子,但鞭子实在不过瘾,便又用起了棍棒。有一次,杨坚又喝令杖人,兵部侍郎冯基百

般劝谏,杨坚就是不听,终于将那人打死了。过了一会儿,杨坚气渐消,觉得那人罪不至死,便回头训斥身边那些没劝谏的人为什么不阻止他。

杨坚喜怒无常,动辄杀人。一次上朝,个别武官服饰不整齐,杨坚认为这是对朝廷的不尊,斥责御史为什么不弹劾,喝令把御史推出斩了。谏议大夫毛思祖行使职权,出来劝谏,也被杀头。像这样因一些轻微小事而诛杀官吏之事,经常发生。

盗窃确实让官员们头痛,为了杜绝盗窃,杨坚费尽心机,但都不奏效。最后,杨坚颁诏:凡偷窃一钱以上的都处以死刑,横尸街上示众;四人合窃一桶,三人合窃一瓜,也全部处死。滥用酷刑竟然到了这种地步。

杨坚不学无术,认为学问无甚用处,于仁寿元年(601)下诏,除国子监外,其余的学校全部废除。虽然大臣们再三劝谏,也终无法改变杨坚对文化的藐视。

杨坚不相信人,也不看重文化,却信奉鬼神,无论哪路神仙,他都虔信、礼敬,特别是对佛教,他大加崇祀,广建佛塔、寺院,佛教风靡全国。甚至对宫女渲染的妖精,杨坚也深信不疑。一次,嫔妃们说时常有人挑逗她们,杨坚断定宫门防卫森严,外人进不来,定是妖精作祟,命令嫔妃们再发现有人挑逗,应挥剑砍杀。有个宫女遵旨实施,手中的剑好像砍在一堆腐骨上,没有见血,宫女追,妖精跳入水池中不见了。杨坚信以为真,下令把池水淘干,果然在池中捉到了一只大乌龟!

杨坚不大讲究吃穿,后世盛赞他节俭。但是,杨坚在建造宫殿上却不怕浪费、奢靡。他做皇帝的第二年,便嫌从前的长安城规模太小,且经常闹鬼,便诏令在旧城西北修筑新城,命名为"大兴城"。过了10年,杨坚对大兴城失去了兴趣,又在岐州(今陕西凤翔南)耗费巨资兴建豪华的仁寿宫。过了五年,又在仁寿宫和大兴城之间修建行宫12座。

杨坚还时常沽名钓誉地搞点儿仁慈行为。一次,关中大旱,粮食歉收,百姓连糠菜都吃不饱。杨坚看到这种情况十分难过,说这是自己统治不好的结果。为了弥补过失,他带着关中百姓浩浩荡荡向洛阳进发,去谋生路。这时,他的富丽堂皇的仁寿宫刚刚竣工,国库中的存粮还满满的,他没有拿点儿出来赈济濒临死亡的饥民,却让百姓扶老携幼,跋涉千里去洛阳谋生。到了洛阳怎样谋生,杨坚就管不了那么多了。

杨坚想方设法巩固杨氏的家天下,但他的这些行为又自坏长城。到他统治的末年,大隋皇朝已是危机四伏。

猝死成谜

独孤伽罗皇后出身名门望族,杨坚发迹,沾过独孤氏的光,他对皇后独孤伽罗心怀畏惧。可以说,杨坚统治着天下,独孤伽罗左右着杨坚。杨坚上朝,独孤伽罗同车相随,只是停在殿外,但独孤伽罗派亲信宦官跟着杨坚上朝,若发现杨坚对问题的处理有不当之处,便出来报告独孤伽罗,独孤伽罗就把自己的意见转达进去。杨坚退朝,二人同车回寝殿。故宫中称杨坚、独孤伽罗为"二圣"。

　　独孤伽罗嫉妒心很强,除了她之外,不许杨坚和别的女人亲近。虽然三宫六院齐全,但那仅是一种摆设;杨坚也不是不好女色,只是慑于独孤伽罗的雌威不敢而已。一天,杨坚看见被充入后宫的尉迟迥的孙女很有姿色,忍不住与她亲热了一番。很快,后宫有人把这事密报了独孤伽罗。独孤伽罗脸上很平静,没什么变化。待杨坚上朝后,独孤伽罗便让人杀死了尉迟氏。杨坚闻讯,愤懑难忍,又无处发泄,自己骑马出宫,驰入山谷。大臣闻悉,惊慌失措,高颎、杨素等人骑马追赶,拉住杨坚的马头苦苦劝解。杨坚愤怨满腹,道:"朕贵为皇帝,行为却没自由!"

　　尽管杨坚愤愤不平,但他始终不能摆脱独孤伽罗的影响、制约。在立皇嗣上,他再次被这个女人所左右。

　　杨坚有五个儿子:杨勇、杨广、杨俊、杨秀、杨谅,都是独孤伽罗所生。长子杨勇被立为皇太子,杨坚对他寄予厚望,10多岁时便让他参与军国大政。但随着年龄的增长,杨勇越来越迷恋女色。独孤伽罗最讨厌的就是这事,甚至劝杨坚查办有私生子的大臣。杨勇的第一个儿子便是私生子,是一个姓云的女子生的。杨坚虽不满独孤伽罗对他的制约,但又不敢不与她同好恶。况且他对杨勇的私生子很不满,怀疑那个私生子是否是杨勇的血脉,唯恐他乱了杨氏皇族的血统。杨坚开始斥责杨勇,谁知杨勇不买账,甚至公开对抗,气得杨坚七窍生烟。

　　杨广早就觊觎着皇太子的位子,见杨勇惹父母讨厌,心中大喜。他是个擅长玩骗术的人,遂使出浑身解数,讨父母、特别是母后独孤伽罗的欢心。他虽然是个好色之徒,却装得极为检点,只和王妃萧氏相处,别的嫔子生了孩子,便偷偷地杀掉。每逢父母驾临他的府邸,他便把年轻貌美的姬妾藏起来,让年老丑陋的宫女穿上粗劣的衣服充当嫔妃。独孤伽罗越来越喜欢杨广,鼓动杨坚废了杨勇,另立杨广为皇太子。

　　开皇二十年冬十月,杨坚终于下诏,废黜杨勇,另立扬广为皇太子。

　　杨广做了皇太子,迫不及待地想当皇帝。

　　过了四年,杨坚罹病,在仁寿宫休养。杨广急不可待地写信给亲信杨素,问他如何料理杨坚的后事。杨素的回信错送给杨坚,杨坚大怒。杨坚喜爱的宣华夫人陈氏入侍,杨广见了美貌的宣华夫人,不由得欲火烧身,兽性大发,企图逼奸她。杨坚得知大怒,骂道:"畜生何足付大事!独孤误我!"他对身边的侍臣柳述等人说:"速召我儿!"柳述等以为是叫杨广,杨坚连呼:"勇也!"柳述等人便出去起草诏书,召被囚禁的杨勇前来。

　　风云突变,杨广惊慌失措,经与心腹密谋,他派爪牙宇文述,郭衍率东宫卫士包围仁寿宫,撤换杨坚的卫士,把服侍杨坚的宫人全部赶走。一个仁寿宫就剩下了杨坚一人。

　　不久,杨坚死,享年64岁。

　　关于杨坚之死,《隋书·高祖纪》没有明言是怎样死的,后人根据杨广采取行动后杨坚猝死,怀疑系杨广杀死的。

　　杨坚的庙号为"高祖",谥号是"文皇帝",故史称"隋文帝"。

贞观之治

——唐太宗李世民

名人档案

太　　宗：名李世民。李渊次子。属羊。性格果敢倔强。杀太子李建成后，逼高祖禅位给他。在位23年，患痢疾而死，终年51岁。

生卒时间：公元599年~公元649年

安葬之地：葬于昭陵（今陕西醴泉县东北50里九嵕山）。谥号文武大圣大广孝皇帝，庙号太宗。

历史功过：任用贤能，从善如流，闻过即改。视民如子，不分华夷。开创了被誉为"贞观之治"的中国封建社会中最突出的太平盛世，使中国成为当时世界上最富强昌盛的封建国家。

名家评点：中国历史上少有的能打天下又能治天下的有道明君。

初露头角

　　李世民出生于一个北方胡汉混血的贵族门阀世家。父亲李渊，自称是十六国时凉武昭王的后代。而实际上，李渊很可能是北魏弘农太守李初古拔的后裔。李初古拔是北方少数民族，后代不断跟汉族里的世家贵族通婚，到李渊的祖父李虎时已经是胡汉混血的后裔了。

　　李虎是西魏的"八柱国"之一，到了北周时已经做了唐国公。李渊就是世袭的唐国公,其母独孤氏和北周的独孤皇后、隋朝隋文帝杨坚的妻子独孤皇后都是"八柱国"之一独孤信的女儿。孤孤家是北方贵族世家,曾经出过四个皇后,在北周是炙手可热的世家门阀,权倾一时。李渊和隋文帝杨坚是姻亲,李渊一向得到杨坚的信任,在杨坚建立隋朝后,镇守北方边疆地区。

李渊娶的也是北方少数民族世家的女儿,妻子姓窦。李家子弟有着典型的北方人的相貌:浓眉大眼,眼睛很深,头发和胡子颜色微微发黄,稍微有点卷曲,脸部轮廓清晰,线条硬朗,身体魁梧健壮。李渊有四个儿子,长子李建成,二子李世民,三子李元霸,四子李元吉。

李建成相貌和性格都比较温和一些,眼睛细长,皮肤白皙,说话柔和,看起来温文尔雅,只是为人不是特别有容人的气量,心胸稍稍狭窄一些。

李世民排行老二,于隋文帝开皇十八年(公元598)十二月戊午生于武功别馆,是典型的北方男子,英气勃勃,浓眉大眼,矫健敏捷。

老三李元霸是四兄弟中功夫最好的一个,就是脑子不大好,而且很早就死了。

老四李元吉脾气暴烈,骄横野蛮,花天酒地,是典型的世家纨绔子弟。

李世民还有一个姐姐,即平阳公主,嫁给了关中的富豪柴绍,足智多谋,是女中豪杰,还经常带领军队帮助李世民征战四方。

传说李世民出生的时候,有人见过有两条龙在府第外飞来飞去,前后足足飞了三天,等李世民出生了才离开,而李世民出生时就瞪大双眼,炯炯有神,没有像全天下小孩子一样大哭,所以从小就有很多人说他是个神童。

据说李世民4岁的时候,有一天,有个在街上摆摊看面相和手相替人算命的书生在街上见到李渊,便拦住了他的去路,前前后后不停地打量他,李渊很不高兴,正想绕开他,这个书生忽然给他跪下了,把李渊吓了一大跳,赶快把他扶起来,问他这是干什么,这个书生恭恭敬敬地说:"您是贵人啊,而且有个贵不可言的儿子。"

李渊大为高兴,立刻把他请到了自己府里,让他看自己的四个儿子。他看到老大、老三、老四几个都只是笑笑,没说什么,等到见到4岁的李世民,立刻瞪大双眼,仔细地打量他,还摸了摸他的头,最后慢慢道:"这个孩子的相貌是天底下最有贵气的,称得上是龙凤之姿、天日之貌,20岁以后,必定可以济世安民。"

一向谨慎持重的李渊又吃惊又欢喜,但这种话在当时非同小可,是大逆不道的,被人听到等于有谋反的意思,要是告到皇帝那里就更不得了,是完全可以诛九族的。当李渊正想着怎样派人把这个书生杀了时,这个书生就告辞走了,李渊赶紧派人去追杀他,但是他好像走出李家就神秘消失了,怎么也找不到,从此以后也没有再出现过。

而李渊竟就取这个书生所说的"济世安民"中的两个字,给李世民取了正式的名字。

李世民从小就显示出出类拔萃、与众不同的性情:他博览群书,但是对历史和兵法情有独钟,还练得一手好字。作为武将出身的贵族子弟,他从小就学习骑马射箭,驰骋沙场,冲锋陷阵。他身强力壮,在所有帝王中,称得上是功夫过硬的皇帝;他喜欢射箭,而且所使用的弓要比普通人大一倍,箭术纯熟精湛,可以射穿百步之外的大门。他还喜欢读

兵书,十几岁的少年时期就已可和父亲谈论攻城的诀窍,说得头头是道。因此李渊很宠爱他,南征北讨都把他带在身边,一直到14岁才在京师长安安定下来。

在这段不安定的岁月中,他饱览名山大川和军事要塞,亲身接触民事民情。这一切更使他和普通的贵族少年截然区别开来:他见多识广,心思细腻,遇事果断,深谋远虑,为人坚韧,言行举止间很有领袖的气度。

很快李家四兄弟都长大成人,雄心万丈,本来想为国为民做一番事业,但是隋王朝却发生了剧烈动荡。隋炀帝登基后,荒淫无道,横征暴敛,不是四处挑起战乱,就是到处搜罗美女,内政外交一塌糊涂,弄得民不聊生,农民起义此起彼伏。隋王朝掌握重兵的武将们也对他的倒行逆施很不满意,魏晋南北朝的纷争刚刚过去,忠君爱国的概念还没有深入人心,人们对于王朝灭亡和复辟已是司空见惯,看隋朝大势已去,再也没有能力起死回生,于是相继竖起反隋大旗,隋王朝已是朝不保夕。

李氏家族将来何去何从,关系到整个家族的兴衰存亡,他们静观其变,小心翼翼地选择自己的前途命运。李渊也在暗中积聚力量,准备公开反隋自立。

隋文帝杨坚死了以后,隋炀帝杨广一直对李家很猜忌,因为民间流传这样一种说法:李家将会取代杨家做皇帝。杨广找个茬子杀了很多姓李的人,还是不放心,又下命令叫李渊去他的行馆见他。李渊也听说他憎恨李家的人,又一向和他关系不好,于是就说自己病了不肯去,让自己的外甥去了。杨广很不高兴,问李渊的外甥是怎么回事,还恶毒地冷笑说:"不是快死了吧?"李渊从此更不想忠于他了。

公元616年,李渊被任命为太原留守去镇压农民起义。这时全国各地的起义军已是如火如荼,隋炀帝第三次出游的时候被困在了江都,手下纷纷叛离了他,隋朝已经是名存实亡了。李渊看时机已经成熟,指示手下刘文静假造诏令,说辽东已经集结了25万人反叛,然后借机开始集结队伍。

这年三月,刘武周起兵直逼太原,李世民提醒父亲这是个千载难逢的良机,李渊下定决心以讨伐刘武周为名公开招兵买马。这支队伍是李渊父子私自控制和指挥的,成为晋阳起兵的主力。当年五月,李氏父子的军事举动惊动了以前蒙在鼓里的隋将副官,李渊先下手为强,以通敌为名囚捕他们。

几天后突厥犯境,李渊趁此机会,公开起兵。虽然晋阳起兵的策划人和领导者是李渊,但李世民在集结队伍、运筹规划的关键事件中起了突出的作用。晋阳起兵后,下一个军事部署就是乘虚而入,直取关中长安。

关中长安是都城所在,而且有不少李氏家族的亲戚和朋友可以作为内应。占领关中地区既有利于扩充军事实力,又可以扩大政治影响。公元617年,李元吉留守太原,李渊带兵三万取得西河大捷。当李渊拥兵南下时,有传闻突厥与刘武周乘虚进攻晋阳,李渊对是否回兵救晋阳犹豫不决,李世民、李建成都不同意。李渊一时听不进,促令班师回朝先救大本营。

半夜李世民在李渊帐外大哭,说:"这是千载难逢的机会。如果退回,再也不会有机会出兵了。以后就再也不是朝廷将领,反倒成了叛徒盗贼,而且退兵后很可能腹背受敌,一败涂地。"

李渊当夜把军队追了回来,决定按照原来的计划继续进军霍邑。霍邑的太守是宋老生,他根本没把李渊放在眼里,李渊利用他骄傲自大,把他引到了城外,陷入唐军的埋伏。但是唐军人少,战斗十分惨烈。李世民亲自率一队 200 人的骑兵上阵,连着砍断了两把刀,衣袖沾满了血,终于带着士兵贯穿了整个隋军,把隋军一分为二,宋老生想退回城里,在半空中被一个小兵跳起来杀了。霍邑被攻破,北方附近的郡县纷纷投降。

李渊兵分两路,自己率主力渡江入关,阻止隋军,李世民率另一路大军包围长安。李世民的妹妹平阳公主起兵响应并与他会合,声势更壮,一路进展神速,几乎没有遇到抵抗就直抵长安。当时围攻长安的 20 万大军中,有 19 万是李世民率领的。十一月李建成的部队率先攻进长安城。

进入长安后,李渊并没立即称帝,而是把隋炀帝的孙子推上宝座,自己任唐王。

统一天下

公元 618 年,隋炀帝被宇文化及杀死。李渊在长安称帝,改国号为唐,李世民被封为秦王,哥哥李建成被立为太子,弟弟李元吉被封为齐王。

唐朝的建立远远不等于全国的统一,事实上当时正是各派军事势力分裂与混战的高峰期。李世民在唐朝建立之前的战功还不十分显著,但是统一全国的赫赫军功是无人能与其匹敌的,因此李世民才有了要帝位的强烈愿望,才导致哥哥李建成的嫉妒与谋害,才有了兄弟相残的玄武门之变。

李渊在称帝之后就不便于亲征了,而李建成也要在长安辅佐父亲处理政务,这样,平定各方势力、统一全国便成了李世民不可推卸的责任。二十来岁的李世民勇敢地挑起了这副重担,前后用了十年多的时间完成了这项艰巨的任务。

李世民的统一战争包括三部分,一是平定薛举父子,二是击溃刘武周,三是打败王世充和窦建德。

唐朝已经建立了,但也只是个名义上的王朝,各地的起义军还是各自为政,很多原来隋朝的大小将领按兵不动,想看情形再作打算。原来的隋将王世充控制了大部分原隋朝军队的核心将领和士兵,而最大的起义军瓦岗军由李密率领,这两支队伍都在争夺南方的地盘,根本不理睬李渊。要想坐稳龙椅,就得先平定各地的起义军和自立为王的小部队。

李世民确定的第一个目标是薛举。

薛举原本是河东汾阳人(山西万荣)。造反前是金城校尉,负责保卫金城的安全,但是他借着镇压农民起义,杀了金城县令,自己号称西秦霸王。公元 617 年,薛举称帝,十二月,薛举率领十万军队进犯渭水,攻打扶风,和李渊争夺关中。

李渊命李世民为帅与薛举在扶风展开大战,斩首万余人,大胜薛举,将势力扩充到了

陇右一带,进一步稳定了关中的局势。第二年的六月,李渊又封李世民为西讨元帅,继续讨伐薛举。七月,在泾州和薛举开战,由于准备不足,被薛举偷袭,结果大败而归。八月,薛举死后,他的儿子薛仁杲领兵进犯。

为了清洗上一次失败的耻辱,李世民更加沉稳,他先固守 60 天,不准部下迎战,还下令:"敢随便出战者斩!"这主要是为了使自己的军队士气得到恢复,同时也挫敌锐气。

果然薛仁杲因为粮食不足,士气开始涣散,李世民便命令属将在附近浅水原安营扎寨,把薛仁杲大部分的人马吸引到那里,让他们忍饥挨饿,把他们拖得筋疲力尽,然后全军出动,两面夹击。薛仁杲大败,只好投降了。经过浅水原这一战,陇右地区宣告平定。

在所有的隋朝旧部里,刘武周是地方将领中最早独立的,也是实力最大的一支军队,而且刘武周得到了北方强大的突厥的支持,在北方势力很深。公元 619 年,刘武周在突厥的支持下大举南下,攻打并州,即太原地区。

李渊当时派裴寂指挥黄河以东的战事,但是裴寂没有统军打战的才能,连连败退,灰头土脸地跑到了长安。在并州的总管李元吉只有 15 岁,支持不住,也逃回了长安,致使晋州等地也失守,关中地区震动。李渊想放弃河东这个地区,遭到李世民等人的反对。李世民认为,河东是富庶之地,也是京城的重要依托,还是起兵之地,所以不能放弃,他愿意领兵夺回来。李渊便命李世民出征。

十一月,李世民趁黄河结冰的机会顺利渡河,然后用"坚壁挫锐"的战术来和刘武周的大将宋金刚对峙。李世民坚守不出,挫敌锐气,待机而动,因为他知道敌军深入,必定会粮草不济。宋金刚无奈只好死守柏壁。李世民把宋金刚困在柏壁,自己率领秦叔宝、殷开山等将领堵截了来增援的尉迟敬德,并打败了尉迟敬德。

为了攻克柏壁,一次李世民只带了一个侍卫去侦察柏壁的情况,路上又累又困,两人在一座小山上睡着了,不料被敌人包围了。幸亏他的侍卫睡觉的时候被爬到脸上的一条蛇惊醒了,才看到四面围上来的敌军,李世民赶快拿出自己的大羽弓,一气狂射,打退了敌军才安全脱身。

次年的二月,宋金刚粮草缺乏被迫撤军,李世民不给他任何喘息的机会,率军马不停蹄地急追,一连追了三天三夜,路上打了数十仗,宋金刚本来就是败军之将,士气低落,所以几乎每战必败。李世民的军队也是人马困乏,好几天没有吃的。有一次只剩下一头羊了,李世民就在旷野里和士兵们分着吃了。

宋金刚一路战一路逃,直逃到介休城。李世民也紧跟着追到了介休城,两军对阵,李世民又一次打败宋金刚。宋金刚没办法,只好继续北逃去投奔匈奴,而尉迟敬德则率军投降。刘武周听说宋金刚被打得溃不成军,也只好放弃太原北逃到突厥去寻找支持。突厥看他已经没有了利用价值,便拒绝收留他。刘武周又生气又怨恨,但也没有办法。不久,刘武周又想逃回马邑东山再起,但阴谋败漏,被突厥杀了。

隋炀帝死后,王世充获得了最大的好处,他基本接受了大部分原来隋朝的精兵强将。公元 618 年五月,隋炀帝被杀的消息传到洛阳后,守将拥立越王杨侗称帝,改元皇泰。

公元 619 年四月,王世充夺取了政权,改国号为郑,割据关东地区。刚坐上龙椅,王世充还是点了几把火的,也想做个流芳百世的好皇帝。但是他本人才干不高,往往适得其反。开始的几天,他亲自到街上和普通百姓聊天,还把办公的地方移到了大街上,鼓励百姓上书。这可是开天辟地第一回有皇帝在街上和老百姓一起做事的,所以人人都跑来凑热闹。因为上书的人太多,他应接不暇,不几天就不出来了。

打败了刘武周之后,北方基本已经统一,李家父子的眼光开始转向中原,首当其冲的就是占据了战略要地的王世充。

公元 620 年,李世民率兵十万,进军洛阳,开始平定王世充。双方围绕着洛阳展开了大大小小的争夺战。李世民总是身先士卒,有一次,他带五百骑兵巡视前方地形,结果被敌人骑兵包围。敌将单雄信挺槊直取李世民,尉迟敬德跃马而出,将单雄信刺落马下,掩护李世民突出了重围。李世民的亲随队伍是他自己一手训练的玄甲骑兵,每次作战,他都带领队伍直接冲杀敌人的队伍,用这样的方式来了解敌人的战斗力。

从这年的八月完成对洛阳的包围,到下一年的二月,李世民的军队虽然经常昼夜攻城,但是由于王世充早有准备,洛阳城坚固无比,粮食也很充足,短时间很难取胜。将士们看到战事没有什么进展,都泄气了,想回老家的心情很迫切。但李世民却意志坚定,他鼓励将士说:"这次我们领重兵而来,应当一劳永逸,东边各州已经望风而降,只剩下了洛阳一座孤城,从现在的形势来看,敌人很难再坚守多长时间了,大功马上就要告成,你们为什么要放弃,无功而返呢?"在李世民的坚持下,众将表示追随他决战到底。

在王世充被围将败的紧要关头,河北的窦建德虽然一向和王世充争夺关中的霸权,但他怕唇亡齿寒,难逃厄运,所以领兵十万,号称三十万,为救王世充而大举南下。窦建德开始时写信给李世民,要他退回潼关,讲和修好。李世民断然拒绝,并开始部署如何对付窦建德。

李世民的部下分为两派意见,以薛收为主的一派认为,王世充现在只缺粮草,万一得到接济,战争的胜败就很难预料了。应该在围困洛阳的同时,由秦王李世民亲自领精锐骑兵抢占虎牢关。在击败窦建德之后,王世充也就不攻自破了。但是,屈突通等将领却反对,他们认为去虎牢关会腹背受敌,应该先退守新安,再寻机而战。

李世民最后说:"王世充粮草已将用尽,内外离心,我们就应当坐收渔利,不必劳师动众去攻击。而窦建德则将士骄横兵卒懒惰,我们必须进占虎牢,扼守险要之地。窦建德如果要和我交锋决战,一定能一战取胜;如果他们畏缩不战,那么王世充十日之内必然溃败。假若现在不速战速决,让窦建德占据虎牢,那么,刚归降的各城就会无法守卫,我军就很难再有现在的良机取胜了。"

李世民最终还是采纳了薛收的意见,他命令屈突通和齐王李元吉继续围困洛阳,自己则率领精锐骑兵火速奔袭虎牢,中国历史上著名的战役之一虎牢之战正式开始了。

公元 620 年三月,李世民领兵到达虎牢,他亲自东进二十里侦察敌情,窦建德无法进军,只好就地筑垒固守。李世民到达的第二天就亲自到窦建德的大营,窦建德立刻派兵出寨去追杀他,李世民走走停停,把窦建德派来的大军引进了包围圈,取得了第一次胜利。

四月,窦建德军队被堵截在虎牢一个月,好几次作战失利,将士思归心理日益加重,军心开始涣散,而运粮道又遭到了李世民的突袭,大将张青也被俘。这时李世民得到情报,说窦建德正在等唐军粮草用尽了,到黄河北岸牧马时趁机偷袭。李世民将计就计,在黄河北岸牧马,并留下战马千匹,给窦建德一种粮草已尽的假象,他本人则在晚上返回虎牢。

第二天早晨,窦建德果然中计,他全军出动,排兵二十里击鼓而进,想用气势吓倒唐军。李世民登高观望,然后对部将说:"窦建德过险关鼓噪而进,这是毫无纪律;临城而列阵,是在轻视我军。我们如果按兵不动,他们的勇气必然渐渐衰退,列阵久了将士就会饥饿疲劳,不攻自退,等那时我们再乘势追击,将战无不胜。"

果然不出所料,到了中午,窦建德的军队因为没有开战,士卒又饥又渴,开始争着喝水,很多人坐在地上,没有了开始时的阵形,一副败相。

李世民看时机已到,便下令攻击,全军以排山倒海之势冲向敌军,窦建德的军队还没来得及集合,就被唐军冲进阵里,李世民身先士卒,带着一群猛将杀进敌阵,采用他的老办法,直冲到底,然后在队伍的后方举起唐军的旗帜,窦建德的士兵一看四面楚歌了,以为被唐军包围了,彻底涣散,四处逃窜。窦建德自己也中了枪伤,在后退途中被唐军俘虏。

窦建德一败,洛阳的王世充成了惊弓之鸟,想突围又遭到众将的反对,只好开城投降。窦建德被押送到长安之后,李渊将他处死,结果使他的部将又起兵叛乱,刘黑闼恢复了窦建德原有的地区,李世民又领兵将其击溃。不久,刘黑闼又起兵,被李建成击败。直到后来刘黑闼被杀,窦建德的势力才最后平定。

登基称帝

公元 621 年,李世民平定了王世充,李家天下的地位基本已经稳固。除了南方一些小的割据势力,中原逐鹿已经以李家父子的胜利而结束了。而这一切都是李世民一手打回来的。

就在这年的七月,李世民从洛阳凯旋回到长安,街头百姓倾城出动去迎接,争相一睹他的风采。李世民也的确没有让他们失望,他身穿金甲战衣,带着 25 位留名青史的猛将,还有军纪严明、威震天下的玄甲铁骑,凯旋归来。一时间鼓声震天,欢呼声响彻云霄,整个长安城轰动了。

李世民的声望已经是如日中天,李渊封他为天策上将军,位列王公之上,可以自己设置官职;军权在手,整个潼关以东都归他治理。他的天策府里,猛将如云,文臣似海,可说是李唐王朝一半以上的人才都汇聚在他身边了。

尽管长安城欢天喜地,但是有一个人忧心忡忡,坐立不安,他就是李渊的长子李建成。李建成眼睁睁看着弟弟功高震主,势力越来越大,勃勃野心也是水涨船高。自己虽然身为太子,但是功劳平平,威望更是不能相提并论了。再这么下去,难保李渊不会换太子,这太子的位置怎么样才能坐得稳呢?

他听从谋臣的建议,积极和李世民争夺立功的机会。刘黑闼再次起兵时,李建成主动要求带军出征,击败了刘黑闼,平定了窦建德的最后势力。同时拉拢了弟弟李元吉,两人结成联盟共同对付李世民。

李渊最宠爱的张婕妤和尹德妃两人把宝都压在太子李建成身上,不断在李渊耳边说太子的好话,诋毁李世民。恰好有一次,李渊宴请所有的儿子,李世民想起早逝的母亲,忍不住掉了眼泪,李渊很是生气,逐渐疏远了李世民。

这时候李建成犯了一个错误,他的心腹杨文干反叛,牵连了李建成。李渊怕他提前动手发动政变,便把李世民叫到宫里,要他出兵平叛。李渊还允诺事情过后,把李建成发配到巴蜀一带,让李世民做太子。但是李建成听说后,知道性命攸关,天天在宫外磕头请罪,表示自己清白无辜,又不断有大臣替他求情,李渊知道换太子会掀起一场轩然大波,只好打消了念头。

李世民当然非常不满意,但也无可奈何。李建成度过危机,终于起了暗杀李世民的念头。公元 623 年,李世民随李渊到齐王府,李元吉本想趁机杀李世民,李建成害怕父亲,没敢动手。公元 626 年,李世民在东宫喝酒,结果吐了很多血。李渊知道后,下令禁止东宫再请李世民。

两人各自培养朝中和地方势力,并且收买对方的手下。李建成收买李世民的重要将领鲜有成功,李世民却只收买次一级的官员,虽然地位不高,但均属重要部门,在日后的玄武门之变中发挥了重要作用。

在李渊的支持下,李建成将房玄龄和杜如晦调出了秦王府,削弱了李世民的力量。在激烈争夺继承权的时候,恰逢突厥南侵,李建成和李元吉觉得时机到来,便由李建成建议让李元吉代替李世民北伐突厥,李渊同意了。然后,他们就进一步提出,调秦王的部下大将尉迟敬德和秦叔宝等人随同出征,还要求将秦王的精兵划归李元吉统领。这显然是想孤立李世民,然后再下手除掉他。李渊也同意了。

李建成和李元吉商议在出兵饯行的时候,派人将李世民刺死。太子李建成的一个属官得知后,马上向李世民报告了这个机密消息,李世民决定先下手,以免后患。但他还念着手足之情,更担心会召来千古骂名,因而一直犹豫不决,竟然找了个算卦的看看是吉还是凶。

正好他的心腹张公谨进来看见了,他气冲冲地一把抢过占卜的龟甲,扔到地上,说:"现在箭在弦上,不得不发了,即使结果是不吉利的,也只能干下去了。占卜还有什么意思?"

尉迟敬德也激他说:"人人都怕死。秦王你要是害怕了,我们也就各自逃命,不想等到太子把我们一个个都杀了!"

李世民立刻叫长孙无忌把房玄龄叫回来,没想到房玄龄怕惹祸上身,推辞不来。李世民大怒,他亲手解下佩刀,递给尉迟敬德,说:"要么把房玄龄的人带来,要么把他的头

带来!"房玄龄和杜如晦化装成道士才进了天策府。众人定下了玄武门为事变的地点。

公元624年六月三日,李世民向李渊报告了二人的阴谋,还趁机告发他们淫乱后宫,李渊答应第二天早朝时对质,处理此事。李世民去见李渊的事被倾向李建成的后宫张婕妤得知,她马上派人密告李建成。六月四日清晨,李世民命属将伏兵于长安宫城北门口即玄武门。李世民成功地收买了李建成的将领,玄武门守将便是被收买的李建成的属将。

李建成和李元吉走到临湖殿时,发觉守门的士卒不是自己的属下,便想回头。但此时李世民骑马赶来,双方发生了激战,李元吉射了三箭没有射中李世民,李世民开弓还箭,李建成中箭身亡,尉迟敬德领骑兵将李元吉射死。然后,尉迟敬德向李渊报告说李建成和李元吉要造反,已经被秦王杀死;李渊只好下诏平息了两派的激战。

六月六日,李世民被立为太子。八月,李渊传位给李世民,自己做了太上皇。

玄武门之变改变了很多人的命运,是唐太宗李世民政治生涯的转折点,此后他取得太子地位,不久就登上了皇位。从晋阳起兵到唐朝建立,李渊父子团结一致,成功地建立了一个新的王朝。但取得政权后的系列争斗中,集团内部发生了严重的分裂,最突出的矛盾是李建成和李世民兄弟间抢夺皇位继承权。

随着李世民军功的显赫,一方面他本人逐渐产生觊觎皇位的野心,另一方面必然引起李建成的妒忌。李建成为人宽厚,很有政治才干和军事才能,他辅助李渊处理政务,对稳定后方、支援前线起过巨大的作用,身边也有有能力的东宫部下,如魏征、韦挺等。

从晋阳起兵到攻克长安,李建成和李世民的战功几乎一样,但在统一战争过程中,李世民则显得突出了,在战争的磨砺下,李世民越来越英武干练。公元618年,李渊派李密去幽州接李世民,李密自恃军功,见到李渊依然面带傲气,但见到李世民后,立刻被他所折服,私下对人说:"秦王才是真英雄!"

贞观之治

贞观之治是中国历史上引以为豪的一个阶段,很难再找出哪一个时期有如此众多的能臣猛将,有如此众多熠熠生辉的名字能同时流芳百世,这应归功于一手创造了大唐盛世的传奇的帝王楷模——唐太宗李世民。从他坐上九五之尊的帝王宝座的那一天起,已经放眼四海,开始了开创王者之道的漫漫长路。

李世民对于自己的兄弟并没有做得太过分,相反他采取措施挽回了·些不良影响,虽然李建成和李元吉生前和自己是死敌,但毕竟是兄弟,所以李世民又主持礼葬二人。当天李世民在千秋殿西边宜秋门痛哭致哀,缓和了与原来李建成和李元吉手下人的矛盾。此后,对东宫的部署实行宽大政策,其中的能臣甚至引为知己。

李世民继位为唐太宗后立刻调整政权机构,到贞观四年已基本完成。这个政权班子既有秦王府旧部,也有原东宫的幕僚,还有不少关中的士族或寒族,又用了许多熟知经史的江南儒生为文学侍从,基本汇集了当时最杰出的人才。他们大多都卷入过隋末的战

乱,具有革旧鼎新的愿望,唐太宗对他们进行合理安排,相互协调,巩固了自己的地位,还为进一步励精图治,开创"贞观之治"的大唐盛业打下了坚实的基础。

尾声暗淡

在一派"太平盛世"的景象面前,在万国来朝的颂扬声中,唐太宗君臣逐渐失去了往日的风采与活力,曾经是生机勃勃的贞观朝廷被沉闷的气氛所笼罩,盛极一时的"治世"终于降下了帷幕。

晚年的唐太宗失去了往日虚心纳谏的作风,他对自己的才能和业绩由欣赏而陶醉,乃至以为自己功高古人,无与伦比。他开始追求豪华奢侈的生活,淡漠了草创天下的雄心壮志。他大征徭役,兴建宫殿,频繁游猎,征选美女。在后期,他对死亡有着严重的惧怕心理,背离了他早年根本不相信神仙之术的信念。

唐太宗最信任的两个人房玄龄和长孙无忌都是绝顶聪明、明哲保身的高手,决不会像魏征那样拼着性命去规劝皇帝。为了洗脱杀兄篡位的千古污迹,唐太宗启用了有才无德的名士许敬宗。

许敬宗是当时的一位博学大家,但是为人品行不高,他生平最看重的就是金钱财势,为此不但和天下最有钱财的世家联姻,还挖空心思讨唐太宗的欢心。一次,唐太宗见御花园中的一棵树长得很好,夸奖了一句,许敬宗在旁边立刻把这棵树大大地赞美了一番。

唐太宗又好气又好笑,故意板着脸说:"魏征常常告诉我要远小人,近君子。我看啊,你就像个小人!"

许敬宗面不改色地说:"因为陛下身边有魏老头那样的臣子,才需要我这样的忠臣,否则帝王天天被臣子指责,还有什么乐趣!"

在修编史书的过程中,唐太宗为了抹杀杀兄篡位的行为,特意利用了许敬宗的才气与品行,有意将李建成描绘为荒淫无道、残忍暴虐之徒,父亲李渊变成优柔寡断、婆婆妈妈、没有决断力的人,并将李唐王朝的建立与兴盛的功劳全部集于自身,贬低了李渊的功劳。这一行为将历代史家忠实记录的良好风尚摧毁,开了自我粉饰的恶劣先锋。

他对周围的属国也逐渐失去了当年的博大胸怀,几乎重演了汉武帝后期的穷兵黩武、好大喜功的作为。

公元645年二月,高丽大臣泉盖苏文杀了自己的国王,唐太宗以讨伐这个乱臣贼子为理由,御驾亲征,统率六军,从洛阳北进,率兵攻打高丽。但东渡辽水以后,由于遭到高丽的顽强抵抗,唐军在安市城(今辽宁海城南营城子)久攻不克,加之气候转冷,草枯水冻,粮草不继,兵马难以久留,唐太宗只得下诏班师。这给唐太宗横扫天下、百战百胜的威名一个尴尬的和暗淡的尾声。

公元643年是唐朝政权最动荡的一年,长孙皇后和魏征先后谢世,宫廷中又发生一起重大的谋反事件,参加者是唐太宗的儿子和近臣,表面上是立储之争,实际上直指至高

无上的皇权。这个事件在朝廷上下，尤其是在唐太宗心中产生了剧烈的震荡，引起了一系列连锁反应，唐太宗的猜忌心越来越重，造成了统治群体力量和智慧的致命损耗，成为"贞观之治"由盛而衰的转折点。最后，荏弱、默默无闻的皇子李治脱颖而出，被立为太子。

李世民的嫡子有三个，长子李承乾，老二李泰，还有老九李治。长子李承乾从小就很聪明，唐太宗也对他寄予了厚望，亲自悉心教导，但是李承乾长大后，骄奢淫逸，违法乱纪的事情没少做。而老二李泰聪明果断，勇武过人，和年轻时候的李世民最相似，越来越得到唐太宗的喜爱。

两个人都得到朝中大臣的支持，这简直就是当年玄武门事变起因的重复。李世民不得不面临父亲李渊当年痛苦的抉择。每当想起这件事，英雄一世的李世民往往泪如雨下，在大臣面前失态。

李承乾恐怕夜长梦多，居然想学习父亲当年发动玄武门事变，提前执掌政权。没想到的是历史没有重演，他的阴谋失败了。

贞观十七年（公元643）四月，太子李承乾以谋反之罪被废除，最有可能继承皇位的李泰成了众矢之的。在重臣长孙无忌的支持下，唐太宗也怕李泰对自己的兄弟不会留情，为了保住自己众多儿子的性命，唐太宗将第九子晋王李治立为太子，重新担负起严格教管的重任。

与此同时，唐太宗走上了和汉高祖刘邦相同的道路，开始了一系列为儿子清扫道路的工作。他接连诛杀功臣，魏征死后蒙冤，君臣不疑变为君臣相忌，使得直谏之臣被杀，诌媚之臣慢慢得势。为了让李治能够治理好国家，唐太宗还为他安排了辅政大臣：长孙无忌、褚隧良等忠心耿耿的老臣。

光耀千古

唐太宗李世民算得上历史上最优秀的帝王之一，而默默随在他身后，同样光耀千古的人物是他的结发妻子长孙皇后。这两人几乎是完美的帝后典范，即使世上会出现如李世民般出众的帝王，也很难再出现一个如长孙皇后般完美的皇后去匹配了。不仅感情数十年如一日，更难能可贵的是长孙皇后的才华、气度、品行、个性魅力足以增添李世民作为绝代帝工的光彩，而不只是深宫内院寂寞且平淡的虚衔。

长孙皇后是长安人，祖先为北魏拓跋氏，也是一个官宦世家，父亲长孙晟隋时官至右骁卫将军。她从小爱好读书，通达理仪，温柔端庄。

"飞龙自有飞凤配！"她小的时候，表妹曾经见过她身后出现一匹高头骏马的影子，家人就请了一个相面先生算命，算命先生说她"坤载万物、贵不可言"；13 岁时她嫁给只有17 岁的李世民为妻。年龄虽小，但她已能尽行妇道，悉心侍奉公婆，相夫教子，是一个非常称职的妻子，深得丈夫和公婆的欢心。

在李世民征战南北期间，长孙王妃紧紧追随着丈夫四处奔波，为他照料生活起居，使李世民在繁忙的战事之余能得到一种清泉般温柔的抚慰，从而使他在作战中更加精神抖擞，所向无敌。

唐朝建立后，她被册封为秦王妃。当李世民与李建成之间的嫌隙日益加深之时，她对唐高祖尽心侍奉，对后宫嫔妃也殷勤恭顺，极力争取他们对李世民的同情，竭力消除他们对秦王的误解。"玄武门之变"前夕，她勇敢地走出秦王府，在细雨中抚慰、激励将士，感动了所有人，包括自己的丈夫。

做了至高无上的皇后，长孙氏并不因此而骄矜自傲，她一如既往地保持着贤良恭俭的美德。对于年老赋闲的太上皇李渊，她十分恭敬而细致地侍奉，每日早晚必去请安，时时提醒太上皇身旁的宫女怎样调节他的生活起居，象一个普通的儿媳那样尽孝道。对后宫的妃嫔，长孙皇后也非常宽容和顺，她并不一心争得专宠，反而常规劝李世民要公平地对待每一位妃嫔。正因如此，唐太宗的后宫很少出现争风吃醋的韵事，这在历代都是极少有的。

长孙皇后生性节俭，她所使用的一切物品，都以够用为限，从不铺张。长孙皇后与唐太宗的长子李承乾自幼便被立为太子，由他的乳母遂安夫人总管太子东宫的日常用度。当时宫中实行节俭开支的制度，太子宫中也不例外，费用十分紧凑。遂安夫人时常在长孙皇后面前嘀咕，说什么"太子贵为未来君王，理应受天下之供养，然而现在用度捉襟见肘，一应器物都很寒酸"，屡次要求增加费用。

长孙皇后并不因为李承乾是自己的爱子就网开一面，她说："身为储君，应该做表率！需要用心的是天下的臣子，怎么可以在意自己的吃穿！"

有一年唐太宗病得很厉害，长孙皇后尽心尽力、衣不解带地亲自照顾丈夫，她身上甚至藏了一包毒药，准备一旦唐太宗有什么危险，她就服毒自杀。幸好唐太宗转危为安，但是她自己却累病了。

不久，长孙皇后随唐太宗巡幸九成宫。一天夜里，出现了紧急状况，有人报告说侍卫中发生了兵变，太宗自己手持武器，出来巡视，长孙皇后害怕太宗遇到危险，自己挡在太宗面前。虽然有惊无险，但她身体本来不好，受了惊吓，又感染风寒，病情日渐加重。

太子李承乾就想向母亲提请用赦免囚徒和度人入道等方法，乞求保佑，但却遭到皇后的坚决拒绝。她说："大赦是国家的大事，佛、道二教也自有教规。如果可以随便就赦免囚徒和度人入道，就必定会有损于国家的政体，这是你父皇所不愿意的。我岂能乱天下之法？"

贞观十年（公元636）六月，长孙皇后与唐太宗最后诀别。她用尽力气对唐太宗说："我的家族并无什么大的功勋、德行，只是有缘与皇上结为姻亲，才身价百倍。要想永久保持这个家族的名誉、声望，我请求陛下今后不要让我的任何一个亲属担任朝廷要职，这是我对陛下最大的期望。我活着的时候对国家并没有丝毫功绩，所以死后也千万不要厚葬，仅因山而葬，不起坟墓，不用棺椁，所需器物，都用木、瓦制作，俭薄送终。如能这样，就是陛下对我的最大纪念。"说完不久，就死在后宫立政殿。

唐太宗并没有完全遵照长孙皇后的意思办理后事,他下令建筑了昭陵,气势十分雄伟宏大,并在墓园中特意修了一座楼台,他常常到楼台远望埋葬了长孙皇后的昭陵,以这种方式来表达自己对妻子的敬慕和怀念。直到后来魏征讽刺他只看妻子的墓,而不看父亲的墓,唐太宗才拆了楼台。

　　唐太宗李世民是中国古代最杰出的帝王之一。他年轻时就与父、兄、弟等人登上隋末群雄逐鹿中原的大战乱的舞台,推翻了隋末的残暴政权,建立了李唐王朝。武德九年,他发动"玄武门之变",取得皇太子的地位,同年,李渊禅让皇位,李世民正式登基称帝,年号"贞观"。在李世民当政时期,他吸取隋朝灭亡的教训,重用有能之士,善于纳谏,轻徭役,减税赋,休养生息,使得社会出现了国泰民安的局面。同时较好地处理和少数民族的关系问题,稳定边疆,促进了民族交流和发展,为后来的开元盛世奠定了重要的基础,将中国封建社会推向鼎盛时期。他所开创的"贞观之治"被誉为中国历史上最清明、最繁盛、最公平的时期之一。作为大唐盛世的开创者,李世民的名字终将流芳百世。

开创盛世

——唐玄宗李隆基

名人档案

玄　　宗：名李隆基，又称唐明皇。睿宗李旦第三子。属鸡。性格坚定，有主见。李旦禅位于他。在位44年，儿子肃宗即位后被尊为太上皇，病死，终年78岁。

生卒时间：公元685年~公元762年

安葬之地：葬于泰陵（今陕西蒲城东北30里的金粟山）。谥号至道大圣大明孝皇帝，庙号玄宗。

历史功过：李隆基当政期间，唐代进入了开元至天宝长达40余年政局比较稳定的鼎盛时期，开创了中国历史上强盛繁荣、流芳百世的"开元盛世"。但后期由于骄奢淫逸，宠爱杨贵妃，从而酿成了天宝末年的"安史之乱"，成为唐朝由盛转衰的转折点。

名家评点：开创了唐朝最鼎盛的时期，但同时又将这一盛世推向了深渊。

一朝称帝

　　垂拱元年（685），李隆基来到了世界上，他一睁眼看到的并不是李唐江山，而是武周天下，等待他的并不是名正言顺轻而易得的皇位，而是宫廷内部激荡多变的风风雨雨的

磨炼。据史书记载,隆基小时即有大志,在宫中常以"阿瞒"自诩。但这个"阿瞒"并不为武氏家族看得起。谁也未曾想到,这是未来的皇上。7岁那年,他例行至朝堂举行祭祀仪式,金吾将军武懿宗对其随从大声呵斥,隆基意识到这是对自己的轻视,立刻声色俱厉斥之曰:"吾家朝堂,干汝何事?敢迫我骑从?"据说祖母武则天知道了这件事后,便对他另眼相看了,"特加宠异之"。第二年,隆基被封为临淄郡王。神龙元年(705),张柬之逼迫武则天退位,拥立中宗李显。这时隆基曾一度兼任潞州(治今山西长治县)别驾,写过《早登太行山中言志》的诗,其中写道:

> "野老茅为屋,
> 樵人薜作裳。
> 宣风问著艾,
> 敦俗劝耕桑。"

这说明,他对下层人民有一定的了解。

武则天死后,唐中宗昏庸懦弱,大权操于妻子韦后、女儿安乐公主之手。张柬之等功臣均遭贬逐,太子李崇俊等被杀,武三思等沉滓余孽迅速泛起,韦后又援用其从兄韦温等掌握大权,纵容安乐公主卖官鬻爵,又大肆建筑寺院道观,奴役人民。可谓朝政日非。景龙四年(710),中宗被鸩杀于妻女之手。韦后准备效法她的婆婆武则天做历史上的第二个女皇。这时,武则天的第四子李旦还有相当的势力,李旦的第三子隆基也在悄悄积蓄力量,身边已有一批有才能的文臣武将。这是韦后专权的主要障碍,韦后决意将其置于死地。但那隆基绝非等闲之辈,还没等韦后动手,他便与姑母太平公主合谋发动政变,率羽林军万骑抢先攻入皇宫,将韦后及其党羽一网打尽。后由太平公主出面,恢复了睿宗李旦的帝位。隆基也因功被立为太子。

睿宗也是一个昏懦的帝王,甘心听任太平公主的摆布,太平公主恃拥戴睿宗有功,大树私人势力,左右朝政,宰相7人,有4人是她的亲信,文武之臣,大半附之。她开始认为隆基年轻,所以不以为意,后来,看到隆基十分英武,对自己专权不利,于是便把进攻的目标对准了隆基。她造舆论说,现在的太子不是长子,不应当立,立了必有后忧,阴谋废之。可见隆基的皇储地位并不稳定。先天元年(712),睿宗让位给太子,隆基即帝位。但三品以上官员的任免及重大军国行政却仍然由睿宗决定。这期间,玄宗与太平公主的关系极为紧张,可谓剑拔弩张,各自磨刀霍霍,暗藏杀机。双方的决斗势不可免。

先天二年(713)七月三日,玄宗获悉太平公主及宰相窦怀贞等将率羽林军于次日发动政变,于是抢先下手,率厩牧兵马杀太平公主及党羽数十人,依附太平公主的官吏尽被黜逐。至此,动荡的局势才稳定下来,玄宗才获得了全部权力。是年,改元开元。

重用贤臣

玄宗的皇位来之不易,亲政后面临的形势也是十分严峻的。长期的宫廷政变,削弱了中央政权的力量,吏治腐败,官吏冗滥。《通典》的作者杜佑曾说:"武太后临朝,务悦人心,不问贤愚,选集者多收之,故当时有车载斗量之谣。"玄宗在开元三年(715)明确宣布:"官不滥升,才不虚受,惟名与器,不可以假人,左贤右戚,岂资于廖赏。"他在开元年间是比较注意任人唯贤的,他所用的宰相,大都成了有名的政治家。

姚崇,是有名的贤相,史称他"明于吏道,断割不滞,"办事干练。入相前他曾向玄宗提了十项建议,大意是勿贪边功,广开言路,奖擢谆臣,除租税外不得接受馈赠,勿使皇亲国戚专权,勿使宦官专权等。玄宗样样应允,从而奠定了开元施政的方针。

与姚崇同时任相的还有卢怀慎。一次,姚崇请假10余天,政务堆积,卢怀慎不能决断。待姚崇回朝,须臾即处理妥帖。故人称姚崇为"救时宰相",而呼卢怀慎为"伴食宰相"。这个"伴食宰相"后来就成了讽刺尸位素餐的成语。但"救时宰相"的确名副其实。

当时,一些富户往往用出家做和尚的办法来逃避赋役,姚崇一次就查出1200多人,勒令还俗。又禁止百官和僧尼道士往来,抑制武、韦时发展起来的寺院地主势力。御弟薛王李业的舅父王仙童侵暴百姓,他不讲情面,请玄宗批准,依法进行了惩办。

开元初,黄河南北连年发生蝗灾。蝗虫飞来如云遮日,所落之处苗草罄尽。先朝也曾时遇蝗灾,由于捕杀不利,往往造成赤地千里、横尸遍野的惨景,以致物价飞腾,民心不稳,政局动荡。姚崇对此十分关注,力主诏令郡县及时捕杀。"伴食宰相"卢怀慎认为蝗虫不可捕,捕则有伤"和气",恐致灾祸。今日看来,"伴食宰相"的这种思想是十分荒诞可笑的,但在古时这种思想却很普遍而顽固。姚崇据理驳辩,慨然问卢怀慎:"我真不明白,您那么怕伤害蝗虫,怎么不怕黎民百姓死于饥荒呢!"结果按姚崇的意见捕杀了蝗虫。

一年,山东地方蝗虫危害严重,地方长官倪若水却上书拒绝捕杀,还说:"蝗虫乃是天灾,人力怎能捕杀。朝廷要行德政,灾害自然消止。"姚崇即回书给他,说:"依你的道理,假若地方官实行德政,飞蝗也就不会入境了。你那里蝗虫为害,那不就是你这个长官无德吗?"倪若水被质问的十分尴尬,再也不敢抗命了。

官府为奖励治蝗,规定捕蝗1斗,奖粮1斗,捕蝗1石,奖粮1石。蝗灾被有效地制止了。因而尽管蝗灾连年,灾区也未发生大的饥荒。

姚崇做宰相,曾兼任兵部尚书,对边疆上屯兵的地点,兵马器械的数字,了如指掌,把公事办得井井有条。

宋璟继姚崇为宰相,也很注意选用人才,使官吏都能称职。有一次吏部选人,他的远房叔父宋元超说明自己与宋璟的关系,想得到好差使,他知道了,特地关照吏部,不给宋元超官职。

张九龄是广东人,当时岭南被看作是荒远的地方,那边的人很不容易做到大官,由于其有才能,玄宗便任他做宰相。他建议选用人才要慎重,在吏部议论人才,态度极其公正。他执政时,已在开元后期,每见玄宗有什么过失,总是极力谏劝。

史家赞美开元年间玄宗任用的宰相说,姚崇尚通,宋璟尚法,张嘉贞尚吏,张说尚文,李元纮、杜暹尚俭,韩休、张九龄尚直,各有所长,多有政绩,成为唐代佳话。

玄宗知人善任,正是任用了这样一批人辅佐,才使得开元年间赋役宽平,刑罚清省,

百姓富庶。他能做到这点，并非出于偶然。据史书记载，玄宗有一天照着镜子默默不乐。他身边的太监就说："自从韩休任相，陛下比以前瘦多了，何苦戚戚无一日欢，为什么不罢免了他的相职呢？"玄宗却说："吾貌虽瘦，天下必肥。选相是为社稷，岂能为吾一身啊！"

玄宗不仅注意任用贤相，还非常重视刷新吏治，整顿官僚队伍。在这方面他采取了许多措施。

一是裁汰冗员，精简机构。他针对武后以来官吏冗滥之弊，一举裁汰了员外官、试官、检校官数千员，大大精简了官僚机构，提高了办事效率，也节约了财政开支。

二是恢复谏官、史官参加宰相议事的制度。唐太宗时期，皇帝与宰相议事，允许谏官与史官参加，"有失则匡正，美恶必记之。"这可以减少朝政的弊端，有它的积极作用。但是武则天参与朝政以后，许敬宗、李义府担任宰相，"政多私僻，"不敢把朝政公开，取消了谏官和史官参加君臣议事的制度。这样一来，谏官无法直接了解皇帝与宰相活动的内幕，只能听宰相一面之词，很难及时提出中肯的意见。在开元五年(717)玄宗下令恢复贞观年间的制度，除了朝内特殊机密外，允许谏官、史官参加皇帝与宰相议事会议。

三是重视县令的选择。玄宗说："郡县者国之本，牧宰者政之先，朕每属意此官，有殊馀职。"玄宗有时对县官亲自出题考试，了解应考者是否通晓治国之道，凡是考试成绩优秀者即被任用，拙劣者即被罢免。开元四年组织的县令考试中，其中45人不合格，这些人立即被淘汰，"放归学问"。不仅如此，当县令上任以前，玄宗还亲自召见，面授机宜。

四是实行严格的考核制度。通过严格的考核制度，来检查地方官的政绩，作为黜陟的根据。为邓，玄宗专门颁布了《整饬吏治诏》，规定每年十月，委各道按察使到各地巡省风俗，观察得失，将地方官的政绩按五等划分，然后上报吏部长官详覆。上等为最，下等为殿，中间三等依次定优劣。改转凭为升降，刺史第一等授予京官。又选京官有才识者除都督、刺史。开元十六年(728)，他亲自选廷臣出任刺史。玄宗推行的考核制度，减少了地方官贪赃枉法的现象，对改善地方吏治，起了一定的积极作用。

五是严明赏罚。玄宗认为，有善必赏，所以劝能，有罪必诛，所以惩恶。开元年间，基本上贯彻了这一精神。如同州刺史姜师度，非常重视农业生产，在任职期间，组织农民开朝邑、河西二县通灵陂，并引雒水及堰黄河灌溉土地达20万亩。玄宗了'解到这个情况后，大为赞赏，专门颁布了《褒姜师度》诏，对他赐帛300正，特加封金紫光禄大夫。营州都督宋庆礼，组织兵民屯田80余所，数年之间，仓廪丰实，居人渐殷。玄宗便提拔宋庆礼到中央政府任御史中丞。对那些贪赃枉法之徒，不论其职位多高，都依法制裁。如刺史裴景先，非法聚敛5000匹绢，玄宗亲自下令将其处以死刑。前太子太傅萧嵩，由于向中官牛仙童行贿，被贬为青州刺史。

玄宗的改革政策，主要是通过下级官员去贯彻执行，玄宗能注意用人，这是"开元之治"得以出现的一个很重要的原因。

武治赫然

玄宗在位的前半期，不仅文治取得了很大成就，而且武功也赫然可纪：

在玄宗即位以前，边防危机十分严重。万岁通天元年（696），契丹奴隶主李尽忠利用民族矛盾，煽动其部众举兵反，并且攻占了营州。紧接着，营州都督府管辖的连昌、师、鲜等12州也相继失守。这12州的政府被迫迁到青、幽、宋、徐等州。武则天派王孝杰等组织反击，结果大败，几乎全军覆没，大将王孝杰阵亡。从此以后，契丹贵族经常利用他们占据的有利地位，疯狂掠夺土地，残害北方人民。

至于玉门以西，长安三年（703），突厥奴隶主贵族乌质勒攻陷了安西4镇之一的碎叶镇，从此，安西道绝。乌质勒掌握14万武装，接着又向北庭都护府进攻，并强占了北庭西部一些地方。这不仅破坏了国家统一，同时也堵塞了"丝绸之路"，使唐朝对外贸易受到了严重威胁。

碎叶和庭州失守时，武则天已80岁了，无法解决西域问题，她死后，在中宗、睿宗执政年代，政治腐败，宫廷内部争权夺利的斗争非常激烈，他们不想也不可能收复失地。

在北方地区，从唐初战胜突厥奴隶主贵族以后，便统一了大漠南北，设置单于、安北都护府，分别管辖长城内外到贝加尔湖的广大地区。此后，长城以北保持了数十年的相对安定局面，但是，到了七世纪末叶，唐朝北方门户云州（今山西大同市）被突厥攻陷。从此，长城以南已无险可守。弘道元年（683），突厥进攻蔚州（今河北蔚县），定州（今河北定县），由于长城以北大片领土失守，垂拱元年（685），唐政府把安北都护府临时侨置同城，一直到开元初。

从上述情况看，到玄宗即位时，西域的碎叶、庭州、北方的云州以北以及辽西12州，都已被突厥、契丹奴隶主贵族占领，陇右及河北人民经常惨遭劫掠和屠杀。唐朝统一的局面被破坏了。

玄宗执政以后，为彻底解决边区问题，巩固唐政权，维护统一，采取了一系列措施：为了提高军队的战斗力，玄宗对府兵制进行了改革。府兵制对镇压国内人民的反抗及防御外患，维持唐帝国的统治曾起了一定的作用。但这种兵制在均田制崩溃的形势下，农民不断逃亡，兵源困难。高武以后，经过几十年的和平生活，唐朝提倡以文入仕，尚武风气逐渐消失，府兵多不按时更番，教习废弛。士兵说是蠲除租调，其实并未免除，自筹器械给养负担沉重。因之，到玄宗时士兵逃匿，军府空虚。开元十一年（723），宰相张说鉴于卫士逃散，宿卫不足，遂建议雇佣募兵。玄宗即下令实行，从关内召募军士达12万人，充做卫士，名"长从宿卫"，或称"长征健儿"，从而代替了有唐以来的府兵轮番宿卫制度。这是当时军制由兵募到雇佣的重大改革。经过十余年的实践，唐朝统治者认为切实可行，乃于开元二十五年（737）推行全国。从此，各地民丁再无番上戍边之苦，消耗于往来路上的大量社会劳动因此得以节省。雇佣兵既可吸收社会上的失业丁口，缓和社会矛盾，又

可常驻各地,加强训练,对改善军队素质,提高战斗力是有积极作用的。

玄宗还通过各种措施整顿军旅。他颁布《练兵诏》,令西北军镇增加兵员,并精加选择,加强军事训练,不得供其他役使。还派兵部侍郎悲漼、太常卿姜皎,往军州督促检查诏令的执行情况,处理具体事宜。

七世纪末年,军马不足,玄宗即位时,只剩下24万匹。为了保证军马的供应,玄宗任用太仆卿王毛仲为内外闲厩使,专门抓这项工作,到开元十三年(725),军马增至43万余匹,牛羊数也相应增加了。

为了解决军粮问题,玄宗又诏令扩大屯田区。从中宗到开元初,军费开支庞大,如果把全部的费用都加到老百姓身上,不仅会激化阶级矛盾,而且运输也有困难。于是玄宗下令在西北万里的边防线上及黄河以北部分地区,设置庞大的屯田区。开元年间,全军屯田总数为1141屯,面积有500余万亩,为解决军粮问题提供了保障。

经过以上准备,到开元五年(717),唐军把沦陷17年的营州等13州全部收复,玄宗派宋庆礼任都督,重建营州防务。长城以北的拔也古,同罗、回纥等地也宣布取消割据称号,与唐政府合作,唐政府重新恢复了安北都护府,统一了长城以北。

解决西域问题分两个阶段进行,第一阶段从开元二十七年开始,玄宗派碛西节度使盖嘉运打败了突厥,唐军猛攻碎叶城,突厥可汗出战,在贺逻岭被唐军俘虏,从而使沦陷了37年的碎叶镇又归唐政府管辖。第二阶段是击败吐蕃、小勃律,重新打通"丝绸之路"的门户。开元初年,西域小勃律(今克什米尔以北)可汗曾到唐朝请降,唐政府在那里置绥远军。后来,小勃律王娶吐蕃王女,依附了吐蕃,与唐为敌。玄宗派安西副都护高仙芝打败了吐蕃,俘虏了小勃律王,遣送长安。这使唐国威大振。这一仗胜利后,拂菻(罗马)、大食(伊朗)诸胡72国皆震恐,咸归附。唐朝重新打通了中亚的通道,这不仅维护了国家的统一,也有利于对外经济文化的交流。

开创盛世

唐玄宗在开元年间,注重发展社会经济,采取了一系列措施,经济出现了前所未有的繁荣景象。

唐朝中央政府要实行其社会职能,必须消耗一定的租调劳力。而均田农民,就是唐政府租调徭役的负担者。玄宗即位之前,由于政府的勒索和大豪族的土地兼并,使均田农民的负担越来越重,常常无力维持其自身的生存和简单的再生产,从而出现了天下户口逃亡过半的严重危机。玄宗即位后,为了挽救财政危机,缓和阶级矛盾,再不敢任意增加农民的负担,不得不和荫庇劳动人口破坏均田制度的豪强大族进行斗争。从他们手里争取土地劳动人手。

玄宗积极支持官吏惩治不法豪强,李元纮任京兆尹时,诸王公权要之家,皆缘郑白渠立硙,以害农田,元纮令手下的人将这些硙全部毁掉,保证了农田的灌溉。百姓得到了益处,无不拍手称快。元纮由于有玄宗的支持,王公贵族对他也无可奈何。薛王李业的舅父王仙童侵暴百姓,强夺民田,玄宗听从了姚崇的建议,对王仙童依法进行了惩治。其他的王公贵族见玄宗如此不讲情面,不以亲疏害法,怕与王仙童有同样的下场,因此不得不有所收敛。

开元初虽惩治了一些豪强大族,但打击的对象还是太小。从全国范围看,仍然有大量土地和劳动力,被豪强大族霸占。他们侵占农民的土地称为"籍外之田"。更严重的是,他们把逃户变成"私属",不向国家交税,影响了国家的财政收入。在这样的情况下,玄宗便下令,在开元九年(712)到开元十三年(725),利用4年的时间,在全国范围内开展一个检田括户运动。

玄宗任宇文融为全国覆田劝农使,下设十道劝农使和劝农判官。分头到全国各地检查黑地和豪强荫庇的客户。把检括出来的土地全部没收,按均田制分给无地的农民使用。对于"帐外"人口,一律登记注册,就地入籍。检田括户的结果,中央政府增户88万,田亦称是。岁终征得客户钱数百万。

由于玄宗重视农业生产的发展,因此,开元年间全国兴修了很多水利工程。如蓟州三河农民,开了孤山陂,灌田20万亩。蔡州新息县,修了玉梁渠,灌田30余万亩。晋阳文水县,开了甘泉渠和灵长渠,灌田数万亩。在玄宗执政年间,全国共建50大项重大水利工程。超过了高宗武周两朝所建水利工程之和,相当于唐朝水利工程的20%以上。

武周中宗以来,佛教得到了恶性发展。全国各州,都设置大云寺。寺院僧侣,不仅兼并土地,而且逃避税收。有人形容说"十分天下之财而佛有七八"。造寺不止,枉费财者数百亿。度人不休,免租庸者数十万,使国家所出加数倍,所入减数倍。玄宗即位后,认识到了这个问题的严重性,于开元二年下诏裁汰天下僧尼,当时全国各地还俗者1.2万多人。玄宗又下令,严禁新造佛寺,禁铸佛像,禁抄佛经。同时又禁止贵族官员和僧尼交往,使佛教势力受到很大打击。

玄宗即位初期,在生活上以节俭自励。开元二年,他果断地宣布:"乘舆服御,金银器玩,宜令有司销毁,以供军国之用;将珠玉、锦绣,焚于殿前。后妃以下服装都不得佩珠玉、刺锦绣。禁止天下采珠玉,织锦绣等物。违者杖一百。"他还裁汰宫女,将她们载送回家。又毁武后所造天枢、韦后所立石台,以示与弊政决裂。

开元年间玄宗君臣的文治武功,造成了比较清明的政治局面,出现了"开元之治"的盛况。

长安,在那时是全国政治、经济、文化的中心。长安城内有笔直的街道,南北大街11条,东西14条,划分为方格形的108坊。长安城周长36.7公里,城内面积84平方公里,几乎相当于保存下来的明代西安故城的十倍。

长安城内北部居中的地方是宫城。内有太极殿,称"西内"。城外东北方有大明宫,又称"东内"。当时长安城内来自亚洲各地,远至波斯和大食的使节、商人数以万计。大明宫的麟德殿就是宴请国宾的地方。城内东部在开元年间建造了兴庆宫,时称"南内"。玄宗与贵妃就曾住在这里。这三大内,即唐朝的三大宫殿群。主体建筑规模宏伟,同现

存北京故宫的太和殿不相上下。

长安城内的商业区分东市和西市。市内有井字形的街道,店铺林立,四通八达。每市各有220行。每当午时,击鼓300响,店铺落板,市者云集。市井中,货物充足,胡商络绎。皇宫所需,也仰两市供应。红日西沉,鸣钲三百响,店铺上板,市者疏散,闹市井然。长安两市的兴旺,反映着全国经济的繁盛。它联系着全国各地,也联系着丝绸古道和友好之邦。

当时社会经济的发展情况,在唐人著作里多有反映。据元结说:"开元天宝之中,耕者益力,四海之内,高山绝壑,耒耜亦满。"杜佑记载说,当时天下一斗谷物的价格,多则一、二十文,少则数文;绢一匹二百余文。全国各地的驿道四通八达,夹道皆列店肆,准备着酒食以待往来的商旅;出门千里不用置防身武器。杜甫曾满怀热情地讴歌道:

"忆昔开元全盛日,

小邑犹藏万家室。

稻米流脂粟米白,

公私仓廪俱丰实。

九州道路无豺狼,

远行不劳吉日出。

齐纨鲁缟车班班,

男耕女桑不相失。"

这些人对"开元之治"的描写,虽然有溢美的成分,但他们所反映的基本内容,却是符合历史实际的。

科技文化

政治的清明,经济的发达,伴随而来的必然是科学文化的兴旺景象。

南北朝时期,文物典籍丧失殆尽,唐初虽然做了一些搜集整理工作,但收获不大。到了开元时期,玄宗任昭文馆学士马怀素为修图书使,他和储元量一起,共同组织整理和编写事务。玄宗还下令在长安、洛阳创建集书院,组织全国著名学者,集中力量著书立说。又赖令大府寺,每月给麻纸5000番,每季给上墨360丸,每年给上好兔皮500张为笔材,以保证编书和抄书工作的顺利进行。宋代欧阳修对开元年间编书的盛况曾加以评价说:"自汉以来,史馆列其名氏篇第,以为六艺九种七略,至唐始分为四类,曰经、史、子、集。而藏书之盛,莫盛于开元,共著录53915卷,而唐之学者自为之书者,又28662卷。呜呼!可谓盛矣。"

唐玄宗自己还是音乐家、戏剧家和诗人。他爱好文艺,附庸风雅。在两《唐书》的《音乐志》和《礼乐志》里,有不少是玄宗和妃子唱和共为欢乐的记载。玄宗曾选乐工300人,宫女数百人,教授乐曲于梨园,亲自订正声误,号"皇帝梨园弟子"。后世称戏班为梨园,戏曲演员为梨园子弟即由此而来。

此外，唐玄宗还注意征召和培养各种人才，他任用了许多著名学者，充当其学术顾问。如张遂是著名的天文学家，由于拒绝和大贵族武三思合作，便隐居到嵩山当了和尚。开元三年，玄宗把张遂召到长安，让他当天文学顾问。张遂利用玄宗创造的条件，加上自己的辛勤劳动，终于创造出著名的《大衍历》，并指导实测子午线，成为历史上卓越的天文学家。玄宗还下诏征召大诗人李白，让李白做翰林供奉，并给予优厚的待遇。李白以布衣应聘入宫，对当时文化界的影响很大。在这样的环境下，文艺的兴旺发达是必然的现象。

当时一批杰出的诗人、医学家、音乐家、天文学家等，为那个时代增加了映照古今的光彩，形成了举世闻名的唐文化。

纵情声色

封建社会歌舞升平的太平景象，尽管不可能"拯斯民于水火"，但足以使唐玄宗陶醉。他踌躇满志，自以为天下太平，没有什么可以担心的了，欲高居无为。昔日争夺皇位的风风雨雨渐渐淡忘了，锐意进取的治国精神更丧失殆尽。到天宝元年（742），玄宗已做了30年皇帝，在位久，渐肆奢欲，纵情声色，怠于政事。开元时期，宋璟的犯颜直谏，玄宗尚能做到"虽不合意，亦曲从之。"韩休的每事力谏，弄得玄宗"戚戚无一日欢"，但他还是硬着头皮说，"吾用休，社稷计耳。"至此，他再也容不得这些骨鲠之臣聒噪盈耳的哓哓之言了。"尚直"的韩休、张九龄相继罢相，奸佞便嬖的李林甫任中书令独秉大权。从这时起，邪恶势力在朝廷中开始占了上风。天宝十一年（752），李林甫病死，杨国忠做宰相，政治更加黑暗。不几年，从北方范阳擂起咚咚战鼓，便惊破了长安宫中的霓裳羽衣的舞曲。如果说姚崇、宋璟代表开元初年比较清明的政治，那么，李林甫、杨国忠便是开元年间黑暗政治的代表了。而这些人能够站在历史的舞台上进行表演，不论是扮演正面角色，还是扮演反面角色，除了自身有一定素质之外，更重要的是玄宗选中了他们。玄宗由选贤治国到宠信奸佞，其用人之道何其异也。

李林甫善于迎合玄宗的旨意。他勾结宦官、妃嫔，打听玄宗的动静，所以能了解玄宗的心愿。开元二十四年（736）十月，玄宗想从洛阳回长安，宰相张九龄、裴耀卿认为秋收未毕，恐怕沿路扰民，建议改期。这个建议是正确的。但李林甫待二相退出后却对玄宗说："长安、洛阳不过是陛下的东西宫罢了，随时可以往来行幸，何须择时日？即使妨碍了农民收获，只要免去他们的赋税就可以了。"玄宗听了很高兴，就听从了。为了逢迎玄宗，李林甫便对其他大臣说："今明主在上，群臣顺从还来不及，还用得着多说话吗？"张九龄遇事敢于力争，玄宗就嫌他讨厌了。开元二十四年十二月，玄宗听信了李林甫的谗言，罢免了张九龄，让李林甫做了宰相。从此，"容身保位，无复直言"的风气便统治了朝廷。

李林甫公开向谏官说："诸君见过立仗马吧？它吃的料相当于三品官的待遇，但是叫

了一声,便要斥去,那时后悔也来不及了。"有人上书言事,第二天便被降级外调,吓得人都不敢讲话。谏官言事,须先告诉李林甫,而后上报皇帝。朝廷官员不符合他的,都遭到阴谋陷害。他口头上说话很好听,背地里专门害人,因此,人们说他是"口有蜜,腹有剑。"

天宝六年(747),玄宗命各地推荐人才,举行考试。李林甫不录取一人,还向玄宗贺喜说:"这些人的才能都很平常,可见野无遗贤。"史学家司马光对李林甫有一番评价,说他媚事左右,迎合上意,以固其宠;杜绝言路,掩蔽聪明,以成其奸;妒贤嫉能,排抑胜己,以保其位;屡起大狱,诛逐贵臣,以张其势。皇太子也为之恐惧。

李林甫的权势日炽一日,而朝政的败坏日甚一日。玄宗不识其奸,反以为能。他有一天对太监高力士说:"现在海内太平了,我想安居无为,委国政给林甫,你看如何?"

高力士为之一惊,说:"天下权柄,怎能轻易给人呢?"顿了顿又补充说:"他若养成威势,一旦有变,谁还敢说个不是呢?"

玄宗怏怏不快,高力士连忙谢罪,说自己胡说,该死该死。

高力士本是玄宗的心腹,对他的话,玄宗往常是言听计从的。这时玄宗无心于朝政,沉湎于声色,骄侈起来,连高力士的话也听不进去了。

开元二十四年(736),玄宗因所宠爱的武惠妃死去,十分伤心,整日郁郁寡欢。宫中数千红颜,无一当意者。有人说,寿王妃杨氏体态丰艳,绝世无双,他即令太监将其接进宫来侍酒。寿王妃性聪颖,晓音律,长歌舞,尤善逢迎。玄宗以自己谱写的《霓裳羽衣曲》示妃,妃略看则已通晓,且歌且舞,有如仙女下凡,无与伦比。玄宗如获至宝,愁怀顿开,遂借酒寻欢,无所顾忌。从此,开始了他们的浪漫史。

寿王李瑁,是玄宗的儿子,武惠妃的亲生子。56岁的皇帝同22岁的儿媳的这种私衷,显然悖于伦理,是一大丑闻。玄宗遂让寿王妃自请为女官,入居南宫,赐号太真,南宫改名为太真宫。玄宗夺了儿媳,又给儿子娶了个韦姓的姑娘做妃子,以示慰藉。

杨太真入得宫来,恩宠与日俱增,不到一岁,仪态已过之于皇后。白居易在《长恨歌》中曾生动地描写了她初时得到的宠遇:

> "承欢侍宴无闲暇,
> 春从春游夜专夜。
> 后宫佳丽三千人,
> 三千宠爱在一身。"

这一对老翁少妇,春夜漫漫仍苦其短,日上三竿,犹恋床笫。这个曾在兴庆宫中盖起了勤政楼借以自勉的风流皇帝,从此再也不去上早朝了。知道了这一背景,就不难理解何以玄宗愿委政于奸相,竟连心腹的忠告也听不进去了。

天宝四年(745),杨太真被册封为贵妃。贵妃的地位仅次于皇后,可这时并没有皇后,她就是实际上的皇后了。玄宗视贵妃为心肝,连她的家族都得到了封赏。

有年深秋,大明宫太液池的千叶白莲,居然有数枝在萧瑟的秋景中异时独放,洁白晶莹,宛若玉成。京师中一时传为奇闻。玄宗携贵妃也来临池观赏。左右称誉白莲的娇美,赞赏不已。玄宗爱这白莲,更爱贵妃,遂指贵妃说:"莲花虽美,有形无神,又怎比得上吾这解语之花啊!""解语花"遂成为后世赞美佳丽的成语了。

贵妃善治装,专为他服务的织绣之工就达700人之多。贵妃乘马,权宦高力士亲为之执辔授鞍。贵妃生长在南国,喜食鲜荔枝。荔枝易败,离枝四、五日则色味俱变。为了快速贡奉新鲜荔枝,玄宗下令特开辟了从岭南通往长安的数千里贡道,沿途设有驿站,备有快马。荔枝运至长安,色味不变。

君王宠幸,朝臣官吏也无不倍加逢迎,争献奇珍异味,器物珍玩。有时一次送的美食就达几千盘,一盘的价值抵得过十户中等人家的财产。宫中还特设检查食品的官员,评比各种食品的精美程度,真是精益求精。岭南军政长官的贡献得到贵妃的欢心,遂连升三级。广陵的长官起而仿效,也被擢为朝廷大臣。由是文臣武将瞩目后宫,全国风靡。

一人得道,鸡犬升天。杨氏兄妹飞黄腾达,沐猴而冠。贵妃的大姐封韩国夫人,二姐封虢国夫人,三姐封秦国夫人,从兄杨铦被封为位当四品的朝中高官,杨铦娶了公主,封驸马,杨国忠官至宰相,领四十余职,权倾天下。

玄宗每临幸骊山华清宫,贵妃的三位姐姐与三个哥哥也必车骑从幸。每家一队,各衣一色,逶迤数十里。到了骊山,诸家合欢,往来穿梭,犹如万花竞放,遍山锦绣。

杨氏承宠,声势煊赫,时有民谣曰:

"生男勿喜女勿悲,
君今看女作门楣。"

门楣本指门框的上方横木,这里引申为"门户"的意思,即说如今姑娘也可以光耀门户了。

贵妃姿色虽美,心甚悍妒。曾两次因其醋意太浓,气恼了玄宗,被遣送出宫。

当又一次被遣送出宫后,她哭得犹如个泪人,杨氏兄妹也惊恐不安,担心大祸临头。谁知,玄宗那里也茶不思,饭不想,整日间愁苦欲绝。太监高力士事故练达,早看透了玄宗的心思,遂请赐膳贵妃,贵妃见高力士送来御膳,即刻剪下一绺青丝托高力士奉上,并感切地说:"妾罪当死,今日与陛下永诀。妾之什物,皆陛下所赐,唯有青丝是父母之物,特以奉献,以志衷情。"

玄宗与贵妃又一次破镜重圆,自不待言。但经两次磨难,贵妃虽悍,也不能不心存忧悸。

相传,有一年,玄宗临幸华清宫,住在长生殿,正值七月七日乞巧佳节,夜阑更深,贵妃好端端地忽独自抽泣起来。玄宗初不知何故,温存劝慰,久久贵妃才道出了心事,说:"妾遥望牛郎织女二星,不由得慕其夫妻之长久,窃恐自身比不上他们。"稍顿又道:"妾览前史,每见时过境迁,秋扇抛残,怎能不为之伤情呢?"贵妃的衷曲深深地打动了唐玄宗,他们遂相盟誓以志诚,誓曰:"在天愿作比翼鸟,在地愿为连理枝。"生生世世,永不分离。这段宫廷艳史,后被编成戏剧演出,即《长生殿》。

日益昏聩

玄宗乐不思治,日益昏聩。李林甫死后,杨国忠独揽大权。他和李林甫一样,顺着玄

宗的心思行事。玄宗好战,他即发动征伐南诏的战争,丧师 20 万。一年大雨成灾,玄宗查问灾情,他叫人弄了一些大的粟穗给玄宗看,说雨虽大,收成却好。玄宗竟也相信。他不准下面报灾,扶风太守房琯报灾求救,他大怒,下令将其交司法机关惩处。杨国忠除做宰相外,还兼领四十余使,又专判度支、吏部,整天发号施令,胡乱处理政事,选任官吏都在私第暗定,结党营私,贿赂公行。因此,唐朝的政治更加昏暗。

从开元二十四年(736),到天宝年间,奸相专权,贵妃专宠,玄宗日益昏聩,政治愈加腐败,繁荣背后的危机也就加剧了。

首先是均田制瓦解了,负担租赋的民户缩减着,而朝廷的费用却加大着,财政危机日甚一日。朝廷先是设法搜刮民户,议定租赋。然而,仍不足用,就派出征收大员,横征暴敛,甚至一次预征 30 年的租赋。这无异于杀鸡取卵,加速了人民的贫困化。唐王朝赖以生存的社会基础动摇了。

其次是府兵制破坏后,募兵制也愈加腐败。在府兵制破坏后,唐朝政府乃实行募兵制,募兵制在开始实行的时候,显示了它的优越性,但到后来,其弊端越来越大。特别是京师所募之兵多是无赖子弟、市井小贩,毫无战斗力。同时,中原承平已久,社会风尚耻于当兵。宿卫京师的官兵时称"侍官"。京师人打架相诬必骂对方为"侍官"。甚至子弟当了军官,父母都不愿理他。中原几乎无兵可用了。

尽管如此,玄宗却仍在对外用兵。

玄宗后期,为了提高统治的声威,不惜发动了一系列不义的战争。边将权奸为了升官加爵也不惜推波助澜,挑起事端,这些战争,伤亡了大量的各族人口,消耗了大量的社会财富,带来了许多危害。

开元二十五年(737),唐政府迫使河西节度使崔希逸在青海袭击吐蕃,是这一系列战争的开端。崔希逸曾与吐蕃将领乞力徐相约,撤除守备,让汉藏两族人民随便耕种放牧,安享和平之福。这年,有个河西官员入朝奏事,鼓动玄宗发动袭击吐蕃的战争。玄宗为之心动,派使者前去视察,使者遂逼崔希逸出兵,这就打破了唐蕃和好的局面。

天宝初年,名将王嗣宗兼任河西、陇右、朔方、河东四镇节度使,威望极高。玄宗命他进攻吐蕃的石堡城(今青海西宁西南),他不肯,说:"石堡城地势险要,防守坚固,不牺牲大量士兵的生命,拿不下来。"结果被免了官。继任的陇右节度使哥舒翰攻下了石堡城,城里守兵只有几百,唐兵却损失数万之众。汉藏两族人民都是战争的受害者。杜甫的《兵车行》写道:"或从十五北防河,便至四十西营田。"防河、营田都是为了对付吐蕃。于是"汉家山东二百州",到处都由妇女把着锄犁,干着男人应该干的事情。而青海湖畔,当兵的男子"古来白骨无人收","新鬼烦冤旧鬼哭,天阴雨湿声啾啾。"这是一幅多么凄惨的景象啊。

西南也在流血。南诏王阁罗凤带着妻子参见唐官,边将张虔陀乘机侮辱,并勒索财物。阁罗凤忍无可忍,愤恨起兵,杀死张虔陀,这是正义的反抗,而且是局部问题,不难解决。剑南节度使鲜于仲通却立即发动进攻,阁罗凤派人解释,要求停战,鲜于仲通不听。阁罗凤没法只得带兵迎击,大败唐兵,又与吐蕃联盟。他本不愿与唐为敌,立了一块碑,说明发生战争的原因，希望将来和唐重归于好的时候，指给唐使者看，让唐政府明了真相。鲜于仲通与杨国忠素有勾结，因此，杨国忠为他掩饰，并在西京、河南、河北征发军队。这时的征发，根本不照任何制度，无章可依。人民不肯当兵，杨国忠便派官兵抓人，连枷送到军队里去。白居易的《新丰折臂翁》说：

> "无何天宝大征兵，
> 户有三丁抽一丁。"

写的就是这个情形，当时：

> "村南村北哭声哀，
> 儿别爷娘夫别妻。
> 皆云前后征蛮者，
> 千万人行无一回。"

这个老翁偷用大石锤把自己臂砸断，才得以免去云南成望乡之鬼。从天宝十年到十三年，唐兵战死和不服水土患流行病死的，前后有 20 多万人。

天宝十年（751），唐军还有两次大败，一是安禄山领兵 6 万攻契丹，所部死伤大半。安禄山屡次引诱奚、契丹部落首领宴会，将他们用毒酒灌醉后进行屠杀，然后把首领的首级拿来报功，谎称是平定叛乱取得了胜利。安禄山的所作所为，激起了奚、契丹部落的仇恨，即起兵与唐军作战，大败唐军。二是高仙芝怛罗斯城之败。高仙芝先在上一年背信袭击石国（今乌兹别克），抢了巨额金宝，又把其国王押至长安杀死。中亚各国本来都依附唐朝，受了这番刺激，都十分愤慨。石国王子向大食求救，高仙芝听到大食兵动，便引兵 5 万迎战，在怛罗斯城，双方会战五日，唐军阵势混乱，士兵倒戈，结果大败。逃回的只有几千人。从此，中亚各小国，完全陷于大食控制之下。

这些不义战争大大加深了阶级矛盾和民族矛盾，不仅受到当时各族人民的反对，就是在我国古代史上，也是为正直的史学家所谴责的。唐玄宗作为唐朝的最高统治者对这些不义战争有不可推卸的责任。

安史之乱

开元后期，府兵制破坏，募兵制产生。在府兵制下，卫士轮番服役，将不得专兵，实行募兵制后，边镇兵力扩大，京城周围兵力减缩，唐初内重外轻的局面转变为外重内轻，地方边镇势力强大。

在唐初，边将皆用忠厚名臣，不久任，不遥领或兼任别职，功名显著者往往入为宰相，如李靖、李勣、刘仁规等。开元前期，薛讷、郭元振、张嘉贞、张说、萧嵩等也是由边将入相。"胡"将虽忠勇皆具，也不能专大将之任，远征时皆以大臣为使制之。如何史那社尔讨高昌，以侯君集为元帅；契苾何力讨高丽，以李勤为元帅。朝廷这样做，不仅使边将不能久掌大权，而且对"胡"将的权势也进行了适当的约束，这对于防止军阀割据是必要的。

开元后期，由于形势发生了变化，边帅往往连任十多年，有的还兼任几镇节度使。他们既有其土地，又有其人民，又有其兵甲，又有其财赋。但"胡"将权势的强大，主要是李林甫为相后蛊惑玄宗造成的。

玄宗曾考虑过把兵权交给谁最可靠的问题。王嗣宗兼任四镇节度使，被人诬告欲拥兵尊奉太子，玄宗即罢了王嗣宗的官，交司法机关审问，判处死刑。虽未执行，但不久就"暴卒"了。与王公大臣有瓜葛的人，有了兵权，玄宗便放心不下，生怕他们结成朋党，危及自己的皇位。正在玄宗为难的时候，李林甫出了一个主意：用"胡"人做边帅。理由是"胡"人勇敢善战，在中原也没有复杂的社会关系，孤立无党，不懂汉文，比汉将可靠。这是他讲给玄宗听的，实际上心里另有打算。他认为，"胡"将文化水平不高，不能做宰相，节度使都有"胡"将，断了边帅入朝执政的路，他自己的地位就更牢固了。唐朝本有重用各族将领的传统，但专用"胡"将做边帅，却是新主意，玄宗很欣赏这个主张，陆续提拔安禄山、安思顺、哥舒翰、高仙芝等做大将。到了天宝六年，节度使大都是"胡"将了。

必须承认，"胡"将忠于唐朝的是绝大多数，叛乱的野心家为数很少。安思顺、哥舒翰、高仙芝对唐朝都很忠顺，后来参加平叛的朔方名将李光弼也是契丹族。不过，"胡"将成为军阀的时候，也一定会利用民族关系，结成一个集团，使叛乱带上民族矛盾的色彩。

安禄山是柳城（今辽宁朝阳）"胡"人，本姓康，叫轧荦山，后因母亲改嫁突厥人安延偃，他才改姓安，名禄山。他能说6种少数民族的语言，先做军队小军官，由于英勇善战，逐渐做到高级将领。天宝元年，任平卢节度使，到天宝十年兼领平卢、范阳、河东三镇。他用欺骗、献媚、贿赂等手段逐渐取得了玄宗的信任。

安禄山初到京城时，装成一个傻瓜，见了太子也不拜。玄宗身边的人要他下拜，他问，太子何官也？玄宗说，我百年之后，就将皇位传给他。安禄山才假装惶恐下拜。他是个大胖子，体重300多斤，可他在宫中跳舞，旋转如飞，以讨好玄宗。一天，玄宗指着他的肚子问，你肚子那么大，里面装的是什么东西？他回答说，没有什么，一颗赤心耳。玄宗听了非常高兴。玄宗要他与杨贵妃兄妹结成兄弟姐妹的关系，可他硬要认杨贵妃为干娘，而他的年龄比杨贵妃要大得多。这样一来，玄宗对他就更加信任了。

安禄山伪装得如此巧妙，表面上对唐玄宗非常忠诚，实际上却野心勃勃，心怀觊觎，以图一逞。

安禄山在范阳积极扩充势力，用失意的汉族文痞严庆、高尚做谋士；对投降或俘虏的兄弟民族战士，亲自用其本民族的语言进行交谈，进行安慰。这些人朝为俘囚，幕为战士，莫不愿为之效死力。安禄山又挑选精锐8000人，号称"曳落河"（壮士），作为其军队的主力。天宝十三年（754），他为了收买人心，培植心腹，提拔奚、契丹、九姓、同罗等族升将军者500人，中郎将2000余人。第二年，又以"胡"将32人代替汉将，这样一来，其军队的将领基本上都是"胡"人了。他还积屯粮草，养战马数万匹。所统领的军队在数量上已超过了唐中央所在地的军队。一言以蔽之，总危机的爆发只是时间问题了。

唐玄宗和杨国忠等沉溺在荒淫的酒色之中，歌舞升平，毫无应变的准备。玄宗在腐朽的生活里到了迷不知返的程度。

"骊宫高处入青云,

仙乐风飘处处闻。

缓歌慢舞凝丝竹,

尽日君王看不足。"

这首诗是对当时情况的真实写照。玄宗宠信安禄山,更做足了在经济上资助他的傻事。唐政府把江南的粮食布帛运输到幽燕,充实了安禄山的军需。在权力上,玄宗满足了他的一切要求。安禄山要求兼管养马之事,玄宗就使他领闲厩、陇右群牧等使,知总监事。使安禄山利用职权,挑选了许多战马。安禄山要求用一批"胡"将代替汉将,玄宗也立即批准。对安禄山是听之、任之、顺之。没有一点应变的准备,一旦叛乱爆发,当然只有听天由命了。

当时也有人提醒过玄宗,张九龄曾说,将来乱幽州者必此胡雏。安禄山犯了法,玄宗包庇他。张九龄反对,指出安禄山此人狼子野心,不杀必生后患,玄宗不听,反而提拔他,使他羽翼渐丰。玄宗的儿子李亨也说安禄山必反,玄宗仍不信,刚愎自用到如此地步。在对安禄山的问题上,充分暴露了玄宗的昏聩。

天宝十四年(755)十一月九日,安禄山在范阳起兵,发动叛乱,兵锋指向唐的都城长安。"渔阳鼙鼓动地来,惊破霓裳羽衣曲。"白居易的这两句诗,表达了安禄山叛乱来势的凶猛。事实确实如此,动地而来的鼙鼓,宛如一场强台风,冲断了皇宫里的轻歌曼舞,也撕破了千家万户的升平假象。

中原长期没有发生战争,人民连续几代过着比较和平的生活。玄宗为首的统治者认为中原不必有武备,精兵猛将都放在东北、西北各镇。一声霹雳,野心家指挥的那些精兵猛将,掉转刀锋,杀向内地。中原郡县毫无准备,事到临头,大都望风而逃。居安而不思危,对于非常明显的叛乱苗头视若无睹,终于导致了这场叛乱。现在的玄宗应该清醒了,不过,即使清醒了,也已经来不及了。

安禄山率兵 15 万,号称 20 万,以奉密旨讨杨国忠为名,浩浩荡荡,挥军南下,大队的步骑兵在广阔的河北平原上展开了队形,尘灰蔽天,鼓噪震地。一路上几乎没有人敢抵抗。十二月初二,叛军已在灵昌(今河南滑县西南)渡过了黄河。

安禄山叛乱的消息传到长安,玄宗还认为是谣言。得到确讯之后,满朝文武无不惊慌失措。杨国忠却自以为有先见之明,夸口叛军必生内变,不过十天,安禄山定为部下所杀。玄宗惊慌之中,听到这样的乐观估计,不禁欣然。

当时安西节度使封常清正在长安,玄宗便派他赶往洛阳,募兵抵御。接着又在长安招了一些兵,连同原来的禁军,凑了 5 万人马,交给高仙芝带领,屯驻陕州。同时派使者到朔方、河西、陇右,令各镇除酌留城堡戍兵外,其余全部内调。然而形势急转直下,河南的局势已无法挽救了。封常青虽足智多谋,高仙芝虽能征善战,然而,他们所统领的都是些乌合之众,无法抵御叛军的进攻。不久,唐军即被迫退出洛阳。封常清退至陕州,劝高仙芝放弃无险可守的孤城,退守潼关,以防叛军突入关中,这一正确的建议被高仙芝采纳。监军宦官边令诚和高仙芝不和,向玄宗报告说二人不战而逃,无故丢失几百里土地。

玄宗大怒,立使边令诚到潼关把二人斩首。二将的部下大声喊冤,边令诚哪里肯听,还是把二人斩了。

玄宗杀了封常清和高仙芝,看看在朝将领,只有原河西陇右节度使哥舒翰素有威名,于是便派他去守潼关。哥舒翰熟悉军事,有勇有谋,又和安禄山有仇,在当时是适当的人选。西北各镇的军队也相继开到潼关。河南前线出现了相持的局面。每天傍晚,关上点起一把烽火,叫平安火,一座座烽火台向西传去消息,长安人望见了平安火,便可以放心睡觉了。

这时候,叛军长驱直入的势头停止了,安禄山的处境开始变坏。常山(今河北正定)太守颜杲卿和堂弟平原(今山东平原东北)太守颜真卿起兵,联络河北17郡,切断了叛军前线和范阳老巢的联系。至德元年(756)正月,安禄山在洛阳自称大燕皇帝,他所占的地方,在河北只有6个郡,在河南也只有潼关以东一片土地。叛将史思明虽然攻陷常山俘颜杲卿,把他送到洛阳杀害,但不久,朔方军大将郭子仪、李光弼率军出太行山,收复了常山,屡败史思明。河北民间自行集结的武装,群起响应。河南南阳太守鲁炅、睢阳太守许远、真源令张巡等,也起兵抗击叛兵,扼住了叛军南下的道路。安禄山进退两难,竟气得大骂谋士严庄、高尚不该劝他造反了。

形势对唐政府有利,但唐玄宗不仅不能发展有利形势,反而自己拆自己的台。潼关天险,道路狭窄,易守难攻。史称"艰难奋长戟,千古用一夫"。唐军在关外挖了三道壕沟,各有2丈宽,1丈深;叛将崔乾祐屯兵陕州,徘徊半年,只能望关兴叹,无法进攻。哥舒翰决心守险待机。郭子仪、李光弼也说潼关只宜坚守,主张用朔方兵先打范阳,捉住叛军家属,致其瓦解。从当时河北战局的形势看,这是可能做到的。可是玄宗竟听信了杨国忠的谗言,认为哥舒翰按兵不动,坐失良机。因而连续不断地逼哥舒翰出兵。

至德元年(756)六月,哥舒翰被迫出兵,与叛军会战,结果大败。部将火拔仁等捉了哥舒翰,投降了叛军。

那天晚上,长安人见不到平安火,人心惊慌,顿时大乱。

72岁的唐玄宗,亲临多年不曾登临的勤政楼,委任了京城留守官吏,宣示御驾亲征。这时,百官都已作鸟兽散,谁也不相信皇帝会亲征。是夜,玄宗命整顿禁军。黎明,就同贵妃姐妹、皇子皇孙、宫中近侍及朝中几个大臣,打开城北禁苑的延秋门,由千名禁军护从,悄然向西南而去,欲逃往蜀郡避难。

第二天,当走到马嵬驿(今陕西兴平西)时,将士鼓噪,要消灭祸国殃民的杨家豪门。杨国忠被将士杀死。将士又要求杀贵妃以息天下怨。玄宗知道事已至此,无可挽救,而不愿见贵妃死,乃反袂掩面,使牵之而去,可怜"三千宠爱在一身"的杨贵妃,竟被缢杀于逃亡途中。据说正在这个时候,岭南的荔枝也送到了马嵬驿。这话未见史书记载,也许是人民对那骄侈者的讽刺也未可知。

当然,贵妃的下场是应得的,也是悲惨的。但真正的罪魁祸首,应该是唐玄宗李隆基。由于历史与时代的局限,当时哗变的将士却不能认识到这一点,在诛杀了杨贵妃之后,仍然保护玄宗向蜀中逃去。

长安在大约十几天之后陷落了。玄宗正在向西逃命。乡民父老遮道请留,玄宗哪里肯听,百姓无法,又转请皇太子留下,大家说:"圣上既不肯留,我们愿率领子弟跟从殿下东破叛贼,收复京城。若殿下与圣上都入蜀而去,难道就将中原河山拱手让给叛贼吗?"不大一会儿,百姓聚集而来的有数千人。

后来,玄宗还是逃到蜀郡去了。皇太子李亨北上到了灵武(今宁夏灵武西南),即位称帝,是为唐肃宗,重新积聚力量,开始对安禄山进行反攻。安禄山自天宝十四年叛乱,先后攻陷两京,第三年,就被他的儿子安庆绪杀死了。

安庆绪在至德二年称帝。不久长安、洛阳为唐军收复。第三年,他又被安禄山的副将史思明杀死了。

史思明在乾元二年(759)先称燕王,后称皇帝。第三年,他也被儿子史朝义杀死了。

史朝义在上元二年(761)称帝,两年后,兵败势穷,上吊自杀了。

这场叛乱,历时8年,史称"安史之乱"。叛乱葬送了玄宗的政治生命,也葬送了他的浪漫爱情,更葬送了唐王朝的赫赫国威。从此,唐王朝一蹶不振,每况愈下。

当然,安史之乱的爆发和唐王朝的衰落有深刻的社会原因,即使是开元君臣的所作所为也只是"救时"而不能"易世"。但不可否认,唐玄宗后期的腐败,养痈遗患,是导致这场大乱的直接原因。

至德二年(758)末,当唐军收复了两京后,玄宗由成都返回长安。

当玄宗路过马嵬驿时,触景生情,黯然神伤,和他的随行人员一起去祭拜了杨贵妃墓,正是:

> "天旋日转回龙驭,
> 到此踟蹰不能去。
> 马嵬坡下泥土中,
> 不见玉颜空死处。
> 君臣相顾尽霑衣。"

郁郁而终

到达长安后,玄宗就住在兴庆宫里。自从回长安后,玄宗本想要改葬杨贵妃,但是权宦李辅国等人不同意,肃宗也不同意,玄宗没办法,只好偷偷派亲信宦官去改葬,又叫画工画了一幅杨贵妃的画像挂在宫殿墙上,天天为之叹息,时时为之垂泪。好不凄惨!这还不算,一场新的灾难正在等着他。

原来,玄宗非常喜欢兴庆宫,因为这是他当太子时居住的地方。从四川回来之后,他一直住在这里,肃宗不时从夹城中走到这里来问候他,他有时也到大明宫去看望肃宗。左龙武大将军陈玄礼、宦官高力士一直保卫、侍候着玄宗。肃宗又叫梨园子弟天天奏乐、唱歌、跳舞以供他消遣。可玄宗的这种生活并没有持续到底。兴庆宫里有一个长庆楼,

它南面靠着皇宫外面的大道,玄宗经常在楼上徘徊观望,百姓经过这里,一看到玄宗,往往跪拜,并高呼"万岁"。玄宗常在楼下安排酒食招待客人,并在楼上宴请将军郭子仪和王铣等人,还送给他们好多东西。类似的事很多。做这些事情时玄宗并没有东山再起的用意,但却引起了肃宗的猜忌。由此,父子间的矛盾便尖锐起来了。

玄宗子孙很多,他活了 77 岁,当了 44 年皇帝,由于出奇好色,据说他的妃嫔、宫女达 4 万人。他有 30 个儿子,30 个女儿。在这么多儿女中,他是有偏爱的。他宠爱武惠妃,早就想废掉太子李瑛,立武惠妃所生子寿王李瑁。开元二十五年(737)四月,武惠妃的女婿杨洄诬告李瑛、李瑶、李琚等在一起商量异谋,玄宗便把自己的这三个儿子赐死了。太子李瑛是玄宗的第二子,在他死后,论资排辈,第一个是长子庆王李琮,但他曾在打猎时被野兽抓破了脸,当皇帝不雅观,而且德才平常。接下来就轮到第三子肃宗李亨了。在朝臣们的争取下,玄宗经过一年多的再三考虑,才勉强立了李亨做太子。以后李林甫为了迎合玄宗和武惠妃,总想把肃宗废掉,立寿王李瑁当太子。无奈,肃宗非常谨慎,没有大错误,并有一些朝臣积极保护,屡次转危为安。太子地位才算保住了。因此,他早对玄宗积怨在心。肃宗被立为太子后,做皇帝的愿望日益强烈。后来,在他儿子李俶和宦官李辅国等的支持下,在灵武私自称帝。从此后,他和玄宗面和心不和。当玄宗从四川归来后,玄宗在兴庆宫的所作所为,早已引起生性多疑的肃宗越来越多的狐疑:玄宗是不是想恢复帝位?他想采取相应的对策,又怕有人说他不孝,心里非常着急。正在此时,李辅国向他献了一计。

李辅国知道肃宗的复杂心理,想立奇功来巩固肃宗对他的宠爱。他对肃宗说:"上皇住在兴庆宫,天天和外人来往,而且陈玄礼、高力士密谋对陛下不利。如今六军将士都是灵武功臣,都坐卧不安,我劝解他们也不听,不敢不报告。"肃宗假装哭着道:"圣皇仁慈,哪会有别的想法呢?"李辅国知道肃宗的意思,就说:"即使上皇没有别的想法,怎奈有班小人天天在耳边怂恿。陛下是天下的主人,应当为社稷着想,防患于未然。哪能限于匹夫的孝顺!再说兴庆宫和里巷相连,围墙也低矮,不适合上皇居住。太极宫森严,请他搬到那里去住,和兴庆宫也没有差别,这样能杜绝小人在他身边说三道四,上皇能安享晚年,陛下有时也可以去探望,岂不更好。"李辅国的这番话正中肃宗下怀,但嘴里又不好说什么,实际上是默许了。于是,李辅国首先采取了第一个措施:兴庆宫原有 300 匹马,他传达肃宗命令,取走 290 匹,仅留下 10 匹。事实上,肃宗口头上不便发出这样的命令,所以史书上记载李辅国"假传圣旨"。玄宗心里明白是怎么一回事,长长叹了一口气,然后说:"我儿被李辅国迷惑,不能再尽孝了。"

肃宗和李辅国步步紧逼,终于演出了一出逼宫的好戏。李辅国先叫六军将士又哭又嚎又叩头,请求肃宗叫玄宗搬到太极宫去住,肃宗假装哭着没有回答,实际也是默许。上元元年(760)七月的一天,李辅国传旨,请玄宗游览太极宫,但当玄宗从兴庆宫走到睿武门时,预先埋伏好的士兵突然冲了过来,拿着明晃晃的刀剑,挡住了去路,杀气腾腾大喊道:"皇帝认为兴庆宫低洼,矮小,不适合上皇居住,请上皇迁居太极宫。"玄宗大吃一惊,差点从马上摔下来。亏着高力士扶住了,并斥责李辅国,玄宗才稳下心来,这时李辅国等不容玄宗言语,便把他拥簇到了太极宫,住甘露殿。当天,李辅国和六军大将去向肃宗请罪,肃宗竟说:"兴庆宫和太极宫没有什么区别,你们这是为了防止小人迷惑上皇,防微杜渐,是为了国家平安,怕什么。"肃宗对玄宗还是不放心,又把高力士流放到巫州(今湖南洪江市),命令陈玄礼退休,给玄宗只留下几十名卫士,而且都是老弱病残。

处在这样的逆境中,玄宗更觉寂寞、凄凉,郁郁寡欢,心情不好,连饭也吃不进了,弄得憔悴不堪,形同槁木。上元三年(762)四月五日,玄宗死在太极宫神龙殿,时年77岁。死后葬泰陵,谥为大圣大明孝皇帝,庙号玄宗。

杯酒释兵权

——宋太祖赵匡胤

名人档案

太　　祖：名赵匡胤。属猪。性格任侠而决绝。后周殿前都检点，在"陈桥兵变"中被拥立为帝，建立宋朝。在位17年，病死，后人怀疑为其弟宋太宗赵光义所害，终年50岁。

生卒时间：公元927年~公元976年

安葬之地：葬于永昌陵（今河南巩义市西南）。谥号启运立极英武睿文神德圣功至明大孝皇帝，庙号太祖。

历史功过：结束分裂，统一中国；以文治国，削弱藩镇，建立中央集权；提倡农业，鼓励农桑；培养人才，健全科举；整顿吏治，严峻刑法。

名家评点：赵匡胤的雄才大略，文治武功，不仅医治了国家数十年的战争创伤，也为宋王朝300多年的帝业奠定了坚实的基础。

武官出身

赵匡胤，出身于武官之家，祖籍涿州（今河北涿州）。祖父赵敬，曾任唐朝涿州刺史，父亲赵宏殷，曾任五代后周检校司徒。后唐天成二年（927）三月二十一日，赵匡胤出生于洛阳夹马营，是赵宏殷的第二个儿子，母亲杜氏。后来赵匡胤坐上皇帝宝座，文人们神化赵匡胤，说什么在赵匡胤出生时，"赤光绕室，异香经宿不散。体有金色，三日不变"。长大成人，"容貌雄伟，器度豁如，识者知其非常人。"

战火纷飞的岁月，武官出身的家庭，加上自己身强体壮，使赵匡胤不爱习文爱练武，终于练就了一身好武艺。在练习骑马射箭时，曾试骑烈马，不用马勒。烈马狂奔，赵匡胤脑袋碰在城门上而落马，路人以为此人必死无疑，不料赵匡胤慢慢爬了起来，徒步追赶烈马而去。

后汉乾祐元年（948），已经21岁的赵匡胤，不甘心碌碌无为虚度年华，他要去拼搏，他要追求光辉的未来。他满怀雄心壮志，离家出走去闯荡江湖。从陕西走到甘肃，赵匡胤壮志难酬，机遇难觅，连收留他的人都找不到，反而穷困潦倒，受人欺凌。走投无路的赵匡胤只得南下湖北，去投奔与父亲有交情的复州（今湖北沔阳）防御使王彦超。王彦超不念其父旧情，仅送给赵匡胤几贯钱，不想留下他。天无绝人之路，赵匡胤又去投奔随州（今湖北随州市）刺史董宗本，董宗本终于收留了赵匡胤。然而，董宗本的儿子董遵海却百般欺凌落难的赵匡胤。赵匡胤英雄气不短，拂袖而去。赵匡胤流落到襄阳，寄宿于寺庙。寺庙老和尚见赵匡胤魁伟英武，或许能在战场上出人头地，便指点赵匡胤北上投奔郭威。郭威任后汉枢密使，掌握军权，当时以西面军前招慰安抚使的身份，西征反叛的李守贞、赵思绾和王景崇，并留守邺都（今河北大名），乘机扩充实力，招兵买马。这一次难得的机遇，终于被赵匡胤赶上，郭威收留下赵匡胤。当时是后汉乾祐三年（950）年初，赵匡胤已经23岁。浪迹天涯两年左右的赵匡胤，有了归宿，改变了赵匡胤的一生。从此，赵匡胤驰骋疆场，拼杀立功，步步高升，直到登上龙庭。史载赵匡胤在投奔郭威前，曾在寺庙求签占卜，结果是赵匡胤应为真龙天子。这条史料及所载之事，显然不足为凭，同样是文人们神化赵匡胤的编造。

郭威留守邺都时，后汉隐帝却要忌杀功臣，暗派郭崇威去杀害郭威。郭威军权在握，愤而起兵反后汉，于乾祐三年十一月南下，隐帝率军与郭威交战，被郭威打败，隐帝落荒而逃，被乱兵所杀。不久，有奏报说是辽兵南下，郭威率军北上抗辽。军到澶州（今河南濮阳），将士们将黄旗包在郭威身上，拥立郭威当皇帝。郭威便率军返回大梁（今河南开封），在广顺元年（951）正月即帝位，改国号为周，史称后周。

赵匡胤在这次战事和郭威称帝过程中，有两大收获。一是他目睹了郭威称帝的前前后后，必然会受到启发：只要有军权，当皇帝也不是太难的事。后来赵匡胤陈桥兵变，黄袍加身，学的就是郭威这一手。二是赵匡胤立了功，成为东西班行首；两年后，升任为副指挥使。一指挥由500士兵组成，首领是指挥。赵匡胤升任副指挥使，说明他已经是后周的中级武官了。

乾祐三年三月，郭威的养子柴荣为开封府尹，柴荣对赵匡胤有所了解，印象很好，便将赵匡胤调入开封府任马直军使。后周显德元年（954），郭威病死，柴荣即帝位，后称周世宗。周世宗刚即位，山西太原北汉主刘崇联合辽国，出兵共8万，想乘机消灭后周。周世宗发兵亲征，两军对阵于高平（今山西高平）。周将樊爱能等临阵脱逃，周兵大乱，步军投降。在这千钧一发之际，赵匡胤挺身而出，大喊成败在此一举，带领兵马冲入敌阵，奋勇杀敌。北汉军溃败，周军反败为胜，扭转了战局。周世宗乘胜追击，直逼北汉太原城下。高平之战，展示了赵匡胤的无畏、英勇和高超的指挥能力，受到周世宗的赏识与倚重，被提升为殿前都虞候，遥领严州刺史，成为掌管禁军的高级将领之一。

周世宗是位有雄才大略的帝王,他想统一全国,对后周的军事、经济、文化等方面进行了一系列改革。后周显德二年(955)五月,周世宗发兵收复了后蜀占领的秦(今甘肃天水)、凤(今陕西凤县)等四州。第二年起,周世宗又先后三次亲征南唐,攻占了南唐四州六十县,使长江以北、淮河以南尽归后周所有。在对南唐的战争中,赵匡胤多次立功。首战于寿州(今安徽寿县),在涡口大败南唐军,斩杀南唐兵马都监何延锡。次战于滁州(今安徽滁州),赵匡胤飞骑冲入敌阵,活捉南唐节度使皇甫晖、姚凤,占领了滁州城。三战于六合(今江苏六合),杀敌近万。四战于寿春(今安徽寿春),略营拔寨,所向无敌。五战于泗州(今江苏盱眙),赵匡胤跃马渡河,攻克泗州城。六战于楚州(今江苏淮安),活捉南唐节度使陈承昭,淮南地区尽归后周所有。南唐主得知赵匡胤神勇,曾使离间计,派人密送赵匡胤白金 3 000 两,赵匡胤不为所动,将 3 000 两白金全部上交。

陈桥兵变

后周显德六年(959)三月,一心想要统一全国的周世宗,亲率大军北征辽国,企图收复石敬瑭割让给辽国的燕云十六州。周军先后攻克了军事要地河北三关(益津关、淤口关和瓦桥关),以及关南的三州十七县,军事态势对周十分有利。正当周世宗准备继续北上,收复辽国的战略要地南京(今北京市)之时,却突然病重,不得不率军返回。当年六月,周世宗去世。史载周世宗在北征途中批阅奏章文稿时,发现一块三尺多长的木牌,上面有“点检作天子”的字样。点检是殿前都点检的省称,殿前都点检是禁军的最高统帅,掌握和指挥着全国的精锐部队,如果殿前都点检想要发动政变而自立为王,皇帝也无可奈何。当时的殿前都点检是老资格的张永德,周世宗不得不有所疑虑,疑虑的是自己死后,长子柴宗训尚在幼年,张永德会不会篡位代周。返回开封后,周世宗便解除了张永德殿前都点检这一关系到身家性命、国家安危的重要职务,改由资格较浅、周世宗认为忠诚可靠的赵匡胤担任。谋求更大军权的赵匡胤,真可谓喜从天降,轻而易举地得到了最高军事统帅的位置。

对于这块神奇的木牌,后来的文人说这是上天安排赵匡胤即将当皇帝的神助信符,这当然同样不足为凭;当代的史学家,又有人推测这是赵匡胤搞的阴谋诡计,也缺乏真凭实据。赵匡胤不可能预知正值壮年的周世宗会得重病而突然去世,也不可能预知病中的周世宗必然会令赵匡胤担任殿前都点检。在我看来,这条史料的本身,就很不可信。也是在赵匡胤当了皇帝后,文人们为制造君权神授神化赵匡胤而凭空编造的。

周世宗突然病死,7 岁的小皇帝柴宗训怎能统治偌大的一个国家?掌握军权的赵匡胤,这才领悟到机会来临,谋划起代周自立的方案。不要认为既然赵匡胤掌握军权,代周自立便易如反掌。在千年以前,发动军事政变废立帝王,那是要受到万众唾弃咒骂的逆天大罪。赵匡胤当然不会如此鲁莽。他要与赵匡义和赵普秘密商议万全之策。赵匡义是赵匡胤的亲弟弟,在后周任供奉官知都,比其兄爱读书。赵普是赵匡胤攻克滁州时认识的,后来将赵普调到自己身边,任推官及掌书记,成为赵匡胤的亲信。赵普长于吏治,足智多谋,对日后赵匡胤得天下和治天下,起了非凡的作用。三人密谋加紧作政变的准备。一是笼络将领,让他们感到天下非赵匡胤莫属,一心跟随赵匡胤并与之荣辱与共。二是做舆论准备,派人在京城散布"点检为天子"的谣言。三是策划了政变的具体方案和步骤。这种山雨欲来的态势,宰相王溥和范质以及内宫,却还蒙在鼓里而无所觉察,更无从谈起阻止赵匡胤政变,从而使政变按计划顺利进行。

后周显德七年正月初一(960年1月31日),人们正在欢度春节,赵匡胤指使人谎报军情,说是辽国与北汉联合入侵后周,宰相范质、王溥不知是计,慌忙令赵匡胤率军前往抗敌。正月初二,殿前副都点检慕容延钊便率领先头部队离开京城。正月初三,赵匡胤率大军出开封爱景门,向东北方向进发。当天,赵匡胤到达离开封约20公里的陈桥驿(今开封市郊陈桥镇),便住下而停止进兵。当晚酒后,赵匡胤假装酒醉而卧床睡觉。赵匡义、赵普与将领们商议兵变,将领们自然一致赞成立"点检为天子"。赵普便以"长保富贵"相利诱威胁,要将领绝对听从指挥,并且派人急告在京城作策应的殿前都指挥使石守信、殿前都虞候王审琦等人。正月初四清晨,赵普、赵匡义率领将领们到赵匡胤的卧室,将假装醉酒卧床的赵匡胤扶出,并将事前准备好的黄袍披在赵匡胤身上,拥立赵匡胤为天子,大家叩拜高呼万岁。赵匡胤假情假意地推拒一番之后,便宣布若要他当皇帝,一是众将领必须听从他的指挥命令,二是回京城后不许劫掠百姓,三是必须保护周帝及皇族。将领们齐声表示"唯命是听。"

人们会问,既然赵匡胤掌握军权,为什么不直接在京城兵变,而要玩这么一套把戏?答案是:玩这套把戏的目的,在于给人造成假象:他赵匡胤可坚决不想当皇帝,而是将领们逼迫他当皇帝;所谓逆天行道、篡位自立的罪责,不在他赵匡胤。事实上,御用文人千方百计掩盖真相,力图证明陈桥兵变、黄袍加身并非赵匡胤策划和自愿,而是赵普和将领们自发拥立。如果阅读这些文人们的史书笔记,根本找不着赵匡胤阴谋篡位的蛛丝马迹。

黄袍加身的赵匡胤,顾不得出兵抗辽的谎言,而是立即掉转马头领兵从仁和门进入京城。早就在京城等待的石守信等人,接应了赵匡胤。入城时,没有遇到后周文武官员的抵抗,仅韩通抗拒兵变,被王彦升杀害。安排部署妥当后,赵匡胤令潘美去通知范质、王溥。范质、王溥这才知道发生了兵变,但已追悔莫及。赵匡胤哭着对范质说:我受世宗厚恩,现在被将士逼迫,实在有罪于天地。范质、王溥被迫无奈,只得承认既成事实,对赵匡胤下拜行皇帝礼,并且召集后周臣僚,在崇元殿举行赵匡胤代周称帝的仪式,由宰相扶赵匡胤登上皇帝宝座,陶谷宣读早就准备好的禅代诏书,接受百官拜贺。后周恭帝降为郑王,迁居西京(今河南洛阳)。禅代仪式一直延续到天亮。正月初五,赵匡胤颁布新国家的国号叫宋,改后周显德七年为宋建隆元年。赵匡胤成为大宋朝的开国皇帝宋太祖,时年33岁。

宋太祖代周立宋后,原后周各地掌握军队的节度使,有的并不想归顺,他们在想,既然你赵匡胤能当皇帝,我为什么不能?当年四月,原后周昭义节度使李筠,在壮汉的支持

下,准备在潞州(今山西长治)起兵反宋。宋太祖派石守信、高怀德、慕容延钊、王全斌率大军分路进讨。石守信等与李筠首战于长平(今山西高平),李筠失利。五月,宋太祖亲征,在泽州(今山西晋城)大败李筠。李筠自焚而死,从而消除了宋初黄河以北的一大威胁。七月,原后周节度使李重进也不服宋,在扬州(今江苏扬州)起兵反宋。十月,宋太祖又一次亲征,攻入扬州城,李重进也自杀。原后周的疆域,尽归宋所有,使宋成为北至燕山,南达长江,东临大海,西过黄河的大国。

公平而论,赵匡胤陈桥兵变黄袍加身,代周自立当皇帝,也不是什么逆天大罪。谁都有成为一国之主的平等权利,而不是一姓一家的专利。从当时的形势分析,后周的柴姓小皇帝确实朝不保夕,难以为继,此其一。其二,赵匡胤拥兵代周,还是比较平和与明智的,他没有大动干戈,残杀军民,连后周的小皇帝及其京城百官,都加以保护或留用,称得上是和平过渡。其三,从代周以后的效果来评价,以武装发迹而稍逊风骚的赵匡胤,不但基本统一了中国,而且促进了经济文化的发展,使宋朝成为当时世界上科学文化最先进的国家。

杯酒释将

武人出身,以兵变夺取政权而当了皇帝的宋太祖,首先考虑的,当然是不但自己要一辈子当皇帝,而且还要将皇位传给赵姓子孙后代。赵匡胤认为威胁自己皇位的,主要不是外部力量,最担心的是自己周围的功臣武将。五代的武将们拥兵夺位篡权,郭威的以周代汉,自己的黄袍加身,无一不是依靠掌握军权。因此,要保持皇位,必须解除掌握重兵的武将的兵权,将兵权收归宋太祖亲自掌管。

在打败李筠和李重进后,宋太祖曾问过赵普:这几十年来,帝王换了八姓,战争不息,是什么原因?我要确保国家长久安定,有什么办法?赵普回答说:陛下能考虑如此深远,是天地神人之福。至于原因,无非是"方镇太重,君弱臣强而已"。这意思是说:掌握军权的武将,比皇帝还要厉害,所以皇帝不能自保。赵普接着回答说,解决的办法很简单:"惟稍夺其权,制其钱粮,收其精兵,则天下自安矣。"也就是说,只要削夺中央和地方将领兵权、财权,将兵权收归皇帝,天下就太平了。宋太祖心领神会,下决心削夺主要武将的兵权。在此之前的建隆二年(961)闰三月,宋太祖就已经废除了至关重要的殿前都点检这一军职,将慕容延钊改任为节度使。

宋太祖的高明之处在于,解除武将的兵权,不是采用兵戈相见或暗杀等办法,而是采用饮酒谈心的计谋,让武将们和平地交出兵权,从而避免了相互残杀和混乱。这种和平处置的办法,被称颂为奇迹般的"杯酒释兵权"。

建隆二年(961)七月初七夜间,宋太祖召集石守信、王审琦等禁军将领晚宴,饮酒正酣,宋太祖令其他人退下,仅留下武将。宋太祖装作推心置腹地对他们说:我能当上皇帝,全靠你们出了大力,我很感激。然而你们哪里知道,当皇帝也有难处,弄得我天天睡不着觉。石守信等不知宋太祖什么意思,傻乎乎地问:当皇帝还有什么难处? 宋太祖接着说:这有什么不明白的,谁不想抢夺我的位置,自己当皇帝? 你们说,我的皇位能坐稳吗? 石守信等这才有点明白,吓出一身冷汗,赶快向宋太祖发誓表忠心:陛下当皇帝,那是天命,我们绝没有这种想法。宋太祖又说:你们是没有这种想法,我当然信任你们。但是,如果你们的部下贪图富贵,将黄袍加在你们身上,拥立你们当皇帝,你们能不当皇帝? 石守信等人听到这里,更加害怕,急忙叩拜,流着泪说:我们没有想到这一点,还望陛下可怜我们,给我们指出一条生路。赵匡胤继续说:人的一生十分短暂,无非是追求富贵,有很多钱,得到欢乐,为子孙造福。我为你们考虑,最好的办法是放弃军权,离开京城,到外地去当节度使,做个闲官,购屋置田,为子孙留下产业;多养些歌儿舞女,每天饮酒作乐,以终天年! 我还可以与你们定为亲戚关系,使君臣之间,互不猜疑,上下相安,不是十全十美吗? 石守信等人听了宋太祖这番话,知道自己再也不可能执掌军权,便拜谢宋太祖指点迷津,宽待自己之恩,都说陛下为我们考虑得如此周到,真可以称作同生死的骨肉之情。第二天,石守信等人都声称有病,请求罢免军职。宋太祖顺水推舟,立即批准了他们的请求,免除了石守信、高怀德、王审琦、张令铎、赵念徽等人的禁军要职,改命他们为节度使,离开朝廷,并对他们加以重赏。唐末五代,节度使是总管一方军、政、财大权的重要官职,世称藩镇,石守信等改领节度使之后,宋太祖削弱节度使的实权,使之成了高级武官的虚衔,但待遇俸禄却等同甚至超过宰相。

为了确保军权由宋太祖直接掌管指挥,在解除石守信等人的禁军要职后,这些官职本身也同时撤销。从此,宋朝不再设殿前都点检、殿前副都点检、侍卫马步军都指挥使等统领全军的职位,改由殿前都指挥使、侍卫马军都指挥使、侍卫步军都指挥使分掌全国禁军,形成三衙分掌的格局。宋太祖还规定,分掌禁军的三衙,仅有带兵权,没有发兵权,发兵权由枢密院掌握,而枢密院的首脑枢密使(相当于宰相)多由文官担任。这就使其能互相制约,既便于皇帝直接掌管禁军,又可以避免武将们再演陈桥兵变。即使如此,宋太祖仍不放心,任命资格浅、才能低的韩重斌、张琼等掌管三衙,以绝后患。

中央禁军的兵权处理后,宋太祖着手解决地方武装的兵权。开宝二年(969)十月末,宋太祖在皇宫后苑宴请仍掌握军政大权的地方节度使。饮酒正酣,宋太祖对王彦超等人说:你们都是功臣宿将,长期在地方日夜操劳,忙于公务,我对你们照顾关心不够,今后要让你们多享福,少管事。王彦超等人心领神会,清楚自己乌纱帽难保,便效法石守信等人的做法,请求解职退休。王彦超说:我本来没有什么功劳业绩,全靠陛下提拔重用,实在是心中有愧,现在已经年老,愿意解甲归田。也有弄不清宋太祖真实意图的。武行德等人竞相表功,说自己如何能征战,历尽艰难。宋太祖不耐烦地说:这些都是前朝的事,有什么可表功的。武行德等人这才明白宋太祖的真实用心,但又有苦难言。第二天,各重要地方的节度使王彦超、武行德、郭从义、白重赞、杨廷璋等人,都被解职,改为徒有虚名的武官军衔。后来,主管地方军政的官职,大多由文官充任。此外,宋太祖还加强中央禁军,削弱地方军队厢军的战斗力,使厢军难以与禁军抗衡,地方武装割据反叛的威胁,被彻底消除。

最后，宋太祖还经常调换武将，使军队"兵不识将，将不专兵"，"兵无常帅，帅无常师"，防止出现亲兵悍将，士兵效忠拥戴将领、将领拥兵自重争当皇帝的危险。

宋太祖的"杯酒释兵权"，实际上是我国历史上军政制度的一次大改革。这次改革，有积极的一面：由皇帝和中央直接掌管军队，保证了宋朝300多年的统一和安定；从宋朝直到明清，中国历史上不再重演军阀混战、四分五裂的悲剧。当然，也有消极的一面：宋太祖防止武将拥兵自立的改革措施，发展到了矫枉过正的地步，重文轻武，对武将极度不信任，从而造成后来对辽、夏、金、元的屡战屡败，被称为"弱宋"。也是由于对武将的过度防范、猜忌和不信任，使有宋一代的军中豪杰壮志难酬，甚而自身难保。岳飞之死，就在于皇帝宋高宗对领军将领的猜忌。

平定江南

从一介武夫到开国皇帝，宋太祖赵匡胤逐渐磨炼成具有雄才大略的军事家和政治家。他意气风发，壮志满怀。他不甘心当守业之主，更不愿中华大地群雄割据。他要效法周世宗，尽快统一中国。他心里很清楚，后周原有的疆域和军事、经济实力，都是各国中最大最强的，他完全有可能统一中国。

周世宗在世时，曾经就如何统一问题征求过大臣们的意见。王朴向周世宗提出了先易后难、先南后北的战略方针，也就是先消灭长江以南各小国弱国，再回过头来对付北方契丹族建立的强大的辽国，以及辽国的附庸山西北汉。周世宗执行了这一方针，可惜北征辽国时壮志未酬身先死。宋太祖代周后，也曾就统一问题征求过大臣们的意见，并且发生了争议。有人主张先打辽国，再平江南。宋太祖倾向于先南后北，但还未下定决心。他在雪夜叩开谋臣赵普的家门，与弟赵光义（即赵匡义，因避讳改名）三人又一次密商。赵普主张先打江南，再攻北汉。这与宋太祖不谋而合，于是决定"先取四川，次及荆、广、江南，则国用富饶"，然后再北攻辽国及北汉。历代和当代的一些文史家，对宋太祖的先南后北方针颇有微词，认为这是对辽国妥协退让，放虎归山，错失灭辽良机。实际上，依当时宋朝的国力，绝对难以消灭辽国，反而可能两败俱伤，宋初将一蹶不振。

宋太祖统一战争的目标，首先对准了地理位置十分重要，军力却是最弱的荆南（南平）和湖南。荆南仅占荆州（今湖北江陵）、归州（今湖北秭归）和峡州（今湖北宜昌）三州之地，由高继冲掌权，湖南则属周保权的势力范围。乾德元年（963）正月，张文表不服周保权统治，周保权派人向宋求援。宋太祖喜在心头，借机出兵，扬言要路过荆南。高继冲不设防，宋大军到达荆南，占领荆州后，便硬逼高继冲降宋，高继冲方知借路纯属阴谋诡计，但为时已晚，毫无还手之力，只得将三州之地，乖乖献给宋朝。荆南首先被宋占领。

当年三月，慕容延钊马不停蹄继续南下，进占潭州。此时，张文表已被周保权杀死。周保权得知张文表已死而宋军还要来支援自己，必然是项庄舞剑，因而赶快率军抗宋。无奈周保权心有余而力不足，当了俘虏，湖南被宋占有。宋军占领荆湖地区后，取得了统一江南的主动权,不但割断了江南各国之间的联系,而且从此向西可以攻后蜀,向南可以攻南汉,向东可以顺江南下攻南唐。

乾德二年(964)十二月,宋太祖下令进军后蜀。后蜀王孟昶得知宋已攻占荆、湖,预料宋必将攻四川,因而作了一些抗宋准备,并曾约太原北汉联合攻宋。宋太祖便以此为借口,出动6万大军,分两路向四川进发。北路由王全斌等率领,从凤州(今陕西凤县)进发,沿嘉陵江上游南下,攻占了兴州(今陕西略阳)而进入四川。战斗力不强而又轻敌的蜀军被宋军打败,王全斌占领了天险剑门关。南路军由曹彬等率领,从新占领的归州沿长江向西进入四川,夺取夔州、万州、开州、施州、忠州等川东地区。乾德三年正月初七,走投无路的后蜀主孟昶决定向宋军投降。正月十三日,王全斌在魏城(今四川绵阳)举行受降仪式,接受了蜀使送来的降书。宋军进占成都,亡国之主孟昶在王全斌面前俯首称臣,不久被送到宋京城开封。打下四川后,宋太祖感到山西北汉威胁太大,曾一度偏离先南后北的战略方针,先后于开宝元年(968)八月及第二年三月两次攻打山西。第一次打到太原城下,由于辽国增援北汉,宋军无功而返。第二次宋太祖率大军亲征,再次包围太原城,宋太祖亲自指挥水淹火攻,太原城仍是久攻不下,又是由于辽兵驰援太原,宋太祖又一次无功而返。

两次攻打山西北汉,两次因辽兵增援而功亏一篑,宋太祖深切体会到北方的辽国难以对付,才又回到先南后北的战略上来。开宝三年(970)九月,宋太祖诏令潘美率军向广东的南汉进军。宋军占领贺州(今广西贺州市),南汉派兵10万以大象为阵,与宋军对抗。潘美下令用强弓射象,象群中箭向后奔逃,反踩汉军,汉军大败,潘美进占韶州(今广东韶关)。开宝四年(971)二月,宋军到达英州(今广东英德),逼近广州(今广东广州)。南汉主刘鋹派人来求和,请求潘美停止前进,潘美不答应,挥军直指广州,南汉军依水立寨顽抗,宋军用火攻,烧毁竹木栅寨,南汉军大败,广州被包围。第二年二月,刘鋹山穷水尽,只得身穿白色冠服出广州城,向潘美投降,刘鋹被押送到京城开封。南汉灭亡,使宋朝的疆域扩展到中国最南端。

南汉被宋统一后,地处东南的南唐感到末日将临,派人向宋进贡,改唐国为江南国,幻想宋不去进攻南唐。南唐国主李煜(即李后主)"聪悟好学,善属文,工书画,明音律",写得一手好词,但治国打仗却是外行。开宝七年(974)九月,宋太祖下决心消灭南唐。为了寻找借口,宋太祖派使者到南唐,要李后主来朝拜。李后主称病不来,宋太祖便派兵10万,由曹彬、潘美率领,下江南攻南唐。宋军从荆南以数千战船顺长江东下,很快占领了池州(今安徽贵池)、铜陵(今安徽铜陵),在采石矶(今安徽当涂北)与南唐军接战后,宋军登陆江南。第二年二月,宋军已到达南唐都城金陵(今江苏南京)城下。曹彬、潘美曾下令向金陵城发起总攻,在秦淮河一带与南唐军决战,宋军火烧水寨,渡过秦淮河。然而,虎踞龙盘的金陵实在易守难攻,金陵城终未攻破。此后双方有战有停,宋方多次敦促李后主投降,甚至不惜封官许愿,李后主却始终决心难下,反而乞求宋解围撤军。李后主在兵临城下之时,曾先后两次派文官徐铉去开封拜见宋太祖,要求宋太祖撤兵,后一次徐铉对宋太祖说,李后主博学多才,并没有得罪宋,皇上为何要兵临城下?皇上出师无名,

还望撤军。徐铉能言善辩,言辞急切,惹恼了宋太祖。宋太祖手按宝剑,对着徐铉怒吼:不要再说了! 你们是无罪,"但天下一家,卧榻之侧,岂容他人鼾睡!"宋太祖在这里说得十分露骨:一国一家,一家不能有二主,中国不能有两个国主;消灭南唐,不容商谈。书呆子徐铉这才清楚宋太祖灭唐是其既定方针,吓得赶快跑回金陵。金陵被包围时,城中军民饥寒交迫,宋军才于十一月底攻进金陵城,李后主被俘投降,也被押送到开封,南唐被宋朝统一。

南唐被消灭,地处浙江吴越的钱俶自知自身难保。事实上,吴越早就感到宋的强大和威胁,向宋妥协并进贡,希望宋高抬贵手。宋攻南唐时,吴越还曾受宋之命,出兵配合宋军进攻南唐的常州(今江苏常州)等。开宝九年(976)二月,钱俶做到开封,住了两个月,实际上已经臣服宋朝。宋太祖也就不必发兵征服。直到太平兴国三年(978)三月,吴越才正式归宋。四月,地处福建的陈洪进也向宋纳土称臣,江南尽为宋所有。

统一江南后,先南后北方针的"先南"已经基本完成,"后北"便提上日程。开宝九年八月,宋太祖命令党进、潘美等兵分五路,第三次攻打北汉,再一次包围太原城。十月,宋太祖突然去世,宋军撤围退军,北汉又一次逃过一劫。

"后北"的强敌是辽国。对于辽国,宋太祖和赵普等并非不想消灭它,而是认为暂时无力消灭。以契丹族为主体的辽国,虽然地处草原荒漠,但正处于发展扩张的上升阶段。其强大的 10 万骑兵,足以对付宋初的 20 万步兵。所以,宋太祖在平定江南过程中,对辽国采取以和为主的策略,以免辽国骑兵乘机南下犯宋,使宋太祖腹背受敌。在此期间,尽管双方因辽国援助北汉而时有摩擦,甚而发生宋辽双方的边境冲突,但大体上还是和平共处。开宝八年(975),辽国派使者到宋"请通好",宋与辽达成了和好协议。辽国还曾通知北汉,要北汉不再以宋为敌。宋太祖放弃了武力攻辽,而是采取赎买政策,以 500 万缗赎买燕云地区,并为此而特设了封桩库;如果赎买不成,宋太祖便以武力解决。可惜宋太祖英年早逝,收复燕云,打败辽国成了遗愿。

文官治国

唐末五代,尤其是中原地区,军阀横行,文人和文官社会地位低下。当时的士大夫即知识分子有这样的说法:"贵不如贱,富不如贫,智不如愚,仕不如闲。"也就是说有知识不如无知识,当文官不如做闲人。当时的老百姓,对于横行不法的军人统治,厌恶到了极点。周世宗曾决心改革这种状况,整顿恢复科举制度,搜求整理图书,以改善士大夫的社会地位,发挥知识分子的作用。

宋太祖代周建末后,百废待兴。在统治国家的实践中,宋太祖逐渐意识到,打天下靠武将,而治天下,却要靠文官。史载宋太祖"以神武定天下,儒学之士,初末曾进用",闹出了不少笑话。宋太祖诏令改年号为"乾德"。消灭后蜀后,得到一面铜镜,背面刻有"乾德四年铸"五个大字,宋太祖很吃惊,问宰相这是哪个国家的年号,都无法回答。宋太祖召来学士陶谷、窦仪询问,陶谷回答说:这一定是伪蜀王衍的年号,这铜镜是当年所铸造的。宋太祖由此十分感慨地说:"宰相须用读书人。"此话一出,不但有宋一朝300多年宰相必用文人,结束了"出将入相"的历史,而且中央各部及副宰相等,都由文官担任,甚至主管军事的枢密使,也由文人任职。逐步做到了武将不参政,军政分离,军不代政。

在中央实行文官治政的同时,宋太祖推行地方州县官吏,也由文人任职。宋太祖对赵普说:"五代方镇残虐,民受其祸,朕令选儒臣干事者百余,分治大藩,纵皆贪浊,亦未及武臣一人也。"早在乾德二年(964),宋太祖就开始任命文人为知州(即一州长官)。次年,又在各州设通判一职,也由文人担任,削弱武将节度使的权力,直到节度使成为空有其名的虚衔。

从中央到地方推行文官治国,需要大量文人,而跟随宋太祖东征西讨的,大多是大字不识几个,怎么办?宋太祖采取三方面措施。

一是留用后周、后蜀、南唐等原有文官,有的还调到中央机构任要职,就连李煜等帝王,也供养保护。一些人害怕这些帝王大官会作乱反叛,干脆一杀了之。宋太祖笑着说,"守千里之国,战十万之师而为我擒",现在已是"孤身远客,能为变乎"?对于留用归臣、降臣的政策,明朝的王夫之曾称道"可谓善取才矣"。

二是科举取才。建国伊始,宋太祖就恢复了科举制度,即通过考试录取人才。宋太祖还曾多次主持考试,要求以成绩优劣决定录取与否而不以门第贵贱为标准。宋太祖说得很明确:从前科举录取者,多是权前的弊端。这种改革,对以后的影响很大,出身低微贫寒的范仲淹、欧阳修等英杰,都是通过考中进士而名扬四海的。终太祖之世,科举取士十余次,录用了数以百计的优秀人才,给宋初文人治国带来了生机。

三是推荐人才。宋太祖多次下诏,要官员们推荐有用之才。例如曾下令"有习河渠之书,深知疏导之策"的水利专家,可以"用其所长"。不过,通过推荐而录用的人不多,并未形成风气。

重用文人,恢复科举,录用有用之才,使宋初的知识分子看到了希望,青年们不再梦想习武从军,而是梦想读书做官,"万般皆下品,唯有读书高"。武夫出身而读书不多的宋太祖逐渐认识到读书求知的重要,因而不但自己带头读书,而且要求"今之武臣欲令读书,贵知为治之道";不但主张修史整理书籍,而且多次到最高学府国子监视察。由宋太祖倡导的读书之风,在北宋中期开花结果,饱读诗书的苏东坡、司马光、沈括等,登上了世界文化科学的最高峰,至今仍为中国人的骄傲。

财政是国家的命脉。唐末五代,"方镇屯重兵,多以赋入自赡","厚敛以自利",地方赋税收入,多归方镇割据的武将侵占,很少上交中央。宋太祖立国之初,情况依然如此。为了改变这种局面,赵普当了宰相后,劝告宋太祖"革去其弊"。宋太祖随即加强了中央主管财政的三司的地位和权力,三司使的地位仅次于宰相,号称计相。在地方各路则设转运使,专管各州的赋税收入。下令各州所有的赋税收入,除必须留下的以外,全部上交中央,不得侵占留用。这些改革,使宋初的财政状况迅速得到改善,积累了很多钱财,被称为"积贫积弱"的宋朝,在宋初乃至百年之内,其实一点也不"贫";不但不贫,反而很富,

中央财政收支相抵,还有很多结余。

宋太祖的另一个历史功绩,便是严惩贪官污吏,严厉禁止文武官员行贿受贿和经商取利。早在建隆二年(961)四月,宋太祖就批准将"商河县令李瑶坐赃杖死,左赞善大夫申文纬坐失觉察除籍"。这使一位县太爷因贪污受贿被处死,另一位官员因疏于监察而被削职为民。四个月之后,大名府永济主簿"坐赃弃市"。又一位县级官员因贪污受贿而被处死。此后,每年都有贪官污吏被处以极刑,其中不少是中央的中高级官员。对于官员经商或贩运货物从中谋利的,宋太祖也严惩不贷,有的被处死,有的被开除官职。

相对来说,开国皇帝宋太祖还是比较重视农民和农业,关心民间疾苦的。宋太祖曾对宰相赵普等大臣们说,如果地方官员不去教育和宽待百姓,反而对他们严厉刻薄,我决不能容忍。对于开荒种田、种树养蚕的农户,不征税收,并且禁止砍伐桑树枣树。所有这些,促使中原从战乱中迅速恢复生产,百姓过上相对安定的日子。

最后,宋太祖的性格与品德,有助于他成为改革创新、励精图治的好皇帝。宋太祖待人宽容,对己严格,即使是反对过他的人,他也能用其所长而不加报复。他能纳谏。他赞赏魏徵,希望大臣们像魏徵那样忠言直谏。他有时也能承认错误。处理错了一件事,闷闷不乐,还对大臣们说,当皇帝真不容易,一时高兴竟犯了错误。他在后苑游玩,有人以一件平常事求见奏报,扫了他的兴,怒而拿起象征皇权的柱斧将那人的门牙打掉两颗;那人拾起牙齿,宋太祖又骂他:你身留牙齿,想责备我吗!那人说:臣不能责备陛下,自有史官去记录下来。史官要记录皇帝的言行留传后世,皇帝有时也怕史官。宋太祖当面向那人认错,赐他金帛表示慰问。当了皇帝,宋太祖也比较节俭。女儿服饰华贵,他加以劝阻;皇后主张用黄金装饰轿子,他不同意,笑着说:我拥有天下财富,宫殿都用金银装饰,也能办到,但我是为百姓守财,怎能乱用?古人说一人治天下,不能以天下奉养一人。降王孟昶用的便器上都装饰珠宝,宋太祖下令砸碎便器,说:如此奢侈,能不亡国?

离奇去世

从陈桥兵变坐龙位到开宝九年(976),宋太祖已当了16年皇帝。这位开国皇帝治国有方,身体却越来越差。据史书记载,陈桥兵变前,赵匡胤曾结识一位道士,他十分迷信这位道士,曾多次下令寻找,却始终找不着。开宝九年,这位道士突然来到京城,宋太祖很高兴,立即请这位道士进宫聚宴,谈心欢饮。饮酒之时,宋太祖说,我一直在找你,现在请你为我算一算,我还有多少阳寿,也就是还能活多久。道士回答说:如果今年十月二十日夜晚是晴天,皇上还有"一纪"即12年的阳寿;如果不是晴天,你必须立即安排后事,意思是当晚你就可能死亡。宋太祖相信了这位道士的话。熬到了十月二十日那天,宋太祖便到太清阁察看关乎生死存亡的天气。当天夜晚,晴空万里,满天星斗,宋太祖兴高采烈,觉得自己肯定还能活12年。然而真可谓天有不测风云,不久便乌云密布,雪雹交加。宋太祖大惊失色,急忙回到寝宫,立即派人叫来赵光义。赵光义来到后,宋太祖令侍从宦官等人都离室暂避,自己和弟弟对酌饮酒。饮酒之间,有人在屋外透过窗户看见在烛影之下,赵光义"时或离席,若有逊避之状",也就是宋太祖要赵光义即皇帝位,而赵光义却谦逊推辞,时间已到深夜三更,宋太祖送弟弟出寝宫。宫门口的积雪已有好几寸厚。宋太祖站在寝宫门口,用柱斧戳着雪地对弟弟说:好自为之。送走弟弟,宋太祖便回寝宫睡觉。夜深人静,大胖子宋太祖已经睡着,并且"鼻息如雷霆",打呼噜之声如打雷。但是到了黎明前时,卫士听到宋太祖的"鼻息声异",打呼噜之声异常,便入寝宫探视,发现宋太祖已经停止呼吸而死亡。

年仅49岁的开国皇帝突然死亡,使寝宫内的人无所适从,乱作一团。年仅27岁的宋皇后自己做不了主,赶紧派宦官王继恩去叫宋太祖的大儿子赵德芳来商量后事。不料王继恩是赵光义的亲信,他违背宋皇后的旨意,不去请赵德芳,而是直奔晋王府,去请赵光义。赵光义得到这一突如其来的消息后,便立即与王继恩一起赶到寝宫,先由王继恩去见宋皇后。心急如焚的宋皇后问:赵德芳来了没有?王继恩回答:赵德芳没有来,晋王来了。宋皇后听到赵德芳没有来,却来了赵光义,知道大事不妙。在封建社会,君臣十分讲究先来后到的次序礼仪,见皇帝遗体也不例外,皇位继承人,应最先去瞻仰皇上遗体。宋太祖没有立皇太子,皇位继承人还是未知数,因而谁先到谁就得先机,掌握了主动权。宋皇后无奈,只得见赵光义。为了避免被迫害,宋皇后恳求赵光义:"吾母子之命,皆托于官家。"皇帝又可称呼为官家,宋皇后被迫认可了赵光义为皇位继承人。赵光义立即向宋皇后保证:"共保富贵,勿忧也。"天亮之后,大臣们被通知到寝宫瞻仰宋太祖遗体,但见遗体气色正常,没有被杀或被毒死的任何迹象。第二天,赵光义即皇帝位,举行了即位仪式,这便是宋朝的第二代皇帝宋太宗。

由于《国史》《实录》等可靠史书,对宋太祖之死因,都没有详细而明确的可靠记载,而野史笔记的记载,虽较为详细却错误百出,自相矛盾,甚至混杂了神鬼迷信之说,很不可靠,因而宋太祖之死,成了"斧声烛影"的千古之谜。历代直到当代的文史学家,都想弄清楚宋太祖的死因,并且展开了激烈的争辩。一种观点认为,宋太宗为了抢班夺权,谋杀了宋太祖。另一种观点认为,宋太祖属暴病而亡,并非宋太宗谋杀;赵光义不过是乘宋太祖病故之机,取得了皇位。时至今日,这一谜底仍未揭开。

一代天骄

——元太祖铁木真

名人档案

太　祖:名字儿只斤铁木真,尊称成吉思汗。蒙古部字儿只斤氏族首领也速该子。属马。性格坚毅勇敢,但也有残暴血腥的一面。统一蒙古各部,创立蒙古国。在位22年,病死,终年66岁。

生卒时间:公元1162年~公元1227年

安葬之地:葬于起辇谷,象征性墓在今内蒙古伊金霍洛旗阿腾连镇东南。谥号法天启运圣武皇帝,庙号太祖。

历史功过:统一蒙古诸部,建立大蒙古国;改革军队,制定法律;扫平西夏,逐鹿中原;横扫东西,席卷欧亚。但作为"天才的野人",他征服世界的经历也是生灵涂炭的过程。

名家评点:成吉思汗,一代天骄;深有大略,用兵如神;兵锋所指,攻无不克;其武功之盛,空前绝后。

长年混乱

13世纪初,在北方草原上出现了一个强大的政权——大蒙古国。成吉思汗铁木真就是大蒙古国的缔造者,他的活动对当时的世界产生了巨大的影响。

位于亚洲北部的蒙古草原,历来是游牧民族活动的地方。在这里相继出现过匈奴、鲜卑、突厥、回纥、黠戛斯等政权,他们的活动都在历史上产生过重大的影响。9、10世纪,

当回纥、黠戛斯相继衰落以后,蒙古草原上分布着许多大小不等的部落,经常为争夺牧地和牲畜发生激烈的冲突。蒙古就是其中的一个部落。

蒙古部在唐代是室韦部落联盟的组成部分,史书上称之为蒙兀室韦。当时他们居住在今额尔古纳河以东的兴安岭中。后来逐渐向西迁徙,到 12 世纪初,已经游牧于鄂嫩、克鲁伦、土拉三河的源头,成为漠北的一支强大势力。当时蒙古草原上比较强大的部落,还有克烈、蔑儿乞、塔塔儿、乃蛮、弘吉刺等。克烈部位于蒙古之西,占据了蒙古草原的腹心地带。这个部落人数众多,势力强大,很早就信奉景教(基督教的一派,又称聂斯脱里教)。蔑儿乞部位于蒙古的西北,以勇悍善战闻名。塔塔儿部游牧于蒙古之东,有营帐七万,分为六部,它占有呼伦贝尔湖周围富饶的草原。乃蛮部则在克烈与蔑儿乞之西,位于阿尔泰山与杭爱山之间,领土广大,畜群众多。乃蛮部也信奉景教。弘吉刺部居地在塔塔儿部的东北,势力较弱,他们与蒙古部的关系最为密切。

上述这些部落的成员主要过着游牧生活,逐水草迁徙。牲畜既是游牧民的生产资料,也是他们的基本生活资料。此外,他们也从事狩猎和采集,用以弥补生活资料的不足。在游牧民中间,已经出现了适应游牧经济需要的简陋的手工业,主要是以牲畜产品为原料的家庭手工业,也有少数专业的工匠。在有些部落中,已经开始经营农业,当然规模是很有限的。

在草原各部落中,氏族组织的结构仍然普遍存在。氏族组成部落,氏族内部不能通婚,血族复仇盛行。各氏族都有自己的谱系,以及一定的祭祀仪式等等。但是,牲畜和其他财产私有的现象已普遍出现,父系的财产继承制度也已确立。在私有制的基础上,贫富分化日益显著。富有者称为"伯颜",拥有大量牲畜和其他财产,占有奴隶。他们中间有的世代相袭为部落首领,还接受辽、金王朝赐予的官职或名号,于是便成为草原贵族,称为"那颜"。氏族中的大部分成员称为"哈刺出"(下民),只有少量牲畜,不得不依附于伯颜或那颜,随他们转移牧场,为他们服各种劳役。伯颜、那颜的奴隶,称为"孛斡勒",或是战争中的俘虏,或是因贫困不能自存被迫卖身的穷人。孛斡勒的社会地位是很低的,平时为主人服役,从备马鞍、开门、挤奶、剪羊毛,一直到牧放牲畜,战时还要跟随主人出征。孛斡勒的后代世世代代都要听由主人便唤。孛斡勒如果逃亡,抓回来就要把"脚筋挑了,心肝割了","性命断了"。

阶级分化的出现,必然导致社会上层建筑的变化。草原各部的首领,拥有愈来愈大的权力,可以任意向氏族成员征收财物,对不听命者施加刑罚。在部落首领周围,开始形成了"那可儿"集团。"那可儿"当时汉语译为"伴当",也就是随从。他们是首领们从本部落(有时也从外部落)召集来的战士,平时跟随首领狩猎,执行首领的各项命令;战时则随同首领出征,是部落军队的核心力量。这样一种独立的武装力量的出现,促进了专制王权的产生。在有的部中,已经设官分职,使用印信。政权的雏形已经出现。

草原各部的首领都把对外掠夺战争当作扩大自己财富和权力的主要手段,因此,随着首领们权力的增大,各部之间的武装冲突也就日甚一日了。一旦发生流血冲突之后,部落首领们就利用原始的"血族复仇"观念,使这种冲突无休止地继续下去。在同一部的

各个贵族家族之间，为了争夺统治权，也经常发生矛盾、冲突，直至兵戎相见，互相残杀。

当时草原各部大多数和金朝发生过联系，接受金朝的管辖。金朝统治者害怕草原各部力量壮大威胁自己的统治，一贯采用分化、收买和镇压的办法。对于归附自己的部落，则授以官职、称号，给予种种赏赐，允许他们到边界贸易。同时在他们中间制造矛盾，挑动他们互相残杀。对于那些敢于反抗的部落，则派遣军队进行残酷的镇压。在12世纪90年代，就曾三次派遣大军进剿草原东部的弘吉刺、塔塔儿等部，使这些部落的生命财产遭到极大的损失。当时把这种血腥的屠杀称为"减丁"，就是用暴力强行减少人丁。屠杀之外，金朝军队还掳掠了大批蒙古儿童，转卖给河北、山东等地的官僚、地主，充当奴隶。

总之，12世纪的蒙古草原，是十分混乱的，13世纪蒙古人回忆这时的情况说："天下扰攘，互相攻劫，人不安生。"蒙古草原上的各部人民在这种动荡的环境中无法从事正常的生产，他们迫切要求解除金朝的残酷压迫，停止无休止的部落之间的冲突。而一些强大的部落首领，也企图进一步扩大自己的势力，吞并其他各部，称霸草原。正是在这样的形势下，成吉思汗出现了。

奋然雄起

蒙古部中又分成若干部，其中之一是孛儿只斤部，乞颜氏和泰赤乌氏是孛儿只斤部中两个强大的氏族，经常充当蒙古部的领袖。金大定二年（1162），乞颜氏族的也速该参加了蒙古部对塔塔儿部的战争，俘虏了一个名叫铁木真的塔塔儿首领。为了纪念这次战斗的胜利，也速该将自己刚出生的儿子取名铁木真。这个孩子就是后来震动世界的成吉思汗。

大定十一年（1171），铁木真9岁。也速该带领他到弘吉刺部去求婚。弘吉刺部首领特薛禅答应将自己的女儿孛儿帖许配给铁木真。定亲后，铁木真留在岳父家里，也速该独自回家。在回家的路上，经过塔塔儿人的营盘。塔塔儿人认出也速该是他们的仇敌，便在酒中下毒。也速该到家之后，毒发身死。临死之前派人把铁木真叫回来，但是铁木真年纪太小，不能继承父亲的地位，乞颜氏屡失去首领，势力中衰，不少部众和属民纷纷离去。原来和乞颜氏族一起游牧的泰赤乌氏族，也乘机扩大自己的势力，扔下也速该家属不管。也速该的妻子诃额仑带着未成年的子女，既缺乏牲畜，也缺少劳动力，"除影子外无伴当，尾子外无鞭子"，生活非常困难。他们经常只能靠采集野生的果子，挖掘地下的草根，勉强过活。铁木真兄弟逐渐长大成人，钓鱼打猎，和母亲一起共同度过艰辛的岁月。

铁木真长大以后，失散的部众又逐渐回来。泰赤乌氏族的首领担心乞颜氏族重新壮大，威胁自己的地位，便不时前来骚扰。在一次突然袭击中，他们捕获了铁木真，将他套上木枷到处示众。铁木真利用泰赤乌人举行宴会疏于防备的机会打倒看守人，几经曲折，才在旁人帮助下逃回家中。不久，泰赤乌人又来盗马，铁木真追踪了六天，才把马匹

夺了回来。这些冒险的经历，使得他的声望逐步提高。

为了恢复自己氏族的地位，铁木真积极进行活动。他前往弘吉剌部迎娶童年时订下的妻子孛儿帖，从而加强了与弘吉剌部的联系。接着又把孛儿帖拜见婆婆的礼物黑貂鼠皮袄，献给克烈部的首领王罕。王罕原来曾与也速该结为"安答"（盟兄弟），接受了礼物之后，表示愿意为他收集离散了的部众。这样，铁木真得到了弘吉剌、克烈两部的支持，地位有了明显的改变。不久，篾儿乞部发动突然袭击，掳走了孛儿帖。铁木真在克烈部王罕和札答阑部（也是蒙古部中的一支）首领札木合（铁木真的"安答"）协助下，发起了对篾儿乞部的战争，把对方打得大败，夺回了孛儿帖，还俘虏了许多篾儿乞人作为奴隶。对篾儿乞一战，具有重要意义，标志着铁木真开始走上草原的政治舞台。

击败篾儿乞人以后，铁木真和札木合再一次结为"安答"，共同游牧，非常亲密。但没有多久，彼此便发生了矛盾。铁木真势力不断壮大，引起了札木合的猜忌，双方便分裂了。大定二十九年（1189），一部分蒙古部贵族聚集在铁木真周围，拥立他为汗，得到了克烈部首领王罕的承认。札木合当然不能容忍这一举动，便纠集了蒙古部的其余首领，拥兵3万，分成十三翼，前来挑战。铁木真也把自己的部众和归附于自己的各部分成十三翼应战。这便是蒙古早期历史上著名的十三翼之战。这次战斗以铁木真失败告终，他被迫退到鄂嫩河上游，但实力并未受很大损失。札木合虽然得胜，但他对部属十分残暴，内部又互争雄长，不能统一，不少人反而前去投奔铁木真。铁木真通过这场战争得到了磨炼，而且很快便恢复了元气。

十三翼战役后不久，金朝接连发动了对蒙古各部的战争。强大的塔塔儿部，长期以来依附于金朝，在金朝支持下，不时攻打克烈、蒙古诸部。蒙古部的著名首领俺巴孩便是被塔塔儿人抓住献给金朝处死的，两部是世仇。但是在明昌六年（1195），金军进攻呼伦贝尔地区的部落时，塔塔儿人拦夺其俘获的羊马，因而与金军发生冲突。承安元年（1196），金朝大军由丞相完颜襄统领，向塔塔儿部进攻。塔塔儿部抵挡不住，纷纷逃窜。铁木真得到消息，立即与王罕联合，阻击逃跑的塔塔儿人，捕杀他们的首领，掳掠了大批财物。这次胜利，实现了蒙古部复仇的愿望，大大提高了铁木真的威望。事后，完颜襄授予铁木真以"扎兀惕忽里"（诸部统领）的称号，实际上承认他是蒙古部的首领，从而使他的地位具有了合法性。

这样，到12世纪末，铁木真部已经成为蒙古草原的一支强大力量了。

成就大业

从承安五年（1200）起，铁木真用7年的时间，实现了蒙古草原的统一，其间进行了四次大规模的战斗。

第一次在泰和元年（1201），札木合纠集泰赤乌、塔塔儿、篾儿乞、乃蛮诸部，打算向铁木真、王罕发起突然袭击。但铁木真事先得到消息，与王罕联合，迎击札木合联军。在战

斗中铁木真中箭负伤,部众损失也很惨重,但终于击败对手,彻底吞并了泰赤乌部。札木合败逃。

第二次在泰和二年(1202),铁木真主动出击,把矛头对准东方的塔塔儿部。塔塔儿部经过金军的打击,力量衰微,当然不是铁木真的对手,很快便失败了。胜利之后,为了替祖先报仇雪恨,铁木真下令将塔塔儿部中身长高于车辖的男人都要全部杀掉,其余分给蒙古人当奴隶。这道命令被塔塔儿人知道了,人人拼死反抗,使蒙古军遭到很大损失。经过这一仗以后,塔塔儿部就一蹶不振了。

在攻打塔塔儿人以前,铁木真发布军令:在作战中不许私自掳掠财物,要等胜利后统一分配,军退时要返回杀敌,逃走者斩。这两条军令都是针对部落贵族而发的,他们在战争中往往随意进退,自行掠夺财物,不听从统一指挥。这两条军令的颁布和实施,大大提高了铁木真作为领袖的地位,进一步树立了他的权威。

塔塔儿部居住的呼伦贝尔草原,位于蒙古高原的东部,是个水草丰美、牲畜繁衍的好地方。铁木真夺取了这一片富饶的草原,便获得了强大的物质力量。这样,蒙古草原政治力量的构成,发生了很大的变化,占有东部的新兴的蒙古部,与中部的克烈、西部的乃蛮,鼎足而三,成为可以左右局势的力量了。

第三次在泰和三年(1203),对手是克烈部。铁木真原来依靠克烈部的支持来扩大自己的势力,他尊称王罕为"罕父",不断向其贡献财物。王罕当之不疑,在他眼中,铁木真不过是可供指使的附庸。但是,随着蒙古部势力日益强大,王罕和他的儿子桑昆愈来愈感到不安,双方的联盟关系终于破裂了。原来他们的共同敌人札木合这时也投奔了王罕,共同策划反对铁木真。泰和三年(1203)春,王罕父子设计,请铁木真赴宴,想在宴会上乘机将他杀掉。但是这一计划被两个奴隶知道了,逃走向铁木真报告。王罕知道计划泄露,便发兵来攻,双方大战于合兰真沙陀(约在今内蒙古锡林郭勒盟乌珠穆沁旗北境)之地。这一仗是铁木真一生中最为艰苦的战斗。称雄漠北多年的克烈部,兵强马壮,又得到札木合等人的支持,人数既多,又具有很强的战斗力。铁木真的部众,数量上比对方差得很远,面对强敌,有的将领在阵前用马鞭抚弄着马鬃,犹豫不决,不敢向前。这时铁木真的结义兄弟忽亦勒答儿挺身向前说:"我要把大旗插到敌人后方的山冈上去,你们跟着我上。如果我死了,希望把我的几个儿子抚养成人。"他说完以后便跃马冲锋,果然把大旗插上了山冈,这样一来,铁木真的军队士气大振,奋勇杀敌。王罕的军队眼看就要抵挡不住,桑昆率领援军来到,稳住了局势。又经过一番战斗,铁木真的军队终因寡不敌众,被迫败退,王罕军队的攻势已衰,桑昆又在战斗中受伤,也就停止了追击。

在败退过程中,铁木真部众溃散,他率领19骑经过巴勒渚纳(一译班朱尼河,意为沼泽。有些记载中称之为黑河)。这个地方只有一点泉水,不够他们和马匹饮用,于是只好从污泥中挤出水来喝。他们携带的干粮均已吃完,荒野上找不到别的可吃的东西,便四处打猎,射杀野马,剥皮为釜,敲石取火,煮熟了吃。铁木真在这里对天发誓:将来能成大业,一定要与大家同甘共苦,决不相负。他的话起了稳定人心的作用。离开巴勒渚纳以后,他把离散的部众重新收集起来,还收降了与自己联姻的弘吉剌部,力量逐渐恢复。他

便派遣使者到王罕那里去，列举自己对王罕的种种好处，并且说："大车的两个轮子如果折断了一个，犍牛想拉也拉不动，我就好比你的大车上的两个轮子中的一个。"他要求王罕派使者来谈判。王罕承认自己对铁木真有不公正的地方，答应与他联系。这样，依附于王罕的札木合等大失所望，策划自立为汗，并要袭击王罕。王罕得知此事，抢先发动进攻，札木合等便逃往乃蛮部去了。

泰和三年（1203）的秋天，铁木真让自己的兄弟合撒儿派人去对王罕说：现在蒙古部处境困难，愿意归附王罕。王罕信以为真，派遣使者来与合撒儿联系。其实这是铁木真的计策，以此来麻痹王罕父子，放松戒备。使者还在半路上，铁木真的军队已出动。王罕父子正在兴高采烈举行宴会，蒙古军在夜间发动了突然袭击。经过三天三夜的激战，彻底打垮了王罕的军队。王罕向西逃亡，被乃蛮人杀死。他的儿子桑昆到处流窜，也被人杀害。以强大著称的克烈部，完全被铁木真征服了。

对克烈部的战斗，是铁木真统一蒙古草原的关键。从原来的力量对比来说，铁木真并不占有优势，在最初的战斗中，他还吃了败仗。但他以坚忍不拔的意志，巧妙地利用对方的弱点，终于取得了这场决定性的胜利。为了纪念这场战斗，铁木真对在巴勒渚纳追随他的骑士都赐予特殊的荣誉。他们的后代在元代也都受到优遇。在战斗中一马当先的忽亦勒答儿，因伤重死去，他的家族也得到特殊的待遇。

第四次在泰和四年（1204）。克烈部被征服以后，草原上唯一还有力量与蒙古部抗衡的，是西边以"国大民众"著称的乃蛮部。乃蛮部在蒙古草原各部中，经济、文化水平较高，从来看不起那些"歹气息，破衣服"的蒙古部人。现在听说克烈部的结局，受到很大的震动，意识到铁木真的目标是想统治整个草原。乃蛮部的领袖太阳汗也有成为草原霸主的野心，"天上只有一个日月，地上如何有两个主人！"他决心要与蒙古部较量一番，要把对方"生得好的妇女掳来，将他们的弓箭夺来"。实际上，太阳汗昏庸无能，喜好的是放鹰、狩猎，再加上兄弟不和，内部矛盾重重，人心离散。

另一方面，铁木真却利用战胜克烈部的有利形势，对军队进行整顿。他按十进制的原则将军队分成百户、千户，统一编组起来，委派了各级那颜。他挑选那颜子弟和其他勇士千人组成怯薛（护卫军），规定了怯薛轮番宿卫的制度。这些措施，使军队完全听从大汗的统一指挥，从而大大提高了战斗力。

泰和四年（1204）初夏，双方集结军队，进行决战。在太阳汗统率下的，除了乃蛮部军队之外，还有先后被铁木真打败的篾儿乞部、克烈部残余力量以及铁木真的老对手札木合等。铁木真军队在数量上处于劣势。双方遭遇之后，铁木真下令全军，每人于夜间点燃五堆篝火，虚张声势。这一招果然有效，太阳汗以为蒙古军人数众多，先自胆怯。两军交锋时，铁木真亲自打前锋，锐不可当，乃蛮军节节败退，最后被迫据山固守。入夜后，乃蛮军队企图突围，遭蒙古军拦截，许多人坠崖而死，太阳汗也在乱军中死去。札木合和太阳汗之子屈出律逃走。铁木真取得了完全的胜利，乃蛮部归于他统治之下。紧接着，铁木真相继征服了篾儿乞和乃蛮两部残余势力，札木合在逃亡途中被捉杀死。蒙古草原全听从铁木真的号令，再没有能与他抗衡的敌手。

建立蒙古

泰和六年(1206)春,铁木真在蒙古部原来居住的鄂嫩河源头召集全体贵族、将领举行大会(蒙语称为"忽里台")。在会上,全体与会者推举铁木真为大汗,号"成吉思",并以大蒙古作为国号。"成吉思"意为海洋,成吉思汗就是像海洋一样的统治者。蒙古本是草原上一个部落的名称,现在成为国家的名称了。

在成吉思汗建立大蒙古国时,他统治的地区东起兴安岭,西迄阿尔泰山,南到阴山,是一片极其广阔的地区。这个地区内的各种游牧部落,原来都有自己的名称。在大蒙古国建立后,他们逐渐融合为一个民族,以蒙古为名称。也就是说,蒙古族的形成,是与成吉思汗统一草原、建立大蒙古国分不开的。

成吉思汗建立了一套具有草原游牧民族特色的统治机构,主要是:

1.千户制。草原上的人民原来主要是按部落、氏族编制的。在统一草原的过程中,原有的部落组织已被打乱,有的部落通过掳掠或其他手段吸收了大量来自部落之外的人口,有的部落则因战争失利而被强制拆散,分属胜利者的部落。因此,迫切需要适应这种变化的新编制形式。前面说过,成吉思汗在与乃蛮作战以前,按十进制编组军队。建国以后,他进一步推广这种制度,将全蒙古的百姓划分为 95 个千户,分封开国功臣为千户长,分别进行统治。千户以下,又分为百户、十户。每个千户都有固定的游牧地区。百姓与千户之间,有严格的隶属关系,如果投奔他处,就要被处死,接收者也要受严厉惩罚。大蒙古国按千户来征收赋税、分派徭役。在作战时,就由千户长、百户长率领成年男子出征。千户制既是行政机构,又是军队的组织形式。这种军民合一的制度,是草原游牧民族的特色。

在千户以上,设有万户。东边直至大兴安岭的广大地区内分布的各千户,由左手万户管辖,西边直至阿尔泰山的广大地区内分布的各千户,由右手万户管辖。成吉思汗任命自己亲信将领木华黎和博尔术为左右手万户。此外,还任命一个中军万户,统领大汗的护卫军。万户、千户、百户都是世袭的,但如果对大汗不忠,就会被撤职。

2.怯薛。在征服乃蛮以前,铁木真已经建立了一支千人组成的怯薛。大蒙古国建立后,他将怯薛扩充为一万名,主要由各级那颜和贵族子弟中选充,也有一小部分来自"白身人"(平民)。怯薛分为四队,每三天一次,轮流到大汗身边值班。怯薛是大汗亲自掌握的一支精锐部队,负责大汗的安全,同时还承担各种杂务。四怯薛长由大汗最亲信的"四杰"担任,怯薛受到大汗的特殊宠信,常常被委派处理各种政务。元朝建立以后,怯薛仍然保留下来,成为一个最有特权的部门,怯薛成员往往很快就可以当上大官。

前面说过,草原各部首领周围形成了"那可儿"("伴当")集团,这是首领们对内统治、对外战争的得力工具,怯薛实际上就是由"那可儿"发展而成的。

3.札鲁忽赤和札撒。札鲁忽赤译成汉文就是断事官。建国以前,铁木真已任命过札

鲁忽赤。大蒙古国建立时,成吉思汗任命义弟(诃额仑收养的孤儿)失吉忽秃忽为最高的札鲁忽赤,授权他分配人户,审理盗贼、诈伪等事,该杀的杀,该罚的罚,任何人不得违背。同时还命令他将"断了的事,写在青册上,以后不许诸人更改"。"写在青册上"的断事决定,就是法律条规,当时称为"札撒"。札鲁忽赤兼管财政、刑罚,拥有很大的权力。后来大汗派往征服地区的最高长官,也都称为札鲁忽赤。

千户制、怯薛、札鲁忽赤和札撒,便是大蒙古国初建时国家机器的主要部分。它们对于巩固成吉思汗的统治起了很大的作用。还应该提到的是蒙古文字的创建。蒙古人原来没有文字,调发兵马时结草为记或刻木记事。铁木真征服乃蛮时,俘虏了乃蛮的掌印官塔塔统阿。塔塔统阿懂得畏兀儿(今天维吾尔族的祖先)文字,乃蛮的印章就是用畏兀儿文刻成的。根据成吉思汗的命令,塔塔统阿借用畏兀儿文的字母来拼写蒙古语,创制了蒙古文,教授蒙古贵族子弟。蒙古文创建后,应用于印信、牌符上,还用来发布大汗的旨意,记录法令,这就进一步加强了国家机器的职能。

大蒙古国的建立,是蒙古社会进入奴隶制发展阶段的标志。在统一草原的过程中,铁木真将大批战争中的俘虏分配给有功的将士为奴隶。建国后,又通过"札撒"肯定了抑配俘虏为奴和使用奴隶劳动的合法性。随着大规模战争的继续进行,大量外族的俘虏被遣回草原,作为蒙古人的奴隶。由于蒙古成年男子必须从军或在驿站服役,以至在草原上牧放牲畜的主要是外族奴隶。大蒙古国是代表蒙古奴隶主利益的政权。成吉思汗是蒙古奴隶主的政治代表。

大蒙古国建立后,南边与西夏、金朝为邻,西边与畏兀儿、哈剌鲁相接。在蒙古草原以北的森林地带,还有一些部落没有降附。

泰和七年(1207),成吉思汗派遣长子术赤前去征服森林地带的"林木中百姓",经过艰苦的战斗,取得了胜利,这样便巩固了后方。紧接着,便开始对外发动大规模的战争。主要分两个方面,一是南下进攻西夏和金朝,一是西征中亚。

一、南下进攻西夏和金朝

泰和四年(1204),铁木真灭乃蛮部后,统治的境土已与西夏相接。泰和五年(1205),蒙古军以西夏接纳逃亡的乃蛮贵族为借口,攻入西夏境内大肆抢掠,但很快便退回。大蒙古国建立的次年,成吉思汗亲自率军侵入西夏,历时五个月才退出。这两次军事行动都属于实力侦察性质。到大安元年(1209)春,蒙古军发动大规模进攻,连克数城,包围西夏首都中兴府(今宁夏银川)。西夏向金朝请求援助,遭到拒绝。大安三年(1211)年初,西夏纳女称臣,成吉思汗才退回蒙古草原。

蒙古与金朝的关系是很复杂的。蒙古部的首领俺巴孩曾被金朝杀害,但成吉思汗本人曾配合金朝军队对塔塔儿部作战,并因此接受过金朝的封号。在泰和六年(1206)建立大蒙古国后,成吉思汗曾到边境向金朝进贡,金章宗派遣其叔父卫王完颜永济接受贡献。完颜永济为人软弱无能,成吉思汗轻视他,对他很不礼貌。泰和八年(1208)金章宗死,无

子,完颜永济嗣位。金朝派遣使臣将即位的诏书传送到蒙古,成吉思汗问使者:"新君为谁?"金朝使臣回答说:"卫王也。"成吉思汗向南方吐了一口唾沫,骂道:"我以为中原皇帝都是天上人做,这种无用软弱的人也能做吗!我才不拜他呢!"立即跳上马背走开了。成吉思汗归附金朝不过是一种策略,他早已有意对金用兵,现在昏庸无能的卫王做了皇帝,正是出兵的好时机,所以他利用这一机会与金朝决裂。

西夏称臣后,成吉思汗消除了来自侧翼的威胁,拆散了金、夏之间的联系。于是,大安三年(1211)的春天,他便在克鲁伦河畔聚众誓师。按照蒙古的习俗,他登上高山,祈求上天帮助,为祖先报仇雪恨。他发动对金战争,就是以报仇为借口进行的。这一年七月,蒙古军突破金朝用来防御草原游牧民进攻的边墙,在野狐岭(今河北张北)大败金军。蒙古军进而围攻中都(今北京),金兵坚守,相持不下,蒙古军退兵。崇庆元年(1212),成吉思汗亲自率军围攻西京(今山西大同),大败金朝派来的援兵,但在攻城时中了流矢,便退回阴山附近。至宁元年(1213)秋,成吉思汗集结军队,再次攻金。在怀来(今河北怀来)大败金朝丞相完颜纲和术虎高琪指挥的军队,金朝伤死的将士"如烂木般堆着",金军精锐在这一仗被消灭殆尽。蒙古军乘胜来到居庸关前,居庸关是中都西北的要隘,一过居庸关,就是平原,无险可守,因此金朝在这里置重兵固守,布下了严密的防御工事。成吉思汗避实就虚,由山间小路绕到关后。然后分兵三路,连破山西、山东、河北和辽东的许多州县。到贞祐二年(1214)春,属于金朝管辖的华北平原广大地区,只有中都、真定等11个城未下。三路大军掳掠了大量人口、牲畜、财物之后,在中都附近集合,准备攻城。正当蒙古军在华北平原上驰骋时,金朝宫廷中发生政变,皇帝完颜永济被权臣谋害,金宣宗完颜珣继立。宣宗面对内外交困的局势,只好向蒙古求和,献出公主,加上大批金帛、童男女、马匹,由丞相恭送蒙古军出关。

这一年五月,被蒙古军吓破了胆的金宣宗不顾一部分贵族官僚的反对,将朝廷迁到汴京(今河南开封),留下大臣完颜承晖镇守中都。成吉思汗闻讯,便派军队包围中都,金朝由河南派遣军队来救援,中途被击溃。中都孤立无援,城中发生饥荒。贞祐三年(1215)五月,完颜承晖自杀,城中军民投降,蒙古军占领了这座华北平原上的名城。

兴定元年(1217)起,成吉思汗集中全力西征,把对金战争交给左手万户木华黎全权负责,封他为太师国王。木华黎率领蒙古军和归附的其他各族武装,逐步占领了河北、山西、山东的大片土地。

二、西征中亚

当大蒙古国建立时,它的西边有畏兀儿,居地是以别失八里(今新疆吉木萨尔)、哈剌火州(今新疆吐鲁番)为中心的新疆东部地区;哈剌鲁,居地在今巴尔喀什湖东南的伊犁河、楚河流域。在畏兀儿和哈剌鲁以西,则是西辽和花剌子模汗国。辽朝被金灭亡时,皇族耶律大石率领一支军队西行,建立了一个国家,仍以辽为国号,历史上称为西辽,也称为哈剌契丹(黑契丹)。西辽的统治地区以河中(锡尔河与阿姆河中间地区)为中心,首都是虎思斡耳朵(今吉尔吉斯斯坦托克马克附近),一度是中亚最强大的国家,畏兀儿和哈刺鲁都成为其藩属,受它控制。西辽以西是花刺子模,它位于咸海以南,首都玉龙杰赤(在阿姆河下游)。13世纪初,花刺子模算端(算端是统治者的称号)野心勃勃,到处扩张势力,辖地已达今伊朗、阿富汗的广大地区,并曾大败西辽。

西辽在畏兀儿地区派驻少监,横征暴敛,对畏兀儿的亦都护(统治者的称号)巴而术阿儿忒的斤和他的部属加以百般凌辱。巴而术阿儿忒的斤得知成吉思汗统一蒙古建立国家的消息后,便于大安元年(1209)将西辽少监杀掉,归顺蒙古。成吉思汗给予畏兀儿亦都护以隆重的待遇,按照游牧民族收养子的习惯,承认巴而术阿儿忒的斤为第五子,并把女儿许给他为妻。自此,畏兀儿成为蒙古的藩属。畏兀儿的归附,有着重要意义。畏兀儿人有较高的文化,他们对于大蒙古国的行政管理起了很大的作用。畏兀儿地区位于东西方交通的要道,商队必经之地,成吉思汗通过畏兀儿对西方的情况有了更多的了解。紧接着,居住在海押立地区(今伊犁河中游北岸)的哈刺鲁人首领也杀死西辽的少监,摆脱与西辽的藩属关系,投向蒙古。阿力麻里(今新疆伊犁地区)的哈刺鲁首领当时正在反抗西辽的统治,很快也归附成吉思汗。这样,大蒙古国便与西辽发生直接接触了。

蒙古灭乃蛮后,乃蛮王子屈出律向西逃走,几经曲折,来到西辽。西辽皇帝耶律直鲁古把女儿嫁给他,并支持他招集乃蛮旧部。屈出律势力渐大,便乘西辽与花刺子模交战的时机,发动突然袭击,囚禁了耶律直鲁古,夺取了帝位。屈出律称帝后,出兵征服可失合儿(今新疆喀什)、斡端(今新疆和田)等地,强迫当地人民放弃伊斯兰教,改信佛教或景教,对当地人民敲诈勒索,奸淫烧杀,引起了强烈的反抗。成吉思汗知道这些情况后,便于1218年派遣大将哲别领兵2万出征屈出律。哲别进入西辽境内后,宣布信教自由,从而得到伊斯兰教徒的广泛支持。屈出律犹如惊弓之鸟,不敢与蒙古军交锋,狼狈逃窜,后为巴达哈伤(今阿富汗巴达克山)地区山民捉获,送交蒙古军处死。蒙古征服了西辽,便和花刺子模接壤。

花刺子模这时正处于鼎盛时期,它与蒙古联系较早。成吉思汗在草原上崛起的消息,很快传到中亚,引起了花刺子模算端的注意。他派遣使者来到东方,侦察蒙古的虚实。贞祐二年(1214),成吉思汗接见了花刺子模使者,提出双方派遣使臣、商人互相往来,交换商品,彼此和好。为了表示自己的诚意,他用很高的价格买下了花刺子模商队的货物,同时还派遣使臣和400余人组成的庞大商队回访。蒙古使臣见到了花刺子模算端,但商队却被讹答刺(今哈萨克斯坦共和国境内锡尔河右岸)城的长官扣留。经过花刺子模算端同意,讹答刺的长官下令杀死商队中的所有商人,没收全部货物。他的命令被执行了,但是商队中有一人设法逃走,回到蒙古,向成吉思汗报告事情的经过。成吉思汗闻讯大怒,感到遭受了前所未有的羞辱。他奔上高山之顶,脱去帽子,以脸朝地,祈祷了三天三夜,说:"我非这场灾祸的挑起者,赐我力量去复仇吧。"下山以后,他派遣使者到花刺子模,向花刺子模算端提出质问,并警告说,自己打算讨伐,要花刺子模算端做好准备。花刺子模算端摩诃末当场下令将为首的蒙古使臣杀死,其余二人剃去胡须后放回。这件事进一步加深了成吉思汗对花刺子模算端的仇恨。但由于西辽未灭,加上对金用兵,就

暂时搁置了下来。在消灭屈出律、征服西辽以后，他就开始对花剌子模采取行动了。

兴定三年（1219）秋天，成吉思汗率领蒙古军和其他民族的军队，共10余万人，出征花剌子模。花剌子模貌似强大，实际上内部矛盾重重，各怀异志。面对强敌，算端摩诃末根本无法组织军队进行决战，只能采取分兵守御要塞的办法，把希望寄托在蒙古军大掠后会自行退兵上。但是，经过对西夏和对金战争的锻炼之后，原来长于野战的蒙古军，现在在攻坚方面也具有很高的能力。严密设防的讹答剌、撒麻耳干（今译撒马儿罕，在乌兹别克斯坦共和国）、不花剌（今译布哈拉，在乌兹别克斯坦共和国）、玉龙杰赤等城，相继都在蒙古军攻击下陷落了。蒙古军对居民大肆杀戮，抢劫财物，纵火焚烧各种建筑，使这些城市受到毁灭性的打击。有的城市（如讹答剌、玉龙杰赤）则被夷为平地。算端摩诃末在蒙古军追击下狼狈逃窜，最后逃到里海的一个小岛上病死。摩诃末之子札阑丁组织力量抗击，兴定五年（1221），他在申河（今印度河）边被成吉思汗打败，逃入印度境内。蒙古军的一部，在追逐摩诃末时，曾越过高加索山脉，打败当地钦察部落和斡罗思（今译俄罗斯）人的联军，沿第聂伯河至里海北岸，然后返回。从兴定三年（1219）到兴定六年（1222），蒙古人的铁骑在中亚广大地区到处驰骋，给花剌子模汗国以致命的打击。但是，成吉思汗这次出征的主要目的是报仇，在这一地区大肆掠夺，造成极大的破坏，却没有建立牢固的统治。所以到他死后又有第二次西征。

在战胜札阑丁之后，成吉思汗回到大雪山（今兴都库什山）山麓过冬。兴定六年（1222）四月，在那里接见了全真道的领袖丘处机。丘处机住在山东，成吉思汗听说他有长生不老之术，专门派遣使者召他前来。丘处机在进谒时坦率地说：只有养生之道，没有长生之药，并劝说成吉思汗要以"敬天爱民为本"。在接见丘处机后不久，成吉思汗决定结束西征，循原道回师，经过两年多的跋涉，在正大二年（1225）春回到斡难河头的营地。

三、西夏的灭亡和成吉思汗之死

当成吉思汗西征时，曾要西夏出兵相助，遭到西夏大臣阿沙敢不的拒绝。成吉思汗对此深为恼怒，为了对花剌子模用兵，他没有立即对西夏采取行动。在西征胜利以后，他急于回师的原因之一，就是因为西夏变得倔强，动摇于降、叛之间。

正大三年（1226）年初，成吉思汗率领大军，进攻西夏，势如破竹。阿沙敢不战败被俘。十一月，两军在灵州（今宁夏银川南朵儿篾该）决战，西夏将士虽奋力抵抗，但没能挡住蒙古骑兵的冲击，终于失败。灵州陷落后，蒙古军进围西夏国都中庆府。经过长期包围之后，中庆府粮尽援绝，到正大四年（1227）六月间又发生强烈地震，灾上加灾。西夏国王被迫请降。成吉思汗在出征西夏前已因打猎时坠马得病，这时因水土不服病势更加严重，他自知很快要死，下令死后秘不发丧，待西夏国王前来谒见时便把他杀掉。这年七月十二日，成吉思汗病死，终年66岁。死后三天，西夏国王出降被杀，中庆府也被洗劫一空，城中居民不是惨死在刀下就是沦为奴隶。

成吉思汗的遗体，立刻被护送到斡难河头的营帐所在地，沿途看见人畜全部杀死。

根据他生前的意愿,遗体埋在鄂嫩、克鲁伦、土拉三河发源地不儿罕山的起辇谷,后来元朝诸帝死后也都送到这里来安葬。起辇谷草木茂密,到 13 世纪末,成吉思汗的葬地已经无法辨认了。

成吉思汗有许多儿子,正妻孛儿帖所生四子地位最高,他们是术赤、察合台、窝阔台、拖雷。四人常常跟随成吉思汗出征,立下了赫赫战功。成吉思汗将巴尔喀什湖以西蒙古军马蹄所到之处封给长子术赤,自畏兀儿到阿姆河之间地区分给察合台。窝阔台占有以叶密立河(额敏河)和霍博(今新疆和布克赛尔)为中心的地区。按蒙古人习惯,幼子继承家业,其余诸子另立门户,所以前面三子分有被征服的领土,而幼子拖雷继承了漠北蒙古本土。至于汗位继承,则与财产继承有所区别。成吉思汗对于确立汗位继承人,非常犹豫。在西征将要开始时,也遂夫人(成吉思汗宠爱的妻子)说:"皇帝涉历山川,远去征战。若一日有不讳,四子内命谁为主,可令众人先知。"成吉思汗就把四个儿子找到一起商量。他先征求术赤的意见,术赤还未说话,察合台抢先说道:"父亲问术赤,是不是要委付他?他是篾儿乞种带来的,俺如何教他管?"原来,成吉思汗长妻孛儿帖曾被篾儿乞人抢去,夺回以后才生下术赤,所以他的血统是很可疑的。术赤听了这番话,非常恼怒,揪住察合台的衣领,就要动手,被旁人劝阻住。面对二子的冲突,成吉思汗感到忧虑,便指定第三子窝阔台为汗位继承人,并要其余三子立誓拥戴。术赤于成吉思汗出征西夏时在自己的封地死去。成吉思汗临死前,将窝阔台、拖雷及其他诸子召集在一起,用箭和多头蛇作譬喻,要他们拥戴窝阔台为大汗,并说:"只要你们弟兄相互帮助,彼此坚决支援,你们的敌人再强大,也战胜不了你们。"因此,在成吉思汗死后召开的忽里台大会上,根据遗命与会者一致推选窝阔台为大蒙古国的大汗。但是,事实与成吉思汗的愿望相反,子孙并不听从他的嘱咐,反而经常为争权夺利发生冲突。从窝阔台即位之日始,以术赤系和拖雷系为一方,以窝阔台系和察合台系为另一方,形成两个派别,围绕着汗位一直进行着明争暗斗。大蒙古国与元朝政治生活的许多方面,都是受这一派系斗争影响的。

成吉思汗是中国和世界历史上的一个传奇人物。他幼年时历经艰辛,成人后屡遭挫折,但从不气馁,努力奋斗,终于战胜一个个强大的对手,统一了蒙古草原。大蒙古国建立后,他又接连用兵,四处出征。他的一生,"灭国四十",在世界历史上写下了惊心动魄的篇章。"一代天骄",他是当之无愧的。

大蒙古国的建立,使草原上说各种语言的部落,逐渐融合为一个民族共同体,以蒙古为名,走上了世界历史舞台。在蒙古族的形成和发展过程中,成吉思汗的贡献是巨大的,他是当之无愧的蒙古族民族英雄。他在我国北方的军事活动,打破了长期以来分裂割据的局面,为以后元朝统一全国奠定了基础,也是有积极意义的。当然,也应看到战争的消极一面,无论在蒙古草原统一的过程中,或是对金、西夏的战争中,都造成了巨大的破坏,各族(包括蒙古族在内)人民的生命财产遭到十分惨重的损失。

成吉思汗的西征,是一个长期存在争论的问题。西征是在"复仇"的名义下进行的,实质上是争夺霸权的斗争。西征给中亚各族人民带来了极大的痛苦,成吉思汗的暴行长期留在人们的记忆里。但是,也应该看到,它冲破了长期以来各国互相隔绝的状态,促进

了东西方经济、文化的交流，"丝绸之路"再一次兴盛起来。西征带来的这方面的后果，在世界历史上是有积极意义的。

明代官修的《元史》称赞成吉思汗"深沉有大略，用兵如神"。历来中外历史学家都盛赞成吉思汗的军事天才。的确，他善于用兵，能出奇制胜，在军事上有许多值得重视的创造。但是，我们也可以看到，他并不是天生的常胜将军，在统一蒙古过程中，曾不止一次吃过败仗。重要的是，他在失败之后从不气馁，善于从失败中学习，以坚强的意志，重整旗鼓，直到取得胜利。正因为他在艰苦的环境中得到了充分的磨炼，所以在走出蒙古草原以后，才会所向无敌，成为叱咤风云的一代豪杰。

布衣皇帝

——明太祖朱元璋

名人档案

太　祖：名朱元璋，幼名重八，改名兴宗，字国瑞。属龙。性格开朗。濠州钟离(今安徽凤阳)人，农民出身，幼失父母。后参加元末农民起义军，建立明朝。在位 31 年，病死，终年 71 岁。

生卒时间：公元 1328 年～公元 1398 年

安葬之地：葬于应天孝陵(今江苏南京钟山南面)。谥号开天行道肇纪立极大圣至神仁文义武俊德成功高皇帝，庙号太祖。

历史功过：灭亡元朝，统一中国；颁行法律，整顿吏治；与民休息，轻徭薄赋；垦荒屯田，兴修水利；屡兴大狱，滥杀功臣；创建特务机构，加剧极权统治。

名家评点：太祖以聪明神武之资，崛起布衣，乘时应运，戡乱摧强，奄奠海宇，西汉以后所未有也。

出身布衣

朱重八这个名字，是按照当时他们兄弟之间的排列顺序而起的。朱五四有兄弟二人，其兄朱五一生有四子，分别起名为重一、重二、重三、重五；朱元璋身上有三个哥哥，分别取名为重四、重六、重七，所以，他起名重八，顺理成章。朱重八后来发达以后，曾几次更换雅名，最后选定为：名元璋，字国瑞，这个名字从此载入了史册。为了前后一致，本传

此后只称朱元璋。

朱元璋家境贫寒,从小就饱受苦难的生活,7岁就操起皮鞭给地主放牛牧羊。父母亲的美好愿望,并没有使得小元璋受到点滴实惠。然而,他的聪明才智,在小小的年纪里就表现得淋漓尽致。一次,在同食不果腹的小伙伴们山中放牧时,饿得饥肠辘辘,小元璋指挥大家七手八脚地宰杀了自己放养的一头小牛,然后捡些干柴烤起牛肉来。当大家狼吞虎咽将半生不熟的牛肉吃下肚后,才想到由此所引起的严重后果来,知道自己闯了大祸,于是面面相觑,并且互相埋怨、指责起来。小元璋此时表现出了大丈夫的气概,胸脯一拍,很大度地说:"主意是我出的,有什么事由我一人承担,只要大家按照我说的做就行了。"说完,便吩咐大家用沙土掩埋了小牛的皮、骨、血迹等,并把牛尾巴扯下,牢牢地插入石缝中。回去后,对地主谎称小牛钻进了山洞里,夹在了石头缝里边。地主明明知道有诈,却找不到充足的理由驳斥元璋,只好不了了之。自此,小伙伴们对朱元璋既感激又佩服,小元璋自然而然地成了他们的"领袖",玩起游戏来,总是被推举做"皇帝"。

至正三年(1343),朱元璋17岁那年,淮北发生了多年不遇的干旱荒年,旱灾引起了蝗灾和瘟疫,广大农民在饥饿与瘟疫的双重折磨下,处于水深火热之中,过着朝不保夕的生活,不少人家相继病死,成了绝户。朱元璋一家也难逃厄运,先是64岁的父亲撒手人寰,紧接着不到半个月的时间里,他的长兄、长侄以及母亲也离开了人间。多年的贫寒生活,再加上亲人的离去,此时的朱元璋已经厌倦了这个昏暗的世界,恨不得随亲人而去。然而,这个家庭已经没有人能再抚摸他的伤痛、安稳他的心灵了。朱元璋走投无路,只好剃光了脑袋进了皇觉寺。他穿起了衲衣,做起了小行童。整天除了扫地上香,打钟击鼓,还要为主持担水劈柴、烧饭洗衣,几乎无所不做。低眉弯腰,劳苦疲乏,还要受师父的责骂、师兄的刁难。他开始羡慕大墙外面的生活,特别是怀念与少年伙伴们一起放牛、一起割草那些无拘无束的日子。但是,为了生存下去,为了混口饭吃,朱元璋只得忍气吞声。

由于旱情严重,地里的植物颗粒无收,靠收租来度日的皇觉寺终于维持不下去了。入寺才50天,经文没念上一卷,各种杂活倒做了不少的小沙弥朱元璋,被主持打发去"云游",实际上就是流浪各地,向大户人家"化缘",求乞度日。这样一去就是三年。

朱元璋几年来的流浪生活,尝尽了人间的辛酸,也看到了各地百姓同样的困苦。到处是衣服褴褛,到处是如土的面色,到处是成群结队的逃难人群。百姓们已不再对腐败的朝廷、官府抱有任何希望,他们只有把满腹的希望寄予神灵、菩萨的保佑。他发现,一路上,除了各大小寺院里虔诚的善男信女之外,百姓们普遍信仰白莲教,并大有积蓄力量、蠢蠢欲动之势。

三年后,朱元璋又回到了皇觉寺。"云游"中,他目睹国事日非,预感到天下大乱的时候就要到了,即立志勤学,广交朋友,以待时而动。他在这里学习了三教九流的许多知识,诵经、打坐、做布施、做道场,外加清除,上香,劈柴,担水,读书,识字。一晃,又过了较为平静的四年时间。

这时的中国,正处于元朝末年社会矛盾空前激化的年代。不堪忍受元朝封建统治者的残酷剥削和压迫的农民们终于在元至正十一年(1351)勇敢地行动起来了。白莲教主韩山童乘机聚集数千人，斩白马乌牛，祭告天地，揭竿起义。因起义军头裹红巾，身穿红衣，打着红旗，被称为"红巾军"。接着，彭莹玉、徐寿辉在湖北组织起义，土豪方国珍、盐贩张士诚也先后在浙江和苏北起兵反元。与此同时，郭子兴在濠州起兵响应，袭杀州官，占领了濠州城。至此，农民起义的烈火迅速燃烧在大江南北。

虽然身居静门，内心却早已不安分的朱元璋，听到不断传来的农民起义的消息，已是热血沸腾。面对所生活的黑暗社会，他早就有了投奔"红巾军"的念头，只是对"红巾军"内部不甚了解，再加上元军追杀得太紧，怕他们成不了气候，而犹豫不决，持观望态度。正在这时，已在郭子兴的军队里当上了小头目的儿时的穷伙伴汤和，给朱元璋捎来了一封信，邀请他前去投军。此时他仍举棋不定。同屋的师兄偷偷告诉他：汤和来信邀他参军一事已被人知道了，就要去报官领赏。被逼上绝路的朱元璋，终于看清了自己所面临着的危险形势。丢掉幻想，告别了朋友，连夜向濠州城急急奔去。

广交豪杰

至正十二年(1352)闰三月初一，天刚蒙蒙亮，朱元璋就来到了濠州城下，被守城卫兵绑去见了郭子兴。当这个时年25岁、身强力壮、气度不凡的精壮汉子站到面前，立即把郭子兴吸引住了。子兴便留他做了帐下亲兵。朱元璋不负子兴的众望，更加苦练武艺，听从指挥；并且处事沉稳，计虑周详，仗打得漂亮，且能独当一面，是个难得的人才。由此，郭子兴就把他当作知己，时常把他叫到内宅议事，宠信有加。

此时，郭子兴身边有个养女，她是郭子兴的刎颈之交的老友马公的独生女。马公夫妇死后，所留下的小女就由郭氏夫妇收养。马姑娘勤劳贤惠，深得郭氏夫妇的喜爱，二人也把她视为己出。此时，马姑娘已是待嫁的年龄，郭氏夫妇决心把她嫁给一个有出息的人物，以了却自己及死去的老友的心事。朱元璋的到来，使郭子兴心地开朗，并同时得到了郭夫人的喜爱，又征得了马姑娘的同意，就择日给他们成了亲。

这位马姑娘出生于至顺三年(1332)七月十八日，此时刚满21岁，比朱元璋小4岁。她脸上有几颗麻子，说不上十分漂亮，却聪明、端庄、秀气，颇有大家闺秀的风度。自从与朱元璋结婚，夫妻感情一直很好，对朱元璋的事业也很有帮助，后来成为中国历史上非常有名的后妃。

出身低微的朱元璋，投军时间不长，能与大帅的养女结亲，自然是身价百倍。人们对他不得不刮目相看，官兵们也不直呼其名了，而尊称他为朱公子。但朱元璋的好运，却惹恼了郭子兴的二位公子。这郭氏二兄弟，心胸狭窄，嫉妒心强，对突然出现的朱元璋，眼见着地位一天比一天高，如今又做了郭家的乘龙快婿，与自己称兄道弟，感到心里很不舒畅。于是，兄弟两个三天两头到父亲郭子兴面前搬弄是非，说朱元璋的坏话，说他讨你的好，听从你的指挥，实际上是有一天要夺你的兵权，等等。起初，郭子兴对此并不以为然，还叱责他们胡说八道。久而久之，不免对朱元璋也起了疑心。终于，有一天，郭子兴把朱

元璋关进了禁闭室。郭氏二兄弟兄阴谋得逞，又商量着如何将朱元璋置于死地，这时，他们的阴谋首先被马姑娘察觉，并告知了郭夫人。郭夫人一听，大怒，立即找来郭子兴和两个公子，把他们骂了个狗血喷头，逼着他们说出实情。两个公子眼看隐不下去，就把他们的所作所为一五一十地道了出来，并认了错。郭子兴听了，非常惭愧，感到非常对不起朱元璋。从此后，郭氏一家对朱元璋更加厚待，朱元璋也通过这件事品尝到了做人的艰难，自己逐渐成熟起来。

不久，队伍里又发生了内讧事件。当初，郭子兴与孙德崖、俞某、鲁某、潘某一起举事，倒也能协同作战，相安无事。当取得胜利后，在立名号、排座次的问题上，却各不相让，相互猜疑。当时，元帅郭子兴与歃血为盟的副帅孙德崖因战事不和而发生了冲突。孙遂设下圈套，将郭子兴骗到家中，想秘密处死他，自立为帅。朱元璋出征归来闻讯后，即带领亲兵追到孙家，拔剑而指："敌人逼近城下，副帅不去杀敌，却要谋杀主帅，这是什么道理？"遂指挥兵士砍断锁链，救出郭子兴。有此救命之恩，郭子兴对朱元璋更加宠爱和厚待了。

通过这个事件，朱元璋对时局有了更加清醒的认识：他们五人（包括郭子兴在内），都不是能成大事的人。为了自己的地位、排名，他们互不服气，互不支持，内耗太多。长此下去，不是自己把自己打败，就是被元军消灭掉。要想成就一番大事业、还是靠自己。但目前自己手下无兵，如何能树立起自己的威望呢？于是，朱元璋就说服了郭子兴，让他批准自己回家乡招兵。1353年春天，朱元璋回到了久违了的故乡钟离，十几天的功夫，就拉起了一支700多人的队伍。郭子兴喜出望外，当即升任元璋为镇抚，把这700人的精壮部队交给他率领。这是朱元璋独自带领的第一支队伍。

朱元璋手握兵权，再也不愿呆在多事的濠州，他决心独自打下一片天地。经郭子兴的允许，至正十四年（1354）正月初一，朱元璋带领着精心挑选出来的24名士兵，离开濠州，向南奔向定远。这些精兵强将是他从700名士兵中挑选出来的，其余的全部留给了郭子兴。这24人是：徐达、汤和、吴良、吴祯、花云、陈德、顾时、费聚、耿再成、耿炳文、唐胜宗、陆仲亨、华云龙、郑遇春、郭兴、郭英、胡海、张龙、陈桓、谢成、李新、张赫、张铨、周德兴。他们都曾经是受尽苦难的穷苦庄稼汉，但此次南行，便成了与朱元璋一起打江山的亲信、骨干和时代的风云人物。后来，他们3人封公、21人封侯（其中，耿再成和花云在开国前战死，公与侯为追封），全部都成了有明一代名垂青史的开国功臣。

南下定远后，第一仗是智取驴牌寨，收编了这支3000多人地下武装，使自己拥有了一支名副其实的武装部队。

这时，定远县同其他混乱地区一样，兵匪如蝗，军寨林立。有的是游兵团聚，有的是财主结寨自保。收降这些散兵游勇，是壮大势力的途径。朱元璋看准了这一点，凭着自己手中的3000人马，说降了盘踞豁鼻山的秦把头，得部众800人。又乘胜夜袭拥兵数万余众的元朝义兵元帅缪大亨。险居横涧山的缪大亨，睡梦中慌忙迎战，因摸不清对方的虚实，士兵伤亡惨重。看到如此形势，他只好率领所剩下的2万多人投降，归顺朱元璋。收编了缪大亨的人马后，队伍迅速扩大，朱元璋威名大震，四方归附。

就在朱元璋将要离开横涧山去他处征战时,接到邻近的冯国用、冯国胜兄弟的邀请。元璋欣然应邀前往。这冯氏二兄弟,是两个 20 岁上下的青年。他们靠着祖上留下的一些产业,专好习弄刀箭,攻读兵书,钻研攻防计略,结交天下豪杰,成为远近闻名的文武全才。元末,群雄并起,他们也拉起了队伍,结寨于妙山。当得知元璋智取驴牌寨,义说秦把头,夜袭缪大亨,队伍作战勇敢,纪律严明,人心所向,心里很是佩服,便有投靠之意。朱元璋见冯家兄弟举止得体,温文尔雅,知道是读书之人,心里非常高兴,便向他们请教取天下的大计。国用回答:"书生有六字相告。"元璋急忙请教,国用说:"'有德昌,有势强。'建康(今南京)虎踞龙盘,帝王之都,拔而取之以为根本,成有势之强。然后命将出师,倡仁义,收人心,不贪子女玉帛,则为有德之昌。而后天下可定。"听到这番议论,有茅塞顿开之感。自打从军以来,朱元璋接触的都是些无知识的小农,还没有听见过这样清晰明白、高瞻远瞩的谈话,他第一次感到读书人的高明。于是,就将冯氏兄弟留在了身边,作为他的幕中参谋,为他出谋划策。向建康即集庆路发展,成为他追求的目标。眼下第一步,是兵发滁州。

朱元璋在定远的一举一动,还被另外一个读书人密切注视着,他就是与朱元璋的帝位关系密切的李善长。李善长,原名元之,祖籍安徽歙县,生于延祐元年(1314),比元璋大 14 岁。少时曾在家闭门苦读。他喜欢文案书牍、兵家法家著作,善于推测人们的心理活动,预见某些事物的发展与结局。因不满元朝的腐朽,而弃文经商,遂成了定远一带有名的大财主。但他仍然密切注视着形势的变化,等待着大显身手的时机。对韩山童、郭子兴等,他都感到不能成大器,而不轻易出头。眼下,朱元璋的出现,使他看到了希望,仿佛看到了"真龙天子"的幻影。冯氏兄弟的主动投靠,使他下定了决心。他当机立断,把家稍做安排,就急急忙忙去追赶朱元璋的队伍。

至正十四年(1354)七月,42 岁的李善长在去滁州的途中求见朱元璋,元璋大喜,立即请李善长上座叙谈。二人越谈越投机,善长特别生动详细地叙述了出身微贱的汉高祖刘邦取天下的故事,使元璋听得入了迷。你问我答,整整谈了一天,晚饭后,秉烛对座,谈兴更浓,不知不觉中,又迎来了第二天的朝霞。善长特别指出:"主公祖居沛县,正同汉高祖同乡,山川王气,正应在主公身上。"元璋强作镇静,缓声说道:"照先生看,这四方战乱什么时候可结束?"善长略做沉吟,回答道:"汉高祖虽然出身布衣百姓,然而豁然大度,知人善任,不贪图眼前的富贵享乐,不烧杀抢掠,五年就成就了帝业。今日的时局,与秦末有些相似。只要主公效仿汉高祖,天下很快就会平定的。"李善长的一席长谈,不但鼓起了朱元璋的雄心,而且对他今后的事业产生了深远的影响。在他看来,李善长的到来,就是萧何转世,是来帮助他成就大业的。于是,当即任命李善长做记室(秘书官),一切机密谋议都认真听取他的意见和建议。

文人儒士的韬略,更坚定了朱元璋夺取天下的雄心壮志,也加快了他横扫群雄、统一天下的步伐。

此时,元军围攻在六合的另一支反元武装。六合守将派人到滁州求援。郭子兴同六合守将有过节,不肯派兵前往。朱元璋深知六合在地理位置上的重要性,若六合被攻破,

必危及滁州,于是,便苦口婆心地向郭子兴申明利害关系,终于使子兴同意派兵。当时攻六合的元军号称百万,无人敢与之迎战。朱元璋奋勇当先,点齐兵马直指六合。朱元璋设伏打退了一股元军之后,故意将夺得的马匹还给元军。元军以后遇到了红巾军主力,遂引兵撤离。朱元璋勇救六合,计驱元兵,其胆识、智谋令诸将折服,同时也显示出了他的杰出的军事才能。

至正十五年(1355)春,朱元璋率军攻下和州(今安徽和县)后,郭子兴任命他为总兵官,统率和州诸将的兵马。当时和州的诸将成分复杂,多为郭子兴的部下,纪律松弛,为所欲为,很不得人心。朱元璋上任后,并未被他们所看重,每次议事,争抢上席,而把最末的一个座位留给他。朱元璋决心改变这种状况。不久,他创议修建城池,规定每人负责一段,限定三天完工。届时只有朱元璋负责的一段修完。于是,他拿出郭子兴的金牌,厉声说:"我这个总兵官是郭元帅任命的,大家理应服从。修建城池已有约在先,大家不能按时完工,万一敌人来犯,我们怎么对付?此事既往不咎,今后再有违抗命令者,一律军法严惩!"众将从此听命于朱元璋,再也没有违纪现象发生。

同年三月,郭子兴这位起义领袖故去了。此时,韩山童的儿子韩林儿被拥立为小明王,国号宋。小明王任命朱元璋为左副元帅。不久,其两副帅又先后战死,朱元璋遂被升任为大元帅。至此,他的岳丈郭子兴所创建的起义军旧部全部归为朱元璋指挥了。

朱元璋成了一军之主后,越来越感到自己所掌管的地盘狭小,兵马太少,难以实现自己的宏图大业。必须打过长江去,才能求得进一步的发展。于是,他特别注意瓦解敌人,壮大自己;同时,又采取措施,鼓舞士气,使他们勇猛作战,一往无前。至正十六年(1356)三月,朱元璋亲统水陆大军,进攻集庆(今南京),三天内,攻破城外的陈兆先军营,陈部36000人投降。朱元璋看到这支投降的军队顾虑重重,恐惧万分,心神不定,就从中挑选出500名勇士当自己的亲军,让他们在夜里当自己的守卫,而自己平时的卫士一个不留,全部打发走。朱元璋独自脱下战甲,酣然入梦,一觉到天亮。3万多降兵知道了这件事,大为感动,便赤胆忠心地为朱元璋效力,心甘情愿地跟随朱元璋打天下。

三月十日,朱元璋攻下了集庆。第二天,朱元璋带领徐达等巡视全城,看到它的雄伟、它的富庶和繁华,恍惚如在梦中,那种激动与兴奋简直无法按捺,遂对徐达等人说:"金陵枕山带江,真是天造地设的一块宝地,难怪古人称之为长江天堑。况且仓廪实,人民足,今天终为我有。再加上诸位同心协力相助,还有什么样的功业不能建立!"徐达附和道:"元帅建功立业绝非偶然。今天能够得到它,实在是上天所授!"听到这话,元璋更是喜欢。

于是,改集庆为应天府。设置大元帅府,朱元璋自任大元帅。从此,朱元璋有了一个为将来打天下而积蓄力量的可以立足的基地。

朱元璋以应天府为根据地,经过了几年的努力,拥有集庆路、太平路、镇江路、广德路等江南地盘、十几万军队,成为江南很有势力的割据政权。此时,他的上游有义军徐寿辉,下游有张士诚,今天的浙江宁波、临海沿海一带有方国珍,其他江南地区仍为元朝所占有。江北则有韩林儿的大部队牵制着元朝主力,做了南方农民军的屏障,使他们得以任意地蚕食元属领地，并在彼此之间展开厮杀与拼搏。此时的朱元璋，已不是早先的小和尚了，已成长为一名驰骋疆场的将帅、一个称雄一方的霸主。

登基称帝

取得了初步的胜利后，如何发展今后的事业，是摆在朱元璋面前的首要问题。至正十七年(1357)在攻占了徽州后，朱元璋亲自到了石门山拜访老儒朱升，请教夺取天下的计策。朱升高瞻远瞩地送给他三句话："高筑墙，广积粮，缓称王。"就是说，要扩充兵力，巩固后方；发展生产，储备粮食；不图虚名，暂不称王。朱元璋认为老儒的话很有道理，即提出了一个在两淮、江南地区"积粮训兵，待时而动"的行动计划。

"兴国之本，在于强兵足食。"按照老儒朱升的提示，朱元璋首先抓紧军队建设，提高军队的作战本领，尤其重视军事纪律的训练和整顿，强调"惠受加于民，法度行于军"。同时，朱元璋大抓农业生产。他设置营田司，任命营田使，负责兴修水利。并且还抽出一部分将士，在战事之余开荒屯田；推行民兵制度，组织农村丁壮，一面练武，一面耕种。这样一来，所生产的粮食不仅能自给自足，还能支援贫苦的百姓，改变了军队历来吃粮靠百姓的习惯，深受农民的欢迎。

为了发展自己的势力，朱元璋还礼贤下士，广揽人才。刘基、叶琛、宋濂、章溢四大名士被应聘至应天，朱元璋称他们为"四先生"，特筑礼贤馆，给他们居住。

此外，朱元璋为了避免树大招风、较早暴露自己，以防止在自己力量脆弱的时候被吃掉，他在形式上一直对小明王保持臣属关系，用的还是宋政权的龙凤年号，打的还是红巾军的红色战旗，连斗争的口号也不改变。直到朱元璋改称吴王后，发布文告，第一句话仍是"皇帝圣旨，吴王令旨"，表示自己仍是小明王的臣属。朱元璋经过如此数年卧薪尝胆，积蓄力量，开拓疆土，其所辖的根据地终于巩固地建立起来了，在人们不知不觉中拔地崛起一支足以与元军相匹敌的强大军事力量。

随着朱元璋势力的一天比一天强大起来，原先的盟友，为了争得利益，也逐渐变成了对头，变成了朱元璋改朝换代的强大阻力。于是，朱元璋在同元军进行殊死搏斗的同时，不得不对盘踞在周围的敌对势力进行清除。四周的陈友谅、张士诚、方国珍、陈友定部，以陈友谅部的势力最大，他也是朱元璋占领应天后所遇到的第一个劲敌。

至正二十年(1360)五月，陈友谅以派人祝贺胜利的名义去江州(今九江)杀死徐寿辉。他估计应天指日可下，野心勃发，就以采石五通庙为行殿，草草即了皇帝位，改国号为汉。随后盛食厉兵，约张士诚夹攻朱元璋。

陈友谅当时的势力相当强大，光战舰就有百余艘，且兵众士广，杀气腾腾。驻守应天城中的朱元璋的文官武将，风闻陈友谅部已顺江而下，旌旗指向应天，都吓得惊慌失措。一时间，众将领议论纷纷，有的主张投降，有的主张放弃应天，也有的主张抵抗，各执一词，乱成一团。唯有谋臣刘基成竹在胸，静坐不语。朱元璋问计刘基，刘基答道："张士诚

目光短浅,胸无大志,只满足于割据一方,没有什么可怕的。陈友谅占据上流,拥有精兵利舰,来势凶猛,是一支不可小视的队伍,我们必须集中力量打败他们。这样,张士诚便不敢出兵,应天城就没有什么忧患了。我们再北向中原,必定可成王业。"朱元璋又问他:"如何打败陈友谅呢?"刘基说:"陈友谅自恃人多势众、装备精良,骄傲轻敌。诱敌深入,用伏兵截击,定能取胜。"朱元璋觉得刘基的分析非常深刻,入木三分,便采纳了他的意见,遂决定伏兵智取陈友谅。

如何诱使陈友谅迅速东下、进入伏击圈?使朱元璋颇费思量。突然,他想起了一个人,这就是他早年攻打集庆时招降的元水军元帅康茂才。康本是陈友谅的好友,但归顺朱元璋后,深得器重和宠信。他早有报答朱元璋之意,只是没有机会。此时,朱元璋将他找来,如此这般地告知了他这次行动的计划,他非常痛快地接受了任务,遵照朱元璋的指令,康茂才派一个亲信将其亲笔信秘密送给"老友"陈友谅,约陈及早来攻应天,由他做内应,里应外合,一举拿下应天城。陈友谅见信后,大喜,忙问来人:"康将军现驻在何处?"来人答称在龙江(应天附近)。陈友谅深信不疑,迫不及待地率主力直奔龙江,没有见到康茂才的踪影,方知受骗中计,急令舟师转移。此时为时已晚,朱元璋的伏兵早把陈友谅部团团围住,插翅难逃。只见朱元璋站在高高的卢龙山上擂鼓助战,顿时杀声四起,水陆并进,把陈友谅苦心经营的精锐部队打得丢盔弃甲,死伤无数,落荒而逃。张士诚见状,果然未敢轻举妄动。接着,朱元璋又挥师攻下安徽,收复江西等许多州县,扩大、巩固了胜利成果。

三年后,陈友谅倾其全力,统兵60万包围洪都(今南昌),以报龙江之仇。朱元璋亲率20万大军救援洪都,逼陈友谅退至鄱阳湖。陈军几百艘战舰用铁索联结起来,有十几里长,在兵力上占了显著优势。朱元璋利用敌舰高大、联舟布阵所带来的行驶不灵活的弱点,就决定采取火攻的战术。他派出敢死队,用轻舟装满火药和芦苇,乘机点火,借着风势,冲入敌舰阵。刹那间,火借风势,风助火势,火焰冲天,湖水皆赤。陈部官兵围困在转移不得的战舰上,冲不上,逃不走,只能眼睁睁地看着被大火吞没。眼看这场战斗是无法再继续打下去了,陈友谅只好带兵突围。他刚冲出湖口,不料又遇伏兵拦截,陈友谅被一支飞箭射穿了头颅,而一命归天。

消灭了势力最强、野心最大的陈友谅后,朱元璋又挥师东进,征旗直指雄踞东方的自称"吴王"的张士诚。

张士诚本是个盐贩子,其手下也多是一些盐贩子、盐丁、中小地主和部分贫苦农民。他们由于不堪忍受元朝统治者的压迫凌辱,而趁元末大乱时聚众起兵,作战也十分勇敢。但其领导集团却非常腐败,自称"吴王"的张士诚,胸无大志,只图保住一块地盘尽情地享乐。他终日不理政事,与一批地主文人谈古论今,舞文弄墨。其属下的将军大臣也争相修花园,玩古董,养戏班子,整日寻欢作乐,甚至打仗时还带着舞女做伴解闷,完全丧失了战斗力。

对于张士诚,朱元璋不是急于一下子将他消灭掉,而是分三个阶段对其围攻:首先,攻苏北和淮河下游地区;然后,取湖州、杭州;最后,南北夹击,攻破平江。

朱元璋在围攻张士诚的同时,派大将廖永安去滁州假意迎接小明王至应天,从瓜州(今江苏六合东南)渡江时,廖乘机把船弄翻,使小明王溺死江中。这样,又为以后的登基,扫清了一个绊脚石。

与此同时,朱元璋还制服了浙江的方国珍,平定了福建的陈友定,又乘胜南进攻克了广东、广西。在实现了整个南部中国除四川、云南外的统一后,不失时机地调集精锐部队实施北伐,同元朝政权展开了最后的大决战。

元朝政权虽然依靠地主武装,于至正十九年(1359)攻陷了宋政权都城汴梁(今开封),后又拔掉了宋最后一个据点安丰(今安徽),把北方红巾军也镇压下去。但它的统治基础,也在各支起义军,特别是北方红巾军的沉重打击下趋于瓦解。此时,它仅仅依靠几支地主武装支撑残局,且内部派系林立,矛盾重重,已是摇摇欲坠、不堪一击了。

至正二十七年(1367)十月,朱元璋派徐达、常遇春率25万大军北伐,大军出发前,他亲自制定了一个周密的作战计划:"先取山东,撤除大部的屏障;再回师河南,剪掉它的羽翼;夺取潼关,占据它的门槛。如此一来,天下形势为我所掌握,然后进兵大都,元朝势孤援绝,可不战而胜。"

北伐战争按照朱元璋的计划顺利实施了。当年十一月,徐达就率军推进到山东,平定了山东全境;继而兵分两路,又胜利进军河南,所向披靡,元朝将领纷纷归附。至第二年三四月间,北伐军包围元大都的战略已告完成。

元朝最后的一个皇帝——元顺帝眼看援军无望,孤城难守,慌忙带后妃、太子北逃。八月,徐达率领大军攻进大都,统治近百年的元朝政权宣告被推翻。明朝呼之即出。

虽然朱元璋从骨子里就想登基做皇帝,但却不好自己提出来,好在有一批贴心的下属早已看出了他的心思。

早在七月间,在朱元璋兴致勃勃地与熊鼎等文臣研究庆典雅乐时,李善长便率群臣上表,劝元璋即皇帝位。朱元璋认为时机尚不成熟,"一统之势未成,四方之途尚便",而没有采纳。到了十二月,在战场上南北大局已定时,李善长又率文武百官奉表劝进。朱元璋自谦说:自己"功德浅薄,自愧弗如,还不足以当此造福万民的皇帝重任",而再一次推辞不就。第二天,李善长再率百官恳请,说道:"殿下谦让之德,已经著于四方,感于神明。愿为生民百姓的利益着想,答应群臣的要求。"朱元璋终于同意登基做皇帝了。

强权政治

朱元璋梦寐以求、文臣武将们翘首以待的好日子就要到来了。经过多日的准备,至正二十八年(1368)正月,在北伐胜利攻克山东的凯歌声中,40岁的朱元璋在文武百官的欢呼声中于应天城中的奉天殿内正式登上皇位,改国号为大明,年号为洪武,应天为南京。同时,册封马氏为皇后,长子朱标为太子;任命李善长、徐达为左右丞相,刘基为御史中丞兼太史令。至此,一个出身农家、横笛牛背的牧童,经过奋斗,终于成了我国历史上

继刘邦之后的又一位出身布衣的开国君主。

凡事冷静,是朱元璋成功的一大秘诀。越是打了胜仗,越是办事顺利,他的头脑就越清醒,就越是能从中捕捉到可能发生的隐忧隐患。现在衮冕登极,实现了多年的愿望,他自然处在极度的兴奋当中,不过他很快就从激动的情绪中平静下来。即位第二天,他就告诉身边侍臣,说:"你们知道,创业之初是怎样的困难,而不知道守成会更加困难。"第三天,在奉天殿内外大宴群臣时,他又专门讲了保持忧患意识的重要性,说:"处天下者,当以天下为忧;处一国者,当以一国为忧;处一家者,当以一家为忧。身担天下国家之重,不可顷刻忘却警畏。"

朱元璋登基以后,每天天不亮就开始批阅奏章,接见大臣,一直忙到深夜。他兢兢业业,一心想着如何巩固统治,使大明的江山、朱家王朝得以万世长存。

元末明初,经过近20年的战争,人们转徙流离,或死于饥荒,或亡于战火。到处都是灌莽弥望、一片荒凉的景象。同时,元政权垮台后,蒙古贵族虽退居漠北,但仍然保存有一定的势力,其"引弓之士,不下百万也;归附之部落,不下数千里也",随时准备卷土重来,严重威胁着明朝边疆的安全。在明王朝内部,伴随着新政权的确立,统治集团之间争权夺利的矛盾与日俱增。这一切,都威胁着新王朝的统治。面对严酷的现实,他决心在幅员广阔的大明帝国建立起一套权力高度集中、运转自如、犹臂使指的统治政权。于是,他首先大刀阔斧地开始了改革旧制,以建立高度发展的中央集权制。

洪武初年的官僚机构,基本上还是沿袭了元朝的建置。在实践中,朱元璋逐渐感到,现行的政治体制潜伏着十分严重的危机,特别是中书省。中书省总管天下政事,掌管中书省的丞相统率百官,对政务有专决能力,位居一人之下万人之上,掌握着行政大权,容易造成大权旁落,酿成军权与相权的对立。

地方政权机构也沿袭元制,即设行中书省。元代行中书省统管一省军政、民政、财政大权,便形成了枝强干弱、地方跋扈的局面。实际上,一个行中书省就是一个独立王国。朱元璋曾做过小明王的行中书省丞相。想当初,他表面拥戴小明王,实则不把小明王放在眼里。所以,他对元代设置行中书省的弊端看得最深刻了。

看到了官僚机构设置的弊端,朱元璋就着手大刀阔斧地进行改革。为了缩小矛盾,他首先对地方政权机构进行了改革。他决计把地方政权控制在中央,只许地方奉令唯谨。于是,朱元璋把行中书省改为布政司,设左、右布政使各一人。布政司和行中书省的性质有着根本的不同:行中书省是中书省的分出机构,布政司则是皇室的派出机构。前者是中央分权于地方,后者是地方集权于中央。布政使是中央派驻地方的使臣,负责宣传、执行朝廷的政令,秉承朝廷的意旨。同时,地方还设置了掌管军事的都指挥使司和管理司法的提刑按察使司。这三个机构合称"三司",彼此互不统辖,既各自独立,又相互牵制,都直接听命于朝廷的指挥,达到了朝廷收回大权的目的。

实现了对地方行政机构的改革之后,朱元璋又开始集中精力对中央政府机构,首先是总揽天下政事的中书省的改革。本来中书省在中央各机构中位置都重要,其行政长官左、右丞相又负有统率百官之责,这样君权与相权、皇帝与丞相之间的矛盾最容易激化。

明初的第一任丞相李善长、徐达，因与朱元璋共同打得江山，又遇事必请示朱元璋，得到朱元璋的首肯后才执行，他们之间相处得倒也相安无事。但是，相位传至胡惟庸时就不同了，1373 年，定远人胡惟庸被晋升为中书省丞相。他因是朱元璋建国的第一号功臣李善长的女婿，深得朱氏的宠信，于是在朝中结党营私，组成一个淮人官僚集团，且大权独揽，独断专行，对官员升降、生杀之事，他都自作主张，不向朱元璋请示。刘基曾对朱元璋说过："胡惟庸是一头难驯的小犊，将来会愤辕而破犁。"而极力让朱元璋罢免胡惟庸。但是，朱元璋念及李善长的友谊，又从内心里宠爱胡惟庸，就没有采纳刘基的意见。这样一来，胡惟庸更是有恃无恐，变本加厉地网罗自己的党羽，组织自己的小团体，肆无忌惮地排斥异己，妄图与朱元璋分庭抗礼，称霸天下，终于引起了朱元璋的警觉。洪武十三年（1380），有人告发胡惟庸阴谋叛乱，朱元璋毫不留情地对他进行抄家灭族，并乘机下令废除中书省，声称今后永不再设丞相一职，大臣中如有奏请再立者，处以重刑。同时，提高吏、户、礼、兵、刑、工等六部的地位，由六部分理朝政，各部尚书直接对皇帝负责，奉行皇帝的命令。六部分任而无总揽之权，政务由皇帝亲裁。此时，朱元璋实际上在兼行宰相的职权，封建中央集权发展到了顶峰，他成了历史上权力最大的君主之一。

朱元璋在继废中书、罢丞相之后，对中央监察、审判机构也进行了一系列改革调整。

中央的监察机关明初为御使台，洪武十五年（1381），朱元璋把它改为都察院，下设十三道监察御史。其职权是：纠察百官，辨明冤枉，凡有大臣奸邪、小人构党，擅作威福，扰乱朝政，或贪污舞弊、变乱祖制的，都要随时检举弹劾。这实际上是些"天子耳目风纪之司"，起着为皇帝搏击异己的鹰犬作用。

朱元璋即位时，中央军事机关为大都督府，统领全国所有的卫所军队。他认为大都督府的权力太大，在废除中书省时就把它一分为五，设立左、右、中、前、后五军都督府，分别统领所辖的卫所军队。并规定，都督府只管军籍和军政，而由兵部掌握军令颁发和军官铨先之权。若遇战事，调遣军队和任命将帅将由皇帝决定。只有在皇帝做出决定之后，兵部发出调兵命令，都督府长官才可奉命出为将帅，带领所调集的军队出征。一旦战事结束，将帅即要交还帅印。这样一来，军权也集中到了皇帝手里。

经过一番改革和经营，朱元璋把全国军政大权都集中到了中央，最后统归皇帝一人掌握。他认为这套严密的统治制度，是确保朱家王朝"万世一统"的最好制度，特地编订一部《皇明祖训》，要求他的子孙后代必须世代遵守，不可妄加改变。

这样一来，朱元璋的皇权确实强化了，但皇帝的政务也随之繁重起来了。过去，政务有丞相协助，现在，朱元璋一人独揽大权，事无巨细，一切事情都要他亲自处理。当时，国事待兴，政务十分纷繁，长此下去，或者要误大事，或者要把皇帝的身体累垮。朱元璋便在洪武十五年（1382）设置了华盖殿、文华殿、武英殿、文渊殿、东阁等殿阁大学士，以帮助朱元璋阅读奏章，处理起草文书，襄助侍从，以备顾问，无丞相之名，实干丞相之事。昔日的忙乱现象逐渐得了改观，工作效率也增加了不少。

设锦衣卫

　　还是在大明王朝建立的前夕,朱元璋就将文武百官请到自己身边,给大家出了个题目:元朝为什么会土崩瓦解?不久将诞生的新王朝的当务之急是什么?让大家各抒己见。刘基首先进言:"宋元以来,宽纵日久,当使纪纲整肃然后才能实施新政。"朱元璋一边洗耳恭听,一边陷入思索:想当初元朝统一海内,政治不可谓不清明,只是到了后来,贵戚专权,奸邪得宠,内外勾结,使法度松弛,纪纲日坏,造成国家土崩瓦解。现在是大明创业之初,要改变这种状况,恢复建立封建秩序,必须制定严格的法律。

　　根据朱元璋的命令,李善长于至正二十七年(1367)就开始了从事法律的制订工作。对各级官吏的职权任务以及应当遵守的事项,都做出了详细的规定;对官吏的违法乱纪行为,也制定出了具体的惩处办法。洪武三十年(1397),经朱元璋的授权,终于正式颁布了几经修改、已趋完善的《大明历》。该历法十分具体,执行起来非常方便,尤其是对官吏贪污,处罚得特别重,这也反映出执政之初的朱元璋仍然保留着质朴的农民习气,对贪官污吏尤其深恶痛绝。法律规定:凡犯有贪赃罪的官吏一经查证属实,一律发配到北方荒漠地区充军;官吏贪污获赃白银60两以上者,处以枭首示众、剥皮实草之刑。

　　后来,朱元璋根据《大明历》的施行情况,又差人编出了《大诰》,共汇编了案例一万多件,要求每户都持有一册,经常翻阅,起到警示作用。朱元璋在《序言》中写道:"将残害百姓的事例昭示天下,各级官吏敢有不务公而务私、贪赃酷民的,务必追究到底,严加惩处。"朱元璋对自己主持制定的法律非常满意,除要求各级严格施行外,还要求自己的家人和大臣带头执行,若有违犯,执法即相当严厉,这在中国古代封建帝王中是很少有的。这样的例子很多,在这里仅略举一二:他的女婿、驸马都尉欧阳伦,因违犯法律贩运私盐,且不听小吏的劝阻,朱元璋知道后,立即下令赐死欧阳伦,并发了通敕令,表扬了那位劝阻的小吏;他的义子、亲侄朱文正,因违法乱纪,朱元璋就撤了他的官职;开国功臣汤和的姑父,自以为有强硬的靠山,就隐瞒土地数量,不纳税粮,朱元璋也依法将他处死。

　　为了大明王朝的长治久安,朱元璋同贪赃枉法者的斗争十分坚决,顶住了一切压力,毫不手软。他除了注意平时依法严查以外,还集中力量处理了几个权力大、根子深、影响坏的贪污案件,一查到底,严查严办,不给他们留有任何幻想,得到了全国百姓的广泛赞同。洪武十八年(1385),御史徐敏、丁举廷告发北京承宣布政使司、提刑按察使司的官吏李彧、赵全德等人,伙同户部次郎郭桓、胡益、王道亨等人贪污舞弊,吞盗官粮。朱元璋听说这件事后,十分愤怒,当即命令司法部门依法严加追查。查到后来,进展缓慢,司法部门也感到很棘手,因为这个案件一直牵连到礼部尚书赵瑁、刑部尚书王惠迪、兵部侍郎王志、工部侍郎麦志得等高级官员和许多布政使司的官员。在追查他们内外勾结,狼狈为奸,盗窃国库的金银财宝,盗卖官仓里的粮食时,又发现他们还贪污了大量的没有入库的税粮和渔盐等项税款,其数量之大,令人震惊,案件查清后,看到如此大案要案,且牵扯到的要犯职位之高、人数之广,司法部门不敢依法执行,只好请示朱元璋。朱元璋当即下令将赵瑁、王惠迪等人弃市,郭桓及六部侍郎以下的官员也统统处死。一时间,与各布政使司有牵连的大小官吏几万人也都被逮捕入狱,严加治罪。各地卷入这个案件的官吏、富豪被抄家、处死者不计其数。一段时间里,彻底打击了贪赃枉法者的气焰,此类案件的发生数量急剧下降,百姓无不拍手称快。

为了加强对臣民的监视和控制,及早发现有不忠于自己的地方,朱元璋一贯采取彼此提防、加强监视的措施,且收到了良好的效果。早在战争时期,元璋曾以多收义子做耳目,达到监视的目的;建国前后,已开始使用太监做眼。后来,朱元璋设立了负责保卫和侦缉的两个特务系统:一个系统叫检校,一个系统叫锦衣卫。检校"专主察听。在京大小衙门官吏不公不法及风闻之事,无不奏闻。"重要的头目有高见贤、夏煜、杨宪、凌说等人。元璋把这几个人比作自己养的几条恶狗,使人见人怕。他们都以"伺察搏击"即访人的阴私、打小报告以博取主子的欢心,同时也把自己搞得声名狼藉,后来,连朱元璋也容不下他们了,把他们统统处决。锦衣卫的前身是拱卫司和亲军都尉府,正式建立于洪武十五年(1382),是皇帝的仪仗和贴身的警卫部队,它还专门设立有刑讯机构镇抚司,朱元璋亲自过问的案子都交镇抚司刑讯办理。这样一来,锦衣卫从缉查逮捕到刑讯一应俱全,就构成了严密的特务系统。

这些特务几乎是无孔不入,不管是文官武将的所作所为,都逃不过他们的鹰眼犬鼻。对京城武将的监视之细微,涉及了他们的家庭琐事。大将华高、胡大海之妻礼佛敬僧,与外籍僧人有来往,向他们学习西天教法。被他们知道后,就告了上去,朱元璋勃然大怒,命人将两家的妇人和僧人一起投入水中致死。浙江绍兴70多岁的老儒钱宰被征到京城编书,因年老力衰、精神疲倦,一天,不觉吟到:"四鼓咚咚起着衣,午门朝见尚嫌迟。何时得遂田园乐,睡到人间饭熟时。"第二天,文华殿赐宴,元璋对钱宰说:"昨天你做得好诗。可是,我何尝嫌你,'嫌'字何不换成'忧'字?"钱宰吓黄了脸,忙跪下谢罪。大学士宋濂有一次请客喝酒,朱元璋秘密遣人监视,看这个老实谨厚的人是否表里如一。第二天,问宋濂:昨天饮酒了吗?请的什么客,吃的是什么菜?宋濂答毕,朱元璋笑着说:"说的对。你真是个老实人。"国子监祭酒宋讷很受朱元璋的信任,一天,朱元璋突然问他:"宋祭酒昨天为什么独坐发怒?"宋讷大惊,说道:"昨天有诸生走路颠跑而跌倒,摔破了茶具。臣觉得是自己的教育没尽到责任,就独坐着自责。皇上是怎么知道的?"当朱元璋把偷偷监视他的特务画的画像拿给他看时,他连忙跪地叩头谢罪。由此可见,朱元璋所建立的特务组织之严密,特务们的无孔不入。

朱元璋不仅有一套严密的政治统治制度,而且对人们的思想控制也相当严密。也正因为如此,他亲手酿造了一桩桩触目惊心的文字狱。

像朱元璋这样,家境贫困,自幼失学,成年以后在战争与厮杀中才开始读书学习,而能够操觚成文,马背哼诗,粗通文史,已实在是很不容易的了。但是,比起朝中那些从小就饱读经书的文人墨客,朱元璋所掌握的学识实在是少得可怜。在那个讲门第、讲资格、讲知识的年代,以皇帝之尊也无法弥补这种心理上的缺陷,他不免感到自惭形秽。这时,

他会觉得眼前那些舞文弄墨的文臣,趾高气扬,看不起他。这种高贵与卑贱两种相互矛盾的潜意识的冲击,使朱元璋与贤士大夫之间,形成了相当微妙的关系。他最不高兴人们提他的出身经历;对于臣属的言辞文字,他都反复推敲,注意寻找有否挖苦诽谤之处。因为朱元璋做过几年和尚,故与和尚有关的"僧""光""秃"字都是他最忌讳的,甚至连与此有关的谐音字也不能在奏章文字中出现。杭州府学教授徐一夔在其起草的《贺表》里有:"光天之下,天生圣人,为世作则"的话。这本来是歌颂朱元璋的,可读罢他却勃然大怒:"这个腐儒竟敢这么侮辱我。'生'者,'僧'也,骂我当和尚;'光'则,'秃'也,说我是个秃子;'则'字音近'贼'字,骂我做过贼。"于是下令将他处死。这样一来,在朝野文人当中造成了一个"开口怕锦衣卫,提笔怕文字狱"的人人自危的恐怖局面。这可以说是当时整治国家机构,进行法律建设取得成效之中的一个不合拍的"音符"。

发展生产

建国之后,朱元璋在对政治制度、法律制度实行大刀阔斧、卓有成效地改革的同时,也着手医治战争创伤,恢复和发展社会经济。

明帝国建立后,朱元璋在经济上所面临的是一幅凋敝不堪的景象。元末明初的20多年的战乱,使整个中国遍地荆棘,满目疮痍。当时的河北平原,荆榛丛生,积骸成丘,人烟断绝;一向发达的汉中地区,也是一片荒草灌丛,虎豹出入其中;就连唐宋以来的南北交通枢纽、繁华的扬州城也变成了一片废墟。

面对着这个衰败的局面,朱元璋即位不久(洪武元年正月十三日),就将御史中丞刘基召到偏殿,寻问治理的良策,说道:"十几年来,群雄角逐,生灵涂炭。而今天下开始太平,恐怕要考虑一下百姓休养生息的事情。"刘基略一沉吟,便答道:"要对人民采取宽仁的政策。"朱元璋说:"笼统讲宽仁不讲实惠,也无益。依我看来,必须使民众的财力增加,减少劳役,安养生息,为国家创造财富,百姓足而后国富,百姓逸而后国安,未有民困穷而国独富安者。"

农业是封建社会最主要的生产部门。朱元璋在恢复和发展社会经济中,把农业放在了重要的位置。为了稳定经济残破的北方新平定地区,朱元璋下令免除其农民一年到三年的租税,并对贫户饥民输谷赈济。洪武二年(1369)三月平定了陕西时,正值关中大饥,朱元璋命令立即调运粮食,每户发粟3石,一下了稳定了陕西的局势。因为朱元璋懂得:"得民心者得天下。抚恤老幼,天下为人子弟父母者感悦诚服。如果任他们贫困而不周恤,他们还要我这个皇帝有什么用? 必然不听我的指挥而叛乱、暴动。"

要发展农业生产,就必须保证农业第一线有足够的劳力资源。于是,就号召百姓归农,垦荒种植。对因战乱而离乡出走者,若返乡复业,给予适当的奖励。奖励之外,还采取了一些强制性措施。朱元璋下令将那些游手好闲、赌博无业的二流子加以逮捕监禁,关进"逍遥牢",改造一段时间后迫令其归农,有的则迁于边远的地方。对那些有田不耕、

任其荒芜的,则全家迁发荒凉边远的地区弃军。并把"开荒垦种,劝民归农"作为对地方官考核的重要标准。洪武五年(1372),又发布诏令,解放奴婢,计他们归农垦种。而且明令,除去贵族、官僚之外,一般百姓之家,再也不准买卖收养奴婢。富贵之家的奴婢也应减少到最少数量。违者,施行杖刑。

除去就地开垦,还实行移民垦荒。移民垦荒又称民屯。迁出民户的,主要是那些"地狭民多,小民无田以耕"的地区。大规模的组织移民屯垦始于洪武三年(1370),迁徙苏、松、杭、嘉、湖五府 4000 多无地民户到凤阳。其后又大规模迁民 7 次之多,先后有 20 多万人迁徙到他地垦荒种田。移民一般由政府提供路费,发放耕牛、农具、种子,并免除三年赋役。这些外来移民与当地的土著居民分别管理,自成聚落,一般称之为某某屯,以与原来土著称为乡、社的村落相区别。

除了民屯之外,还有军屯、商屯两种。军屯是由卫所军队来承担的。建国初始,朝廷就明令:"天下卫所,一律屯田。"要求边地的军队三分守城、七分屯耕,内地的军队二分守城、八分屯种。拨给士兵每人 50 亩地,并统一发放耕牛、种子和农具。屯种的头几年不纳税,以后每亩只交税一斗,其余作为本卫所的军粮。明代初期有 100 多万军队,其军粮绝大部分来自军屯。所以,朱元璋曾自豪地说:"我养兵百万,不需要百姓支付一粒粮食。"商屯是军屯的补充。明初政府曾实行"中盐法",要求商人运粮到边境入仓,商人再将盐运回内地贩卖。后来,商人干脆就在边境地区募民屯垦,所获谷物就地入仓,以减省运费。

朱元璋奖励屯垦的政策,收到了显著的成果。据不完全统计,到洪武十三年(1370),共垦荒地 1.8 亿多亩,加上军屯和商屯垦田,垦荒总面积远远超出了原来的熟田面积,十几年间耕地面积增加了一倍多。使残破的经济逐渐走向复苏,满目疮痍的局面初步得到根治。

但是,随之而来又出现了新问题。大规模的垦荒,不仅促进了自耕农的成长,也促成了中小地主的再生。垦荒不仅是劳动的投入,更重要的是农具、牲畜、种子的投入。谁更多地掌握这些生产资料,谁就可能占有更多的耕地。国家奖励垦荒,不限制亩数,减免徭役赋税,就便利了这些有余力者占有了更多的土地并占有他人的劳动。"富家隐藏逃户,辟地多而纳粮少,故积有余财而愈富。"使自耕农之间迅速发生了两极分化,新的地主富户又不断地迅速成长起来。

当朱元璋了解到这个情况后,针对抢占荒地和出租雇佃的情况,洪武十四年(1381)朱元璋下令在全国进行户口普查,洪武二十年(1378)又在全国普遍丈量土地,并根据拥有田地的数量,对所交纳的赋税进行了适当的调整,辟地多者,纳粮亦多。限制了贫富之间差别的加大,减轻了普通农民的负担,调动了广大农民的生产积极性。

朱元璋虽然贵为一国之尊,但由于他出身贫苦,少年时代饱经沧桑,青年时又度过了艰苦的军旅生涯,可以说,世间所有的苦,他都饱尝过。因而,他对"成由节俭破由奢""节俭则倡,淫逸则亡"这样的古训有着切身的体会。正是因为有过艰难的经历,使他把节俭既看作是一种美德,又看作是一种治国方策,看作是抚慰百姓、安定民生的重要措施。

在此方面，朱元璋总是从我做起，从宫廷内部首先做起，以身垂范。他曾说过："珠玉非宝，节俭是宝。"他的宫室起居、吃用等相对其他帝王来说，相当俭朴。并且一生谨言饬行。他一般不近女乐歌舞，不看戏曲，更没有酣歌夜饮的习惯。他一心扑在国事上，戴着星辰起床，日暮才回后宫。在公事的空闲，多是读读书，或是与文人学士谈论经史文学，丰富自己的知识。

朱元璋对他的嫔妃、太监的要求也很严格。包表笺的包裹绣有金龙，元璋命宫人清洗出来，将金粉积少成多，铸成金块。还命宫人将做衣服剩下的绸缎片缝成百衲被面，供平时使用。一天，他回到后宫，见到地上散乱放堆着一些零碎丝绸，便把嫔妃全部召来，给她们算一笔百姓养蚕丝织应役纳赋账目，而后下令，再有这样浪费的，必严加惩处。他命令太监在皇宫墙边种菜，不要建造楼台亭阁，并要太监织造麻鞋、竹藤。为了让皇子们得到锻炼，他规定他们出城稍远，要骑马十分之七，步行十分之三；并让他们深入到农家的茅草小屋，看看农民吃、住、用的情况，让他们从小就体察民情。

朱元璋虽然因家境贫困没有上过一天学，但他却喜爱读书，推崇文人。在他的队伍草创初期，便与李善长、冯氏兄弟、范常等读书人结下了不解之缘。而后，江浙文人学士聚集在他麾下，他们于戎马倥偬之中，讲经论史，寻章摘句，联句吟诗。在有了相当的阅读能力之后，元璋不仅择经读史，揣摩兵书，学习星占，浏览申、韩法家南面之术，苏、张纵横辩说之词，李、杜诗家吟咏之作。一直到称帝之后，这种学习从不间断。通过学习，使他从一个识字不多的一介武夫变成了一个文化人。他粗通《四书》《五经》、诸朝基本史实，与文臣讲论，常常引经据典，对许多历史上的著名人物、著名的事件都有独特的见解和评说。这些，为他成为中国历史上的卓越政治家、军事家，打下了良好的基础。

洪武三十一年（1398），一代开国名君、71岁的朱元璋因病长逝，谥高皇帝，庙号太祖。同历史上其他皇帝一样，朱元璋生前就安排好了自己的后事，生前就在南京钟山南麓的独龙阜建好了他的陵墓——孝陵，死后就安葬在此处。

他一生生育了24子、16公主。遗诏命太孙朱允炆嗣位。

永乐大帝

——明成祖朱棣

名人档案

成　祖：名朱棣。朱元璋第四子。属鼠。性格多疑好杀。攻败建文帝朱允炆后夺位。在位23年，亲征漠北返师途中病死，终年65岁。

生卒时间：公元1360年～公元1424年

安葬之地：葬于长陵（今北京昌平十三陵）。谥号启天弘道高明肇运圣武神功纯仁至孝文皇帝，庙号成祖，史称永乐皇帝。

历史功过：肃清旧党，巩固皇权；恢复生产，发展文化；交好邻国，加强交流；五征大漠，民族融合。设立东厂，埋下明亡祸根。

名家评点："成祖知人善任，表里洞达，雄武之略，同符高祖。"

一身武艺

朱棣因为性格酷肖朱元璋，因而从小就得到父亲的宠爱。朱棣10岁时，被父亲封为燕王，成为父亲的掌上明珠。公元1378年，大明正式定都南京后，朱元璋开始陆续将各亲王派到他们的封国里去。公元1380年，年满20岁的朱棣也进驻了北平封国，与当时奉命镇守北平的徐达结为忘年之交，并开始跟徐达学习兵法，练习武艺，徐达还将自己的长女许配给朱棣，被册为燕王妃。

朱棣在徐达的严格教授下，练就了一身好武艺，而且逐渐显露出卓越的军事才能。自二哥秦王、三哥晋王相继去世后，燕王独守北部边防，拥有强大的军事实力，而且受到

了朱元璋特别的器重。而朱棣也没有辜负父亲和徐达的期望,他多次受命北征元兵,屡建战功,令元兵闻风丧胆。捷报传来,朱元璋说:"将来肃清蒙古沙漠,还须靠燕王!"朱棣权力炽盛,兵强马壮,加上他又兼任燕京故元遗都的天时地利,于是觊觎皇位的欲望和野心开始与日滋生。

公元 1392 年,太子朱标忧悒成疾,一命呜呼。朱元璋在众大臣的劝告下,于公元1393 年九月,立朱允炆为皇太孙。虽然皇位继承人已成事实,但朱棣夺取帝位的野心却没有因此而一日或忘。就在朱棣准备夺取帝位的时候,年迈的朱元璋也与世长辞,朱允炆按照祖父的遗诏,于公元 1398 年登上了大明朝第二代皇帝的御座。

朱允炆即位后,在处理皇权与王权矛盾的问题上,采取了激烈的手段,先后削去了周王、岷王、代王、齐王的王爵,将他们贬为平民,湘王自焚而死。孤立了燕王后,朱允炆便计划收拾燕王。听到五王的悲惨命运后,早就在准备夺取帝位的朱棣为了避免朱允炆猜忌,于是装疯卖傻,整天披散着头发在大街上奔走狂呼。他有时在街上抢夺市人的酒食,有时躺在地上整日不起。奉朱允炆命监视朱棣的谢贵听说后,到燕王府探视。时值盛夏,府内却生着火炉,火焰熊熊,朱棣身披羔裘,守在炉前,还浑身瑟瑟发抖,连连喊冷。谢信以为真,暗报朝廷。燕王府的长史葛诚密告谢贵说,燕王无病,万万不能放松警惕。

后来,朱允炆果然得到了朱棣即要起兵的确切情报,便密令谢贵和原为朱棣亲信的北平都指挥使张信等人前往拘捕朱棣。张信昔日多受朱棣信任,受命后不知所措,于是回家将此事秉明了母亲。其母大惊说:"我听说燕王当有天下,王者不死,你怎么能够抓他呢?"听了母亲之言,张信立即偷偷来见朱棣。朱棣见了张信后,仍佯装疯傻。张信跪倒在地说:"我奉朝廷密令前来逮捕你,你如果有病,我就将你押解至京;如果你没病,就赶紧早做准备。"闻听此言,朱棣急忙起床下拜,说:"恩张,恩张,生我一家,全靠足下。"张信遂将京中的密旨,一一报告了朱棣。

登基称帝

朱棣将计就计,捕杀了前来捉拿自己的谢贵等人,并于公元 1399 年秋,以"清君侧"为借口,发动了"靖难之役",并最终取胜。公元 1402 年,朱棣即位,成为明朝第三代皇帝。

靖难之役后,全国上下局势动荡不安,朱棣审时度势,采取了镇压和怀柔两手并用政策,以进一步巩固皇权。进京不久就展开了对旧臣的诛杀,齐泰、黄子澄等人首当其冲,并被诛族。其他旧臣陆续被捕后,稍有不屈,就备受惨毒,不是击齿,就是割舌,甚至截断手足,有的被杀后,还要诛灭三族。

为了加强对朝野内外的控制,朱棣于公元 1420 年设立了东厂,任命宦官主持。东厂与锦衣卫的结合,开明代阉宦特务政治之先河,为朱家王朝的最后覆亡埋下了罪恶的根源。

迁都北京

剿灭旧党后，朱棣为了加强北方的军事力量，防止外寇入侵，在深思熟虑后，决定迁都北平，并于公元 1406 年开始营建北京城。公元 1420 年，北京城竣工。公元 1421 年，朱棣率群臣北迁，将南京作为留都。

朱棣即位后，徐皇后曾劝谏，"南北征战，兵民疲敝，此后宜与民休息。所有当世贤才，都是高皇帝所遗，不要分新旧。"朱棣采纳了徐皇后的建议，在严厉镇压部分反抗旧臣的同时，对跟随他夺位的文武功臣，都给予了提拔重用；周、齐、代、岷四王，全部恢复原爵，各令归国；对朱允炆的故吏，只要能够真心归附新朝，朱棣也有选择地量才施用。

安定团结的政治局面，为经济的发展奠定了基础。朱棣在经济上继续推行朱元璋的休养生息、移民屯田和奖励垦荒等政策，努力恢复和发展被战争破坏了的社会生产。随着农业的繁荣，手工业和商业也取得了长足的进步。造船业也有了相当大的发展，当时所造的航海船，最大的长 44 丈，宽 18 丈，可乘载 1000 多人，并备有航海图和罗盘针等先进的航海设备，成为当时世界上最先进的造船国家。

朱棣还十分重视发展文化事业，注意文化典籍的搜集整理工作。公元 1403 年，朱棣授命解缙组织编纂《永乐大典》，并先后调集 3000 多人参与了这项浩大的工程。公元 1407 年，《永乐大典》编纂完毕，该书拥有 22937 卷，约 37000 万字，成为当时世界上最大的类书之一。朱棣亲自为本赐名并作序。可惜后来八国联军入侵北京时，此书大部遭焚毁，剩下的几部也被侵略者劫往国外。

作为朱元璋后的一代明君，朱棣不仅在发展国内政治、经济、文化诸方面做出了贡献，而且在发展同亚非国家的友好交往和经济文化交流等外交方面也充分显示了其卓越的才能。公元 1405 年，朱棣派太监郑和率领 27800 多人的船队，带着大量的丝织品、茶叶、瓷器等，分乘 62 艘海船，自刘家港（今江苏太仓浏河镇）启航，直抵占城（今越南），然后往南到达爪哇、苏门答腊（今印度尼西亚），再往西到达满剌加（今马来西亚）、古里（今印度南部）等地。自此之后，郑和又在 29 年内七下西洋，先后达到东南亚、印度洋沿岸、非洲东海岸等 30 多个国家和地区。每到一个国家，他们都以明朝使节的身份，向当地首领赠送朱棣的礼品，表达建立邦交、发展友好关系的诚意，并邀请他们来中国访问。此外，他们还同当地进行贸易，用带去的物品换回了象牙、珍珠、珊瑚、香料等物品。人们称大明船队为"宝船"。

郑和下西洋，是我国航海史上的一个创举，不仅大大促进了我国同亚、非国家的政治、经济、文化交流，增进了各国人民的友谊，而且把我国古代的航海业推向了一个新的高峰。郑和下西洋之后，许多国家的国王、首脑和使臣，纷纷来到中国访问，建立了邦交和贸易关系；中国去东南亚的侨民也迅速增加，他们带去了先进的生产技术和文化知识，为南洋的开发做出了巨大的贡献。

治国安邦

朱棣虽以非传统方式登基,但的确是一个治国安邦的有为之君。他即位后,继承朱元璋的未竟之志,以通好和防御两种策略巩固和发展了大明朝多民族国家的统一事业。

公元 1403 年,朱棣派使臣招抚女真各部,女真各部的首领相继归附。朱棣还在开原(今属辽宁)设立马市,同海西、建州两部进行交易。同时,发给女真酋长许可证,允许他们每年到指定地点做买卖。整个永乐王朝,女真族都按时入贡,与明朝和睦相处,友好往来。

后来,朱棣继父亲在辽阳建立辽东都指挥使司后,又下令设立了奴儿干都指挥使司,并在当地先后设置了 370 卫,20 所,任命当地部族酋长担任卫所官员,且代代承袭。为了便利运输军需、贡赋物品和传递公文,朱棣下令在元代驿站的基础上,扩建、新建驿站,延长或新辟线路。朱棣还加强了同西藏人民的经济、政治、文化上的交流;设立了贵州布政使司,同西南地区人民友好往来;进一步加强了对西域的控制。

尽管朱棣在发展同各民族关系过程中做出了积极贡献,但真正显示其雄才大略的是他五次远征漠北所建立的不朽功绩。

远征的对象是蒙古鞑靼、瓦剌和兀良哈三部中的鞑靼部。这三部是蒙古在元顺帝死后,内部不断纷争所形成的,其中尤以鞑靼部最为强盛。朱棣上台后,对蒙古仍然采取父亲"威德兼施"的政策,一面修好,一面积极做好防御准备。公元 1409 年,朱棣派使者带着大量绢币前往蒙古各部招抚,瓦剌首领马哈木、太平、把秃孛罗分别被明朝封为顺宁王、贤义王和安乐王;而鞑靼可汗本雅失里,不仅拒不归附,还杀了大明使臣,发兵进攻明朝边境。朱棣闻讯即命邱福统兵十万,北征鞑靼,但邱福不听朱棣之言,轻敌妄进,全军没于胪朐河(今蒙古克鲁伦河)。朱棣大怒,命追夺邱福封爵,以太子监国,于公元 1410年,亲率大军 50 万北征鞑靼,两军大战于斡难河畔,朱棣身先士卒,大败敌众,本雅失里只带着 7 骑渡河逃走。

此后,朱棣又先后于公元 1414 年、公元 1422 年、公元 1423 年亲征漠北。所谓"杀敌一千,自损八百",这些北伐战争,虽然有效地防御和打击了蒙古贵族,但也耗费了明朝大量的人财物力。户部尚书等人力谏罢兵,休养兵民,但朱棣力排众议,一方面把这些反对北伐的朝臣逮捕入狱,另一方面又发动了第五次亲征阿鲁台的战争。但此次亲征却连个敌人的影子也没有看到,空劳军师,一无所获。朱棣也因军粮将尽,只好下令班师回京。

在回朝途经清水源时,朱棣命大学士杨荣在一高数十丈的陡峭悬崖上刻石记功,"使万世后知朕过此。"刻石铭功后,朱棣突感不适,不日之后,病情猛然加重。公元 1424 年,朱棣病逝于榆木川(今内蒙古乌珠穆沁附近),享年 65 岁。

开国之君

——清太祖努尔哈赤

名人档案

太　祖：名爱新觉罗·努尔哈赤。属羊。性格擅谋略。明朝龙虎将军，后金国(清朝前身)创立者。在位11年，在战争中被火炮击伤，后病死，终年68岁。

生卒时间：公元1559年~公元1626年

安葬之地：葬于福陵(今辽东沈阳东北30里天柱山南)。谥号承天广运圣德神功肇纪立极仁孝睿武端毅钦安弘文定业高皇帝，庙号太祖。

历史功过：统一女真，招抚蒙古，制定满文，缔造八旗，建立后金，迁都沈阳。萨尔浒战役的胜利，是他一生最得意的事情；但由于轻敌，兵败宁远成为他一生的耻辱。

名家评点：麾动八旗惊破天，一生功过在雕鞍。汗王铁甲生虮虱，犹恨未得山海关。

青年时期

努尔哈赤出生于明建州左卫苏克素浒河部的赫图阿拉(今辽宁省新宾满族自治县)。他的五世祖董山(童仓)，于明正统七年(1442)，被明英宗授为都督同知，掌管建州左卫事务。他的祖父觉昌安、父亲塔克世，均为明建州左卫的官员，实心任事，忠于职守。塔克世有五子一女：正妻喜塔拉氏诞育三子一女，即长子努尔哈赤、第三子舒尔哈齐、第四子

雅尔哈齐和一个女儿;侧室李佳氏养育一子,即第二子穆尔哈齐;继妻纳喇氏只生育一子,即第五子巴雅喇。

塔克世的家庭在当时女真族中算是一个中产之家。家里蓄养着奴仆,满语叫奴仆为阿哈,又叫作包衣阿哈。阿哈等进行各种劳动,如耕田植谷,汲水砍柴,采集放牧,捕鱼打猎。他们吃的主要是田里出产的稻米和杂粮,种植的蔬菜,采集后的蘑菇和木耳,还将猎获的野兽充作肉食。他们的穿着习俗同其他女真人一样,男子剃发垂辫,身着袍褂,袖口前长后短,俗称马蹄袖。身系腰带,足登靰鞡——用猪皮或鹿皮做的、以兀拉草做垫料的靴子。妇女为天足,穿着长衫,袖口狭窄,后来俗称旗袍。他们住着泥草房,房屋外面围着木栅栏(围墙)。住室内南、西、北三面,用土坯砌成火炕,南炕为尊,北炕为卑,西炕墙上供祭祖的"板子"。窗户往外开,窗纸糊在窗外。院子东南角立一根一丈多高的木杆,俗称索罗杆子,供祭神时用。他们的行路,以马代步。男女都擅长骑射,六七岁的男孩就学习引弓骑马,稍微长大,便骑马弯弓,驰骋山林。努尔哈赤少年时代就是在这样的环境中成长,锻炼得体格健壮,弓马娴熟,能够吃苦,勇敢顽强。

努尔哈赤10岁时,生母喜塔拉氏病逝。继母纳喇氏为人刻薄,待他寡恩。到了19岁,他已娶妻,分居自立门户,但所分得的财产微薄,生活艰难。他同伙伴们一起,进入莽莽的林海,搭棚栖居,白天采集,夜间棚宿。努尔哈赤挖人参、采松子、拣榛子、拾蘑菇,到抚顺等马市去贸易,用赚来的钱维持或贴补生活。当时汉人、女真人、蒙古人等都到马市去进行交易。努尔哈赤经常往来于抚顺马市,广交汉人,了解汉族封建经济情况,熟悉明朝军政动向,并粗懂汉语、识汉字。他在同蒙古人的广泛接触中,知道蒙古的社会与习俗,学会了蒙古语。参加采猎和往来贸易,又使他熟知辽东地区的山川道里和地理形胜。总之,努尔哈赤从上述活动中增长了见识,开阔了胸怀。

努尔哈赤还曾投到明辽东总兵李成梁的帐下,常随军出征。他弓马纯熟,机智勇敢,每战必先冲锋,屡立战功,受到李成梁的厚待。他还勤奋好学,喜欢看《三国演义》和《水浒传》等书,从中学习军事韬略,并深受汉族文化的影响。

努尔哈赤的身世和阅历,使他襟怀豁达,多智习兵,勇敢坚毅,武艺超群,为其尔后发挥政治与军事才能准备了条件。

父祖蒙难

努尔哈赤生活在一个动乱的年代。明朝日趋没落,满族正在崛兴。满族的先世女真人,当时散居于白山黑水之间,分作四大部分:居住在牡丹江和图们江流域的建州女真,居住在松花江流域的海西女真,居住在乌苏里江及其以东滨海地区的东海女真和居住在黑龙江两岸的黑龙江女真。但建州女真自14世纪中期以后,从牡丹江和图们江流域,几经辗转迁徙,在浑河上游、苏子河沿岸,包括今辽宁东北部和吉林南部广大地区定居下来。建州女真又分为建州和长白山两大部:建州有五部——苏克素浒河部、浑河部、完颜部、董鄂部和哲陈部；长白山有三部——讷殷部、朱舍里部和鸭绿江部。明朝对各部女真采取民族压迫与民族分裂政策："分其枝，离其势，互令争长仇杀。"而女真各部首领"皆称王争长，互相战杀，甚且骨肉相残，强凌弱，众暴寡"。压迫与分裂，动荡与战乱，影响女真的社会安定和经济发展，给人民带来深重的灾难。

明初为了加强对东北地区的统治，曾先后设立了辽东都指挥使司和奴儿干都指挥使司。但后来随着明朝的逐渐衰落，明廷及其边官对女真等少数民族实行民族压迫与民族歧视的政策，不断地激起女真人的反抗。万历二年（1574），建州女真首领王杲因明绝贡市，举兵攻辽、沈。李成梁提兵火焚王杲寨，斩首千余级，杀掠人畜殆尽。后王杲被槛送京师，献俘午门。万历十年（1582），阿台因为明朝杀害其父王杲，愤怒地射死明军一人、虏九人、抢马三匹。李成梁以此为由，率兵大破阿台部，斩杀1500多人。

万历十一年（1583）二月，李成梁欲"缚阿台，绝祸根"，在建州左卫苏克素浒河部图伦城主尼堪外兰的引导下，率兵直捣阿台驻地古勒寨。阿台之妻是觉昌安的孙女（努尔哈赤伯父礼敦之女）。觉昌安见古勒寨被围，想救出孙女免遭兵火，又想劝说阿台归降，就同他的儿子塔克世到了古勒寨。寨势陡峻，三面壁立，栅垣坚固，阿台死守。李成梁损兵折将，攻克古勒寨后，纵兵屠戮寨内兵民，先后斩首2 222人。觉昌安与塔克世也被明军所杀。

努尔哈赤对明军恣意屠杀女真人，早已深为不满。他在得知父祖蒙难的噩耗之后，便从李成梁部逃出，回到建州女真。努尔哈赤悲痛欲绝地诘问明辽东官员说："我祖、父无罪，何故杀之？"明官员回答说是"误杀"。于是，明归还觉昌安与塔克世的遗体，给努尔哈赤30匹马等作为赔偿，并给都督敕书，封他为建州左卫指挥使。

同年五月，努尔哈赤借报父祖之仇为名，以塔克世"遗甲十三副"，组织一支约百人的队伍，向仇人尼堪外兰的驻地图伦城发动进攻。他旗开得胜，打败尼堪外兰，攻克图伦城。努尔哈赤从此开始走上反抗民族压迫、统一女真各部的历史舞台。这一年他25岁。

统一女真

努尔哈赤起兵后，明为恭顺明朝，暗自发展实力。他运用"顺者以德服，逆者以兵临"的策略，开始了统一女真各部的斗争。

努尔哈赤率先统一建州女真。他先打败尼堪外兰，使苏克素浒河部统一。继而对各部分别用兵。万历十六年（1588），苏完部主索尔果同其子费英东、董鄂部主克辙之孙何和里、雅尔古部主扈拉瑚同其子扈尔汉相继率部归附，其中何和里归降"兵马五万余"（这个数字或有夸饰）。三部之归附，使努尔哈赤兵马大增，如虎添翼。他以五年的时间，继统一苏克素浒河部之后，又依次征抚了哲陈部、董鄂部、完颜部和浑河部，统一了建州本部。尔后，至万历二十一年（1593），努尔哈赤又先后夺取长白山的讷殷部、朱舍里部和鸭绿江部。至此，努尔哈赤在10年之间，将"环满洲而居者，皆为削平"。其辖区东自鸭绿

江,西迄抚顺,南连清河,北接开原,统一了整个建州女真。

努尔哈赤又着手统一海西女真。海西女真即扈伦四部——叶赫、乌拉、哈达、辉发,均实力较强,又依恃明朝的支持。扈伦四部中以叶赫实力最强。叶赫部长恃强遣使建州,向努尔哈赤"索地",被斥之以归。后叶赫部长又伙同哈达、辉发再遣使建州,向努尔哈赤讹诈,又遭到斥责。叶赫部长见压服不成,便诉诸武力。万历二十一年(1593),叶赫纠集哈达、辉发、乌拉以及科尔沁、锡伯、卦尔察、讷殷、朱舍里组成九部联军,共 3 万兵马,分为三路,进攻建州。九部合兵来攻,形势十分险恶。努尔哈赤根据所侦察的情况做了部署后,待天明出战,就安寝酣睡。他的妻子富察氏把他推醒问道:"你方寸乱了,还是害怕了?九部兵来攻,怎么能酣睡?"努尔哈赤答道:"人有畏惧,想睡也睡不着,我真畏惧,怎能睡着呢!早就听说叶赫要纠兵来侵,因无日期,时以为念。现既然大兵来临,我的心就安定了!"说罢,安寝如故。第二天一早,努尔哈赤率军御敌。叶赫等九部联军先攻扎喀城,不下;又攻黑济格城,未克。这时努尔哈赤已率兵进至古勒山,山势陡峻,三面壁立。他利用地形,布设伏兵,然后派额亦都率百骑前去挑战。九部联军首领叶赫贝勒布斋和纳林布禄不知有诈,便率骑驰至古勒山下。布斋入伏后,策马挥刀,驰驱冲杀。布斋的坐骑被木桩跌倒,建州兵武谈迅猛扑去,骑在布斋身上,将他杀死。纳林布禄见其兄被杀,惊呼一声,昏倒在地。叶赫兵见其贝勒一个被杀,另一个昏倒,皆恸哭失声。他们急忙裹携布斋尸体,救起纳林布禄,拨转马头,夺路而逃,其他贝勒也率众奔溃。这时建州伏兵四起,左右驰突,一举打败九部联军。努尔哈赤获得古勒山大捷,斩杀 4 000 人,获马 3 000 匹、甲 1 000 副。古勒山之战改变了建州女真与海西女真的力量对比,成为女真统一战争史上的转折点。从此,努尔哈赤"军威大震,远迩慑服"。

古勒山之战以后,努尔哈赤利用有利的形势,对扈伦四部采取远交近攻,先弱后强,分化瓦解,各个击破的策略,积极地进行统一海西女真的斗争。他一方面同海西女真中较强的叶赫、乌拉二部联姻、结盟,特别是拉拢乌拉部贝勒布占泰,以获取参貂之利,又避免腹背受敌。所以努尔哈赤和其弟舒尔哈齐娶布占泰的侄女与妹妹为妻,又把他们的三个女儿嫁给布占泰为妻。另一方面则先攻取海西女真中较弱的哈达、辉发二部。万历二十七年(1599)九月,努尔哈赤利用近邻哈达内讧及其同叶赫矛盾的机会,进兵大破哈达。万历二十九年(1601),又乘哈达发生饥荒,明朝不予赈济之机,将哈达灭亡,从而扈伦四部被打开一个缺口。占有哈达的人畜和土地,加强了建州的经济实力,提高了同明朝的贸易地位。随后,努尔哈赤又于万历三十五年(1607),吃掉另一个近邻辉发。

哈达与辉发灭亡后,乌拉成为努尔哈赤统一海西女真道路上的一棵大树。砍倒大树,扫除障碍,才能打开道路。他把征服乌拉比作砍伐大树,说道:"欲伐大木,岂能骤折?必以斧斤伐之,渐至微细,然后能折。相等之国,欲一举取之,岂能尽灭乎?"于是他用砍伐大树的方法,即通过多次征战,逐步吞并乌拉。万历三十五年(1607)正月,布占泰为阻止努尔哈赤进入东海地区,当得知他派兵前往东海瓦尔喀部斐优城时,便发兵 1 万人在图们江右岸的乌碣岩截击。建州军奋起反击,杀 3 000 人,获马 5 000 匹、甲 3 000 副,乌拉兵大败。从此乌拉一蹶不振。万历四十一年(1613),努尔哈赤在对乌拉部多次打击之

后,亲率大军进攻乌拉,攻占乌拉城,布占泰逃往叶赫,乌拉灭亡。万历四十七年(1619),努尔哈赤亲自统兵,攻灭叶赫。努尔哈赤在10年之间,依次吞并哈达、辉发、乌拉和叶赫,统一了海西女真。

努尔哈赤再着手统一东海女真。东海女真主要有窝集、瓦尔喀、库尔喀等部。万历三十五年(1607),努尔哈赤派兵收服瓦尔喀部斐优城,城主策穆特赫率众归服。万历三十七年(1609),又派兵征取东海窝集部瑚野路。万历三十八年(1610),派兵收复那木都鲁、绥芬、宁古塔、尼马察四路。万历三十九年(1611),攻取乌尔古宸、木伦两路。万历四十二年(1614),招服雅揽、西临两路。努尔哈赤对东海女真采取"征抚兼施,以抚为主"的策略。如东海虎尔哈部酋长纳喀达率众降附。他盛宴款待后,将举家归附和有产业而欲回者分列两行,对为首八人各赐人口、马牛、衣物、房田等。原想回去的人见此情景要求留下,并附信与其眷属说:"别部掳掠人畜财产,汗以招徕安集为念,我乡所居的弟兄眷属,可都来归附。"后金汗努尔哈赤上述政策得到成功,使东海之滨极北诸部纷纷降服。

努尔哈赤便又着手统一黑龙江女真。居住在这一地区的有黑龙江虎尔哈、萨哈连、使犬、使鹿和索伦等部,主要包括女真、赫哲、鄂伦春、费雅喀等族。天命元年(1616),努尔哈赤派兵征讨萨哈连部,取得了胜利。他曾派兵北征,屡传捷报。后经其子皇太极多次征抚,东临海,西迄贝加尔湖,南至朝鲜,北及鄂霍次克海诸部,均在他的控制之下,统一了女真各部及整个东北地区。

努尔哈赤在统一女真各部时,又展开征抚漠南蒙古的活动。蒙古在明代后期逐渐形成为三大部:驻牧在蒙古草原西部直至准噶尔盆地一带的漠西厄鲁特蒙古,驻牧在贝加尔湖以南、河套以北的漠北喀尔喀蒙古,驻牧在蒙古草原南部、大漠以南的漠南蒙古。漠南蒙古同后金接壤,因此努尔哈赤最早同漠南蒙古发生政治联系。他既利用明朝后期政治腐败无力控制漠南蒙古的时机,又利用蒙古王公长期内讧的客观条件,进行征抚漠南蒙古的活动。明朝和叶赫都在争取漠南蒙古,呈现错综复杂的关系。努尔哈赤没有对明朝、朝鲜、海西、蒙古四面出击,而是佯顺明朝,结好朝鲜,用兵海西,笼络蒙古。他通过结盟、联姻、赏赐、盟会等方式,争取和拉拢漠南蒙古科尔沁等部。科尔沁部在古勒山战败后,遣使至建州通好,努尔哈赤同其联姻结盟。万历四十年(1612),努尔哈赤娶蒙古明安贝勒之女为妻。两年后,他的四个儿子分别娶蒙古王公的女儿为妻,以加强姻盟。他又同喀尔喀部会盟。努尔哈赤在征抚漠南蒙古的过程中,既利用蒙古诸部封建主之间的矛盾,又利用各个封建王公之间的内讧,采取不同策略,区别对待,从而一个王公一个王公地、一个部落一个部落地降服。后来漠南蒙古降附后金,每年进八匹白马和一头白驼,称为"九白年贡",表示臣服。

努尔哈赤以父祖"遗甲十三副"起兵,经过36年的征抚,结束了元明300年来女真各部分裂局面,并基本统一了漠南蒙古东部。在努尔哈赤时代,部分汉、蒙古、鄂伦春、费雅喀、使犬部和使鹿部人等,同女真人融为一体,一个新的民族共同体——满族,出现在我国统一多民族的大家庭里。努尔哈赤领导反抗明朝民族压迫的女真各部统一的战争,为后金政权的建立和东北版图的奠定做出了贡献。

创建八旗

努尔哈赤在统一女真各部进程中,有两项重大建树,即创建八旗制度和主持制定满文。

早在努尔哈赤六世祖猛哥帖木儿时,建州卫已有军队。努尔哈赤的历史功绩在于对女真原有军事组织加以改造,组建了一支纪律严明、骁勇善战的铁骑,并创建了八旗制度。

先是,女真在出猎时,各出一支箭,10人中立一总领,总领称牛录(大箭的意思)额真(主的意思),后以牛录额真为官名。努尔哈赤起兵之后,将他的部众分为若干牛录,每牛录统辖300人。牛录额真已经不是驰骑行猎的十人长了,而成为女真的一级官员。牛录不仅是围猎组织,也是军事组织。万历二十九年(1601),努尔哈赤对建州军队初次进行整编,始设四旗,每300人为一牛录,设牛录额真一员,并画一旗色,以黄、白、红、蓝四色为四旗的标志。

万历四十三年(1615),努尔哈赤的军队已不下五六万人。他将原有的四旗,拆为八旗,规定每300人设一牛录额真(汉译佐领),五牛录设一甲喇额真(汉译参领),五甲喇设一固山额真(汉译都统)。每旗约有7 500人,八旗总共有五六万人。每个固山有特定颜色的旗帜,所以汉语译固山为旗。原有四旗用黄、白、红、蓝四种颜色做旗帜,增添的四旗,将原来旗帜的周围镶边,黄、白、蓝三色旗帜镶红边,红色旗帜镶白边,成为八种不同颜色的旗帜。不镶红边的黄色旗帜称为整黄旗,即整幅黄旗,习称正黄旗;镶红边的黄色旗帜称为镶边黄旗,习称镶黄旗。其他六色旗帜也是一样,合起来成为八旗。

到天命七年(1622),始设蒙古旗,后发展成为蒙古八旗。天聪五年(1631),努尔哈赤第八子皇太极将满洲八旗中的汉军拨出,另组建汉军旗,后发展成为汉军八旗。于是,满洲八旗、蒙古八旗、汉军八旗,共二十四旗,但统称为八旗。

八旗制度"以旗统军,以旗统民",它还是掌管行政、经济和家族的组织。牛录额真下设带子二人为副职,并设四名拨什库,管理噶珊,即村屯。牛录额真及其副手带子,管理本牛录的军事、民政、经济、土地、诉讼、婚丧等事务,但以军事为主。八旗兵丁"出则为兵,入则为民",平时耕猎,战时出征。出征时要自备马匹、器械、粮草;俘获财物按军功分配。

努尔哈赤创建了八旗制度,以它作为纽带,把女真社会的军事、行政、经济、家族统制起来,女真各部的部民,按照军事方式,分为三级,加以编制,从而使分散的女真各部联结成一个组织严密、生气勃勃的社会机体。

早在金代女真人已使用女真文。金天辅三年(1119),制成女真大字,天眷元年(1138),又制成女真小字。女真文是参照汉字制成的方块字。金代用女真文翻译汉文书籍,并设女直(真)进士科,在中都(今北京)悯忠寺(今法源寺)开科取士。明初虽仍使用

女真文,但懂得的人已很少。明中期以后,女真文逐渐失传,在邻近蒙古地区的女真人使用蒙古文。努尔哈赤兴起后,建州与明朝和朝鲜的公文,由汉人龚正陆用汉字书写。在向女真人发布军令、政令时,则用蒙古文,一般女真人既看不懂,又听不懂。这种蒙古文和女真语的矛盾,已不能适应女真各部统一和社会经济发展的需要,甚而阻碍着满族共同体的形成。努尔哈赤为适应建州社会军事、政治、经济和文化发展之需,遂倡议并主持创制作为记录满族语言的符号——满文。

万历二十七年(1599),努尔哈赤命额尔德尼和噶盖,用蒙古字母来拼写满语,创制满文。这就是无圈点满文,又叫老满文。无圈点满文在统一的女真地区推行33年,起了很好的作用。但由于初创,不甚完备。天聪六年(1632),皇太极又命达海加以改进,在字母旁加圈点,改进和固定了字母的发音与书写形式,并设计了10个拼写外来语(主要是汉语)借词的特定字母。这种改进后的满文叫有圈点满文,又叫新满文,一直沿用至今。

满语属阿尔泰语系,满文是拼音文字。它有6个元音字母,22个辅音字母,10个特定字母。字母不分大小写,在构成音节出现于词首、词中和词尾时,均有不同的形式。满文书写形式自上而下,行款自左至右。努尔哈赤主持制定满文,是满族文化史上一件大事,也是满族发展史上一块里程碑。这对于交流思想、记载政事、发布军令、编写历史、翻译汉籍、传播文化起了重要作用。

努尔哈赤通过创建八旗和制定满文这两条物质与精神的纽带,密切了满族的内部联系,使满族形成一个新的稳固民族共同体,从而为满族社会发展立下不可泯灭的功勋。

建立后金

万历十五年(1587),努尔哈赤在统一女真事业发展中,建佛阿拉城,城垣三重,启建楼台。两年后,他"定国政,禁悖乱,戢盗贼,法制以立",并开始"称王"。朝鲜人申忠一到佛阿拉,努尔哈赤在客厅里接见他。申忠一见努尔哈赤长得"不肥不瘦,躯干壮健,鼻直而大,面铁而长"。他头戴貂皮帽,脖围貂皮巾,腰系金丝带,足纳鹿皮靴鞑靴。他剃发垂辫,口髭仅留十余根。在接见申忠一时,努尔哈赤坐在中厅的黑漆椅子上,诸将佩剑卫立。宴会时,大厅内外吹洞箫,弹琵琶,拍手唱歌,以助酒兴。酒行数巡后,努尔哈赤高兴地离开座位,自弹琵琶,纵身起舞。宴会后,努尔哈赤把给朝鲜国王的回帖交与申忠一。回帖说他"保守天朝(明朝)九百五十余里边疆"。回贴末署"建州左卫之印"。

明建州左卫指挥使努尔哈赤一面含恨起兵,发展实力;一面向明廷朝贡称臣,表示忠顺。他从万历十八年(1590)到后金建立前的20余年间,先后八次到北京朝贡,平均每三年到北京进贡一次,并得到明廷赐予散阶正二品龙虎将军的殊勋。努尔哈赤对明廷的两面政策,蒙住了明朝昏主庸臣的眼睛,不仅使明军30余年未对建州进行过一次"围剿",而且蓟辽督、抚于万历四十三年(1615),还奏称努尔哈赤"惟命是从"。努尔哈赤对明朝采取两面政策的成功,为他称汗做了准备。

万历四十三年(1615),努尔哈赤设立理政听讼大臣5人,扎尔固齐(理事官)10人,佐理政事。每五日一朝,议商军国大政。他们不仅与八旗旗主共同议政,参决机务,而且负责审理诉讼。努尔哈赤说:"生杀之际,不可不慎,必公平和气,详审所犯始末,方能得到真情。"因此,规定凡有刑民事件,先由扎尔固齐10人审问,然后报告五大臣复审,再呈报诸贝勒议决,最后由努尔哈赤亲审裁定。在执法时,努尔哈赤强调"为国之道,法令贵严",即使贝勒功臣犯法,也严处不贷。如他的侄子济尔哈朗等四位贝勒,因受扈尔汉所与财物而获罪,被监禁三天三夜,就是佳例。

万历四十四年(1616),努尔哈赤已基本统一各部女真,初步确立法制,便着手建立政权,以同明朝抗衡。正月,努尔哈赤在赫图阿拉焚香告天,登极称汗,年号天命,国号后金,后称大金,成为与明廷相对峙的政权。

在后金政权建立和巩固过程中,努尔哈赤重视选拔人才,不计恩怨,用其所长。他在一次攻城时,被守城的鄂尔果尼和洛科射中,矢伤动脉,血涌如注,昏迷过去,几乎丧生。伤愈后,他又率军去攻城,城破后鄂尔果尼与洛科被俘。众将请对他们施以乱箭穿胸的酷刑,以雪前恨。努尔哈赤说:"两敌交锋,志在取胜。他们为其主而射我,今为我用,不是又为我射敌吗?这样勇敢的人,若临阵而死,尚且可惜,怎么能因射过我而杀死他们呢!"努尔哈赤亲自给他们解开缚绳,并授他们为牛录额真。努尔哈赤不计私怨的宽大胸怀,感动了诸将。后五大臣费英东、何和里、额亦都、安费扬古、扈尔汉都同努尔哈赤肝胆相照,生死与共。他们组成了一个坚强有力的领导集团,带领八旗劲旅,向明朝辽军发起进攻。

努尔哈赤建立后金政权,并把战略重点从统一女真诸部,转移到反抗明朝的民族压迫。天命三年(1618),他发布"七大恨",控诉明朝罪行,即:第一,害我祖、父;第二,卫助叶赫;第三,杀我边民;第四,已聘叶赫之女改适蒙古;第五,不容收获柴河等地庄稼;第六、第七,偏袒哈达、兵助叶赫。"七大恨"还说:"我祖宗以来,与大明看边,忠顺有年。只因南朝(明朝)皇帝高拱深宫之中,文武百官,欺诳壅蔽,无怀柔之方略,有势力之机权,势不使尽不休,利不括尽不已,苦害侵凌,千态莫状。"这既是女真人对明朝民族压迫和民族分裂政策的愤怒倾诉,又是女真军事贵族准备向明朝策骑称兵的政治借口。

天命三年(1618)四月十四日,即发布"七大恨"誓师的翌日,努尔哈赤率师攻明。十五日,袭破抚顺,守将李永芳投降。七月,后金军入鸦鹘关,攻占清河堡。明廷在辽左覆军殒将后,决定发动一次大规模的进攻后金的战争。明廷任杨镐为辽东经略,并调兵选将,筹饷集粮,购马置械,进行准备。明兵部还刊印榜文:"能擒斩努尔哈赤(者),赏银一万两,升都指挥世袭。"

天命四年(1619)二月,明各路大军云集辽、沈。经略杨镐议兵分四路,分进合击,直捣后金政治中心赫图阿拉:以总兵杜松为主力,出抚顺攻其西;以总兵马林合叶赫兵,出靖安堡攻其北;以总兵李如柏经清河堡,出鸦鹘关攻其南;总兵刘铤会朝鲜兵,出晾马佃攻其东;总兵官秉忠率兵驻辽阳作机动,总兵李光荣率军驻广宁保障后方交通。杨镐坐镇沈阳指挥。明四路兵总数约11万人。但明军出动之前,"师期已泄"。努尔哈赤探知明军行动后,认为明军东、南、北三路道路险远,不能即至,宜首先还击孤立突出的西路杜松军。他决定采取"任他几路来，我只一路去"的集中兵力、逐路击破的作战方针。所以，他将6万余八旗军集结于赫图阿拉附近，准备迎战杜松军。

三月初一日，明东路刘铤军正由宽甸向西进发，南路李如柏军虽已由清河堡出发，但行动迟缓；北路马林军由开原出发时，叶赫军尚未行动；只有杜松军突出驰进，过浑河后留2万人在萨尔浒扎营，自率1万人马攻打界凡城。努尔哈赤派大贝勒代善等率两旗兵截击杜松，使其两部不能互援；自己亲率六旗兵向萨尔浒的明军猛攻，明军大败。努尔哈赤又驰与代善合师，杜松陷入重围，力战而死，全军覆没。初二日，努尔哈赤又麾师攻击进至尚间崖的北路马林军，明军惨败，马林仅以身免，逃回开原。努尔哈赤击败马林军后，立即移兵南下，迎击东路刘铤军。初三日，刘铤军正向距赫图阿拉50里的阿布达里冈行进。努尔哈赤自率4 000兵守城，并采取诱敌入伏，聚而歼之的战术，事先派主力在阿布达里冈埋伏，另派降顺汉人装扮成杜松军卒，诈称杜松军已接近赫图阿拉，要刘铤速进会师。初四日，刘铤中计，率军驰进至阿布达里冈，遭到伏击，兵败身死。杨镐见三路丧师，急檄南路李如柏撤兵，但回师途中惊恐逃奔，自相践踏，死伤千余人。努尔哈赤在萨尔浒之战中表现出了杰出的军事才能，运用集中兵力、各个击破的战术取得了成功。萨尔浒之战从根本上改变了辽东的形势，从此明朝由进攻转为防御，后金由防御转为进攻。

萨尔浒之战后，努尔哈赤乘势攻占开原、铁岭。明罢免杨镐，任熊廷弼为辽东经略。他整顿军队，安定人心，加强辽东防务。努尔哈赤见熊廷弼布防严密，便改变了全力进攻辽东的部署，等待时机，以挥戈西进。不久，明万历帝死，泰昌帝继位29天又死，天启帝再立。明朝内部矛盾重重，改派袁应泰取代熊廷弼为经略。袁应泰改变熊廷弼原来部署，造成前线混乱；又在辽东大饥时大量收纳蒙古和女真灾民，后金乘机派人暗为内应。努尔哈赤决定乘有利时机进兵辽、沈。天命六年（1621）四月，努尔哈赤突然集中兵力进攻沈阳。十一日，后金军包围沈阳。沈阳城池坚固，防守严密。十三日，在里应外合下击溃守军，占领了沈阳城。接着又率兵进攻明辽东首府——辽阳。十九日，努尔哈赤又在里应外合下攻破辽阳，经略袁应泰举火自焚而死。辽河以东明军望风奔溃，数日之间，金、复、海、盖等地大小70余城尽为后金所有。辽阳为辽东战略要地，努尔哈赤遂于同月迁都于此。

天命七年（1622）正月，努尔哈赤利用夺取辽沈地区的旺盛士气麾师河西。先是，明军丧失辽河以东广大地区后，退守河西。再次起用熊廷弼为经略，以支撑关外的残破局面。熊廷弼到山海关后，徒有经略之名，并无实权。巡抚王化贞投靠阉党，不受经略节制，经抚不和。努尔哈赤利用经略熊廷弼和巡抚王化贞在战略上的分歧和矛盾，乘辽河冰封之际，率师越河西进。后金军攻占西平堡，直逼广宁。巡抚王化贞弃城逃往山海关，其部将孙德功献城迎降，辽河以西大部土地也为后金所有。河西大批汉民被后金驱徙河东，扶老携幼，背井离乡，哭声震野。

努尔哈赤建立后金政权之后，经过萨尔浒之战、沈辽之战和广宁之战，仅用三年时间，就进占辽东广大地区，逼迫明军退缩山海关，达到了他40年戎马生涯的顶峰。同时，

他在戎马倥偬之际，还注意女真的生产发展。

改革经济

努尔哈赤在统一女真的过程中，重视发展女真社会的生产。他认为，建州女真不同于吃肉衣皮的蒙古，而是以种田吃粮为生。所以，他重视种粮植棉，规定出征不违农时；不许将牛马拴于果树以防啃磨树皮；牛群毁坏庄稼，牧人要受惩罚；部民收成好的额真受奖励、收成差的额真受惩处；按丁给田种植棉花等。他注重采猎经济，以人参、貂皮、明珠等同明朝贸易，因此"满洲民殷国富"。建州女真的人参，因明朝一度停止互市而腐烂10万余斤。努尔哈赤发明人参煮晒法，即将鲜人参用开水烫过后晾干，可以保存而不腐烂，待价出售，获得厚利。他关注采炼业，万历二十七年（1599）三月，建州"始炒铁，开金、银矿"，开始较大规模地采矿、冶炼。他很重视手工业的生产，包括军器、造船、纺织、制瓷、煮盐、冶铸以及制造黄色火药等。后金兵出征时，官兵备有雨衣，弓矢也有雨具。这从一个侧面反映出后金手工业的情况。为了发展建州的手工业，努尔哈赤对进入女真地区的工匠，总是"欣然接待，厚给杂物，牛马亦给"。他曾说："有人以为东珠、金银为宝，那是什么宝呢？天寒时能穿吗？饥饿时能吃吗？……收养能制造出国人所制造不出物品的工匠，才是真正之宝。"他还重视商品交换，努尔哈赤年轻时即往来抚顺经商，后曾多次到北京进行贡市贸易，又曾派30名商人往黑龙江地区做生意，还在家里同蒙古商人交易。建州同明朝、蒙古和朝鲜的贸易，加强了内外经济交流，推动其生产发展，促使其部民生活水平的提高。

努尔哈赤在发展女真社会生产的同时，采取了一些重大的改革经济的措施。早在万历二十四年（1596），他在统一建州女真之后，就在建州本部推行农奴制的牛录屯田，废弃奴隶制的田庄——"农幕"。万历四十一年（1613），他在统一扈伦四部中的哈达、辉发和乌拉之后，在其辖区内实行牛录屯田。万历四十三年（1615），他在建立八旗制度后，又重申实行牛录屯田："令每牛录出男丁十人，牛四头，耕种荒地，多获谷物，充实仓库。"每牛录300男丁中出10名男丁，4头牛，耕田植谷，粮交官仓。这是"三十税一"的封建领主劳役经济。

后金占领辽沈地区以后，努尔哈赤为了解决面临的问题，采取了一些重大的改革经济的措施。天命六年（1621）七月十四日，努尔哈赤参照明辽东军事屯田，并结合建州女真牛录屯田，下令实行"计丁授田"。规定把辽阳、海州一带三十万日（一日约合六亩）土地，分配给满人、汉人耕种，每男丁给田六日，其中五日种粮，一日种棉；纳赋的办法是每三丁耕官田一日，每二十丁抽一人当兵、一人服役。这从土地所有制、生产关系和分配形式来看，已属于封建性质的生产关系。天命十年（1625）十月三日，努尔哈赤又下令实行"按丁编庄"，规定所有后金汗和贝勒的田庄，每庄男十三人，牛七头，田百日，其中二十日交纳官粮，八十日自己食用。在这里，田庄的土地，分为纳粮和自食两部分。田庄的壮丁,有自己的土地,但被束缚在土地上,存在人身依附关系。这就使原来女真奴隶制田庄,转化为农奴制田庄。

后金汗努尔哈赤下令将牛录屯田转化为八旗旗地,又下令将奴隶制田庄转变为农奴制田庄,从而形成封建的八旗军事土地所有制,标志着女真社会由奴隶制过渡到封建制。但是,女真社会发展很不平衡,部分女真人尚生活在奴隶制或氏族制之中;同时,"计丁授田"和"按丁编庄"对辽东汉民来说,堪称历史的倒退。这就激起辽东汉民的反抗,成为努尔哈赤宁远兵败的一个重要因素。

病发身死

努尔哈赤占领辽河流域广大地区后,忙于整顿内部,巩固统治,并探知明孙承宗、袁崇焕营筑宁远,训练士马,加强边防,无机可乘,遂枕戈以待,长达四年。

天命十年(1625)十月,明大学士孙承宗因受魏忠贤的排挤,由兵部尚书高第任蓟辽经略,驻山海关。高第懦弱无能,认为"关外必不可守",不但尽撤锦州、右屯、大凌河及松山、塔山守具,尽驱屯兵、屯民入关,放弃关外400里,委弃粮谷十余万石,而且传檄撤防宁、前。宁前道袁崇焕身卧宁远,拒绝内撤,他说:"宁前道当与宁、前为存亡!如撤宁、前兵,宁前道必不入,独卧孤城以当虏耳!"高第无奈,只好听任袁崇焕孤守宁远。

后金汗努尔哈赤得知明经略易人、高第向关内撤军、袁崇焕防守宁远孤城的消息后,决心倾尽全力进攻宁远,以打通辽西走廊,夺取山海关。天命十一年(1626)正月十四日,努尔哈赤亲率诸王大臣,统领6万大军,号称20万,往攻宁远。后金军西渡辽河之后,如入无人之境,连陷右屯等七座城镇。二十三日,后金军至宁远城外,离城五里横截山海大路驻营。努尔哈赤先遣人招降袁崇焕说:"吾以二十万兵攻此城,破之必矣!尔众官若降,即封以高爵。"袁崇焕答道:"义当死守,岂有降理!"二十四日,努尔哈赤见劝降不成,命军攻城。后金兵攻打城西南角,遭到袁崇焕军的拼死抵御;又移攻南面,顶炮火、冒严寒,用斧凿城,凿出高二丈余的大洞三四处。但袁崇焕身先士卒,用铁绳系下棉花火药烧杀挖城的后金兵。后金兵尸积城下,攻城失败。二十五日,努尔哈赤亲自督阵,倾力攻城。城上袁崇焕军用西洋大炮向下轰击,后金官兵死伤惨重。据史料所载,后金汗努尔哈赤似也身负炮伤。这是他自起兵44年以来,所遭到的最严重的一次挫折。清官书记载说:"帝自二十五岁征伐以来,战无不胜,攻无不克,唯宁远一城不下,遂大怀愤恨而回。"

宁远兵败的原因是错综复杂而又多方面的。从后金方面来说,主要原因有二:其一是骄傲轻敌。这正如后金谋臣刘学成所说,"汗轻视宁远,所以天使汗劳苦"。努尔哈赤照老经验办事,对宁远明军指挥、武器、人心、策略诸因素的变化茫无所知。其二是武器落后。宁远明军已使用西洋大炮,后金兵则仍袭用刀斧弓矢。后金军的进攻,被袁崇焕凭坚城、用大炮所击败。后金汗努尔哈赤骄傲轻敌、以短击长,铸下了历史性错误。

后金汗努尔哈赤宁远兵败后回到沈阳。先是,天命十年(1625),努尔哈赤将都城从辽阳迁至沈阳,并开始兴建沈阳宫殿。从此,沈阳发展成为东北地区的政治、经济、文化和交通中心。

努尔哈赤回至沈阳已届暮年,汗位的继承问题未获解决。他曾立长子褚英承嗣汗位,后因褚英对建州政权的"柱石"四大贝勒和"元勋"五大臣缺乏谦恭的态度,遭到他们联合控告而被幽禁于高墙之内。万历四十三年(1615),努尔哈赤下令将长子褚英处死。后来努尔哈赤又想立次子代善将来承继汗位,但代善与皇太极发生矛盾并被其控告,于是努尔哈赤决定生前不立储君。天命七年(1622)三月,后金汗努尔哈赤以嗣子褚英、代善为训,决定实行八大贝勒共治国政的制度。规定凡推举新汗,军政要事,任贤退奸,断理诉讼等,都要经过八大贝勒共同议商处理,不得一人独断专行。努尔哈赤逐渐将权力移交给八大贝勒,进行权力过渡,以准备后事。

努尔哈赤宁远兵败之后,身或受伤,心积郁忿,于同年八月十一日病死,终年 68 岁。后遗体火化,葬于沈阳福陵。

努尔哈赤在 16 世纪后期和 17 世纪初期,利用明朝政治腐败的客观条件,借助人民群众的力量,领导统一女真各部的战争,促进满族共同体的形成,推动女真社会由奴隶制向封建制的转变,使它在经历了混战杀伐和奴隶制度的漫漫长夜之后,在祖国东北大地上,出现了满族兴起与社会进步的曙光。满族封建主阶级杰出政治家努尔哈赤的英名和业绩,在中华民族的历史典册中,将与世共存。

盛世明君

——清康熙帝玄烨

名人档案

康熙帝：名爱新觉罗·玄烨。顺治帝福临第三子。属马。性格仁孝智勇。福临病死后即位。在位61年，病死，终年69岁。

生卒时间：公元1654年~公元1722年

安葬之地：葬于景陵（今河北遵化西北70里昌瑞山）。谥号弘运文武睿哲恭俭宽裕孝敬诚信功德大成仁皇帝，庙号圣祖，史称康熙皇帝。

历史功过：智除鳌拜，削平三藩，抗击沙俄，统一台湾，平定噶尔丹。整顿吏治，招揽人才，废除圈地，改革赋役，发展生产。

名家评点：早承大业，勤政爱民，经文纬武，寰宇一统，虽曰守成，实同开创。

烦恼少年

康熙帝姓爱新觉罗，名玄烨，是顺治帝的第三子，顺治十一年（1654）三月十八日生于景仁宫。玄烨虽然贵为天子，但8岁丧父，10岁丧母，少年时代就成了孤儿。这不幸的遭遇给他带来许多政治的、人情的烦恼，同时也造就了他独立思考、奋发图强的个性。

顺治帝临死之前，遗诏命索尼、苏克萨哈、遏必隆和鳌拜四人为辅政大臣，叫他们共同辅佐年仅8岁的玄烨做皇帝。这四人受命后，曾在顺治帝的灵前宣过誓，说他们要"协忠诚，共生死，辅佐政务"，并且保证"不私亲戚，不计怨仇，不听旁人及兄弟子侄教唆之言，不求无义之富贵"，"不结党羽，不受贿赂"，等等。但是，这些誓言、保证不久都化作了泡影，辅政的大臣变成了少年天子的绊脚石。

四个辅政大臣中,索尼年老早死,遏必隆追随鳌拜,苏克萨哈与鳌拜有矛盾,到康熙六年(1667)被鳌拜诬陷致死。鳌拜是个专横跋扈、野心勃勃的人物。他肆无忌惮地贪污受贿,结党营私,疯狂地扩张自己的权力和财富,并以维护祖宗之法为借口,把顺治时期的某些进步改革一个一个地推翻。鳌拜还欺侮康熙年幼,经常在康熙面前呵斥大臣,甚至吼叫着同康熙争吵不休,直到康熙让步为止。面对这样一个咄咄逼人的家伙,康熙应当怎么办呢?下令逮捕吗?不成。因为这个人不仅大权在握,而且还有一大批党羽,弄不好要出大乱子。康熙六年(1667),玄烨已经14岁,依照规定,他可以开始亲政了。此时他虽然还是个少年,但他天资聪慧,机智过人,加上平素努力学习历代统治经验,已经开始向成熟的彼岸过渡了。于是,他在祖母孝庄太皇太后的支持下,不动声色,悄悄地开始了铲除鳌拜的准备。古人说:欲擒故纵。玄烨对鳌拜也是采用的这种麻痹战术。他曾给鳌拜父子分别加过"一等公""二等公"的封号,以后又分别加了"太师""少师"封号。至此,鳌拜父子也真到了位极人臣的地步。然而,加封不过是一种表面现象,而且是一种假象。玄烨亲政后不甘做傀儡皇帝,他同鳌拜的矛盾无法掩饰地日益激化起来。到康熙八年(1669),鳌拜自恃位高权重,经常借口有病不上朝。有一次玄烨去探望鳌拜,御前侍卫和托发现鳌拜神色反常,便迅速走到鳌拜床前,揭开席子发现一把匕首。鳌拜见此情景十分紧张。玄烨却出人意料地笑了,说:"刀不离身是满人的旧俗,不足为怪!"当场稳住了鳌拜。回宫后,玄烨以下棋为名,立即召大学士索额图入宫,谋划铲除鳌拜之事。在此之前,他以演习摔跤为名,训练了一批身强力壮的少年,为擒拿鳌拜做了准备。现在,终于到了实施他的计划的时刻了。一天,当鳌拜入宫去见玄烨时,便神不知鬼不觉地被一群演习摔跤的少年擒住,并立即被投入监狱。玄烨监禁了鳌拜后,立即公布了鳌拜的三十条大罪状,逮捕、惩办了鳌拜集团的首恶分子。后来,鳌拜死于狱中。玄烨解决了鳌拜之后,还为以前受鳌拜打击迫害的人平反昭雪,下令永远禁止圈占民地,限制奴仆制度,放宽逃人法,改革政府机构,恢复被鳌拜取消的内阁和翰林院。由于玄烨这些决定深得人心,因而进一步巩固了清朝的中央集权。

铲除权臣鳌拜,使少年的康熙帝在政治上从此摆脱了充当傀儡的烦恼,为他日后施展自己的雄才大略创造了条件。

但是,少年时代的康熙帝还有第二个烦恼——科学的烦恼。这种烦恼在当时的具体事件就是清初的历法风潮。

清朝定都北京后,曾经为明朝修改历法的一些西方传教士,又投靠了清廷。以汤若望为首的耶稣会士们,在顺治帝当政期间,受到极为优厚的待遇。由于修改历法取得成绩,汤若望被任命为钦天监的监正(相当于国家天文台台长),还被赐予"通玄法师"的称号。顺治帝死后,康熙年幼,鳌拜排斥一切进步事物。可巧有一个名叫杨光先的人,上书给清廷,说明末科学家徐光启借鉴西方科学是"贪其奇巧""阴行邪教",有阴谋;又说汤若望阴谋推翻清朝,在《时宪历》上印有"依西洋新法"五字,是向全世界宣示清朝屈服于西方,应将汤若望等人处死,恢复旧历法。在鳌拜操纵下,议政王会议、礼部、刑部决定废除新历法,并杀了一批主张用新历法的人。仅仅由于康熙祖母的庇护,汤若望才免于一死。

汤若望下台后,杨光先被任命为钦天监监正。杨对天文历法并无新的研究,对中国古老的一套也不熟悉,所以推算的错误屡屡出现。这时,玄烨已经十五六岁,他一面酝酿着消灭鳌拜势力,一面思考着解决新旧历法争议的途径。当时,他还没有能力从科学上分清这场斗争的是非,因而十分苦恼。但他知道,只有抛弃偏见,并用实验的方法来检验新旧历法,才能得出正确的结论。他派大学士李霨等人向杨光先和西方传教士南怀仁等宣读他的指示:不准心怀偏见,不许固执己见,"务须实心,将天文历法详定,以成至善之法"。后来经过多次测量、推算,杨光先等人的旧法总是不准,而南怀仁的新法则比较准确。但杨光先的理论很厉害,他说:"皇上是尧、舜的继承人,应该用尧舜以来的老皇历,假如改用西洋历法,那么尧舜以来的诸书礼乐、文章制度就都完了!"所以,"宁可使中国无好历法,不可使中国有西洋人!"康熙帝对此非常反感。到康熙八年(1669)五月,鳌拜集团倒台。七月,南怀仁等传教士控告杨光先"依附鳌拜",要求将其处死。康熙帝虽然支持新历法,但反对把这场科学上的公案引入政治斗争的邪路。所以,他决定宽大处理:"杨光先本当依议处死,但念其年老,姑从宽免,妻子亦免流徙(流放)。"

清初的历法争议,对少年的康熙帝产生了极大的刺激。他后来回忆说:"新旧历法两派互相控告,死了不少人。在双方辩论时,王公大臣中竟没有一个人对历法有了解。朕目睹其事,心中痛恨。所以在日理万机之余,专心学习天文历法 20 余年,终于略知其大概,不致混乱。"

在科学的是非面前无所依从,虽然是他少年时代的一大烦恼,但却使他懂得了学习的重要性。康熙十五年(1676),他下令钦天监的官员必须学习新法,对新法不掌握的人,不准升用。不过,康熙帝虽然学习西洋历法,但他并不迷信和墨守这些成果。他认为,新法使用年月久了,也会出偏差,也必须不断修正。

少年时代的康熙帝,在政治上铲除了鳌拜集团,在科学上分清了历法争议的是非。这两件事,显示了他的确具有卓越杰出的智慧,有统治国家的巨大魄力。

大权归一

康熙帝粉碎鳌拜集团之后,在朝廷内部实现了大权归一,真正达到了亲政的目的。但是,整个中国还不统一,还潜伏着分裂割据的危机。当时,在南方有手握重兵、伺机而动的汉族军阀吴三桂、尚之信、耿精忠;在东南沿海及台湾有伺机侵犯大陆的郑氏政权;在西北方有剽悍难服、时或掳掠的准噶尔部。因此,康熙帝面临和肩负着一场统一国家的战争。

一、平定"三藩"之乱

"三藩"是指明亡后投靠清朝的三个汉族军阀,即平西王吴三桂(镇守云南)、靖南王

耿精忠(耿仲明之孙,镇守福建)、平南王尚之信(尚可喜之子,镇守广东)。这三个军阀在追随清军镇压农民起义和消灭南明抗清势力的过程中,逐渐扩大了私人势力,各自拥兵在手,独霸一方。

"三藩"之中,以吴三桂势力最大。吴三桂自康熙元年(1662)在云南绞死了南明永历帝朱由榔后,便割据云南。吴在当地圈占民地,抢掠人口,苛捐杂税,鱼肉百姓。他占据南明桂王五华山的帝宫作为藩府,大肆扩建,搞得"千门万户,极土木之盛"。吴三桂为了扩大势力,还招降纳叛,广收党羽。他选官、练兵,清廷不能过问,用财开支不受户部限制。所以当时有"天下之财赋,半耗于三藩"的说法。盘踞在广东、福建的尚之信、耿精忠也都极力扩大自己的势力。因此"三藩"的割据,不仅是清朝实行中央集权的巨大障碍,而且还严重地威胁着清朝的统治。

对于"三藩"应持什么政策呢?是养痈遗患还是动手术切除?对此,清廷内部意见不一,曾经进行过多次辩论。有人主张削去"三藩"兵权,即实行撤藩;但许多人害怕吴三桂等人,认为撤藩会引出天下大乱。可巧康熙十二年(1673)三月,尚可喜因受不了其子尚之信的挟制,向朝廷提出告老还乡,并请求让尚之信接替他的封爵,继续镇守广东。19 岁的康熙帝认为这是撤藩的大好机会,便立即批准尚可喜告老还乡,但不准其子袭爵。当时,吴三桂的儿子在北京,消息很快就传到云南、福建。吴三桂、耿精忠心中忐忑不安,便于七月间先后上疏,假意请求撤藩,以此试探朝廷的态度。康熙帝接到吴三桂、耿精忠的上疏,下令廷臣会议讨论。当时大部分廷臣反对撤藩,有的说吴三桂镇守云南,靖边有功;有的说撤藩后朝廷另派兵去镇守,财政费用太大,因此断不可撤,实际上是怕引起乱子。只有户部尚书米思翰、兵部尚书明珠、刑部尚书莫洛等少数大臣力主撤藩,认为决不能再让吴三桂盘踞云南了。经过几次会议讨论,意见始终不能统一,而且辩论十分激烈。这时,康熙帝挺身而出,做出了果断的裁决——坚决撤藩。他指出:"三藩"久握重兵,已经形成尾大不掉之势。吴三桂蓄谋已久,撤亦反,不撤亦反,与其养痈成患,不如及早除掉。所以,他毅然下令批准吴三桂、耿精忠自请撤藩的上疏,并派特使分别赴云南、广东、福建宣读朝廷撤藩命令和督促实行。

吴三桂接到撤藩旨意后,便于当年(1673)十一月悍然举行叛乱,发布讨清檄文,宣称要恢复明朝,并自称"天下都招讨兵马大元帅"。从此,一场长达 8 年的大叛乱正式揭开了战幕。

叛乱开始后,吴三桂的军队很快就打到湖南,广西、四川的将军、提督、巡抚也闻讯响应。康熙十三年(1674)三月,耿精忠在福建起兵反清,到康熙十五年(1676)二月,尚之信又在广州揭起叛乱的旗帜。南中国燃起了熊熊战火!

"三藩"之乱来势汹汹。清朝内部有一些读史不能消化的迂腐大臣,主张重蹈西汉初年景帝杀晁错的历史覆辙。他们对康熙帝说:"应该先杀掉那些主张撤藩的大臣,只有这样才能使吴三桂息兵。"康熙坚决反对重复历史的错误。他熟读史书,深知这是腐儒之见,汉景帝虽然杀了主张削藩的晁错,吴楚七国之乱依然不止,因为吴王刘濞等人是醉翁之意不在酒。康熙表示,"如果有错误,朕一人承担",决不把责任推给别人。因此,他非但不杀主张撤藩的户部尚书米思翰和兵部尚书明珠等人,相反却把吴三桂留在京师的儿子吴应熊等人投入监狱。与吴三桂有往来的西藏达赖五世,也向康熙提出,"若吴三桂力穷求降,请免其一死;万一嚣张,不如裂土罢兵",意思是以长江为界,承认一个南北朝的局面。康熙断然拒绝了达赖喇嘛,并命令他履行前言,协助清军平叛。为了横扫清廷内部的妥协论调和表示自己平叛的决心,康熙又下令处死了吴三桂的儿子吴应熊、孙子吴世霖。这样,朝廷内部的思想得到了某种程度的统一,并使吴三桂在精神上受到一次打击。

"三藩"之乱爆发时,康熙年仅20岁。但他历史知识丰富,又熟读兵法,善于谋略,指挥得当。他知道,"三藩"之乱虽然气势吓人,只要打败吴三桂,其他人均不在话下。所以,他制定了重点打击吴三桂的战略,争取其他叛乱名中立、归降。如他反复争取叛乱的陕西提督王辅臣,稳定了西北战场的局面,粉碎了吴三桂打通西北的阴谋,他在军事进攻之余,又利用耿精忠与台湾郑经集团之间的矛盾,招降了耿精忠,并乘势进军,迫使郑经势力退出福建。到康熙十六年(1677),尚可喜忧愤而死,尚之信也因与吴三桂矛盾重重,在清军的进逼下向清朝投降。

康熙帝在激烈的战争中,能够保持刚毅、果断、沉着、机智。他深得用兵之道与指挥之法。他指示领兵诸将:战争中要紧的是得民心,所以一定要"严禁军士侵扰百姓"。为了取得这场战争的胜利,他执行了重罚先行于亲贵的做法,即对那些敢于玩忽职守、贻误军机、畏惧不前的皇亲国戚,绝不宽贷。如他下诏公布了顺承郡王勒尔锦,简亲王喇布、贝勒尚善、察尼、鄂鼐、洞鄂等人坐失战机、收受贿赂的罪行,分别给予了处罚。他说:"若非朕运筹决策,命令水师取岳州,命令岳乐的江西军队进攻长沙,命令图海的陕西军速复平凉,后果几乎不堪设想。在一般人尚不可原谅,何况是王、贝勒这些皇亲国戚呢!"

吴三桂等人虽然一度掀起大波,但这些朝秦暮楚、气节丧尽的家伙是得不到人民拥护的。当时有人作诗讽刺吴三桂说:"复楚未能先覆楚,帝秦何必又亡秦?丹心已为红颜改,青史难宽白发人!"这意思是说:你不但没有恢复明朝,反倒把明朝灭亡了,你为了一个美人(指陈圆圆)而改变了丹心,历史是难以宽恕你这老头子的!到康熙十七年(1678)三月,在清军步步进逼下,吴三桂日暮途穷,在湖南衡阳称帝,国号"大周",改元"昭武",但几个月后就在内外交困、忧愤交加中死去。他的孙子吴世璠继立后更是一天不如一天。康熙二十年(1681),清军攻陷昆明,吴世璠自杀。一场席卷10省、长达8年的大叛乱终于平息。27岁的康熙帝得到胜利的捷报,他心情激动,夜不能寐,挥笔写了一首《滇平》诗:

> 洱海昆池道路难,捷书夜半到长安。
> 未矜干羽三苗格,乍喜征输六诏宽。
> 天末远收金马隘,军中新解铁衣寒。
> 回思几载焦劳意,此日方同万国欢。

"三藩"之乱平定后,康熙采取一系列措施消除昔日的弊病。他下令在原来"三藩"控制地区设立八旗兵驻防,将藩王的财产全部充官作为军饷,革除昔日的苛捐杂税,归还被

"三藩"霸占的部分民田。这些措施不但加强了国家的统一，也促进了经济的发展。

二、统一台湾

在"三藩"之乱的硝烟弥漫中国上空的时候，盘踞在台湾及东南沿海的郑氏集团也乘机向内地窜犯，并与"三藩"联为一气。因此，康熙在平定"三藩"之后，便决定解决台湾问题。

台湾自古就是中国的领土。荷兰殖民者趁明末中国动乱之机，派兵占领台湾，在台湾血腥地统治了38年。直到清初顺治十八年（1661），民族英雄郑成功才把荷兰人赶走。郑成功原想以台湾作为反清的基地，但不幸中年早死，壮志付之东流。郑成功死后，郑氏集团内部互相倾轧，统治者花天酒地，鱼肉人民，完全丧失了郑成功那种英雄气质。清廷曾多次用招抚办法，想和平解决台湾问题。但郑经（郑成功之子）集团一面表示可以称臣入贡，一面又坚持不登岸，不剃发，像朝鲜、琉球一样和中国保持一种藩属关系，实际上是想把台湾从祖国分裂出去。康熙帝断然拒绝了郑氏集团分裂国家的要求。他指出：郑经是中国人，台湾"皆闽（福建）人，不得与琉球、高丽比"。既然称臣，就必须接受调遣。由于在这样重大原则问题上达不成协议，再加上"三藩"之乱的干扰，统一台湾的问题便拖了很长时间。

康熙二十年（1681），福建总督姚启圣向康熙帝上疏，报告郑经已死和台湾内乱情况，认为"机不可失"，应立即派兵统一，并推荐以前从郑氏方面归降过来的施琅作为进军台湾的统帅。康熙立即批准这个建议，任命施琅为水师提督，相机进取澎湖、台湾。康熙二十二年（1683）六月，施琅率军在澎湖海战中击溃了郑氏集团的主力，七月在台湾登陆。这时，台湾的当政者是郑克塽。有人教唆他赶快逃往南洋，建立流亡政府，也有人劝他认清形势，向清朝投降。就在郑克塽举棋不定的时候，康熙帝指示前线的施琅，要他力争和平解决，并转告郑克塽等人，"从前抗违之罪，尽行赦免"，而且保证他们归降后给予从优待遇。由于康熙英明及时的决策和施琅等人的认真贯彻，郑克塽及许多在台官吏放弃了逃亡国外的打算，从而使台湾最终以和平方式得到统一。康熙二十二年（1683）八月，清军进入台湾。八月十五日（即中秋节）的晚上，统一台湾的喜讯传到北京，29岁的康熙帝无比兴奋。他多年统一国家的愿望终于取得了重大的成功。为了纪念这个重大的胜利，他欣然命笔，写了一首《中秋日闻海上捷音》的诗：

> 万里扶桑早挂弓，水犀军指岛门空。
> 来庭岂为修文德，柔远初非黩武功。
> 牙帐受降秋色外，羽林奏捷月明中。
> 海隅久念苍生困，耕凿从今九壤同。

经过长期的努力，祖国终于实现了九壤同耕的大一统局面。郑克塽到北京后，受到康熙帝的接见，并被授予正黄旗汉军公，其亲属、部下也分别被授予官爵。康熙帝还特别下诏说，郑克塽的祖父郑成功、父亲郑经不是"乱臣贼子"，可以归葬南安。

统一台湾后，康熙又否决了朝廷内某些人放弃台湾主权的荒谬主张。他毅然批准施琅的建议，在台湾设一府三县，隶属于福建省，并在台湾驻军八千，澎湖驻兵两千。从此，台湾在政治上、军事上、行政上与大陆又重新成为一个整体，由于内地、沿海居民进一步移居台湾，台湾的经济也得到进一步的发展。

三、平定噶尔丹之乱

在我国的厄鲁特蒙古族中，有一支游牧在巴尔喀什湖以东、天山以北和伊犁河流域的强悍部落，这就是准噶尔部。准噶尔部世代受中国政府管辖。康熙十年（1671），噶尔丹杀死其兄僧格，夺取了准噶尔部的统治权。噶尔丹是一个雄心勃勃、掠夺成性的人物，他上台后频繁地对临近各部发动掠夺战争。康熙二十七年（1688），噶尔丹在进攻喀尔喀蒙古的过程中，同沙俄侵略者相互勾结，逼得喀尔喀蒙古部人民向南迁逃。

康熙帝曾致书噶尔丹，要求他"罢兵息战"，不要对四邻各部肆行侵掠。噶尔丹虽然表面上臣服，但实际上却步步向东向南进逼，甚至把他的军队推进到距北京只有几百里的地方。康熙二十九年（1690）六月，康熙帝决定御驾亲征。八月间，左翼军同噶尔丹军队在乌兰布迪（今辽宁境内）发生了激烈的遭遇战，一举击溃噶尔丹的驼军，噶尔丹狼狈逃窜。康熙三十一年（1692），噶尔丹派人到北京，向康熙帝"请安进贡"，表面上虽"词调恭顺"，实际上是想麻痹康熙。康熙一眼就看穿了噶尔丹的阴谋，他指出："噶尔丹不可信任，如果不加防备，万一有事就要后悔。"当时，西藏的第巴桑结与噶尔丹狼狈为奸，要求康熙撤回各地戍兵。康熙说："第巴何以敢要求我朝撤兵？这是噶尔丹的阴谋。"所以，他决定，不但不能撤兵，还要加强防备。果然康熙三十四年（1695），噶尔丹又率3万人马沿克鲁伦河大举南犯，并扬言他背后有沙俄撑腰，已经从俄国借了6万鸟枪兵。康熙三十五年（1696）春天，康熙帝力排众议，决定第二次亲征。他指出，上一次亲征，因裕亲王福全中了西藏喇嘛济隆的缓兵之计，致使噶尔丹从乌兰布通逃走。又加上当时自己生病，未能彻底歼灭噶尔丹，至今犹以为憾。这一次亲征，一定要彻底根除噶尔丹势力，以绝后患。他命将军萨布素率兵出东路迎头截击，命大将军伯费扬古率兵出宁夏为西路，断绝噶尔丹的退路，自己则亲率禁旅为中路，三路军约期夹攻噶尔丹，务期彻底歼灭之。

康熙亲率的大军，在克鲁伦河附近向噶尔丹的军队相对扎营。当时两军的距离甚近。噶尔丹望见康熙的御营和清军的威武阵容，不禁为之胆寒，立即下令拔营逃走。康熙亲自率兵追击到拖诺山。当噶尔丹逃到昭莫多时，又同清军的西路大军相遇。在两军激战中，噶尔丹的军队几乎全军覆没，他仅率少数人死里逃生。康熙的第二次亲征又取得了重大胜利。但是，噶尔丹并没有死，这股叛乱势力并未根绝。所以，康熙一面分化受噶尔丹控制的回部、青海、哈萨克诸部，警告与噶尔丹狼狈为奸的西藏第巴桑结，一面限期噶尔丹到北京投降。由于噶尔丹拒降，康熙三十六年（1697），康熙又进行了第三次亲征。当时，康熙在各部族中的分化瓦解工作取得很大成功，因此噶尔丹四面楚歌，困难到"居无庐（帐幕），出无骑（马），食无粮"的地步。噶尔丹的儿子到哈密逼粮，也被当地维

吾尔人擒送至清营。原先追随噶尔丹叛乱的亲信们,也慑于清军的威力望风投降。最后,噶尔丹在走投无路、众叛亲离的困境中服毒自杀(一说病死)。至此,康熙平定噶尔丹叛乱的斗争宣告结束。

康熙五十六年(1717),噶尔丹的侄子策妄阿拉布坦在沙俄煽动下,继两年前进攻哈密之后,又驱兵攻入拉萨,并到处毁寺庙,抢掠人畜。康熙五十七年(1718),康熙帝命皇十四子允禵为抚远大将军进驻西宁,指挥清军入藏平叛。当时有些朝臣希图苟安,看不到平叛的必要性,说:西藏路途遥远险恶,且有瘴气,不能顺利进军。康熙不同意这种看法,他反驳说:"策妄阿拉布坦的叛乱军队忍饥挨饿,步行一年有余,尚能到达西藏,我们的平叛大军怎么反而不能到达?"事实证明康熙的决定是正确的。当清军进入西藏时,西藏的大小头人、各寺喇嘛都争先恐后地出来迎接。清军迅速驱逐了叛军,取得了胜利。康熙死后,又经过雍正、乾隆两代人的努力,终于最后平定了准噶尔上层分子的叛乱。

康熙在用武力平定叛乱的同时,还用各种手段,对蒙古及西北、西南少数民族上层分子进行笼络。如:他对蒙古王公用封爵、联姻、组织打猎等方法加以团结,在承德按照各民族的特点建筑一些庙宇,以表示他对各民族风俗信仰的尊重,并以此来表明,清朝是一个多民族的国家。他的这些做法,对维护国家统一起了积极的作用。

抗击沙俄

在康熙一生中,抗击沙俄的武装侵略,保卫祖国北方的领土,占有十分重要的地位。

贝加尔湖以东和黑龙江流域,自古以来就是中国的领土。在唐、宋、元、明1 000余年的历史中,我国历朝的中央政府或地方政府,均在黑龙江两岸设有管辖机构。顺治元年(1644),清朝在北京建立中央政权以后,不仅完全接替了明朝在这些地区的统治权,而且使当地同中央的关系更加密切。但是,自17世纪以后,沙俄利用我国明朝在东北势力的衰落和清朝入关南下之机,对黑龙江流域的侵略与日俱增。沙俄先后派遣波雅科夫、哈巴罗夫、斯捷潘诺夫等率兵侵入我国领土。他们到处烧杀抢掠,无恶不作,不但奸淫妇女,还残暴地烤食中国儿童。为了吞并我国领土,他们在被占领的土地上修建城堡,甚至还狂妄地叫嚣要清朝向沙皇进贡!顺治十五、十七年(1658、1660),清朝军队经过两次激战,击毙了斯捷潘诺夫,而且把其残部驱逐出黑龙江中下游。康熙继位后,沙俄又以被其占领的尼布楚为据点向东扩张,重新占据雅克萨城,并向南占领楚库柏兴(即色楞格,属中国喀尔喀蒙古),从而在贝加尔湖以东和黑龙江地区制造了新的紧张局势。

康熙帝从13岁起,就注意到了沙俄对我国的侵略。康熙十年(1671),18岁的康熙进行了第一次东巡,前往东北地区"周览形胜",并召见宁古塔将军巴海,了解当地情况,嘱咐他加紧操练兵马,做好边疆的保卫工作。当时,康熙已经准备开展一场驱逐沙俄的斗争。不料,康熙十二年(1673),爆发了吴三桂等人的"三藩"之乱,康熙的抗俄计划被迫暂缓执行。在平定"三藩"叛乱过程中,康熙曾希望通过外交途径解决沙俄的入侵问题。但沙俄非但置之不理,而且变本加厉地扩大其侵略,在中国精奇里江一带修筑结雅斯克堡和德隆斯克堡,在额尔古纳河东岸修筑额尔古纳堡。康熙二十年(1681),"三藩"之乱平定后,康熙立即把抗击沙俄的部署提上了日程。康熙二十一年(1682)四月,他借到盛京祭陵之机,再一次到东北边疆视察。回到北京后,又在同年九月派副都统郎谈、公彭春率人以捕鹿为名,到达斡尔、索伦等地观察形势,侦察敌情。在听取了郎谈等人的报告后,他下令修筑黑龙江呼玛城堡,调动军队,修造战船,储备粮食,开辟从乌喇(在今吉林)到瑷珲的驿路,组织了辽河、松花江、黑龙江的水路运输,为进行一场自卫反击战做好了充分准备。

康熙二十四年(1685)六月,清军水陆两军包围了俄军盘踞的雅克萨城,对负隅顽抗的侵略者展开了猛烈进攻。俄军头目托尔布津被迫出降。清军平毁了雅克萨城,将被俘的俄军遣送出境。但是,由于清军忽略了在雅克萨驻军,又没有割除附近的庄稼,因此托尔布津等人又率兵卷土重来,在雅克萨的废墟上重新建造了更为坚固的城堡。这样,康熙二十五年(1686)双方又进行了第二次雅克萨之战。在清军猛烈的炮火中,托尔布津重伤致死。到后来,800名俄军死伤、病亡殆尽,只剩了100多人。雅克萨城堡的攻克,已经指日可待了。就在这关键时刻,康熙的停战命令到了前线,说俄国派出的全权代表已在途中,双方将在谈判中定议边界。

康熙二十八年(1689),经过反复折中,中俄双方签订了《尼布楚条约》。条约规定,以格尔必齐河和额尔古纳河为两国国界。再由格尔必齐河源顺外兴安岭往东至海,岭南属中国。这就从法律上肯定了黑龙江和乌苏里江流域的辽阔地区是中国的领土。当时,由于噶尔丹叛乱的内因,清朝方面也做了重大让步,把本来属于中国的尼布楚划归了俄国。

总的说来,康熙帝的反侵略战争取得了重大胜利。他的英明表现在:不轻易用兵,而是先做好调查研究,做好军事的、物质的准备;不穷兵黩武,在取得反侵略战争的胜利后及时恢复和平,从不关闭谈判的大门。在战争过程中,他认为将军萨布素未能毁掉雅克萨附近的田禾是一大错误,因为这正是侵略者得以卷土重来的物质条件。当议政王大臣会议请下令直隶、山东、山西、河南各省派火器兵支援进攻雅克萨时,康熙指出:这些兵未曾经历过战阵,况且黑龙江火器甚多,应改派福建投诚、善用藤牌的官兵,由台湾投降的武将率领开赴雅克萨。第一次雅克萨之战的事实证明,这些久历战阵的藤牌兵确实起了不小作用,他们一举歼灭了从黑龙江顺流而下,企图冲入雅克萨城内的俄国哥萨克增援兵。

《尼布楚条约》的签订,缓和了中俄两国之间的紧张局势,暂时制止了沙俄的军事侵略。但是,康熙并没有因《尼布楚条约》而放松警惕。他说:"今虽与俄罗斯和好,边界已定,但各省驻军仍照从前规定办理。"他决定继续在墨尔根等地驻军设防,并在外兴安岭、额尔古纳河、格尔必齐河等边界设立卡伦,派军队巡防驻守,以防备沙俄势力的侵扰。

传奇皇帝

康熙帝之所以是一个传奇式的人物，不仅因为他在少年时代勇擒权奸鳌拜，青年时代平定了"三藩"之乱、统一了台湾，壮年时代平定了噶尔丹叛乱、抗击了沙俄的侵略，而且还由于他着迷地热爱科学，学习科学乃至在科学上做出了一定的贡献。

一、数学

少年时代所经历的那场关于天文历法的争论，在康熙心灵深处留下永不消失的痕迹。他目睹了那些在科学面前无所适从的大臣的昏愦，也痛恨自己对科学的无知。他在杨光先与南怀仁的科学斗争中认识到，数学是这两个人胜败的关键之一。因此，他对数学狠下了一番功夫。他后来对人谈他自己如何发愤学习数学的情况时说："你们只知道我算术不错，却不知道我为什么要学算术。我少年时，钦天监汉官与西洋人不睦，互相攻击告讦，死了不少人。杨光先、汤若望在午门外，当着九卿大臣的面赌测日影。无奈九卿中没有一个人懂得这种方法。我当时想，自己不懂，怎么能够判断别人是对还是不对呢？所以我发愤学习数学。"他先是跟比利时传教士南怀仁学习几何。康熙二十七年（1688），南怀仁去世，他又跟来到北京的法国传教士张诚、白晋等人学习。为了学好课程，他为传教士准备了良好的生活条件，还叫他们到内务府学习满、汉语。他自己则努力学习拉丁文，争取听懂或看懂数学讲义。他学习过欧几里得的《几何原本》和巴蒂斯的《实用和理论几何学》的满文译本。他每学一个定律，不但务求必懂，而且都尽可能联系实际。

康熙不但向外国人学数学，他还努力培养和团结一批中国自己的数学家。他团结了当时颇负盛名的大数学家梅文鼎，后来又把梅氏的孙子梅毂成调到北京，让他专门从事科学研究与编纂工作。此外，如泰州人陈厚耀、大兴人何国宗以及蒙古族的明安图等数学家，也都曾受教于康熙。

康熙晚年在北京畅春园设立了"算学馆"。在他的倡导主持下，梅毂成等人用了 10 年工夫，编成了集当时乐律、天文和数学之大成的巨著——《律历渊源》。此书的第二部取名为《数理精蕴》，它不但收录了中国历代数学精华，同时也囊括了明末以来传入的西方数学，是一部很有价值的数学丛书。

二、医学

康熙自幼对医学就很感兴趣。后来，他在向西方学习的过程中，又接触了西方医学。他 40 岁时得过一次疟疾，虽经御医多方治疗也未见效。这时，在宫廷工作的法国传教士洪若翰、刘应进进献了一种特效药——金鸡纳。康熙服用了金鸡纳之后效果很好，不久就恢复了健康。为了酬谢传教士，他特赐在西安门内建立一座大教堂，这就是日后西安门内北堂的来历。

康熙病愈后，便不时推广金鸡纳。他每逢出巡时，总是随身带上些金鸡纳，赐给一些封疆大吏。康熙五十一年（1712）夏天，曹雪芹的祖父曹寅得了疟疾。曹寅托亲戚李煦向康熙讨要金鸡纳。康熙得知后，立即从北京用驿马昼夜奔驰把药送往江宁（今南京），并御批说："疟疾若未转泄痢，还无妨。若转了病，此药用不得。……金鸡纳专治疟疾，用二钱末，酒调服。若轻了些再吃一服……若不是疟疾，此药用不得，需要认真。万嘱！万嘱！万嘱！万嘱！"可惜药还没有送到，曹寅就一命归天了。

康熙除了推广金鸡纳，还不时为臣下看病开方。有一次，直隶总督赵弘燮看文件时忽然半身瘫痪，请求康熙派人到保定给他治病。康熙派人去了，但指示说："类风之病，补药无益而有大损。十分留心！"后来赵弘燮又向康熙讨要"御制药酒"。康熙怕药酒容易坏，便动了一番脑筋，特赐西洋药饼，叫赵弘燮用时泡在酒里，还告诉他饮酒的用量。赵弘燮服酒之后，向康熙报告说："初服之日即觉得热气上至左膀，下至左腿。"颇为见效。

康熙在医学上的一个重要贡献，是他以皇帝的权威下令推广种痘法。明末清初，天花传染病流行，夺去了无数人的生命，也使许多人脸上留下了永不消失的疤痕。康熙帝就是天花的受害者之一。那时，世界上还没有防治天花的好办法。只有我国在世界上首先创造了一种预防天花的种痘法。这种方法，就是把患者的痘痂研成细末，用湿棉花蘸上这种"痘苗"塞在健康人的鼻孔里（或将痂末吹入人的鼻内），使接种者发生一次轻微的感染，从而获得对天花的免疫力。这种方法虽然历史悠久，却未能广泛推行。康熙知道这种方法以后，便首先在自己的孩子和一些亲贵子女中推行，后来又在蒙古等少数民族中推行。开始，有些老年人少见多怪，表示怀疑。但康熙以皇帝的至高无上的权力坚持推行，终于取得了很好的效果。

三、地理学

康熙学了数学与天文，因而对地理学的重要性有了更加深刻的认识。他学会了使用测量仪器，每行到一处，就要测量那里的地势，调查当地的地貌、地质、水文、土壤等等。他不但测量该地距京师的里程，还要测量那里的纬度，并把这些情况记录下来，收入他撰写的文章、上谕中。例如，他在亲征噶尔丹的行军途中，就详细地调查过所经之处的风物、地理情况，把记下来的材料寄给留在北京的皇太子。康熙三十五年（1696）四月二十一日，他在给皇太子的信中叙述了行军中的饮水问题，说："自出喀伦未见寸土，其沙亦坚硬，履之不陷……营中军士凿井甚易，一人可凿二三十处。因水泊中取水嫌远，均于近账房凿井。可凿井的地方也很易认识。蒙古语叫'善达'之处，地洼润，掘末二尺即可出水；叫'塞尔'的地方，山涧沟径，掘仅尺余即可及泉；有称'布里杜'者，是一种丛草间积留的潦水，水质不佳；叫'窥布尔'的，水流地中，以手探之泉即随出，故野驴以蹄跂之而饮……"可见，他对所经地方是做过详细调查的。

他在沙漠中行军,往往发现有贝壳。这种东西引起了他很大兴趣。他联想到当地蒙古人关于洪水的传说,推测这里在洪荒时代很可能是一片泽国。这和近代学者的某些科学推论是很接近的。

康熙在世时,还费了几十年的心血,开展了一场史无前例的伟大工程,这就是:在辽阔的中国疆土上进行实测、绘制地图。这项工作是由外国传教士与中国工作人员共同完成的。这次测绘工作进行了多年,采用了当时比较先进的大地测量术和用经纬度绘图的方法。到康熙五十五年(1716),除今新疆等少数地区外,对大多数省区进行了测绘。这次测绘的成果,便是一部《皇舆全览图》。它是中国历史上第一部完全实测、比较精确的地图集,也是世界地理测量史上的伟大成果之一。康熙曾对大臣蒋廷锡说:"此图是朕费三十余年心力才完成的,山脉水道合乎《禹贡》。你可以将此图和各省分图让九卿们细阅,倘有不对之处,可以面奏。"可见康熙很以《皇舆全览图》为自豪,但他又不拒绝别人批评。

四、农业

康熙从少年时代就喜欢看人种庄稼,而且自己也把各类种子种到地里,以观察收获的多少,他的这种兴趣一直坚持到老。康熙60多岁时写过一篇《刈麦记》,其中说:"在收获的时节,看到苍颜老农欢庆秋收,黄口孺子不再愁饿肚子,这才是我真正的快乐!"为了使人们穿衣不忘织女之寒,吃饭不忘农夫之苦,他命人画了一册《耕织图》,每幅图旁由他题诗一首,然后刻版印刷,广为流传。

在康熙一生中,有一件很重要的事情,就是他曾发现、培育和推广过一种连作双季稻——"御稻种"。

在中南海丰泽园旁边,有几块水田,种着稻子。有一年六月下旬的一天,康熙经过这里,发现有一颗高出众稻的特殊稻子,而且已经结穗成熟。于是,他把这颗早熟的稻穗摘下来,决定次年再种,看它是否仍比别的稻子早熟。第二年试种的结果,还是比别的稻子早熟。从此,他便以此为种子,培养了一个新的稻种——"御稻米"。这时的康熙,大约28岁。

康熙对他培育的这种粒长、色红、味香的新品种,寄予很大希望。他先在北京、承德试种若干年,取得经验后才向江南推广试点。他下令在苏州、江宁等地先种。为了种好这种可以连作两季的品种,他还派了有经验技术的农民李英贵前去指导,他自己也随时下达具体指示。从康熙五十四年到六十一年,在苏州、江宁等地连续试种了8年,直到他死为止。这种"御稻米"第一季的成熟时间平均不到100天,最短的只有70天左右,因此收割后可以连种第二季。而当时苏州本地稻子的成熟期,需要一百四五十天。显然,康熙培育的新品种有它的优越性。如果当地的稻田改种"御稻米",由于一年可以连种两次,估计每亩可增产五成左右。苏州、江宁试种不久,江西、浙江、安徽的官吏和两淮商人也申请试种,康熙一律批准。当然,在封建时代,由于官府、地主对农民的残酷压榨,农民对种植紧张费力的连作双季稻是缺乏积极性的,况且他们也无法解决由于消耗地力过多而必须补偿的肥料问题。康熙的本意是培养一个新品种,让更多的人能吃到。但那时的官僚们,却把"御稻米"限制在上层人物中享用。清代作家曹雪芹的祖父曹寅,就曾在江宁受命试种过"御稻米"。《红楼梦》中所描写的"御田胭脂米"和"红稻米粥",就是康熙培育的"御稻米"。

除了培育新品种之外,康熙还大力推行垦荒的政策。他主张大面积地开垦北方的处女地。他曾告诉臣下说:"边外地广人稀,自古以来无人开垦。我数年前避暑塞外,下令开垦种植,有的禾苗高达七八尺,穗长一尺五寸。"有的官吏听了不相信,康熙就命人取了几株,证明塞外荒地经过开垦,也可以长出很好的庄稼。由于他的提倡,原来荒凉的山区也出现了大村落。他曾写诗记述这种变化:

> 沿边旷地多,弃置非良策。
> 年来设屯聚,教以分阡陌。
> 春夏耕耨勤,秋冬有蓄积。
> 霜浓早收黍,暄迟晚刈麦。
> 土固有肥硗,人力变荒瘠。
> 山下出流泉,屋后树豚栅。
> 行之无倦弛,定能增户籍。
> 古来王者治,恐亦无以易。

这大意是说:沿边的荒地,丢弃不管不是好办法。近年来设立一些民垦的聚落,教他们耕种。春夏耕耘,秋冬收获。这里霜期早而浓,要早收黍,夏天来得晚,割麦要迟些。土地固然有肥有瘠,但是可以用人力改变的。山下可以挖井(这说明康熙很懂地下水的知识),屋后可以造猪圈。如果长期坚持下去,这里一定能繁荣起来,可以增加人口。古来帝王的治道,恐怕也没有更高明的方法了。

为了农业的需要,康熙还努力研究气象,他下令各地每天记录当地的阴晴风雨,由主要负责人按时上报,并作为一种制度肯定下来。至今,故宫内还保存着大批清代的《晴雨录》。这是一批很宝贵的气象史料。为了同样的需要,康熙还研究蝗虫,调查灭蝗的方法,并亲自指导一些地区的灭蝗工作。

五、治河

明末清初,由于政局动乱与战争的破坏,黄河、淮河、运河、永定河等许多河流因年久失修而连年泛滥。这不但关系到千百万人民的生命财产的安全,也威胁着封建王朝的长治久安。康熙帝从14岁起就"反复详考"历代治河得失,亲政后,更把"河务"与"三藩""漕运"作为三件大事写在宫廷的柱子上,以便每天看到、想到这些重大问题。

康熙治河,比以往的治河有很大进步。首先,他治河的战略思想是积极的。他主张不但要减少水患,还要进一步变水害为水利。他说"古人治黄河,唯在去其害而止,今则

不但要去其害,还要利用黄河来运漕粮",把河水变成运输的渠道。其次,他主张把原先绘在纸上的平面图,改为立体的地形图,因为纸上的图很难分辨地势高低。再次,他认为治河者必须亲临现场,没有亲历过河工,就无法了解河势之汹涌、堤岸之远近高下,当然也就提不出好的治河方案。为了指导治河,他六次巡阅河工,并亲乘小舟,冒着风险进行勘察,亲自测量水位。因此,他不但对那些重大水患地区的情况了如指掌,而且能提出有实际意义的指导方案,能推测出曾经发生和预见到将来可能出现的问题。例如,他在视察永定河时及时指出:薛家庄不宜筑减水坝,因为南岸已露出矶嘴,北岸必被冲刷。询之当地群众,果然 30 年前河身在南岸。他还预言说:高家堰堵堵塞六坝之后,泗州、盱眙等地必被水淹。到康熙四十五年(1706),六坝刚刚闭塞,立刻引起洪泽湖水大涨,泗州、盱眙等地果然水发成灾。

康熙研究了历代治河经验,指出:深浚河身,让河水直行刷沙是治河上策。因此,他主张裁弯取直,束水刷沙。他认为,明朝治黄河多在徐州以上,本朝俱在徐州以下,应该注意中上游,吸取明代行之有效的经验。他还认为,明朝时山东微山湖一带,将水蓄在山中,涝则蓄为水库、旱则泄作灌溉的做法,深得其宜。

康熙在治理黄、淮、运诸河之外,特别注意治理经常改道泛滥的浑河(即永定河)。因为浑河关系到京师(北京)的安全问题。康熙三十七年(1698),浑河工程竣工,他亲自改名为"永定河"。应该指出的是,他治理永定河不仅仅是为了北京,他还有一个更富战略的思想:永定河是一条小黄河。他是想把治永定河的经验推广到治黄工程中去。所以,当永定河工程用的方法成功之后,他便指示在治黄工程中推广,效果良好。康熙还鉴于永定河筑石堤取得成功,曾提出把这种做法推广到治黄工程中去,主张由徐州至清口皆修石堤。后因主持工程的大臣反对,加之财政开支太大而未能实行。

康熙积极治理河道,在他当政的 60 余年中取得了很大的成绩,并为以后雍正、乾隆两代的水利兴修打下了良好的基础。

开明帝王

康熙是一个什么样的人呢? 据一个在他身边工作过的外国传教士说:

皇帝(指康熙)中等身材,是位慈祥、稳重、举止端庄的人。他那威严的外表,无论从哪一方面看,即使放在千人之中,也与众不同,能够立即分辨出来。这是由于他想使自己的容态和举止,让人一看便是心地善良的人所造成的。这一点,就我所见,任何王公权贵也没有超出其上者。最低限度,他能和这些人中任何人相匹敌的。他自诞生以来,就是一位发号施令的人,又熟悉科学的许多领域,每日都致力于钻研,还要处理国务,所以他在上午和下午都定出一定的时间来,专心于学习。

的确,康熙确实是一个不平凡的人。他自幼失去父母,是从奋斗中成长、练就的人物。他性格坚毅,勤奋好学,读书曾用功到咯血的程度。他没有享受过足够的父母之爱,

也没有顺治热恋董鄂妃或乾隆追求香妃那样的罗曼史。他把毕生精力都用到处理国家大事上。但他能"治国""平天下"却不能"齐家",在那"家丑不可外扬"的时代,他的家丑却不胫而走。他立了一个品质恶劣的儿子允礽做皇太子,允礽非但不争气,反而父子成仇,终于又被他废掉。诸皇子之间为争夺继承权而演出的结党营私、明争暗斗的丑剧,使他既气愤又伤心,因而身心蒙受了严重的创伤,只活了69岁就死了。

康熙在封建帝王中,是比较开明的人物。他在统一国家、捍卫主权、发展生产、提倡文化等方面都做出了重要贡献。但是,他毕竟不能超越历史、阶级的局限,也不能摆脱狭隘的民族偏见。他一面重视科学,一面又以更大的精力去提倡束缚人们思想的宋明理学,作为自己统治的思想支柱;他提倡文化,开博学鸿儒科,命人纂修《全唐诗》《佩文韵府》《历代赋汇》《康熙字典》《广群芳谱》《律历渊源》《古今图书集成》等许多大部头的书籍,但又以禁止淫词小说为名,扼杀一些有悖封建理教、有碍清朝统治的文化,并用文字狱打击有反清思想的士大夫,使之俯首就范;他重视农业生产,也曾下过开海令,但晚年又封锁海疆,禁止或限制中外贸易往来,扼杀本国的资本主义萌芽。所以,康熙一朝在经济、文化、科学等方面虽然有可观的成绩,却依然不能越出封建的雷池,致使中国不能脱颖而出地进入一个新的时代。当然,这是中国历史发展本身所造成的,康熙的一生得失,不过是这种历史发展在一个统治者身上的具体表现罢了。如果我们把他放在历代统治者的行列中观察,他依然是一个出类拔萃的人物。

勤政爱民

——清雍正帝胤禛

名人档案

雍　　正：名爱新觉罗·胤禛。康熙第四子。属马。性格严酷。康熙病死后即位。在位13年，传说被侠女吕四娘报家仇而暗杀，终年58岁。

生卒时间：公元1678年~公元1735年

安葬之地：葬于泰陵（今河北易县西50里泰宁镇永宁山）。谥号敬天昌运建中表正文武英明宽仁信毅睿圣大孝至诚宪皇帝，庙号世宗，史称雍正皇帝。

历史功过：整顿吏治，建立密折制度，设立军机处，进一步巩固了皇权；实施改土归流和摊丁入亩制度，废除贱籍，促进了生产发展；加强对蒙古准噶尔部、青海、西藏的控制；大兴文字狱，文化统治残酷。

名家评点：知政要，尚严明，其治可比于汉之文景。

皇子四阿哥

　　清世宗胤禛登基后改年雍正，故又称雍正帝。雍正，生于1678年12月30日（康熙十七年十月三十日），是康熙帝的四子，俗称四阿哥。

　　雍正青少年时期受过良好而又严格的教育，熟读五经四书，写一手好字，又爱同僧侣讨论佛学，通晓汉、满文，自然科学也略知一二，武艺科目也学习过，他还随从康熙办过一些政事，康熙第二次亲征噶尔丹，雍正从军，掌管正红旗大营。康熙秋狝热河，西巡五台

山，南巡江浙，雍正都跟从过，他奉命到盛京、遵化拜谒祖陵，去曲阜祭孔，代行南郊祭天，参与查察京城仓储，磨勘会试原卷。各地考察及处理政事，使他逐渐成熟起来。

在后来皇太子的权力角逐中，许多人都忽视了这位四阿哥。在二阿哥（原太子）被废、大阿哥失宠之后，由于三阿哥允祉缺乏政治才能，这位四阿哥就是几个年长皇子中相当引人注目的一位了。尽管他也积极参加过权力争夺，也被父亲猜疑过，甚至被拘禁过，但他采取外弛内紧的策略，表面不动声色，暗中却加紧活动，因而，康熙认为他是一个较为淳厚老实、孝敬恭顺的儿子。当允礽被废、允祀受到严厉处罚时，四阿哥还在父亲面前有分寸地为他们说情，给父亲多下了"识大体"的印象。几个年长的皇子为争夺地位拼命活动，他却相当平静，看不出有什么猖獗的表现。皇帝最忌讳儿子们结交朝臣、培植死党，四阿哥的雍王府却是一个颇为冷清、车马少至的所在。但他也并不愚笨，凡是父亲交代的事情，他都做得很妥当。四阿哥的一个门下曾告诫他：父亲英明，做儿子的就很难。太锋芒毕露，要引起父亲的猜忌，一点也不显露才能，又会被父亲看不起，弃而不顾。所以，必须严格掌握好二者的分寸，在露与不露间做好文章。

也许，雍正本来的意图，是努力拍好父亲的马屁，名正言顺地做太子。然而很不幸，已经做了半个多世纪皇帝的康熙，还嫌不过瘾，所以对年长的儿子，一个都不放心。所以，他也必须做其他准备。其实，他并没有结交许多大臣，像废太子、皇八子那样，声势过大，反而弄巧成拙，但他结交两个重要人物：一是隆科多，皇后的胞兄、步兵统领，掌管京城的戍卫；一是年羹尧，四川巡抚，在与准噶尔作战的西域战场拥有一支主力军，必要时能够对付允禵，使他无法用武力达到目的。雍正没有过多的争位活动，但长期隐而不发，而一发必中，乃是历史所证明了的权力斗争的重要原则。

多子多祸

"不孝有三，无后为大"，是中国相传的祖训。而多子，则更被中国人视为难得的好福气。可惜，"后"也有可能是祸根，多子则更有可能酿成灾难。这也是封建制度的痼疾之一，每每老皇帝未死，诸子混夺天下，一个个血亲骨肉，最终都成了最危险的阴谋家。

皇家父子、兄弟之间围绕最高权力的斗争，要数清康熙朝最为持久和热闹。其原因，说起来也真可怜，就是康熙皇帝儿子生得太多，他自己在位的时间太长。多子、长寿，向来是一种难得的福气，在皇家，弄不好却变成灾难。康熙8岁做皇帝，一屁股在宝座上坐了61年，创造了中国历史上一项最高纪录；去世前，已成年的儿子就有十几个。这么老而不死，占定茅坑不挪脚，让大家等得实在不耐烦。等，是父子之间的矛盾，且又是兄弟之间谁来接班的矛盾。两者纠结在一起，那就够热闹的了。做父亲的，当然不愿死，看着一群儿子在旁边个个虎视眈眈，又伤心，又害怕，究竟让谁来接班，也难免动摇不定。说来康熙也是中国古代少有的英明君主，14岁亲手智擒权臣鳌拜，20岁对付吴三桂等人叛乱，指挥几十万军队打了8年仗；一生功业，辉煌无比。但康熙对自己的儿子，却伤透脑

筋,不知哭了多少回。有时面对着大臣,竟会哭倒在地。他曾对别人说:人生的福气,富贵尊荣都不算什么,最难得是享长寿而终天年。这其实是害怕儿子中有谁等不及,为了先发制人而将自己打发上西天。结果,他到底怎么死的,也还是不明不白,而且死于非命的可能性最大。

本来,为了防止在自己身后发生继承权的纷争,康熙很早就做了安排。他 22 岁时,就把年才 1 岁的嫡长子允礽立为太子。但他没有想到,儿子小时候都是很可爱的,长大了却难免让人讨厌。父子之间的对抗,好像是由人类天性决定的,这还在其次。关键是,太子一立,就有了特殊地位,大臣们为了自己的前程,都得考虑与太子的关系,时间久了,就形成太子的势力,而威胁到皇帝的权威,于是引起父子间的冲突。再说允礽本人,从小做太子,就知道自己将来要当皇帝,谁知做了三十几年太子,还没有当上皇帝。给小孩子一块糖,又老是不许吃,小孩都受不了,何况几十年等着做皇帝? 急得太子大发牢骚:"岂有四十年的天子!"这话简直是嫌老子活得太久,把康熙气坏了,父子间的矛盾越来越尖锐。据康熙说,他带太子出巡,发现太子老是在窥视他,令他晚上都不敢放心睡觉,不知什么时候要被太子害死! 于是,康熙四十七年(公元 708),他就下令把太子废了。

允礽一废,其他儿子们一个个活跃起来。首先是大阿哥允禔(满族人称皇子为"阿哥"),他的岁数比允礽还大些,因为不是皇后所生,算是庶子。但庶子并不是一定不能继承皇位,何况皇后也是可以改立的。如果将他立为太子,再将他的生母惠妃立为皇后,他就算是嫡长子了。允禔从小也很受父亲的喜爱,曾多次随康熙出征,并受康熙委托处理某些具体事务。他作为最年长的皇子,由于嫡庶之分而不能立为太子,心中充满怨毒。为了制造机会,他曾请了喇嘛施行厌胜巫术,企图咒死允礽。允礽被废以后,这位大阿哥兴奋过了头,意向父亲提出应当杀死允礽,以防后患,还表示自己愿意执行这个任务,这就做过了头。不要说康熙总还考虑到父子之情,也不要说康熙一心想做圣明之君,不愿担杀戮亲子的恶名,单凭允禔这种急不可耐、穷凶极恶的腔调,就足以引起康熙的警惕和厌恶。所以康熙立即宣布允禔为"乱臣贼子",加以拘禁。大阿哥才跳得一跳,就被父亲一脚踢翻在地。

在争夺继承权方面做得最为充分的,要数皇八子允禩。他聪明能干,风度高雅,特别善于笼络人心。无论在满洲贵族还是在朝廷大臣中,甚至在诸皇子兄弟中,都有不少人支持他。皇九子允禟、皇十四子允禵,和他的关系尤其亲近。太子允礽被废、大阿哥允禔因争位被禁后不久,皇帝召集群臣,要他们在除了上述二人以外的诸阿哥中,推举一人为皇太子。与八阿哥关系最密切的领侍卫内大臣阿灵阿、礼部侍郎揆叙、户部尚书王鸿绪等满汉大臣事先商议,各人在手上写了个"八"字暗示其他人。结果,满朝大臣当场各据一案,分别以书面形式提出自己的意见,却差不多全是写"八阿哥"。既然朝臣的意向如此一致,允禩立为太子,似乎成了定局。

然而,他们万万没有想到,这又大大触犯了忌讳,非但未能把事情做成功,反而一举断送了八阿哥的前程。问题就在于,康熙虽然需要有一位太子将来继承皇位,但绝不能容忍这个继承人在他还活着的时候就形成太大的势力,以至威胁自己的权力。古史上,为了夺取帝王宝座而以子杀父的事例绝非罕见，康熙对此是非常警惕的。允礽被废，表面的理由是他"不仁不孝"，其实这只是借口；关键在于太子的势力引起了皇帝的不安。如今，八阿哥居然能够获得几乎是全体朝臣的拥护，岂不是较原太子有过之而无不及吗？而且，聪明的康熙皇帝马上就会想到：八阿哥的结植党羽，绝非一日之事。至少在允礽与自己发生不和的好几年中，他已经做了准备争位的充分努力。这岂能容忍！第二天，正当允禩兴致勃勃等待好消息的时候，父亲给了他当头一棒：重立允礽为皇太子！

不仅如此，在以后的多年中，康熙对允禩的压制特别厉害。他甚至公开说："说不定哪一天，会有猪狗不如的阿哥，为了讨好允禩而起兵发难，逼我让位给他。到那时，我只有含笑而死罢了！"有一次，允禩没有按例去行宫请安，康熙就勃然大怒，宣布与他断绝父子之情，下令停止发放允禩及其下属护卫官员的俸银俸米。这样，由康熙立允禩为太子的可能性，就根本不存在了。但允禩的政治势力，并没有完全消退。直到康熙末年，朝廷大臣中还有人宣扬：诸皇子中，皇八子最贤。而太子允礽的重立，只是康熙为了打击允禩而使出的一招，不过以此堵住群臣的嘴，并非出于本意。所以，皇帝与太子的矛盾，非但没有解决，反而有更趋激烈的势头。到了康熙五十一年，皇帝又严厉指责太子私结党羽，为非作歹，屡教不改，再次下令废黜，并加以软禁。这以后，康熙皇帝就没有明确立太子。

康熙专权而多疑，在立嗣问题上长期动摇不定，诸皇子野心勃勃，使得皇权的继承这一根本大事，没有一个明确的前景，王朝的未来充满危机。从可能性来说，不但十多个成年皇子都有可能成为继承人，就是已废黜的太子允礽、已失宠的皇八子允禩，因为始终保持着一定的势力，也不可排斥在特殊情况下（如皇帝突然病死）东山再起的可能。特别是，由于当时清人入关的年代还不长，政治制度中保存了很多原来奴隶制部落联盟时代的特点，皇子往往直接统领八旗兵，整个政治局面更是混乱不清。而康熙本人，却被无情的岁月一天天催促变老。

到了康熙五十七年（公元1718），事态终于有一种明朗化的兆头。这个兆头，就是皇十四子允禵被任命为抚远大将军。

自康熙即位以来，蒙古族准噶尔部落的势力发展迅速，并走上背叛清朝的道路。到康熙五十年以后，他们逐渐控制了今内蒙古西部、青海、新疆、西藏一线极为广大的地域，甚至威胁到陕西、甘肃、四川、云南。平定准噶尔之叛，保持清王朝版图的完整，成为当时最重大的政治和军事任务。由于这一战役关系重大、情况复杂，必须派出可信的人在前线镇守，掌握全局。在没有太子的情况下，派任何一位皇子担任大将军的职务，都具有不同寻常的意义。这不仅仅表现了对一个皇子的能力和可信程度的估价，而且，由于清人于马上得天下，一向重视战功，这样做，也是为出征的皇子提供建功立业的机会，使之获得足以服众的威信。然后再继承皇位，就变成顺理成章的事情。

那么，康熙为什么选派十四子允禵呢？他是皇后所生、具有政治才干、为人比较忠直可靠等等，都可能是比较重要的考虑因素。但更重要的，却是因为允禵在诸皇子中年岁较小、爵位较低，在过去争立太子的混斗中，他没有怎么积极参与。满清的皇子，分为亲王、郡王、贝勒、贝子四个等级，通常是按照年龄逐步提升的。允禵在当时还是贝子。几

个年长的儿子,或者缺乏才干,或者过去过于活跃,康熙对他们已失去了信心。他当时已经66岁了,究竟还能活多久,是无法预料的。所以一方面不能不考虑立嗣,一方面又绝不肯放弃手中的权力,选一个年龄稍轻的皇子做继承人(允禵当年30岁),耐心会好一些,不至于急着跟他争权,甚至做出大逆不道的事情。

但正因为允禵在诸子中年次和爵位都低,康熙就必须给他以特殊的待遇,才能提高他的地位。康熙在这方面做了精心安排。

在允禵出征前一年年底,康熙向众皇子和全体大臣颁布了一道诏书,表示自己对立太子的问题,已有所考虑。又说:"我一定会选择一个坚固可靠之人为你们做主,让你们倾心悦服。"次年,就派允禵西征。两件事连在一起,有着暗示的意味。出征时,康熙授命允禵使用王所用的旗帜,给他"大将军王"的称号,并举行了十分隆重、规模宏大的送行仪式。这又是表示,允禵的正式爵位虽然还是贝子,却已经享受了王的待遇,将来立为太子,可以不必一级级晋升爵位。他还在多种场合一再夸奖允禵的能干和美德,给大臣们留下了很深的印象。

这些举动的含义,众皇子和大臣都是知道的,所以大家都已经把他当作未来的太子看待。康熙六十年(公元1721),"大将军王"从前线被召回京商量西征大事时,几位王公大臣奉命到郊外迎接,有一位叫阿布兰的宗室公爵离开行列,行跪拜之礼。从双方地位来说,阿布兰的做法是破例的,但他是把对方视为太子,预先拍马屁,就不算奇怪了。特别是皇八子允禩的政治集团,由于允禩的失宠已成定局,所以对允禵这位过去关系密切的皇子地位上升十分高兴,认定他就是将来的皇爷,私下表示热烈的拥护。

允禵任抚远大将军,在前线4年,取得收复西藏的重大胜利。而后在康熙皇帝的指示下,与准噶尔部进行和平谈判,也取得基本一致的意见。他大功也立了,声誉也提高了,西部战争很快就要平息,到康熙六十一年(公元1722),他眼看就要带着丰硕的收获,回到北京,顺顺当当地当太子。然而,正在这个时刻,康熙突然去世,皇四子胤禛莫名其妙地继位当了皇帝(习惯以其年号称为雍正皇帝),把一切打得粉碎。

三军相斗

康熙六十一年十月底,准噶尔使团从甘肃出发,奔赴北京,按照正常情况,他们将会在十一月底前后抵达。关于和平解决的方案,在这之前已大致有了眉目,使团来京,只是与皇帝做最后的拍板。因此,中国西北部的多年战乱,很快就要平息,而皇十四子作为抚远大将军的使命,也将随之结束。

就在十一月初七,康熙皇帝驾临京城郊外的畅春园。初八,皇帝传旨:偶然受了风寒,当天已经出了汗。从初十到十五,将为冬至的祭祀大典进行斋戒,一应奏章,都不必送来。"斋戒",是在举行祭祀天地、祖先等重大典礼之前,独居静休以表示诚意。畅春园在郊外,皇帝又处于斋戒中。因而,在这几天里,人们得不到皇帝的任何消息,而且都将

认为这是正常的。这无疑造成了一个机会。

康熙的病似乎并没有好透。从九日到十二日，皇四子胤禛不断派人入宫探视，还给父亲送去人参汤。然而康熙的病况却突然变得严重了，到十三日凌晨，已经处于垂危状态。一直在皇帝身边担负侍卫职责的隆科多，派人传达诏命，令允祉、允祀、允禩等7位皇子立即赶到畅春园。胤禛因为另有事务将近中午才赶到。同时，隆科多在畅春园外布下严密的警戒，以防万一。

十三日一天，畅春园的空气异常紧张。众皇子入宫以后，根本就未能和父亲说一句话——因为皇帝始终昏迷不醒。所有的人都显得焦躁不安，担心皇帝会突然死去，一句话也不留下。太子未立，被多数人认为最可能成为太子的皇十四子允禵却远在西北，一旦出现那样的情况，局面将是怎么样的呢？但也没有人愿意离开，因为很可能皇帝会回光返照，突然醒来，对众皇子留下最后的遗言。皇子们守在父亲的寝室外面，有的坐着，有的倚柱而立，有的轻轻地踱来踱去，谁也不说一句话。不时有一个皇子进去看一看，走出来时，总是摇摇头。各人的心，越来越沉重。

皇八子允祀，向来是诸皇子中最机敏的一个。他早就疑心这里面有什么问题，阴狠的眼光，不停地在各个脸上扫来扫去，最后死死地停在皇四子胤禛的身上。胤禛却一直很平静，安安定定地坐在一旁，双目微垂，只是手好像有些颤抖。允祀似乎感觉到了什么，傍晚时分，突然准备离开畅春园。刚要走出行宫大门，隆科多上前拦住了他："圣上的病，目下正是不可言说，阿哥此时离开，一旦圣上不豫，如何是好？"允祀抬眼向前看，不远处是层层卫士，剑戟闪亮；回头看隆科多，神色坦然，胸有成竹。他知道走不出畅春园，知道今日必有大事要发生，抬起的脚又重重地放了下来，"哼！"从鼻孔中喷出长长一股气。

僵持到戌刻（相当于晚上十点），一个小太监从康熙的卧室内惊惶万分地冲出来，张大着嘴，还没有说出话来，大家已经明白是怎么一回事，倏地一齐向室中冲去。围着病床俯首细看，只见父亲微微张开的嘴中，已经没有呼吸。众人惊住了，不由自主地跪倒在床前。没有人哭，谁都知道这时候哭出声来，是最令人讨厌的。还有比哭泣重要得多的事情。

谁也想不出办法，谁也不说话。过了好一阵，年龄最大的允祉才提出，先到外间去商量一下。各人一个个慢慢退了出来，都在心中盘算如何进行下一步的行动。这时，隆科多也进入室内，对皇帝遗体行了叩拜之礼，然后走出来，把胤禛叫到另一处房间。其他皇子一下子紧张起来，十几道目光盯住他们的身影，宫内的空气，好像马上就要燃烧。

也不知过了多久，隆科多和胤禛再次出现在众人面前。所有的人都不曾动过脚，目光仍然盯住他们。隆科多郑重其事地宣布："皇上有遗诏宣付皇四子，命皇四子继承大统。"

遗诏！犹如当空一个霹雳，几乎把所有的人惊得跳起来，纷纷问道："遗诏何在？"隆科多说："是口诏。"没有凭据的口头遗诏！允祀一下子什么都明白了，愤怒地指责："你为何不早说？"隆科多脸色一变："若非皇上不起，自有安排，我岂敢擅自传诏？"这话好像也有几分道理，允祀一时说不出话来，气得脸色发白。

这时，与胤禛关系亲近的几个皇子，都已经恭恭敬敬地围住了胤禛，表示祝贺和忠诚之心，请他主持先皇的丧礼。一贯追随允祀、后来又投靠允禵的皇九子允禟，心知大势已去，神思恍惚，默默不语，走到院子里，仰望星空，不住短叹长吁。允祀看到胤禛盘腿坐在一旁，正对身旁的隆科多和几个皇子吩咐事情，一派真龙天子的架势，忍耐不住，几步走上前去，傲慢地面对面坐下，目光从上到下，又从下到上扫了一遍，冷笑道："胤禛，你好大的胆量！好大的本领！"

然而，他知道一切都已经晚了。就在十三日畅春园这一幕演出的同时，手握兵权的隆科多已经严密控制了北京城，凡是可能与胤禛为敌的皇子及大臣，都已处于他们的监视之下。当晚，胤禛和隆科多等就载着康熙的遗体回京，封锁了皇宫，不许其他皇子进入。经过7天的筹划，胤禛正式登基做了皇帝。次年，照例改元，称为"雍正"。

雍正皇帝即位之初，因为立足未稳，对几位敌对的皇子暂时还给以容忍。随着他采取各种措施，不断削弱王公贵族的势力，加强皇帝个人的独裁权力，就不再客气了。先是允禵从抚远大将军任上被召回，改派年羹尧担任他的职务。允禵对雍正即位的合法性公然表示怀疑，遭到终身拘禁。允祀、允禟不断散布康熙之死可疑、雍正即位不合法的言论，被逮捕治罪，二人分别由皇帝亲自改名为"阿其那""塞思黑"（满文猪、狗的意思），送往边疆效力，最后死于非命。至于隆科多、年羹尧两位大功臣，一则知道的事情太多，二则恃功骄横，前者被判四十一大罪，永远禁锢；后者被判九十二大罪，处以死刑。

在雍正即位之后，由于反对派的有意宣传，再加上民间对宫廷阴谋的特殊兴趣，社会上流传着各种关于他如何篡位的奇异传说。其中最出名的一个，是说康熙生前留有"传位十四子"的遗诏，被雍正把"十"，改成"于"，变成"传位于四子"。这可以肯定是个谣言。但这些谣言都不是无缘无故的。雍正对此十分恼火，上台7年后，还亲自编写了《大义觉迷录》一书，为自己粉饰、辩护。这也可以算是中国历史上的一部奇书。

但无论雍正怎样洗刷，怎样毁灭和篡改历史记载，他阴谋夺位，却是一个无法掩饰的事实。清史研究者通过不断努力，在这一点上已经取得了比较一致的看法。只是康熙究竟是被害死还是自然病亡，仍缺乏有力的证据。但从康熙的死亡时间，以及雍正篡位的严密计划来看，被害死的可能性大得多。否则，就太巧合了。可叹康熙对儿子们一向很警惕，终了还是逃不过这一关。他确实是被四儿子的淳厚老实、不露野心迷惑了，却忘记了淳厚老实、不露野心的人，很可能就是最为成熟、最为危险的阴谋家。

改革兴政

雍正即位的当月，要求大学士、尚书、侍郎等高级官员，根据有利于国计民生的原则，提出改革的建议。接着他对左副都御史李绂说：我如今上台，应当出现"政治一新"的局面，表明他登极伊始，即以改革政治为己任。他从康熙末年的社会矛盾和吏治败坏的现实中，从储位斗争的实际体验中，发展了他在皇子时期的政治思想，形成了比较完整的改

革政治主张,这就是:

反对因循守旧。康熙晚年思想保守,认为办一件好事,也会产生一个弊病,因此多一事不如少一事,安安静静地保持现状,比冒风险的改革好。雍正不赞成他父亲的主张,认为那样把百官惯坏了,大家只知道因循苟且,过一天算一天,不能奋发有所作为。因此,问题成堆,不能处理。他认为这是人心怠惰太久,百弊滋生,如果他再不给这种恶习以惩罚,发展下去,就不可收拾了。他要求官员和他一样,具有改革思想,着意搜列前朝弊政,甚至几百年前的积弊,将它们清除干净。如科举中的弊病,是唐宋以来的积染之习,雍正宣布与它做斗争。他是看到科甲出身的人比较保守,清理科举之弊,也是冲击科甲人的守旧思想。他的反对因循的改革思想,被人攻击为"多事",他则指斥这些人"浅见无知"。表示他坚持反对因循苟且。

为利民生而整饬吏治的思想。康熙在主静思想下,对官吏的不法行为,睁一只眼闭一只眼,于是吏治腐败。官吏贪赃剥民,还以假行仁义来掩盖。雍正看透了这种鬼蜮伎俩,他说当今的官员,贪污肥了自家,而又沽名钓誉,例落了个"名实兼收",可是老百姓却受害。他在即位的元年元旦给从督抚到知县的各级地方文武官员的诏书中,对这种名实兼收作了无情的揭露,要求官员廉洁奉公,实心实意地去办事。他决心整顿吏治,剔除官吏贪赃枉法,因循苟且,朋比结党的积习。他的目的是使官吏忠诚执行他的改革政策,以利于国计民生,继续清朝的长远统治。

反对朋党的思想。雍正深知朋党的危害。朋党各自按照自己的奋斗目标去行事,破坏朝政的统一,损害君主的权威;各党之间互相攻击,任用私人,不仅失去正常的用人原则,也干涉了君主的用人去人的权柄;朋党各抒己见,自我标榜,批评朝政,扰乱君主视听,妨碍实行既定的政策。所以雍正说朋党的危害最大,搞朋党的人罪行最重,诛杀他们也不为过。他站在君主的立场上强调政治的统一,反对官僚的结党。他特别撰写了专门文献——《御制朋党论》,诏告天下,表示他反对朋党的思想和决定。他的打击允祀、允禟、年羹尧、隆科多、李绂、蔡珽就是在反朋党的名义下进行的,是他这一思想的付诸行动。

雍正政治思想的核心内容是兴利除弊,富国裕民。他主张办事从实际出发,踏踏实实地去做,这是他的政治思想的灵魂。他反对因循苟且和沽名钓誉,同务实思想相表里,是为在改革政治中清除思想障碍。他主张施政严猛,即要有雷厉风行的办事作风,这是他施政的策略思想和手段。雍正的改革思想实有他的可贵之处。

雍正从他的改革思想出发,制定了一系列社会政策,并取得了巨大成果。

首先,雍正改革了赋役制度,实行清查亏空,实行耗羡归公制度,养廉银制度、摊丁入粮制度,推行士民一体当差政策。

然后,他又变革行政制度,完善了推行奏折制度,确立秘密立储制度,建立军机处等。

雍正在民族事务中最成功的两件事,是在西南实行改土归流。在青海用兵并设立驻藏大臣等。

雍正的改革措施,解决了一些社会积弊,有利于社会生产发展,增强了国力,使清朝

沿着康熙时期发展的轨道向前推进,从而出现了康雍乾三朝盛世,成为封建社会晚期的繁荣时代。

历史谜案

于 1735 年 8 月 21 日(十三年)雍正亡故。关于他的死因众说纷纭;有几种说法:官书记载,他在 20 日白天还在办理政事,晚上得病,次日凌晨死去。根据这种迹象,有的专家认为他是中风而死;有的专家认为雍正与道家接近,宫中养有方士,他好吃丹药,可能吃药中毒烧死;有的小说中说吕留良的孙女吕四娘为父祖报仇,进宫刺杀雍正,所以雍暴卒。被刺之说颇为流行,直传到现在。1980 年河北易县曾经发掘雍正泰陵地宫,没有挖开就中止了,对雍正尸体状况自然毫无所知。但社会上传说,雍正地宫打开了,发现只有尸身,没有头颅,似乎证实了被刺之说。其实遇刺说是无稽之谈,前二说当有待于证明,而最能证实的,只有等待地宫打开检验其尸体了。

雍正和他的子嗣乾隆的出身,都有人提出与官书记载不同的说法。有人说雍正的生母是侍卫卫某的妻妾,有孕进宫生了雍正,故雍正是卫家儿。稍有历史常识的人就会知道这是脱胎于秦始皇出身的故事,因始皇母后赵姬是吕不韦的姬妾,怀孕送给秦公子异人的。异人的处境与康熙怎相比,康熙身上绝不可能重演嬴异人之事。有人说雍正没有儿子,浙江海宁陈阁老家生了男孩,雍正用女孩把他换了来。后来乾隆南巡,还到陈阁老家探视过。乾隆自然是雍正的血亲,他有四个哥哥,其时有一个健康地活着,他的弟弟弘昼在他几个月后也来到人间,这就是说雍正并非没有后嗣,何须抱养他人之子! 狸猫换太子故事的流传,可能给后人生造雍正换子说提供了一点编造的素材。

中华帝王

传奇皇帝

——清乾隆帝弘历

名人档案

乾隆帝:名爱新觉罗·弘历。雍正第四子。属兔。性格仁厚。雍正死后即位。在位60年,退位后4年,无疾而终,终年89岁。

生卒时间:公元1711年~公元1799年

安葬之地:葬于裕陵(今河北遵化西北70里昌瑞山)。谥号法天隆运至诚先觉体元立极敷文奋武钦明孝慈神圣纯皇帝,庙号高宗,史称乾隆皇帝。

历史功过:勤政爱民,废除苛政;贯彻祖宗之法,致力生产发展;编撰典志书籍,保存文化遗产;武功卓著,加强统一。但宠信奸臣和珅,蠹坏国家肌体。

名家评点:"高宗运际郅隆,励精图治,开疆拓宇,四征不庭,揆文奋武,于斯为盛。"

密诏继位

公元1735年8月23日,大清朝第五代皇帝雍正暴亡。顾命大臣庄亲王胤禄、果亲王胤礼、大学士鄂尔泰、张廷玉四人率群臣齐至乾清宫。在群臣众目睽睽之下,总管太监小心翼翼地从堂前悬挂着的顺治帝手书"正大光明"匾额之后取出一个锦匣。开读雍正生前留下的密诏:"宝亲王皇四子弘历,秉性仁慈,居心孝友……今即遭大事,着继朕登位,

即皇帝位。"

原来，在雍正前，满族皇帝并没有传位的定例，所以在太祖努尔哈赤和圣祖康熙帝死后，两次引起皇位之争。雍正帝胤禛吸取这一教训，认为明立太子容易使其陷于骄矜而失德，同时亦难免诸王子夺储位之明争暗斗，引起祸端。所以他决定亲自选择皇太子，将诏书生前写好，封藏于锦匣，放置于乾清宫"正大光明"匾额后，待皇帝千秋万岁后，取出当众宣布。此后遂成定制。

这位皇四子宝亲王弘历，于 9 月 3 日在众臣拥戴下荣登大宝，即位于太和殿。祇告天地、宗庙、社稷、布告天下，以明年为乾隆元年，当时，他年方 25 岁。

弘历生于康熙五十年(1711)八月十三日，其母钮祜禄氏，家素贫，后嫁于雍亲王(雍正)为妃。弘历生得高鼻梁、修长身材，从小就很聪慧。6 岁就学，能过目成诵，六七岁即能背诵《爱莲说》。他既学文，又习武，箭法奇精，11 岁到圆明园游玩，康熙见了非常喜爱，命留在宫中读书。从翰林院庶吉士福敏学习满汉文字，从贝勒允禧学习射箭，从庄亲王允禄学习火器。一次，随康熙木兰秋狝(打猎)，康熙用枪击中一头熊。熊倒地还没有完全咽气。康熙为了让弘历初次打猎就享受猎获熊的美名，叫随从带领他前去将熊射杀。谁知刚一走近，熊忽然立起。康熙大惊，忙发枪将熊击毙。而小弘历在马上控辔自若，丝毫没有惊慌。康熙进账后对诸皇妃评论说："此子命相贵重，将来福量要超过我!"此后愈奇之，爱护他甚于其他皇孙，早晚亲自教训，期望他日后成为国家朝廷的栋梁之材。而弘历自幼受圣祖的耳提面教，自然受到康熙的熏陶渲染，思想和行事竭力效仿他的祖父。直到他晚年，仍把康熙作为自己的立世楷模。

关于弘历的出身，现存各种传说。

一种说法认为弘历是浙江海宁陈阁老的儿子。相传雍正为皇子时，与陈氏关系很好，两家往来密切。皇子妃与陈夫人同日产子，胤禛听后很是高兴，令陈氏将孩子抱来瞧瞧。孩子被抱入王府后，许久才送还。陈氏发现送还的已不是自己的孩子，并且已经易男为女。陈氏大感惊恐，但又不敢声张，只好严守秘密不对外人说。不久雍正即位，对陈家格外施恩。乾隆南巡时，曾四次临幸海宁陈氏家，并将其私人园林隅园改名为安澜园。有人说这是乾隆自疑身世，所以南巡亲加访问。还有人说乾隆自知不是满人，所以在宫中常着汉服，一天他刚换好汉装，召近侍问道："朕像不像汉人"，一位老臣跪对说："对汉人来说，皇上确实像汉人，不过对满人来说，则不像汉人。"乾隆遂不再提及此事。

再有一种说法是说弘历的生父是雍正朝的大臣杨林，是雍正以公主偷换入宫的，而杨林因悲愤交加成为疯子浪迹江湖。弘历即位后，知道了自己的身世，遂多次南下寻找生父。经再三奔波，四处打探，终于在五台山见到已出家的父亲，父子得以团圆。

还有一种说法是说弘历是雍正与皇太后的使唤丫头在承德避暑山庄时的私生子。弘历就出生于一座小草屋中，生后不久，其母就被秘密处死。

以上传说，使乾隆的出生充满神秘传奇色彩。不过多是文人的牵强附会和民间传说的以讹传讹罢了。

由于深受祖父康熙和父亲雍正的喜爱和赏识，雍正在即位的当年，就手书弘历名字，

封藏于乾清宫正大光明匾额之后,准备让他将来承继大统。当时,弘历才 12 岁。雍正五年,17 岁的弘历娶妃富察氏(即为后来的孝贤皇后)。十一年,被封为和硕宝亲王,奉命总理军中机要事务,参与国家重大决策。当时,朝廷西征准噶尔的战事还没有结束,又有镇压贵州苗疆反叛的军事行动,弘历亲历政事,参议军事,对他日后登基治理国家是一个很好的锻炼。

笼络人才

乾隆帝弘历,是一个胸怀大志的人,再加上他资质聪颖,自幼在其祖其父的精心培养下习文练武,再加上几年的政事历练,文韬武略大有所成。他继承了其祖的阅人成事和其父的精明果敢,他要有所作为,在文治武功方面超过其先人甚至中国历代帝王。

自清朝入关,经顺治、康熙、雍正三朝近百年的经营和巩固,政治、经济都有较大发展,封建统治进入稳定时期,这也给乾隆治国创造了有利的条件。

首先在政治上,乾隆采取了一系列措施,加强以皇帝为中心的中央集权统治。为了加强他自己对全国事务的管理,于即位第二年就重建了军机处。军机处始为雍正所创建,雍正七年,因西、北两路出师讨伐噶尔丹策零,雍正下令建军需处,供给军需。雍正八年又命张廷玉等三人议军行事宜,并赞襄机务,军需处由是改为军机房。雍正病重时,命允礼、胤禄、鄂尔泰、张廷玉四人辅政,并任总理大臣。乾隆即位后,准两位年老亲王辞职,重新任命鄂、张及尚书讷亲、海望,侍郎纳延泰、班第为军机大臣,重建了军机处。军机处协助他处理奏折,拟写诏谕,参与科举考试,奉派出京查办事件,提出官吏任免草案等,有力地加强了乾隆的专制统治。

乾隆十分重视奏折制度,通过各地奏折了解民情,处理政务,处置统治阶级集团内部斗争、贪污不法案件、文字狱和镇压人民反抗。乾隆处理奏折事必躬亲,每天早晨卯时必起,夏天天长,天也才蒙蒙亮,到冬季日短,才五更刚尽,在军机处值班的官员远远就能听见乾隆到来的响声。原来乾隆有个习惯,自寝宫出来,每过一门则命人燃爆竹一响,自远渐近,大家都知是皇帝驾到。到后方须再燃去蜡烛一寸多长方才天明。军机处每人约四五日才轮换值班一次,已经觉得很辛苦,而乾隆每天如此,除其精力过人外,其勤政的态度也确实令臣下们佩服不已。有时半夜来了紧急军报,不管多晚,乾隆总是亲自赴军机处阅览,催召军机大臣指示军机大事,有时上千言,待文吏将记录的草稿用正楷誊清进呈御览,常常需要几个小时,进来一看,皇上仍然披衣端坐等候。

乾隆还十分重视对官吏的考核。即位初期,他就制订了对京官三年一考察的"京察"制度,目的是澄清吏治、整饬官方,以达到"举一人,使众皆知劝,退一人,使众皆知儆"的效果。原先雍正在位时,政令峻厉,采用高压手段统治,搞得朝廷内外关系紧张。乾隆即位后采用了较宽容的政策,纠正了雍正时的一些冤假错案,并允许大臣提出一些不同的意见。这对其早期笼络人心、树立自己的威信有很大作用。为此也招致一些旧臣的非

议,如四川巡抚王士俊就曾上折奏言:"近日条陈,唯在翻驳前案。"并扬言:"只需将世宗(即雍正)时事翻案,即系好条陈。"乾隆阅后震怒,判王士俊斩监候(后释),打击了雍正旧臣们的反对意见,显示了年轻皇帝敢于独断专行的决心和能力。

乾隆还下令重修《大清律例》,于乾隆五年修成。分为《名律例》《吏律》《户律》《礼律》《兵律》《刑律》《工律》七篇,律例并行,共1845条。他亲自作序文颁告天下,对百姓约之以规,对不法官吏绳之以法,虽皇亲国戚亦不能幸免。

乾隆元年,山东文登知县王维干因创设非刑、草菅人命,被革职查办。甘肃巡抚许容隐匿灾荒不报,被革职解京。乾隆二年,永定河决,卢沟桥及长辛店一带田地被淹,房屋倒塌。乾隆立罢直隶河道总督刘勷任,追究其玩忽职守之罪。安西镇总兵张嘉翰,被检举剥削军需,判为斩监候。乾隆三年,工部尚书赵宏思因收受贿赂被解职,后被发往台站效力。乾隆五年,四川道御史褚泰收贿银500两,被判为绞监候。六年,礼部侍郎吴家骐以告假回籍省亲为名,收受下属的"盘费银",被革职。山西学政官喀尔钦利用科考之便,贿卖童生名额,致使龙颜大怒,被判处斩。

乾隆六年,御史仲永檀参奏兵部尚书兼九门提督鄂善受贿,鄂善反诬仲诬陷大臣。乾隆亲自率亲王及大臣七人审讯此案,查实鄂善得贿银1000两。尽管鄂过去有些功劳,乾隆还是流着泪下谕令鄂自裁。随后提升仲永檀为佥都御史。

乾隆十三年,闽浙总督喀尔吉善,参奏浙江巡抚常安贪贿索财。命大学士高斌、总督顾琮往审,两人回报查无实据。后又命大学士、军机大臣讷亲复审,审出求索财物属实。常安按律绞监候,高斌、顾琮因失察革职留任。

果亲王弘瞻,是乾隆胞弟。后来弘瞻因私开煤窑,占夺民产被告,并查出其贩卖人参(当时属控制物品),干预朝政等言行。乾隆气愤地将其革去王爵,永远停俸。

总之,乾隆前期还是比较注意开放言路,并鼓励臣下进谏。即位之初他曾说过:"论才德和年纪,朕不如皇考(即雍正),但朕即位半年,诸臣中竟无人指出朕的过失,难道朕所行之事,都能上合天理、下协人情?嗣后大家务必直言无隐。"所以乾隆执政前期,御史在政治生活中比较活跃,监察制度也得到较好的发挥发展。这与其治国先治吏的思想也有很大关系,除对贪官污吏严惩不贷外,他还制定了"州县官无故赴省参处例"。对那些害怕艰苦,虽移驻州县为官而将家眷留驻城邑并久居省城逗留不归的官员,以擅离职役例进行罚俸、革职等处罚。

由于前期能够励精图治,乾隆在政治上实行了宽严相济的方针,形成了一个较好的政治环境,统治集团内部比较稳定,在其周围集结了一批贤臣良将。

辅政大臣鄂尔泰和张廷玉是雍正时的重臣,曾为开辟苗疆和征战西北立下汗马功劳。乾隆时凡事谨慎,为政清俭,对朝政影响很大。乾隆初即位时比较谨慎节俭,与他们的规劝不无关系。两人死后,按雍正遗诏得配享太庙,这是清朝皇帝对臣子的最高奖赏。特别是张廷玉,为汉人中得此殊荣的唯一大臣。

大学士刘纶、大学士尚书刘统勋,先后入军机处多年,也颇著政声。因刘纶为江苏武进人,刘统勋为山东诸城人,所以当时有"南刘北刘"之称。刘统勋曾巡视治理黄河的工

地,看到干活儿的人员车辆很少,询问河吏,回答说是因为喂牲口的草料供给不上,所以无法集中车马施工。过了一个月,问题仍得不到解决。刘于是装扮成普通老百姓到工地附近查访,看到一处停有上百辆装满草料、蔬菜的大车,车夫在车旁临时搭起的地铺上躺着。近前一问,原来是河吏索要贿赂,因这些人穷的拿不出钱,所以被刁难不收,只好在此等待。刘立刻将河吏治罪。一夜功夫,百余辆大车的草料全部收尽。河工逾月完成。

吏部尚书嵇璜,曾任河东河道总督,在任期间恪尽职守,曾奏请修补黄河高堰、修建堤闸等。常巡视河道水情,每到艰险之处,总是先于属吏探测。一天夜里听说虞城大堤出现险情,急奔大堤,指挥用埽架填土护堤。当时暴雨交加,并夹有冰雹,水浪将埽架打得摇摇欲坠,难以插入水中。随从人员无不失色,劝嵇璜退避一下。嵇站在堤前沿一步不退,大声说:"埽去我与俱去!"指挥保住了大堤。

此外,像孙嘉淦、程景伊、裘曰修、岳钟琪等人也都是一代贤臣良将。

开创盛世

清朝自康熙平定三藩后,人口有 7000 万。到乾隆初年,人口已增至 1 亿 4 千万。至乾隆五十五年(1790)统计,人口已达 3 亿。人口剧增,一方面说明当时社会经济的全面发展,一方面也给经济发展带来较大的负担。为了巩固大清王朝的统治,乾隆从即位伊始就坚持推行"务本足国,首重农桑"的经济政策。他要求各地官员要"重农务本",强调"劝民勤农,为政之本",并以此作为考察地方官员政绩的主要标准。对一些遭受自然灾害的省及地区,总是减免赋税,与民生息,以维持生产。他在位 60 年间,颁布制定了许多有利于农业生产和经济发展的法令,对一些阻碍生产进步的旧规则随时予以更正。

如广东杂税繁多,像广州有"通桥税"、揭阳有所谓"牛骨税"等,而肇庆府州竟征收各种名目的杂税达 382 项之多,民众苦不堪言。乾隆在即位的第二年就下诏悉数裁除。后来,他又得知云南杂税也不少,随即下令裁除。

同年,乾隆还下旨革除福建澎湖渔船每年向官府交纳"规礼银"的陋习,保护渔民出海捕鱼的积极性。

雍正时,民间买卖田地房屋,例应由买主向官府交税,然后在地契上加盖官印,以证明地契有效。后来改为契纸契根之法,即由布政司将预先盖好印信的契纸发给各州县,用时填写。此法行之即久,一些府吏便乘机索要钱财,费用十数倍于应交税款方才能领到契纸。百姓怨声载道。乾隆刚一即位,就下令革除契纸契根之法。以后民间买卖田地房屋仍自行立契,照则纳税,杜绝了地方官吏借机营私的生财之道。

乾隆二年,他又制定"八旗家奴开户例",准许八旗贵族家的家奴放出为民,但仍存主仆名分,只准从事农业耕作,不准谋求仕宦。虽然这些奴隶还没有完全解放,政治上仍然不具备与一般百姓平等的权利,但总比奴隶身分提高了一步。当然,乾隆并不一定考虑此例的政治意义,主要是作为一项促进农业生产的措施推出。

而对于可能妨碍粮食生产的一些行业如酿酒、一些作物如烟草的种植则严加控制。按乾隆本意，应禁止种烟、酿酒，并曾于乾隆二年颁旨严禁烧锅（造酒）。但大臣中有不同意见，先是兵部尚书孙嘉淦上疏认为："烧锅之禁，无益于盖藏，而有损于生计。"后又有礼部侍郎方苞劝说：如果南北各省、不论丰歉，一律禁止酿酒、种烟，那么河北宣化种植的苦高粱，陕西出产的枣、柿、葡萄等就会卖不出去。而种烟之地，全部改为种粮食和蔬菜，也不一定适宜。这无异为"夺民之资财而狼藉之，毁民之肌肤而敲扑之，取民之生计而禁锢之"。乾隆采纳了他们的意见，采取了不加禁止但加以限制的政策，其本意还是为了加强农业生产。

乾隆还十分关心农事收成，在他一生写作的大量诗文中，不乏"喜雨""报雪"之句，说明他还是能够关心民间疾苦和农业生产的。他命人把中国古代农书上有关耕种、备荒、灭蝗的记载汇编成《授时通考》一书，供各地使用。此外，他还十分注意农业技术的推广。乾隆八年，他亲自下令将山东省养椿蚕、柞蚕之法移之各省进行试养，希望全国都能推广开来，以收蚕利与民。

在位期间，他数次普查人口和全国贮粮，两相对照，以更好地修订农业政策。乾隆五十九年，他已是 85 岁。接到各省奏报民数共 30746 万余口后，他认为这种"以一人耕种，供十数人食"的"生之者寡，食之者众"的局面与"闾阎生计，诚有关系"。因此"心甚忧之"。

重农务本之外，乾隆也很注重通商贸易和矿业生产。

雍正时各地乡村集市贸易有所谓"落地税"，凡农具、薪炭、鱼虾、蔬果之类必须要查明上税，方许交易。乾隆刚一即位即全面禁革"落地税"，鼓励人民自由交易，促进经济发展。

当时江浙一带已有百工匠人等手工业，旧制每年都要奉官府役使，有的直接以钱代差，名为"贴费"，实际上是对小手工业者的剥削。乾隆元年发布诏令，严禁官府奉行官差，不准扰累手艺工匠，支持小手工业发展。

乾隆五年，又准大学士赵国麟奏，"凡产煤之处，无关城池龙脉及古昔帝王圣贤陵墓，并无碍堤岸通衢处所，悉听民间自行开采，照例完税。"随后，直隶、山东、山西、湖南、广东、甘肃等省先后招商采煤。

有一位朝臣上疏反对在昌平开采硫磺矿，说是断了京城"王气"。乾隆怒斥其"迂谬、荒诞"，说京城外西山、北山自元明以来就采煤及开石，从未闻有碍风水，岂开采硫磺就有碍地脉？命将这人交刑部严加议处。

重视民众生活和生产。执政后期，他又下令准许汉人娶蒙古妇女为妻，提倡内地百姓移民边疆垦荒，由官府筹措路费，借给口粮，并代办农具、种子。如乾隆七年，曾发满洲居民已有妻室的一千户移民往拉林、阿勒楚喀垦殖。每户由官府建房三间，给地三顷，并配备耕牛和农具，发给种子，建成了八区庄屯。乾隆四十二年，劝谕甘肃贫民往乌鲁木齐地区垦荒，由官府发给路费，筹借口粮、种子、农具，分批到各地段安插。

乾隆还批准当时居住在中国西北部的准噶尔部族与汉人通市贸易，后来又逐步放宽对蚕丝的出洋限制，准许外国商人到中国买卖丝绸。他还下令废除了禁止云南、贵州一带苗汉民通婚的禁令，认为这样有利于各民族杂居地区社会的稳定和发展。

乾隆在位期间十分重视水利，他制定了《江南水利岁修章程》，规定江南督、抚及河道总督和各地河务官员等，趁农闲时机，招募民夫疏通河道，兴修水利，保证每年水利设施的修建。

黄河是一条害河，清代时常决口，淹没良田，冲毁房屋，使大批灾民流离失所，无以生计。乾隆注重黄河治理，派得力大臣督工，修堤筑坝，投入了大量的人力物力，耗费巨额工费。如工部尚书裘曰修，自乾隆二十二年至二十三年间出治河工，他遍巡山东、河南、安徽三省的河道，清淤筑堤，使水患初步得到控制。乾隆为嘉奖他，特赐其继母郝氏和生母王氏两块匾额，以示她们教子有方。这在封建年代是少有的殊荣。另外像嵇曾筠、嵇璜父子等也都是治河名臣。

乾隆四十二年，他又令河道总督高晋勘测绘图，自江苏陶庄至周家庄开掘引河，使黄河改道，避免了旧河道黄河倒灌之灾。四十八年，又由河南兰考至商丘沿黄河筑新堤170余里。他还派大学士阿桂的儿子、乾清宫侍卫阿弥达前往青海考察黄河源头，命大学士纪昀等根据考察结果编著了《河源纪略》共36卷，书中绘图列表，考古证今，并杂录沿河风俗、物产、古迹、轶闻等，为治理黄河提供依据。

此外，乾隆对不事生产的僧道等加以限制，反对人们浪费许多财力建寺进香。雍正帝死后第三天，乾隆就将他供养在西苑的游方道士张太虚等驱逐出宫，赶回原籍。即位当月，又传诏禁止各地不经批准修建寺庙、道观、神祠，并对寺庙所属的斋田进行清查造册。雍正后期，佛教和道教盛行，全国各地兴建寺庙无数，多数占有斋地，甚至雇长工耕种，或租给贫民。由于僧道大都不劳而获，许多人都愿出家，大大超过朝廷规定的名额。乾隆四年清查，僧道无度牒者共34万人。这些私自剃髪的人对农村劳动人口是一个很大的流失。有些人甚至假出家，娶妻生子、拥有私田的也不在少数。乾隆力矫此弊，下令清查庙田斋地，清退无牒僧道，让其还俗，这对经济发展和社会风气都是有益的。

当时直隶、山东、山西、河南等地的百姓有"进香"的习俗，百姓不远千里，聚集省会，"成行结队，树帜扬幡，鸣金击鼓，黄冠缁衣，前后导引"到外省名山宝刹进香还愿。乾隆认为这是很愚昧的事，并且很浪费，因此在乾隆四年下旨禁止越省进香，并要各省官员晓喻教化，徐徐申明禁止。

由于乾隆采取了"重农务本"的经济政策和许多开明措施，使大清朝在康熙、雍正的基础上，国力日增，达到顶峰，形成了所谓"康乾盛世"。

开拓疆域

乾隆晚年，曾御制《十全武功记》，以满、汉、蒙、藏四种文字建碑勒文。记略："十功者，平准噶尔为二，定回部为一，扫金川为二，靖台湾为一，降缅甸、安南各一，即今二次受

廓尔喀降,合为十。"

在他在位的 60 年间,多次对边疆异族和属国用武,南征北讨,成了他政治生涯中极为重要的内容。这十功代表了他的一生功绩。

乾隆二十年,清朝政局稳定,国力强盛,兵强马壮,库存银三千余万两,仓储粮可用 20 年。正是施兵威于远方之时,乾隆命班第为定北将军,永常为定西将军,分兵两路,由蒙古和新疆进攻盘踞在西北边疆的准噶尔部族。

准噶尔部原是元朝蒙古遗族,盘踞新疆、蒙古一带。康熙、雍正时多次进剿,终无结果。使清朝有西顾之忧。到乾隆十年后,其部落首领噶尔丹策零死后,发生内乱,有些部落投降清军。乾隆认为形势有利,以叛附的阿睦尔撒纳为副将,分兵二路攻击准噶尔部。准部因内乱已久,人心思治,所以清军数千里征战,所到之处各部落纷纷投降。清军顺利进入伊犁。准部头领达瓦齐毫无准备,还在帐中饮酒,闻听清军到了,急忙率百余骑投奔南疆乌什城。城主霍吉思(维吾尔族人)奉牛酒迎接,乘其醉卧时把他擒获,押送清军大营。后解往北京,乾隆恩威并施,将其训斥一番后赦免了他,并将其留在北京。准噶尔部被初次平定。

乾隆平定准噶尔部后,为了削弱其内部力量,将准部分为四部,分设台吉(首领),并封阿睦尔撒纳为双亲王,驻守伊犁。但阿氏并不满足,自恃功高,妄图做四部总台吉。他不穿清朝官服,不用清朝官印,以总台吉自居,行文各部准备叛乱。乾隆接到密报后,命他到避暑山庄来晋见,想将其擒住。他行至途中,设计逃回伊犁,调集人马进行叛乱。当时清兵已撤,仅留将军班第、尚书鄂容安率屯兵 500 人,因措手不及被围。将军永常拥兵数千屯乌鲁木齐,却因惧战退却,导致班第兵败被杀。

阿睦尔撒纳叛乱后,乾隆又以策愣为定西将军,再次出兵准噶尔。这时阿睦尔撒纳称总台吉后,内部不服又发生内讧,策愣击败阿部收复伊犁。阿氏利用假投降骗过策愣,逃往哈萨克。乾隆二十二年,乾隆命衮札布为左副将军,出北路,兆惠为右副将军,出西路,大军直入,阿睦尔撒纳逃往俄国,后在俄国病死。历时近百年的准噶尔叛乱始平息。

这时又发生了回疆大小和卓木兄弟叛乱。回疆又称回部,为唐代回纥后裔,散居在天山南,常被准噶尔部侵凌。清军进占伊犁,让大小和卓木率兵出天山南北路协助。后小和卓木参与阿睦尔撒纳之乱,阿氏败后他又宣布独立,尊其兄为图尔汗,招集天山南北回户数十万,只剩库车、拜城、阿克苏三城不从,而归附清军。小和卓木探知库车等附清后,发兵袭击破城。清朝副都统阿敏前往招抚,但被杀害。

乾隆二十三年,乾隆宣示大小和卓木罪状,命雅尔哈善为靖逆将军,率兵出征。以 8 千人围攻驻守库车城的小和卓木。围城三月,小和卓木突围而逃,清军仅攻下一座空城。乾隆闻报大怒,将雅尔哈善斩首。令兆惠由伊犁出兵南疆,当时清军大兵尚未集中,兆惠令副将富德后续,自率 4 千人马先发,在叶尔羌与和卓木接战,兆惠身先士卒,四面冲杀,两次更换战马,面部和腿上两处负伤,终因寡不敌众,被和卓木军一万人围在营中。双方相持近三个月,富德率清军大队到,两军会合,和卓军大败。大小和卓木分别逃往喀什和叶尔羌居守。兆惠与富德各率 1 万 5 千人攻打两城,这时和卓木兄弟众叛亲离,弃城逃往巴达克山中。回民纷纷迎接清军到来,大小和卓木的"巴图尔汗国"遂告灭亡。

从此天山南北尽归大清版图,北接俄罗斯界,南接乌斯藏(西藏)及青海,东西七千里,南北三千里,新辟疆界约二万里。自此这块新辟的疆土就被称为新疆。

大小金川位于四川大渡河上游。在丹巴县以北为大金川,以东为小金川。其地丛山林立,河涧汹涌,地形险要。

乾隆十二年,大金川土司莎罗奔并吞小金川,又袭杀屯驻的清军,公开叛乱。乾隆命四川总督张广泗讨伐。莎罗奔负隅顽抗,清军连连失利。于是乾隆派大学士讷亲为经略,前去监军,并起用老将岳钟琪、傅尔丹等人。

岳钟琪为雍正时名将,善于用兵,治军严厉。每次登坛发令,手下将弁都紧张不已。临阵时与士兵同甘共苦,士卒甘为效命。一次,他经过傅尔丹大帐,看见帐内挂满刀戟。傅得意地说:"这是我平素所习练的兵器,故悬挂在此激励众人"。岳出门后对人说:"为大将军者,不恃谋而恃勇,离灭亡也就不远了。"后傅尔丹果败。

岳钟琪到川西军中,与张广泗议定进攻之策。讷亲到后予以否定,严命三日之内攻下噶尔崖(今金川县南),结果损兵折将。讷亲自知失误,从此不敢私自下令。而张广泗意气用事,有意推诿。由于将帅失和,空耗许多粮饷,军事上毫无进展。乾隆大怒,将二人押解回京审问,两人仍互相推诿责任。乾隆以"忘恩负国"将张广泗斩首,又派人拿讷亲祖父的遗剑送给讷亲,令其自裁。另派傅恒为经略,与岳钟琪合力进剿。傅恒乃皇后富察氏的哥哥,以做事严密谨慎深得乾隆器重,官拜大学士兼军机大臣。莎罗奔自知不敌,向清朝投降。大小金川遂告平定。

乾隆三十一年,大金川再次叛乱,四川总督阿尔泰多次征讨不能平息。三十七年,乾隆令温福为经略,督师讨伐。温福刚愎自用,饮酒误事,被攻破营寨身亡。后又命阿桂为平西将军,统精兵围剿。至乾隆四十一年,攻克喀尔崖,莎罗奔等出降。阿桂京师献俘,乾隆午门受虏。改大小金川为县治,这场征讨五年,耗银7000万两,死伤3万余人的平乱战争最终结束,开辟疆土仅400里。

乾隆三十年,缅王孟驳侵扰云南,云贵总督刘藻连吃败仗。乾隆三十二年,以杨应琚代替刘藻带兵出关,因孤军深入受挫。后又以明瑞代杨,分兵三路入缅。明瑞率军连克蛮结16寨,后在木邦被围战死。乾隆遂调傅恒、阿桂往征缅甸。三十四年,傅恒、阿桂两军在新街合师,沿江而下,直捣老官屯。缅王孟驳乞降,臣服清朝,乾隆规定其十年一贡,撤兵许和。

乾隆五十三年,安南(越南)发生内乱,国王黎维祁向中国求救。乾隆闻报,派孙士毅(两广总督)出兵安南。此时阮文惠已在顺化称王,听说中国兵来,伪装投降。孙士毅麻痹大意吃了败仗。乾隆闻报大怒,立命福康安取代孙率兵再进。五十四年,阮文惠遣使求和,并入贡中国。乾隆因连年用兵,劳师费财,于是就准其入贡,封阮为安南国王。第二年,阮备下贡品亲入京朝觐,为乾隆八十大寿祝贺。后来,安南数次派兵协助清军剿捕海盗。

乾隆五十一年,台湾官府镇压"天地会",激起民变。天地会首领林爽文以"安居心,

保家业"为号召,率众起义,台湾全岛悬天地会旗响应。起义军迅速发展至 10 余万人,攻台湾省府不克,后在彰化县建立农民政权。乾隆急调福康安为将军,统兵十余万人赴台镇压。起义军与官兵相持一年多,最后失败。林爽文被俘,被押解京城遭凌迟处死。乾隆平定台湾,镇压了天地会农民起义。

乾隆五十三年,尼泊尔一带的廓尔喀族乘班禅兄弟相争之际入侵后藏,理番院侍郎巴忠不顾达赖反对,私自与廓尔喀议和,以每年供其银元宝 300 个为代价,换得其退出西藏,并向朝廷报捷,说是廓尔喀乞降,还煞有介事地让其入贡受封。乾隆被瞒过,还真以为廓尔喀已被降服。

第二年,廓尔喀以清负约为名(清朝原不知有岁银之约)再次入侵西藏,大掠日喀则,全藏大震,达赖、班禅飞章告急,巴忠闻变投水自尽。乾隆派嘉勇公福康安统军入藏,讨伐廓尔喀。福康安入藏后整兵反击,连战连捷,于乾隆五十七年尽复西藏失地。后又深入尼泊尔境内数百里,逼近廓尔喀首都加德满都。廓尔喀乞降。乾隆颁布《钦定西藏章程》,规定驻藏大臣地位与达赖、班禅相等,并制定了"金瓶掣签"制。

传说明代甘肃西宁(今青海西宁)卫人宗喀巴,入大雪山修行得道,创立一派,当时称"黄教"。宗死后其弟子达赖、班禅分成两支。因其教禁止娶妻生子,所以采用活佛转世的继承法,由其死的那一日出生的孩童为转世灵童。到乾隆时期,已是七世转生。常因指定转世灵童发生纠纷,引发战乱。乾隆遂设一金瓶,内装象牙签数枚,将符合条件的孩童姓名各写一签,放入瓶内,焚香诵经七日,由驻藏大臣会同大喇嘛当众抽签决定灵童。所以称为金瓶掣签法。其瓶称作金奔巴瓶,供在西藏大昭寺。

到乾隆晚年,大清版图北至外兴安岭、恰克图,西至巴尔克什湖和葱岭,南及南沙、西沙群岛,东至台湾,国土的辽阔和国势的强盛,都达到了前所未有的程度。这与乾隆的武功业绩是分不开的。

所以,志得意满的乾隆亲撰《十全武功记》,并自称为"十全老人"。当然,他也没有忘记跟随他建功立业的将军谋臣。他建立了紫光阁,将有功之臣的画像供于阁中,供人瞻仰。前后共三批 135 人,以傅恒、阿桂、福康安为首。

大兴文狱

乾隆初即位时,实行了比较开明的文化政策,对拥护大清朝统治的汉族文人采取了笼络的办法。

乾隆元年,他就开了博学鸿词科,在保和殿御试 176 人,选中刘纶等 15 人封官重用。后刘官至大学士,有"南刘"之称。此外,清代许多名士都出于乾隆时期,他们之中有的著书立说,创立学派,有的则考中进士,入官翰林,至宰辅之列的也不乏其人。

著名的有:吴敬梓,所作《儒林外史》,是我国近代四大讽刺小说之一,卒于乾隆十九年。曹雪芹,所作《红楼梦》是中国四大名著之一,卒于乾隆二十九年。沈德潜,乾隆四年进士，后官至礼部侍郎，是著名诗论家。戴震，著名哲学家、经学家，乾隆时举人，曾任《四库全书》纂修官。"桐城派"著名散文家方苞，官任礼部侍郎。他的得意门生刘大櫆，也是当时著名散文家。另外，时称"江右三大家"之二的文学家袁枚、蒋士铨，都是乾隆进士，其著作《随园诗话》和《临川梦》至今脍炙人口。闻名天下的"扬州八怪"郑板桥、金农、汪士慎、李鱓、黄慎、罗聘、高翔、李方膺等书画家相映生辉。人才辈出，与乾隆重视人才的政策是分不开的。

乾隆自己也十分喜好文学。后来他就规定每年元旦后三日在重华宫举行茶宴，命能作诗的大臣都参加，或者是联句，或者是对诗，努力营造一种文化气氛。他还在各地建造了七个藏书阁，并在阁内匾额上亲提"知不足"三字，他常在阁中与一些文人相聚，写诗作画，谈古论今。他与一些文人建立了密切的关系。

朱筠入四库全书馆时，乾隆常称赞他文章学问过于常人。总裁于敏中曾对乾隆说朱筠办事太慢，乾隆回答说，"可以催促一下，但不要责备他。"其中多含爱护之意。朱筠知道后，对乾隆非常感激。

戴震在四库全书馆校著《水经注》，难度很大，但他却校正得非常精到。乾隆在卷首题诗，对其褒奖。后来书成付印时，他派一个小太监去问："戴震尚在否？"当听说已去世时，叹息良久。

与乾隆关系最密切的要算纪昀了。纪昀博学多才，被选为《四库全书》总裁，并曾入值南书房起草文书。纪昀身体肥胖，每到夏天就汗流浃背，衣服湿透。一次，他与同官数人在房中脱掉上衣，赤膊而坐。忽然乾隆从内殿出来，大家匆忙穿衣。纪昀发觉较晚，来不及穿衣，忙钻入桌子底下，大气也不敢喘一口。乾隆早已看见他，故意坐在房内不走，也不开口说话。两个小时过去了，纪昀耐不住酷热，伸头向外窥看，问："老头子走了吗？"乾隆大笑。然后他绷着脸说："纪昀无礼！怎么说出这么轻薄的话来，朕要你解释'老头子'的含义，说得出则可，说不出就杀。"纪昀只得爬出来，穿好衣服谢罪，从容回答说："万寿无疆之为老，顶天立地之为头，父天母地之为子，连起来就是'老头子'。"乾隆很高兴，以后对他更加恩遇。

有一次乾隆微服私行，走入内庭馆中，见馆中只有一个人，就问其他人都到哪里去了，这个人叫杨瑞莲，在馆内任缮写官。他不认得皇帝，于是就客气地让座，然后回答说别人都去参加乡试了。乾隆又问："你为什么不去？"回答说："担心内庭有传办的事，所以留下未去。"乾隆仔细地询问了他的姓名、籍贯等，又看了他抄写的文字，点点头走了。第二天乾隆传谕："杨瑞莲人很诚实，字也写得好，未能参加考试十分可惜，可赏给他做举人。"后来，杨任湘潭知县，因违背上司意旨被参。乾隆说："杨瑞莲诚实人，我所深知。所参不准。"将奏折掷还。

乾隆对中国文化的最大贡献，就是他集中一些文人编纂了一些很有价值的大型图书。如纪昀等编著的反映黄河流域风土人情和水情资料的《河源纪略》。吴谦等编著的《医宗金鉴》90卷，论述内、外、妇、儿、正骨等科的诊断、辨正和方剂等。周祥钰等撰的《九宫大成谱》82卷，集南北曲2094个曲牌，连同变体共4466个曲调，并有北曲套曲185

套,南北合套36套,唐宋元明清初诸调齐备。于敏中等编辑的《日下旧闻考》42卷,辑有关北京史料,分星土、世纪、形胜、宫室、城市、郊坰、京畿、侨治、边障、户版、风俗、物产、杂辍十三门。他还建立"三通馆",编纂了大型典志《续通典》《续通志》《续文献通考》。并令人将辽、金、元三史所记人名、地名、职官、氏族等译音厘正划一,对中国文化艺术和史志进行整理总结。

乾隆三十八年,他又开"四库全书馆",以纪昀、陆锡熊为总裁,翰林官30员专司编纂,历时10年,四库馆员先后总计达4186人,辑成《四库全书》,按经、史、子、集四部排列,共收书3461种,79309卷。《四库全书》共缮写七套,分别藏于故宫文渊阁、圆明园文源阁、盛京文溯阁、避暑山庄文津阁、镇江文宗阁、扬州文汇阁和杭州文澜阁,另有一副本藏于北京翰林院。《四库全书》在中国文化史上占有很重要的地位,保存下来很多有价值的典籍,后人在利用这些资料时,很自然会联想到乾隆的贡献。但是人们很少想到乾隆在编纂这部浩帙之作时,对中国古代文化典籍进行了一次大规模的清查销毁。

乾隆三十九年、四十一年两次下谕,命各省遍访遗书,将"词意抵触本朝者"尽行销毁,共有3千余种图书被销毁,与《四库全书》所收者差不多,目的是维护满清封建统治。

不仅如此,乾隆还继续了康熙、雍正时期兴起的文字狱,捕风捉影、望文生义,以"莫须有"的罪名撒布文网,打击对象主要是中下层文人。他们吟诗作文,往往被莫名其妙地曲解成反清复明、讥讽朝政,招致杀身之祸。

翰林学士胡中藻著《坚磨生诗钞》,其中有"一把心肠论浊清"。乾隆御批:"加'浊'字与国号之上,是何肺腑?"并认为"坚磨"二字本身就用心不良,结果胡被弃市。受其连累,其老师鄂尔泰的牌位也被撤出贤良祠。

已故江苏举人徐述夔,在《一柱楼诗》中有"明朝期振翮,一举去清都"和"大明天子重相见,且把壶儿搁半边"句,被说成是影射讥刺,要恢复明朝,推翻大清,并说"壶儿"就是骂清朝是"胡儿",谕将徐述夔及其儿子掘墓戮尸,其孙斩首。江苏布政使陶易、负责校对的徐首因"失察"判斩监候。已故礼部尚书沈德潜曾为作传,命将其撤出乡贤祠,御赐碑推倒,并将碑文磨掉。

江西举人王锡侯,增删《康熙字典》,另编成《字贯》,乾隆以其不知"尊君亲上"为名交刑部严讯。巡抚海成及布政使、按察使均以失察革职,并遍查《字贯》一类书,全部销毁。

文字狱是清统治者用以打击不同政治力量或政见的一种手段。可是泛滥开来,使许多普通人因诗文被曲解而开罪。如"布袍宽袖浩然巾"被说成是反对清朝服制;"天地一江河,终古自倾泻"说成是希望天下大乱;有人因米价昂贵,写了一篇《吊时文》,被斥责"生逢圣世,敢以吊时为题?"有人写了一篇《祝寿文》,其中有"创大业于河南",说是"创大业"就是要做皇帝,实属僭逆。这些人轻则被抄家,发配充军,重则被杀头,满门抄斩,已死的还要焚骨扬灰。于是,一些文人都不敢议论朝政,也不敢研究历史,只好埋头于故纸堆中去搞繁琐考证。自乾隆时起,考据学大盛,史称"乾嘉考据",这与清代文字狱是有关系的。

风流天子

乾隆治下,西南平定,海内升平,俨然是一个太平天子。他承继父祖,垂裳而治,勤政训子,阅武习文,自认为是一个守成君主。但他又性喜巡游,精通音律,琴棋书画、词翰文章无所不通,被人称为风流天子。这看似矛盾的两个方面在乾隆身上交互显现,再加上野史轶闻的刻意渲染,使乾隆其人也蒙上了一层神秘的色彩。应该说,关于乾隆的故事,有些是史实,有些则是传说。

乾隆的第一位皇后富察氏,是在他做亲王时的原配,即位后奉太后之命立为皇后。据说,富察皇后出身名门,但是她平时很注意节俭,穿衣从不挂珠翠,并在后宫带领嫔妃亲自养蚕,然后用蚕丝织成御衣供皇帝祭祀时穿。满族妇女有在元旦向丈夫赠送荷包的习俗,宫人多用金银线缀成,她认为太奢侈,每年送给乾隆的荷包都是用兽皮制成,用意在于清人起于关外,不可忘本。乾隆对她格外敬重和恩爱。

一次皇后寿辰,在坤宁宫大摆寿宴,后宫嫔妃和公主福晋等都来祝寿。其中有一位命妇生得眉如春山,眼似秋水,顾盼留情,乾隆不禁被迷住了。原来这是皇后之兄大学士傅恒的夫人。当时在席间,乾隆与傅夫人联诗让酒,眉目传情,两人都有了意思。自此以后,傅氏常常被召进内宫,陪皇后散心。日子久了,也常留宿宫中。其间乾隆与傅氏不时幽会,宫女虽然知道,但都不敢声张。

后来,风声传到富察氏耳中,但傅氏是她嫂嫂,碍于面子也不好说破,只得把苦水咽在肚里,整日闷闷不乐。恰巧这年冬天,她的亲生儿子永琏患病死去。永琏年方8岁,聪明伶俐,招人喜爱,已被密诏立为太子。永琏突然死去,皇后痛上加痛,整日以泪洗面,面容一天天憔悴起来。乾隆帝自感愧对皇后,于是好言劝慰,并答应再生了儿子一定立为太子。后果然又生一子,取名永琮。不料2岁时又患天花夭折。这次打击使富察氏彻底失望,精神郁悒。乾隆为了给皇后解闷散心,便下旨东巡,祭泰山,谒孔庙,游览名胜古迹。尽管景色宜人,无奈富察氏心如死水,再加旅途劳累,反倒一病不起,于乾隆十三年死在德州。

乾隆十分悲痛,特颁谕旨,谥名"孝贤皇后",并亲撰碑文,其中有"念百行以孝为先,而四德唯贤兼备"。其悼亡诗中有"廿载同心成逝水,两眶血泪洒东风"。可见二人情爱甚笃。

乾隆在孝贤皇后死后两年,按太后旨意册立那拉氏为皇后。这位那拉氏皇后大概性情比较乖烈,不为乾隆所喜。再加上乾隆风流成性,也不被那拉氏所容,两人一直不和睦。乾隆三十年南巡途中到达杭州,乾隆经常微服出游,深夜不归。那拉氏皇后多次苦谏,乾隆不听,在极度愤怒和失望下,竟将自己头发剪掉。乾隆十分恼怒,认为她精神"异常",派人将她送回宫中,从此打入"冷宫"。一年后愤懑而死,人称"无发国母"。死后,乾隆以"无发之人,岂可母仪天下"为由,不准以皇后身份入葬,仅以妃礼葬。直至嘉庆五

年,才重新以皇后礼改葬。

乾隆非常喜欢写诗,他一生写诗四万余首,在篇幅上可与全唐诗相比。政务以外,他以写诗作对来"托兴寄情,朝吟夕讽"进行娱乐。但他的诗作尽管很多,艺术水平却不高,没有多少文学价值。他自己说他的诗可用"拙速"二字概括,即成篇很快,不事雕饰,并且喜欢用典,有时还杜撰词汇,令人不解。因他是皇帝,无人敢提出疑义,只有自叹学识浅薄。乾隆有时也故意要些小手腕,找一些生僻典故写在诗文中,令臣下去找注解。中国文化书卷浩如烟海,一个人学问再大,也不可能阅遍全部书籍。许多著名文臣都被他搞得满头大汗,无法解释,不得不感叹"圣学渊博"。

据说,还有一些诗是臣下代笔。如著名学者沈德潜就曾长期陪伴乾隆,与御诗唱和,直到致仕在家,还在为乾隆校改御制诗。乾隆曾对人说:"朕和德潜,以诗始,以诗终。"一次乾隆游西湖,恰逢降雪。见到眼前迷人的南国雪景,他不禁诗兴大发,随口吟道:"一片一片又一片,三片四片五六片,七片八片九十片……"口中吟数着雪花,心里却暗自着急,不知如何才能将这倒霉的诗作完。沈德潜见皇上发愣,忙上前解围:"请让臣把诗续完。"乾隆求之不得,连忙答应。沈脱口而出:"飞入梅花都不见。"乾隆大喜,竟脱下身上的貂皮大衣赐给沈。可是沈死后却因文字狱牵连被磨碑免祀。传说原因主要是沈生前曾把替乾隆起草的御制诗收入自己诗集发表,使乾隆非常难堪。

传说乾隆亲自参加《明史》的校勘,编校人员就故意在明显处写几个错字,让乾隆改正,乾隆也为自己能校验出错处而高兴。可是一经他校验过就成了钦定,有错也不能再改了。

康熙时修建了圆明园,至乾隆时又大加扩建,集中全国能工巧匠,花费大量银钱,增添楼台亭榭,又责成各省官员贡献无数珍禽异卉、古鼎文彝,陈列园中,乾隆常陪太后、率领后妃到园中游玩,其奢侈挥霍,远胜康熙。

每到秋天,乾隆都要到热河地区去打猎,称为"木兰秋狝"。乾隆自小习武,箭射得很准,经常在较射中九发九中。每行猎,随从们携犬带鹰,前呼后拥,几百人合围,围中獐狍野鹿数百头,乾隆亲自射鹿,随即取生鹿血喝下,希望能延年益寿。行猎间歇,乾隆令人牵出几匹骆驼,与随从一起玩跳驼峰的游戏,从八尺高的驼峰上跳过,以落地站稳为胜。

乾隆还在热河(现承德)修建了避暑山庄,圈地几十里。其间茂林修竹,清池绿草,凉风习习,确是避暑胜地。一次他到山庄游玩,对身边人说:"这里气候凉爽,真不愧称避暑山庄啊!"一武臣答道:"这是相对宫内而言,外间民房都十分低矮,街道又窄,人群拥挤,炎热超过京师十倍。所以民间谚谣说:'皇帝山庄真避暑,百姓仍住热河地。'"乾隆听后一连几天都很不高兴。

玩乐是玩乐,但乾隆深知保持大清江山水受其家族统治的艰难,所以严尊祖训,教育王子们不能忘记祖先创业的艰辛。每天五鼓,天还未亮就要到书院读书,下午习武。有一次校场较射,年仅8岁的皇孙、后来的道光帝也用小弓连中三箭,乾隆高兴地赏赐他一件黄马褂。十一皇子在扇子上题名"镜泉居士",乾隆训斥说:"我们家累世淳朴,所重者读书骑射,怎么能仿效书生追求虚名呢?"

乾隆还接受历史上外戚作乱的教训，严禁后宫妃嫔和太监干预朝政。他制《宫训图》12幅，分挂在大内各宫中，作为后妃学习的榜样。如"徐妃直谏""曹后重农""樊妃谏猎""马妃练衣""西陵教蚕""太姒诲子"等，还常以图中内容让后妃联句作诗。

乾隆认为明代宦官多弄权，是因为他们读书太多。所以他一改旧制，把教习太监读书的内书堂关闭，不让他们懂得太多知识。他还令办差太监一律改姓"王"，这样外廷大臣就难以分辨认识他们。有一个贴身太监向乾隆说了几句关于外廷臣僚的事，事涉朝政，立被处死。就连军机大臣于敏中因向一个内监探明乾隆"朱批"内容，也被乾隆发现后勒令致仕，并下诏撤销他死后入贤良祠的资格。后又赐给他一幅陀罗尼经被（殡殓之物），于敏中明白乾隆的意思，不久便饮毒自尽了。

六下江南

"袅袅东风拂面春，乘春銮辂举时巡。江南至矣犹江北，我地同子总我民。"乾隆十六年二月，江苏淮安，天气晴朗，春日融融千里，黄河在此入海，无数百姓身着盛装，正聚集在黄河南岸，恭候皇帝第一次南巡。御舟上乾隆踌躇满志，接受着万民的呼拥。

乾隆晚年在《南巡记》中写道："朕临御五十年，凡举二大事，一曰西师，一曰南巡。"西师指平定准噶尔和大小和卓木，开辟新疆省。南巡即指六下江南。因当年康熙在位曾六下江南巡视，所以乾隆也要"法祖省方"，遵照祖父的做法，巡视地方民情。

乾隆十六年第一次南巡后，又分别在二十二年、二十七年、三十年、四十五年、四十九年进行南巡。前四次南巡都打着奉太后巡幸的旗号，后二次太后已死。南巡名义上是巡视河工，同时也达到游玩散心的目的，并能了解江南的民风民俗，加强对东南各省的统治。

历次南巡一般都是正月十五前后从北京出发，由陆路经直隶、山东到江苏清口渡黄河，然后乘舟沿运河南下，经扬州、镇江、常州、苏州进入浙江，再由嘉兴、石门抵杭州。回銮时，绕道江宁（南京），祭明孝陵，于四月底五月初返京。

南巡由北京到杭州，往返水陆行程共5800余里。陆路御道中心路宽一丈六尺，御道两旁宽各七尺，要求坚实、平整，不得随意弯曲。御道经过处，许多良田被毁、坟墓被掘。凡是石桥都要用黄土垫铺。乾隆经过，都要泼水清尘。每到一处，备有专人介绍地理、历史沿革及风土人情。每隔几十里设尖营，供乾隆休息打尖。进入水路，换乘御舟。乾隆御舟为安福舻和翔凤艇。随从后妃外，还带一整套政务班子，加侍卫等共约2500余人，随从船只数百艘。御用拉纤兵丁3600人，分作六班。所经支港河汊、桥头村口都设兵守卫，禁止民舟出入。御舟停靠码头陈铺棕毯，设大营五十丈供皇帝歇宿。皇太后大营设在船上。南巡规模宏大，声势震天，提前一年就指定以亲王为首的筹划班子，勘测道路，制定停留地点。所过之处地方官都要修桥铺路，治理河渠，建筑行宫，安排迎銮。同时还要通缉捕盗，清理刑狱，以粉饰太平。

南巡中,皇家生活与宫中无大差别。每日早晚照例鸣鼓奏乐,茶房所用乳牛 70 余头,膳房用牛 300 头,羊 1000 头,均从北京提前运至。每天还从京师或地方运来泉水和冰块。乾隆饮食极为讲究,什么直隶玉泉山、济南珍珠泉、镇江金山泉、杭州虎跑泉等泉水,他都能分出高下。

清朝还规定,凡巡幸所经 30 里内,地方官都要身着朝服来接驾,并派专员到各地演习迎送仪式,民妇士绅都要跪伏行礼。因乾隆奉母出巡,以孝子自居,所以地方官特别罗致一些老年人,身穿黄绢外褂,手捧高香跪迎接驾。据说乾隆游寄畅园时,接驾的九位老人长者九十,小的也年过花甲,加起来共 600 余岁。

乾隆喜谈佛学,但江南高僧较少。督抚们就让一些略知佛法的文人学者剃头假扮僧人迎驾,以博取乾隆欢心。可怜这些人在伴驾时一个个都心中打鼓,唯恐万岁爷一高兴,钦赐一个什么名号,从此就要蒙受"天恩",在青灯古佛下了此一生了。

南巡内容,首先是祀典。一是各种神庙祭祀,像泰山岱岳神、黄河河神、钱塘海神,以及江神、淮神、关帝等。二是著名帝陵和孔庙。如江宁的明孝陵(朱元璋墓)、会稽的禹陵,乾隆都亲自致祭。孔子在清代被尊为"至圣先师",所以回銮时乾隆也亲赴孔庙行礼。三是历代名臣祠庙和坟墓,一般是派专人致祭。如周公、岳飞、韩世忠、范仲淹、于谦等。祀典,无非是显示皇帝顺天应人,提倡忠孝之意。

另一项内容是阅武,即检阅军队。乾隆中后期,随着政治腐败的抬头,阶级矛盾加剧,下层人民的反抗有所加强。东南地区会党活动频繁,像天地会、小刀会等都十分活跃。乾隆在治理国家上,不但希望文治超过汉唐,而且希望武功也能远胜历代。所以南巡阅武是有一定针对性的。参加阅武的兵丁一般有二三千人,项目有骑射、阵式、技艺等内容,水师主要是阵式、泅水、爬桅等。乾隆对水师不感兴趣,常不让地方官准备。后来实践证明他犯了一个历史性的错误,半个世纪后英国舰队正是凭借其海上实力打开了中国的大门。

乾隆自称:"南巡之事莫大于河工。"炫耀自夸之情溢于言表。因康熙南巡主要是巡视河务,且颇有政绩,史书称"黄河顺轨,安澜十年"。而乾隆六下江南,治理黄河已居次要地位。不过,他前五次都视察了河工。一个封建统治者以九五之尊,亲自阅视河工,是值得称道的。

乾隆巡视地点主要在洪泽湖东岸清口、高家堰一带,这里是黄、淮交汇区。另外,偶尔也到徐州视察。他亲自筹定洪泽湖水志,督建了五座大坝,并在高家堰加筑石堤,使其成为淮安、扬州一带屏障。二次南巡时,他看到东南水灾严重,命裘曰修到鲁、豫、苏三省深入各州县勘察水情,来一次统筹治理。三次南巡中他命人确定清口水志,在水涨之时按志启闭闸门,保证了下游百姓的安全。他还几次下令修筑徐州石堤,最终形成徐州河岸高 17 层、长达 90 里的壮观工程。

南巡中,他还四次视察海宁海塘,亲自试验打设石桩,最后决定先建"柴塘"(以木材为桩)聚集泥土,坚硬后再建石塘,应该说这是一个很有远见的措施,经过二十年的努力,终于建成长达数百里的石塘,对保护杭州、嘉兴一带的安全起到了"一劳永益"的作用。

值得一提的是,乾隆在南巡期间,并没有荒废政务。除处理河工外,他还指挥着当时进行的平定边疆战事,同时他还借南巡地方官晋见时,考察他们的德能,作日后用人的依据。这是乾隆不同于一般昏君巡幸的过人之处。

既是巡游,自然少不了玩乐。一路上春光无限,使得乾隆这位风流天子心旷神怡,江南秀丽的湖光山色,又使他流连忘返。置身于如画江山之中,乾隆不禁诗兴大发,一路上吟诗作赋,乐不思归。

南巡御制诗,大多是描写园林风光和巡幸生活的,从中可见南巡的主要活动内容。如苏州狮子林,专为南巡所建,中有狮子峰、含晖岭、问梅阁、玉鉴池等十余处名景,乾隆游后有诗云:"一树一峰入画意,几湾几曲远尘心。"感到非常满意。扬州九峰园,奇石很多。其中有九个很像苍颜白发老人。乾隆非常喜欢,竟下令挑两个最好的不远千里运回北京。海宁陈阁老与雍正是世交,皇太后自然少不了要去看看,所以乾隆南巡曾四次驻跸其家。陈家内花园原名隅园,乾隆住后改为安澜园。因陈世倌已告老在家,所以乾隆赠诗:"老成忆告能无惜,皇祖朝臣有几人?"颇令一些老臣感激涕零。

扬州平山堂行宫,原来无梅。为了得到皇帝的欢心,竟捐资移来万株梅树。天宁寺行宫已有房屋500余间,可当地富豪仍觉不够气派,又在它后面建了重宁寺行宫。乾隆有诗赞曰:"天宁寺后建重宁,众志殷勤未可停。"鼓励各地继续殷勤效忠。

江南名胜古迹众多,历代文人墨客乃至帝王如康熙者,都留下过诗词歌赋。乾隆一般都要作诗唱和。此外,对地方官员有时也要踢诗,以示嘉励。乾隆还为名山古刹、新祠旧庙题写大批匾联,如虎丘佛殿的"须弥春满"、西湖行宫的"镜治澄怀"、明陵的"开基定制"、海宁海胜庙的"保障东南"等,大都保留至今,留下了这位风流天子、文治皇帝的墨宝。

由于南巡劳师动众,耗费民财,所以从一开始,就出现各种劝谏和反对事件。

第一次南巡时,民间广为流传一封假冒工部尚书孙嘉淦的奏稿。孙以谏诤之臣名闻朝野。雍正时他还只是一名小官,却上书劝雍正"亲骨肉、罢西兵、停捐纳",雍正看后,始则大怒,继则大笑,说:"朕亦不能不服其胆。"奏稿指责乾隆南巡有"五不可解十大过"。由于打着孙嘉淦旗号,在社会上影响很大,流传17个省,为此乾隆在全国搜捕一年多,抓人千余名。

第四次南巡,乾隆以观养蚕为名想到湖州游玩。大学士程景伊坚决反对,说现在蚕时已过,皇上看不到了。乾隆不听,命绍兴知府赵某沿河试航。赵是一位关心民间疾苦的清官,暗中投木石塞住河道,使御舟无法通过。后赵被革职回籍,当地百姓哭送百余里。

一次在苏州灵岩寺,见一棵梅树正在盛开。内里博尔奔察拔剑欲斫,乾隆惊问原因,博氏奏到:"臣恨其不生于圆明园中,以致皇上劳累。"实际是在讽谏乾隆游山玩水。

盛世远去

乾隆六十年九月初三,乾隆在勤政殿召见皇子皇孙及王公大臣,宣布皇十五子嘉亲王颙琰为皇太子,预定明年归政,自己称太上皇。首辅大臣和珅等极力劝阻,无奈乾隆决心已定,说:"朕即位之初曾立下誓愿,如能在位60年,将传位于嗣子,不敢上同皇祖(康熙)在位61年之数。现初愿已偿,不敢再生奢望。"

嘉庆元年正月初一,在太和殿举行了禅位大典。嘉庆帝登基,尊乾隆为太上皇帝。

乾隆在位60年,禅位时已85岁,这是历代皇帝所仅有。乾隆前期,由于他能励精图治,使大清朝在政治、经济、军事各方面都达到顶峰,实现了"康乾盛世"。中后期,由于他沉湎于"文治武功"的颂扬声中,逐渐豪奢放纵于山水之间,吏治也开始腐败。他的首辅大臣,乾隆十四年前是鄂尔泰、张廷玉,他们为政谨慎,又系前朝老臣,对乾隆有一定的规约作用。后来是讷亲和傅恒,讷亲才疏学浅,又很专横,不久即被杀头。傅恒军功卓著,政治上本事不大,他还是国舅,生活上奢靡。乾隆三十五年后,于敏中、和珅执政。于学识渊博,但政治道德低劣,惯于结党营私。和珅则是个大贪官,他自乾隆四十四年任首辅大臣后,深得乾隆信任。

和珅出身于满洲正红旗,19岁袭职任銮驾仪卫尉。一次乾隆外出,仓促间找不到黄龙伞盖,就生气地问:"是谁之过欤?"和珅应声答道:"岂非典守者之过邪?"原来这两句都出自《论语》。乾隆见答话人眉目清秀,而且口齿伶俐,并且还上过满洲官学,于是就提升他为侍卫总管。和珅能言会道,办事又很会"体察圣心""奏对颇能称旨",很受乾隆赏识,所以他很快就平步青云,进了军机处。乾隆还把十公主嫁给和珅的儿子,从此他更有恃无恐。在朝中大权独揽,排斥异己,收受贿赂,贪赃枉法。其家人奴仆也都横行乡里,一时朝野切齿,弹劾和珅的奏折不断,但乾隆都当作耳旁风。

御史曹锡宝不敢正面触及和珅,仅弹劾其家人刘全衣服、车马、住宅违制。和珅连夜通知刘全将超制部分拆毁。结果乾隆派人去查看,什么问题也没有,曹反被革职。

正是由于乾隆后期宠信的几个权臣的胡作非为,朝政日趋腐败,民变屡起。乾隆三十九年,山东爆发王伦农民起义;四十六年,陕甘回民起义;五十一年,台湾林爽文起义;五十九年,湘贵苗民起义;到嘉庆元年,川、陕、甘、楚、豫五省白莲教起义,历时九年方被扑灭。从根本上动摇了清朝封建统治,宣告"盛世"结束,迅速走向"嘉庆中衰"。

嘉庆四年(1799)正月初三,太上皇乾隆去世。享年89岁。葬于裕陵,谥纯皇帝,庙号高宗。

乾隆死后才五天,嘉庆帝就将和珅革职查办,抄没家财,宣布20大罪状,后令其在狱中自尽。和珅被抄没的家产有:房屋2000余间,田8000余顷。银号42家,当铺75家,古玩铺15家,金银珠宝无数。共计合白银8~10亿两,相当于清政府10余年的财政收入(当时每年财政收入7000万两白银),所以民谣说:"和珅跌倒,嘉庆吃饱"。乾隆后期政治,可见一斑。

中华名人百传

后妃公主

王书利·主编

导读

在历史长河幽暗的河床上，埋藏着数不尽的红颜白骨。她们也许曾经倾国倾城，也许曾经秀外慧中，也许曾经纯真善良……但短暂的闪光之后，却只能在不见天日的幽暗水底悄无声息地腐烂着，哭泣着。

历史，向来是男人的舞台，聚光灯下从来都是留着花白胡子的明主忠臣或是虬髯怒目的武将侠客；女人，则只能被制成一朵干花，徒然为投有血色的历史作无关痛痒的装饰，她们也许是美丽的，也许是高洁的，也许是多才的……但是在历史的天空中，无不如同太阳下的肥皂泡，光彩夺目却无比脆弱。

忧郁的褒姒一笑背负上千古的骂名；美丽的杨玉环成了"安史之乱"的替罪羊；天真的冯小怜不得不被贴上"亡国祸水"的标签；末代皇后婉容最终沦为整个封建制度的殉葬品。但真善美的种子，在磐石的重压下却依旧顽强地萌发着，生长着，直至泼泼辣辣地绽放出——丛丛可歌可泣的生命之花，在冰天雪地中吟唱着热烈，在孤灯冷月下礼赞着从容，在腥风血雨中展现着智慧。容貌丑陋的钟离春成为安邦定国的贤内助，王昭君的出塞曲为汉匈人民换来了数十年的和平友好；李三娘乱世中慧眼识英雄，以善良敦厚得以善始善终；辽国太后萧燕燕巾帼雄姿安定国家，功业不逊任何须眉……在这卷《后妃公主》里，旨在向您展示权力世界里的婀娜身影，千载犹存艳质余香！

临朝称制

——汉高祖刘邦皇后吕雉

名人档案

吕雉:名雉,字娥姁,秦代单父县吕后(今山东省单县)人,汉高祖刘邦结发之妻。

生卒时间:前241~前180年。

安葬之地:与汉高祖合葬长陵。吕后陵位于陕西 咸阳市渭城区窑店乡三义村,在高祖长陵东南200米处。陵高32米,底边东西160米,南北131米,呈覆斗形。由于陵地建筑在渭水北岸的高原边缘,远望如同山丘,显得异常雄伟。

性格特点:性格刚毅、有抱负、有韬略。

历史功过:为刘邦剪除异姓诸王侯中起了很大作用,是刘邦定天下的得力助手。

史家评点:司马迁评价说:"孝惠皇帝高后之时,黎民得离战乱之苦。君臣俱欲休息乎无为。故惠帝垂拱,高后女主称制。政不出房户,天下晏然。刑罚罕用,罪人是稀,民务稼穑,衣食滋殖。"

剪除忠良

汉高祖十年八月,正是秋高马肥的季节,曾帮助刘邦打天下的代国陈豨,举兵造反,高祖刘邦赶紧带兵前往镇压,留下皇后吕雉伴着年轻的太子刘盈,镇守长安,相国萧何做辅助。

秋空高爽,但宫城里的空气却有几分紧张,宫内外的禁卫加多了。此时,淮阴侯韩信府中有个舍人,悄悄但急匆匆地赶到皇宫里来,禀告一个绝大的机密消息,说淮阴侯要谋反，正准备假传诏书，调动被罚做苦役的官奴，杀到宫里来，加害皇后和太子。这消息顿时激荡起宫内紧张的气氛。一向刚毅自强的吕后，内心也不免有些不安。但她毕竟老于应对危局，很快镇定下来。这消息是否可靠呢？她想。接着，她脑海中迅速回忆起这么多年来，韩信的所作所为。

韩信本来投奔的是项羽。可在楚军，他不被重视。后来投奔刘邦。开始也未获得大用，又连夜逃离汉营。幸得萧何慧眼识良将，月下追回韩信，极力推荐，才得刘邦重用，登坛拜为大将，统率汉军三军。在韩信的指挥下，汉军终于击败项羽的楚军，奠定了汉家江山的根基。刘邦曾先后封韩信为齐王、楚王。韩信为人很自信，他称刘邦只擅长"将将"（宏观领导将帅），只有他韩信才有能力带领百万大军，克敌制胜。他的才能，他的功劳，他的威望，都让他直接威胁到刘家天下的安全。所以，刘邦始终没有完全信用韩信。他几次用突袭的手段，剥夺了韩信的兵权和爵位。高祖六年，他将韩信贬为淮阴侯，幽居在关中。不过，大约刘邦还念着韩信的功劳，怜惜他的才能，没有要他的命。韩信虽然早已感到了阵阵的秋寒，可他在政治方面，却很优柔寡断，始终叨念着刘邦登台拜将的知遇之恩，所以，在他还掌握着实际的兵权，手中还有数十万大军的时候，却没有听从一些谋士的意见，从刘邦手中夺取政权。当时已先后有武涉、蒯通等鼓动造刘家的反，说过什么"当断不断，反受其乱"，还有什么"狡兔死，走狗烹；飞鸟尽，良弓藏"的话，等等，韩信虽时而心动，却始终下不了反刘的决心。韩信擅长带兵，却缺乏政治斗争的战略眼光，以及狠毒的心肠与手段。但他又贪恋权位，不知身家性命早已笼罩着死亡的危险，不能全身远害及早功成身退。所以，仍隐忍偷生地活着，做着侯爷。他被贬为淮阴侯已经五六年了，仍住在长安，实际形同监管。

告他谋反的说法是：陈豨反时，韩信推托有病，拒绝跟汉高祖一同出兵征讨，却暗中派人送信给陈豨，说："老兄呀，不要慌，愚弟这就起兵来响应你。"他一面等候陈豨的回复，一面与家臣密谋，要假传皇帝的诏书，发动官奴，来围攻皇宫。

这些话都是正史中有记载的，但其中疑点也颇多。韩信要谋反，何不在有兵权时谋反？何以到这手无一兵一卒时来谋反？何以要跟远在千里之外的叛将联络？他的行动能有几分胜算？并无必胜的把握。善于带兵的韩信，会如此冒险吗？或许韩信的政治遭遇，让他对刘氏产生怨恨情绪是可能的，至于说到他要谋反，虚幻想象的成分或许更多一些。安知这次告反，不是刘邦或吕后怕大军出征代国之时，怕韩信在后方发难，而设下的一个先发制人的圈套。

不管怎样，吕后心中早想彻底剪除，以永远消除他汉家天下的隐患。不管韩信之反是真是假，有人出面告反，给她提供了个绝好的消灭韩信的借口和机会。而且此时刘邦不在长安，也免了被别人说是刘邦因嫉妒而诛杀功臣的闲话，岂能不赶快下手！可是韩信毕竟是带过兵的大将，她与太子都手无缚鸡之力，要除韩信，亦非易事，事机不密，惊动韩信以及同情、支持他的人，真的造起反来，刘家人辛苦打来的天下，被人端了老窝，岂不坏了大事？

思前想后，吕后决定召来丞相萧何密谋。萧何虽然曾经极力保荐韩信，促成了韩信

事业的成功。而今却要与吕后密谋诛杀韩信，真不知是何滋味。然而，此一时也，彼一时也，如今事关他的皇帝主子天下的安危，也关系到他自家的身家性命，他也管不得许多了，自然站到了吕后一边。

"丞相，你看怎样才能平定淮阴侯的谋反，又不会造成太大的震动，影响皇帝陛下在前方的战事？"吕后问。

"禀皇后陛下，依老臣的主意，可以如此如此。"萧何在进宫的路上，已经想好了计谋。他稍为思考了一阵，便低声细语地说出了一番办法。

吕后听后，频频点头称是，道："也只有如此了。就烦丞相去淮阴侯府走一趟吧。"

萧何领命，沉沉稳稳地来到韩信的府邸，见了韩信，谎说道："今日有舍人从前线回来，报告说，陛下大军大获全胜，陈豨已被斩首。众臣都到未央宫中向皇后和太子祝贺。我这来约侯爷，侯爷何不跟我一同前去庆贺一番。"韩信听了，心中咯噔一下，虽不知消息的真假，但萧何是他进身汉王最大的举主，他并不疑心老丞相会来赚他。对陈豨之死，虽不免有兔死狐悲之感，又不敢太表露。他内心虽然不甚愿意去见吕后，却还是立即起身，随同萧何骑马来到未央宫。他的随从被挡在宫门外，他翻身下马，只身随着萧相国步入宫中。

飒飒的凉风，裹卷着秋日的肃飒之气。韩信默默地跟着萧何走进那巍峨而隐约笼罩着杀气的宫殿。

他们刚进了几道宫门，两旁就涌出好多卫士，将韩信拿下。韩信叫道："萧丞相，为何捉拿我？"萧何还未回答，已有吕后和太子转出，喝道："淮阴侯，你为何要谋反，危害本后？"韩信辩道："韩信未反！陛下此语从何说起？"吕后严厉喝道："告反者在此，岂容你狡辩？快快斩了！"不容韩信再说，没有经过廷尉的审理，就这样将韩信押到未央宫的悬钟室内，一刀杀了。

韩信临刑，想起了蒯通等人的话：

狡兔死，走狗烹；飞鸟尽，良弓藏！

他不由自主地随口念出，吕后听到，冷冷一笑，道："本自如此！"

民间传说，因为韩信功劳大，汉高祖曾赐给了他铁券丹书，永远赦免他的死罪，还有什么见天不杀，见地不杀的承诺。因此吕后在未央宫的悬钟之室里，在地毯上将韩信杀了。果然是上不见天，下不沾地，总算没有违背汉高祖的诺言。而萧何赚韩信来送死的故事，在民间也留下了"成也萧何，败也萧何"的谚语。后人还有一副对联咏此事道：

成败一萧何

生死两妇人

韩信穷困时，得漂母的救助，是活韩信之女人；今为吕后所杀，是处死韩信之女人，是所谓"生死两妇人"。

汉高祖虽在前线，却时时刻刻挂念着长安的安全，不很放心怀了一肚皮怨气的韩信。当他回到长安，听到吕后诛杀韩信，夷灭了韩氏的宗族，感到胸中悬着的一块巨石终于着了地，他非常高兴，感激他得力的内助吕后，为他了结了早想做而又有所顾虑，不敢亲手

做的事。但他也对韩信之死感到有点惋惜,毕竟他刘家的天下,是韩信帮助打下来的呀。但他这种感觉是短暂的,天下的安宁才是他最大的心愿哩!

这件案子,显示了吕后这个女人的性格特征:政治目标明确,为人沉着刚毅,为实现既定的目标,心肠恶狠,不择手段。对于残害功臣良将,她是刘邦最有力的帮手。

受吕后之害的,除韩信外,还有一位惨遭灭族的有功劳的将军——梁王彭越。

彭越本是山东曹州昌邑地方的村民,早年与一些破产的贫民,啸聚在巨野泽中,成为山林好汉。陈胜起事时,他拉了一支队伍参加。后来,他的队伍发展到数万人,拥护刘邦,跟楚军作战。他忠于刘邦,即使汉军大败,刘邦亡命,几无立足之地的时候,他也坚定地站在汉王一边,奋力抵抗楚军,帮助刘邦站稳脚跟,东山再起,因而屡建大功。汉高祖六年,刘邦封彭越为梁王,国都定陶。此时的彭越,可谓风光无限。

然而,刘邦对于异姓王,始终有很深的怀疑和恐惧。汉高祖十年,刘邦出征陈豨时,曾调梁国兵随征,要彭越亲自带队。彭越虽然派了兵,却因为他自己生病,没有亲自出征,另外派了个带兵将军。刘邦便很不高兴,怀疑彭越有了二心,派人前来责备。彭越害怕,打算亲至汉营向汉王赔罪。但彭越手下将领扈辄觉出汉王是找借口,准备乘此机会剪除梁国的势力,此去难免祸患,就劝说道:

大王开始托病不去,已经引起陛下的疑心和愤恨。现在再去,恐怕才到汉军帐下,就会被抓起来治罪了。去也是死,不去也是死,不如乘陈豨已反,汉王首尾难以兼顾,也起兵反了吧!

彭越觉得扈辄的话有几分道理,但他在政治上也是个优柔寡断的人,不敢也不愿公开反对刘邦,没有听从扈辄将军立即造反的话,但却又改变了去亲见刘邦赔罪的主意,继续称病不行。刘邦一时倒也无奈他何。恰巧此时梁国国内有个小官,犯了事,被彭越抓起来,要斩首。这官员却找机会逃脱,到汉营里首告彭越有谋反的意图。

刘邦得此报告,立即派使者再去梁国,乘彭越没有防备,突然将他与他的谋臣都抓到洛阳,交由廷尉审理。廷尉很快确认了梁王谋反的罪名和证据,拟了个处死的刑名。但刘邦免了彭越的死罪,将他废为庶民——平头百姓,发往远离彭越家乡的巴蜀青衣县居住。

对于一位潜在的汉家天下的威胁者、异姓的侯王来说,彭越能获得这样的处分应该是很不错了。他在汉家官员的押送下,乘着驿传的车马,向西进发,前往蜀中。可他总觉得受了冤屈,处罚不公,整天长吁短叹。一天,他们一行人来到华州郑县地界,遇到大队车骑,旗幡飘飘、尘土飞扬。打听之后,知道是吕皇后从长安出来,到洛阳去,不想在此避迟。彭越以为找到一位可以向之申诉的人,就急着想去见吕后。

吕后也注意到迎面来的一小队车马,便问是什么人。随从官员问清后,回禀道:"是梁王犯法,被汉王赦免死罪,发往蜀中居住。"吕后对这一班功臣都很了解,听了随从的报告后,不禁想到:非我族类,其心必异。对这些异姓侯王,不乘此时诛锄,怎么还要留下,并且放到巴蜀去呢?她想起刘邦当年被项羽封为汉王,赶到汉中。项羽以为刘邦被山岭所限,不可能东山再起,与他争夺天下了。后来怎样了?汉王还不是东山再起了吗?他

项羽早不知葬身何处了。放彭越西去,无异放虎归山!她决不能给汉王,也给她自己留下后患。但她碍于汉王已有成命,不便在路上发作,处死彭越。如果那样,怎样向别人交代?天下还未太平,不能让反对汉家天下的人找到攻击刘邦的借口呀。稍一思索,她来了主意,传令带彭越过来。

彭越见到吕后,忙不迭地叩首,口称:

小臣冤枉,请皇后陛下明察。小臣誓死忠于皇帝、皇后陛下,岂会谋反。小臣完全是遭小人们陷害的呀!小臣愿意回到家乡昌邑县居住,永做皇帝陛下的顺民。

说着,痛哭不已。吕后显露出一副同情的表情,安慰道:

彭将军请起。将军忠于皇帝,天下人所共知。本后岂不知晓?本后正要去洛阳,你就先随我回到洛阳,待见了皇帝陛下,再给你分辨就是了。

彭越闻言,如同听到天上的玉音,感激涕零,连忙叩头谢恩。他满怀着希望,回转车骑,跟随吕后,往洛阳而去。

到了洛阳,吕后就急急忙忙找到刘邦,坚决地说道:

彭越是个勇武的壮士,既能打仗,又有号召力。您将他送到蜀中去,在那天高皇帝远的地方,岂不任他自由发展,给汉家天下留下严重的后患吗?

汉高祖听完吕后的话,不由得一怔,道:"皇后所说极是,寡人考虑欠周了,重新发落吧!只是已经处分过了,如果改变,不被人耻笑吗?"

吕后笑道:"这事好办。妾身已经考虑好了,只需如此如此就行。"她见刘邦点头后,随即叫人把彭越手下原来的一个舍人找来,吩咐他出面举报彭越有谋反的新动向。舍人哪敢不依,急忙编了一番言语,向廷尉去首告,说彭越被贬,一路上心怀怨望,策划如何谋反。自然不容彭越再作申辩,廷尉判了他死刑,取消梁国的建制,还要诛灭彭氏三族。报到汉高祖那里审批。高祖很快批了一个"可"字。不知彭越想没想到,正是被他视为救星的吕皇后出卖了他,送他到了刑场上。他的家族也遭到了族灭。

天生姻缘

吕后刚毅坚强,好冒险,心狠手辣的性格,在她年轻时就形成了。她本名雉,字娥姁。出生在河南砀郡单父县一家大户人家。其父吕公,史书上没有留下姓名,个别的古书说他名文,字叔平,不一定可靠。吕公因为在家乡得罪了仇人,住不下去了,举家搬到同郡的沛县来,依托他的老朋友沛县县令,安家度日。

吕公有两个儿子,三个女儿。大儿子名泽,二儿子名释之,大女儿字长姁,三女儿名媭,吕雉行二。长得漂亮,而且性格刚毅,很有识见。人们都夸她将来必定找到好婆家,有大福大贵。吕雉也很自负。

吕公到了沛县,县令大办宴席,为他接风。县乡的各级官吏、世家大族、头面人物,都来祝贺,馈送财礼。刘邦当时是县境内泗水乡的一个亭长,家境并不宽裕,而且"不事生

产",田地里劳动完全丢给家人,本人只靠着那小小的差使,拿着微薄的薪俸,在社会朋友中厮混。但他好结交朋友,对人亲和力强,有仁而爱人的小小名声,多得一帮三教九流朋友的拥护。他听说县令正款待一个从单父县来的大户人家吕公,便也去凑份热闹。

县衙前车水马龙,熙来攘往,好不风光。刘邦怀中早已一文不名,却要显示其大方气派,他气宇轩昂地来到县衙门口。站门的一班兄弟,平日与刘邦都是混熟的。刘邦拱拱手道:"弟兄们,小弟奉上贺钱一万,愿吕公万寿。"那专司收礼的,是衙门中的小吏萧何,与刘邦极相知,深明这位亭长老兄的底细,榨干全身,也没有这笔钱,实际上是连一文钱都是没有的,因为不久前他与刘邦喝酒时,酒钱还是由萧何掏的呢。但萧何还是特意拖长了声调,高声唱筹,道:"刘亭长——贺礼一万!"

一万钱,在当时当地,可是一笔大数目,惊动了来宾和吕公。吕公来看时,见刘邦高额头、高鼻梁、红光满面、身材健壮,显示一副刚毅顽强的相貌,虽为小吏,却颇有风仪,不禁暗暗喜欢。虽然他很快知道,这位出手大方的客人,实际没送一文钱,是打的白条,他还是为刘邦如此豪迈大度,不拘小节,具有冒险和疯狂精神的性格所折服。当时,秦朝的天下,乱象已现,吕公应该是个政治比较敏感的人。他认为,在可能即将发生的动乱中,像刘邦这样的人,或许将大有作为。司马迁《史记》说他会看相,认为刘邦有贵人之相。也许是吕公善于观察人的一种直觉吧。无论怎样说,他决定,将他的第二个女儿吕雉嫁给这个一见心喜的小小亭长。这也算是一种投资吧!

当吕公回家将他的想法说给老伴和女儿听时,老伴是反对的,可是,吕雉却非常的愿意。她听了吕公对刘邦的为人和性格的描述后,立即感到与她自己的性格相近,她骨子里的那种敢于冒险,忍辱负重,坚忍不拔,为达目的而不择手段的精神,与刘邦可是不谋而合。她期待的就是这样类型的冒险家。

由此,刘季子(刘邦行二,称季或季子,即刘老二之意)与吕二姑娘(吕雉也行二,确也凑巧)这段天生的姻缘,就迅速地缔结下来。用句时髦的话说:这未来的汉代第一家庭就这样诞生了。

吕雉嫁到刘家,倒也安分守己,勤劳俭朴。旧时俗语,嫁鸡随鸡,嫁狗随狗嘛。她一面侍奉公婆,一面在田间劳作。刘邦不是在外面应差,就是与朋友饮酒玩钱应酬,不大归家。大田中的劳作,家人的生活,他并不过问。连刘太公有时都禁不住要骂他无赖。但日子过得还安稳。吕雉先后与刘邦生下两个孩子,老大是女孩,似无正式名字,史书称她为鲁元、鲁元公主、鲁元太后。旧说鲁是她的封邑,元表示她是长女,一说元是她的谥号;老二小鲁元三岁,是个男孩,取名盈,后来继位为孝惠皇帝。

吕雉平时待人倒也和气。一天,她正带着两个孩子在田里耨草。有个老人路过,向她讨水喝。吕雉从水罐中倒出一碗水,递给老人。鲁元、刘盈两个孩子也跟着热情地招呼。他们还给老人饭吃。老人很满意这母子三人的招待。对吕雉说了番恭维话:"我老头子会看相,我看您将来必是天下最尊贵的夫人。"又看了两个孩子的相说:"这男孩子的命最为尊贵,女孩子也很尊贵。"吕雉心中高兴,口中谢道:"但得应了老丈的话,自当重谢。"老人哈哈大笑了一阵后,悄然离去。从此,吕雉胸中升腾起了更大的希望。

秦朝末年，官府的差役越来越重，许多农民都被征发到遥远的地方去服苦役，逃亡与死难的民工实在太多了。一次，沛县官府征调一批农民去骊山服劳役，命刘邦押送。刘邦不得已，告别父母和吕雉，挎着腰刀，带着队伍上路了。吕雉像千万户农家的妻子一样，千叮咛、万嘱咐地送别了丈夫，衷心地祝愿她的丈夫早日完差，平安归来。

然而，刘邦与被押送的人，多是乡里乡亲，他不愿管得太严厉，押着人去送死，所以，出发没有多少日子，民工们已经逃亡了一半。刘邦想，照这样下去，就是到了目的地，人都逃光了，自己也肯定活不成。还不如将大伙都放了，自己也不要这倒霉的差事，大家各自求生去吧！一天，宿营时，他请大伙喝了顿酒，将绑在差徒身上的所有绳索、刑具都打开，让大家各奔东西，而他自己也决心不会再回去做亭长了。差徒们被这突如其来的行为感动了，有十几个人不愿意离开刘邦。刘邦就带着他们回到家乡附近的芒砀山中落草，做绿林好汉去了。

刘邦经常往来荒山丛莽中。有次他酒醉后，在路上遇到一条白色的巨蟒。他乘着酒气壮胆，抽剑将巨蟒斩为两段。接着，他又遇到一个老太婆寻找儿子，说什么她的儿子白帝子被赤帝子所杀。隐喻刘邦是赤帝的化身。这说法不知是巧合，还是后来为拍皇帝的马屁编造出来的神话，不过当时的流传，颇增加了刘邦和吕雉对辉煌前途的希望和信心。尽管刘邦此时已经沦落为草莽英雄，吕雉也没有改变对刘邦的初心。她一面侍奉二老，抚育孩子，一面还经常找到刘邦隐藏的地方，看望丈夫。刘邦问她，她为什么能轻易地找到自己。吕雉故作神秘地说：我常见到你躲藏的山石林木上方，有云气缭绕，神龙维护，说得刘邦满心欢喜。

无论如何，吕雉是认定了这个沦落为草莽英雄的丈夫，并决心跟他一辈子了。这是吕雉通往皇后道路的初阶。

崛起的风云终于来了。秦二世三年，即公元前209年，同样也是因为押送差徒，因雨误期的陈胜、吴广，在大泽乡揭竿而起，涌动了反秦大起义的浪潮，席卷了整个中原大地，也涌进到沛县和芒砀山中。那些久处草莽的英雄好汉们，早就想一试身手了。正当刘邦与他的伙伴们摩拳擦掌的时候。秦朝任命的沛县县令，也想投暴动的机，加到反秦队伍中来。无奈他平时为人刻薄，不为当地的民众和豪杰们拥护，所以当他想抢先竖起反秦的旗帜时，沛县城中刘邦的好友萧何、樊哙、陈平等，早与刘邦暗中呼应，内外结合，一举杀掉县令，占领县城，拉出了队伍，迎接刘邦做了这支队伍的首领。接着，刘邦参加了陈胜、吴广与楚怀王的阵营，转战于中原、关中大地，血战秦军。

经过四年的苦战，刘邦在他的文臣武将的帮助下，终于打进了关中，直逼秦都咸阳城下。这已是公元前206年的事了，此时秦二世被权臣赵高害死，继位的小皇帝孺子婴出城向刘邦投降。秦朝灭亡。

前一年，反秦大军的共主楚怀王曾郑重地与各路反秦大军约定：先入关者为王。依此政治约言，刘邦自然应成为天下的霸主。可是，当时各路反秦的队伍互不服气，尤其是项羽率领的楚军，势力最为强大，虽然没有抢到头功，却不肯让刘邦称王天下。在咸阳城郊，项羽以强大的军事实力，对刘邦军形成巨大的压力。此时的刘军，远非项军的对手。

刘邦君臣在鸿门宴上，与项羽经过一番政治斗争后，不得已，忍辱退让了，承认项羽为天下共主，项羽即自封为西楚霸主，封刘邦为汉王，并逼刘邦率军进驻远处于西北汉中巴蜀的边远地区，以此限制刘邦军事政治势力的发展。刘邦君臣为了保存有生力量，接受了汉王的封号，并退往汉中。为解除项羽的疑心，汉军进入汉中时，还烧毁了汉中通往外界的道路——悬崖峭壁上行军的栈道，表示永远不再出山。

这段时期，刘邦戎马倥偬，时常吃败仗，亡命荒野，所以其父太公与妻儿吕雉、刘盈等，都只得留在沛县家中，处于项羽势力的管辖之内。数年来刘、项尚处于共同对付秦朝军队的政治和军事同盟范围内，所以吕雉一家人倒还相安无事。但吕雉以一个女人，在乱世中独自撑持家庭，所忍受的惊吓、艰难和夫妻离别之苦，是可想而知的。但她以坚忍的毅力操持着这个家，耕田育儿，以待夫君，其精神也很值得称道。她相信他的夫君刘邦必定能获得成功。

其实刘邦哪安心困于汉中。他退入汉中当年八月，就用韩信之计，从故道县出击，打败了项羽所封的雍王章邯，占领了雍国的土地。雍王本是项羽用以阻遏刘邦出山的一个障碍，今反而被刘邦撕开，成为一个缺口。刘邦急于扩大这个缺口，他接着就派军队进攻南阳，同时想把刘太公及吕雉，以及他的一对儿女从家乡接出来，以免落入楚军之手，成为人质。可是赶来镇压的楚军，立即派队伍半路迎击，将刘邦的军队打得大败。太公、吕雉一家并未被接出，终被楚军抓去，成于人质。只有鲁元、刘盈姐弟俩逃出。他俩半路上遇到正在败逃的刘邦，才被接上车同逃。可是当楚军追来时，刘邦为了让马车减轻载重，逃得快些，竟然三番五次将鲁元、刘盈姐弟推下车去。幸得护驾的滕公屡次下车，将姐弟二人拉上车来，这姐弟二人才拣得性命，免于遭难。

滕公着急，责备刘邦说："尽管形势危急，但为什么要将亲骨肉抛弃呢？"刘邦无言以对。刘太公与吕雉从此被作为人质，困在楚军之中，他们在精神上和生活上所受的痛苦磨难之巨大，可想而知，但吕雉却以惊人的毅力坚持下来。

韩信、彭越等军在各地攻击楚军，项羽虽强，多处作战，也不能彻底击败汉军。汉王四年，公元前203年，刘邦与项羽两军对峙于河南广武，临山涧而结阵。项羽为威胁刘邦，命将刘邦的父亲与妻子押到两军阵前，安放在砍杀人体的大砧板上，然后他亲自向刘邦喊话："刘老二，你再不投降，我就将你的老子杀来煮了吃！"

刘邦眼看父亲、妻子被绑在案桌上，内心虽然难受，嘴里却应道："项王，我与你曾经结为兄弟，我的父亲就是你的父亲，你要烹煮你的父亲，也分一碗肉汤给我喝喝好吗？"

对于刘邦如此无赖的态度和嘴脸，项羽也没有办法，怒火之下，就要下令将太公、吕雉杀了。幸得楚军将领项伯暗中保护，劝说项羽，才免了太公、吕雉一死。经此大劫，更增强了吕雉性格中那坚忍、无情的一面。

不久以后，刘邦与项羽终于讲和了，约定以河南的鸿沟为界，界东属楚，界西属汉。项羽随即将太公与吕雉送还刘邦。吕雉经过多少年的磨难，此时方得与刘邦团聚。

汉王五年，汉军在垓下终于彻底打败了楚军，项羽单人独骑逃到乌江岸边，感觉无颜回到江东见家乡父老，伏剑自杀而死，但他至死始终不肯低下他那高贵的头。刘邦这才

放心地在群臣的拥戴下，即位做了皇帝，吕雉也终于成了皇后，刘盈立为太子，鲁元被封公主。此时，吕雉终于应了昔日田间老人的预言，成为"国母"，而贵不可言了。不过，楚汉之争虽已结束，各路诸侯仍在，他们手握重兵，虎视眈眈，注视着刘家的天下。刘邦的皇位还未安稳，吕雉的"国母"之尊也未完全稳妥，吕后的权力之途还刚开始，她也许还未想过，她将来会升到汉皇朝权力的顶峰。

宫内争宠

各路诸侯王的明里暗里的反抗，逐渐在刘邦与吕后这对夫妇密切的配合下，镇压下去了，可是，皇家内部的争斗，却方兴未艾，正逐渐激烈起来。

自古帝王之家都有个三宫六院。刘邦在娶吕雉之前，就曾占有一个姓曹的女子，他俩生了个儿子，叫刘肥。刘邦得天下后，封刘肥做了齐王。这个刘肥似没有什么政治野心，曹氏女子好像也没有到宫里来。他们一家对吕后没有构成什么严重威胁，所以吕后与这齐王倒也相安无事。

刘邦还在做汉王的时候，一次，打到山东曹州定陶县（一名济阴县），见到一个女子，年轻而漂亮，善于歌舞，姓戚。刘邦非常喜爱，收为姬妾。刘邦做了皇帝，戚氏被封为夫人。刘邦经常与戚夫人在一起，有说有笑。不久，戚夫人为刘邦生了个儿子，取名如意，聪明智慧。刘邦非常爱如意，封为赵王，有空闲总爱将如意抱在身边。

一个要强的女人，取得权力不容易，要巩固已经到手的权力，也不容易。吕后要达到帝后的地位，不知经过了多少次的血拼。吕后为刘邦结发之妻，与刘邦同生共死多年，从刀枪剑戟丛中及杀人的砧板上滚了过来，刘邦对她还是敬重的。但吕后逐渐年老，失去了青春年华，刘邦自得到戚夫人之后，把那爱吕后之心，淡去许多。因此，吕后虽贵为皇后，却时时感到苦闷。尤其令她苦闷的是，她的儿子刘盈的太子地位，也因为戚夫人及赵王如意的出现受到严重威胁，也预示着她的皇后宝座，开始动摇了。

刘盈除了他母亲有些失宠的原因外，大约还因为他小时出生于农家，自小朴直，为人仁和而不免懦弱，所以不为他那以顽强、坚忍、刚毅，还有些无赖而著称的、以百战而得天下的父皇所欢喜。戚夫人的种种娇媚，幼子如意的聪慧可爱，更将刘邦的心，几乎从刘盈身上完全移开。

戚夫人也是个很有心计的女人。为了巩固刘邦对她的宠爱，她一有机会，就把如意抱到刘邦面前逗玩，娇滴滴地哭诉说："陛下总不能让那一点不像您的英武神勇的不肖儿子，始终压在您的爱子的头上吧。"她说到"您的爱子"时，语气特别加重许多，娇媚中还带有几分悲切。说得汉高祖不由得不动心，几次想：就废掉刘盈的太子之位，立如意吧！

刘邦的心事，戚夫人的行为，吕后看在眼里，许多大臣也看在眼里。这大大增加了吕后的危机感。封建时代，讲的是母以子贵。一旦儿子的太子位置不保，将来做不成皇帝，她母亲吕后的权力地位也就会失去根基，甚至落到"人为刀俎，我为鱼肉"、任人宰割的地步。她要为自己和儿子的生存，为巩固已经到手的地位和权力而竭力奋争。

她听说有不少大臣为太子的事，曾向刘邦进谏，劝阻废立太子，可是刘邦哪里肯听。在此情况下，大臣中没有一个敢于坚持进谏的。

吕后越想越着急，越恐惧。她想到了汉朝第一大谋士张良，便去请他帮助出主意，挽回刘邦的心意。张良见到吕后，恭谨地回答说："这是皇上骨肉间的事，是难以口舌争辩成功的，臣又是个外人，岂能妄语？况且现在天下基本太平，臣的话，皇上恐怕不会太重视了吧。不过，臣有个迂回的办法，改变一下太子环境的气氛，以及改变他与皇上之间目前较为淡漠的关系。不知皇后认为可行不可行。"

吕后忙不迭地问道："先生请讲，先生请讲。"

张良从容说道："现今皇上求治天下的心切，急于招揽天下贤者。商山中有四位隐居老人，大家称他们为'商山四皓'，名字分别为东园公、绮里季、夏黄公、角里先生，是天下公认的贤者，名声响亮。皇上几次要将他们请到长安来，备顾问。可是派去好几批使者，都被他们拒绝了。他们认为皇上并不真正尊重士人，所以他们不愿做汉朝的臣子。直到现在，皇上没有见过这四位老人。如果皇后能够舍得钱财珠玉，以太子的名誉，写封口气谦卑的书信，并派出驷马安车，将四老接到长安来，做太子的老师，经常跟随在太子左右。若让皇上见到了，臣想，皇上一定会对太子的贤能、品性和人望刮目相看的。"吕后根据张良的建议，派人以极谦恭的态度，去请来这四老，让他们先住在她的弟弟府中。四老同情太子的遭遇，随使者来到长安。太子拜他们做老师，他们也不离太子左右。

汉王十一年，黥布举兵反，刘邦要派兵前去镇压。但他正生病，便想派太子去。刘邦本意，未尝没有让太子经受一番战争的磨砺，锻炼一下太子的能力和心性的意思。让太子掌握兵权，对吕后来说，未尝不是好事。但是太子素无带兵经验，在军队中还没有建立威望，未免又不是好事。他如何能够控制得住那些与刘邦共同出生入死、桀骜不驯的功臣骁将呢？如何是骁勇善战的正造反的将军黥布的对手呢？这无疑是让太子去送死，而实际上要废掉太子嘛？太子的兴废事关重大，汉家江山的兴亡，关系更大。四老向吕后建议，要极力向皇上说明利害关系，劝皇上取消派太子出征的主意。

吕后依四老的话，急忙找刘邦，说了一番太子不能出征的理由。一面说，一面哭泣。吕后毕竟与刘邦生死与共数十年，面对吕后的哭泣，刘邦想：皇后的话说得也是，太子一旦吃了败仗，兵败如山倒，岂不危及长安，危及自己的基业。而且一旦太子遭遇外，这做母亲的如何过？他叹了口气，道："还是老子我亲自去厮杀吧！"

刘邦带病出征。次年，黥布被打败，刘邦班师回到长安。但他的病更重了，想到皇位继承的事，已经迫在眉睫，他废太子的心也更强烈了。张良此时正做太子少傅，也感觉到情况的危急，顾不得禁忌，直接向刘邦进谏，力阻太子的废立，太傅叔孙通也参与劝谏，都扭不转刘邦的意思。吕后终于要请四老直接出面了。

一天，乘刘邦在宫中饮酒，召太子来侍候，吕后即忙安排商山四老跟随太子进宫。太子款款而来，到了刘邦面前，行礼道："儿臣叩见父皇。"刘邦见太子身后紧跟着四位白须白发白眉毛的老人，衣冠整洁，气势壮伟，飘飘有仙气。不禁奇怪地问道："你们是什么

人，跟随朕之太子？"四老从容上前，报出自家姓名："臣东园公"，"臣角里先生"，"臣绮里季"，"臣夏黄公"。刘邦听后大惊，道："原来你们就是商山四皓呀！朕请了你们好多年，你们总躲着，不来见朕，而今倒跟随太子，却是为何？"

四老恭敬地答道："陛下轻慢士人，老朽们不堪受辱，是以不敢晋见陛下。今太子为人仁孝恭敬，怜惜、善待天下之士。天下之士都愿为太子卖命，所以臣等甘愿来侍奉太子。"

刘邦闻言，既高兴又尴尬，高兴的是太子有了四老的辅助，尴尬的是自己很失面子。但他还是勉强地笑道："好，好。烦诸公助朕好好调护太子吧。"四老一齐向前，举杯为刘邦祝寿，银须银发，飘在酒宴间，让刘邦升起一种无奈的情绪。他勉强地饮了杯酒，便吩咐太子和四老道："你们下去吧。"

太子在四老的簇拥下，翩翩而去。刘邦目不转睛地盯着他们远去的身影，突然叫过避在一旁的戚夫人，指着那即将消失的四老的背影，伤感地说道："爱妃呀，朕是想废掉这个太子。可是你看，连这样举国敬仰、德高望重的四老都来辅助他，他的翅膀已硬朗，羽毛已经丰满，再不能变动他了。看来，今后的皇宫，要全由皇后做主了。"

戚夫人明白，她对权力的追求角逐，已经彻底失败，彻底绝望了。她极其伤心，悲悲切切地哭起来。刘邦对她既怜悯又无奈，随口安慰道："不要哭了。朕百年之后，会安排大臣照顾好你们母子的。"这话引得戚夫人更加伤心。刘邦强笑道说："爱妃的舞跳得极好，今天给朕跳段楚舞吧，朕为爱妃唱首楚歌，好吗？"

戚夫人这才整整身段，舒展长袖，转动柳腰，轻盈盈、悲切切地旋转舞蹈起来。刘邦和着她的节奏，唱起了悲凉的《鸿雁之歌》：

大雁大雁高高飞，飞越千里众山河。

（鸿雁高飞，一举千里。）

羽毛丰满翅膀硬，飞遍四海风云多。

（羽翮已就，横绝四海。）

飞遍四海风云多，眼望雁影怎奈何？

（横绝四海，当可奈何？）

虽有强弓和疾箭，何人还能展拳脚！

（虽有矰缴，尚安所施！）

等候在旁边的宦者们也都附和着刘邦的歌声，哼唱起来。戚夫人虽然尽量保持着舞姿的形态，尽力地旋转着，但已经泪流满面，失声痛哭，再也跳不下去了。刘邦不忍心再看下去，让侍奉的宦官将戚夫人扶进寝宫休息，他自己也黯然地离开了酒宴。

但在另一处宫室里，却响起了另一个女人的满意的笑声。这个女人就是吕后。

刘盈的太子地位保住了，吕后的皇后地位与权力得到了巩固。吕后向着权力的巅峰又前进了一大步。

在封建宫廷争权夺利的残酷斗争中，吕后的行动，也是不得已的。

宫廷血腥

汉高祖十二年,已是春末夏初,而长安城的皇宫里,却笼罩在一种低沉紧张的气氛中。刘邦已经病了好久,此时病情转重,接近于弥留之际。他深知吕后手段的厉害和心肠的毒辣,但又不能废掉吕后。因为他知道,太子仁弱,若没有吕后这个手段泼辣的太后扶持,是对付不了他手下那些居功而骄横的功臣骁将的。他最放不下心的一件事是,在自己死后,怎样保护戚夫人与赵王如意母子的安全。

之前,刘邦已派御史大夫周昌去赵国,做赵王如意的相国,暗中予以保护。此时,他又听人告密说,吕后的妹夫,他的连襟樊哙密谋在他自己死后,率兵杀死戚夫人及赵王如意,保护吕后母子的权位。一股无名之火,从刘邦胸腔子中冲出。这樊哙是与他一同造反的朋友,又是连襟,鸿门宴上曾立大功,平时与刘邦间的关系也比较密切、随便。有次,刘邦卧病宫中,一连十多天不让将相大臣入宫见面,国政大事也不处理。只有樊哙一把推开守卫宫门的宦官,直闯到刘邦的卧榻前,冲着刘邦就嚷嚷:

陛下当初与臣等打天下时,是多么奋发有为,身先士卒。而今功成业遂,却为什么没有一点上进的精神?有了点病,就独卧宫中,与宦官商量决定国家大事。陛下难道忘了秦二世宦者赵高的事吗?

刘邦闻言,也吃了一惊,立即赔笑着起身,接见群臣。但他心里却已埋下对樊哙的不快。现在听说樊哙要杀他心爱的戚氏母子,哪里还按捺得住。立即召来陈平和周勃,命他们即时赶到正在燕国前线平叛的樊哙军中,将樊哙就地斩首,由周勃代替樊哙率领汉军,继续平叛。吕后听到这些消息,也是急得没有办法。幸得陈平知道刘邦将不久于人世,将来必是吕后掌权,杀了樊哙,吕后面前不好交代。他捉住了樊哙后,并未马上在军中将他处死,而是声称要押回长安,请皇上亲自发落。而又尽量拖延在路上的时间,等他押着樊哙到长安时,刘邦已死。陈平立即将樊哙送到吕后那儿去,请吕后发落。樊哙这才免了一死。

刘邦在长乐宫里"驾崩",太子刘盈正式即皇帝位,史称孝惠皇帝,又称惠帝,年号称孝惠元年。吕后成了皇太后。然而宫中、朝中实际的大权,都揽在吕后手中,事无大小,都要吕后点头才算数。

吕后执掌大权后的第一件事,就是施加报复,清除嫔妃中那些曾经威胁过,或者还可能威胁她的权势、地位的人。她下旨,将宫中所有曾为刘邦宠爱的嫔妃,都赶到冷宫——永巷中幽禁起来,罚做洗衣等苦役。戚夫人自然是首当其冲被禁闭的一人。只有薄夫人是个例外。

薄夫人是刘邦在与魏王魏豹打仗时,从魏宫掠得的一个宫女。刘邦见她漂亮,"召幸"了一次,竟怀了孩子,生下来,取名刘恒,封为代王。但这薄夫人的命也薄,仅被汉高祖"幸"了一次,就被长期冷落在一边。幸得这冷落,救了她,倒被吕后从轻发落了,让她

出宫到代国去依靠她儿子,做起代国的王太后来。

戚夫人命运的悲惨,那是常人所想象不到的。她首先是丧失了自己的儿子。

吕后一上台,就命将戚夫人打入永巷,穿上囚徒的衣服,与粗使宫妇女们一起舂米。戚夫人每天干着繁重的活,以泪洗面。她不由得唱起了悲伤的歌:

儿子做王爷,母亲为奴婢。(子为王,母为虏。)

舂米舂到日头西,(终日舂薄暮,)

死神与我常不离!(常与死为伍!)

母子相隔三千里,(相离三千里,)

谁人报儿娘信息?(当谁使告汝?)

有人将戚夫人的哀歌,学给吕后听。吕后骂道:"这个贱婢,还想靠她的儿子翻身吗?"吕后冷笑了一声,一条恶毒的主意又涌上心来。她立即派出使者到赵国去,命赵王如意迅即来京。

然而,赵国的相国周昌素以耿直和不畏权势著称。刘邦当年就因为周昌的这个特点,派他护卫年轻的赵王。周昌明确地对使者说:我知道太后与戚夫人不和,赵王到京城去后,肯定要遭到危险。当年高祖皇帝派我来辅助赵王,就有保护他的责任。我决不会放赵王到京城去的。使者往返奔波了三次,都未达到目的。吕太后气极了,只得先将周昌调到长安。调动朝廷官吏,是朝廷的权力。周昌不得不奉调,但等周昌一离开赵国,使者立即传命赵王来京。

赵王不得不来。可是爱护兄弟的惠帝知道赵王要来京,又知道母后恨赵王,必要置他于死地,就决心担负起保护这个异母兄弟的责任来。他抢在头里,将赵王接到自己的宫中,饮食起居都在一起,让吕后没有机会对赵王下手。吕后却必定要杀死赵王而后才甘心并安心。吕后也有她自己的理由:赵王不死,戚夫人仍然还会猖狂,而且如意总是一个潜在的皇位的竞争者,一旦赵王得位,自己,还有儿子惠帝,岂不是死无葬身之地了吗?无论如意会不会那样做,吕后总会是这样想的,因为她自己就是这样做的。

转眼到了十二月。一天,惠帝起了个大早,赶到郊外去射猎。因为天冷,赵王才是个十来岁的小孩子,不能起早,惠帝便留他在寝宫中睡觉。吕后的人侦知这个消息,立即报知。吕后就派人带了毒药来到惠帝的宫中,逼迫劝诱,让如意将毒药喝下。不到一刻时辰,如意就七孔流血,死于非命。惠帝猎罢回宫,呼唤弟弟一同进膳,却闻报如意已经饮毒身亡,不禁痛哭起来,却也无可奈何。

杀了赵王,吕后便来到永巷,召来戚夫人,先将如意的死,特别向她宣布,然后问道:你还要派人去告诉你的儿子吗? 她要让戚夫人受尽精神的折磨。

她欣赏够戚夫人痛苦的样子后,又命人将戚夫人的眼睛刺瞎,耳朵戳聋,往口中灌下药水,弄哑戚夫人的嗓子,又砍去她的两手两脚,只剩一截光秃秃的躯干,变成一个血淋淋的肉团,抛到猪圈中。尚未断气的戚夫人极度痛苦,在猪屎猪尿中蠕动翻滚,只能发出哑哑的声音。

吕后一面欣赏着自己的"杰作",一面给她取个极污辱的名字——人彘——人猪。残

忍的吕后，觉得对戚夫人的血腥折磨还不够，过了不久，派人去叫惠帝来观看。她大约是想让她的儿子变得更坚强些，更像她一些。可是，惠帝一见这样残忍、血腥的场面，就失声痛哭，回去便大病一年多，不能起床。他让人带话给吕后，不无责备地说：

这样的事太残忍，不是人做得出来的。儿臣虽是母后的儿子，却不能再跟着母后治理天下了。

从此，惠帝再也不上朝处理政务，整日只在宫中饮酒玩乐，一任其母为所欲为。

吕后闻言虽然不快，但惠帝毕竟是自己的儿子，而且惠帝不视事，正中其独揽朝纲的下怀，便以惠帝的名义，径直发布朝命和政令。

刘邦共生了八个儿子。长子刘肥，是刘邦的外室曹氏所生，封为齐王。次子即惠帝刘盈。三子如意，赵王，已为吕后所杀。四子刘恒，薄夫人子，封代王。五子刘恢，封梁王；六子刘友，封淮阳王；七子刘长，封淮南王；八子刘建，封燕王，都是一般宫妃所生。还有个楚王刘交，是刘邦的弟弟；有个吴王刘濞，是刘邦哥哥的儿子。吕后对这些刘姓王侯，都是极不放心的，一有机会，就想置他们于死地。

孝惠二年的秋天，诸侯王都来宫中朝拜太后与皇帝。孝惠帝是个很友爱的人，见了兄弟们，他很高兴，在宫中置酒款待他们。因为齐王属兄长，惠帝就在酒筵上，安排齐王坐了上座。吕后见了很不高兴，认为这不符合君臣的礼节。惠帝却说：这是家人间的团聚，何必讲些礼节。吕后认为这是清除齐王的好机会。就让人在盘中准备了两个酒杯，在一只杯中下了毒，要齐王先举此杯自饮，以此向太后祝寿。然而，深知自己母亲性格的孝惠帝，为保护哥哥，也同时起身，举起了那只杯子。吕后见状大惊，连忙起身，另取一杯，亲自给自己的儿子斟酒，让他放下那杯，改饮此杯。齐王看在眼里，心中奇怪起来，越想越怕，便装酒醉，没有喝下那杯毒酒，才逃躲一死。

那时，诸王在长安都设有府邸，为平日来京时所居。齐王平安回到自己府邸后，派人暗中打听，知道那杯酒果然有毒，越加害怕，恨不得立即离开长安，可是早已有御林军将府邸围住，如何得走脱？

幸得齐府内一个官员献了一计，他说：

太后膝下只有当今皇上和鲁元公主。她也最疼爱皇上和公主。然而，公主的封邑只有数城，大王却有七十多城，太后心中自然不快。大王若能主动将所封城邑献出一部分，做鲁元公主的封邑，必能博得太后欢心。而大王也能逃得此难，平安回国了。

齐王刘肥茅塞顿开，连忙向吕太后上疏，愿将城阳一郡献给公主作汤沐邑。太后见齐王如此慷慨，也没有再多的话说，"恩准"了。齐王这才得准回到自己的封地。

接着，吕后命将淮阳王刘友，改封为赵王，代替原赵王如意。这也是她逐渐削弱诸侯王势力的一种方法。

不过，吕后虽然在内部的夺权斗争中，心狠手辣，不择手段，但在关于国计民生的施政上，她继承了刘邦开国以来的安民富民、休养生息的方针，继用萧何、曹参为相，行"无为之治"，尽量不滋事，不扰民。所以在她先后掌权的十多年的时间里，汉朝的经济得到一定程度的恢复，国力有所增强。司马迁评论吕后说：

孝惠皇帝、高后之时,黎民得离战国之苦,君臣俱欲休息乎无为,故惠帝垂拱,高后女主称制,政不出房户,天下晏然。刑罚罕用,罪人是希,民务稼穑,衣食滋殖。

确是公平之论。

对于北匈奴的滋扰,吕后也是采取和亲安定的政策。她一面命令军队加强战备,防止匈奴的进犯,一面忍辱负重,尽量采取和平安抚的手段,为国家生产的恢复和发展,赢得了时间。当时,刘邦去世的消息刚传到匈奴。匈奴的冒顿单于以为汉朝力量空虚,便想挑起事端,制造进犯中原的理由,便向汉朝递交了一封国书,称高祖驾崩,太后一定孤单,而单于的阏氏(匈奴皇后之号)新逝,愿与汉朝的皇太后做伴。

对于这样一封严重侮辱吕后人格、非常无礼的国书,许多大臣都愤愤不平,要求立即派出军队,讨伐匈奴。吕后开始也愤怒难平,但她听到季布的劝谏后,认识到汉朝的民生尚未舒缓,国力尚未恢复,勉强与匈奴作战,将给国家、民众带来很大的灾难,便叫大臣拟了封回书,口气谦和,而态度坚决,既抨击了冒顿的无礼态度,又平息了双方的争斗。她对于南越王的方针,大致类此。

惠帝在位约七年,由于长期郁郁寡欢,又沉醉于声色醇酒之中,身体健康迅速恶化。到惠帝七年的秋天,刘盈便又"驾崩"了。于是,吕后更进一步扫清了她通往权力宝座的道路,她紧紧地抓住了皇权,成为一代女性雄主,迈向了权力的巅峰。

女主掌权

尽管吕后没有正式称王称帝,但她已经实际掌握了汉朝皇室的皇权,成了汉朝朝廷实际上的最高当家人。所以,在司马迁的《史记》里,为吕后立的传记,称为"本纪"——这种史传文章体裁,本来是只为帝王写的传记。

但她深知这皇权的宝座上,既有无上的权力,也有特大的风险和可怖的深渊,她只有不断地巩固她所已经获得的权力,才能继续握有她的权力。

尽管她是实际的皇权的拥有者,可是,到她为止,中国历史上还没有产生过一个正式封号的女皇。在中国,女人是不能拥有皇帝的名号的。她未始不想拥有一个皇帝的名号,但礼法不允许她这样做。她仍然只得在礼法面前低下她那高傲的头来。她退而求其次,控制一个有名号的皇帝,不就等于自己就是皇帝吗?

惠帝实际已经成为她控制下的皇帝。惠帝死后,她要更加彻底地控制新的皇帝,让皇帝成为她的权力的象征和拐杖。她依照皇室的制度,很快物色了一个她感到满意的皇帝。这个皇帝,当时还是个几岁的孩子。这孩子原是惠帝后宫宫女所生,被吕后强行夺来,当作惠帝皇后的儿子养起来,而孩子的母亲却被吕后叫人杀死了。如今惠帝一死,吕后即让这孩子继了帝位,史称少帝。但是有人说,这个孩不是惠帝的亲骨肉,而是吕氏家人事先物色的一个女子,待其"有身"——怀孕了,再献进宫中的,实际是吕家的骨血,但宫闱事秘,许多事是永远也弄不清的了。

小皇帝并不会管理国事,自然一切朝政都得由他祖母太皇太后吕雉掌管和处理。因此,吕后名正言顺地"临朝称制"起来。"临朝称制"就是由太后或太皇太后当政,代行皇帝职权。颜师古注释这个词,说:"天子之言,一曰制书,二曰诏书。制书者,谓为制度之命也,非皇后所得称。今吕太后临朝行天子事,断决万机,故称制诏。"

然而,少帝一天天长大,到吕后称制第六年,少帝大约已有十多岁,开始懂事了。不知道是哪个知道内情的人,将少帝的真实身世向他说了。因此,孩子的心中,立即滋生了对被他呼做祖母的老太婆——吕太后的仇恨。而十几岁的孩子实际还是不懂事,不知道世道的险恶,不懂得保护自己。他竟然幼稚地扬言:"太后怎么着?她岂能杀了我母亲,还叫我做她的孙子!我现在人还小,等我长大了,一定要为母亲报仇!"

这番话传到吕太后耳中,让她心惊肉跳。她决心及早除掉这个隐患,保卫她的权位,她的生命。她随即叫人把少帝关到无人的冷宫中,幽禁起来,并在朝堂上向群臣宣布,小皇帝患了精神错乱之症,病得不轻。神志糊涂,心志不明,胡言乱语,不能再承担安百姓、卫社稷的重任了,必须废黜。群臣哪敢说半个不字,一齐跪倒在大殿上,高呼:"太后圣明。太后为天下的黎民百姓考虑,全凭太后做主了。"

吕后是个非常有心机的人,见群臣如此表态,原来还有些不安的心放下了,却显露出一副不得已的神态,说:"既如此,朕就将这个昏乱的皇帝废了。不过国家不可一日无君。朕已察知,常山王刘义,谦恭仁义,可立为帝。"这个刘义,本名刘山,也是惠帝后宫宫人之子,吕后称制元年,封为襄城侯。称制二年,常山王刘不疑(刘山之兄,也是惠帝后宫宫人之子)死,刘山做了常山王,改名刘义。这个刘义大约是个较为听话的人,所以被吕后选中,再改名为刘弘,过了几年皇帝瘾。但吕后不让这个新皇帝有任何权力,连年号都不给他,当年仍然继续称吕太后六年。

新皇帝即位的时候,幽囚在冷宫中的小皇帝早被吕后的人杀死。可怜的小皇帝,在史书记载中,连一个正式的名字都没有。

皇帝虽然被她完全掌握了,但吕后却总不能放心享受权利宝座的荣耀,她仍在思索,她的权力基础,是否真的已经很巩固了呢?

她知道,刘氏家族的力量还很强大,而许多文臣武将,都是跟随刘邦在血雨腥风中战斗过来的,他们并不服气由一个吕姓的女人长期来专政。

她计算过,汉朝建立后,刘家子弟封王的,足有十多人,除了已被她毒死的赵王如意外,还有齐王刘肥,是高祖的长子,代王刘恒、梁王刘恢、淮阳王刘友、淮南王刘长,也都是高祖的儿子,楚王刘交、燕王刘建,都是高祖的兄弟,琅琊王刘泽,是高祖的叔伯兄弟,这些人,多数握有兵权,都虎视眈眈地看着她。一旦有变,他们不会反过口来咬噬自己吗?对这些刘姓侯王,一定要尽量削他们的势力,但是又不能一下子就将他们消灭。她想来想去,只有赶快加强和巩固自己吕氏家族的势力,将自己的兄弟子侄也都封侯建王,掌握军政权力,作为对刘氏家族势力的对抗,作为自己掌握的皇权的基础。

吕后有两个兄长,吕泽和吕释之,早年都率军跟在刘邦左右,血战沙场,屡立战功,还有她的几个侄子吕台、吕产、吕禄、吕种等,也多是身经百战的将领。汉朝建国后,吕泽得

封周吕侯,吕释之封康侯。吕台封郦侯,吕产封交侯,吕禄封胡陵侯,吕种封交侯,但没有一个封王的。说起来,吕家对刘家的贡献,不可谓少,就是封一两个王,也不为过。吕后如此遐想。

但吕后善于权谋,行事谨慎。她在封王之前,先要试探一下朝中那些德高望重的有影响的大臣们的意见。

于是,她在朝堂上试探着说出自己的想法。她没有料想到丞相王陵会激烈反对。王陵说:

高祖曾与诸臣杀白马,歃血盟誓:"非刘氏而王,天下共击之。"大家都参加了盟誓。今太后要封吕氏诸王,违背了盟约,万万不可!

吕后闻言,脸便沉下来,可又不便当场发作。她强制着转向左丞相陈平和绛侯周勃,问:"卿等的意见呢?"陈平、周勃等答道:"高皇帝平定天下,封王刘氏子弟,是自然的;现在太后临朝称制,要封王吕氏兄弟,也是同样的道理,有什么不可呢?"吕后的心情这才放松起来。她对大臣的态度有底了。可是为此事,王陵对陈平、周勃等人的言行大不以为然,下朝后王陵将他们责备了一通。陈平、周勃劝道:"老丞相,你不要过于激动。此事非一朝一夕能妥善解决的,日久人心会有分晓。"王陵却摇摇头,铁青着脸,愤愤地回到自己的府邸。不久,王陵就被撤去丞相之职,被迫回家养老去了。

吕后决心封诸吕为王。她首先将早已去世的周吕侯吕泽,追封为悼武王,以观察群臣和刘氏诸王的反应。

封赠诏命发出后,朝堂上并未有什么不良的舆论反映。于是,这次封赠便成了封拜诸吕为王的开端。此后受封的有:吕台,吕泽子,为吕王,死后谥肃王;吕嘉,吕台子,继其父封吕王;吕产,吕泽子,吕嘉因荒恣放荡,被废王位,吕产继封吕王;吕通,吕台子,封燕王;吕禄,吕释之子,封赵王;其父吕释之早死,因吕禄之封,得追封为赵昭王。而吕氏子弟获得封侯的更多。连吕后的妹妹吕嬃也获封为临光侯。不但封侯,还让她的这些子侄担任各种军职,掌握了负责从宫廷到皇城禁卫的南北军等军政大权。一时间,诸吕兄弟子侄控制了朝廷的各种军政要职。

吕后一面封自己的兄弟子侄为王为侯,一面却不断寻找借口,削弱或消灭刘氏王室。例如赵国的赵王,先是赵王如意,被吕后召到京师下毒毒死,继移淮阳王刘友为赵王。吕后让刘友娶吕氏的女子做王后。而刘友不爱吕氏女。吕氏即向吕后诬告说,赵王不满太后称制,扬言:吕氏家人哪有资格封王? 等太后百岁后,我就打他们个落花流水。吕后即命人召赵王来长安,将他囚禁在赵王府中,命禁卫兵将府邸团团围住,断其饮食。有偷偷送食的,捕捉治罪。刘友就这样被活活饿死。刘友在饥饿中,发出了对吕后暴行的控诉之声:

吕家掌权啊刘家危,

(诸吕用事兮刘氏危,)

压迫王侯啊逼我娶吕家女做王妃。

(迫胁王侯兮强授我妃。)

吕家妃子嫉妒啊恶言恶语，

（我妃既妒兮诬我以恶，）

长舌之妇搅乱王国啊太后却不明悟。

（谗女乱国兮太后不寤。）

我无忠臣啊被迫放弃自己的封国，

（我无忠臣兮何故弃国，）

我在原野自尽啊请苍天作正义的裁决，

（自决中野兮苍天举直，）

哎呀，哪有后悔药啊我早宁愿自生自灭。

（于嗟不可悔兮宁蚤自财。）

侯王也饿死啊有谁悯怜？

（为王而饿死兮谁者怜之。）

吕家人灭绝天理啊老天爷为我冤报仇雪。

（吕氏绝理兮托天报仇。）

刘友死后，吕后又将梁王刘恢改封赵王。吕后仍然要以吕产的女儿做刘恢的王后。而随侍王后的官员也都是吕氏家族的人，刘恢的一举一动，都受到他们的监督。刘恢有个心爱的歌姬，被吕产的女儿毒死。赵恢伤心至极，自杀而死。吕后以此加给刘恢"宠爱女人，毁弃宗庙"的罪名，将他的王位彻底取消了。后来，竟让吕禄来做了赵王。

又如燕灵王刘建，是高祖之弟，并无任何过错被吕后拿捏住。可是当他在吕后称制的第七年，因病去世时，吕后竟以他没有子嗣，除去他的封国。其实他所宠爱的一个宫人生有一个孩子。吕后却叫人把这个孩子杀了，硬让刘建绝了后。不久，吕后却将燕国王位封给了他的侄孙吕通（吕台之子）。全是假公济私的行为。

不过，吕后也不是一味地做这种抑刘扬吕的事。她在给吕氏家族封王建侯时，也常玩一些平衡的把戏。

她在给吕氏子弟封王建侯时，常常是同时也封一些刘氏或他姓的王侯。如她临朝称制的第二年，"欲侯诸吕"，便先封刘邦时的功臣郎中令冯无择为博城侯，封鲁元公主的儿子张偃为鲁王，封齐悼惠王刘肥的儿子刘章为朱虚侯，封齐丞相齐寿为平定侯，封少府阳城延为梧侯，张买为南宫侯，同时封吕释之的儿子吕种为沛侯、吕要之子吕平为扶柳侯。接着，她又"欲王吕氏"，也是先立孝惠帝后宫宫人之子刘强为淮阳王，刘不疑为常山王，刘山为襄城侯，刘朝为轵侯，刘武为壶关侯，然后再"风（暗示）大臣"，让大臣提出，请求立郦侯吕台为吕王，吕禄为胡陵侯。对于吕氏王侯中的一些不肖者，吕后也做出过惩罚。她企图以此作为平衡，减少刘氏家族及朝中大臣对封诸吕侯王的反感和阻力，在平静中，"和平演变"汉室的皇权。

这显示了吕后的心机，同时也显示了一个女人在争夺权力道路上的艰辛。当时，作为一个女人，要掌握天下之大权，其社会的阻力是如何的大，连吕后这样刚烈的女人，也不得迂曲前行，费尽心力。

在吕后的精心策划、安排下，吕氏家族的子弟，逐渐掌握了朝廷的军政警卫大权，诸臣和刘氏家族的王侯们，都只能屏息噤声，俯首低眉地过日子。

雄主离世

吕后虽说是个女子，可是她具有男子一样刚强的性格，好勇斗狠，一生残害过不少政治上的敌手。其中最有名声者有韩信、彭越、赵王如意、戚夫人、少帝之母惠帝宫人、少帝、继赵王刘恢、燕灵王刘建后宫美人及其儿子，等等。虽说在封建社会宫廷及朝廷的政治斗争，是你死我活的事，消灭政敌的事，哪一代也不能免，可是吕后的手段有时也不免毒辣了些，心肠太狠毒了些。在她年轻气盛胆壮时期，她做这些事，并无什么心虚胆怯。可是，当吕后逐渐进入老年，体衰气竭，眼看身边的熟人老臣、亲人儿女，一个个离她而去，成了故人，生命力的衰竭，让她感到心虚力竭，特别是她对过去做过的一些自己也感到过分、亏心的事，更感到后怕。于是种种可怖的幻觉也随境而生。那些被她残害过的冤魂，一个个地展现到了她的眼前。

吕后临朝称制八年的春天，三月中旬，吕后特地到郊外去举行被除祭祀，意在驱除邪魔妖怪，驱除一切冤魂孽鬼，不许他们附身。

她以为，经这么一被除，便可以安享晚年富贵尊荣的日子，不再有冤魂孽鬼来缠绕她了。但她毕竟是老了，经过长途的跋涉，她在返回长安宫殿的路上，坐在车辇中，忍不住打起瞌睡来。经过轵道时，迷迷糊糊之中，她忽然觉得有个黑乎乎的活动的东西，像条黑狗，从身后扑到她的腋下，要撕咬她。她惊叫起来，宫女太监们急忙围上来问候，却又什么东西都没有见到。

吕后回到宫中，叫术士来为她占卜，是什么怪物作祟。卜者在宫中舞蹈了一阵又一阵，一会"死去"，一会醒来，然后跪下向吕后禀报道：禀太后，太后轵道所遇，是赵王如意的孤魂在作祟。待臣焚烧几张符咒加以驱逐，太后龙体自当康复，圣寿无疆。

吕后已经听惯了这些应付的话，挥挥手，叫卜者退下，道：你们去行法驱逐吧，本后要休息了。她大约已经感觉到自己冤孽债欠得太多，讨债的太多，再怎么施法行术，也无法解除了。

从此后，吕后的后腋肿痛起来，溃烂流脓，任多少高明的宫廷御医开了多少医方，都无疗效。吕后每当迷糊睡去时，不是看到耳鼻流着黑血的如意向她扑来，就是看到一团黑乎乎臭烘烘的肉球朝她滚来，张口要咬她的手脚。她感到，那就是被斩成人彘的戚夫人。她怎么也躲不过这些冤孽的纠缠。

这些，实际都是吕后病中的幻觉，然而，确实成了她实实在在的沉重的心理负担。她感到，这也许是她残忍手段对待戚夫人、赵王如意等人的报应吧！

她感觉自己的时日已经不多了，让她最放心不下的，是她吕氏家族子弟们的安全和权位，是她自己花了毕生精力构建起来的权力的宝塔。当她清醒的时候，她知道，一旦她

"山陵崩坏"后，那些活着的刘姓的、非刘姓的，对吕氏心怀不满的侯王将军大臣们，会像猛虎扑羊一样，将她吕家的人吞噬一光的。

她尽自己最后的力气，作了最后的安排，以保障吕家的子弟们在她死后的安全和权势。

到这年的七月中旬，吕后的病已进入最后时期，她叫赵王吕禄将女儿送进宫中做皇后；又任命吕禄为上将军，率领禁卫北军；任命吕王吕产为上将军，率领南军，都亲自到军中坐镇。

她命人将吕产、吕禄兄弟叫到病榻前，努力支撑着病体，教他们说：

当初高帝平定天下后，曾与大臣们约定：日后再有非刘氏子弟封建王爵的，天下的人都有权力、义务去攻击他。现在，我们吕家封了这么多王，大臣们心中非常不平衡。我一旦崩逝，皇帝又很小，恐怕大臣会发生政变。你们一定要掌握好警卫部队，守好皇宫。你们千万不要随便离开宫殿，为我送葬。你们一离开宫殿，必定要为人代替的。

吕产、吕禄兄弟在他们的姨母面前，早已泣不成声，边哭边应道："请太后放心。望太后保重龙体，才是侄臣们之福。侄臣们一定牢记太后教导，谨守宫门，维护吕氏的基业。"

吕后认为她终于对身后之事有了一个安排，然后最后望了一眼二吕兄弟及寝宫上方的龙凤图形，轻轻叹了一声："我走了。"便永远闭上了她的双眼。

一代雄杰的女主，终于在恐惧之中离开了人世。

另立新帝

吕后死后，留下遗诏，赏赐各诸侯王每人千金，其他大小官吏也按品秩赏赐钱财，对全国实行大赦。吕后的意思，不外是想以此来收买人心，安定天下，稳住吕家权势的阵脚。

然而，吕家与刘家以及许多倾向于刘家的旧大臣，怀怨已久，猜忌已深，岂是这区区的小恩小惠的赏赐所能收买、平息的？实际上，吕后还没有死的时候，双方早已在酝酿着一场争权的斗争，吕后一死，这夺权之争，便迅速白热化起来。

此时，吕氏兄弟子侄们都分据了守卫长安城的军队和卫戍部队的要职地位。刘氏家族的势力虽有旧大臣、功臣宿将周勃、灌婴、陈平等人的支持帮助，却一时撼吕家兄弟不动。吕氏兄弟虽然也想发动政变，早点消灭刘氏势力，可对于周勃、灌婴等功臣宿将等却也有所顾忌，不敢贸然动手。双方各自拥兵自卫。

首先发难的是拥兵在外的齐王刘襄。八月，刘襄以诛诸吕为号召，发兵东进。并传书诸侯，声讨诸吕的罪恶：擅自废帝更立；杀三赵王（赵隐王刘如意——毒杀、赵幽王刘友——饿杀、赵王刘恢——迫其自杀）；灭梁、赵、燕，以王诸吕；诸吕擅自尊官，聚兵严威，劫列侯忠臣，矫制以令天下，等等，故入长安"诛不当为王者"。

吕氏兄弟急命灌婴率兵出关迎击齐兵。他们以为灌婴之妻为吕要，与诸吕有亲戚关

系,应属诸吕方面的人。哪知灌婴一至荥阳,便屯兵不发,与齐王及诸侯王相约,和平相处,等待吕家方面内部产生矛盾后,反戈而击。

吕氏弟兄虽握有长安军事卫戍的大权,然而大兵压境,也让他们一筹莫展,六神无主,和,和不成;战,战不了。灌婴的屯兵不进,就是一个眼下的难题。要先消灭长安城中刘氏势力,又畏惧外有刘氏之兵,内有太尉周勃等威望很高的老将。

然而,刘氏势力方面,因为吕氏牢牢地掌握着兵权,严令禁止太尉周勃等进入南军、北军的军营,夺取兵权,手中无兵,所以也无法对诸吕动手。但他们很快找到一个人;就是郦商的儿子郦寄。郦寄很得吕禄的信任,他们就叫郦寄去骗说吕氏兄弟,劝吕禄说:

虽说高祖皇帝曾有约:非刘氏王者,天下共诛之。但如今的刘氏九王,吕氏三王,也都是通过大臣们的商议后,一致同意置立的。已经向诸侯发过通告,取得大家同意,是合法的。只是现在您既做了赵王,却又带兵在此。这自然要遭到大臣和诸侯的疑惧,而要反对你了。如果您将兵权归还太尉,请梁王吕产归还相国之印,你们与诸侯们订立盟约,取得大家的信任,各回封国,齐国也会罢兵,各自安享太平,岂不胜似现在的提心吊胆?

虽说吕家人对此建议的意见不一,并未完全交出兵权,但也已说得吕禄放松了警惕,时时与郦寄外出打猎,把其姨母吕后的警诫不得离开军营的话抛到脑后。

正当吕氏兄弟犹豫不决的时候,太尉周勃、陈平等决计进入北军,用计把兵权夺过来。由于负责掌管军中符节的襄平侯刘通手中有符节,守门士兵不得不放周勃入营。此时吕禄在郦寄等人的连骗带吓下,已经自动解下将军军印,交给掌印官,离开了北军。周勃便接过军印,正式接管了北军。

周勃传令北军将士,愿站在吕家一边的祖开右膀,愿意站在刘氏一边的,祖开左膀。令声刚落,全军将士都祖开左膀。一时军威大震。

此时,周勃得知吕产将带兵入宫,急令平阳侯曹窋(曹参子)前往通知卫尉,不要放吕产进入宫殿殿门。吕产率军来到未央宫,被拒绝进入,只得在殿门外徘徊。直到快吃晚饭时,朱虚侯刘章奉周勃令,带士兵一千多人,赶到未央宫,对吕产发起攻击。吕产兵败,被杀。北军便也完全归于太尉掌握。诸吕的势力,到此,便被彻底摧垮。接下来的几天里,吕家掌大权的人物长乐尉吕更始、放弃兵权的吕禄、燕王吕通,以及吕后的妹妹吕媭等都被捕杀。吕氏家族的男女老少,也在这场动乱中,遭到集体屠杀。这几天,真是吕氏家族的末日到了。

吕后所立的小皇帝,被诸大臣废除,另立薄夫人之子代王刘恒为新皇帝,即史称文景之治的孝文帝。汉初吕后及吕氏家族的历史,到此结束。中国古代第一位最有权势的女主,最终落得如此惨痛的结局,令后代多少读史的人唏嘘不已。

太后当国

——汉和帝刘肇皇后邓绥

名人档案

邓绥:东汉和帝邓皇后,名绥,南阳新野人(今河南新野),是汉光武帝时太傅邓禹的孙女,禹为南阳豪族,随光武帝起事,为东汉初的大功臣;其父邓训,曾为护羌校尉,抚边有功。

生卒时间:81年~121年。

性格特点:知书达理。

历史功过:东汉女政治家。

史家评点:刘毅评价说:太后奉行节约,杜绝奢侈,立陛下为天下之主,安定汉室。在国库空虚情况下,又遭水旱灾害。然而太后政治清明,执法宽大,使华夏再次兴旺,四夷重又内属。

知书达理

邓绥是东汉护羌校尉邓训的女儿,前太傅高密侯邓禹的孙女,她的母亲阴氏是光烈皇后阴丽华的侄女。

邓绥幼时曾几次梦见自己用手扪天,还仰起头,舐饮着青天上的石钟乳。醒后给家人说,家人便问占梦者主何预兆,占梦者说上古时尧帝也曾梦见过登天,夏帝成汤也曾梦中仰头吮天,这是帝王的吉梦。

邓绥五岁时已知书达理。年迈的祖母对邓绥很是钟爱,一次亲自为她剪发,因年高眼花,剪刀误伤到她的前额,血顿时就淌下来,邓绥却坐在那里一动不动,忍痛不言,直到剪发完毕。

旁人见她额上流血,惊问她为何忍耐不说。邓绥答说:"不是不知痛,实在因为祖母喜欢我才给我剪发,如果喊痛,反而伤了老人初衷,所以只好忍受!"五岁的幼女,就能体

贴人至此,可见她的聪慧极致。

邓绥 13 岁时,其父因病去世,她日夜啼哭,思念父亲,3 年不吃有盐的菜,以至姿容憔悴得别人都认不出。

当时汉和帝刘肇渐渐长大,到了大婚的年龄。后宫里面已选入数人,其中前执金吾阴识的曾孙女入宫最早,邓绥与阴氏同时入选,门阀不亚于阴家,姿色却比阴后更美,但邓绥因守丧而暂时没有入宫。

外戚阴家是东汉的名门望族。阴女年少聪慧,知书识字,善解人意,面貌也极为秀美动人,因此一选入掖庭,即被和帝宠幸,受封为贵人,永元八年再立为皇后。

三年后守孝期满,邓绥除去了丧服,日常生活渐渐走上正轨。这时她 16 岁,出落得越发艳丽明媚,楚楚动人。她性格娴静,身材修长,肌肤若雪,秀骨姗姗,绝嫣于众,见过她的人皆疑为仙女,进入宫中后既得和帝的宠爱,六千后宫粉黛,一时间被邓绥比得失去了颜色。

废后升妾

得宠后的邓绥并不恃宠而骄,她深明事理,善解人意,又自制极严,事事谨慎,一切行动均遵循礼法,对阴皇后尤其恭敬。待宫女、内侍等十分体贴。因此宫里的人对邓绥都有好感、好评。

邓绥偶然患小疾,和帝很是关怀,常令邓绥家属前来探望、照顾,并且破例允许他们自由往来,不限时日。邓绥却屡次劝谏和帝说:“宫禁至重,而使外舍久在内省,上令陛下有幸私之讥,下使贱妾获不知足之谤。上下交损,诚不愿也!”和帝赞叹说:“别人以得见亲属为荣,今贵人反以为忧,深自抑损,真是难得啊!再说,你的亲戚我何必要提防呢!”由此和帝对她越加宠幸,甚至超过了正宫的阴后。

和帝对邓绥特别的宠爱,引起阴皇后的妒忌与不满,于是,邓绥只能更加小心谨慎。邓绥见和帝对自己日见宠爱,对阴皇后却日益冷淡,心中很不安宁。每当和帝想在自己住的嘉德宫留宿,她总推说身体不适,劝和帝去阴后的长秋宫。和帝很为她的委曲求全而感慨,说:“修身养性竟然到了这种地步!”邓绥平时穿的衣服,若偶尔与阴后同一种颜色,看见阴后穿了,她便立刻换掉;有时与阴后同时进见和帝,她不与阴后并行,只是在侧面坐下,显出低人一等的样子;每次和帝有所问,她必定等阴后先说完才开口,不与阴后同时说话;有时阴后发号施令,不管对否,她绝不推脱或怠慢,都服服帖帖地听从。和帝看在眼里,认为邓绥劳心曲体,便叹息说:“如此谨慎用心,修德之劳,实在是太难为她了。”

永元十三年(公元 101 年)夏,和帝身患痼疾,久卧不起,到五月中,病势更加沉重。大家都以为皇帝没有希望了,住在嘉德宫里的邓绥日日祈祷上苍保佑和帝早日康复。但阴皇后见和帝垂危,却首先想到如何报复,她密语左右:“我若得志,一定将邓氏满门抄斩!"邓绥听到这一消息,好似晴天霹雳,恐惧至极,准备以自杀来摆脱这场灾难。不久和帝渐渐好转,阴后的密言也传入和帝耳中,于是和帝开始憎恶阴后。

阴后对邓绥妒恨日深,每次看到她就像看到了眼中钉。招自己的外祖母邓朱常出入宫掖,阴后悄悄与邓朱计议,让巫师咒死邓绥以泄恨。永元十四年(公元 102 年),有人告发阴后与外祖母邓朱暗行巫蛊,私下诅咒宫廷。和帝下令逮捕邓朱以及她的两个儿子邓奉、邓毅,阴后的弟弟阴轶、阴辅、阴敞,严刑拷问之下,他们承认了巫蛊诅咒事实。和帝早已与阴后不和,见此再不愿顾及旧情,立刻便废去皇后阴氏,册立邓绥为皇后。册封之时,邓绥一再谦让。

和帝因病三年后去世,少子刘隆为殇帝。邓绥以皇太后的身份临朝听政,当时她年仅 25 岁。邓绥毕竟年轻新寡,多有不便,遂命其兄邓骘为车骑将军,可随时招入宫议事。延平元年(公元 106 年),殇帝夭折,邓绥订立清河王刘安为汉安帝,是年不足 13 岁,邓绥继续临朝。

临朝当政

邓绥施政从节俭做起。当时地方的贡物,非常珍丽奢侈,邓绥禁绝地方的贡物,每年只供纸墨而已。邓绥接连下诏大赦天下,又削减宫内日常的费用,她自己早晚只一肉一饭。郡国进贡的东西全部减半,卖掉上林苑所养的鹰犬。后宫多余的侍女,以及宗戚因获罪而沦落为官婢的一律出宫婚嫁。对内精简冗员,减去宫内老弱无用之吏 500 余众。这一年连月下雨,许多郡国患了水灾,邓绥就减免租税,各处祭祀全部罢免。

邓绥执政期间,水旱十载,四夷外侵,盗贼内起,仅延平二年(邓绥执政的第二年),全国就有 18 郡遭地震、41 郡遭大水、28 郡遭风雹侵袭。她日夜操劳,躬自处置,增收节支,减轻赋税,救济灾民,终使岁还穰丰,因此汉政权得以渡过难关。

元兴二年夏,京师大旱,不见一点雨。邓绥亲自去洛阳了解旱情,审察冤狱。有个死囚因被诬杀人屈打成招,见到邓绥,他畏惧官吏不敢喊冤,邓绥即将离去,那个囚犯抬头想说又不敢说。这个细节被邓绥发现,邓绥便详细问他所犯之罪,最后为他昭了雪,并立刻将洛阳令下狱抵罪,严惩执法不实之徒。结果,她的车驾还未回到皇宫,天上就下起了大雨,百姓们说这是邓绥的仁德感动了上苍。

安定汉室

当年美国总统克林顿与莱温斯基丑闻一事,并没有让克林顿下台,究其原因,美国民众认为克林顿总统在位期间发展了本国的经济,只要有这一项政绩就抹掉了他这一丑闻,在美国民众心中,克林顿仍是一个正面人物。同时,我们也应该以这样的观点来看东

汉邓绥。

邓绥在维护自己的统治地位时,使用了一些残酷手段,以清除自己的政敌,逼死周章,杖杀杜根等。有史书记载:安帝早该继位了,邓绥仍然大权在握,一点没有放权还政的意思。司空周章多次上书,要求邓绥将政权交还安帝,邓绥却置之不理。于是周章便联络亲信,想通过谋变的方式让邓绥把权力交出来,事情败露后,周章畏罪自杀。自此,邓绥提高了警惕,臣下的奏疏中,凡有提到要她归政者,便严加惩处。郎中杜根,看不出火候,依然上书请邓绥归政,邓绥大怒,令人将杜根装在大布袋子里,用杖活活打死,然后弃尸城外,还不许他的家人收尸;平原郡吏成翊世也明知山有虎,偏向虎山行,也奏请太后归政,被坐罪系狱;越骑校尉邓康,屡劝太后隐退深宫,邓绥不从,将邓康罢免官职。

人对权力之追求其本质就是在于确保自己利益之最大。谁有某种权力,就意味着他有这种支配和决定权。历代处于权力最高位的君主都为了自己及集团的利益铲除异己,在中国封建社会所有听政太后当中,吕雉诛杀势力强大的功臣,诛杀刘性王,建立起自己的统治集团,比起吕雉,邓绥残杀还没到疯狂的地步。

在政治上,邓绥还显得非常开明,她能兼用外戚、宦官,用人得当,处事适当。在经济上,她临朝之初,连续十年发生水旱灾害,她忧国忧民,实行鼓励农业生产的政策,兴修水利,灌溉农田,便利交通。同时自己在生活上以身作则,提倡俭省,官吏也像她一样不敢奢侈,把省下来的经费用于救灾。同时减轻人民的兵役、徭役负担。在文化上,她兴办教育,重视教化,表扬儒学。

刘毅曾对邓绥评价说:"太后奉行节约,杜绝奢侈,立陛下为天下之主,安定汉室。在国库空虚情况下,又遭水旱灾害。然而太后政治清明,执法宽大,使华夏再次兴旺,四夷重又内属。纵观历史,像这样在内遭家难、外遭天灾的情况下振兴国家,功德巍巍的太后还未见过。希望把太后的功德下来。"刘毅对邓绥的评价是较客观的,是符合历史事实的。

丑妇灭国

——晋惠帝司马衷皇后贾南风

名人档案

贾南风：西晋晋惠帝司马衷的皇后，史称惠贾皇后。历史上鼎鼎有名的丑女人：据史书上记载，惠贾皇后身材矮小（约1米4左右），面目黑青，鼻孔朝天，嘴唇保地，眉后还有一大块胎记。贾南风是西晋的开国元勋贾充的三女，继室郭槐的长女。

生卒时间：256～300年。

性格特点：既丑又妒，权欲熏心。

历史功过：贾南风的干政，终于导致了"八王之乱"的发生，更使西晋"宗室日衰"，大一统的中国，从此陷入了三百多年的分裂割据局面。其中贾南风本人罪责是难逃的。

惠贾皇后

贾南风乃司马昭和司马炎父子吞魏建晋的功臣贾充之女。武帝司马炎与皇后杨艳先是将白痴儿子衷立为太子，铸成大错，继而中了贾充的诡计，立其既丑又妒，权欲熏心的长女为太子妃，可谓错上加错。随着杨芷继其堂姐为后，芷父杨骏大权独揽，以致武帝临终病榻前全为杨氏族党所围困。经过两度较量，贾南风终于大权独揽，控制了朝廷。岂知，就在南风铲除心腹之患太子司马遹时，也为自己掘下了坟墓，最终死于非命。贾南风既为封建王朝尔虞我诈，你争我夺，推波作浪；同时也自取灭亡，成为专制暴政的殉葬者。

西晋晋惠帝元康年间，京都洛阳民间流传着这样一个故事——

洛阳城南有个捕捉盗贼的小差役，年轻貌美，身体健壮，一表人才，人见人爱。他虽

然喜欢穿着打扮,但薪俸不高,因此日常穿着极为平常,整洁而已。可是,有一天,他身上的衣服突然鲜丽光洁起来,都是极高档华贵的衣料,式样和做工也都非常讲究,像是王府甚至皇家宫中的物品,不要说像他这样一个小差役,就是更大一些的官员及有钱人家,也无人穿戴得起的。这种反常的现象,自然引起周围人们和他的上官盗尉(官名)的怀疑:这家伙华丽的衣物是到什么地方偷盗来的呢?

凑巧当朝贾皇后家的一个远房亲属家失了盗,向盗尉报案。这个小差役自然成了嫌疑的对象。盗尉部的长官就将他找来盘问。小差役辩白说:"小人这身衣物绝不是偷的,是在一次奇遇中,一个很高贵的官家送给我的。"

盗尉叫来贾府的人旁听审案,叫这个小差役将何时何地遇到何人送衣物与他,定要一五一十,说清楚,说不清就定他的偷盗罪。小差役本来答应送他衣物的主人家,绝不敢对外人透露半点奇遇,但禁不住上官和众人的威逼,只得将他的一番奇遇,也是一番艳遇,和盘托出:

一天,我出门走在街上,迎面过来一位老婆婆,上来就拉住我,求道:"好后生,我家主人得了个怪病,请巫师占卜,说是中了邪魔,必须到城南找个少年男子,来宅子里镇服,就能驱走邪魔。麻烦好哥哥跟我去一趟,帮忙救救我家主人。事成后一定重重酬谢。"

众人平心静气地听他说,他则继续道:

于是我就跟随老婆婆走。她带我到一辆有帷帐的马车前,让我爬进马车,放下车帷,又叫我钻进一口大竹箱中,盖上箱盖,才驾车而行。也不知朝什么方向走去。感觉过了将近一个时辰,大约转了十多里路,进了一座大宅门,又过六七道门槛,车才停下。打开箱盖,叫我出来。我下车睁眼四望,眼前一片明光,只见一座华丽炫目的豪宅。我嗫嚅着问:"这里是什么地方?"老婆婆笑笑说:"小伙子,你到了天上的神仙府第了。"说时,就有一群服饰华丽的年轻女子过来,带我进入一间散发着不知名的浓郁香气的房间,侍候我用弥漫着另一种香气的热水洗了澡,换上洁净华丽的衣服,吃了一顿美餐,然后将我领到一间布置雅洁高贵,更加香气扑鼻的内室。

只见床帷边坐着一个穿戴高贵的女子,约三十五六岁,但身材短小,皮肤青黑色,眉后有个小疤,相貌并不怎么好看。见了这个女子,其他女子都毕恭毕敬地退了出去。

那女子拉住我,显得非常娇媚爱怜的样子,与我亲热起来。我想问她叫什么名字,她制止我说:小哥哥,你什么都不要问,只管陪着我玩就行了。吃的珍馐美味,睡的罗帐牙床。那女子想是这豪宅里的主人了。她留我住了几天。白天欢宴歌舞,夜里则与她共枕而眠,极尽温存。后来,她命人依照来时的方法,将我送出。至今我也不知道到底是什么地方。你们查抄的这些衣物,都是临出府时,那豪宅之家送我的。请大人明鉴。

一边旁听的贾家族人,听了小差役所说到的那个女子的年龄、相貌,就知道她是当今的风流满京城的贾皇后,又好气又好笑,又羞愧,也不好意思发作,只得各自散去。而盗尉也明白了其中有奥秘,将这个小差役开释了。

原来贾皇后是个喜爱风流的女人。虽然皇帝健在,她竟偷偷地与太医令程据等人搞淫乱。但这并不完全让她满意,而经常叫身边的亲信,秘密到民间寻找年轻漂亮而健壮

的男子,带进宫供她取乐。凡进去的人,等她玩乐够了,就被秘密处死,以防走漏风声。只有这个小差役幸运,能够活着出来,这是因为他太讨贾皇后的喜欢了,贾皇后不忍心杀死他。

贾皇后本名叫贾南风,小名为吉(古"时"字),因她人既矮小,皮肤又呈青黑色,有人称她贾黑皮,或者黑皮皇后。贾皇后的父亲叫贾充,字公闾,是个会用心机善于奉承、见风使舵的人。他本是三国时曹魏的大臣,后来依附司马昭父子。他帮助司马氏父子篡夺曹魏政权,立了大功,因此深得晋武帝司马炎的宠信,担任侍中、尚书令、车骑将军等权势要职。贾充有两个女儿,大女儿贾黑皮,就是贾皇后,小女儿叫贾午。贾午与她姐姐一样,也生得矮小。

贾南风是晋惠帝司马衷的皇后。晋惠帝是历史上非常有名的白痴皇帝。

有一年夏天,他在皇家园林华林园里游玩,听到水塘中青蛙咽咽咽地叫得欢,忽然动了好奇心,探讨起"学问"来,向陪着他游玩的侍从问:"这些鸣叫的青蛙,是为官家叫呢,还是为私家叫?"侍从中不乏擅长阿谀奉承的人,立即有人回答:"启陛下,在官地鸣叫的是为官家,在私地鸣叫的为私家。"司马衷像学到了天大的知识一样,频频点头道:"哦,原来如此!原来如此!"

灾荒年成,老百姓饿死的很多。有大臣向他禀报,说老百姓都没有饭吃了,他竟然不理解,反问道:"他们为什么不吃肉糜呢?"

贾南风是怎样当上了这个白痴皇帝的皇后呢?说来话长。

原来晋武帝嫔妃众多,儿子也多,有二十六七个,但他的嫡子只有三个,是与皇后杨艳所生。嫡子中老大司马轨早夭,老二司马衷就算是嫡长子了。依照中国皇室的宗法制度,只有嫡长子才可以继承皇位。虽然司马衷自小就傻乎乎的,像个白痴,被立为太子一事,就招致不少大臣的反对,九岁的司马衷还是被武帝立为太子。武帝坚持选择司马衷,还有两个原因:一、皇后杨艳的父亲杨文宗是弘农郡华阴县的势家大族,无论在政治上、文化上、礼教上,势力都很大,武帝执政得到过杨家的支持。而皇后是坚持立自己的亲生儿子为太子的。当武帝征求皇后的意见,提到司马衷的痴傻时,杨皇后明确以立太子"以长不以贤"的原则来表明自己的立场。二、司马衷在即将举行大婚前,曾接受了他父亲送给他一个后宫才人谢玖。武帝怕即将娶妃的白痴儿子不懂房帏之事,就派这个曾经被宠幸过的才人谢玖去给他侍寝,教导他如何行"人道"之事。谢玖后来回到武帝的寝宫,有了身孕,生了个孩子,取名遹,说是司马衷的儿子,也就是武帝的孙子。但武帝将这个孩子养在宫中,到三四岁才正式告诉司马衷有这么个孩子。据说这个小孙子天生聪明,有一次,皇宫失火,武帝在城楼上观望,才五岁的司马遹跟爷爷在一起,见到冲天的火光将他爷爷照得清清楚楚,便拉起爷爷的手,躲进阴影中去,提醒说:"黑夜里光亮照在身上,很危险,坏人会暗害陛下的。"此事让武帝又惊奇又高兴,感到司马家有后了,更加坚定了他传位给司马衷的决心。也有人怀疑,皇孙的表现,保不定是武帝有意散布的,目的是为傻瓜儿子司马衷做太子造舆论;而让傻瓜儿子做太子,也就是为将来皇孙继位做准备。还有人进一步提出疑问:说不定这个皇孙实际是武帝的最直接的血脉。因为谢玖到太子

宫侍寝前,已是被老头子"幸"过的了,而且傻太子也才十二三岁,是否懂得"人道",是否已有生育能力,也不一定。如果司马遹是傻太子的血脉,何以武帝一直养在自己的宫中呢?不过宫闱事秘,文献无征,怀疑也只能是怀疑了。

但无论如何,司马衷是做了太子了,而且还要娶太子妃。当时,武帝宠信的有两位大臣,一是贾充,另一个是尚书令卫瓘。他们两家都有正当龄的女儿,都想进献为太子妃。

贾充当时担任宰相,但泰始七年秋天,他接到诏命,要他离开相位,到外州郡做官。他一向热衷于权势,对此自然是不甘心的。极想通过与皇室的婚姻来巩固自己的权势,便去与一向跟他相互勾结、结党营私的太尉荀颉、中书监荀勖等商量。荀勖说:帝命难违,但明公如能与太子结为姻好,自然就不会离开京城,保住相位了。这意见正合贾充之意。荀勖便又去找到侍中冯紞,游说道:"真要让贾公远离京城,我们就会失势了。目今太子的婚事还未确定,您还不赶快去劝陛下娶贾公之女?"冯紞深为同意,便去向武帝进说。

此外,贾充又叫他的妻子郭氏求见杨皇后(杨艳),送了许多珍贵礼物,求杨后在武帝面前美言,娶贾家女儿。杨后得了礼物,自然愿为贾充说话。

而卫瓘家自然也想成就这门太子妃的亲事。

武帝了解了两家女儿的情况,他分析道,论门第,论权位,与卫、贾两家结亲都合适;但就两家女儿的相貌等条件,他更倾向于娶卫家的女儿。他说:卫公的女儿有五条优点,贾公的女儿却有五条缺点:卫家人品质好,子女繁盛,宜于生育,女儿长得皮肤白皙,长大秀美;贾家女人爱嫉妒,子女稀少,影响生育,女儿又矮又黑,相貌丑陋。自然应该娶卫瓘之女。

可是杨皇后与荀勖、冯紞等人却一个劲说贾家女儿好,既有才德,又不是真的那么难看。

武帝拗不过众人的意见,便定下了贾家的亲事,而贾充也达到了留任京师的目的。

不过,本来聘的是贾充的第二女儿贾午,但贾午才十二岁,人又瘦弱矮小,连衣服都穿不合身,于是改聘十五岁的贾南风。

贾南风虽然只有十五岁,可是像她的父亲一样,颇有心机,而且心狠手辣。虽然做上了太子妃,有望当上皇后,但她知道,这个太子夫君太傻了,能否将位置保到登上九五之尊的那一天,是很难说的。她一定要时时注意维护她的夫君的皇太子的位置,这才是保卫她的位置和权力的着力点。

而司马衷虽然得立为太子,但反对他的势力和活动就不曾止歇过。

有一次,中书令和峤陪坐在武帝旁,谈到太子的事,和峤说:"皇太子纯朴,确有古朴之风,但目今乱世,崇尚智力权谋,恐怕太子将来不了陛下家事(处理不好皇室的事务)啊!"对于和峤的忠言,武帝以沉默作答。不但和峤,许多朝臣都有此看法,认为司马衷将来必不能"亲政事",希望废去太子之位,另选贤良宗室子弟立为太子。但自和峤之后,没有人敢进一步向武帝进言。卫瓘也属废太子之列,但每每话到嘴边,又咽下去了。有一天,武帝在凌云台会宴大臣,卫瓘装出副醉态,跪在武帝的座席前,嗫嗫嚅嚅地说道:"臣

有话想启禀陛下。"武帝倒也很尊重这位老臣,说:"公想说什么呢?"可卫瓘故态重萌,话到嘴边好几次,都不敢说出口。最后,他鼓起勇气,双手抚摸武帝所坐胡床,叹气道:"这个座席太可惜了!"晋武帝立即明白了他打的这个哑谜,却也不说穿,故意不解说:"卫公真是大醉了吗?"卫瓘顿时酒意全无,从此后,不敢再涉及关于太子废立的话题。

但众人的话多了,武帝也不得不有所考虑。他想考察一下在许多师傅辅助下的太子的能力是否有些进步。如能有所表现,也好堵堵群臣的嘴。

武帝亲自设计了一场考试:他要在宫里举行一个盛大的宴会,将太子东宫的大大小小的官员召集过来参加宴会。在宴会上,他将让官员取几件疑难的公事,密封起来,交给太子,让太子处理,并立即做出书面回答。信使就等候在东宫取回答案,以此来考察太子是否有所长进。

这事不知怎么还未举行,就已传到了东宫,连试题都已让人知道了。贾南风见了试题,大吃一惊,忧虑好一阵,她知道这个白痴太子肯定回答不出,可又不能不答。皇帝陛下与大臣们都等着哩。她只好叫宦官拿到宫外找来几个读书人代拟答案。然而,这几个读书人,头脑也有些冬烘,所拟的答案,竟引经据典地讲了许多古义。这样掉书袋的答案,绝非是个智力低下的青年所能做得出来的,而且也不能取信于人,反而会引来更多的非议。

贾南风面对繁琐的答案,正要发作,有个乖巧灵敏,供差使的小宦官,名叫张泓,却上前启禀道:"娘娘息怒,奴才以为圣上见了如此答案,一定会追究是何人代为拟稿的,恐怕连娘娘也要受牵连,不如用浅白的话,直接说如何办就可以了。"贾南风听后大喜,便将拟答之事委托给张泓,嘱咐道:"你上心给我写好答案,我会与你共享荣华富贵的。"

这个张泓有些小聪明,很快他就写好了答案。贾南风让太子自己将答案抄写一遍,然后呈给武帝去看。

武帝与群臣在宴会上等了好久,终于见到了太子的答卷。他看这答卷,文从字顺,思路清楚,办法得当,非常高兴,自言自语道:"我儿终有长进。"说着,就将答卷递给身边的太子少傅卫瓘,说道:"你一直说太子不能亲政事。你看这答卷如何?太子如何?"卫瓘明白背后肯定有人捉刀,可又不好明辨,当着众臣的面,益加局促不安,一句话也回答不出。而众朝臣也由此知道卫瓘事先在武帝面前说过太子不好的话。

荀颧、荀勖等则至武帝前,恭贺太子明识弘雅,大有长进,诚如明诏。武帝又转向和峤问道:"和公以为如何?"和峤却是一条硬汉,毅然答道:"太子圣质如初耳。"意即陛下的儿子像过去一样蠢笨,没有长进。武帝因总的心情较好,才没有再追究和峤的回话。

贾充也参加了这次聚会,等武帝责备卫瓘时,他心中的一块石头才落下地来。事后,他找了个机会,悄悄地告诉他的女儿:"卫瓘这个老奴才,差一点摧毁了我们贾家。"而贾南风心中则添了一笔仇恨。

有人说,这次考试,虽是贾南风操纵作弊,其实,真正作弊者,恐怕还是武帝自己。知子莫如父,试想,真要考察他的宝贝儿子,当着众臣的面,叫来一问便见分晓,何必要事先张扬,给贾南风如此充裕的时间,从容作弊?但晋武帝不曾料到,他的溺爱与纵容,给他

的政权和宗室，带来多少灾祸，直至一个帝国的灭亡。

从此，太子的地位得到了巩固，贾妃的权势也得到了巩固。她是个泼辣、狡诈、残酷而且嫉妒心极强的人。巩固的政治地位，让她变得更加残暴。太子被她迷惑，被她制服得服服帖帖，既怕她，又依恋她。太子的妃子，不经贾南风的允许，几乎没有能近太子身边的。即使是上面提到的谢才人，虽然是武帝亲赐，也受不了贾妃妒火的煎熬和排挤，而快快地返回武帝之宫。

然而，太子虽然是白痴，却还是有情之物，禁不住众多嫔妃美色的诱惑，悄悄地"临幸"了好几位。不过，每当贾妃发现了那些与太子偷情的宫人，她们可就遭难了，不用什么借口就会被殴打，被处死。贾妃自己就残忍地亲自动手杀害过好几个遭疑忌的宫妃。白痴太子也拿她没有什么办法。有一天，贾妃偶见有一宫女，行动有些迟缓，便亲自检查，发现此宫女已有身孕。不问，她就判定是太子血脉，勃然大怒，顺手夺过卫士手中长戟，飞刺过去，正中孕妇腹部。她再使力一拉，宫女当场肚破血流，腹中胎儿也应声落地。司马衷眼睁睁地看着一个花一样的女人惨死，看着自己的骨血染红了地面，也不敢发作，只得躲过一边，悄悄流泪。

此事惊动了贾妃的老公公晋武帝。连武帝也被贾妃的残忍恶毒所震惊，就决计废黜她，将她关到金墉城去。金墉城是洛阳城内西北角的一座小城，内有高楼百尺，魏文帝时所造。晋时已经有些荒废。晋武帝将它稍做修缮，作为冷宫，关押犯了皇室规矩的宗室、嫔妃及宫女等人，贾妃如果关入其中，她的一生也就结束了。

在此危急时刻，贾氏一党的荀勖、冯紞、充华赵粲（武帝宠妃，充华是晋后宫九嫔之一，女官名）都出来营救她，在武帝面前说情。赵粲一面在武帝背上轻轻敲打，一面轻言细语地解说道："贾妃年轻气盛，嫉妒心又强。而嫉妒之心，是女人常见的弱点。到她年纪再大些，会好的。陛下就宽恕她这次吧。"连武帝的杨皇后也为贾妃说情，她劝武帝道："陛下难道忘记了贾公闾（即贾充）吗？他可是大晋江山的大功臣呀，连死罪都可免。贾妃是他的亲生女儿，虽然有嫉妒之失德，不也可抵消吗？"

这杨皇后已经不是当初为婆贾南风说情的杨艳，而是她的堂妹杨芷。杨艳于泰始十年（274）过世。临终，推荐她的堂妹、杨骏的女儿杨芷为后。两年后，杨芷立为武帝之后，武帝对她亦很宠爱。所以好像是她的话起了更大的作用，贾妃才得以逃过这一劫，不被废除。事后，杨皇后又以婆婆的身份，对贾南风进行了一些劝诫教育。贾南风不但不对杨后存感激之心，反而在心中埋下对杨家的深深仇恨。

不过细细推原起来，真正不想废弃贾后的，恐怕还是武帝本人，因为他非常明白，他的宝贝太子司马衷是根本承担不起治理国家的大任的，不用说大臣们，单就他自己的兄弟齐王司马攸，就让他放心不下。他留下贾南风这个泼辣的女人，正好在他死后，有能力帮助他的儿子，不被那些虎视眈眈的大臣和宗室们吃掉。这就叫以毒攻毒。

说起司马攸，他可也是西晋王朝一个颇有人望的亲王。他是武帝的亲兄弟，是晋文帝司马昭的二儿子，因他的伯父、晋景帝司马师无子，他曾过继给景帝做儿子。史书记载，司马攸"清和平允，亲贤好施，爱经籍，能属文，善尺牍"，名望很高，"才望出武帝（司马炎)之右"。他小时,得到他祖父司马懿的器重。文帝司马昭也很喜爱他,每次见到他时,都会情不自禁地拍着自己的皇座,叫着他的小名说:"桃符,你的座位在这里啊!"司马昭好几次都想立司马攸为太子。但最终还是立了长子司马炎。武帝即位后,司马攸一度执掌了首辅大权,对稳定武帝的统治,发挥过重大作用。

无论才能、地位、人望,司马攸都是武帝最合适继承的人选,加上太子司马衷是那样一个白痴。朝野内外,几乎大半是拥护齐王来治理国家的。

然而,齐王的呼声越是高,武帝越是放心不下,这可是一大心病,所以他在晚年临终之前,想尽办法,来保证他死后,他的儿子能够坐稳皇位,并安全传给皇孙司马遹。让贾妃继续守着白痴儿子,是其中办法之一。再一个办法是将齐王除去。不过,他又不敢对齐王运用过激的手段,因为他的父皇文帝司马昭临终时,含着泪,拉着司马攸的手,交到他的手中,告诫他们兄弟要团结友爱,要照顾好他的弟弟。他有些左右为难。特别到了他晚年病重之时,更令他忧心如焚。

此时,贾家一党的荀勖、冯紞等谄谀之徒给武帝出了个歪点子,以调齐王出镇外州郡之名义,将齐王赶出京城,以断绝他日后夺取太子皇位的机会。武帝采纳了谗言,加封齐王为大司马、都督青州诸军事,逼迫患病中的司马攸立即离京赴镇。司马攸力疾就道,死于途中。

武帝除了这个心病,他的第三个措施就是将国家的大事,完全托付给外戚杨骏。杨骏是武帝前杨皇后杨艳的堂叔,现杨皇后杨芷的父亲。他极宠爱两位杨皇后,所以对杨骏特别信任。

而且自泰始年间以来,晋朝处于一个相对稳定的时期,晋武帝对政事也感到疲罢,而安于闲适的日子,整年整月沉浸酒色之中,皇后一党,成了他最大的依靠。杨骏和他的族弟杨珧、杨济,权势大盛,当时朝野,称为"三杨"。

太熙元年,武帝之病已入膏肓,自知不治,更命杨骏为太傅、大都督,统领文武百官,掌管朝政,辅助太子。

杨骏得意非凡,还没有等武帝咽气,他就大肆罢斥不是他一党的文武大臣,又将武帝左右侍奉的人都换成他的亲信。处在弥留之际的武帝,忽然回光返照,睁眼一看,周围的人,都不认识,一问,说是太傅杨公遣来侍候陛下的。武帝此时感到坏了,严厉地斥责杨骏:"怎么这样做!"

他想起了汝南王司马亮。司马亮是他的叔叔,他怕这位叔叔会抢他儿子的皇位,听信杨骏的话,以任命司马亮为侍中、大司马、假黄钺大都督,督豫州诸军事,出镇许昌的名义,将他排挤出京城。可见到杨骏眼前所为,他又极不放心,立即叫杨骏避开,宣召中书官员到病榻前,口授诏书,命还未离京的汝南王司马亮不用赴镇,在朝与杨骏一起,夹辅王室。

心怀忐忑的杨骏,急忙从中书省借来诏书,越看越不安,索性将诏书藏起来。

武帝终于没有等到汝南王的到来,便咽下了最后一口气。司马衷随即做上了皇帝,改元永熙,杨皇后晋升为皇太后,贾妃则立为皇后。杨骏则正式接管了晋室内外政军大

权,宫室的警卫,全由杨骏的军队担任。他可以带着武器,自由出入皇宫,已俨然为晋室主人。

司马亮胆小怕事,连皇宫都不敢进去,只在大司马门外向着武帝的灵堂的方向号哭了一番,便带着亲信,逃到他的阵地许昌去了。

杨骏虽然掌握了朝政,但他缺少智谋与魄力决断,而且在朝臣中素无人望,难以让文武百官诚心信服。他知道自己的这些缺点,但不是开诚布公地交结朝臣,而是企图通过耍弄小聪明,来收买、控制人心。一方面,滥加封赏,还在武帝丧事期间,他就给所有的文武官员加官晋爵;一方面广布亲信,监视百官,加强对朝政的控制。他让他的亲属子弟典领禁兵,在惠帝身边安排他的外甥段广、张邵为贴身侍卫,监视惠帝及贾南风的一举一动。

铁石心肠

杨骏又刚愎自用,一些大臣诚心向他指出这些做法的不妥,他根本听不进去。因此弄得公私怨愤,威望大跌。

他最忌怕的就是惠帝的贾皇后。他知道贾南风的泼辣、狡诈,野性难制是出了名的,而且又在皇帝身边,是什么事情都能干得出来的。所以他对贾后的监视也特别紧。

贾南风本来就不是安分的女人,好容易熬到了皇后的位置,仍在杨骏的控制、威胁之下,不能满足她的权力欲,因此,她务必要设法将杨骏除去。而且,她对杨骏的女儿,当今的杨太后也怀有极端的仇恨。因为杨太后作为婆婆,曾多次告诫过她应注意抑制自己的泼辣凶暴的作风,她不知道在她可能被武帝废置时,杨太后曾经救过她。她要将杨太后废弃掉,搬去头上的这块石头。

她终于找到了几个愿意为她奔跑,发动政变的宦官:殿中中郎孟观、李肇和原东宫给事黄门董猛。董猛是惠帝做太子时就服侍在东宫的,后来又成了贾南风的心腹。他们抱成一团,想出了个主意,借用司马氏宗室对杨骏不满不服的情绪,召引汝南王司马亮来京除去杨家。

贾南风就命李肇去游说司马亮,让他带兵入朝,里应外合,解除杨骏军政大权。可是心虽大而胆特小的司马亮不敢应命,而泛泛地说了通"杨骏凶暴,死亡五日,不值得忧虑"的海话,搪塞过去。

李肇又去游说楚王司马玮。司马玮是武帝的第五子,年轻气盛,果于决断,便答应了他的要求,制定了计划。

先由司马玮提出进京朝见惠帝的请求。杨骏本来害怕司马玮领兵在外,不听节制,起兵造反,也想让他来京,以便控制,同意他来京,任为卫将军领北军中候。可是杨骏对他却没有任何防范的安排。司马玮一到京,李肇便将贾后所拟的惠帝诏向他宣读:废除杨骏一切官爵和权力,仅留侯爵,暂居府中,不得外出。又命司马玮连夜在京城实行戒

严，防止杨骏的党羽作乱。

随后，贾后派东安公诸葛繇率领四百殿中禁兵，赶到杨骏府第去围攻。

此时，派到惠帝身边的杨骏心腹段广，发现情形不对，急忙跪在惠帝面前，哭诉道："杨太傅世受国恩，在先帝时竭心尽力辅助朝政，一片忠心，可鉴天日。而且杨太傅是个孤老，又无儿子，岂有篡位之理，请陛下明察。"可是几乎一切都听贾后的惠帝，一言不发。段广失望之余，正想出宫而去，却被贾后叫人拿下。

骚乱开始时，杨骏在其府第内召集亲信百官商议应对之策。太傅主簿朱振建议说："骚乱从宫中首先发出，肯定是贾后与宦官搞的阴谋，目标就是针对杨公您的。应对之计莫如立即派人去烧掉云龙门，向肇事者示威，宣告悬赏斩获骚乱者的首级；然而再打开万春门，将东宫(惠帝太子司马遹之宫)和外营兵放进来。杨公带着皇太子入宫，捉捕奸人，宫中一定震惊害怕，将作乱的首恶斩首送出，大事就可以平定了。"

杨骏素来胆小，又无决断，百官在他府中久议不决，眼看外面的形势越来越紧，官员们纷纷找借口离开了杨府。偌大的府第，只剩下杨骏和他的部属。

不久，殿中禁兵已到，纵火焚烧杨府，而弩手们登上周围的高阁，向府中密射。杨骏虽然还有些士兵，却冲不出府第去，一个个都被杀死。杨骏逃到马厩中，被禁兵拉出，一刀结果了性命。

李肇等人领受过贾后的密旨，将杨骏的亲属朋党诛杀尽净，夷灭三族，死了好几千人。贾后还密令李肇搜查杨骏家中所有的书信文件，全部烧毁。因为她知道，杨骏手中有武帝临终前命杨骏为顾命大臣诏书，不想让它流落出来，传于天下，影响她的名声。足见这个黑皮女人心机之密。

杨骏遭到围攻时，贾后的婆婆杨太后在宫里得到消息，非常着急，叫内监将一封求救的帛书射到城外，号召道："救太傅者有赏！"

士兵们拾到帛书，交到贾后手中，贾后便以此书作为杨太后勾结其父，结党营私，企图谋反的罪证，下旨废除太后的称号，贬为峻阳庶人，关进了当年武帝准备关贾南风的金墉城中。虽然张华等为杨太后说情，也没有得到贾后的应允。

杨骏之妻庞氏因杨太后的关系，当初没有随杨骏被杀，而是随着她的女儿一同苟延性命，生活在一起。她自然随着女儿住进金墉城中。可是一班溜须拍马的官员却放不过这样一位老妇人，为了讨好贾后，奏请将庞氏交付廷尉行刑，贾皇后自然"诏可"。

行刑官将庞氏拉出用刑的时候，杨太后抱着母亲，号啕大哭，裂人心肺。她截断头发，叩头流血，又上表给贾后，自称"臣妾"，只求保全母亲一命。然而贾南风硬是一副铁石心肠，一点不顾婆婆的颜面，终将庞氏处死。

杨太后最后绝食而死，死时才三十四岁。贾南风怕杨太后到天上去向武帝的亡灵诉冤，在太后的坟墓中，还请了巫婆神汉画了许多符篆药物，加以厌胜。可见，这个女人虽然狡诈凶残，但内心还是很虚弱的。

铲除政敌

　　杨骏被除，贾后虽然免除了一个障碍，但内有司马玮，外有司马亮，还有那位中书令卫瓘，都还握有朝政大权，是她图谋专权的又一个障碍。特别是太保卫瓘，当年曾立主废去太子，还在武帝面前说过她的坏话，她更是非除去他而后甘心。她终于又设计了另一个阴谋诡计：借刀杀人。

　　却说司马玮虽然在诛杨的政变中，立了大功，可是他并没有得到梦寐以求的执政大权。贾南风将辅政的权位，交给了那个不肯进京参与诛杨的汝南王司马亮。

　　贾后以惠帝的名义，诏汝南王司马亮进京，称他"体道冲粹，通识政理。宣翼之绩，显于本朝(性格中正和平，懂得治国的道理，辅皇室的功绩，早已昭著于本朝)。"封他为太宰、录尚书事，可以佩带宝剑，穿着靴履，直上金殿。还允许他增加十名属官，拥有千名卫兵，一百个骑兵。与太保卫瓘一起执掌朝政。

　　楚王司马玮自然非常不开心，而司马亮与卫瓘却也不放心司马玮，认为他年轻气盛，性情乖张，留京是个祸害，便命他回到自己的封国上去。这更增加了司马玮的愤懑不满。

　　此时，司马玮宠信的部属长史公孙宏、舍人岐盛，因为行为不端，被司马亮派人来逮捕。岐盛得到消息，与公孙宏商谋，矫称是司马玮的意思，通过积弩将军李肇，到贾后那里去告发司马亮，诬称汝南王将要谋反。贾后听到这个消息，是求之不得。便代惠帝拟了诏书，命楚王司马玮平定司马亮及卫瓘的谋反。司马玮得到诏书，正中下怀，便点起本军士兵，并进而再造了一通诏书，通令京城诸军，讨伐司马亮。

　　楚兵乘夜围住司马亮的汝南王府。听到府墙外人声汹汹，王府帐下督李龙禀告，请求立即出兵抵抗。司马亮不听。不久，楚兵已经攀登上王府高墙，高呼不要放走汝南王。转眼之间，公孙宏就带兵冲进来。司马亮惊惧地问道："我对帝室并无二心，为何这样做。真有诏书，请让我看看好吗？"

　　公孙宏等人哪里听他的，只是加紧催促士兵猛攻。到此时，司马亮还是没有放弃幻想，不肯听从部属的劝告，发动府兵，拼杀抵抗，而是束手就擒。

　　司马亮自叹："我的忠心，天日可鉴，你们可以剖开以昭示天下。老天爷，为什么朝中如此无道，滥杀无罪的人呢？"

　　当时正当大热天，司马亮被绑坐在院中的车下，有的士兵可怜他，取来交扇，为他遮挡阳光。司马玮赶到汝南王府，见到这种情况，怕司马亮被人放出，生出后患，便出令道："敢上前杀死司马亮的，赏他一千匹布。"众士兵这才一拥而上，将他砍得血肉模糊，丢弃在北门之外。

　　当时，楚王兵还将卫瓘也抓起来杀了。司马玮以为，这次，他真的可以掌权了。而岐盛也劝说他，不如乘势杀掉贾模、郭彰等人，除掉外戚贾郭二家势力，完成"匡正王室，以安天下"的事业。司马玮虽然心动，却也犹豫不决。

楚王哪知螳螂捕蝉，黄雀在后，他还在犹豫不决之时，贾皇后的计策早已定了下来。他采取了中书监张华的计谋，以皇帝名义，派殿中将军王宫，带了驺虞幡，来到楚王军前，向众军宣告皇帝的诏书，说："皇帝根本没有诛杀汝南王司马亮及太保卫瓘的诏书，是楚王假造的诏书。"这驺虞钑是一面绣有驺虞图像的旗钑。驺虞是古代传说中的一种仁德之兽，它的出现，象征和平罢兵。晋代专设这面传达诏命的令旗，具有极大的威权。它一出现，争斗双方，必须罢兵。所以此钑一麾，楚王的将领士兵都纷纷散去。司马玮手下只剩下一个只有十四岁、赶牛车的小童。他虽然勇猛，到此已无可奈何，想逃到秦王司马柬那儿躲避。可是惠帝——贾妃的诏书又至，命他回到军营待命。他一回到武贲署，就被抓起来，交由廷尉审理，以矫制诏书，谋害司马亮、卫瓘两大臣及其家人，还想诛灭朝臣，图谋不轨的罪名，处以斩刑。

司马玮在临斩时，从怀中取出一份写在青纸上的诏书，流着眼泪，给监刑官员、尚书刘颂看，说："我是奉了诏书才行事的。我认为自己是为了大晋的江山社稷，而现在却给我定罪，实在冤枉。"

刘颂也知道司马玮的冤屈，但他又有什么回天之力呢，只得陪着楚王流了一阵泪。时辰既到，刘颂只得挥命刀斧手行刑。司马玮死时，才二十一岁。据说行刑的这天，大风大雨，霹雳震天，似乎天公也怜其冤。

公孙宏、岐盛两家也被夷灭了三族。

至此，贾后消灭了她眼前的几个主要政敌，内控惠帝，外驭群臣，"诏书皆由己出"。她终于如愿以偿，实现了全面掌控朝廷大权的政治野心，成了晋廷当时最有权势的女人。惠帝则完全成为玩弄于贾后股掌之中的木偶人。她的生活，也就更加荒淫无耻。本文一开始就讲说的故事，正反映了此时贾后淫糜生活的一斑。

昏乱专权

封建政治，特别是荒乱时期的政治，常常是亲党政治，贾后所以能独断朝纲，也主要依靠她的亲信死党，如她的族兄贾模、从舅郭彰，还有宦官董猛等等。不过，为了笼络士大夫，她也任用了一些"无逼上之嫌"，却又"儒雅有筹略，为众望所依"的名士，如张华等。张华不是士家大族出身，却很有学问，有本事，有名望，贾后任命他为侍中、中书监，还有裴頠，虽也是贾后亲戚（贾后内表兄），却也是个极负天下雅望的学者，"四海唯恐其不居权位"，也被贾后任命为侍中、尚书仆射。此外如以南安将军裴楷为中书令，加侍中，与右仆射王戎并管机要。

由于这些人，特别是张华能够"尽忠帝室，弥缝遗阙"，而贾后在一些政事上，也还能听从张华等人的意见。加上主要的反对派多已为贾后的铁腕控扼，新的敌对集团还没有形成大气候，所以，虽然皇帝痴傻，而皇后残暴，晋朝的政治局面，倒也粗安了一段时间。

但贾后的生活荒淫如故。前述贾后到民间寻找年轻男子进宫供她淫乐的事传开之

后,贾模、裴頠、张华等曾经起过废黜贾后,更立谢淑妃即太子遹之亲母为后的念头。但贾模、张华都有顾虑,他们密商:惠帝并没有表示出要废皇后之意,如果仅由他们数人实行废立,万一皇帝不认可,怎么收场?而且当时天下,布满了司马氏家的亲王,各有朋党,而且一个个都在窥伺着朝中的一举一动。一旦发生动乱,大家都将死无葬身之地了,并且危及国家的生存,于社稷没有好处。还是慎重点吧。

裴頠说:"你们的顾虑不错,但目前中宫(皇后)如此昏乱荒淫,很可能明天就会发生祸乱。"

张华说:"你们二位都是中宫的亲戚,说的话,她也许能听得进去,还是由你们多劝劝。但愿不要再发生什么大的错误,那么天下还不至于出现大乱而不可收拾的局面,我们也还得以优游岁月,得过且过吧。"

贾、裴二人也无良策,只得将废后的事,尘封起来。于是,这个荒淫昏乱专权的女人躲过了又一次政治危机。

谋害太子

事后,裴頠果然好几天到他的从母广城君郭槐、贾后的母亲那儿去劝说,请她告诫贾后;贾模也多次直接向贾后进言,分析得失,都是劝她收敛一些。可是贾南风哪里听得进去,反而疏远了贾模。贾模从此失志,忧愤而死。

再说,惠帝与谢玖生的儿子司马遹,在永熙元年被立为皇太子,而今一天天地长大起来。他虽然不是贾后亲生,但贾后的母亲倒也很疼爱这个外孙,一直将他带在身边,并常常告诫贾后要善待他。可是贾后却将司马遹视为眼中钉,明里暗里,经常打压他,与她妹妹贾午和宫人赵粲一起设计害他。她心存叵测地让小太监引诱太子干荒淫侈靡的事,玩无聊的游戏。于是乎这个小时聪明,深为他祖父喜爱的皇孙,却变得越来越顽劣起来。

司马遹越来越不好学,经常逃学,废弃东宫的朝讲,终日与侍奉他的小太监游乐。而且玩得也怪,命太监们将东宫布置为街市,做买卖。他亲自卖肉,手一掂量,就能知道分量,大致不差。他又让人在皇宫的花园西园里卖葵菜、篮子和鸡、面等农产品,收取赢利。有钱他就胡花乱用。按规定,东宫的月俸钱是五十万,可他经常不够用,有时预先支取下月的俸钱,还是不够用。

司马遹还经常搞些恶作剧,戏弄官员。太子的老师、中舍人杜锡,是西晋著名学者杜预的儿子,他担心司马遹长此下去,太子的位置将保不住,就常常给以劝诫,希望他能进德修业,保持聪明好学的美名。却引起司马遹的讨厌,他在杜锡的座位垫子下,暗藏了好几根直竖的针,待杜锡去坐时,刺得鲜血直流,司马遹却拍掌大笑。

贾后听太监们来禀报太子的这些顽劣行为,她倒非常高兴,不但不去制止,反而鼓励小太监们想出更多花样来引诱他。可一面又让人在朝廷内外,直到民间,大肆宣扬太子的种种劣迹。因此,司马遹的声望越来越差。

与贾后很亲昵的侍中贾谧，是贾后的侄子，他看准了贾后必除去太子而后甘心，便寻机向贾后进谗言，说："太子如此积聚财物，广交小人，是在装疯卖傻，等待时机，为了向我们贾家复仇。一旦皇帝晏驾，他登上皇位，诛杀贾家亲属，将皇后您废除，关进金墉城，还不易如反掌。何不早点将他废掉，另立顺从皇后的人做太子，才是贾家安定不败之道。"

这番话更加强了贾后谋害太子的决心。

只有贾后的母亲还是个明白人，她累次告诫贾后，一定要对太子慈爱，一定要远离她的妹妹贾午及赵粲等人。直到她临死，还不忘对贾后劝诫一番。可是这些善言都像春风吹马耳一样，贾后丝毫没有听进去。

但贾后想找一条既能谋害太子，又能名正言顺，让朝廷内外哑口无言的恶毒之计。

她先假装怀了孕，让太监准备临产的器物，并大肆宣扬。又暗中将妹夫韩寿的儿子韩慰祖带进宫中养起来，一旦得手，就将他冒充自己的儿子，替代太子。接着便寻找一个方便下手的机会。

但是，要想人不知，除非己莫为。贾后谋害太子之心，已是朝野皆知。大约只有她那白痴皇帝老公才不知道，或者知道了也无动于衷。

这时，有个中候军的军官赵俊，找到太子，建议他赶紧联络各方面人士，先发制人，废除贾皇后。太子虽然极不满贾后的专横，也想除去这个压在他头上的女人，但他却没有魄力，没有采纳赵俊的意见。

还有个东宫警卫军军官左卫率刘卞，去问张华："贾后想废除太子的阴谋，路人皆知，明公有何想法和打算？"

张华却佯装说："我没有听说过呀！"

刘卞是个忠义直率的人，当场就对张华质询："我刘卞本是个小吏，受到明公提拔，才有今天。士为知己者死，所以我愿将肺腑的话全告诉明公。难道明公还怀疑我是贾后来试探明公的吗？"

张华反问："假令皇后果然有害太子的阴谋，您准备怎么行动？"

"东宫猛士如林，四率（指隶属于东宫的四支警卫部队，分前、后、左、右四卫率）共有精兵万人，可作后盾。而明公又任太子师傅之职。如果明公出面，发一号召，皇太子得入朝理事，废贬贾后，将她送到金墉城中，只需一个太监的力量就足够了。"刘卞激动地说。

"我并没有做过太子的师傅。"张华首先做此声明，然后他接着说："而却去帮助太子废除他的母亲的皇后称号，并投进金墉城囚禁起来，是无君无父的行为，即使侥幸成功，也逃脱不了不孝的罪名。况且贾家掌握权势的亲戚党友布满朝廷，你谋划的事，一定能成功吗？"

刘卞与张华的谈话，被贾后的密探侦知，报告贾后。贾后将他外派为州郡官。他知事情败露，服毒自杀。

这一桩桩事件，促使贾后也加紧了谋害太子的行动。

元康九年十二月，贾后诈称惠帝有病，召太子入朝省视父皇。太子来到宫中，贾后推托有事不能见他，将他安置在另一间宫室里，派宫女陈舞接待他，假称惠帝有命，赏赐太

子三升美酒,要他立即饮完。司马太子以不胜酒力推辞,要求少饮一点。陈舞却凶神恶煞地逼迫道:"你怎么如此不孝顺? 陛下赐给你酒,你却不肯喝下去,难道酒里有毒吗?"

太子被逼得没办法,只得勉强饮完,立即酩酊大醉,昏天胡地地睡在榻上。此时,贾后已预先让黄门侍郎潘岳起了个文件草稿,令小丫头把此草稿和纸墨笔札拿到太子跟前,让他亲自抄写一遍。醉得迷迷糊糊的司马太子也没有细想是何内容,便歪歪扭扭地照誊了一遍,但还没有写完,他又睡着了,再也推不醒。贾后只得模仿他的笔迹补写完。这是一份以太子的名义写的诏书,其中有这样的文字:

陛下宜自了断,不自了断,我当入朝帮你了断。中宫(皇后)也宜赶快自我了断,不自了断,我当亲手帮她了断。

"了断",指自己退位,甚至自我结束生命的意思。其余文字还有与谢妃约定,到期宫内外同时举事废除皇帝及皇后,切勿犹豫,以生后患,等等。在当时来说,全是大逆不道的谋反之语。贾后取得了这件足以证明太子谋反的"铁证"后,立即呈给惠帝看。

第二天,贾后就陪着惠帝在式乾殿召集公卿百官会议。贾后叫黄门令董猛将太子亲笔写的青纸诏展示给百官看,严厉地说道:"太子遹竟写出这样的诏书来,真是无君无父,大逆不道,就该立即处死。"

朝堂上的王公大臣,几乎没有人敢吭声。沉默了一阵,张华出列奏道:"发生这样的事,是国家的不幸。从古以来,因为太子的废立,常常引出祸乱,严重者招致国家社稷的沦亡。陛下登基的日子也不算很久,还希望陛下仔细考察事件的真伪。"

裴𫖯也主张应该先找到并审查为此诏书传递的人,还要比较一下字迹,看是否真是太子的亲笔,不要被坏人欺骗,败坏国家大事。

贾后早有准备,她立即叫太监拿出太子过去亲笔写的十多张启事,给众人看。大家将几份文件并列在一起,研究了半天,连张华、裴𫖯在内的众大臣,没有人敢说这份诏书不是太子亲笔。贾后催促群臣赶紧做出决定,宣称:事宜速决。不赞成诏命的,当以军法从事。

然而,多数大臣还是没有明确表态,而张华等人的态度却很坚决,直到日落西山,还没有议决。贾后见如此僵持,恐生事变,便改变主意,提出将太子贬为庶人。这才获得百官及惠帝的同意。

于是贾后即时派尚书和郁等,持符节到东宫,正式宣布废太子为庶人。将太子及太子妃和他的三个儿子司马虨、司马臧、司马尚一齐押送到金墉城囚禁起来。太子的亲母谢玖及司马虨的母亲蒋俊都被贾后赐死。

司马遹虽然已经关到金墉城中,贾后还不甘心。第二年的正月,她又叫一个太监到廷尉"自首",称他受废太子的指使,准备造反。贾后命将这个太监自首的供词展示给百官公卿看。随后又派一千士兵将废太子押送到许昌宫,不许百官特别是东宫官员去送他。但还是有许多官员,如太子洗马江统、潘滔,舍人王敦、鲁瑶等,冒着禁令,送废太子到伊水岸边。

太子被废,引起了更多的官员的不满,废除贾后,恢复太子名位的想法,私底下,在百

宫中逐渐蔓延开来。几个东宫卫队的将领，对此尤为积极。他们先想到找张华、裴颜出面领头。但一想起刘卞自杀的事，就有些寒心，认为这两个人虽然正直，却安于常态，自保禄位，难以与谋。他们想到右军将军赵王司马伦，此人手上有兵权，又贪财恋位，应该可以借他的手，来达到除贾后、复太子的目的。

司马伦也是一个野心家。他本来依附贾后，如今见贾后的作为，已引起天怒人怨，便决定再投一次机，跟随大流，反对贾后。他手下有个亲信叫孙秀，那几个准备起事的东宫将领先找孙秀说出了打算，请孙秀向司马伦禀报。这几个人真是一拍即合，便密谋发难，行动及人事计划一切都安排好了。

但孙秀鬼心眼更多，他劝司马伦说："太子为人，聪明智慧而又刚烈勇猛，如果真的让他回到东宫，还做太子，一定不会受人摆布，明公一向追随贾后，连平民百姓都是知道的。现在复立太子虽有大功，而太子不一定领情。他会认为明公是迫于形势和舆论，投机取巧，反复变化，以求免罪。即使宽宏大量，明公也不会受到重用，若有一点不周到，恐怕就免不了杀身之祸。"

司马伦听得毛骨悚然，连忙问道："依你的主意，怎么办？"

孙秀不紧不慢地说道："明公须知，这贾后是必定要谋害太子的，事情的发生也就在早晚之间。如果明公废后的行动，稍微拖延一段时间，等贾后杀了太子，明公再以为太子报仇为借口，废除贾后，不是一举两得，既有好名声，又获实利，避免了不测之灾吗？"

司马伦听了，鼓掌大笑，称赞道："好主意，好主意！"

接着，孙秀又派人到中宫去放风，施行反间计，说东宫有人阴谋废皇后，迎太子，贾后听了，派了好几批宫女换成平常服装，到街市上去暗访，果然民间也广泛流传废皇后的谣言。贾后听了，害怕起来。司马伦和孙秀与贾后的侄子贾谧有来往，他们乘机劝贾谧，向皇后进言，早些除去太子，以绝众望。

形势让贾后下了决心，不再顾忌张华、裴颜的反对意见。她让太医令程据调制好毒药，命太监孙虑带着伪造的惠帝的诏书，到许昌去毒杀废太子。废太子熟知历史典故。自被废黜，就时刻防止有人在他的食物中下毒，因此，烧煮食物，他都要亲眼看见，从不掉以轻心。

孙虑将贾后要杀废太子的意旨告诉了奉命一直看守废太子的御史刘振。刘振便先将太子隔绝到一间小坊中，让他饿几天。然后再由孙虑进去献上带毒的食物。废太子知道有毒，坚决不肯吃。孙虑强灌不成，竟以药杵将太子捶死。

贾后得到太子已死的禀报，一颗悬着的心才落了下去，感到可以睡个安稳觉了，命官府以亲王的礼仪埋葬太子。

被逼自杀

贾妃安稳不过两三个月，又一场政变发生了。永康元年夏四月的一天，赵王司马伦、

孙秀与东宫卫队将领间和约定，在深夜发动讨伐贾后的政变，以鼓声为号。

发动政变前，他们还请人转告张华："赵王想与明公同卫社稷，为天下除害，驱逐恶后。"可张华仍拒不参与，但也未去向贾后告密。

约定举事的日期到了，司马伦伪造惠帝的诏书，命令东宫卫队中的前驱、由基、强弩三部司马的督史，率所部兵跟随赵王的军队入中宫，废贾后，为太子报仇。从命的，赐爵关中侯；不从命的，立斩，并灭三族。众军本已愤恨，自然都拥护起兵。

接着，他们矫诏赚开宫门，陈兵宫中道路。先派翊军校尉齐王冏带兵把惠帝迎到东堂，然后以惠帝诏命，将贾谧召到殿前。贾谧看阵势不好，转身就跑，一面惊呼："阿后救我！"呼声才落，就被一刀砍去了脑袋。

贾后闻声出来，见是齐王司马冏，吃了一惊，质问道："你为什么到宫里来？"司马冏雄赳赳地回答："皇帝诏命，逮捕皇后。"贾后仍然气昂昂地说："诏命都是从我这里发出的，你奉的是哪里的诏命？"

司马冏也不答她，军士将她押到上阁，遥见惠帝在上坐，她大声呼叫道："陛下的媳妇，却让人来废贬，看来。你也要自我废贬了。"

参与废贾后行动的还有梁王司马肜，他们平时都顺着贾后，贾后对他们也放松警惕。所以齐王司马冏逮捕贾后时，她问："谁是造反的主谋？"司马冏笑着说道："梁王、赵王。"贾后感慨地说："拴狗应当拴住狗颈，我却反拴它的尾巴，怎么会不反过口来咬我呢？"

贾后于是被废为庶人，先关在建始殿，后移到金墉城。虽然迟了十几、二十年，贾后终于也进到这里来了。赵粲、贾午、董猛、刘振、孙虑、程据等人，以及贾家一切亲党，都被斩杀殆尽。

而名望素著的大臣，如张华、裴頠、解系、解结等也都被司马伦、孙秀抓到殿前，以"太子之废，不能死节"的罪名，将他们斩首，并夷灭三族。司马伦之所以要除去这些声望很高的大臣，是因为他们想篡夺皇位，而视这些人为障碍。

不久，他们又矫称惠帝的诏命，在金墉城里，逼迫贾南风饮金屑酒而死；而追谥太子司马遹为恭怀太子。

至此，一代枭后贾南风，这个利用白痴皇帝而实现了她的梦想的女强人，演绎完她靠着权诈和凶暴而权倾天下、势压百官的一生，也揭开了西晋社会大动乱的序幕。

司马伦清除贾家势力后，自封为使持节都督中外诸军事、相国、侍中，掌握天下大权，惠帝虽然仍然做着皇帝，不过是又成了另一个阴谋家的傀儡。然而司马伦实际也是个没有才能、平庸愚昧而刚愎自用的人，没有真正掌握权力，实际大权掌握在担任中书令的孙秀手中，人们到朝廷办事，都去找孙秀，没有人去找司马伦。

司马伦不久又将惠帝软禁，想自己做皇帝，但遭到各地司马氏亲王的反对。其中齐王司马冏、成都王司马颖、河间王司马颙、长沙王司马乂、东海王司马越等，纷纷起兵，累闯京城，争夺帝位，互相厮杀，天下大乱，世称八王之乱。西晋的江山也因此葬送。贾后的杀楚王司马玮、汝南王司马亮，被视为西晋八王之乱的先声。这动乱的发生虽不应由贾后一人负责，但她的所作所为，促进了动乱的到来，是非常明显的。

千古贤后

——唐太宗李世民皇后长孙皇后

名人档案

长孙皇后:小字观音婢,其名于史无载。中国唐朝唐太宗李世民的皇后。长孙皇后是北魏皇族拓跋氏之后生父长孙晟是隋右骁卫将军、著名外交家,平突厥之功臣,生母高氏,为北齐皇族后裔,名臣高士廉之妹。

生卒时间:601 年~636 年。

安葬之地:贞观十年(636)六月,长孙皇后在立政殿去世,时年 36 岁。同年十一月,葬于昭陵。

性格特点:勤俭节约,贤惠大气。

历史功过:"贞观之治"盛世的得来,除了唐太宗英明地依靠一大批谋臣武将外,还得力于贤淑温良的妻子长孙皇后的大力辅佐,所以有人说,"贞观之治"有唐太宗的功劳,也有长孙皇后的功劳。

春游曲

长孙皇后

上苑桃花朝日明,兰闺艳妾动春情。

井上新桃偷面色,檐边嫩柳学身轻。

花中来去看舞蝶,树上长短听啼莺。

林下何须远借问,出众风流旧有名。

她死后,她的丈夫,千古一帝的唐太宗痛哭,说他失去的不仅是一个妻子,更是一个良佐,并在皇宫花园中建观望台,以便能常常看到她的陵墓。她到底是以什么样的姿态长久地活在了这位英勇盖世的帝王心中,让他如此地眷恋呢?

贤淑皇后

历史上，很多人都知道唐太宗大治天下，盛极一时，称为"贞观之治"。这个盛世的得来，除了唐太宗英明地依靠一大批谋臣武将外，还得力于贤淑温良的妻子长孙皇后的大力辅佐，所以有人说，"贞观之治"有唐太宗的功劳，也有长孙皇后的功劳。

公元 636 年，长孙皇后病逝，对于自己这位结发妻子的逝世，唐太宗悲恸万分，并向左右劝解他的人说："我不是不通天命，割舍不下感情，只是从此以后回宫再也听不到规劝我的话，再也没有人为我弥补缺欠，失去了一个良佐，叫我不能不悲痛！"

武德九年八月，唐高祖李渊把皇位传给太子李世民，就是后来的唐太宗。原来的长孙王妃也随即立为母仪天下的皇后。

唐太宗对长孙皇后十分信任和欣赏，一些军国大事及赏罚细节等事，回到后宫常与她谈起，听取她的意见，对则坚持，不对则不采纳；长孙皇后虽然是一个很有见地的女人，但她不愿以自己特殊的身份干预朝政，总是非常谨慎，小心翼翼。她认为男女有别，应各尽各的责任，尤其是女人不要干政。她说："母鸡司晨，终非正道，妇人预闻政事，亦为不祥。"可是，唐太宗有时却坚持要听她的看法，长孙皇后拗不过，说出八个字："居安思危，任贤纳谏。"

这八个字虽然是长孙皇后脱口而出，其实是已经过深思熟虑，是长孙皇后长期以来，跟随太宗、观察太宗、分析太宗的结果。至今一些政要人物常常把这八字方针作为座右铭，贴在办公室的墙壁上或自己的床头上，但很少有人知道这句名言出自一个女人之口，出于长孙皇后之口，这八个字既给唐太宗指明了方向，又没有细枝末节的建议和束缚。

魏徵就是长孙皇后从唐太宗手中救下的一个谏臣，魏徵爱挑唐太宗毛病，他对国家大事常常直言不讳，敢于坚持自己的真知灼见，不看皇帝的脸色行事，是什么事，就怎么说。对唐太宗的一些不当的行为和政策，也是直截了当地正面指出，并力劝他改正，唐太宗对他又敬又怕，称他是"忠谏之臣"，但有时在一些小事上魏徵也不放过，甚至小题大做，让唐太宗常常觉得面子上过不去。一次，唐太宗心血来潮，带了一大群护卫近臣，要到郊外狩猎。正要出宫门时，迎面遇上了魏徵，魏徵问明了情况，当即对唐太宗进言道："眼下时值仲春，万物萌生，禽兽哺幼，不宜狩猎，还请陛下返宫。"

唐太宗当时兴趣正浓，心想：一个富拥天下的堂堂天子，好不容易抽时间出去消遣一次，就是打些哺幼的禽兽又怎么样呢？于是请魏徵让到一旁，自己仍坚持出游。魏徵却不肯妥协，站在路中央坚决拦住唐太宗的去路，唐太宗气愤至极，下马气冲冲地返回宫中。

唐太宗回宫见到了长孙皇后，还念叨不休。他说："一定要杀掉魏徵这个老顽固，才能一泄我心头之恨！"

长孙皇后柔声细语问明了缘由，眉头一皱，计上心来。她悄悄地回到内室穿戴上礼服,然后庄重地来到唐太宗面前,叩首即拜,口中直称:"恭祝陛下,贺喜陛下!"

她这一举动弄得唐太宗满头雾水,成了丈二的和尚摸不着头脑,不知她葫芦里卖的什么药,因而吃惊地问:"何事如此慎重?"长孙皇后一本正经地回答:"妾闻主明才有臣直,今魏徵直言,由此可见陛下英明,妾故恭祝陛下!"唐太宗听了心中一怔,觉得皇后说的甚是在理,于是满天阴云随之而消。

长孙皇后不仅救了魏徵一命,还派人赐给魏徵钱财,并传口讯说:"闻公正直,如今见之,故以相赏;公宜常秉此心,不要转移。"君昏臣糊,君明则臣明,魏徵得到长孙皇后的支持和鼓励,认为这是唐太宗的充分肯定,更加尽忠尽力。也正因为有这样一些赤胆忠心的谏臣,才使唐太宗避免了许多过失,成为一位圣明君王。

长孙皇后辅佐唐太宗,公正明智地处理方方面面的关系,常常把好处让给别人,把困难留给自己,宁可自己吃亏,也不让别人吃亏,深得宫中上上下下的敬佩,无形之中拥有了很大威信和权力,谁都愿意听从她的安排,甚至感觉听她的话、按照她的安排办事是一种荣耀。

长孙无忌是长孙皇后的哥哥,文武双全,早年即与唐太宗是至交,并跟随唐太宗出生入死,立下了赫赫功勋,本应位居高官,俸禄比别人多,但因为他的妹妹是皇后,反而处处避嫌,以免给别人留下话柄。

唐太宗想让长孙无忌担任宰相,长孙皇后却奏称:"妾既然已托身皇宫,位极至尊,实在不愿意兄弟同朝为官,以成一家之政,我们不能像汉代吕氏那样,把亲戚朋友都安排到朝廷来。请你不要以妾兄为宰相!"

唐太宗则不以为然,觉得让长孙无忌任宰相凭的是他的功勋与才干,不存在"朝里有人好做官"的原因,与长孙皇后无关,完全是"任人不避亲疏,唯才是用"。而长孙无忌也很顾忌妹妹的地位、情面和关系,不愿意位极人臣。

万不得已,唐太宗只好让他作开府仪同三司,职位清高而不实际掌管政事,长孙无忌仍要推辞,说:"臣为外戚,任臣为高官,恐天下人说陛下为私。"唐太宗正色道:"朕为官择人,唯才是用。如果无才,虽亲不用;如果有才,虽仇不避。今日之举,并非私亲也。"长孙无忌这才答应下来。

勤俭节约

长孙皇后辅佐唐太宗,处处以身作则,率先垂范,张弛有度,以理服人,以情动人,为唐太宗治国政策的施行做出了榜样,同时在后宫长孙皇后极力主张勤俭节约,不铺张浪费。

长孙皇后出身显贵之家,又富拥天下,但她却一直坚持着节俭简朴的生活方式,衣服用品都不讲求豪奢华美,一件衣服总是洗了再穿,穿了再洗,甚至穿补丁衣服;饮食宴庆也以节俭为美,从不铺张,往往一些剩饭剩菜"打包",下顿再吃,因而也带动了后宫之中

的朴实风尚；她不争风，不吃醋，不一心争得专宠，反而常规劝唐太宗要公平地对待每一位嫔妃，别显得谁亲谁疏，谁远谁近。

长孙皇后与唐太宗的长子李承乾自幼便被立为太子，由他的乳母遂安夫人总管太子东宫的日常生活和事务。当时宫中实行节俭开支的制度，太子宫中也不例外，费用十分拮据，生活开支有限。

遂安夫人时常在长孙皇后面前嘀咕，说什么"太子贵为未来君王，理应受天下之供养，然而现在用度捉襟见肘，一应器物都很寒碜。"因而屡次要求增加费用。但长孙皇后并不因为是自己的爱子就违背制度，网开一面，她说："身为储君，来日方长，所患者德不立而名不扬，何患器物之短缺与用度之不足啊！"她说得入情入理，令遂安夫人佩服得五体投地。

长乐公主从小养尊处优，是唐太宗与长孙皇后的掌上明珠，是娇贵的金枝玉叶。将出嫁时，她向父母撒娇提出，所配嫁妆要比永嘉公主加倍。永嘉公主是唐太宗的姐姐，正逢唐初百业待兴之际出嫁，婚事从简，嫁妆从朴，长乐公主出嫁时已值贞观盛世，国力强盛，公主要求增添些嫁妆似乎并不过分，可是这事被魏徵得知，他上朝时劝谏道："长乐公主之礼若过于永嘉公主，于情于理皆不合，长幼有序，规制有定，还望陛下不要授人话柄！"唐太宗却对这番话不以为然，因为时代不同，情况有变，未必就非要死守陈规。

回宫后，唐太宗随口把魏徵的话告诉了长孙皇后，长孙皇后却对此十分重视，她称赞道："常闻陛下礼重魏徵，殊未知其故；今闻其谏言，实乃引礼义抑人主之私情，乃知真社稷之臣也。妾与陛下结发为夫妇，情深义重，仍恐陛下高位，每言必先察陛下颜色，不敢轻易冒犯；魏徵以人臣之疏远，能抗言如此，实为难得，陛下不可不从啊。"于是，长孙皇后对女儿动之以情，晓之以理，在长孙皇后的操持下，长乐公主带着不甚丰厚的嫁妆高高兴兴出嫁了。

贤惠大气

人说长孙皇后是"安国保家"的一位聪明的皇后，此言非虚，唐太宗继位后，唐朝正处于开国伊始，百业待兴时期，万民需要休养生息，皇家贵族则不可大肆铺张浪费，极尽豪华奢侈造成又一起民怨，而好不容易打下来的江山自然不能安稳，作为一国之母的皇后，长孙皇后能以身作则在皇宫里勤俭节约，这完全是支持自己丈夫治国安邦的良策，要做到这一点，长孙皇后定有非常女性具备的贤惠大气。

建国初期，长孙皇后一再建议唐太宗说"居安思危，任贤纳谏"，这就是长孙皇后的安国总方针。长孙皇后"保家"策略就是不让外戚沾权，而在中国历史上，外戚一直在左右朝中的大事，它们是一个很特别的阶层。它们没有功臣们的能力和勋绩，也不像贵族们有着盘根错节的社会关系和显赫的身世，甚至还不像宦官与皇帝有着特殊的亲近。他们能得到他们本来根本无法得到的一切，只因为他们的家族中出了一个皇后女人。由于这个女人是皇上最宠爱的女人，他们便轻而易举地飞黄腾达，享受高官厚禄。然而，把身家性命、仕途前程维系在一个主要是以色相取胜的女人身上是十分危险的。色衰爱弛，宫廷内外又无处不在倾轧，称为皇后的女人随时有被摘帽的危险。何况，外戚们的平步青云一步登天，很容易引起妒忌，成为朝臣攻击的首选目标；更何况，突然间的富贵易使人利令智昏，外戚们会不由自主地颐指气使，目空一切，肆无忌惮，从而种下祸根。

历代皇后及外戚中，有许多凭着裙带关系而飞黄腾达的，但最后的结局往往是爬得高跌得狠，被流放监禁、满门抄斩者屡见不鲜，为了避免"赤族夷宗"的下场，长孙皇后实行"不参与国事""不做重臣"，保全了自己亲族，长孙皇后如此作法很简单，但历史上很多皇后宠妃，却没有几人能做到。

垂帘听政

——唐高宗李治皇后武则天

名人档案

武则天：名曌,唐太宗赐名武媚,后称帝后以武曌为名。祖籍山西文水,生于唐都长安。唐开国功臣武士彟次女,母亲杨氏。唐高宗时为皇后(655~683)、唐中宗和唐睿宗时为皇太后(683~690),后自立为武周皇帝(690~705),改国号"唐"为"周",定都洛阳,并号其为"神都"。史称"武周",705年退位。武则天也是一位女诗人和政治家。

生卒时间:624年2月17日~705年12月16日。

安葬之地:乾陵。

性格特点:善谋心计,心狠手辣,兼涉文史,富有才气。

历史功过:其执政的半个世纪中,社会经济呈现政绩辉煌,国威大振。

寺中尼姑

现在是永徽元年(650年)五月二十六日,去年今日,万民景仰的贞观大帝驾崩了。

如今新皇帝高宗李治,正率领百官和后宫嫔妃前来感业寺降香,以祭奠亡父的在天之灵。感业寺打扫得干干净净,纤尘不染。寺内修行的不是和尚,而是为数众多的尼姑,她们表情肃穆,穿着黑白相间的道袍,里里外外地忙碌着。

祭奠的队伍迤逦而来,正是初夏,天气已然燥热起来,寺外的大柳树垂下万条绿枝,在弱风吹拂下,翩然而动。早有小尼姑过来用清水洗净了寺前街道,铺好红毡,一直延伸

后妃公主

到大雄宝殿。

时间不长,李治就到了。新皇帝今日很精神,浑身上下喜气洋洋,倒不像是来降香祝祭的,而像是为赏玩初夏的景致而来。贞观朝的元老,长孙无忌、褚遂良等,却如丧考妣,未至庙门,已经是悲痛难当,泪水涌落了。

新人欢喜旧人哭,不知在天的李世民看到会做何感想。

忽然,喤!喤!喤!三声巨响,撼天动地,感业寺的住持知道新皇到了,忙让闲杂的小尼姑闪了,带领前头体面的众尼迎了出来。迎进去以后,忙不迭地歌功颂德,歇了一会儿,饮了几口清茶淡水,便向大殿里去。

大殿里早就摆好了香案,李治走过来,手握着一簇香,香烟缭绕,在淡淡的蓝色烟雾中,就看这位新皇帝嘴里不知嘟囔着什么,乜斜着眼,怪里怪气地倒身下拜。

降香祭奠不过如此,不过是做给世人看的,几分钟就完了。贴身的太监过来对住持说,皇上乏了,闲杂人等都散了吧,休息的地方准备得怎么样了?

住持念了声无量佛,早就准备好了,后园子内,僻静人少,极好的休息地方!贴身的太监听了,不住地点头,费心了,皇上自不会亏待你们!说着,进去扶李治出来,跟着住持往后园子里去了。

这感业寺原是先朝的深宅大府,改朝换代以后,无处发落才重修成了寺庙。重修的时候,后园子没动,按原貌留在那里,李世民死后,他那群小老婆无法处置,就一概送到感业寺里,落发为尼,因地方不够,一部分就住到后园子里。

说话间就到了,虽说是个后园子,却也占地甚广,方圆也有几十里地大。靠西边是一溜殿阁,中间是正殿,飞檐拱瓦,翠竹掩映,名曰滴翠宫。园子中心是个大海子,上面修的人工岛,养着野鸭、鸳鸯。最东边是一片苗圃,奇花异草,应有尽有。

住持把李治领到滴翠宫,李治一看环境非常满意,殿内异香扑鼻,显然事先用香熏了又熏。歪在床榻上,透过窗子,就能见到外头的海子,像是看一幅水墨丹青。住持不敢在里面逗留,说了几句闲话就出来了,在外面的游廊上待命。

大约过了一盏茶的工夫,门一开,贴身太监从里面出来,住持抢上去说,怎么样,皇上叫了没叫?太监说,那还用说,要不然长安的和尚庙姑子庵不下千所,为什么偏选了你这一处?快去领来,莫让皇上等急了。

住持转身去了,没过多久,却自己回来了。太监正在门口左右张望呢,见回来了就问,怎么回事?怎么你一个人回来了?住持支支吾吾地说,生气了,在那里哭哭啼啼的,叫我把这个交给皇上。说着从袖兜里掏出一封短笺来交与那太监,太监接了,不敢擅自做主,转身进去,交给李治看。

李治忙问,如何?太监摇摇头,递上手中的纸笺,一脸的无可奈何。李治忙接过来看,见是一幅海棠花的纸笺,上面歪歪斜斜地写着一首诗,字虽称不上有功夫,但却秀丽飘逸,一看就知道出自女子之手,诗曰:

看朱成碧思纷纷,憔悴支离为忆君。

不信比来长下泪,开箱验取石榴裙。

字里行间,泪痕斑斑,一看就知道一边流着泪一边写的。大意是,春去也,红花都谢了,夏来也,到处碧树成荫,我面容憔悴支离都是因为你,自上次分别以来,我没一日不哭的,不信等我穿上石榴裙让你看看泪痕。

李治看了,露出满脸的怜意,一边浅笑,一边翻来覆去地读这首诗。摆手把太监叫过来,对他耳语了几句,太监会意,转身到了门外,对住持说,麻烦再跑一趟吧,皇上在里边发怒了,直摔杯子摔碗呢,要是还不来,你我这吃饭的家伙都得搬家,还不快去!

住持满脸苦笑,一面胡乱应着,一面说,不是我不出力,只是她这次真的恼了,皇上一去就是一年半载的,她在这儿就像鲜花骨朵打了蔫,伤心绝望了好一阵子,这会子去叫她不是找倒霉吗?太监说,甭啰唆了,你自有办法,别不识抬举,这次再叫不来,小心你的皮!住持无奈只好又去了。

这次时间比上次还长。太监急得在门外直绕圈子,额头的汗也滚下来了。好不容易等到住持回来,后面跟着一个年轻的尼姑。太监忙过来行礼,年轻尼姑赶紧揽住,这边住持把门推开,年轻尼姑迈步就进去了。

住持欲往里边瞧,太监伸手拦住,松了一口气说,行了,没咱俩的事了,该哪凉快往哪凉快去。说着与住持一起,跑到前边海子边上看野鸭子打架去了。

不知怎的,滴翠宫外的竹林里突然起了风,一阵瑟瑟作响。好一阵子,风才缓了下来,燥热的天气因此凉快了许多。

年轻女尼刚进来的时候,正是风起的时候,吹得衣袂飘摆,好像天外来的仙人一样。

李治先是一愣,然后跑过去将女尼揽在怀中,柔声细语地说,媚娘,你怎么才来,想煞我了!媚娘说,哼,我还以为皇太子把我忘了呢,不,应该称皇上,我哪里入得了皇上的心呢!说着,泪水吧嗒往下掉。

李治心疼地把她抱紧,安慰她说,我不是看你来了吗?我在宫中无时无刻不思念你,也过得甚是凄苦,要不是怕那些老臣讲闲话,我早就把你接进宫去了,何必受这两地相思之苦?

媚娘说,你也不用花言巧语地来哄我,早知今日,何必当初,你父皇病了的时候,咱们就不该……话到伤心处,媚娘的心里委屈万状,泪如雨下。李治也没有办法,只有无声叹息,事到如今,既然没办法接她入宫,说什么也是枉然。

两个人依偎在一起,无限恩爱,只是一肚子苦水倒不出。拥抱了好一阵子,李治才说,如今咱俩的事,还要从长计议,着急不得,我现在做了天子,凡事都要小心,何况咱们名不正言不顺,难以让天下人信服。

媚娘泪眼婆娑,娇嗔地说,我不管,我不管,反正我是你的人了,成天待在这座破姑子庵做什么,难道要念一辈子经不成?万一哪天你被别的女人勾搭去了,我岂不永无出头之日了,我这身心都给了你,你要是那样,我就活不成了。

李治忙说,不会,我对天发誓,我一定会接你入宫的,你只管放心在此等候,别做他想,等我摆平了那些老顽固,就光明正大地将你接进去,我们就可长相厮守了。媚娘见李治许下诺言,心中安定了许多,自然风情万种,如胶似漆地恩爱一番。

从此之后，李治经常到这感业寺来，开始时打着这样那样的幌子，后来干脆省了那些劳什子，堂堂正正地来往，也不怕别人说什么。来这儿的目的只有一个，就是与那年轻的尼姑媚娘相会。

媚娘何许人也，竟让李治如此神魂颠倒？

视女如宝

要问媚娘何许来历，还要从她的老爹武士彟说起。

武士彟是山西文水人。武家从来都不是名门望族，社会地位与唐初的崔、卢、王、李、郑五大郡姓没有可比性，祖上也只做过幕僚式的小官，到了武士彟这一辈，连芝麻小官都没得做了，无奈只好放下体面，做起了"末商"之流。

古代社会中，士、农、工、商四个阶层，做商人的排在末位，故称为"末商。"

不过武士彟有头脑，经商有道。隋朝末年，隋炀帝好大喜功，大肆营造宫室，大兴土木工程，武士彟抓住市场时机，搞起了木材生意，没想到第一桶金挖得真准，几个月的工夫，赚了个盆满钵满。

无论古今，钱都是硬通货，腰里揣着孔方兄，无论走到哪，说话都好使。武士彟发了以后，并没有成为令人鄙视的守财奴，而是重义轻财，笼络了不少江湖弟兄。那时天下方乱，没有点私人力量，干什么都不顺利。

到了结婚的年龄，虽说家族不是显贵，但家资万贯，谁也不敢小瞧。武士彟向来门第观念很淡薄，什么出身不大放在心上，娶了一位退役军官的女儿做老婆。

他的那位老丈人在军队里还有些故旧，花钱送礼，帮武士彟在军队谋了个"队正"干，大致管辖五十人左右，相当于现在的连长。当上连长后，武士彟并没有忘本，一有机会还不忘捞上一把。

大业元年（605年），隋炀帝要营建东都洛阳，差事交给堂弟杨达、宰相杨素和宇文恺去办。

武士彟一看，商机无限啊，就从军队跑出来，备下重礼，托关系找门路，终于见到了总负责人杨达。

杨达一看武士彟，面相敦厚，谈吐不凡，十分爱惜，就把他介绍给其他负责工程项目的高官认识。其中有一位官拜殿前少监、卫尉少卿的人物，对武士彟的未来影响深远，其名曰李渊，即未来的唐高祖。

武士彟洛阳此行，收获巨大，一是谈成了一笔生意，大赚特赚了一笔；二也是最重要的，认识了李渊，这是意外收获。武士彟当时是不知道好处的，不知未来的富贵，未来飞黄腾达的政治前程，全都系于此人身上。因此，结识李渊倒比挣了一大笔钱还要意义重大。

时间到了大业十一年（615年），李渊被派到山西一带对付造反分子，途中借宿武士

鄂家。武士鄂晚上举行盛大宴会招待李渊,以尽地主之谊,故两人关系又拉近一层。武士鄂凭感觉认为李渊绝非久居人下之辈,于是倾心结交,相谈甚欢。

大业十三年(617年),李渊任太原留守,把武士鄂叫到太原,任行军司铠,就是掌管太原府的兵器军备,相当于总装备部长。

当时,李渊已经有了起事的心思,但准备力量不足,因此一直隐忍不发,暗中叫次子李世民与谋士刘文静招兵买马。谁知道,动作太大,引起了副留守王威的怀疑。

王威是忠于隋朝的,眼见着李渊打着防范突厥、征讨刘武周的幌子加大自己的军事实力,日夜不安,莫非唐公李渊也要反隋?

王威曾就此事征询过武士鄂的意见。武士鄂早就下定决心,要跟着李渊一起闹革命,就掩盖说,不可能,唐公世受皇恩,又委以重任,绝不会造反的。王威本来就没有胆子挑战李渊,听武士鄂这样一说,虽说还不放心,却不敢找麻烦。

武士鄂既上了贼船,就没有走回头路的道理,王威已经起了疑心,一旦跑回长安告密,事情就难以收拾了,唐公啊,还犹豫什么,此时不反更待何时?

为了帮助李渊下定起兵的决心,武士鄂写了一份报告。报告中称,我时常听到天空中有一种声音,高唱"唐公当有天下!"还经常做同一个梦,梦到唐公骑马登天,双手揽住日月,乾坤顿时失色,这正是唐公欲主天下的征兆啊,不可不察。

李渊信以为真,对武士鄂说,既然你这样看,我就放心了,我也觉得差不多了,事情一旦成功,当与你同富贵!

这年五月,李渊杀死王威,开始造反了。武士鄂有从龙之功,被任命为中郎将兼司铠参军,管的仍是装备部,但这回意义不同了,上次是太原府的,而这次要随着李渊杀奔长安,一旦王天下,前途不可限量。

后来,李渊在长安建立了唐朝,论功行赏,武士鄂便以二等开国功臣得授金紫光禄大夫、封太原郡公,不久又升工部尚书、加封"应国公"。公爵是世袭的,武士鄂摇身一变,从末流的小商人变成了当朝新贵,恍若做梦一般。

然而这等殊荣,武士鄂的原配夫人却无福享受,还没等攻下长安就一命呜呼了。武士鄂一直忙于公务,无暇顾及妻儿老小,老婆去世都没回家,李渊心有不忍,亲自为武士鄂安排了续弦的事情。

这位续弦,武士鄂并不陌生,乃是大恩人杨达之女,因杨达死在炀帝征高丽的途中,父亲死后,女儿不肯嫁人,守着一处佛堂,念经超度,不与外界交流。但她不是普通女子,没学过针织刺绣,却读过不少书,经、史、子、集,广泛涉猎,学问很是渊博。

圣人说过,女子无才便是德,非常有道理。女子才高,心气就高,找婆家就不好找,高不成低不就,婚事一拖再拖,转眼就是大龄青年,愁死家人。这位杨氏大概也是这种情况,要不是皇帝亲自保媒,她恐怕还要当一阵子姑娘呢。

武德五年(622年),由李渊亲自主婚,武士鄂和杨氏喜结连理。婚后夫妻感情很好,武德六年(623年),杨氏生下一女,昵称"大囡",武德七年(624年),又生下一女,昵称"二囡",这位"二囡"就是前文所说的媚娘,也是后来不可一世的武则天。

媚娘生下来不久,武士彟被外放到扬州做大都督长史。原因是赵郡王李孝恭被人诬告图谋造反,李渊将其投入大狱,等待审查。原来的长史李靖被调往与突厥作战的前线,扬州无人料理,朝廷就委派武士彟接替李靖。

武士彟不辱使命,半年时间,扬州地界风平浪静,生产恢复得很快,临到进京述职的时候,扬州人民不愿意武士彟走,希望其将任期延期一年,因此不但武士郡没有离开,杨氏也带着女儿赶来团聚。

谁承想,武士彟从此再没回中央任职,一直外任,直到死在赴任荆州的途中。外任也有外任的好处,可以远离宫廷斗争,避免杀身之祸。

武德九年(626年),武士彟在外当官,皇宫发生了著名的玄武门之变,李世民成功地击败太子建成和齐王元吉,成了唐朝的新主人。一朝天子一朝臣,李世民为了防止武德元勋在外作乱,纷纷召回长安,另作安排。

武士彟也在被召之列,但留京不久,便又被派到豫州当都督去了,这一点足以说明新皇帝李世民对武士彟是信任的。不过,即使如此,武士彟再也不可能得到武德年间那样的宠爱和重用了。他的内敛使他免受清洗,也算是对他失意后的补偿。

只是苦了幼小的媚娘,尚未离襁褓,就得跟随老爹过上颠沛的生活。不过,她还是蛮自豪的,她的老爹是个出色的装备部长,深受百姓的爱戴,而且最重要的,把女儿视若珍宝,这一点就足够了。

相面入宫

在豫州待了一年,武士彟又被派到利州做都督去了。

利州地处绵谷,归蜀地辖管,向来被认作武则天的诞生之地。持此观点的大有人在,那里有多处遗迹可为佐证,例如"武则天坝""天后梳洗楼"等,此外还有"黑龙潭感孕"一说。相传,利州有一湖名曰黑龙潭,杨氏曾荡舟湖上,忽有一黑龙追随游弋,久久不去,故而感孕,生下武则天。大诗人李商隐还煞有介事地写了一首诗,记载的就是这件事。

可是上文说过,武则天武德七年(624年)诞生于长安是毋庸置疑的,诞生于利州的说法不过是某些人一厢情愿。可以肯定的是,武则天在利州度过了四年的童年生活。

这四年无疑是幸福的,老爹公事不多,有大量的时间与女儿一起玩耍,平时所写的奏书文告,对将来媚娘帮助李治处理政事也大有裨益。杨氏作为大家闺秀的优势也显露出来,她没教给媚娘针织女工,而是教她识字、读书,将自己所掌握的知识悉心传授。

媚娘对母亲教的不甚了解,但随着年龄增长,这种蒙学的好处自然就会显现。通俗地讲,一般的女孩,除了漂亮以外,一无是处,媚娘却还有满腹的才华,美丽的容颜加上超人的才华,一旦鲤鱼跃龙门,前途就不可限量。

成都有一个大名鼎鼎的术士,名曰袁天罡,这个人十分了得,能掐会算,相面术独步当时,至今民间仍认为他是麻衣神相的首创者,《推背图》也是他创作的,据说是一部能够

预言未来的大著，相传他还擅长一种通过称量骨重而推演命运的相术，神乎其神。

从古至今，这种人最有市场，上至达官贵人，下到黔首黎民，都信这个，还不用说袁天师，就是一个普通的问卜打卦的，走到哪都受礼遇。不问苍生问鬼神，历代帝王将相尤好此道，倒没什么特别的，趋吉避凶，万事图个吉利而已。

这一年，袁天师北上，要到长安去。因他是一条大龙，成都小庙养不起，要到大庙深山。长安乃是京都，首善之区，没有比这儿更大的庙了，高官贵族又都信服，连贞观大帝都要跟他商量事情，因此袁天师移动仙躯，日夜兼程，丝毫不敢耽搁。

行至利州，武士彟听说了，忙放下手中公事，亲自带领下属到城外迎接。这位大罗神仙，身穿八卦仙衣，头戴道冠，手擎着拂尘，俨然太上老君降世。那些早来的城中百姓都伏地跪拜，"无量天尊，无量天尊"地喊个不停。

武士彟见袁天师仙风道骨，超凡脱俗，心里也虔敬非常，请到都督府下榻。不过说了些屁话，无甚紧要。到了晚上，素斋素饭摆了一桌子，算是家宴，杨氏带着几个儿女也一起陪同用膳。

武士彟就说，老天师，一路辛苦，略备素斋，请放心享用，此次奉诏进京，天下皆知，道门荣耀，可喜可贺！

袁天师回说，皇上圣明，不过约我谈一些养生之道，修炼之法，以期得以延年益寿，如此贤明的君王，如果能寿与天齐，也是普天之下老百姓的恩泽。

武士彟颔首称是，忙劝了一杯素酒，因说，皇上自然洪福齐天，老天师，我也有一事相烦，请为我妻儿相上一面，不胜感激。

说着，指了指杨氏，那是拙荆，请高抬法眼，直说无妨。袁天师略端详了一下杨氏，低头抿了一口茶，徐徐说道，贵夫人骨相非凡，所生的孩子都将成为贵人。

武士彟又指着前妻所生的元庆、元爽两个儿子说，这是前妻所生，母已故去，命运如何？袁天师看也不看，只说，官也能做到刺史，堪称保家之主，但恐怕不得善终。武士彟听了，皱皱眉头，满脸戚容。

又拉过杨氏所生的大姐来，就是那个昵称"大囡"的，因怕人看，哇哇地哭了。袁天师看了，哼了一声说，也想大富大贵，可惜对她的丈夫不利。说罢，转过头去，不愿再看。

又指了指奶妈抱着的"二囡"，即媚娘，时年方五岁，杨氏把她打扮得男孩一样，穿小男孩的衣服、鞋子和帽子。袁天师一看，眼睛顿时就瞪圆了，揉了揉又仔细端详，看了好长时间，才说，这个小男孩神采傲然，清明灵澈，前途不可限量。

一边说一边捋髯，不住地颔首，又说，放到地上走一走，我再看来。奶妈就把媚娘放到地上，小媚娘毫不怯场，大模大样地走了一番。袁天师哈哈大笑，朗朗说道，妙哉，妙哉，此儿龙睛凤颈，富贵至极，只可惜是个男孩，要是个女孩，将来必定成为天下之主！

袁天师只在武家逗留了一晚，翌日大清早就离开了。武士彟对他的话也不敢相信，传出去也不好，没有神仙的日子，一切如旧，一旦闲下来总掂量袁天师那几句话，心中不住怀疑，他怎么就没看出男孩装束的媚娘是个女孩呢？

不管信与不信，武士彟算是无福等到媚娘鹏程大展的那一刻。

贞观九年(635 年)五月,大唐王朝的创立者李渊龙驭上宾,消息传到利州,武士彟悲痛成疾,一病不起。他原是哮喘病,经不起感情的巨大波动,噩耗传来,竟然一连数天呕血不止,挨了不过十天,就撒手西去了。

这一年,小媚娘刚满十一岁。紧接而来的少年岁月,一定会因为缺少父爱而变得凄清冷淡。杨氏也没法在利州待了,带领阖家老小回奔原籍——山西文水。

无奈人情冷暖,世态炎凉,山西文水的武家本因武士彟而崛起,但杨氏来奔却遭受冷遇,前妻所生的元庆、元爽也渐渐对庶母不尊,时常顶撞。杨氏一见山西不能容身,便又启程投靠长安堂兄杨师道。

这辗转一路,多少风霜辛苦,小媚娘深有感悟。到了京城,舅舅杨师道非常欢迎,这才结束了颠簸之苦,虽寄人篱下,也算有个可以安顿的地方。杨师道也不是简单人物,乃是李渊的乘龙快婿,桂阳公主的丈夫。

桂阳公主非常喜欢小媚娘,常带着她去参加一些宫廷沙龙。所谓的沙龙,无非长安贵妇、后宫嫔妃们聚会的地方,小媚娘貌美才高,渐渐在沙龙中声名鹊起,周围也围拢了不少人,都是看媚娘大有前途而有心结交的。

得益于此,小媚娘终于有了改变命运的机会。

贞观十年(636 年),长孙皇后薨逝,又因李世民仁慈,前后几次放归宫女,导致后宫空虚,为了充实后宫,内侍省决定从官宦人家遴选才人。其中,李世民钦点了武士彟的女儿媚娘,大概就是出于桂阳公主和沙龙中后宫妃嫔的荐引。

诏书一下,杨氏就起了悲声,想到历朝历代一旦身入皇宫大内,没有一个不是晚景凄凉惨淡的,即使受到皇帝宠爱,也是一时而不得永世,因此兴悲。媚娘就劝,侍候天子岂知就不是好事?用不着哭哭啼啼的。

入宫后,李世民接见她,看她姿容秀丽,秋波婉转,眼角眉梢似有诉说不尽的情趣意味,勾魂摄魄,因此赐名"武媚",媚娘之称也从此而来。与她同时进宫的,还有那位温柔体贴的徐惠。

这里谈及徐惠,无非是证明这批才人受宠的是徐惠,媚娘并没有得宠,只是作为女官,负责管理文书、宴会或是音乐方面的闲杂事宜。

虽然如此,媚娘在陪侍李世民期间并非没有亮点可书写。

一年,大宛进献宝马,名曰狮子骢,又肥壮又野性,性情暴烈,无人能制,媚娘就对李世民说,皇上,妾能对付它,不过需要三件器物——一条铁鞭、一柄铁锤、一把匕首,铁鞭打不服,就用铁锤凿,还不管用,就用匕首割断喉咙,此马必被制服。

这么残酷的办法,李世民不但不生气,反而"壮其志",就是大加赞赏、鼓励,一方面说明了媚娘有手段;另一方面也说明了李世民不太喜欢性格太刚强的女人,他也是至刚至强的性子,两强相遇,必有一折,因此媚娘难受宠爱。

才人的生涯一直延续到李世民死掉,前后长达十一年,在此期间,媚娘一直没受宠幸。塞翁失马,焉知非福。没能登上龙床,媚娘便有更多时间关心政务,积累了大量的政治经验,尤其贞观大帝的帝王之术,她感受极深,为将来自己主政打下了坚实基础。

另一个重要的收获,就是李世民的儿子,老九李治,偷偷地爱上了这位名义上的庶母,大概是爱情互补定律起了作用,更主要的是,这位老九,已经正式选做贞观大帝的接班人——下一任皇帝。

私通老九

这位老九名曰李治,小名唤作"雉奴",是长孙皇后的第三个儿子。

长孙皇后为李世民育有三子,李承乾、李泰和李治,他们都是嫡出,最有可能成为储君,但自古储君之路就是一片血途,胜出者无不经历了一番血雨腥风。即使储君之位已经确立了,也难免有觊觎之徒,暗怀夺嫡之志,致使兄弟反目,父子成仇。

武德九年(626年)十月,玄武门事变后,李世民立嫡长子李承乾为太子,那时候李承乾刚八岁,李治还没出生呢。

小时候的李承乾聪明伶俐,李世民十分喜欢,但长大了,竟变了一个人。太子的位子坐稳了以后,原形毕露,当着老爹一个样,谦恭知礼,言必称仁孝,背着老爹又一个样,与群小厮混,不成体统。

东宫是堂堂的潜龙府邸,竟被太子当作游戏场所,不知从哪弄来一些突厥人的衣服、帐篷,让群小穿上突厥服装,住在突厥帐篷里,说咿咿呀呀的突厥话,还派出去到长安郊区的农家强抢来牛羊,在大殿前支起大锅,杀牛宰羊,大快朵颐。

李承乾呢,扮作突厥可汗,躺在地上假死,群小围着他跳突厥舞蹈,他突然跃起来吓人,以此为乐。还经常说,将来我做了天子,要随心所欲,胆敢进谏的,杀之,杀够了五百,我看还有没有敢乱讲闲话的。

那些太子的老师一是不敢管,二是管不了,就连太子的亲舅舅长孙无忌都拿他没办法,渐渐失去信心。李世民有所耳闻,便动了废太子的念头。

当太子胡闹的时候,另一位皇子却在偷偷地笑,就是长孙皇后的二儿子魏王李泰。

李泰比太子强多了,喜欢读书,富于文采,但心术不正,一直觊觎太子之位。又看到哥哥那样,更加坚定了夺嫡之志,上面讨好老爹,下面笼络了一批朝臣,渐渐成为一股不可小觑的政治势力。

李世民对李泰也很喜欢,因其喜好文学,专门为其设立了文学馆,李泰也不负所望,组织编纂了《括地志》一书,颇得老爹的赞许,也多了一份争夺太子之位的砝码。

太子也看出李泰那点猫腻,就派人刺杀他,但没有成功,一计不成又生一计,叫人伪称魏王门客,上了一道捏造魏王种种不轨的折子,李世民看了吃了一惊,就派人彻查,谁知尽是子虚乌有,因此越发不满意太子。

太子心生恐惧,担心老爹会废掉他,就召集了对李世民怀有不满的汉王李元昌、大将侯君集,准备拥兵造反。可没等他们有动作呢,齐王李佑抢先发动政变。

齐王谋反失败,按理说对太子是个警示,他就该偃旗息鼓,老实一阵子,可是不知吃错了什么药,竟大言不惭地说,齐王想要造反,为什么不与我联合,我这里距离大内不过二十步远,顷刻即到,比齐王可近多了。言外之意就是,要干掉老爹,我这儿最方便。

这话不知怎的传到李世民耳朵里,他非常震怒,以前以为太子不过是行为不检,没想到竟到了要弑君杀父的地步,这还了得,就派长孙无忌、房玄龄等追查到底。

果然,从东宫府库查出了兵器,还从密室搜出歃血盟书,铁案如山,李世民盛怒之下,将太子贬为庶人,追随人等全都被杀死。

说起这档子事,李世民也有责任,他不该先宠太子,再恩宠魏王,既刺激了魏王的野心,又让太子如履薄冰,最终不免铤而走险。

太子被废,又将立谁呢?魏王李泰和晋王李治两个人选浮出水面。李世民原意要立李泰的,但慢慢地放弃了这个想法。他想要世人都知道,这个皇位不是靠阴谋争得的,而是有德者居之。

废太子的一番话,李世民一直记忆犹新。

太子被废后,李世民责问他。太子说,儿臣已经是太子了,还有什么要谋求的,我是被魏王所逼,要找一个保全自己的办法,没想到,别有用心的人教我干了坏事,现在,魏王如果当了太子,正好遂了他的心愿,落在他的精妙算计之中。

李世民听后心中警觉。魏王看老爹一时难以在他跟李治之间下定决心,就跑到晋王府去吓唬李治,他对李治说,你跟汉王李元昌交好,他如今事败了,你还能安枕无忧吗?唬得李治心跳加速,惶惶不可终日。毕竟是小孩子,没有主心骨。

李世民看到李治面色惊慌,一副朝不保夕的样子,就问什么原因。李治年纪小不会撒谎,就将魏王对他说的话如实禀告。

李世民恍然大悟,一拍脑门,李泰立不得!如果真立了李泰,废太子承乾和晋王李治这些兄弟们能有好下场吗?那是一条狼啊。

事先李泰还表态呢,说什么为了不辜负父皇爱晋王之心,自己若做了皇帝,有朝一日不行了,要杀子以传位晋王。何等仁爱之心,于今听来全是屁话!

李世民遂打消立李泰为太子的想法,转而决心立晋王李治为太子。

一天罢朝,备受立储一事打击的贞观大帝,叫住长孙无忌、褚遂良、房玄龄等亲近重臣,说是有事要说。长孙无忌多聪明啊,知道是立太子的事,故把晋王李治也留下。李世民没说什么,算是默允。

朝臣散去后,只听李世民长叹一声,颤抖着嗓音说,汉王元昌,废太子承乾,不忠不孝,让我寒心。说着,一头栽倒在御座上,老泪纵横,拔出身边佩刀,就要自刎。褚遂良手快,赶过去夺下佩刀,交与晋王李治。

众人都不明白,皇上葫芦里卖的什么药,自登基以来,大事不知经历过多少,再难也没见皇上要抹脖子,这次为的什么?

李世民缓缓地说,我欲立晋王李治为太子!

长孙无忌一下子心领神会,连忙说,奉诏,敢有异议者,臣请斩之!

褚遂良、房玄龄等随声附和,他们原是和长孙无忌一起支持晋王的,今见皇上终于下

定决心，没有不欢喜的，个个都高呼，皇上圣明。要是他们想到他们将来一个个全被李治和武则天收拾了，恐怕今天他们就笑不出来了。

李治被立为太子后，小心翼翼做事，虽没有什么雄才大略，但尽忠尽孝是不成问题的，做一个守成之主，也正是题中之意，因此李世民还算满意。

贞观二十一年（647年），贞观大帝病倒，李治开始听政，下朝后就守在老爹床边，尽心侍奉。老爹看他辛苦，让他到外面花园玩会儿，他都不肯，实在没办法，就让他搬进大内住，免得两边跑麻烦费力。

英明神武的贞观大帝万没有想到，正是因为他如此心疼儿子，才引出了李治和庶母媚娘的一段不伦之恋。

李治早就对这位庶母倾慕不已，当年制服狮子骢的时候，李治也在当场，年纪虽不大，却对媚娘的胆略和手段钦佩不已，老爹不喜欢这种类型的女人，他却喜欢得紧，但苦于礼节，不得亲近。

这下好了，终于可以一边侍候老爹，一边与媚娘见面了。媚娘此时也对李治有了好感，便把希望寄托在他身上，盼望有朝一日能把白白浪费的大好青春补偿回来。一来二去，两个人就好上了，竟偷偷在李世民为李治安排的别院私相会面，难免会突破防线。

大概侍候老爹这段时间，是李治一生当中最惬意的时光，也是最美丽的一段回忆，他偷偷地与媚娘约会，并许下了将来娶她的承诺，但那个时候做事简单，哪里想过从庶母过渡到老婆的难处？

封为昭仪

感业寺降香以后，李治虽常来与媚娘私会，但始终想不出万全之策把媚娘接进宫去，正愁着呢，后宫又出事了。

后宫着火，历朝历代无非是争宠夺爱。皇帝大小老婆一群，厚此薄彼，难免争风吃醋，暗地里钩心斗角，耍弄阴谋诡计。这事也不能小瞧，往往与朝中势力相串联勾结，虽是宫闱内廷的麻烦，却也牵一发而动全身。

李治的大老婆王皇后，乃是李世民亲自为儿子选定的媳妇，祖上也曾在北朝做过高官，到了唐朝就没落了，老爹不过是个小小的县令，不过她的舅舅柳奭，却是当朝的中书令，与顾命大臣长孙无忌、褚遂良等私交甚厚。

王皇后性格率直，从不刻意亲近别人，也不刻意疏远别人，对谁都不远不近的，这种天然的距离感，使人对她望而生畏。身边没笼络住可靠的人，这在后宫是非常危险的。现在之所以平安，是因为那个打破惯性的力量还没有横空出世。

李世民对这位儿媳非常认可。病重期间，一手拉着王氏，一手拉着晋王，对褚遂良等大臣说，我这对佳儿佳媳，今天就交给你们了！欢喜之情溢于言表。

长孙无忌、柳奭等都在场，看得出李世民青睐这个儿媳，又是柳奭的亲外甥女，到后来在废后风波中,这些贞观元老无不竭尽忠诚地力保王氏的皇后之位,此为后话,暂且不表。

可是,李治偏偏不乐意老爹安排的这桩婚事,更不喜欢王皇后其人。

首先,王皇后这不冷不热的性格,着实让李治讨厌,这种性格的女人多半不解风情,不懂得柔情蜜意,不懂得缠绵悱恻,就是偶尔会,也略显生硬,很难抓住老公的心,尤其是皇帝老公,后宫佳丽无数,岂有在一棵树上吊死的道理,失宠也在情理之中。

其次,王皇后无法生育,直到如今也未给李治养下一男半女,李治岂有不恨的。有人要为王皇后鸣不平了,兴许是李治本人的毛病呢,不过事实证明,不是李治的毛病,问题的确出在王皇后身上,因为别的嫔妃已经生养好几个了。

李治宠爱的另有其人,就是风情万种的萧淑妃。

萧姓乃是齐梁皇族,在唐朝虽然没落了,但也出了萧瑀这样的开国元勋。萧淑妃据说是昭明太子的后裔。不管怎么说,王皇后所缺乏的那种女人味,那种风骚妖媚的言谈举止,萧淑妃可是擅长得很。

除了去感业寺私会媚娘,李治剩下的时间大都沉浸在萧淑妃的温柔之乡,把后宫统领王皇后晾在一边。萧淑妃也争气,给李治生了一子两女,令王皇后如芒在背。

王皇后因担心萧淑妃利用受宠的机会,撺掇皇上立她所生的儿子为太子,一旦如此,王皇后不但现在,将来都没好日子过了,于是就联合长孙无忌等朝中重臣,拥立李治的长子李忠为太子。

李忠并非嫡出,但王皇后养着,呼王皇后为母。李治一看,立就立吧,无嫡立长,这也符合原则。李治此时心思都在媚娘和萧淑妃身上,至于王皇后鼓捣什么,他才不往心里去呢。

李忠被立为太子后,情况依然没有得到改变,王皇后照样独守空房,萧淑妃夜夜承欢,几乎霸占了李治的床笫私宠。

王皇后情急之下,又想出一条计策。她知道李治经常到感业寺去,为的是私会落发为尼的武媚娘,这已不是什么新鲜事,宫中尽人皆知。王皇后知道媚娘在李治心目中的地位,就生出妙计,要把媚娘弄进宫来,联手制衡萧淑妃。

一天,王皇后出人意料地驾临感业寺,住持迎出来的时候,心里怦怦直跳,担心皇后是兴师问罪来的。这感业寺,原本该是清静之地,却成了皇上私藏情妇的地方。

住持手足无措,早把阿弥陀佛念了千声,垂手立着,等着王皇后发问。王皇后一看那样的窘态,失声笑了,就问:你这挨千刀的老货,这时候知道害怕了,当初干吗去了? 快去,把那个武媚娘给我叫来!

住持听了额头冒出了汗,吞吞吐吐地说:那武媚娘,她,今天……

王皇后听她胡言,厉声喝断:还不快去! 迟了要你老命! 住持哪还敢耽搁,风一阵似的去了。

没过多长时间,媚娘款款而来。媚娘脸上红扑扑的,精神焕发。

王皇后围着媚娘绕了一圈,不无醋意地说:你就是武媚娘? 媚娘不知何事,只盯着眼

前这个女人，一言不发。住持忙过来说，媚娘，这就是当今的皇后娘娘，还不赶紧行礼！媚娘多会来事，忙倒身下拜，甜言蜜语地奉承了一番。

王皇后听得心里舒服，心中暗想：要是这样的可人儿进了宫，何愁萧淑妃那狐媚子不望风溃败呢，我接引她入宫，她自然极念我的恩情，诸事也都可听我的。打定了如意算盘，走过去将跪在地上的媚娘挽起来，又不住地打量。

好一阵子才说，媚娘，论理来说，皇上如此疼你，我早就该把你接进宫去，可叹我也不贤明，这事那事的就耽误了，今天才又想起来，万不能再耽误了，一大早的顾不得别的就到这感业寺来，告诉妹妹一声，从今往后将头发蓄起来，齐全了姐姐再来接你。

媚娘一听，天赐良机，欢喜得再次跪倒，说了一大堆花言巧语，王皇后本意是想利用媚娘牵制萧淑妃，见她如此感恩戴德，觉得计划成功了一大半，因此心里也春风得意。

过了一段时间，王皇后就跟李治说，皇上，臣妾看你近来政事繁忙，顾不上休息，心里着实心疼，不如将媚娘接进宫来，一来遂了她的愿，二来也可替皇上排忧解难，免得总往感业寺跑，传出去不好听。

李治纳闷，皇后何时这等贤惠？惊讶之余，正中下怀，喃喃地说：接进来好啊！接进来好啊！不住地称赞皇后是个有心人。皇后嘴上说应该的，心里却暗恨，这回就让萧淑妃那骚女人好看！

媚娘自从皇后走后，天天盼，日日盼，夜夜盼，这头发剪掉容易，蓄起来难，好不容易三四个月过去了，头发也出落得齐全了，又焦心地等待王皇后的消息。

这种等待好似焦渴的禾苗久盼甘霖一样，望眼欲穿。左等右等，这一天终于等到了，王皇后遵守承诺，派人来交代了住持几句话，就匆匆将媚娘接进宫去了。

进宫之后，媚娘仅以宫女的身份伺候在王皇后身边，日日兢兢业业的，不敢多说话，见了李治也规规矩矩的，不像感业寺那样亲昵欢乐，不过，媚娘沉得住气，总算脱离了那死气沉沉的尼姑庵，剩下的事情就好办多了。

没多久，媚娘就发现，王皇后虽得不到皇上的宠爱，但背景不容小觑，柳奭、长孙无忌、褚遂良这些元老级的人物都是她这头的，要想在宫中立稳脚跟，离不开王皇后的扶持，因此尽心尽力，把王皇后侍候得舒舒服服的，一点毛病都挑不出来。

王皇后觉得媚娘没有异志，对自己也忠心耿耿，就跟李治夸奖媚娘，说她是难得的一个体贴入微的人，当宫女真是白搭了，不如纳为小老婆吧。李治正求之不得呢，顺水推舟，就晋封媚娘为昭仪，别置寝宫。

可是，螳螂捕蝉，黄雀在后，为了赶走前门的狼，不惜迎来后门的虎，狼是赶跑了，老虎却盘踞着不走，比狼还令人头疼。

媚娘封为昭仪后，李治不去萧淑妃那里了，王皇后那里也不去了，因为心爱的人儿不再是那里的宫女了，成天地只往媚娘的寝宫里跑。媚娘有了自己的地盘，再也不受皇后的辖制，没有几天工夫，就取代萧淑妃的地位，成了皇帝专宠的对象。

王皇后大吃了一惊，终于后悔自己开门揖盗的行为。俗话说，请神容易送神难，再想赶走媚娘是万不能的，对付起来也远比萧淑妃难得多。王皇后心里一沉，大骂媚娘忘恩负义,同时想起了萧淑妃,顿生同病相怜之情。

不行,绝不能让武媚娘得遂心愿!王皇后嗓子里咕哝出一句。

舍孩套狼

王皇后不过是路边的燕雀,媚娘却是攀山越水的鸿鹄,燕雀焉知鸿鹄之志哉!媚娘之志,绝不在跟王皇后和萧淑妃夺床争宠,眼光紧盯的却是皇后宝座。

王皇后觉察到自己的愚蠢之后,决定跟萧淑妃捐弃前嫌,结盟共同对付武昭仪。萧淑妃因为失宠也对媚娘深为怨恨,两相都是失意人,结盟的想法不谋而合。

可是,她们已走上穷途末路,没有多少日子好混了。媚娘为了实现自己的目标,开始施展手腕,一步步逼王皇后就范。

王皇后因性格率直,身边没有知心的人,说话做事又不讲究方式,得罪了不少下人,媚娘就将这些下人笼络过来,为自己效命,监视皇后的一举一动。皇后若是发牢骚,言语中对李治有所冒犯,很快就传到李治耳中,因此越发冷落她了。

永徽四年(653年),媚娘为李治养下一女,在此之前已生过一男,就是代王李弘,不过李治仍爱若珍宝,对媚娘更加宠爱。

王皇后作为后宫统领,尽管与媚娘争宠争得白热化,也要顾及李治的感受,经常过来看望。她又没有生过小孩,见了孩子,油然而生一种亲近的情愫,这也是人之常情。

过了年,虽然已聆听到春天的脚步声,可万物仍笼罩在一片肃杀当中,宫殿上披着雪,天空灰色暗淡。

很快就到了元宵佳节,长安城中到处张灯结彩,皇宫自然是五彩缤纷,大红灯笼高挑,每个角落都喜气洋洋的,好一派节日气氛。

御花园举行灯会,后宫的嫔妃、宫娥、太监都跑去赏灯了,媚娘因小孩在怀,不方便出去,待在寝宫里,逗弄孩子玩耍。窗外灯火通明,炮仗的光焰红透了窗棂纸,照得屋里亮堂堂的,小孩子感到恐惧,哇哇哭个不停。

正哭着呢,有人报说,王皇后到了。媚娘一愣,这个时候她来做什么?不敢怠慢,起身将孩子交给奶娘,就迎出去了。皇后就带了两个跟班的,浑身上下一股冷气,显然刚从御花园来的。

媚娘刚要行礼,王皇后就说,免了吧,怪冷的,要那些繁文缛节做什么,妹妹刚出了月子,千万注意身体,别让皇上担心,也就是体谅我了。

媚娘忙往里边让,王皇后径直来到小孩那里,见小孩脸蛋红扑扑的,呼吸有些急促,表情也不同往常,也没往心里去,毕竟不是亲生,心想不过是天寒所致,抱起来不住地逗弄,欢喜得不得了。

王皇后抱了一阵子,那小孩老是蹬蹿不已,渐渐吃不消了,就放到奶娘的怀里。奶娘想孩子必是饿了,将其放在床上,出去净手准备给孩子喂奶。小孩子不知什么原因,呼吸

越发急促,憋得脸通红,四肢挣扎,看得出难受至极。

那边媚娘正和王皇后闲谈乱扯,过了好长一段时间,王皇后才起身要走,媚娘赶忙披了冬衣,将王皇后送出宫门。

等回来,却发现大事不好。那小孩子脸色青紫,竟暴卒于床上。媚娘惊叫了一声,感到天旋地转,顿时昏死过去。宫女们也吓傻了,一边抢救媚娘,一边派人去御花园叫李治过来。

媚娘一时背过气去了,很快就苏醒过来,哇的一声痛哭失声。不过,她确实是个有手腕、有策略的人,幼女新丧,痛彻心扉,但不能只念着那无福的小家伙,人还要往前看,目前最重要的是扳倒王皇后,这件事正好用来做文章。

读者作证,那孩子确实因病暴卒的,呼吸急促,四肢乱踹,都是先兆,既非王皇后陷害,也绝非武则天亲手将其扼杀,那都是载于野史,后人基于不同立场者杜撰的。不过,媚娘却要拿来做文章,这位的心机,确实让人生畏。

时间不长,李治气喘吁吁地跑来,还没进门呢,就问怎么回事。宫女们不敢说,吓得站在一旁,哭天抹泪。李治震怒了,大骂道,一群没用的东西,到底怎么回事还不从实讲来!

忸怩了一阵,宫女们才异口同声地说,刚才皇后来过,走了以后,小公主就不行了。说完又都呜呜哭起来。显然事先已受了媚娘的教导。

这时,媚娘一头扑到李治怀里,大放悲声,哭得死去活来,断断续续地说,以前妾与皇后争宠,不过是女人天性,争风吃醋而已,没想到皇后竟然嫉妒我为皇上生儿育女,几次三番地来害,苦于没有机会,没想到这次竟将我们的爱女扼杀了,我还有什么活路……

李治也流下泪来,心疼女儿,也心疼媚娘,好一阵抚慰,然后大怒道:好个胆大的王氏,以前与萧淑妃一同构陷昭仪,现在又干出这等事来,气煞我也!因此就动了废后的心思。

读者要问,皇上乃九五之尊,想废谁废谁,想立谁立谁,何故动了心思却不当机立断把王皇后废了呢?

这里需要解释一下。皇后是皇帝的老婆,母仪天下,岂是擅自废立的,况且李治新登大宝,处处离不开贞观元老的辅弼,王皇后与这些人关联甚深,不是随便就动得了的。

不过,事情也在慢慢起变化。王皇后虽蒙受不白之冤,但无从申辩,皇上心思都在媚娘身上,哪有工夫听她辩解,因此越发失宠,连带的她的舅舅柳奭担惊受怕,上了一道奏折乞骸骨,李治未做挽留,随他去了。

可怜的王皇后看不清风向标已变了,事情的性质已从女人争宠转变到政治斗争上来,媚娘不止一次鼓励李治培植自己的势力,摆脱贞观元老的控制,一下子道出了李治的心声,将媚娘视作知己,无话不谈。

王皇后仍不甘心,再次蠢蠢欲动。她将母亲魏国夫人柳氏请进宫来,商量对策。柳氏懂得什么,半截子入土的人了,只会出馊主意。她建议女儿使用"厌胜"之术,就是将媚娘的生辰八字刻在草人上,用针刺其心,据说能感应到媚娘身上,心智昏迷,发狂而死。

自古宫廷斗争，没有不栽在这上面的。汉武帝何等英雄，晚年也因巫蛊之祸，错杀太子，牵连无数。这对油脂蒙了心的母女不以史为鉴，竟搞起这样不知死活的阴谋，很快就被媚娘安插的线人发觉了。

媚娘向李治打了小报告，李治听后，十分震怒，将柳氏赶出宫去，再不许进宫门半步。此事之后，李治决心废掉王皇后，立媚娘为皇后。

废后有两层含义，一是将媚娘得宠的事实，以国家机构的方式巩固下来；二是要向左右朝局的贞观元老发起挑战，让他们知道贞观时代已经结束，李治时代已经来临，要是看不清形势，顽固死保既得利益，结果只有一个死！

其实，真正要来临的是武媚娘时代，因为李治所做出的种种决策，都明显地带有武媚娘的色彩。媚娘要想如愿以偿地当上皇后，就必须同贞观元老决裂，因为他们支持的是王皇后，而不是自己。

媚娘的策略是，鼓励李治同旧势力——贞观元老划清界限，建立听命于自己的政治集团，取而代之。这一过程，凸现了媚娘作为女政治家的特质，为其以后经营自己的帝国打下坚实的基础。

废后血谏

李治清楚废后势在必行，不废后，就不能跟贞观元老的势力决裂，就不能建立自己的权威，自己这个皇帝当起来也了无意趣，自己心爱的人儿媚娘也不能如愿当上皇后，最终归结为一句话，必须将废后进行到底！

自古皇权与相权斗争异常激烈，这次恐怕也不能例外。贞观元老长孙无忌、褚遂良等势必死保贞观遗产和既得利益，誓死也不肯退步；李治和武媚娘也必将全力以赴，建立新的权威，开启自己的时代。

为了让读者明了永徽年间的时局，先将朝中诸势力的情况略做说明。

首先，实力最强大也最雄厚的一派，即所谓的贞观元老派，包括长孙无忌、褚遂良、韩瑗、来济、于志宁等，这些人大多是贞观大帝钦点的顾命大臣。

该派系首领长孙无忌，位列三公，位高权重，还是李治的亲舅舅，称得上权倾朝野，无人能制。他与其他贞观元老，经过多年的经营，已形成利益交织、盘根错节、根深蒂固的政治集团，实难撼动，而且做事专制，引起上至皇帝，下至百官的不满。

最明显的事实是，长孙无忌通过高阳公主与其老公房遗爱谋反一案，罗织罪名，排除异己，将宗室吴王李恪、荆王李元景一网打尽，引起李治的极度不满和高度警觉。

媚娘也适时地提出，长孙无忌羽翼坚固，若不铲除，这傀儡皇帝的滋味很不好受，李治深以为然。

其次，受到长孙集团排挤的，虽也是贞观元老，但却多年处于边缘状态，无人问津，代表人物就是李勣。

李勣本姓徐,就是《隋唐演义》里面大名鼎鼎的徐懋功,出身草莽,后来追随李世民建功立业,最后位列凌烟阁二十四功臣之一。就是因为他的出身,与长孙无忌有天壤之别,因此遭到猜疑、排斥,受到不公平待遇。

媚娘明晰此种情况,提醒李治,李勣是个大有用处之人,李治会意,把李勣封为司空,位在三公之列,与长孙无忌平起平坐。此举意图明显,就是重新起用李勣,牵制专横跋扈的长孙无忌。

最后,就是媚娘私下营建的一派势力,该派系效命于李治和媚娘,属于激进派、新生力量,主张树立新皇帝(区别于贞观大帝)的权威和拥立媚娘为皇后。其得力干将有两名,许敬宗和李义府。

许敬宗这个人地方色彩比较浓厚,官拜郑州刺史,因不满长孙集团擅权当政,上表请求辞职。李治拿不定主意,就询问媚娘。媚娘此时正竭力营建自己的势力,正好把许敬宗拉入自己的阵营,就让李治把许敬宗召回长安,左右侍奉。

许敬宗回长安后,媚娘秘密召见了他,说明皇上起用许敬宗乃是她的主意。许敬宗感恩戴德,知道媚娘想要夺取皇后之位并立她的长子李弘为太子的意图后,表示支持,建议媚娘不要急躁,目前紧要的还是网罗人才、获取人心,然后方可伺机而动。

李义府,绰号"李猫",历史上小有名气,为人表面上逢人就笑,背地里狭隘猜忌,什么事情都做得出来。这个人最大的优点就是笔杆子厉害,天生作御用文人的材料。因受到长孙集团的排挤,久久不得志,经许敬宗外甥王德俭的引荐,成了媚娘私人势力的一员。

永徽年间的时局差不多就是这个情况,或早或晚,或前或后,取其大概。如果再谈谈趋势,就是长孙集团飞扬跋扈,虽出了不少名臣,但失道寡助,站到了历史趋势的对立面,而另外两个派系实力弱小,不堪与长孙集团比肩,然而顺应了历史潮流,只待轰轰烈烈的一战,结局立判。

彻底摊牌之前,李治和媚娘做了两个部署,一个是让许敬宗充任礼部尚书,此举先声夺人,使许敬宗在废后改立一事上享有充分的发言权;二是将李义府提升为中书侍郎,正式进入中枢。在此之前,李义府上表,建议废掉王皇后,改立武昭仪,以顺应民意。

永徽六年(655年)九月初一,李治在媚娘的授意下,决定向长孙集团宣战。

这日上罢早朝,李治叫太尉长孙无忌、司空李勣、左仆射于志宁、右仆射褚遂良四人留下,另有要事相商。

长孙无忌等为官多年,政治经验丰富,猜中必是因为废后改立的事情,皇帝要有动作了。褚遂良说,如果所议的是废立之事,我自然要当这急先锋,一旦发生争执,切不可使皇上背负恼怒娘舅、责骂功臣的恶名。

长孙无忌与褚遂良商量妥了,才与于志宁一起进内殿,里边李治和司空李勣已等候多时。

人到齐了,没有多少寒暄,李治直截了当地说,天下最大的罪过,莫过于绝嗣,今皇后无嗣,武昭仪有子,我想改立武昭仪为皇后,公等有什么意见吗?

长孙无忌与褚遂良对视一下,果然是废立之事,褚遂良略点了点头,正颜厉色地说,皇上,皇后出身名门,贞观年间就嫁入东宫,无愧妇德,曾记得先帝病重的时候,拉着你跟皇后的手对老臣说,我的好儿子、好媳妇今天就托付给你了,皇上也曾在场,言犹在耳,难道皇上忘怀了吗?况且当今的皇后并无过错,恐怕废不得,绝不能违背先帝的意愿!

褚遂良出手果然老辣,初次交锋就抬出先帝做挡箭牌,一要提高自己反驳皇上的底气,你看我,堂堂正正,按先帝的意思办事,问心无愧;二要打击李治的傲气,别看你是皇帝,离不开我们这些顾命老臣,我们是先帝指定辅佐你的,你不能违背先帝之道。

长孙无忌没有表态,但沉默即是最好的表态,意思就是褚遂良的意思也是我的意思,我也是反对废掉王皇后的。

李治无话可说,初次交锋就败下阵来,当即觉得人世间寡然无趣,受挫感十分强烈,没再坚持就让这些元老都退下了。回到大内,媚娘一看老公的脸跟霜打的茄子一样,就知道废立的事不顺利,好生劝慰,极尽温存,又说要再接再厉,不可轻言失败。

九月初二,李治又通知四人朝会,事先在内殿宝座的后面挂了一副帘幕,媚娘躲在帘幕后面偷听他们谈些什么,态度如何。结果只有长孙无忌、褚遂良、于志宁到了,司空李勣告病缺席。

聪明的读者明白,这就是躲了,他们三个串通好了,反对皇上,李勣不是他们一路的,也看不惯他们的跋扈行为,朝会也不会有结果,不如躲了。没想到这一躲,竟错过了一场好戏。

朝会上,李治先开的口,还是昨天的老问题,问这些元老对废后的态度。于志宁首鼠两端,一会儿看看皇上,一会儿看看长孙无忌,一言不发。长孙无忌呢,早就商量好了,不到关键时候绝不能轻易表态。只剩下褚遂良出马了,老头也豁出去了。

他反驳说,皇上要另立皇后不是不可以,但要从天下的名门望族中挑选,武昭仪曾侍奉先帝,尽人皆知,皇上岂能掩人耳目?要立武昭仪为皇后,岂不遭后世讥笑?皇上若执意如此,上有愧先帝,下自招恶名,国家败乱就不远了,今天老臣冒死直谏,罪当万死,倘能不辜负先帝重托,烹了我也心甘情愿!

褚遂良知道媚娘不是善茬,要是立为皇后,恐怕他们这些贞观元老都没好日子过,因此言辞火暴,慷慨激昂。正碰到李治和媚娘最忌讳的那根神经。

李治听褚遂良揭了老底,非常尴尬,脸上火烧一样。

褚遂良看皇上不为所动,步步紧逼,把笏板扔到阶前,不无失望地说,还陛下此笏,乞放归田里!意思就是,既然你不听我的,这官我也不当了,放归田里吧。不但言语充满威胁意味,还解下头巾,磕头不止,不一会儿,头就磕破了,鲜血直淌。

这下子李治也生气了,褚遂良威胁起皇上来了,来人啊,拉出去!

帘幕后的媚娘早就怒气难遏,一看此种情景,再也忍受不住,刷的一声把帘子拨开,指着正往外拖的褚遂良,厉声说,何不扑杀此人!气愤至极。

事情到了这种地步,长孙无忌再也坐不住了,向着李治说,褚遂良是先帝顾命的大臣,有罪不可加刑!朝会又不欢而散。

事后,未能参加朝会的侍中韩瑗两次上书,反对改立媚娘为皇后,也是苦口婆心,眼

泪鼻涕都派上了用场,可惜,没有什么效果,这次李治吃了秤砣铁了心,非要立媚娘为皇后不可。

志在必得

贞观元老如此强力抵制,真让李治和媚娘大伤脑筋,尤其李治胆气不壮,手段不高,有时候真想放弃,怎奈媚娘志在必得,他也只好硬着头皮上了。

实在无计可施了,媚娘决定向不肯出头的司空李勣问计,她知道李勣长期遭受长孙无忌等人的排挤,心中怨气不小,只要皇上出马,当面相求,李勣一定不会袖手旁观。

于是,李治密诏李勣入朝。面对这位开国元勋,李治没有隐瞒什么,而是袒露心迹,实话实说,废后改立之事,褚遂良坚决反对,他是顾命大臣,如此顽固抵制,难道我就非得妥协不可吗?

李勣心里明镜似的,长孙集团专横跋扈,妨害了新皇帝的权威,大概不会善终,武昭仪将皇上套得牢牢的,不达目的绝不会罢休,想起来,长孙无忌、褚遂良等也着实可恨,真应了那句话,不是不报,时候未到,因此轻描淡写地说了句,废立之事乃是皇上家事,何必看外人脸色行事?

李治闻听此言,如醍醐灌顶,心结一下子就解开了。是啊,这是我的家事,我想怎么解决就怎么解决,征询那些老臣的意见不是多余的嘛;媚娘知道后,心里也有了谱,胜败在此一举了,这回要让长孙集团一败涂地。

许敬宗这时也开始发力,他不止一次到长孙府上劝说长孙无忌同意皇上改立一事。长孙无忌哪里听得进去,瞧不起许敬宗,将他骂了个狗血喷头。许敬宗也不好惹,就在朝堂上说,田舍翁有钱了还要换掉老旧妇,娶新媳妇呢,何况当今天子,富有四海,改立一个皇后,有什么不可以?

不可小瞧舆论攻势,作用至关重要。这个节骨眼上,许敬宗的这番话,作用很大。一是一句话点醒那些看不清趋势的朝臣,让他们在废立一事上,选择好立场,免得将来后悔药都没处买去;二是李治发现改立皇后这件事,并不是孤立无援的,长孙集团也绝非铁板一块,自信心大大增加了。

许敬宗的话很快就见效了。渐渐地李治身边聚拢了一批人,这些人出身寒微,大都受过长孙集团的打压,成了支持拥立媚娘为皇后的铁杆力量。

这下有底了,李治再也不用前怕狼后怕虎的,寻了个机会,将褚遂良远远地贬到潭州做都督去了,不久,又贬到化外之地的越南,最终老死异乡。你不是反对吗,我把你流放赶走,看你怎么阻止。

褚遂良的遭贬,给长孙集团敲响了警钟,也宣告了这样一个事实:李治和媚娘胜出了;长孙集团元气大伤,一时难以恢复。

永徽六年(655年)十月十二,李治下诏,废除王氏的皇后之位,流配岭南。十九日,

再次下诏,册封武媚娘为皇后,大赦天下。这一天,距媚娘出感业寺仅仅四年有余。

十一月初一,举行迎娶和册封大典。李治委派李勣和于志宁为正副使,持节到武府中迎娶媚娘,并举行册封仪式。媚娘笑容灿烂,仪态大方,凤冠霞帔,接受了皇后的印玺和敕封的册书,礼毕,随着皇家的迎亲队伍,浩浩荡荡地奔皇宫而来。

热闹过后,媚娘端坐于皇后的宫中,脸上流露出胜利者的喜悦。人生最快意的事情莫过于得偿所愿,此时此刻的媚娘最有体会。

她脸上的笑容,灿若桃花,而皇后座下的累累白骨,却让人触目惊心。然而这不是个结尾,只是个开头。鲜血还要继续流淌,阴谋还将继续,血腥的历史告诉后人,女人时代开启了,一个女人的野心开始膨胀、发芽、结果,这一幕将是天崩地裂、惊心动魄的。

爱情是一杯毒酒,让人心有余悸,却不顾生死。有人质疑,媚娘是不懂得爱的,在她眼里只有权力、阴谋,是个不折不扣的野心家、阴谋家。不敢苟同,最起码对历史人物是一种不负责任的评价。

媚娘是懂得爱的。长期生活在阴暗的宫廷世界,性格难免会渐染诡诈、善搞阴谋,那也是环境使然,如果以此作为她不懂得爱的依据,则大大错了。她一直到成为皇后之前,对李治的爱是深沉而又热烈的。他们两个性格不同,李治生性懦弱,遇事不果断,而媚娘呢,富有心计,做事果敢,手段强,手腕硬,处处都可作李治的弥补,李治一开始对媚娘的性格是欣赏,后来是钦佩,再后来就是依赖了,这是一个渐次递进的过程,感情也随之升华。

媚娘比李治大几岁,性格早熟,很小就入宫,但没得到过宠爱,心底里对爱的需求非常强烈。当李治出现时,她枯死的心灵终于再次冒出汩汩清泉,那种感觉一定会令她铭记终生,什么时候都忘不了,心里怦怦直跳,见面了左右不得劲,不见面了又想得紧,有一天终于抵抗不住诱惑了,激情像火山一样喷涌,造就了一段不伦之恋。

感业寺内,多少个日夜,李治和媚娘相拥度过,其中多少缠绵悱恻,山盟海誓,伴着山寺钟磬之鸣,久久不歇。是什么促使李治不顾天下非议,打着这样那样的旗号,一次又一次地到感业寺私会媚娘? 答案只能是爱情,爱情的力量。备受绝望折磨的媚娘,总能在最无助的时候,迎来希望的曙光。

出了感业寺,进了皇宫,媚娘感到李治受制于贞观元老,没有作为皇帝的威严,为此,她计谋频出,步步捍卫李治的尊严。

不要以为废后一事,乃是媚娘在弄权使诈,非也,废后是他们两个同心协力的杰作,你为了我,我也为了你,把命运控到一股绳上,生死与共,荣辱与共。

倘若爱情解释不了这一切,不知道还有什么更合适的说法。人不是一成不变的,每个阶段都有每个阶段的特性,不能一概而论。女皇帝武则天与那个武二囡、武媚娘、武昭仪是不同的,她们是同一个人,却是不同的爱情载体。

媚娘成为皇后以后,情况发生了微妙的变化。舐尝到权力美味的武皇后,野心如脱缰的野马日益狂热,渐渐地向更高的目标迈进。李治则由于身体原因,不能视朝,诸事都委托皇后处理,为什么呢,说到底还是信任,彻头彻尾的信任。

从李治患病,到他死,再到媚娘称帝,他们之间的爱情又经历了由生到死、由多到少、由有到无、由存到灭的过渡,情况也变得复杂异常,不能单从爱情一面考量了。

爱情是杯毒酒,没喝过的想喝,喝过的还想再喝,这就是毒酒的魅力。饮过毒酒,才懂得无论出了什么事,都要一起面对,就是火堆,也要义无反顾地去闯,同生共死。谁叫同饮了那杯毒酒呢? 中毒太深,无法自拔。

红尘名妃

——唐玄宗李隆基妃杨贵妃

名人档案

杨贵妃:名玉环,字太真,唐玄宗李隆基的宠妃,原名杨芙蓉(故有芙蓉出水),小字玉环,道号太真,出生地为容州(今广西容县)。

生卒时间:公元 719~756 年。

安葬之地:陕西省兴平市马嵬镇西。

性格特点:具备有一定的文化修养,性格婉顺,精通音律,擅歌舞。

史家评点:杨玉环与西施、王昭君、貂蝉并称为中国古代四大美女。用成语"沉鱼落雁,闭月羞花"形容 4 人。是我国古代四大美女中地位最高、权力最大的一位美女,也是我国在世界范围内影响最大的一位后妃。

长恨歌

白居易

汉皇重色思倾国,御宇多年求不得。

杨家有女初长成,养在深闺人未识。

天生丽质难自弃,一朝选在君王侧。

回眸一笑百媚生,六宫粉黛无颜色。

春寒赐浴华清池,温泉水滑洗凝脂。

侍儿扶起娇无力,始是新承恩泽时。

云鬓花颜金步摇,芙蓉帐暖度春宵。

春宵苦短日高起,从此君王不早朝。

杨玉环以"回眸一笑百媚生,六宫粉黛无颜色"的美貌开启了千百年来人们关于美丽女人的遐想,又以"后宫佳丽三千人,三千宠爱在一身"的风流韵事把帝王宫廷的爱情故事演绎到了极致。

奉诏朝天

君不见五侯七贵联云骑，丞相门楣仗女弟。

又不见蛾眉淡扫风流姨，金门走马朝天帝。

谁知乐极却生悲，半夜渔阳鼙鼓催。

六军不发马嵬驿，始悔卵翼大腹儿。

霓裳歌，羽衣裂，天子不能庇家室。

仓皇割爱谋生拙，绝代红颜化黄土。

行人莫叹马嵬驿，前车试读楼东赋。

上边这首诗，是咏杨贵妃的。贵妃小名玉环，其父杨元琰，弘农华阴人，徙居蜀之独头村。开元初年，为蜀州司户。贵妃之母李氏，随往任所，始生贵妃。

将生之夕，元琰夫妇，梦见彩虹自天而下，盘绕床柱，闪烁放光，未几，化为流星，堕于地上，有声如雷。夫妇受惊而醒，遂产贵妃。

李氏不悦，欲弃之，元琰不从道："此女生时，有虹霓之兆，将来必能光大门楣，为妃为后，不可测也。"李氏不得已而育之。

贵妃长大之后，诸姊妹时以此事相戏，呼之为贵人。贵妃亦以贵人自命，恒有不愿为常人妇之意。

杨氏姊妹莫不依艳绝伦，贵妃尤为美丽，丰容盛鬋，光彩照人。腠里之间，时有香气喷出，闻之者，疑为兰麝气息，而不知天生尤物，自有不同之处。

元琰在司户任上，未及数年，一病而亡，李氏遂携贵妃兄妹至京，依其叔元珪而居。元珪亦知贵妃生有异兆，遂起非分之心，命贵妃兄妹从师读书。

贵妃性极颖悟，经史子集，过目成诵，尤嗜词曲，对于音律，殚精竭虑，尽力研究，是经擅长歌舞。

开元二十二年，玄宗为寿王选妃，元珪闻知此信，夤缘李林甫，为之揄扬，得册为寿王妃。其时年才十六，明珰翠羽，艳丽如仙。娇鸟名花，移根上苑，可算天幸。

谁知贵妃意尤不足，以寿王无储贰之望，自己有如此才貌，不得母仪天下，心怀抑郁。且因寿王虽有陈平之美，内力不充，床笫之间，难遂其愿，更觉不乐。

孰料天随人意，玄宗所爱之武惠妃，忽然薨逝，内宠虽多，俱不当意。梅妃江采苹，生得固然明艳，但性情孤高雅淡，不随时俗，玄宗虽爱其美，却嫌其腐，偶至宫中，不过饮酒赋诗，弹棋击钵，借此消遣。所以锦衾角枕，恒生形影之悲，意欲搜求美女，又恐物议顿生，中情抑郁，举动失常，每逢盛怒，答挞中官，竟有伤重不起者。

内监高力士，素得玄宗之宠，揣知其意，乘机进言道："陛下欲得倾城美貌，莫如寿王之妃杨玉环，姿容盖代，世所罕有。"

玄宗道："比梅妃如何？"高力士道："臣未曾亲见。但闻寿王作词赞她，内中有一联

道：'三寸横波回绿水，一双纤手语香弦'。那年册妃之时，看见杨妃的人，也都赞道：'只有天在上，更无山与齐。'由此推想，可知美貌无比了。陛下只要召她前来，便见分晓。"

玄宗甚喜。即命高力士，快去宣杨妃来。

力士领旨，即到寿王宫中，宣召杨妃。杨妃问道："圣上宣我何干？"力士道："奴婢不知，娘娘见驾，自有分晓。"

杨妃心中喜惧交进，来见寿王道："妾事殿下，本期同偕到老。谁知圣上，忽遣高力士，宣妾入朝，料想此去必与殿下永绝矣。"

寿王执手大哭道："良缘鬼妒，好事多磨。方欲与卿白头相守，岂知祸起萧墙，一池乱棒，打散鸳鸯，怎不令人痛心呢？"说罢，号啕大哭，昏晕过去。

杨妃大惊，慌与宫女，尽力施救，此时室中哭声，达于户外。力士等候已久，入内相帮，救醒寿王，婉言相劝道："圣上因一时兴起，召王妃前往一见，或者即放回宫，亦未可知。为时已久，未便耽延，奴婢来时，圣上在宫立候，倘再迟延，恐怕圣上动怒，那时为祸为福，更难测料了。"

寿王长叹一声，对杨妃言道："事已如此，势不可违，倘若此去，不中上意，或者相逢有日，望卿百凡珍重，以慰孤意。"

说着，流泪不已。杨妃尚欲迁延，力士从旁再三催促，只得含着眼泪，辞别寿王，上辇而去。

力士将杨妃扶上辇来，风驰电掣赶往宫中。途中内侍，络绎不绝，衔命相催，金连宝炬，连属于道。杨妃坐在辇中，哭泣不止。内侍用碧玉盂，盛其香唾，唾入盂中，转瞬之间，便成血色，光彩独红，浑如琥珀。众人莫不称异。

须臾，已至宫内，力士率领见驾。杨妃含羞忍耻，参拜已毕，俯伏在地。

玄宗命其平身，赐座于帝。此时宫中，高烧银烛，阶前月影横空，玄宗就月光下，将杨妃定睛细看。但见她：

黛绿双蛾，鸦黄半额。蝶恋裙不短不长，凤绡衣且宽且窄。腰肢似柳，金步摇曳翠鸣珠；鬓发如云，玉搔头掠青拖碧。依依不语，仿佛似越国西施；脉脉含情，绝胜那赵家合德。艳冶销魂，容光夺魄。真是回头一笑百媚生，六宫粉黛无颜色。

玄宗于月光中，见此绝世佳人，不觉筋酥骨软，恨不能立刻抱入怀中，温存一番，方称心愿。但是翁媳之间，名分有关，沉吟不决。

力士近前，密奏道："陛下狐疑不决，莫非为着名分一层吗？"玄宗微微点头。力士道："昔太宗纳巢剌王妃，高宗纳武才人，陛下今日纳杨玉环，正是家法相传，有何妨碍？"

玄宗犹不能决，力士重又奏道："陛下何不使杨妃自行具表，呈请为女道士，一面别为寿王择配，俟册封王妃，再纳杨妃入宫，如此可塞外人之口，万全之计，无过于此。"

玄宗大喜称善，即命力士，传谕杨妃，依计而行。

杨妃不敢违旨，立刻具表，自请为女道士，赐号太真，住太真宫内，一面别为寿王，册立韦昭讯之女为妃。

玄宗为寿王册妃之后，私幸太真宫，杨妃迎驾入内，朝拜如仪。玄宗见其神光离合，

仪态万方，实足压倒六宫佳丽。即命置酒欢筵，互相酬酢，亲爱逾恒。

杨妃于数盏之后，微含醉意，离座奏道："臣妾幼习宫商，颇善音律。今蒙陛下垂爱，愿奏玉笛，以侑一觞。未知圣意如何？"

玄宗大悦，命取于阗国所贡之玉笛，赐予杨妃。须臾取至，玉色温润有光，以手抚之，微觉暖气袭衣。始知此笛为暖玉所制，冬日吹之，一室尽温，真无价之宝也。

杨妃按拍依声，吹了一曲。笛声嘹亮，响遏行云。玄宗大喜，馨无算爵，已觉沉醉，传旨宿于此间，命杨妃侍寝。

玄宗心爱杨妃，已非一日，今日遂愿，其乐自不待言。及至同床共枕，觉得贵妃体质肥壮，滑泽如美玉，温软如吴绵，妙不可言。

杨妃初意以为玄宗年老，不料美如冠玉，床第之间，大非寿王可比，心愿醋足。遂与枕边涕泣言道："臣妾无状，以残花败柳，得邀恩眷，死且不朽。然愿得一物以为信，他日色衰宠替，可恃此挽留已去之余恩，唯陛下垂怜为幸。"

玄宗闻言，不胜爱惜，急以钿盒一事，金钗一对，擘分其半，以赐杨妃。并用罗巾，亲为拭泪，细语安慰道："朕得爱卿，看那六宫粉黛，如同粪土，唯恨相遇已晚，虽朝夕追欢，犹恐不足。岂有秋扇见捐之事！今以二物为信，赠予爱卿，倘异日朕有负情之处，天神共鉴，社稷不永。"

杨妃闻言，忙于衾中叩谢道："得陛下如此钟情，臣妾千秋万岁，感德无穷矣。"

玄宗大喜道："朕明日早朝，当册爱卿为贵妃，迎入宫中，共享欢娱。卿勿忧也。"

到得次日，玄宗果然迎杨妃入宫，命百官于凤凰园，册杨妃为贵妃，赠其父元琰兵部尚书，母李氏凉国夫人，叔元珪为光禄卿，兄铦侍御，从兄钊为侍郎。

那杨钊本是张昌宗之子，寄养于杨氏的。玄宗以钊字有金刀之象，改赐其名为国忠。封贵妃三姊，一为韩国夫人，二为虢国夫人，三为秦国夫人，称为皇姨，皆赐宅第。

一时之间，杨氏之贵显，倾动天下，煊赫无比。世人有五侯七贵之谣，庶民莫不摇首吐舌，称为奇遇。尽愿生女以光门楣。

西阁争风

玄宗自幸杨妃之后，宫中旧人，视如粪土，绝不临幸。向日嫔妃之中，梅妃最得玄宗宠爱，车驾虽不日日前往，却未间过三日。如今半月以来，未往西宫与梅妃晤面。梅妃虽无妒恨之心，然而争娇夺宠，乃女子之常情。梅妃久不见玄宗驾临，便问亲随的宫女嫣红道："你可晓得皇上这两日，为何不到我宫中？"

嫣红道："奴婢哪里得知，除非叫高力士来，便知分晓。"梅妃道："你去寻来，待我问他。"嫣红领旨出宫寻问。

走到苑中，见力士坐在廊下打瞌睡。嫣红道："待我要他一耍。"见一棵干叶的桃花，红红姣艳，便折了一小枝来，将花插在他头上，取一嫩枝，塞向力上鼻孔中去。

力士陡然惊醒,见是嫣红,问道:"嫣红妹子,你来做甚?"

嫣红笑道:"我家娘娘,特来召你。"力士便同嫣红走到梅妃宫中,叩头见过。

梅妃问力士道:"圣上这几日,为何不进我宫中?"力士道:"阿吓,圣上在南宫中新纳了寿王的杨妃,宠幸无比。娘娘难道还不知吗?"梅妃道:"我哪里晓得,且问你,圣上待她意思如何?"

力士道:"圣上自从杨妃入宫之后,龙颜大悦。金钿珠翠,皆由圣上亲赐,举族加官,宫中号曰娘子,仪礼侔于皇后。"

梅妃听了这句话,不觉两泪交流道:"我初入宫之时,便疑有此事,不想果然。你且出去,我自有道理。"

高力士出宫去了,嫣红将适才苑内所见,如何行径,如何快活,说与梅妃知道。

梅妃听了不胜怨恨,嫣红道:"娘娘不要烦愁,依奴婢愚见,娘娘莫若装束了,步到南宫去,看皇爷怎么样说。"

梅妃见说,便向妆台,整理云鬟,对了菱花宝镜叹道:"天呵,我江采苹如此才貌,何至憔悴至此,岂不令人肠断。"说罢,两泪交流,强打出精神来梳妆。

嫣红与宫女再三劝慰,替他重施朱粉,再整花钿,打扮得齐齐整整,随了七八个宫奴,向南宫缓步而来。

却见玄宗独立花荫。梅妃上前朝见。玄宗道:"今日有甚好风,吹得你来?"梅妃微微地笑道:"时布阳和,忽南风甚竞,故闲步至此,以解寂寥耳。"玄宗道:"名花在侧,正要着人来宣妃子,共成一醉。"

梅妃道:"闻得陛下宠纳杨妃,贱妾一来贺喜,二来见新人。"玄宗道:"此是朕一时之兴,偶惹闲花野草,何足挂齿?"梅妃定要请见。

玄宗不得已道:"爱卿既不弃嫌着她,来参见你就是。但她来时,卿不可着恼。"梅妃道:"妾谨依遵命,须要她拜见我便了。"玄宗道:"这也不难。"即召杨妃出来。

杨妃望着梅妃叩头,道了万福。玄宗即命排宴。

酒过三巡,玄宗道:"梅妃有谢女之才,不惜佳句,赞她一首何如?"梅妃道:"唯恐不能表扬万一,望乞恕罪。"杨妃道:"妾系薄姿柳质,岂足当娘娘翰墨揄扬。"玄宗道:"二妃不必过谦。"叫左右快取一幅锦笺,放在梅妃面前。梅妃只得提起笔来,写上七绝一首道:

撇却巫山下楚云,南宫一夜玉楼春。

冰肌月貌谁能似?锦绣江天半为君。

梅妃写完,呈与玄宗。玄宗看了,连声赞美,付与杨妃。杨妃接来,看了一遍,心中暗想:此词虽佳,内多讥讽。她说撇却巫山下楚云,笑我从寿邸而来;锦绣江天半为君,笑我肥胖的意思。待我也回她几句,看她怎么说。

便对梅妃道:"娘娘美艳之姿,绝世无双,待我回赞一首何如?"梅妃道:"俚词描写歹甚,若得美人不吝名言,妾所愿也。"杨妃亦取笺写道:

美艳何曾减却春,梅花雪里亦清真。

总教偕得春风早,不与凡花斗色新。

玄宗见杨妃写完，赞道："也来的敏快得情。"拿与梅妃道："妃子你看如何？"

玄宗将诗递于梅妃。梅妃取来一看，暗想道："他说道梅花雪里亦清真，笑我瘦弱的意思；不与凡花斗色新，笑我已过时了。两下颜色有些不和起来。

高力士道："娘娘们诗词唱和，奴婢有几句粗言俗语解分。"玄宗道："你试说来。"高力士道："皇爷今日同二位玉美人，步步娇，走到高阳台。二位娘娘双劝酒，饮到月上海棠；奴婢打一套三样鼓，唱一套贺新郎。大家沉醉东风，皇爷卸下皂罗袍，娘娘解下红衲袄。忽闻一阵锦衣香，同睡在销金帐，那时节花心动将起来，只要快活三，那里管念奴娇，惜奴娇。皇爷慢慢地做个蝶恋花，鱼游春水，岂不是万年欢，天下乐。"

只见二妃听到他说到花心动，快活三，不觉嘻嘻微笑起来。

玄宗道："力士之言有理，朕今日二美既具，正当取乐。二妃休得争论。"遂挽手携着二妃回宫。

梅妃生性柔缓，后竟为杨妃所潜，迁于上阳宫中。

一日，玄宗闲步梅园，忽想起梅妃来，差高力士去探望。力士领旨到上阳宫，只见梅妃正在那里伤感。力士连忙叩头。

梅妃道："高常侍，我自别圣驾以来，久无音问，今日甚事，有劳你来？"

力士道："圣上今日偶步梅园，十分思念娘娘，特差奴婢来探望。"

梅妃闻言，便欣欣喜喜，问力士道："圣上着你来探望，终非弃我，你可为我叩谢皇恩，说我无日不望睹天颜，还祈皇恩始终无替。"力士领命。随即回到梅园，将梅妃所言奏上。

玄宗闻言不觉嗟叹道："我岂遂忘汝耶？高力士，你可选梨园最快骏马，密召梅妃到翠华西阁相叙，不可迟误。"力士应声而去。

玄宗连声叫道："转来，你须悄地里去，不可使杨妃知道。"力士道："奴婢晓得。"

便到梨园，选了一匹上等骏马，竟到东楼，见了梅妃。梅妃道："高常侍，你为何又来？"力士道："奴婢将娘娘之言，述与皇爷听了，皇爷浩叹道：'我岂忘汝！'就令奴婢，选了上等骏马，密召娘娘到翠华西阁叙话。"

梅妃道："既是君王宠召，缘何暗地里来？"力士道："只恐杨娘娘得知，不是当耍。"梅妃道："陛下为何怕着这个肥婢。"力士道："娘娘快上马，皇爷等久了。"

梅妃便上马而来。

到了厅前，玄宗抱下马来道："爱卿，我哪一日不想你来？"梅妃道："贱妾负罪，将谓永捐，不料又得复觐天颜。"

玄宗就命宫女摆酒。食至数巡，梅妃斟上一杯，敬与玄宗道："陛下果终不弃贱妾，幸满饮此酒。"玄宗吃了，也斟一杯，回赐梅妃。

饮至半醉，玄宗双手捧着她面庞，细看道："妃子花容，略觉消瘦了些。"梅妃道："如此情怀，怎免消瘦？"玄宗道："瘦便瘦，却越觉清雅了。梅妃笑道："只怕还是肥的好哩。"玄宗也笑道："各有好处。"又饮了几杯，便同梅妃进房，忽忽一睡，不觉失晓。

杨妃在宫中，不见玄宗驾来，便问宫女念奴。念奴道："奴婢闻万岁着高力士，召梅娘娘，至翠华西阁。"杨妃听了，忙自步到阁前。

惊得那些常侍飞报道:"杨娘娘已到阁前,将如之何?"玄宗披衣抱梅妃藏夹帐间。

杨妃走到里面,见礼毕,问道:"陛下为何起得迟?"玄宗道:"还是妃子来得早。"

杨妃道:"贱妾闻梅精在此,特此相望。"玄宗道:"她在东楼。"

杨妃道:"今日宣来,同至温泉一乐。"

玄宗只是看着左右,也不去回答她。

杨贵妃怒道:"肴核狼藉,御榻下有妇人珠舄,枕旁有金钗翠钿,夜来何人侍陛下寝?酣睡至日出,还不视朝,是何体统,陛下可见群臣,妾在此阁,以俟驾回。"

玄宗愧甚,拽衾向屏复睡道:"今日有疾,不能视朝。"杨妃怒甚,将金钗翠钿掷于地,竟回私第。

不想小黄门见杨妃势急,恐生余事,步送梅妃回宫。玄宗见杨妃已去,欲与梅妃再图欣庆,却被黄门送去。大怒斩之,亲自拎起金钗翠钿包好,又将夷使所贡珍珠一斛,着永新领去,送往东楼。

梅妃问道:"圣上着人送我归来,何弃我之深乎?"永新道:"万岁非弃娘娘,恐怕杨娘娘性恶,所送黄门已斩讫矣。"梅妃道:"既然怜我,又怕这肥婢,岂非弃我也?原物俱已拜领,所赐珍珠不敢受。有诗一首,烦你进到御前道:妾非忤旨不受珍珠,恐怕杨妃闻知,又累圣上受气耳。"

永新领命而出,半珍珠并诗献上。玄宗拆开一看,念道:

柳叶蛾眉久不描,残妆和泪湿红绡。

长门自是无梳洗,何必珍珠慰寂寥。

玄宗览诗,怅然不乐,又喜其诗之妙,令乐府以新声度之,号一斛珠。杨妃既怀前恨,又知此事,逐日思量害她。

癖嗜荔枝

玄宗自翠华西阁,受了贵妃一场羞辱,并且语言讥讽,指桑骂槐,刺刺不休。玄宗知她妒性甚重,不敢和她计较,唯有低首认过,笑脸承顺,求其回意罢了。谁知贵妃盛怒之下,触动内火,竟至齿痛起来。

原来杨贵妃自幼至长,身体壮实,从无丝毫癣疥之疾,但是体既肥胖,最畏炎热,一交夏令,即香汗浸淫,罗衣污渍,加以玄宗自知年老,床笫之间,恐怕不惬贵妃之意,不免命力士多进媚药,有时贵妃亦复服之,媚药性多热毒,贵妃受毒既深,又为梅妃之事,无端发怒,于是时患齿痛。每当疾作,支颐默坐,蹙额颦眉,令人见之,不胜怜惜。

玄宗屡救太医,进药调治,卒无效验。遂问群臣医齿之法,苟能使贵妃止痛,不吝重赏。

时有御史吉温奏道:"臣同里有富室朱氏,家藏玉鱼一事,系于阗国所产,其物清凉切骨,夏日盛暑之际,含玉鱼于口中,即觉遍体清凉,止渴祛烦。且有一种奇妙之处。如患

齿痛者，以此鱼熨帖患处，即可止其疼痛。臣在家时，曾于亲戚家，目睹此物，故知其功用甚详。今杨娘娘既患齿痛，何不遣使，就朱氏求取玉鱼，可以无须别寻妙药。"

玄宗闻奏大喜，即遣中使，乘御厩八百里骏马，至朱氏索取玉鱼。未及三日，即回京复命。玄宗适坐早朝，中使当庭陈献玉鱼。玄宗视之，表里莹澈，鳞甲如生，确系珍贵之物。心中大悦，急欲一试其功效，即传旨散朝，径往贵妃宫中。

时贵妃齿痛方剧，玄宗戒内侍勿得通报，致劳贵妃接驾，愈增痛苦。停辇内宫门口，悄然而入。

时值暑月，天气酷热，回廊之下有宫女三四人，坐于石栏杆旁，玄宗毫不声张，移步入内。

见贵妃衣红绡衣，穿绿纱裤，坐在沉香椅上，侧身靠着花梨桌，以手支颐，露出玉臂半截，洁白如霜雪，双眉锁合，蹙损春山，另有一种妩媚神情，令人难书难描。

玄宗入室，贵妃方才知觉，意欲起身迎接，玄宗紧行一步，以手按其香肩，含笑道："朕与妃子，恩则夫妻，情犹兄妹，何必拘束于俗礼？朕因妃子齿痛大发，百药难疗，心中焦灼，莫可名状。前日闻吉御史言，知有玉鱼可治。今已求得，妃子试含于口内，是否有效。"

贵妃谢恩既毕，急取玉鱼在手，略一审视，便纳于口内，含于患处。

俄顷之间，觉清凉之气，直达肺腑，肌肤之上，香汗霎时收尽，陡觉凉快无比，津液汩汩，自丹田透出，十分齿痛，已去其七，芳心大悦。

玄宗见玉鱼有效，不禁狂喜，急揽贵妃于怀，笑慰之道："恨不能早闻吉御史之言，致使妃子多受几日痛苦，心实不安。"

贵妃笑道："玉鱼真是宝物，初含之时，尚有些微疼痛，今竟丝毫不觉，使臣妾如释重负，皆出自陛下之赐。那吉御史的功劳，亦不可没。"

玄宗称善。即传旨赐吉温黄金二十斤，以酬其功，并赐朱氏粟三千石，帛三千匹，荫其一子为千户，以为玉鱼代价。

此事一传朝野，上下莫不引为美谈。后人所作杨妃齿痛图，即是状当日之情形也。

玄宗见贵妃齿痛已愈，不胜欢喜。从此以后，更是千依百顺，不敢违拗。因贵妃随其父元琰宦蜀中时，酷嗜生荔枝。入宫以后，玄宗尝诏蜀中守臣，以时进奉。

其年四月中，曾一度进献。玄宗得之大喜。试啖一颗，觉其味不甚甘美，且有酸味，私念贵妃何取于荔枝，时常津津乐道，视为奇珍异品，岂贵妃之嗜好，与人有异趣么。

退朝之后，使内侍捧着金盘，盘中满贮荔枝，径往贵妃宫中而来。贵妃闻报，急趋出迎接。二人携手而入，至内宫坐定。

玄宗含笑向贵妃道："今日觅得异宝，当令妃子一尝异味。"因顾谓随来内侍，将金盘献上。玄宗亲自揭开盘盖。

只见盘中满盛连枝带叶之荔枝，约百余颗。贵妃见之大喜，即取一颗剥食之，不觉攒眉半晌。

玄宗见状问道："妃子嗜食荔枝，至形诸梦寐，征之诗歌。今既得而食之，面有不豫之

色,何也?"

贵妃启奏道:"蜀中荔枝种类甚多,最上者为陈家紫、练家紫,次者为江家绿,其下名目繁多,一时不能备述。臣妾随臣父宦蜀时,臣父于诸姊妹中,最爱臣妾,知臣妾喜食荔枝,不惜重资,多方购买,闻有佳种,恒于隔年,先付定钱,故臣妾所食者,虽不可得上品,犹不失为中品。今滋献来之荔枝,作长圆形,色淡而多刺,蜀人呼之为虎刺,系荔枝中之最劣者。无怪其味酸涩,不堪下咽也。且荔枝之为物,最忌陈宿,凡自枝上初摘而下者,其中之液质丰满,吸入口中,满口甘芳,齿牙清洌,如饮仙露琼浆。若隔一二日,则荔枝液渐乾,甜味亦渐减,五日以外,则毫无香味矣。今妾食此荔枝,辨别其味,大约离树已有十余日之多,是以荔枝之真味全失,犹不如龙眼也。"

玄宗闻言,叹服道:"妃子辨物之工,至于如此,可谓冰雪聪明,体物浏亮了。自此以后,置驿按站,指名索贡可也。"贵妃称谢再三。

明日视朝,命后部设置驿站,择选驿马,专运荔枝,限五日以内到京,有失期者,以贻误军机论。若吏民有阻障损害等情,以毁伤禁物论。

此旨一颁,闽蜀之间,遂为官吏骚搅,无有宁岁。玄宗为了贵妃癖嗜一物,劳民伤财,直到如此地步,哪能不召祸乱呢?当时杜牧之有诗两句:

一骑红尘妃子笑,无人知是荔枝来。

便是咏这件事情的。你说可叹不可叹呢?

恃宠被黜

玄宗宠爱贵妃,设置驿站,专递荔枝。那梅妃独居上阳宫,十分寂寞。一日,偶闻有海南驿使到来,因问宫人道:"可是来进梅花吗?"宫人回道:"是进荔枝与杨娘娘的,娘娘的梅花,是没有贡献了。"

梅妃听说梅花绝献,荔枝贡来,心下不胜伤感。即召高力士问道:"你日日侍奉皇爷,可知皇爷意中还记得江采苹三个字吗?"

力士道:"皇爷非不心爱娘娘,只因畏惧贵妃娘娘,所以不敢亲近。"

梅妃道:"我知肥婢妒我,皇上决不能忘情于我。曾闻汉陈皇后遭贬,以千金赂司马相如,作长门赋,献于武帝,遂得复被宠遇。今日可有像司马相如的才人吗?我欲请其作赋,以目上意,亦不吝千金之赠。你试为我求之。"

力士畏杨妃之威势,不敢应承,只推说一时无此才人。梅妃叹道:"何古今人才之不相及也。"

力士道:"娘娘大才,远胜汉后,何不自作一赋,献于皇爷呢?"

梅妃笑而点首,力士退出,宫人呈上纸笔,梅妃研墨伸纸,自作楼东赋一篇,其词道:

玉境尘生,凤奁香殄,懒蝉鬓之巧梳,闪缕衣之轻练。苦寂寞于蕙宫,寄芋绵于兰殿,信摽梅之落尽,隔长门而不见。况乃花心飐恨,柳眼弄愁,暖风习习,春鸟啾啾。红院日

暮,听凤吹以回头;碧云残夜,对素月以凝眸。温泉不到,忆舍翠之日事:闲庭深闭,嗟青鸟之信修。缅想太液清波,水光荡漾,笙歌开宴,随从宸游。奏舞鸾之妙曲,乘画鹢之仙舟。两情缱绻,深叙绸缪。誓山海而常在,似日月而靡休。何期嫉色庸庸,妒心冲冲,夺我之爱幸,斥我于幽宫。思旧欢而不继,劳梦想于朦胧;度花晨与月夕,慵独对乎春风。欲相扣之奏赋,奈世才之不工。属愁吟之未毕,已响动乎疏钟。空长欢而掩泪,步踌躇乎东。赋成奏上,玄宗见了,沉吟嗟赏。想起旧情,不觉为之怃然。

杨妃闻之大怒,气愤愤的来道:"梅精江采苹;庸贱婢子,每敢宣言怨望,宜既赐死。"

玄宗默然不答。杨妃奏之不已,玄宗说道:"她无聊作赋,全无悖慢语,何可加诛? 朕只置之不论罢了。"

杨妃道:"陛下不忘情于此婢耶,何不再为翠华西阁之会。"玄宗见他提起旧事,又惭又恼,只因宠爱已惯,姑且忍耐。杨妃见玄宗不肯依她所言把梅妃处死,心中好生不然,侍奉之间,全没有个好脸色,常使性儿不言不语。

一日,玄宗宴诸王于内殿。诸王请见妃子。玄宗应允,传命召来,与诸王相见毕,坐于别席。酒半,宁王吹紫玉笛为念奴和曲。既而宴罢席散,诸王俱谢恩而退。

玄宗站起更衣,杨妃独坐,见宁王所吹的紫玉笛儿,在御榻之上,便将玉手取来,把玩了一番,就按着腔儿,吹弄起来。

此正是诗人张祜所云:

深宫静院无人见,闲把宁王玉笛吹。

杨妃正吹之间,玄宗适出见之,嬉笑道:"汝亦自有玉笛,何不把他拿来吹着。此支紫玉笛儿,是宁王的。他才吹过,口泽尚存。汝何得便吹?"

杨妃闻言,全不在意,慢慢地把玉笛放下说道:"宁王吹过已久,妾即吹之,谅亦不妨。还有人双足被人勾端,以致鞋帮脱绽,陛下也置之不问,何独苛责于妾也?"

玄宗因她酷妒梅妃,又见她连日意志蹇傲,心下着实有些不悦。今日酒后同她戏语,她却略不谢过,反出言不逊,藐视朕躬,又牵涉着梅妃的旧事,不觉勃然大怒,变色厉声道:"阿环,何敢如此无礼?"

便一面起身入内,一面口自宣旨,着高力士即刻将轻车送她还杨家去,不许入侍。正是:

妒根于心,骄形于面,语言触忤,遂致激变。

杨贵妃平日恃宠惯了,不道天威今日忽然震怒,此时正欲面谢恩情,哀求赦宥,恐盛怒之下,祸有不测,况奉旨不许入侍,无由进见,只得含着眼泪,登车出宫私托高力士照管宫中所有的物件,当下来至杨国忠家,诉说其故。

杨家兄弟姐妹忽闻此信,吃惊不小,相对涕泪,不知所措。李林甫在旁,欲进一言以相救,恐涉嫌疑,不敢轻奏,且不便入宫,也不敢亲自到杨家来面候,只得密密使人探问消息罢了。正是:

一女人忤旨,群小人失势。祸福本无常,恩宠固难恃。

那玄宗一时发怒,将杨贵妃逐回入内,便觉得宫闱寂寞,举目无当意之人。

欲再召梅妃入侍,不想他闻杨妃欲谮杀之,心中又恼恨,又感伤,遂染成一病,这几日正卧床上,不能起来。玄宗寂寞不堪,焦躁异常,宫女太监们,多遭鞭挞。

高力士微窥上意,乃私语杨国忠道:"若欲使妃子复入宫中,须得外臣奏请为妙。"

时有法曹官吉温,与殿中侍御使罗希奭,用法深刻,人人畏惮,称为阎罗。杨国忠乃求他救援,许以重贿。

吉温于偏殿奏事之暇,从容进言道:"贵妃杨氏妇人无识,有忤圣旨,自应驱逐。但向蒙恩宠,今即使其罪当死,亦只合死于宫中。陛下何惜宫中一席之地,而忍今其居住于外乎?"

玄宗闻其言,惨然首肯,及退朝回宫,左右进膳,即命内侍霍韬光,撤御前玉食。及珍玩诸宝具奇物,赍至杨家,宣赐妃子。

杨贵妃对使谢恩讫,因涕泣说道:"妾罪该当万死,蒙圣上的洪恩,从宽遣放,未即就戮。然妾向荷龙光,今又忽遭弃置,更何面目偷生人世乎?妾死无以谢上,妾一身衣服之外,无非圣恩所赐,惟发肤为父母所生,窃以一发,聊报我万岁。"

遂引刀自剪其发一缕,付霍韬光说道:"为我献上皇爷,妾从此死矣。幸勿复劳圣念。"

霍韬光领诺,随即回宫复旨。备述妃子所言,将发儿呈现上。玄宗大为惋惜,命高力士以香车乘夜召杨贵妃进宫。杨贵妃毁妆入见,拜伏认罪,更无一言,唯有呜咽涕泣。

玄宗大不忍情,亲手扶起,立唤侍女,为之梳妆更衣。温言抚慰。命左右排上宴来。

杨贵妃把盏跽献说道:"不意今夕得复观天颜。"玄宗掖之使坐。是夜同寝,愈加恩爱。

至次日,杨国忠兄弟姊妹,俱入宫来即贺。太华公主与诸王,亦来称贺。玄宗赐宴尽欢。

看官听说,杨贵妃既得罪被遣,若使玄宗从此割绝爱情,不准入幸,则群小潜消,宫闱清净,何至酿祸启乱。

无奈心志蛊惑已深,一时摆脱不下,遂使内监得以窥视其举动,逢迎进说,交通外奸,心中如藕断丝连,遣而复召,终贻后患,此虽是他两个前生的孽缘未尽,然亦国家气数所关。正是:

手剪青丝酬圣德,顿教心志重迷惑。

回头再顾更媚生,从此倾城复倾国。

杨妃复入宫之后,玄宗宠比从前,更甚十倍。杨氏兄弟姊妹,作福作威,亦更甚于前日,自不必说了。

私通禄山

杨贵妃复入宫中,玄宗愈加爱惜,真是言听计从,恩宠已极。

其时范阳节度安禄山来朝，玄宗以其相貌魁梧，语言便给，甚为宠幸，留之在朝侍驾。

禄山本属胡人，外貌诚朴，内实奸诈。玄宗称其信笃真诚，待遇日隆，得以非时谒见，宫苑严密之地，出入无禁。

一日，禄山觅得白鹦鹉一只，雪衣红爪，玉洁可爱，颇善人言，置之金丝笼中，欲献与玄宗。闻驾幸御苑，便携至苑中，正遇玄宗同着太子，在花丛中散步。禄山望见，将鹦鹉笼儿，挂在树枝上，趋步朝拜。却故意只拜了玄宗，更不拜太子。

玄宗道："卿何不拜太子？"禄山假意地说："臣愚，不知太子是何等官爵，臣何敢当至尊面前谒拜。"玄宗笑道："太子乃储君，岂论官爵，朕千秋万岁后，继朕为君者。卿等何不拜。"

禄山道："臣愚，向只知皇上一人，臣等所当尽忠报效，却不知有太子当一体敬事。"

玄宗回顾太子道："此人朴诚乃耳。"

正说之间，那鹦鹉在笼中叫道："安禄山快拜太子。"安禄山方才望着太子下拜，拜毕即将鹦鹉携至御前。

玄宗道："此鸟不但能言，且晓人意。卿从何处得来？"

禄山扯个谎说道："臣前征契丹，至北平郡，梦见先朝已故名臣李靖，向臣索食，臣为之设祭。当祭之时，此鸟忽从空飞至。臣以为祥瑞，取而养之，今已驯熟，方敢上献。"

言未已，那鹦鹉又叫道："且莫多言，贵妃娘娘驾到了。"

禄山举眼一望，只见许多宫女簇拥着香车，冉冉而来。到得将近，贵妃下车，宫人拥至玄宗前行礼，太子也行礼罢，各就座位。

禄山待欲退避，玄宗命且住着，禄山便不回避，望着贵妃拜了一拜，拱立阶下。

玄宗指着鹦鹉对贵妃道："此鸟最能人言，又知人意。"因看着禄山道，"是那安禄山所进，可付宫中养之。"

贵妃道："鹦鹉本能言之鸟，而白者不易得，况又能晓人意，真佳禽也。"即命宫女念奴，收去养着，因问："此即安禄山耶？现为何官？"

玄宗道："此儿本塞外人，极其雄壮，向年归附朝廷，官拜范阳节度，朕爱其忠直，留京随侍。"因笑道，"他昔曾为张守珪养子，今日侍朕，即如朕之养子耳。"

贵妃道："臣妾如圣谕，此人真所谓可儿矣。"玄宗笑道："妃子以为可儿，便可抚之为儿。"贵妃闻言，熟视禄山，笑而不答。

禄山听了此言，即趋至阶前，向着贵妃下拜道："臣儿愿母妃千岁。"

玄宗笑说道："禄山，你的礼数差了，俗拜母，先须拜父。"禄山叩头奏道："臣本胡人，胡俗先母后父。"玄宗顾视贵妃道："即此可见其朴诚。"

说话间，左右排上宴来，太子因有小病，不奈久坐，先辞回东宫去了。玄宗即命禄山侍宴。禄山于奉觞进酒之间，偷眼看那贵妃的美貌，真个是：

施脂太赤，施粉太白，增之太长，减之太短。看来丰厚，却甚轻盈，极是娇憨，自饶温雅。允矣胡天胡帝，果然倾国倾城。

那安禄山久闻杨贵妃之美，今忽得观花容，十分欣喜，况又认为母子，将来正好亲近。

因遂怀下个不良的妄念。这贵妃又是个风流水性,她也不必以貌取人,只是爱少年,喜壮士,见禄山材貌充实,鼻准丰隆,英锐之气可掬,也就动了个不次用人的邪心。

安禄山拜认杨贵妃为母之后,外得玄宗之宠,内仗贵妃之势,声威煊赫,百僚侧目。玄宗又命禄山与杨国忠兄妹,结为眷属,时常往来,赏赐极厚。一时之贵盛莫比。又加赐韩国、虢国、秦国三夫人,每月各给钱十万,为脂粉之资。三位夫人之中,虢国夫人尤为妖艳,不施脂粉,自然天生美丽,真是天生尤物。

一日,值禄山生日,玄宗与杨贵妃俱有赐赉。杨家兄弟姊妹们,又各设宴称庆,闹过了两日,禄山入宫谢恩。御驾在宜春院,禄山朝拜毕,便欲叩见母妃杨娘娘。

玄宗道:"妃子适间在此侍宴,今已回宫,汝可自往见之。"禄山奉命,遂至杨妃宫中。

杨妃此时方侍宴而回,正在微酣半醉之间,见禄山来谢恩,口中声声自称孩儿。杨贵妃因戏语道:"人家养了孩儿,三朝例当洗儿,今日恰是你的生日三朝了,我当从洗儿之例。"

于是乘着酒兴,叫内监宫女们都来,把禄山脱去衣服,用锦缎浑身包裹,作褓褓中的一般,登时结起一座彩舆,把禄山坐于车中,宫人簇拥着绕宫游行。一时宫中多人,喧笑不止。

那时玄宗尚在宜春院中,闲坐看书,遥闻喧笑之声,即问左右,后宫何故喧笑?左右回奏道:"是贵妃娘娘为洗儿之戏。"玄宗大笑,便乘小车,至杨妃宫中观看,共为笑乐,赐杨妃金钱银钱各十千,为洗儿之钱。

一日,玄宗于昭庆宫闲坐,禄山侍坐于侧旁。见他腹过于膝,因指着说道:"此儿腹大如抱瓮,不知其中何所有?"

禄山拱手对道:"此中并无他物,唯有赤心耳。臣愿尽此赤心,以事陛下。"

玄宗闻禄山所言,心中甚喜。哪知道:

人藏其心,不可测识。自谓赤心,心黑如墨。

玄宗从此待安禄山,真如心腹。安禄山之对玄宗,却纯是狼心狗肺,真是丧心之人,人方切齿痛心,恨不得即剖其心,食其心,亏他还哄人说是赤心。可笑玄宗还不知是狼子野心,却要信他是真心,好不痴心。

闲话少说。且说当日玄宗与安禄山闲坐了半晌,回顾左右,问妃子何在?此时正当春深时候,天气尚暖,杨妃方在后宫玉兰汤洗浴。宫人回报玄宗说道:"妃子洗浴方完。"玄宗微微笑说:"美人新浴,正如出水芙蓉。"令宫人即宣妃子来,不必更衣梳妆。

少顷,杨妃懒妆便服,翩翩而至,更觉风韵非常。玄宗看了满面堆下笑来。

适有外国进贡,献来的异香花露,即取来赐予杨妃,叫他对镜匀面,自己移坐于镜台旁看之。杨妃匀面毕,将余露染掌扑臂,不觉酥胸略袒,宝袖宽褪,微微露出二乳来了。玄宗见了说道:"妙哉!"

软温好似鸡头肉。

安禄山在旁,不觉失口说道:

滑腻还如塞上酥。

他说便说了，自觉唐突，好生局促。杨妃亦骇其失言，只恐玄宗疑怪，捏着一把汗。那些宫女们听了此言，也都愕然变色。

玄宗却全不在意，到喜滋滋地指着禄山说道："堪笑胡儿但识酥。"

说罢，哈哈大笑。于是杨贵妃也笑起来了，众宫女也都含着笑面。正是：

若非亲手抚摩过，那识如酥滑腻来。

只道赤心真满腹，付之一笑不疑猜。

赏花开筵

安禄山，因平时私与杨妃戏谑惯了，今当玄宗之前，不觉失口戏言，幸得玄宗不疑，瞒了过去。禄山心不自安，又因虢国夫人与自己交好，杨国忠暗中吃醋，时与作对。便与贵妃商议，意欲自请还镇。

贵妃虽舍不得他去，便因杨国忠百般作对，也恐弄出事来，只得任他自请还镇。

玄宗见禄山愿归范阳，只道他尽心国事，心中甚喜。当即允其所请，命禄山以范阳节度，谦领平卢、河东三镇。

禄山谢恩，遄回范阳，训练士卒，屯聚粮草，暗施逆谋，暂按不提。

单说杨贵妃自禄山去后，闷闷不乐，茶饭无心，大有厌厌欲病之势。玄宗不知就里，唯有日事取乐，以宽其心。

是时宫中最盛的是芍药花，是扬州所贡，即今之牡丹也。有大红、深紫、淡黄、浅红、通白各色名种，都植于兴庆池东，沉香亭下。时值清和之候，此花盛开。玄宗命内侍，设宴于亭中，同杨贵妃赏玩。

杨贵妃看了花说道："此花乃花中之王，正宜为皇帝所赏。"玄宗笑说道："花虽好，而不能言，不如妃子之为解语花也。"正谈笑间，只见乐工李龟年，引着了梨园中一班新选的一十六名子弟，各执乐器，前来承应，叩拜毕，便待皇上同贵妃娘娘饮酒，命下奏乐唱曲。

玄宗道："且住，今日对妃子赏名花，岂可复用旧乐耶。"即着："李龟年将朕所乘玉花骢马，速往宣召李白学士前来，做一番新词庆赏。"

龟年奉旨飞走，连忙出宫，牵了玉花骢马，自己也骑了马，又同着几个伙伴，一并走到翰林院衙里来，宣召李白学士。

只见翰林院人役回说道："李学士已于今日早晨，微服出院，独往长安市上，酒肆里吃酒去了。"

李龟年于是便叫院中当差人役，立刻拿了李白学士的冠、袍、玉、带、象笏，一同多人，走至市中，四处找寻。许多时候，忽听得前街酒楼上，有人高声狂歌道：

三杯通大道，一斗合自然。

但得酒中趣，莫为醒者传。

当时李龟年听了说道："这个歌诗的声音，不是李学士吗？"遂下了马，同众人入酒肆，

大踏步走上楼来。果见李白学士,占着一副临街座头,桌上瓶中,供着一枝儿绣球花,独自对花而酌,已吃得酩酊大醉,手中尚持杯不放。

龟年上前,高声说道:"奉圣旨,立宣李学士至沉香亭见驾。"

众酒客方知是李学士,又听说有圣旨,都起身站过一旁。李白全然不理,且放下手中杯,向龟年念一句陶渊明的诗来道:

我醉欲眠君且去。

念罢,便暝然大睡。龟年此时无可奈何,只得忙叫跟随众人,一齐上前,将李白学士簇拥下楼来,即扶掖上玉花骢马,众人左护右持,龟年策马后随,到得五凤楼前。

有内侍传旨,赐李学士走马入朝。龟年叫把冠带朝服,就马上替他穿着了,衣襟上纽儿也扣不及,一霎时走过了兴庆池,直至沉香亭,才扶下了马,醉极不能朝拜。

玄宗命铺氍毹毯子于亭畔,且教少卧一刻,亲往看视,解御袍覆其体,见他口流涎沫,亲以衣袖拭之。

杨贵妃道:"妾闻冷水沃面,可以解醒。"乃命内侍取兴庆池中之水,使念奴含而吐之。

李白方在睡梦中惊醒,略开双目,见是御驾,方挣扎起来,俯伏于地奏道:"臣该万死。"

玄宗见他两眼朦胧,尚未苏醒,命左右内侍扶起李白学士,赐亭前,一面叫御厨光禄庖人,将越国所贡鲜鱼鲊,造三分醒酒汤来。

须臾,内侍以金碗盛上羹汤进来。玄宗见汤气太热,手把牙口,调之良久,赐李白饮之。

彼时李白吃下,顿觉心神为之清爽,即叩头谢恩说道:"臣过贪杯斝,遂致潦倒不醒,陛下此时,不罪臣疏狂之态,反加恩眷,臣无任惭感,虽后日肝脑涂地,不足报陛下今日于万一也。"

李白醒后,玄宗笑道:"今日召卿来此,别无他意。"当即指着亭下说道:"都只为这几种芍药花儿盛开,朕同妃子赏玩,不欲复奏旧乐,故伶工停着,待卿来做新词耳。"

李白领命,不假思索,立赋清平调一章,呈上道:

云想衣裳花想容,春风拂槛露华浓。

若非群玉山头见,会向瑶台月下逢。

玄宗看了,龙颜大喜,称美道:"学士真仙才也。"便命李龟年与梨园子弟,立将此词谱出新声,着李暮吹羌笛,花奴击鼓,贺怀智击方响,郑观音拨琵琶,张野狐吹觱篥,黄幡绰按拍板,一齐儿和唱起来,果然好听的很。少顷,乐阕。

玄宗道:"卿的新词甚妙,但正听得好时,却早完了。学士大才,可为再赋一章。"

李白奏道:"臣性爱酒,望陛下以余樽赐饮,好助兴作诗。"

玄宗道:"卿醉方醒,如何又要吃酒,倘卿又吃醉了,怎能再作诗呢?"

李白道:"臣有诗云:酒渴思吞海,诗狂欲上天。臣窃自称为酒中仙,惟吃醉后,诗兴愈高愈豪。"

玄宗大笑,遂命内侍将西凉州进贡来的葡萄美酒,赐予学士一金斗。李白叩受,一口

气饮毕,即举起兔毫再写道:

一枝红艳露凝香,云雨巫山枉断肠。

借问汉宫谁得似,可怜飞燕倚新妆。

玄宗览罢,一发欢喜,赞叹道:"此更清新俊逸,如此佳词雅调,用不着众乐工嘈杂。"乃使念奴转喉清歌,自吹玉笛以和之,真个悠扬悦耳。

曲罢,又笑说与李白道:"朕情兴正浓,可烦学士再赋一章,以尽今日之欢娱。"便命以御用的端溪砚,教杨贵妃亲手捧着,求学士大笔。

李白逡巡逊谢。又顷刻之间,濡起兔毫笔来,题了一章献上。其诗云:

名花倾国两相欢,常得君王带笑看。

解释春风无限恨,沉香亭北倚栏杆。

玄宗大喜道:"此诗将人面花容,一齐都写尽,更妙不可言。今番歌唱,妃子也须要相和。"

乃即命永新、念奴,同声而歌。玄宗自吹玉笛,命杨妃弹琵琶和之。和罢,又命李龟年将三调再叶丝竹,重歌一转,为妃子侑酒。玄宗仍自弄玉笛以倚曲,每曲中将换一调,则故迟其声以媚之。曲既终,杨妃再拜称谢。

玄宗笑道:"莫谢朕,可谢李学士。"杨贵妃乃把玻璃盏斟酒,敬李学士,敛衽谢其诗意。

李白回身回避不迭,趄饮酒吃,顿首拜赐。玄宗仍命以玉花骢马,送李白归翰林院。自此李白才名愈著,不特玄宗爱之,杨贵妃亦甚重之。

那高力士却深恨脱靴之事,想道:"我蒙圣眷,甚有威势。皇太子也常呼我为兄,诸王侯伯辈,都呼我为翁,或呼为爷。叵耐李白小小一个学士,却敢记着前言,当殿辱我,如今天子十分敬爱他,连贵妃娘娘也深重其才华,万一此人将来大用,甚不利于我等。怎生设个法儿,阻其进用之路才好。"

因又想道:"我只就他所做的清平调中,寻他一个破绽,说恼了贵妃娘娘之心。总使天子要重用他,当不得贵妃娘娘于中间阻挠,不怕他不日远日疏了。"计策已定。

一日入宫,见杨贵妃独自凭栏看花,口中正微吟着清平调,点头得意。

高力士四顾无人,乘便间奏道:"老奴初意娘娘闻李白此词,怨之刻骨,何反拳拳如是。"

杨妃惊讶道:"有何可怨处?"力士道:"他说'可怜飞燕倚新妆,'是把赵飞燕比娘娘。试想那飞燕,当日所为何事,却以相比,极其讽刺,娘娘岂不觉乎?"

原来玄宗曾阅赵飞燕外传,见说她体态轻盈,临风而立,常恐吹去,因对杨妃戏语道:"若汝则任其吹多少。"盖嘲其肥也。杨妃颇有肌体,故梅妃诋之为肥婢,杨妃最恨的是说她肥。李白偏以飞燕比之,心中正喜。今却被高力士说坏,暗指赵飞燕私通燕赤凤之事,合着她暗通安禄山,以为含刺,其言正中她的隐微。于是遂变为怒容,反恨于心。

自此杨妃每于玄宗面前,说李白纵酒狂歌,放浪难羁,无人臣礼。

玄宗屡欲升擢其官,都为杨妃所阻;杨国忠亦以磨墨为耻,也常进谗言。玄宗虽极爱李白,却因宫中不喜他,遂不召他内宴,亦不留宿殿中。

李白明知为小人中伤,他即上疏乞休。玄宗哪里就肯放他回去,温旨慰谕了一番,不允所请。李白自此以后,益发放饮狂歌,正所谓:

安得山中千日酒,酩然直到太平时。

华清避暑

贵妃有姊二人,妹一人,皆封国夫人。三人中,惟虢国夫人,最为妖冶,且又早寡。玄宗欲为之择婿,列举朝臣中之门第高贵而青年貌美者,以询虢国夫人,但得其点头应许,即为之图成好事。虢国只是笑而不答。

玄宗不能猜度其意,久之,恍然有悟,抚掌笑道:"小姨殆以嫁得丈夫,便有拘束,不如任意逍遥,较为舒服么。"

虢国含羞低首,惟媚目流波,向玄宗嫣然一笑。

玄宗虽则曾经沧海,对此绝世丽人,眉目传情,亦不禁魂销魄荡,惟碍于贵妃在侧,未能真个销魂。彼此二人眠思梦想,思欲一快其情欲,终无机会可得。

贵妃是聪明人,早已看出二人之行径,若在他人,未免打翻醋瓮。只以虢国与自己有连枝同气之情,不得不暂且含忍,唯有暗中留意,事事提防,不使虢国得尝禁脔。

虢国亦知其意,心中不免怨恨,形诸辞色,于是宫中亦不常往来,恐遭贵妃的白眼,自在外旁招蜂惹蝶,居恒装束得十分艳丽,引诱京师中的宦家子弟。

当时富贵之家,青年美貌男子,往往有无故失踪者,究其去处,大都藏于虢国、秦国府中,众人钳口结舌,不敢声张,惧招大祸。

虢国夫人虽素性不喜浓妆,但是蛾眉淡扫,蝉鬓轻梳,果然万种风流,不愧美人本色。杜牧曾有诗咏之道:

虢国夫人承主恩,平明骑马入宫门。

却嫌脂粉污颜色,淡扫蛾眉朝至尊。

她那风流放诞之状,可想见了。玄宗垂涎虢国已久,苦于无隙可乘。一日,适逢上巳良辰,湔裙令节,玄宗与贵妃及诸贵戚,车水马龙,望曲江而来。一路上香风微送,罗绮缤纷,引得举国人士,如醉如狂。杜甫之丽人行,即咏此事。

玄宗至行宫中,与贵妃及虢国、秦国等,欢然畅饮,履舄交错,脂粉香浓,左顾右盼,逸兴遄飞,酒酣之际,玄宗屡以目视虢国。虢国心领神会,亦时时报以秋波。二人心房中均觉突突跳动,面上又阵阵发热。

适逢其会,贵妃忽然触动游兴,要往行宫外闲眺一回,问二夫人愿意同往否?玄宗急以目止虢国。虢国会意,托言更衣,请贵妃与秦国先去。

二人去后,玄宗即携虢国之手,径入帐中,了却相思孽债。

二人正在巫峡春浓之际,贵妃忽然想起此事,急忙回到行宫,只见杯盘狼藉,人影全

无，询问宫人，宫人不敢隐瞒，悄悄禀知其事。贵妃大怒，遽自起身，先回禁中而去。

及至玄宗兴尽，与虢国携手出外，宫女禀知娘娘已经先回禁中。玄宗大惊。虢国亦怀惭无地。及玄宗回宫以后，不知赔了许多小心，换得贵妃无数眼泪，方将此事不提。可笑玄宗当垂暮之年，既得艳妃，还要拈花惹草，调戏小姨，岂非自寻烦恼么。

玄宗自修禊归宫，为了虢国夫人一事，不知赔了多少小心，方才平安。从此以后，不敢再生妄想。

但是玄宗与贵妃，在禁中卿卿我我，时刻不离，终为礼法所拘，不能放浪形骸，称心如意；且又不能连日不见群臣，若三日不视朝，那朝内自命忠直之臣，必致进言极谏，纵使不纳其言，问心不免自愧。不如避居华清宫里，将国家大小诸事，付之不见不闻，安安稳稳，与贵妃畅叙伉俪之乐。

或并坐纳凉，或评花斗草，有时倚声度曲，至斗转参横，方归内寝。有时清晨同梦，至日上三竿，犹未起身，起居饮食，随心所欲，无拘无束，不啻神仙。若在宫中，只要雄鸡再唱，已不能恋恋香衾，即须起身梳洗，以便早朝。设或稍稍晏起，朝中百官，必多腹诽之语。是以玄宗贪恋华清，视为洞天福地，初因避暑而来，及至暑气将销，新凉已至，群臣屡表请归，玄宗尚逗留不肯遽返。

一日，正交正午，玄宗与贵妃尚恋衾中，众宫女闲暇无事，相与凭栏玩赏。

其时池中荷花虽已开残，尚有一二枝亭亭斗艳，妃红俪白，洁净无尘。众宫女正倚栏遥瞩之际，猝睹雌雄二鸳鸯，游戏水面，交头比翼，出没于莲叶之中。

于是互相戏谑，彼谓汝面上忽现红色，难免撩动春心；此谓彼眼目乜斜，眉梢之上，已露无边春色。彼此嘲笑不已。

念奴以指自挝其面道："尔等羞也不羞，深宫寂寞，居处无郎，何至厚脸若此，尔等果欲效水中鸳鸯，当向余叩头四个，余即代尔等叩求杨娘娘，待娘娘去转求万岁爷。因万岁爷与杨娘娘皆系多情种子，必能体贴尔等衷肠，为开笼放鸟之举，异日嫁得如意郎君，朝朝暮暮，寒食元宵，说不尽旖旎风游，享不尽闺房幸福，一双两好，饮水思源，未识犹能记忆我念奴之德否？尔等试看水中鸳鸯，雄者追逐雌者之后，即昂着头，舒着两翅，有许多骄傲之态度；雌者摇头摆尾，双翅时时动摇，说不出那无穷的快乐。便是代尔等写着未来的小影，尔等自思若果如此，心中快乐不快乐？须从实答应一声，我侯万岁爷、杨娘娘起身时，便代尔等去求情。"

众宫女正自看得动情，又被念奴调笑许多风流话，遂觉心头突突跳动，一腔欲火，炎炎上升。口虽唾液，"咕咕"有声，一时之间，竟答不出一句话来。念奴拍掌人笑。

不期惊动玄宗贵妃，便问念奴，何事大惊小怪。念奴不敢隐瞒，一一禀知。

玄宗闻奏，不禁狂笑道："此皆朕之不是，朕与贵妃，日日在温柔乡中讨生活，宫女辈看得情动，自然不能牢锁春风矣。"因大声唤众宫女道："尔等贪看水中鸳鸯，何如朕与妃子被底鸳鸯。"

言次，将一手揭起鲛绡帐，则见贵妃斜卧床中。玄宗正附于贵妃之傍，真是一幅绝妙春艳图。若无锦被遮身，便不堪属目矣。引得念奴与众宫女，皆掩口葫芦。

众人面面相觑，两颊现出朵朵桃花，无不心猿意马，奔突难收。如此风流帝王，真是千古罕见。

夜半私盟

玄宗以边境无事，安心放志，且又自计年已渐老，必须及时行乐。

遂日夕与嫔妃内侍，及梨园子弟们，征歌逐舞，十分快活。杨妃与韩国夫人、虢国夫人辈，愈加淫佚骄奢。

华清宫中更置香汤泉一十六所。俱极精雅，以备嫔妃侍女们，不时洗浴。其奉御浴池，俱用文瑶宝石砌成，中有玉莲温泉，以文木雕刻凫雁、鸳鸯等水禽之形，蒙以锦绣，浮于泉水上，以为戏玩。每至天暖之时，酒阑之后，池中温暖，玄宗与杨妃，各穿袷短衣，乘小舟浮荡于其中。游至幽隐之处，或正炎热难堪，即令宫人扶杨妃到处就浴，每自宫眷浴罢之后，池中水退出御沟，其中遗珠残珥，流出街渠，在水中，行人常有所获，其奢靡如此。

杨妃因身体颇丰，性最怕热，每当夏日，止衣轻绡，使侍儿交扇鼓风，犹挥汗不止。却又奇怪得很，她身上出的汗，比人大不相同，红腻而多香，拭抹于巾帕之上，色如桃花，真正天生尤物，绝不犹人。

天宝十载七月，玄宗与杨妃尚在华清宫，那宫中有一殿名曰长生殿，极高爽凉快，其年七月七日夜，乞巧之夕，天气正当炎热，玄宗坐于长生殿中纳凉，杨妃陪着同坐，直至二更以后，方才入寝室中而卧，宫女亦都散去歇息。

杨妃苦热，睡不安稳，乃扯着玄宗起来，同出庭前乘凉，更不呼唤宫娥侍女们服侍。二人坐到更深，手挥轻扇，仰看星斗，此时万籁无声，夜景清幽，坐了一回，渐觉凉爽。

玄宗低声密语道："今夜牛女二星相会，未知其乐何如？"杨妃道："鹊桥渡河之说，未知果有此事否？若果有之，天上之乐，自然不比人间。"玄宗道："若论他会少难多，倒不如我和你日夕饮聚。"

杨妃说道："人间欢乐，终有散场，怎如天上双星，永久成配。"说罢，不觉怆然嗟叹。玄宗感动情怀，说道："你我恁般恩爱，岂忍相离，今就星光之下，你我二人，密相誓愿，但愿生生世世，长为夫妇。"

杨贵妃听玄宗之说，点头道："阿环愿此誓言，双星为证。"玄宗听了此说，不觉大喜之极。

后来有白居易《长恨歌》中，曾咏及此事。有句云：
七月七日长生殿，夜半无人私语时。
在天愿作比翼鸟，在地愿为连理枝。

玄宗自此把杨妃更加恩爱。是年秋九月，蓬莱宫中那柑橘结实。这种柑橘，是开元年间江陵进贡来的，味极甘美。玄宗命将数枚种于蓬莱宫中，一向只开花不结实，还有时连花也不开。那年忽然结实二百余颗，与江南及蜀中进贡者毫无异味，玄宗欣喜，亲自监

视,命摘来颁赐各朝臣。杨国忠及众官,上表称贺,玄宗大悦,温旨批答。

那柑橘中却有一个是合欢的,左右进上。玄宗见了愈加欣喜,与杨妃互相把玩。

玄宗说道:"此果早知人意,我与妃子同心一体,所以结此合欢之实,我二人可共食之,以应其兆。"

乃促其坐,同剖交口而食,因命画工写命《合欢柑橘图》,传之于后世。杨国忠于此,又复献谀辞以为说道:"此乃非常之祥瑞,陛下宜颁餉称庆。"正是:

屈轶曾生尧帝时,自能指佞最称奇。

唐家柑橘成何用,翻使谀臣进佞词。

玄宗听了杨国忠谀佞之言,遂降旨以宫中有珍果之庆,赐民大餉。于是选择吉日,率嫔妃及诸王辈,御勤政楼,大张声乐,陈设百戏,听人纵观,与民同乐。京城内百姓中,士民男女,拥集楼前,好不热闹。

教坊女人,有一个王大娘者,其技能为舞竿,将一丈八尺长的一根长竹竿,捧至头顶,竿儿上缀着一坐木山,为瀛洲方丈之状,使一小儿手扶绛节,出入其间,口中歌唱。王大娘头顶着竿,旋舞不辍,却正与那小儿的歌声,节奏相应。玄宗与嫔妃诸王等看了,俱啧啧称奇。

时有神童刘晏,年方九岁,聪明过人,因朝臣举荐登朝,官为秘书省正字。是日玄宗召于楼中侍宴,命王大娘舞竿,因命刘晏咏王大娘舞竿的诗一首。刘晏应声即吟道:

楼前百戏竞争新,唯有长竿妙入神。

说道绮罗偏有力,犹嫌轻便更惊人。

玄宗同嫔妃及诸王,见刘晏咏诗敏捷,词中又有隐带谐谑之意,甚为赞叹。杨贵妃抱他坐于膝上,亲为之梳发。

梳罢,玄宗招之近前,亲执其手,戏问道:"汝以童年,官为正字,未知正得几字。"

刘晏应口答说道:"诸字都正,只有一个朋字未正。"这句话,分明说那些朝臣,各立朋党,难以救正,恰好合著朋字形体,偏而不正之意。

玄宗哪知其意,惟赞叹他年幼聪明。正在快乐之时,忽然人声喧哗。

玄宗忽闻喧哗之声,问是何故,内侍启奏说:"楼下百姓,争看花灯,拥挤喧哗。"玄宗道:"可着该管官,严饬禁约,再着卫士弹压,如再不止,拿几个责治示众。"

刘晏忙奏道:"人聚已众,不可轻责,以臣愚见,莫如使梨园乐工,当楼奏技,传谕众人,静听无哗。彼百姓喜于闻所未闻,人声自息矣。"

玄宗点头道:"此言极善。"遂命内侍,晓谕众人,随后命梨园子弟锦衣花帽,手执乐器,出至楼头,站立于花灯之下,众人拥着观望。那欢笑之声,虽未即止,已不似从前的喧闹了。

高力士奏道:"众乐工之中,唯李谟的羌笛尤为擅名,众人最为喜听。宜命楼下众人,清听一曲,以息众喧。"

玄宗依其所奏,传命李谟独自当楼吹笛。李谟领旨,拿着一枝紫纹云梦竹的笛儿,嘹亮呖呖,吹将起来。

这一枝笛真吹得响彻云霄，鸾翔鹤舞。楼下万万千千的人，都定睛侧耳，寂然无声。玄宗大喜。

你道李谟的笛，如何恁般人妙？只因玄宗洞晓音律，丝竹管弦，无不各尽其妙。有时自制曲调。随意即成，清浊疾徐，回环转变，自合节奏。于诸乐器中，独不喜琴声，闻人鼓琴，便欲别奏他乐以洗耳，谓之解秽。其所最爱者，羯鼓与笛，以此为八音之领袖，为诸乐之所不可少。每当宫中私宴，梨园奏曲，玄宗或亲自击鼓，或吹玉笛以和之。杨妃亦喜吹玉笛。

先是天宝初年，二月初旬，玄宗晨起，巾栉方毕，时值宿雨初晴，景色明丽，内殿庭中柳杏将欲萌芽。玄宗兀坐四顾，咄嗟而起道："对此景物，岂可不与他判断。"

遂命杨妃先吹玉笛一遍，随后亲自临轩，击羯鼓一通，其名曰《春光好》，亦是玄宗自制的雅调。鼓音才歇，回顾庭前柳杏，都已叶舒花放，天颜大喜，指与众嫔妃看了笑道："此一事，可不唤我作天工耶。"众毕顿首，口称万岁。

又一日，玄宗寝于玉清宫中，忽梦有仙女数人，从空而降，容貌俱极美丽，手中各执一乐器，向着玄宗吹舞了一回，其中笛声尤为佳妙。仙女道："此乃神仙之乐，名曰'紫云回'，陛下既深通音律，可传授了去。"

玄宗醒来，犹觉音乐在耳。遂自吹玉笛习之，尽得其节奏。过了二三日，偶乘月明之夜，与高力士改换了衣服，出宫游戏。走过了几处街坊，回走至宫墙外一座大桥之上，立着看月。

忽闻远远的有笛声嘹亮，仔细听之，正是紫云回的声调。玄宗惊讶道："此吾梦中所传授，亲自谱就的新翻妙曲，并未曾传授他人，何故外间亦有此调。"大为可恨。遂密谕高力士道："明日与我查访那个吹笛的人，不要惊吓了他，好好引来见我。"

高力士领旨，查得一个少年，入宫见驾。玄宗问他昨夜所吹的笛曲，从何处得来。

那少年奏道："臣姓李名谟，自幼性好吹笛，因精于其技。前两三夜，偶于宫墙外大桥上步月，闻得宫中笛声。细听节奏，极其新异，非复人间所有，因用心暗记，以指爪书谱，回家即依调试吹之，愈知其妙。昨夜便自演习，不料有污圣耳，臣该万死，望陛下恕之。"

玄宗喜其聪慧知音，遂命为押班梨园之长，供奉左右。自此李谟更得尽传内府新声，其技愈加精妙。当夜在勤政楼头奏技，万民乐闻，天子称赏。笛声既毕，众乐齐奏，继以轻歌曼舞，楼下众人都静观寂听，更无喧闹。直欢宴到晓钟初鸣方散。

歌舞承欢

玄宗御勤政楼，自恃承平，安然无虑，唯日夕在宫中取乐。

杨妃亦愈加骄纵，内庭掌管贵妃位下，织锦刺绣及雕镂者数百人，以供其贺生辰庆时节之用。玄宗遣中使往各处采为新奇可喜之物进奉。

各处地方官，有以奇巧珍玩衣服等物，贡献贵妃者，俱得不次升迁。玄宗游幸各处，

多与杨妃同车并辇而行。

杨妃平常不喜坐舆，欲试乘马。因命御马监选择好马，调养得及其纯良，以备妃子坐骑。每常上马时，众宫娥侍女扶策而上，高力士执辔授鞭，宫女服侍者数十人，前后拥护。杨妃倩妆紧束，窄袖轻衫，垂鞭缓步，媚态动人。玄宗亦自乘马，或前或后，扬鞭驰骋，以为快乐。

杨妃见了笑道："妾舍车从骑，初次学乘，怎及陛下常事游猎，鞍马娴熟。"驰逐之际，因每让着先鞭。

玄宗戏道："只有骑马我胜于你，可知风流阵上，你终须让我一筹。"

杨妃也戏说道："此所谓老当益壮。"说罢，二人相顾，皆大笑不止。自此宫中饮宴，即名为风流阵之戏。

你道如何做戏？玄宗与杨妃酒酣之后，使杨妃统率宫女百余人，玄宗自己统率小内侍百余人，于掖庭之中，排下两个阵势，以绣帏锦被，张为旗幡，鸣小锣，击小鼓，两下各持短画竹竿，嬉笑呐喊，互相戏斗。若宫女胜了，罚小内侍各饮酒一大觥，要玄宗先饮。若内侍们胜了，罚宫女们齐声唱歌，要杨妃自弹琵琶和曲。此戏即名之曰风流阵。时人以为宫中之游戏，忽一变为战争之状，不祥之兆已见于此矣。

一日，风流阵上，宫女战胜了。杨妃命照例罚内侍们二斗酒，将金斗奉于玄宗先饮。

玄宗亦将金怀赐予杨妃说道："妃子也须陪饮一杯。"杨妃道："妾本不该饮，既蒙恩赐，请以此杯，与陛下掷骰儿赌色。若陛下色胜于妾，妾方可饮。"玄宗笑而许之。

高力士便把色盆骰子进上，玄宗与杨妃各掷了两掷，未有胜负。至第三掷，杨妃已占胜色。玄宗将次输了，惟得重四，可以转败为胜，于是再赌赛一掷，一头掷一头吆喝道："要重四。"

只见那骰儿辗转良久，恰好滚成重四双双。玄宗大喜，笑向杨妃说道："朕呼卢之技如何，你可该饮酒吗？"杨妃举杯说道："陛下洪福齐天，妾虽不胜杯斝，何敢不饮？"玄宗道："朕得色，卿得酒，福与共之。"杨妃拜谢立饮，口称万岁。

玄宗回头向高力士说道："此重四殊合人意，可赐以绯。"当时高力士领旨，便将骰子第四色，都用些燕子脂点染，如今的红四自此始。

当日玄宗因掷骰得胜，心中甚为欣喜，同杨妃连饮了几杯，不觉酣醉，乘着酒兴，再把骰子来掷，收放之间，滚落一个于地。高力士忙跽而拾之。

玄宗见高力士爬在地下拾骰子，便戏将骰子盆儿，摆在他背上，扯着杨妃席地而坐，就在背上掷骰。两个一递一掷，你呼六，我喝四，掷个不止。

高力士双膝跽地，双手撑地，一动也不敢动，只听得屋梁上边咿咿哑哑说话之声道："皇爷与娘娘，只顾要掷四掷六，也让高力士起来直直腰。"谁知他说的不是"直直腰"，却是说的"掷掷么"，这"掷掷么"三字，正隐着"直直腰。"

玄宗与杨妃听了，俱大笑而起，命内侍收过了骰盆，拉了高力士起来。力士叩头而退。玄宗与杨妃，亦便同入寝宫去了。

看官，你道那梁间说话的是谁？原来是那能言的白鹦鹉。这鹦鹉还是安禄山初次入宫，谒见杨妃之时所献，畜养宫中已久，极其驯良，不加羁绊，听其飞止，他总不离杨妃左右，最能言语，善解人意，聪慧异常。杨妃爱之如宝，呼为雪衣女。

一日飞到杨妃妆台前，说道："雪衣女昨夜梦兆不祥，梦已身为鸷鸟所逼，恐命数有限，不能常侍娘娘左右了。"说罢，惨然不乐。

杨妃道："梦兆不能凭信，不必疑虑，你若心怀不安，可将般若心经，时常诵念，自然福至灾消。"

鹦鹉道："如此甚妙，愿娘娘指教则个。"杨妃便命女侍炉内添香，亲自捧出平日那手书的心经来，合掌庄诵了两遍。鹦鹉在旁谛听，便都记得明白，朗朗的念将出来，一字不差。杨妃大喜，自此之后，那鹦鹉随处随时念心经，或高声念诵，或闭目无声默诵。如此两三个月。

一日，玄宗与杨妃游于后苑，玄宗戏将弹弓弹鹊，杨妃闲坐于远楼上观看。鹦鹉也飞上来，立于楼窗横槛之上。

忽有个供奉游猎的内侍，擎着一只青鸟，从楼下走过。那鹞儿瞥见鹦鹉，即腾地飞起，望着楼槛上便扑。鹦鹉大惊叫道："不好。"急飞入楼中。亏得有一个执拂的宫女，将拂子尽力拂打，恰正拂着了鹞儿的眼，方才回身展翅，飞往楼下。

杨妃急看鹦鹉时，已闷绝于地下。半晌方醒转来，杨妃忙抚慰之道："雪衣女，你受惊了。"鹦鹉回说道："噩梦已应，惊得心胆俱裂。谅必不能复生。幸免为他所啖，想是诵经之力不小。"

于是紧闭双目，不食不语，只闻喉嗓间，喃喃讷讷地念诵心经。杨贵妃时时省视。三日之后，鹦鹉忽张目向杨妃说道："雪衣女全仗诵经之力，幸得脱去皮毛，往生净土矣。娘娘幸自爱。"言讫，长鸣数声，耸身向着西方，瞑目戢翼，端立而死。

鹦鹉既死，杨妃十分嗟悼，命内侍殓以银器，葬于苑内，名鹦鹉坟，又亲自持诵心经一百卷，资其冥福。

玄宗闻知，亦叹息不已，因命将宫中所畜的能言鹦鹉，共有几十笼，尽数都取出来，问道："你等众鸟，颇自思乡否？吾今日开笼，放你们回去，何如？"众鹦鹉齐声都呼万岁。玄宗即遣内侍持笼送至广南山中，一齐放之，不在话下。

且说杨妃思念雪衣女，时时坠泪，她这一副泪容，愈觉嫣然可爱，因此宫中嫔妃侍妇辈，俱欲效之，梳妆已毕，轻施素粉于两颊，号为泪妆，以此互相称美。识者早已知其为不祥之兆矣。有诗云：

无泪佯为泪两行，纵然妖媚亦非祥。

马嵬他日悲恓态，可是描来做泪妆。

玄宗因杨妃思念鹦鹉，恐其抑抑不乐，或有他故，便征选歌舞以娱之。

原来玄宗最喜声色，而且天纵英才，对于词曲，无所不知，每遇良辰令节，辄自制歌词，使教坊子弟，按拍清歌，自己执着檀板，为之节奏。贵妃则从旁指点。故天宝之时，宫中歌曲冠绝一时。

贵妃知玄宗事事厌故喜新，为固宠计，因自谱一曲，名为霓裳羽衣，其中节拍，务为靡

曼之音。费数月心思，方始完事。梨园子弟练习数月，方能成调。

当秋高气爽，明月团圆之候，贵妃设筵于宫中，命梨园子弟及宫女中之秀慧者，吹弹各种乐器，贵妃与念奴等，衣五色灿烂之衣，当筵歌舞，并令宫女等献技。

果然声裂金石，响遏行云。舞态与歌声相应，高下疾徐，得心应手，真如一群蛱蝶，翩跹飞舞于花间，又如二月黄莺，宛转娇啼于叶底。

此时玄宗看得目眩神迷，听得眉飞色舞，到得妙处，亟命斟酒一巨觥，亲自奉与贵妃，且笑道："朕自谓于歌舞一道，悉心研究，无不通晓。今妃子所制之霓裳羽衣曲，出神入妙，恐非人间所有，想妃子前身定是广寒仙子，故能偷得天上仙音，以娱悦朕之耳。妃子当满饮一杯，以偿数月来制曲之辛苦。"

贵妃含笑受杯，一饮而尽。自此每一曲终，玄宗辄赐贵妃一杯，自己又陪饮一杯，宫女辈歌舞齐毕，玄宗连声赞美。

贵妃乘着酒兴，回顾宫女道："取翠盘来，待我亲自献技，以博圣上一粲。"

少顷，宫女拿一翡翠盘至，大如圆桌。贵妃起身更衣毕，命宫女四人肩起翡翠盘，贵妃立在盘中，慢慢歌舞。

初时若抑若扬，旋进旋退，尚辨得清眉目，身体惟为舞衣遮掩，不能十分清切。

迨后一阵紧一阵，柳腰折损，莲步轻移，翩若惊鸿，婉若游龙，虽洛水神妃，无从望其项背，舞到深处，但见衣裳上下飞翻，不复见眉目与身体矣，真如一朵彩云。但觉五色缤纷，人目欲眩，忽然一声檀板，歌舞齐止，贵妃翩然而下，伏地呼万岁。发不乱，气不喘，面不改色，裙不动摺，可谓劲舞中之能事矣。

玄宗此时满心欢喜，拍掌大笑道："朕昔读汉成帝传，见赵飞燕有留仙裙之故事，心常羡之。不料妃子之技，尤胜飞燕万倍。谁说古今人不相及呢？"

马嵬赐缳

玄宗正和杨贵妃奏霓裳羽衣曲，十分快乐，欢娱无比。忽然有警报前来道："安禄山举兵造反，各地纷纷失守，兵马已直叩潼关。"

玄宗闻报大惊，忙集群臣，共议防守之策。群臣犹以为癣疥之疾，不难灭此朝食。独玄宗自知武备久驰，禄山之反，为患匪浅，遂面喻群臣，欲使太子监国，下诏亲征。寇平之后，即行内禅。

此旨一下，杨国忠吃了一惊，想道："我向日与李林甫同谋，陷害东宫，太子心中，好不怀恨，只碍着贵妃得宠，右相当朝，他还身处储位，未揽大权，故隐忍不发。今若秉国政，吾杨氏无噍类矣。"

当日朝罢，急回私宅，哭向其妻裴氏，与韩、虢二夫人道："吾等死期将至矣。"众夫人惊问其故。

国忠道："天子欲亲征讨，将使太子监国，行且禅位于太子，太子向恶于吾家。今一旦大权在手，我与姊妹，都命在旦夕矣。如之奈何？"

于是，举家惊怕泣涕，都说道："反不如秦国夫人先死之为幸也"。虢国夫人说道："我等徒作楚囚，相对而泣，于事无益，不如同贵妃娘娘密计商议，若能谏止亲征，则监国禅位之说，自不行矣。"

国忠道："此言极为有理，事不宜迟，烦二妹入宫计之。"

两夫人即日命驾入宫，托言奉候贵妃娘娘，与杨妃相见，密奏其事，告以国忠之言。

杨妃大惊道："此非可以从容缓言者。"乃脱去簪珥，口衔黄土，匍匐至御前叩头哀泣。

玄宗惊讶，亲自扶起，问道："妃子何故如此？"杨妃说道："臣妾闻陛下将身亲战阵，是褒万乘之尊，以当一将之任，虽运筹如神，决胜无疑，然兵凶战危，圣躬亲试凶危之事，六宫嫔御，闻之无不惊骇。况臣妾尤蒙恩幸，岂忍身离左右。自恨身为女子，不能从驾亲征，愿甘碎首阶前，欲效侯生之报信陵君耳。"说罢，又伏地痛哭。

玄宗大不胜情，命宫人掖之就座，执手抚慰说道："朕之欲亲讨，原非得已之计，凯旋之日，当亦不远。妃子不须如此悲伤。"

杨妃说道："臣妾想来，堂堂天朝，岂无一二良将，为国家殄灭小丑？何劳圣驾自征。"

正说间，恰好太子具手启，遣内使来奏，辞监国之命，力劝不必亲征。只需遣一大将或亲王，督师出动，自当成功。

玄宗看了太子奏启，沉吟半晌道："朕今竟传位于太子，听凭他亲征不亲征罢。我自与妃子退居别宫，安享余年何如？"

杨妃闻言，愈加着惊，忙叩头奏道："陛下去秋欲行内禅之事，既而中止，谓不忍以灾荒贻害太子也。今日何独忍以寇贼贻害太子乎？陛下临御已久，将帅用命，尤宜自握大权，制胜于庙堂之上，传位之说，待徐议于事平之后，未为晚也。"

玄宗闻言，点头道："卿言亦颇是。"遂传旨停罢前诏。

正在此际，杨国忠前来见驾道："哥舒翰兵败，潼关失守。"玄宗大惊。国忠便请驾幸西蜀，暂避凶锋。玄宗沉吟不决，贵妃姊妹，亦再三要求。不由玄宗不从。遂与国忠共议幸蜀。

国忠道："陛下若明言幸蜀，朝臣必多异议，必至迟延误事。今宜下亲征之诏，一面竟起驾西行"。

玄宗依言，遂下诏亲征。以京兆尹魏方进为御史大夫，兼置顿使，少尹崔光远为西京留守将军，命为官边令诚掌管宫门锁钥，又特命龙武将军陈元礼，整饬护驾军士，给予钱帛，选闲厩马千余匹备用。总不使外人知道。

是日，玄宗密移驻北内，至次日黎明，独与杨妃姊妹、太子，并在宫中的皇子、妃子、皇孙、杨国忠、韦见素、魏方进、陈元礼及宦官宫人，出延秋门而去。临行之时，玄宗欲召梅妃江采苹同行，杨妃止之道："车驾宜先发，余人不妨另日徐进。"玄宗又欲遍召在京的王孙王妃，随驾同行。杨国忠道："若此则迟延时日，且外人都知其事了，不如大驾先行，徐降密旨，召赴行在可也。"于是，玄宗遂行。

驾过左藏，只见有许多军役，手中各执草把，在那里伺候，玄宗停车问其故，杨国忠奏

道："左藏贮财甚多，一时不能载去，将来恐为贼所得，臣意欲尽焚之，无为贼守。"

玄宗愀然道："贼来若无所得，必更苛求百姓。不如留此为之，勿重困吾民。"遂斥退军役，催车前进。

方过了便桥，国忠即使人焚桥，以防追者。玄宗闻之咄嗟道："百姓各欲避贼求生，奈何绝其生路？"乃敕高力士率军士速往扑灭之。后人谓玄宗于患难奔走之时，有此二美事，所以后来得仍归故乡，终享寿考。

玄宗驾至咸阳望贤宫地方，官员俱先逃避，日已向午，犹未进食，百姓或献粝饭，杂以麦豆，王孙等争以手掬，须臾食之而尽。玄宗厚酬其值，好言抚慰，百姓多哭失声，玄宗挥泪不止。

众百姓中，有个白发老翁，姓郭，名谨慎，涕泣进言道："安禄山包藏祸心，已非一日，当时有赴阙若言其反者，陛下辄杀之，使得逞其奸逆，以致乘舆播迁。所以古圣王务延访忠良以广聪明也。犹记宋景为相，每进直言，天下赖以安然。频岁以来，诸臣皆以言为讳，唯阿谀取容，是以阙门之外，陛下俱不得而知。草野之人，早知有今日久矣，但九重严密，区区之心，无路上达，事不至此，何由得睹天颜，而诉语乎？"

玄宗顿足嗟叹道："此皆朕之不明。"悔言无及，温言谢遣之，从行军士乏食，听其散往各庄村觅食。

是夜，宿金城馆驿，甚是不堪。是日，驾临至马嵬驿，将士饥疲，都怀愤怒。适河原军使王思礼，潼关奔至，方知歌舒翰被擒，因即以思礼为河西、陇右节度使，令即赴镇，收集散卒，以候东讨。

思礼临行，密语陈元礼道："杨国忠召逢起衅，罪大恶极，人人痛恨，仆曾劝哥舒翰将军上表，请杀之，惜其不从我言。今将军何不扑杀此贼，以快众心。"

陈元礼道："吾正有此意。"遂与东宫内侍李辅国商议，正欲密启太子，恰值有吐蕃使者二十余人，因来议和，随驾而行。要遮杨国忠马前，诉以无食。

国忠未及回答，陈元礼即大呼："杨国忠交通番使谋反，我等何不杀反贼？"于是众军齐鼓噪起来。国忠大惊，急策马奔避。众军蜂拥而前，兵刃乱下，登时砍倒，屠割肢休，顷刻而尽。以枪揭其首于驿门外，并杀其子。正是：

任是冰山高万丈，不难一日付东流。

国忠才被害，却巧韩国夫人乘车而至。众军一齐上前，也将韩国夫人砍死，虢国夫人与其子裴徽，并国忠的妻子幼儿，都逃至陈仓，被县令薛景仙，率吏民追捕着，也都诛戮。正是：

昔年淡扫眉，今日血污颈。

可怜天子姨，卒难保首领。

恨不如沐猴，幻化潜踪影。

玄宗当日闻杨国忠为众军所杀，即出至驿门，用好言安慰众军，令各收队。众军只是喧闹扰攘，围住驿门不散。

玄宗传问："尔等如何还不散？"众军哗言道："反贼虽杀，根苗犹在，何敢便散。"

陈元礼道："众人之意,以国忠既诛,贵妃不宜更侍至尊,伏候圣决。"

玄宗惊讶失色道："妃子深居宫中,国忠即谋反,与她何干?"

高力士奏道："贵妃诚无罪,但众将士已杀国忠,而贵妃犹在帝左右,岂能自安?愿皇爷深思之,将士安则圣躬方安。"

玄宗点头默然,转步回驿,不忍入行宫,只于驿旁小巷,倚仗垂首而立。

京兆司录韦谔,即韦见素之子,那时正侍立于侧,乃跪奏道："众怒难犯,安危在顷刻间,愿陛下割恩忍爱,以安国家。"

玄宗乃步入行宫,见了贵妃,一字也说不出口,但抚之而哭。

门外哗声愈甚,高力士道："事宜速快。"玄宗携着贵妃,出至驿道北墙口,大哭道："妃子,我和你从此永别矣。"杨妃亦涕泣呜咽道："愿陛下保重,妾负罪良久,死无所恨。乞容礼佛而死。"

玄宗哭道："愿仗佛力,使妃子善地受生"。回顾高力士："汝可引至佛堂善处之。"说罢,大哭而入。

杨妃上佛堂礼佛毕,高力士奉上罗巾,促令自缢于佛堂前一棵树下。

中国的绝世美人杨贵妃,就此气绝而亡。后来真山民有咏杨妃诗道:

三郎掩面马嵬驿,生死恩爱可奈何。

瘗玉驿旁何足恨,潼关战骨不埋多。

又有随园老人咏马嵬驿诗道:

莫唱当年长恨歌,人间亦是有银河。

石壕村里夫妻别,泪比长生殿上多。

辽国"武则天"

——景宗耶律贤皇后萧绰

名人档案

萧绰：中国辽朝女军事统帅、政治家。小字燕燕，辽朝皇太后，辽景宗耶律贤的皇后。在民间戏曲中被称为萧太后。辽大臣北府宰相萧思温的第三女。

生卒时间：953～1009 年。

性格特点：开明、智谋、勇敢。

历史功过：作为契丹的一位有作为的女统治者，她的名字将永垂史册。

史家评点：《契丹国志·景宗萧皇后传》里有记载：太后所居宫殿叫"文化殿"，"好华仪而性无检束。""后天性忮忍，阴毒嗜杀，神机智略，善驭左右，大臣多得其死力。"毛泽东评价她说："宋人（指宋太宗之流）不懂军事，非契丹的敌手。契丹善于使用'诱敌深入，聚而歼之'的战略战术，宋人总不省。宋太宗无能，屡战屡败。"这从一个侧面反映了萧绰独特的军事才能。

辽国崛起

公元十世纪初，在北中国的土地上，崛起了一个强大的、以契丹族为主体的少数民族国家——国号大契丹，后来改称为大辽。皇室出于姓耶律氏的契丹家族。契丹族在隋唐之时，已经生活在中国北部与东北部边疆一带，时叛时服。唐末藩镇割据，军阀混战之际，契丹人在他们的开国君主、辽太祖耶律阿保机带领之下，乘机兴起，建国立号，称大契丹，与五代时期中原第一个王朝后梁太祖朱温在同一个年份（907）称帝。

因为中原王朝内部各个反叛者、割据者相互间常发生争斗，为了增强自己的力量，削弱对手的力量，争斗的各方都想拉拢北方这个新兴的、军力强盛的少数民族王朝，作为自

己的盟友和援军？他们争相向辽国的君主示好，代价是低声下气，承认契丹政权的权威，馈送中原出产的物质财富，甚至出卖土地、人民，以博契丹主的看顾。契丹的实力更因此大为膨胀，而成爆炸式的增强。

中原偏安王朝中最可耻、最大规模的一次出卖疆土，勾结辽国的行为，是公元936年前后，后晋君主石敬瑭做出的。他为了取得辽太宗耶律德光的支持，以便坐稳大晋皇帝的龙椅，不但奴颜婢膝地称耶律德光为父皇帝，自居儿皇帝，还同意将中原固有的、以幽蓟二州（今北京地区）为中心的"燕云十六州"大片的土地、世代居住在这片土地上的众多人民，都拱手割让给契丹。

这十六州的名称为幽州（即燕州）、蓟州、瀛洲、莫州、檀州、涿州、顺州、新州、妫州、儒州、武州、云州、寰州、应州、朔州、蔚州。地域相当于今北京、河北直到山西大同以东一带。这片地域，绵亘千里，峰高谷深，山峦起伏，东接浩荡大海，南临华北平原，北面、西面则有连绵不绝的燕山、太行山山脉为天然屏障，有古北口、紫荆关、榆关、松亭关、居庸关等雄关为交通中原与塞北的门户和锁钥。如中原王朝拥有这片土地，退可以以千里山峦与蜿蜒不绝的长城为屏障，阻止契丹铁骑的南侵；进可开关出塞，转战千里，扫荡漠北、关东，有利于中原王朝对全中国的统一。而辽国据有了这片土地，则中原王朝屏障尽失，时时地地处于遭受攻击的态势，国家的安全和发展都将遭到严重威胁。

辽太宗获得了这一大块兵家必争之地，拓展了辽国的南境，如虎添翼，其国势、军威都大大增强。他如果挺进，可以南下中原，越黄河，跨长江，直窥吴越岭表，饮马江南，实现混一中国的美梦。雄才大略的耶律德光的欣喜，自然不可名状。在辽国会同元年（938），他便毫不犹豫地下诏将幽州升格为辽国的陪都，定名为南京，让辽的政治、军事中心逐渐南移。此举也掀开了今天的北京作为中国千年历史古都的帷幕。

石敬瑭卖国的可耻行径遭到了万世的唾骂，中原王朝的后继者，无论爱国有识之士，还是平民百姓，无不诅咒这个可耻的儿皇帝，也无时无刻不惦记着这块宝贵的土地的回归，时时刻刻都梦想着收复它。

辽太祖做皇帝二十年，辽太宗做皇帝二十一年。这两个契丹皇帝在位期间，是辽国势力最强盛的时期。可是，无奈他们之后继位的子孙并不太争气，多数没能继承他们的才能和勇气。太宗之后，先后登上皇位的辽国几个皇帝，多是昏聩懦弱、贪吃贪玩的平庸之辈。继太宗而后的第一个皇帝，是他的侄子辽世宗耶律阮。此人庸懦荒淫，一生沉溺于醇酒妇人之中，又不能团结本族的大臣、贵族，常常引起部族内部的反叛。他在位仅五年，最后被他的同宗贵族燕王耶律舍音弑杀。世宗之死，引起了一场皇室内部争夺皇位的战争。混战中，耶律舍音也被人杀死，辽太宗的长子耶律璟最终抢得了帝位，庙号穆宗。

此人比世宗更昏庸残暴。史书说他"体气卑弱，恶见妇人"。他不愿接近女人，拒绝皇太后为他立的嫔妃，宫中嫔御虽多，他都不喜欢。但这并不是他真的洁身自好，而是他有"龙阳之癖"——爱好同性恋，他整天与宦官们鬼混，泡在一起。大约他的生理上是有些疾病，但他心理上的疾病更为厉害。他除与宦官厮缠外，还没日没夜地醉溺于醇酒与

沉迷于狩猎中。无论寒冬盛夏,他不是彻夜轰饮,就是终日驰骋于山林猎场,逐兔飞鹰,搏虎驱鹿。据说辽国京城上京的东北面,有一片山水秀绝,麋鹿成群的山峦,有黑山、赤山、太保山等山峰,辽穆宗一年四季多在这群山中游猎,不肯轻易离开。

他又好杀,不问政事,喝酒醉了就睡,睡醒再喝,号称"睡王"。睡得稀里糊涂,或者喝得不满意时,便迁怒于左右侍奉人员,动辄杀人。他宫廷营帐中负责獐、鹿、野猪、猎鹰、野鸡等飞禽走兽的侍从管理人员,以及奉膳掌酒的近侍人员,常常因动物的逃失死亡,或饮食不中意,或回答皇帝的询问不能让他满意,或者外出归来不及时,而遭到他的酷刑滥罚,如受炮烙(将受刑者捆在烧红的铁筒上)、用铁梳(带齿的铁刷)梳刷皮肉等,有时则遭乱刀砍死。受刑者多断手足,烂肩股,折腰胫,裂脑碎齿,然后弃尸于野,让野狗豺狼啃食。死者不计其数。他为了长生延寿,曾经听信女巫锡库的话,将活人的胆生取出来,制造长生不老药。后来,他不相信这个女巫了,就命人将她捆绑起来,用带鸣镝的乱箭,把她射成刺猬一般,再命人骑马践踏,踩为肉泥。而对于国家朝政,他毫不在意。尽管中原王朝四周的敌对割据势力,如山西的北汉,如江东的南唐,都曾派特使,暗带着蜡丸密书来与他联络,以期联手共抗全国的统一,他也不去认真回应。辽太祖、太宗创造的兴辽大好局面,在他手中,几乎彻底葬送。

后来,他的性格变得更加残忍和猜忌。他左右的侍奉人员,人人自危,谨小慎微,谁也不敢大声说话,主动应答,不愿真心侍奉他。

应历十九年(969)三月,耶律璟在怀州猎到一头大黑熊,自以为是好兆头,他高兴得发狂,就在猎场上与随侍的契丹贵族和汉族官僚们开怀畅饮,又吃又唱又跳。喝得酩酊大醉,兴犹未尽,带着侍从,醉醺醺地,连夜奔驰数十百里,回到行宫。下马进了宫门,他一面歪歪趔趔,喷着满嘴酒气,一面连声叫唤:"厨官,快拿吃的喝的来,朕饿了!朕要喝酒!厨官!"

然而膳房的人员没有预料到皇帝深更半夜到来,措手不及,上食就慢了些。耶律璟怒不可遏,破口大骂,说是要将所有厨师和掌膳官员处死。幸得有人劝慰,他才稍稍息怒,叫道:"先寄下你们几颗狗头,等孤家吃过饭后再找你们算账。"

掌膳官及左右侍奉人员知道他吃饱了便会真的要杀人,便一起合计,何不如先下手为强,将耶律璟干掉!近侍小哥、盥人华哥、庖人锡衮等几个人密谋后(可能还有一些心有异谋的近臣暗中支持),在食物中暗藏了匕首,进膳时,乘耶律璟不备,取出匕首,数人一拥而上,将他按住,一刀直接刺入心脏,年仅三十九岁的辽穆宗,便一命呜呼。

耶律璟在位十九年,一生残暴荒淫,终落得一个悲惨的下场。

就在辽世宗、穆宗昏庸怠政,辽国政治陷于混乱,国力衰退的同时,中原王朝几经更迭,终于进到一个恢复、发展时期。此时已经是后周的统治。后周皇帝柴荣,庙号世宗,是个有才能有胆魄,大有作为的君主。他初步统一了中原本土后,又实行了一系列的政治、军事、经济改革,国家的财力、物力、军力大增。一边是欣欣向荣,一边是人怠政衰,中原王朝与辽国的政治形势和军事态势发生了逆转,战略上由原来的基本处于守势,逐渐有了进攻的能力了。周世宗想乘此大好时机,一举收复燕云故地,进而完成神圣的、统一全国的绝大事业。于是,他在公元 959 年,即周世宗显德六年,在辽国则是穆宗应历九年,调集了大军,毅然亲征,发动北伐,直指辽的南京,即幽燕大地。此时的后周军队物资充足,斗志旺盛。接连收复了益津关(在今河北霸州市)、瓦桥关(在今河北雄县)、淤口关(在今霸州市信安镇)及其南面的土地,不久,瀛洲、莫州也落入后周军队的手中。在幽燕各地做官的契丹文武官员,闻风而逃。久处于契丹贵族统治下的故国父老,纷纷牵牛担酒,来迎接犒劳中原王师。周世宗获得前线战报,非常兴奋,他是带着病出征的,前线胜利的捷报不断传来,他披着战袍,出到帐外,登上高岗,遥望远方,对着苍天祷告道:"孤家此举若能夺回燕云故地,恢复祖宗故土,一雪石晋卖国之辱,孤家也不枉带病出征一场,上对得起列祖列宗,下对得起子子孙孙了。"

此时辽穆宗耶律璟正在位,但他整日沉醉在醇酒之中。幽州守将以十万火急的军情来报:"瀛洲、莫州已经丢失了,幽州也危在旦夕。"耶律璟却带着醉意,疏懒疲怠地斥责道:"三关本是汉人地方,现在不过归还汉家,孤丢失了什么!"话是实话,但站在辽的利益的立场,这话难免被其国人认为荒谬。然而他的左右臣僚也无可奈何。他们更为担心的,是不但燕云十六州之地将为后周夺回,就是辽国的江山也将岌岌可危了。有的大臣主张及早撤出南京(即幽州),回到关外去,固守契丹的本土,不少的契丹官员贵族,连夜逃离幽州。

但可惜的是,周世宗亲征时,已带重病。在取得重大军事胜利的关键时刻,他的病情却恶化起来,终于支持不住,罢战回师,逝世于大梁(今开封)的滋德殿,以身殉国了。后周军队失去这样一位既有胆略威望又有才能的杰出主帅,悲痛万分,一时群龙无首,如何再进行恶战? 只得主动撤兵。这是五代时期中原王朝一次重要的北伐,竟然功亏一篑,遗下后来宋朝的北伐无功,数百年辽宋分治的局面,令人惋惜。正所谓"出师未捷身先死,长使英雄泪满襟"。

这在后周是噩耗,在辽国却是喜讯,辽国君臣这才得以松口气,总算渡过一场战争危机。

周世宗病逝的第二年。后周内部的军事强人、高级军官、禁卫军的总司令官——周世宗的"殿前都点检"赵匡胤,利用后周皇室孤儿寡母,束手无策的局面,发动陈桥兵变,佯称受到手下的将领和官员的强行拥立,龙袍加身,自做皇帝,夺取了国家政权,建立起大宋朝。中原王朝易了主,但新的赵宋皇帝,并没有放弃收复燕云十六州的雄心壮志和固有的国家战略目标,没有完全终止北伐的军事行动。不过在宋初,宋太祖忙于安定政权,进一步扫平仍然盘踞巴蜀、岭南、湖湘、吴越的地方势力,对于辽国,没有继续采取大规模的军事行动。直到宋太宗即位,宋朝彻底平定了西南东三面的地方割据政权,稳定了中央王朝的统治,积蓄起了强大的军事和经济力量后,才继周世宗后,进行第二次北伐,一场决定宋辽双方命运的战略决战才发生。这对辽国造成很大的军事威胁。但由于宋军方面最高军事当局的战略失误,以及战地指挥官的指挥失误,决战的结果却发生了有利于辽国的变化。不过这是后事,留待后面再讲。

在辽宋战略大决战之前的一段历史时期中,因为辽国相继的君主都是平庸懈怠之

辈,在军事态势上,宋军常处于主动的、进攻的地位,辽国常处于被动的、防守的地位。总的形势,还是偏向于大宋朝一方的。加上辽国内部不断的内争,辽国的政治和军事局面,可以说一直处于危困境地。正是在这样的危局中,辽国统治者内部,崛起了一位杰出而又干练的契丹族女性,做了契丹王朝的强势女主,干出一番轰轰烈烈的事业,扭转了辽宋对峙中,不利于辽国的局面。此人的崛起,虽非中原王朝之福,却是契丹人的骄傲。

这个杰出女子,就是辽景宗的皇后、辽圣宗的皇太后萧绰,肃燕燕,是通俗历史演义小说《杨家将》中那个著名而厉害的辽国老太婆——萧太后。

野心女子

耶律舍音发动政变,杀害辽世宗耶律阮时,世宗四岁(一说九岁)的儿子耶律贤也差点被人杀死。幸亏世宗属下一个忠于故主、名叫刘嘉里的御厨官员急中生智,用毛毡裹住年幼的皇子耶律贤,藏在堆垛得高高的柴火堆中,躲了好久,才没有被政变的官兵们发现,让皇子耶律贤留下一条小命来。但由于柴火堆里潮湿阴冷,他躲藏的时间又过长,因此染上了很难治愈的终身疾病——"风疾",手脚麻痹酸疼,坐卧困难,行动不便。

穆宗耶律璟继其堂兄耶律阮即帝位后,念及家族情谊,将他这位幸存的小皇侄耶律贤收养在永兴宫中,抚养成人。到穆宗被害前,耶律贤已经是二十三岁的青年小伙子,只是顽固的"风疾"依然缠绕在他的身上。

耶律贤长大后,见到他的叔父穆宗整日酗酒,倦怠于政事,又好杀人,曾经与侍臣韩匡嗣议论过。但韩匡嗣赶忙暗示他不要多说话。耶律贤倒也乖巧,马上领悟了韩的意思,不再谈及政事以招祸。穆宗被害前一天,耶律贤曾进宫来叩见他。穆宗显出欢喜的样子,说:"我儿已经长大成人,应该担负一点政务工作了。"耶律贤连连答应:"是,是。"然而,第二天,就发生了穆宗被近侍和厨官杀害的事。而耶律贤也立即在侍臣萧思温、韩匡嗣、耶律斜轸等人的拥戴下,做上了辽国新皇帝。

史书在记载这些事件时,语多扑朔迷离,而字里行间,却偶尔又会留下一些令人感兴趣的,足以引起回味的叙述,而透露出某些蛛丝马迹。穆宗的死,除了那几个直接杀害他的官员、厨人外,与侍臣萧思温等,还有新皇帝耶律贤等,是否也有某些瓜葛呢?《辽史·萧思温传》说:穆宗射猎获熊,喝酒欢庆时,侍中萧思温就陪侍在座,同时在座的还有另外几个侍臣,他们同劝穆宗畅饮,让穆示饮得酩酊大醉,终于导致被厨人杀害的惨案。萧思温,就是萧太后的父亲,与耶律贤的关系比较接近。穆宗被害后,又是这个萧思温,立即拥戴着耶律贤入宫,在穆宗枢前即了皇帝位。景宗即位后,萧思温便做了北院枢密使兼北府宰相,他的女儿萧燕燕也随即入宫成为贵妃,过了两月,又当上了皇后。将这些分散的记载串联起来研读,是否能够觉察到一些痕迹或疑惑呢?这让人感觉到,穆宗之死与景宗即位,与萧思温当时的一些活动,好像有着某些联系。或者说有某种密谋,某种有意识的安排。但史书没有再多的记载,笔者也不便再做进一步瞎猜,只能写下一点感觉,供

读者品味了。

耶律贤做了皇帝,庙号景宗。这位新皇帝,虽不像他的父亲、叔父做皇帝时那样荒淫残暴,却也对政务管理,没有多少兴趣和作为。这是因为,他患着严重的"风疾",行动不便,卧床的时候多,上朝的时候少,妨碍了他对繁重政务的关心和管理。他虽然是一位名义上的帝王,皇帝的职责,他却几乎视为一种负担,而委托给他最信任的一个女人去执行。这个女人,就是萧燕燕,是他的皇后。史书说,景宗时,辽国朝廷的"刑赏政事,用兵征讨"等国家大事,"皆皇后决之,帝卧床榻,拱手而已"。这种情形,颇有点儿像长期患头风病的唐高宗,将朝廷政事都委托给武则天处理一样。如果说辽景宗时,辽国的朝政,包括军事上,还有些成绩的话,主要都是萧燕燕的作为。

萧燕燕是个什么样的人呢?她是契丹名门贵族萧氏家族的一位千金。

萧氏与耶律氏,是契丹两个最显赫尊荣的家族。耶律氏是契丹的皇族,皇帝都是耶律氏的子孙;萧氏则是贯彻于整个辽代终始的外戚家族,契丹的皇后多出于萧氏。《辽史·后妃传》所记载的十四个皇后中,只有一个出于外姓舒鲁氏的家族,五个皇妃中,只有一个出于外姓甄氏的家族,其余都为萧氏。这萧氏并非汉族的萧姓,而是道地的契丹贵族,但与汉姓却也有些联系。传说,萧氏祖上本有契丹姓氏,但因仰慕汉人文化,而改取了汉族姓氏。在选择姓氏时,他们崇仰汉代著名丞相萧和的智慧与治国才能,因而取姓为萧。萧燕燕是契丹历史上第九个皇后,也是契丹皇后中最有智慧,最具治国能力,干练老成,而且取得成功的唯一女人。就这一点来说,她实现了她的祖上对选取萧姓的预想的期望。

史书说,燕燕的父亲萧思温,很爱读汉人的"书史",有较高的汉文化修养。燕燕是小字,她本名为绰。燕燕出于《诗经·邶风》的《燕燕》篇"燕燕于飞"句;绰出于《诗经·卫风》的《淇澳》篇"宽兮绰兮"句,有娴雅、舒缓、从容等含意。从这名与字的选取,也可以看出她出身的契丹贵族家庭里对汉文化喜爱的氛围。

但据史书记载,萧思温虽"通书史",位至辽国的北府丞相,手握大权,却不像他的女儿燕燕那样有真正的治政才干和超人的胆略。《萧思温传》说,他在率兵抵抗后周军队的猛烈进攻时,以及后来抵抗宋兵的北伐时,表现都不佳,惧敌畏战,束手无策,面对强敌,不知计从所出;对于朝政,他也没有什么积极贡献,乏善可陈。舆论认为他既没有治军之才,也缺少治政能力,是个庸懦的人。然而,在玩弄权术方面,他却是还有一些智巧心机和手段的。他能在穆宗突然死去时,迅速拥立新皇帝,并及时将女儿送进宫中做上皇后,说明他在谋取个人利益时,确实有些小聪明。大约由于他行事缺少正道,因而树敌不少,所以,他在做了北府丞相不久,就在一次陪皇帝出猎时,被仇家杀死了。

燕燕与她父亲颇不相同,她胸有大局,每临大事有静气,能从容不迫地应付。行事有条理,有智谋心计,用人也比较得当。据说,她小时,在家参加清洁扫除,动作不快不慢,做事井井有条,物件摆放清洁整齐,连她父亲也不由得称赞:"我这个女儿,将来治家必有方。"他哪里知晓,他的女儿岂止治家有方,治国也有方哩。

萧燕燕与景宗的结合,应该说是他父亲一手撮合的,是一场政治婚姻。虽说萧氏女

人嫁为耶律氏的后妃,是辽国的传统。但在燕燕未入宫前,她已经与一个汉人青年韩德让相好了,而且她已经答应嫁给他。

这个韩德让出身于汉人官僚家庭,但具有契丹贵族家奴身份,犹如后来清朝的曹寅一家一样,虽受封官职,却仍然是满洲贵族的"包衣"——家奴。韩德让的祖父韩知古,在唐末被契丹人俘掠,做了契丹贵族的家奴。因为受到契丹贵族宠信,做了辽国的高官,为契丹贵族治理汉人,位居南面官的中书令之职。但他的契丹贵族家奴身份并未除去,契丹将此种身份称之为"宫分人"。上文那个曾经劝说耶律贤要隐忍不要对穆宗的行为发表意见的韩匡嗣,则是韩德让的父亲。韩匡嗣也做到辽国的南京(今北京)留守、西南面招讨使,封爵燕王。可见韩氏家族久已归化于契丹了,在辽国的政治地位,还是比较高的,因为与契丹贵族关系密切,所以萧燕燕会许嫁于他。

萧思温在新朝虽然因为有拥立之功,做到北院枢密使兼北府宰相,但他在契丹贵族中的评价并不很高。大约他担心自己的地位不稳,出于巩固他权位的考虑,他在拥立景宗的同时,他就急不可待地让女儿废弃了与韩德让的婚约,进宫做了景宗的贵妃,进而做了景宗的皇后,开始了对辽国皇室大权的染指。

燕燕并没有反对她父亲为她所做的这些安排,她是一个有野心、有抱负的女人,很乐意地成为辽国历史上又一位萧氏皇后。因为,她已经知道,耶律贤出于健康上的原因,不会有精力过问更多的事务的。果然,他一做上皇帝,就将治理国家的重负和对权力的控制,将军国大事的决定权,都委托给了自己的皇后。而这样的安排,正好为这个干练而又精力充沛的女人,提供了一个施展她的治政才干的平台,为她获得辽国最高执政的地位,开通了一条重要通道。

不过,萧皇后也没有忘记她旧日的相好韩德让。在她的授意与安排下,辽景宗封韩德让为东头承奉官;接着又任命他为枢密院通事、上京皇城使、彰德军节度使等重要职务。

有的史书说,萧皇后之所以重用韩德让,是因为她年轻,有"辟阳之幸",对于旧情人韩德让依然保持着感情上的往来。"辟阳"指汉代的男子审食其,因他受封辟阳侯而得名,他是著名的吕太后的男宠。"辟阳之幸",是说韩德让实际上是萧皇后的男宠。从后来萧皇后升到皇太后之后,与韩德让亲密无间,几乎像夫妻一样行事的许多行径看来,这种男宠关系也许是有的。但在景宗在世之时,恐怕不至于已经达到了一点不避行迹的亲密程度。尽管辽景宗为人比较大度,还有契丹民族对于家庭、夫妇、男女的伦理观念,不一定像汉人那样保守、执着、认真,不会对萧、韩二人的来往,有过多的嫉妒和限制,但萧燕燕与韩德让间此时的友好关系,毕竟不能太过分,否则萧燕燕的正式合法丈夫的面子,实在也难撑持下去。史书说,韩德让"侍景宗以谨饬闻"。说明当时韩德让至少在正式的场合中,还是谨守着臣子的名分和职责的。他并没有因情人被景宗所夺,而萌生怨愤或报复心理。

韩德让也并不是个只会依靠与萧后的旧情和特殊的关系才受重用的人。他为人比较厚重沉稳,由于其家庭的教养和汉文化的深厚熏陶,他富于理智与才华,有智谋藏韬

景宗在位的十三四年间,他在协助萧后执政,率兵作战,抵抗宋兵的征伐,改革朝政,稳定辽国的政局方面,都出过不少力,有过贡献。

景宗对萧后是比较信任和依赖的。在景宗的支持下,萧后的执政地位越来越确定。这情形从保宁(景宗年号)八年(976)二月以皇帝的名义颁布的一道诏书中,可以看得出来。这道诏书称:此后朝臣为萧皇后起草诏书时,其格式、规模、用语都要与皇帝的诏书一样,萧皇后的自称,一律要用"朕"等字样,并将此规定"著为定式"——作为朝廷公文的正式标准。这就以法律的形式确定了萧后的执政地位,与皇帝具有同等的地位与权力。这与唐高宗时明确规定武则天与唐高宗并称"二圣",共同执政的情形差不多。

然而,萧后的执政地位,并不是已经到了牢不可破、不受任何威胁的地步。因为在契丹皇室与其他贵族中,还有相当一部分有权势的人,并不完全认可萧后的权位,其中一些贵族怀有自己的政治野心,一直觊觎着皇位,只是碍于景宗对萧后的信赖与支持,才隐忍未发而已。

对萧后执政地位最严重的一次威胁和考验,发生在景宗患病去世的时候。乾亨(景宗所改的第二个年号)四年(982)八月,辽景宗到云州围猎。在尚和山突发急病,便急忙赶回上京。但才走到焦山时,就在行帐中病重死去,年仅35岁。史书说辽景宗死前留下遗诏,命其长子梁王耶律隆绪继承皇位,而将实际的军政大权都交给萧皇后掌握,规定一切朝政大事,都听皇后的诏命。又委命韩德让与皇族耶律斜轸同为顾命大臣,辅助萧皇后与新皇帝执政。

这道"遗诏"是否真是辽景宗遗下的,很难确定了。但无论辽景宗真的有否这道遗诏,都不能改变景宗死后形势的危急和严重。因为此时的皇帝遗体远在行帐,萧后也随在行帐,而辽都上京的朝野上下,拥有兵权,掌握大政,或者宗室势力强大的契丹皇室贵族,有二百多家;萧皇后虽然在景宗的支持和默许下,实际处理政务多年,却还没有培养起自己强大的势力范围,她和她的亲信都还没有掌握到绝对的兵权,她的外家亲戚,也多没有什么实权,难以给她以有力的支持、援助;她最大的儿子耶律隆绪,也才十二岁。如果那些心怀叵测的、握有军政权力又有野心的宗室大臣知道景宗已经去世,在京城造起反来,不承认什么遗诏,拒绝接受他们孤儿寡母回到京中,就像南朝后周的强势将军赵匡胤乘周世宗之死,从世宗遗下的孤儿寡母手中夺取政权一样,抹去大辽朝的皇权,她是难于控制的。此时的萧皇后,即便握有先皇的遗诏,也难以挽救她失去政权,甚至生命的命运,她的执政地位,实在是岌岌可危。她一想起此种暗淡前景,心中就不寒而栗。

她要竭尽全力巩固而且要加强已经到手的权位。

萧后内心紧张,表面却很镇定,照常接待随从大臣,指挥侍从人员,安排日常活动,不显露一丝惊慌之色。对众人好言安慰,稳定人心。同时,她一面委派亲信,增强警卫,封锁消息,一面又秘密差人,日夜兼程奔告远驻在另一处地方的南院枢密使韩德让——她的最亲密的情人、助手,最忠心的支持者。韩德让获知消息,也不等待萧后有无进一步的意旨,就秘密召集十几个亲信,长途奔驰,赶到行帐,见到萧皇后。

萧皇后见到韩德让,一阵惊喜,眼中饱含了泪水,说道:"韩卿来了,事情就好办了。"

她的一颗悬着的心，开始放了下来。她摒除了左右，与韩德让密商应急之计。韩德让道："启禀陛下，为今之计，绝不可声张，惊动诸人，特别是京城的王公大人们。宜一面诏告随侍诸臣，照常供职，各安其位，绝不变更，但也不许任何人擅自离开营帐；一面急速起驾，带领众人，日夜兼程，赶回上京。到了宫中，再图后计。"

萧后听从了韩德让的建议，在韩德让的安排下，乘朝野上下多数人还不知情，他们一行便已迅速地回到了上京。萧皇后的车骑急急忙忙奔进了皇宫大门，由韩德让指挥，布置好宫城的警卫，初步控制了局面。萧皇后这才彻底地、长长地舒了一口气，定心地喝了一碗奶茶。然后宣召南北两院枢密院及其他契丹族、汉族官员进宫，听候宣布大行皇帝驾崩的诏旨。

韩德让宣读了景宗皇帝的遗诏，他和契丹大将耶律斜轸便正式接过顾命大臣的名义与职权，佐辅景宗长子梁王耶律隆绪继任皇帝。新皇帝就在景宗的灵柩前即了位，后来所上庙号为圣宗，因称圣宗皇帝。遗诏同时还宣布圣宗的生母萧燕燕进位为皇太后，临朝称制，总揽朝政，拥有一切军国大事的最高决定权。众王公听到这几句话，大多面面相觑，说不出话来。韩德让则正式受命总管宫廷和京城的警卫，加封为开府仪同三司兼政事令，南院枢密使，参与国家大政的议论与决策，掌管南院汉宫系统；顾命大臣耶律斜轸则被授予北院枢密使，掌管北院契丹官员系统。另外一位富于谋略、为萧太后所信任的契丹将军耶律休哥，则被任命总理南面军务，可以"便宜从事"。萧太后迅速地控制了朝政的全局。南院的汉官自不必说，北院的那些契丹大臣将军的贵族们，没有预料到萧太后的行动如此之快和果断，谁也不敢轻举妄动，乖乖地接受了萧太后称制的局面。

紧接着，萧太后又与韩德让一道，整肃那些仍然手握兵权、不甚安分的宗室亲王和大臣们，逐步剥夺掉他们爵位及实权。接着颁下诏敕，令原来聚集京师，常常聚会的亲王贵族们，立即各自回到自己的府邸，非经朝廷允许，亲王之间不许私自聚会饮宴，防范他们暗中串联，阴谋政变。不久，萧太后再诏命留在上京的契丹亲王们，将他们的家属，也召到上京来，作为实际上的人质，被太后监管起来。

经过整肃，辽国的军政大权及京城的禁卫大权，被萧太后牢牢地掌握在手中，辽圣宗也绝对服从他的母亲的决策和指导。萧燕燕被奉为辽国的国母，成了辽国真正的最高执政者、决策者，拥有了至高无上的、绝对巩固的执政地位，为她此后进一步施展治政、治军才能，开创了新的局面。

萧燕燕的杰出才能，不仅表现在她的政治生活的睿智与英明，也体现在她的情感生活的直率和开放。她不怕众人的非议，大胆地重用了她往日的情人韩德让，让韩德让有机会充分发挥他的聪明才智，参加辽国的治理。她对韩德让充分展现了女性的温柔，特别在景宗去世后，萧太后少去了一道形式上的束缚，她感情的表达，就更强烈和开放，无拘无束了。

辽圣宗成功地做了皇帝后，萧太后一面告诫这个才十二岁的少年，要充分尊重负有辅佐重命的大臣韩德让，要他像对待自己的父亲一样对待韩德让；一面又鼓励韩德让忠心地辅佐圣宗，将圣宗作为他的亲儿子一样看待。她对韩德让说："我曾经答应嫁给你。

我愿意延续旧日的那一分感情。我的儿子就是你的儿子,你一定要尽心尽力,不能辜负他!"

为了表彰、酬谢韩德让拥戴皇室的大功,她决定赐给韩德让"铁券誓文",以见证皇家对韩德让大功的永远铭记,和赐给他的一些特权。铁券上的誓文由圣宗亲自书写。然后召集南北院的契丹和汉族大臣做见证,参加的人都先要沐浴斋戒,在宫院中燃点香案,围聚在北斗星下,当众宣读了"铁券丹书"誓文。

为了表示给韩德让以最高奖励,萧燕燕赐给韩德让一个契丹皇族的姓氏——耶律,取名为德昌,后改名为隆运。不过,萧燕燕为韩德让取的"隆运"之名,从汉人的角度看来,有点不合规矩。因为,她既要她的儿子辽圣宗认韩德让为父亲,依照汉族的习惯,儿子与父亲的名字,是不能相同的。而辽圣宗既名耶律隆绪,再名韩德让为耶律隆运,看起来好像他们间又是兄弟一样,韩德让又成了萧燕燕的儿子了,一点没有规矩。也许契丹族在取名方面,没有汉人的这种观念,或者表明萧燕燕对韩德让的一种亲密的感情。

在萧太后的关怀下,韩德让还获得了另外一项政治上的特权。他虽然做了大官,但从身份说,他仍然是契丹贵族的家奴,这对于他和他的家族,都是一个永远的苦痛。萧太后特别加恩,解除了他契丹贵族家奴的身份,加入了皇室的谱籍"横帐"——犹如宋朝皇室族谱的"玉牒"——之中,而且承认他和他的家庭属于辽太祖耶律阿保机一族,列在辽景宗耶律贤的名位旁。

这还不够,她又封韩德让为晋王,特许他拥有上千人的庞大卫队,拥有专门的膳夫和大量的各族女奴。她要她的两个封王的儿子,每天到韩德让的营帐去问候请安。他们在距营帐两里路的地方就要下车步行。他们离开时,要并排站在帐外,向韩德让行礼告别,韩德让安然受礼。甚至规定辽圣宗去晋王营帐看他,也要在五十步内下车。韩德让出帐迎接,圣宗则先要向他作揖致礼。萧太后这样的安排,明显将韩德让当作了她的孩子的父亲,承认了韩与她的实际上的夫妇地位。

据一些历史文献的记载,萧太后还常常到韩德让的府中、帐中,与韩德让并排而坐,同坐同食,谈笑风生,商议国事家事,较一般的夫妇还要亲密。他们之间这样亲密的来往,并不怕形迹,不避国人,甚至不避外国使节。宋朝官员曹利用出使辽营,商谈和议时,就见到萧太后与韩德让并排坐在驼车上,一面吃饭,一面接待宋使,进行谈判。这是苏辙的《龙川别志》中所记载的。

萧太后对韩德让的情爱之强烈,从她对偶然冒犯韩德让的契丹官员的严厉处分中,也可感觉得到。契丹贵族喜欢打马球。有一次在马球场上,一个正在打球的契丹将军,因为胯下马匹冲驰得太猛,将韩德让撞下马来,让他受了点小伤。萧太后竟勃然大怒,吩咐贴身侍卫当场将这个莽撞的将军擒下马,推出营门斩首。在场的侍臣,无论是契丹人还是汉人,都被太后的威严震慑住了,谁都不敢出声,不敢说情。

还有一个例子,萧燕燕当年进宫后,韩德让见婚姻已无望,便另娶个妻子。可是,当萧太后与韩德让续上旧缘后,为了独自占有她心爱的人,竟然派人去将韩的结发妻子杀了。虽然她是出于对韩德让的浓烈感情,却也太专横太残忍了。

萧后与韩德让的关系，确似夫妇一般，而且非常公开。这在宋朝的官员人士中，曾引起一些议论，但在辽国，却没有引起他们的国人关注和非议，甚至连辽圣宗也接受了他母亲的这个旧情人，对他十分尊重、亲近。后来韩德让死时，萧太后已先死，辽圣宗为他举行隆重的丧礼，就像为萧太后举办丧礼一般，规模庞大，皇帝、皇后、诸亲王、公主等，以及南北大臣，都到灵堂哭奠。灵柩将发时，圣宗还亲自挽车哭送，走了一百多步才停止。将他陪葬在景宗的乾陵旁边。规定所有张挂辽景宗画像的殿室，都要同时悬挂韩德让，即耶律隆运的写真像。

这件事，在汉族主政的北宋皇朝的人士看来，是很奇特的现象，很不可理解。所以宋代有的文人对之有些另外的解释，如王偁《东都事略》评述此事时说："然（萧太后）天性残忍，多杀戮，与耶律隆运通，遣人缢杀其妻。又幸（私通）医工特哩衮，有私议其丑者，辄杀之。隆绪畏，莫敢言。"然而萧太后在日，辽圣宗固然可能因为畏惧太后的威权而敢怒不敢言，可是萧太后死后，圣宗仍然像往常一样地尊敬韩德让，像给自己的父亲办丧事一样办理韩的丧事，就不太好理解了。从辽国方面的文献看来，并没有什么对萧太后的非议留传下来。说明在辽国的皇室朝野上下，对于萧太后与韩德让的关系，确是视为很正常的，并非由于暴力、威权而作的屈从。也许除了契丹民族的风俗习惯、伦理观念与汉民族确有差异外，与萧太后个人性情、风格，与她的辽国"国母"的权势地位，与她在辽国朝野享有的巨大的威望分不开。换了别的契丹女子，产生如此的事，可能不一定会为众人所接受。不过，清人厉鹗为萧太后辩护说："（萧后）史称贤后，隆运'辟阳'之幸，其说（谓王《东都事略》之说）近诬。"似乎连萧韩二人的亲密关系也否定了，未免太过。

韩德让没有辜负燕燕太后对他深挚的关爱。他除在充分满足萧太后的情感外，也尽心地对萧太后与辽圣宗一朝的政治改革和军事行动，提供了很多有益的意见和帮助。杰出的契丹女杰萧太后的崛起和成功，与韩德让的倾心辅佐，密不可分。

女主政事

契丹本是游牧民族，在中原文化的影响下，建立了自己的国家辽国。这个国家虽以契丹族为主，但汉族与其他少数民族在人口中也占了很大比例。以一个文化落后，且人口绝对少于汉族的民族，契丹人想要长治久安，永保耶律氏家族皇室的地位，光靠军事强力和契丹本族的力量，是远远不够的。契丹统治者还是很聪明的，他们不拒绝接受汉文化，不将汉族的上层人物和士族完全排斥在国家的统治集团之外，而是有限度地让他们分享一部分权力。他们也想出了个"一国两制"的办法，在朝廷的绝对控制和有效管理下，建立了北院与南院两套政府，各设枢密院，各置宰相与枢密大臣，分管契丹人和汉人事务。北枢密院官员大臣，由契丹人担任，官制与法制系统，都依契丹的传统，负责对契丹本族人的治理；南枢密院官员大臣，参用部分汉族人士，官名、官制，参用汉法，负责治理辽国管辖下的汉人。这套制度相当有效，它在一定程度上缓和了辽国国内契丹人与汉

人间的矛盾,稳定了社会秩序,维护了辽国政权的生存和发展。两百年间,辽国的疆土与国势,一度扩张得很大,东起渤海之滨,西至西域,北面囊括了塞外大漠地区,南面到今天北京、河北、山西一带。俄语称中国国名为"格塔伊",应该就是契丹国名的译音。之所以会产生这样的称呼,其原因大约在于,俄罗斯位于中国北方,他向东方拓展时,正当契丹国横亘在整个北中国。契丹数百年的强大存在,让俄罗斯人较早、也是较多接触到的中国人,主要是契丹人。因此,他们便将契丹国名,当作整个中国的国名了。

契丹人参用汉法虽然较早,但是他们在相当长的时期内,依然保留着很多本民族的生活习惯和法规制度。尤其作为主要统治民族,契丹人对其他民族,特别对汉族,存在着根深蒂固的偏见和歧视,存在着严重的民族压迫。汉人在种族上,政治、法律上,都被压低一等。契丹贵族多延用其传统的法律和习惯,强加于汉族和其他民族。凡是契丹人与汉人或其他民族间的事务,他们都按有利于契丹人的契丹旧法和习俗处理,严重地偏袒契丹人。例如,契丹人和汉人之间斗殴,契丹人致汉人死亡,只要象征性地赔偿几头牲口了事,而契丹人一方如有伤亡,汉人则将被处斩,妻子儿女还要罚做奴婢。汉族农民的田地、牛马常被契丹贵族或政府掠夺,无偿征用,田地荒芜,家人流亡。生命、财产的安全都得不到保障,即使有些汉人——尤其是那些具有"宫分人"身份的汉人——在辽国政府中,做了高官,但在契丹人的社会里,他们的社会和法律地位仍然要低一等,依然是奴婢。

前面也提到过"宫分人"这个名称,这里稍做一点解说。所谓"宫分人",是契丹皇室贵族通过战争或其他手段虏获的家奴,他们分隶各亲王贵族的宫帐,为契丹贵族服劳役。"宫分人"之名,或许由此而来。宫分人应是契丹语的意译,音译则当为斡鲁朵,或作斡耳朵,本义为营帐、宫帐。"宫分人",即营帐里的用人、奴婢,如此一释,意思或许更易清楚。"宫分人"中有汉人,也有契丹或其他民族的人。他们有的长期为主人服役,获得主人信任,有的人可以得到一定程度的自由,可外出做事,甚至做官等等,但因有个"宫分人"这个身籍,在没有"出籍"前,他们永远都是原主人的家奴,遭受契丹人的歧视,始终要夹紧尾巴做人。韩德让就是一个鲜明的例子。因为他的宫分人身份,虽然贵为南院宰相,契丹的将军们依然瞧不上他,这才会发生前文说到的在马球场上,被横冲直撞的契丹武将,撞下马来的事。而当此莽撞的契丹武人被萧太后处死时,众多契丹贵族、官员都惊呆了。(参见上文)因为从来没有契丹人为汉人偿命的事,何况韩德让只受了点小伤,并未丧命。这起事件,在很大程度上是由于萧太后对韩德让的特别关爱,但似也含有一些有意纠正习惯法规上过于偏袒契丹人的意味。如果没有萧太后背后撑腰,韩德让说不定被契丹贵族整死了也不一定。

长期以来,此种蕃汉不平等的现象,在辽国已经司空见惯。结果不仅是汉民破产,生活困苦,契丹朝廷的财政收入也大量减少,难以维持庞大的政府和军费的开支。虽然他们可以继续用传统的暴力手段,掠夺其境内境外汉人的财产补充用度,但并不能给他们以长期稳定的财政收入,伴随着更多的杀伐和屠戮,生产越加破坏,财政则更加困难。这不是一个正常的国家的管理方式。因此,那些稍有识见的契丹人士,都希望进一步向汉族的文化和治国的方式学习,改变本族落后、野蛮的风俗习惯和管理国家的方法。在契

丹政权中做事的部分有学识的汉人,也积极提出各种变革的建议,帮助耶律皇室统治者更多地采用汉法,加速汉化的过程。

萧太后便是在这关键时刻,在契丹历史上涌现的一位杰出的、勇于实行政治变革的奇女子。

她在辽景宗朝做了十三年皇后,在辽圣宗朝做了二十七年皇太后。她的变革,应该说从景宗时期就开始了的。如景宗保宁八年,曾有诏令恢复南京(今北京)礼部贡院,正是打算在辽国恢复科举取士的重要一步,无论从政治上的用人制度,还是文化上的尊礼读经来说,都是一项重要的改革。此道诏令虽然是以景宗名义颁布的,但实际处理政务的还是萧燕燕,所以可以看作是她所施行的一次变革。不过,萧太后的大量的变革措施,是在辽圣宗时,在她做摄政皇太后,当上辽国国母,完全执掌了辽国军政大权的时候。此时的军国政事,全由她最后决定,政令由她发出,只不过大多数情况下,用皇帝的名义发布诏书而已。而辽圣宗本人在萧太后的教育下,也赞成和热心参加改革,是萧太后改革的支持者。她的施政,有极大的自由度。诸多条件,让她能够积极推动起辽国的社会改革来。萧太后的改革,可以看作是在她的主导下,与辽圣宗一起进行的。

萧太后的改革,自然也得到了她的亲信、汉人大臣韩德让、室防,以及契丹将军耶律斜轸、耶律休哥等人支持、参与。

她在统和元年(983)临朝称制时,即在韩德让等人的帮助下,果敢免去相当数量的契丹亲王、大臣的职位,剥夺了他们的兵权,削弱契丹保守贵族对变革的反对力量,可以看作是她深入推行改革措施所做的准备。

作为萧太后搞变革的得力助手,韩德让提出过各种改革的建议,如提倡选贤任能,改革用人制度;如提倡学习儒家经典,加强崇奉孔子及其他儒家圣贤;如正式实行科举考试制度;如主张轻徭薄赋,安辑流民,鼓励开荒种地,重视农业生产,进一步改变契丹人过度依靠放牧打猎的生活习惯;如善待汉民及其他少数民族,改革法制,等等。

萧太后所信任的另一个大臣室防,也是一个忠心耿耿的,有学问的,善于治理国家的人。他是辽国南京(今北京)人,曾中过进士。入辽后,获辽太宗的信用,曾任辽国南京副留守,参加编修过辽国国史。圣宗统和二年,他受委派,去赶修一条急用的道路。他很快就调齐了二十万民工,一天内将路修筑而成,为众人所叹服。萧太后时,他与韩德让、耶律色珍密切合作,特别关注纠谪朝政中的各种弊端,积极地参与变革,史书上说他是"知无不言,务在息民薄赋","法度修明,朝无异议"。

萧太后的另外两个得力助手,主要在军事方面给了她极大的帮助。这两位都是契丹人,是圣宗即位时的顾命大臣。一个叫耶律色珍(一作耶律斜轸),是萧太后的女婿。但她并不避嫌,委以北院枢密使的重任,并统率大兵与宋军作战。色珍作战勇敢,富于谋略,屡立战功。因有他的支持,萧太后的改革才得以顺利进行。另一人叫耶律休哥(又作耶律休格)。此人不但富于谋略,擅长作战,累建功勋,也积极参与改革。他在对宋军的作战取得首次战役的胜利后,被委任为"总理南面军务",全权负责辽国南京地区(幽燕等州)的防务,准备对宋军的战斗。萧太后在任命时,给了他"便宜从事"的权力,他从改革

军事制度的角度，积极领会萧太后的意旨，在所辖区域内劝课农桑，注重发展农业生产；并且整顿经武，创立军队的"更休法"。其法大约是将军队分为几部分，一部分参加日常防务，一部分休整蓄养军力，一部分垦荒种地。他所戍守的南京地区，农业生产有一定程度恢复，军队的给养有所保障，作战能力也得到很大提高，为在后来的辽宋攻防大战中取得战争胜利，作了充分的准备。

萧太后的改革，大约体现在以下几方面，一是政治体制，二是农业生产，三是文化风俗和礼制。

政治体制方面的改革，主要是选贤任能，整顿吏治。辽国虽然实行南北两院制，蕃汉分治，契丹人依然掌握绝对的权力，北院官员全用契丹人，南院的重要官职亦由契丹人担任，汉官的发言权并不高，而契丹官员的任用则较滥。萧太后决心依照选贤任能的原则，不分蕃汉，一体任用，赋予有能力的汉族官员以更重要的职位和更大的权力。如对韩德让的任用，就是一个例子。韩德让虽然是汉人，又有宫分人身份，但因武能带兵，文能治国，对改革有很多好的主意，所以萧太后不仅用他为南面枢密使，甚至让他兼任只有契丹人才能担任的北面枢密使，一个人，而且是个汉人，同时掌管南北两院。这自辽高祖以来，韩德让还是第一人。

韩德让不但力主任贤选能，网罗遗才，还身体力行，不计恩怨，力荐人才。

有过一个典型的例子。一个叫额布勒的武官，能文能武，有带兵能力，但就是性格粗暴倔强，得罪了不少人，长期没有得到重用。有一次，他与官员耶律杨珠激烈争执。杨珠虽是契丹人，却有"宫分人"的身份，额布勒便骂他："你这个狗奴才！"

杨珠感到受到极大的侮辱，就告到时任北院枢密使的韩德让那儿。韩德让责问额布勒："你额布勒凭什么骂人奴才？你有本事得到这样的家奴吗？"

额布勒也不大瞧得起"宫分人"出身的汉人枢密使，语带讥讽地答道："那还不容易，'三父异籍'的时候随便就可抓到几个。"

三父，古书中没有做解释，但依上下文义，似可解读为指大父、祖父。异籍，指身籍、身份变化，即指由自由民被降为宫分人、奴隶。韩德让的祖父韩知古，正是在六岁那年，辽高祖征讨蓟州时，被淳钦皇后的兄长萧欲稳俘获，后来作为淳钦皇后的陪嫁奴隶，跟着来到宫里，是典型的异籍家奴。额布勒用这句话来顶撞韩德让。很让韩德让恼火，但他面对一个如此粗暴的契丹武人，也不便发作，仅轻微一笑，将心中的怒火压制下去。随后好言慰解，劝二人各回营帐。额布勒见他的挑衅并没有发生作用，也感到没趣，就悄悄地回去了。

可是额布勒没想到，韩德让后来竟推荐他做了高级统兵官。一天，萧太后要求韩德让举荐一个人做"统军使"，带兵去边境镇抚"诸蕃"。韩德让想了一下，便推举了额布勒。萧太后知道额布勒曾经讥讽韩德让，曾想惩罚额布勒，为韩德让出口气的，不想韩德让推荐了额布勒，很感意外，就问："额布勒那样恶狠狠地冒犯爱卿。他有什么特别的才能，值得爱卿荐举？"

韩德让答："额布勒性格刚强，不畏权势，臣官至宰相，他却一丝不畏惧，其他还有什

么人会让他恐惧呢？此人一定能担当大任，镇压住那些不安分的蕃部边民。臣受辱事小，国家用人事大，臣不得不举荐。"

韩德让一番答话，让萧太后赞不绝口，夸道："爱卿能够不计嫌隙，荐进贤才，辅佐朝政，真是尽到了大臣的职责啊！"

恢复科举，从汉族读书人中，选拔人才，是萧太后的一贯主张。辽国开国以来，并不重视汉人王朝长期实行的这项制度。直到景宗保宁八年，才下诏恢复辽南京礼部贡院，保宁九年（977），取了辽国第一个进士易州人魏璘。此时萧太后已在主政，这次的诏书应当是她颁发的。不过此后景宗一朝再未见过有关录取进士的记载。还有笔记说，圣宗统和二年（984）、五年（987）都录取过进士，但《辽史》中都无正式记载。直到圣宗统和六年，才有正式开设贡举的诏书，并"放进士高进等二人及第"。此后，科举考试便在辽国固定下来，成了常行的制度，多数时间里是隔年举行，但有段时间，几乎是年年录取进士。初期只取一二人，后来增至数十人。辽圣宗以后，直到辽天祚帝，此后的辽国皇帝，都坚持了开科取士的办法。这说明萧太后的这项改革，是取得一定成效的。

法治的整顿，是萧太后改革的又一项重要内容。虽然在辽太祖神册年间，在制定治理契丹及诸夷之法时，已经明确规定"汉人则断以律令"，对汉人施汉法，但在实际的执行中，依然常用契丹旧法来治理汉人。尤其牵涉到汉人与契丹人相关的案件时，更是完全依照契丹的习惯法，极端袒护契丹人，歧视和打击汉人。同一殴击致死亡的命案，契丹人可以用罚钱物牛马了结，汉人则必须处以斩刑，并罚没财产及将家属罚为奴婢。同罪不同科，大量汉民蒙冤受屈，呼告无门，深化了民族间的矛盾冲突，也危及契丹王朝的统治。萧太后深切了解此种弊病，因此下诏再次明确了神册年间所规定的治汉人用汉法的精神，并规定契丹人犯法，也应采用汉律治罚，取消带民族歧视性的契丹旧法规。新法规定，无论契丹、汉人，一律依汉律治罪，同罪同罚。这一条改革，极为重要，因为它牵涉到在辽国生活的大多数汉人的利益，也牵涉到契丹法律的进步。

萧太后常常教育年幼的圣宗皇帝，要宽法省刑，体恤民情。在此种教育下，辽圣宗也锐意于法治的改革。《辽史》说，当时萧太后、辽圣宗母子二人所"更定"的法令有"十数事"之多。其他重要的更定的法规，诸如统和十二年（994）颁布一条诏令，规定契丹人犯了十恶之罪，也须依汉律处斩，不像过去那样仅以杖责或罚没财产了事。又如契丹旧法规定，囚犯被处死刑，必须在街市上暴尸三天，死者家属才可收葬；而新规定则减为一天，次日即可收葬。还有，统和二十四年（1006）的诏令规定，奴婢犯了罪，即使是死罪，也必须送到官府治罪，严禁奴婢的主人私自处死。这些新规定，都有一定的进步意义。

但是法规的执行也不是一帆风顺的。韩德让发现，辽国上京、西京、南京等地的一些官员，审案中收受当事人钱财，枉断案狱，有罪的不判刑，私自释放；无罪的而请托不到的，则受不住酷刑拷打，往往屈打成招，冤狱满市。他将所知道的情况向萧太后奏闻后，萧太后不但即派遣官员前往各地复审，还经常亲自前往审理，那个时候，这种重审案件，平反冤狱的做法叫作"录囚"或"决滞狱"。从统和元年开始，几乎每一年，萧太后都要到各地去"亲决滞狱"。

释放奴隶,奖励垦殖,适度限制游牧活动,大力恢复关南地区的农业生产,是萧太后施行改革的又一项重大的内容。

契丹人本来实行的是奴隶制度,靠掠夺财物和奴隶来维持其游牧生活。《辽史》说:"契丹旧俗,其富以马,其强以兵……马逐水草,人仰湩酪,挽强射生,以给日用,糗粮刍荛,道在是矣。"意思是说,契丹人原来以马匹为财富,马匹既可载人作战,又可为战士提供肉食和乳汁,战士饥可食,渴可饮,而粮食柴薪,随路抢掠,即可满足,并不需要农业提供食粮财用。

自辽太祖以来,大量汉族和其他民族的平民被掠为契丹人的奴婢。然而,这大大妨碍了辽国经济向农耕经济的发展。

但是随着契丹的建国,有了宗庙宫室,百官郡县,生活也讲究了,用度也多了,对钱财的需求也大了,也就逐渐对农业,对农业生产的劳动力的重要性有了更多的了解。

辽太宗就曾诏令"有司劝农桑,教纺绩",并将一些水草丰美的土地,交给一些将士去耕种。行军作战时,屡屡诫谕部下,不要妨碍农桑,有一次,他还发布一道诏书,诫谕各道军队,行军之中,有敢践踏农田损害庄稼的,以军法论处。

但在那戎马倥偬的年代,他的这些诏谕,是否真能执行,令人怀疑。

到了穆宗、景宗时代,辽国的国势已经衰退,对外战争掠夺的所得越来越少,景宗、圣宗、萧太后等人更加深刻地认识到,契丹人再也不能像过去那样,轻松地上马杀人,下马吃肉,衣食无忧了;只有开垦土地,种出粮食,才是财赋衣食无穷之源。因此,他们在韩德让等人的帮助下,采取了不少重视和振兴农业生产的改革措施。

第一,萧太后毅然决定改变契丹贵族无限制地掠夺占有奴隶,将大量汉族农耕民众变成契丹贵族农奴的局面和方法,于统和十三年(995)四月,以皇帝的名义,下了一道诏书,命令将辽穆宗应历年间(951—968)以后,被"胁从为部曲(奴婢)"的人,都还原其平民身份,归州县管辖。此后,凡在战争中捉到的敌方俘虏,或放或留,任其自便,奖励他们在辽国耕种、生活,不再当作贵族的奴婢使唤了。这项改革,基本上是针对汉族农民的。其效果是,为恢复农业生产提供了许多劳动力,为辽国政府增添了许多完粮纳税的农民。

第二,禁止契丹贵族和军队再占良田沃壤作游牧场所。保护农田,禁止妨碍农时。统和七年(989)、十四年(996)、十五年(997),都发布诏令,契丹军队在祭祀山神、举行田猎、放牧牛羊时,严禁霸占农田、践踏庄稼、妨碍农耕操作。甚至诏令狱官加紧处理案件,以免拖延不决,妨碍农民耕种。

第三,奖励垦殖,尤其鼓励、允许农民垦殖田主因战争逃亡而荒芜的土地。还在辽景宗乾亨四年(982),就发布诏书,令各州郡逃户的田庄,允许汉人及各少数民族农民去佃种。这些经人承租的无主土地,原主人在五周年回来认领本业的,新佃户只需将所耕种的三分之二的土地交还原主人;十周年内回乡的,归还一半土地;十五周年内原主人回来的,只归还三分之一。有人冒认承租者的土地,从严治罪。到圣宗统和四年,经韩德让奏准,对那些深受战争灾祸和灾荒的州县,迅速采取救助措施,减免当年以至未来数年的赋税,重申允许失去土地的农民领种无主的荒地。

第四，轻徭薄赋，减免田税，减轻农民负担。如统和四年，根据室昉、韩德让等人建议，免除山西等地租赋；统和十三年，减免前一年所欠之租赋；统和十五年，减免流民的租税，等等。但是，一些地方官员，并不领会萧太后等人扶植农业生产的用心，却仍一味向农民征税。当时，辽国南京（即今北京）地区的官员竟要向农民征收一种"农器税"，就是农业生产最常备的农具如锄头、镰刀等等都要征税，其他赋税之重，可想而知。韩德让知道后，即向萧太后奏闻。此后这种不近情理的苛捐杂税就被取消了。

第五，给牛给种，扶助救济受到战争和天灾摧残的农民。如统和六年（988），先遭霜灾，后遇旱灾，萧太后令官府除发钱物赈济灾民外，又将部分灾民迁徙到比较富足一点的州郡，发给谷种和耕牛；统和十二年（994），赐给南京统军司贫户以耕牛，等等。

第六，春耕秋获的季节，派遣劝农官员，至各地鼓励和督促农民的耕作，养蚕植桑，严厉禁止农村中的无业游民。

第七，提倡军队中也奖劝农桑。

文化方面，第一是提倡儒家文化，学习中原礼俗。统和十三年，诏修诸州的孔子庙及黄帝、大舜等先圣先哲祭祠，以儒家的伦理、学说、思想、精神、礼制，改造契丹的文化、思想和社会习俗。第二是开科取士，诏郡邑贡明经、茂材，选拔人才。学校教材用朝廷颁的《五经》传疏。在学习中原儒家文化方面，萧太后和辽圣宗既是提倡者，又是带头实行者。萧太后对中原文化的爱好和素养，前面已经介绍过。辽圣宗在萧太后的教育下，他的中原文化的造诣也是很高的。《辽史》说他"幼喜书翰，十岁能诗。既长，精射法，晓音律，好绘画。"他好读《贞观政要》，尤其推崇白居易的诗，说："乐天诗集是吾师"，诏令文臣将白居易的文集译成契丹文，让那些还不懂汉字的契丹大臣，也能欣赏到这位唐代大诗人的锦绣诗文。

在萧太后与辽圣宗的一系列的改革下，辽国的国力和元气逐渐恢复起来。

挫败大宋

契丹民族起家于游牧渔猎，善于骑马射箭，奔袭战阵。契丹妇女也不例外。《辽史·后妃传》说："辽以鞍马为家，后妃往往长于射御，军旅田猎，未尝不从。"辽国的许多皇后，都曾征战沙场。辽太祖耶律阿保机的皇后就曾率领蕃汉精兵，参与南征北讨。萧太后的军事才能，不但在契丹皇后中，就是在众多的契丹军事将领中，也是一个佼佼者。她勇敢善战，胸藏韬略，每有大战，总是与她的丈夫或儿子一起，亲临战阵，督率三军，决策于庙堂之上，决胜于战阵之中。是个驰骋于金戈铁马、血雨腥风的战场之上的女中豪杰。

宋太祖建立大宋朝以后，南方的宋朝，就成了契丹国最强大的敌手。为了收复长期被契丹占领的燕云十六州的土地，大宋朝继承了北周的事业，与契丹朝廷进行了长期激烈的战争，数次北伐。在与宋的军事对垒中，萧太后充分展示和运用了她卓绝的军事指挥才能，累次挫败宋朝雄师的进攻，取得战争的胜利。

但文献中缺少她在辽景宗时期，督率军队，参与战事的记载，这大约是因为景宗在位，她虽参政，但还仅仅起辅助作用，史家记载的着眼点仍落在皇帝身上之故。而考之实际，辽景宗既生性"仁懦"，又"沉疴连年"，连登鞍跨马之劳也极吃力，哪能常常亲临战阵，平常之朝政多委托皇后萧燕燕处理，而国家的战争大事，以她那刚烈的性格，干练的作风，难以想象她会不代替夫君，披坚执锐，亲临战阵，督战指挥的。后来，她做到皇太后，临朝主政后，文献中关于她戎马疆场，指挥三军，对抗敌骑的记载就较多较详细起来。这是因为，她既主政，主持军国大事，披坚执锐，临阵杀敌，自是她的职责所在。况且，圣宗年幼，难以亲自统率军队，也不能不更多地依靠萧太后，史家也难以忽略了。在景宗，特别是圣宗时期，辽与宋的多次重大的战争，都有她戎装立马，督率三军，指挥若定的身影。辽军也每因他们的"国母"的亲征，而士气备受鼓舞，屡建战功。

萧太后在主政的数十年中，经历过许多次与宋朝的战争，而其中重大的，有决定性影响的战争，大致有三次。一次是公元979年，宋太宗太平兴国四年，辽景宗乾亨元年，宋太宗灭北汉后，移师伐辽的战争。另一次是公元986年，辽圣宗统和四年，宋太宗雍熙三年，宋军分三路，大举进攻辽国的南京，企图一举收复燕云十六州故地的辽宋大战。这两次战争的发动者都是北宋的军队，而辽军一方则获得最终的胜利。还有一次，是公元1004年，宋真宗景德元年，辽圣宗统和二十二年，萧太后与圣宗南下侵宋，澶渊缔盟的战争。这次战争，是由辽方发动的，在萧太后的主导下，以有利于辽国的经济与政治利益为条件，与大宋朝廷讲和而告终。

第一次辽宋大战时，辽景宗还在位，萧燕燕还只是景宗的皇后，所以史书中关于这次战争的记载，多只说到景宗的诏命和指挥，没有提到萧燕燕在战争中的作用和表现。但景宗实际上是个没有多少实际能力的皇帝，他喜好歌舞宴乐，不喜战阵，而且生性"仁懦"，又"沉疴连年"，连跨马登鞍都困难，要他真正亲临战阵，督率三军，指挥打仗，是很困难的。他早就将军政大权委托皇后管理。所以，这次对付宋军大举进攻的战争，名义上说是景宗指挥的，实际上，许多军事上的部署，应当出于萧皇后之手。辽国在此次战争取得的重大的胜利，应该被看作是萧皇后在军事上的初试身手。

这次战争发生时，是大宋立国已经近二十年的时候了。经过多年的军事的和物资的蓄备，宋军已对战争做了较为充分的准备，宋太宗决定发动收复北方国土的战争。太平兴国四年（979）二月，他部署了大军，首先向位于今山西太原一带的割据政权北汉发动进攻，拉开了北宋朝廷第一次北伐战争的序幕。

北汉是辽国的保护国，也是辽国的羽翼。宋太宗的意思，在于先翦除掉羽翼，再进攻辽国本部，就无后顾之忧了。

当北宋大军杀来，北汉主赶紧向辽国求救。然而，辽国此时刚度过世宗、穆宗之乱不久，虽然正在景宗和萧后的治理之下，国力有所恢复，但实力尚不足，所以虽然出动军队救援北汉，半路上被宋军狙击，大败而归后，不敢贸然再向北汉派兵。北宋大军于二月向太原发起进攻，太宗皇帝亲临前线督战，经过近三个月攻坚战，北汉主在断了外援的情况下，终于投降宋军。宋军取得军事北伐的第一个重大胜利，但在军力和物资上的消耗也

很大，人缺粮饷，马乏草秣，人困马乏，众心思归，哪里还想继续作战。许多将领都主张应该暂时休兵，班师回朝，让军队和百姓休养生息，积蓄力量，再攻幽州。可是宋太宗被宋军的首战胜利冲昏了头脑，认为辽国守卫幽燕地区的兵力不多，而且多是老弱残兵，容易攻取。他求功心切，想乘大胜之后，军威远震，贾其余勇，一战可下幽州，完成数代以来未完成的北伐复土大业，建下千古奇功。他决定连续作战，立即进军幽州，不给辽兵以喘息之机。他的决心，谁敢再阻挡。于是经过数月鏖战的宋军，还没有得到充分的休整补充，攻下太原城后的第17天，就被统帅带领，移师东进，直捣辽国占领的幽州。

新的一轮战争开始了，初期，宋军取得了一些胜利。辽国许多州郡的守军和官员，降的降，逃的逃，人心惶惶，多无守志。宋军势如破竹，顺利进到幽州城下，立即展开了攻城战役。幽州城被密密匝匝地围了三层，宋军又是垒土山，又是架云梯，又是放火箭，日夜攻城，杀声震天。幽州城中的守兵，大多是老弱残兵，但是，幽州城城墙颇为高大坚固，守城的统帅是辽国的南京留守韩德让，他在城中组织起坚强有效的防御，坚守了十五个昼夜，宋军久攻不下，白白消耗了将士们的体力，挫尽了锐气，也贻误了战机。就在宋军在幽州的坚城之下浪费时间时，辽国已组织起强大的援军，向筋疲力尽的宋军掩杀过来。

再说辽国的景宗和萧皇后得知北汉投降，宋军移师东进后，就召集众大臣和军事将领们开会，商议对策。他们决定一面通知韩德让无论如何要坚守住南京，拖住宋军，消耗其力量，一面派大将军耶律休哥率领的十万大军，驰援幽州，夹击宋军。耶律休哥也是个会打仗的人，他根据萧后的安排，一方面命大军从西山急驰而南，星夜前进。行进中，他命军队虚张声势，夜里，每个兵士手持两把火炬，像一条火龙；白天，每个士兵手举两面旗帜，像红流滚滚。他故意让宋军侦知，以惑乱宋军将士的心，影响其士气。另一面，他选出了精骑三万，衔枚急奔，连夜从别的道路，绕到宋军的南面，再转向北，包抄奇袭宋军的后路。

此时，宋太宗还在严厉督率军队拼命攻城，他想抢在辽国援军到来之前，攻下幽州。他没有想到辽国的援兵来得那么快。

但宋太宗也有些不把辽军放在眼里，当军探报告耶律沙率领的辽国援兵已经出现在幽州城外的高粱河上时，他才调了部队去狙击。不过，宋兵虽然已经很疲乏，且事出仓促，但作战仍然很勇敢，一场凶猛的厮杀过后，耶律沙的援军竟被打败，准备掉头逃跑。但他们和宋军都没有料到，由南路包抄的辽军正好赶到，并且立即投入攻击宋军的战斗。耶律沙见宋军背后遭到本国军队的袭击，急忙稳住阵脚，返戈再战。已经精疲力竭的宋军，哪里还经受得住敌军两支生力军的前后夹击，阵脚立即大乱，士兵们四散溃逃，将领控制不住，也跟着逃跑起来。宋太宗挥剑斩杀了几个逃兵，但哪里阻止得了这如决堤洪水般的军溃，他被溃兵们拥着，也只得跟着逃亡。他一口气逃到涿州，身后留下一万多宋军将士的尸体，这些英勇而筋疲力尽的军人们，就这样为国捐躯，永远躺在幽州城外的高粱河上，河水都被将士们的鲜血染红了。

打了胜仗的契丹军队紧追不舍，跟着追到涿州。此时宋太宗喘息未定，不得已，临时找到一辆驴车，在亲兵的拥簇下，他登上驴车，一颠一颠地继续逃命。最后总算安全逃到

范阳。在范阳，他急速安排得力将领和重兵，重新部署了各关隘要塞的防务，阻止契丹的追兵。此后，他才宣布班师回京，他的第一次北伐就这样结束了。

这次战争中，宋军损失了大批身经百战的将领和士兵，遗弃了数不清的辎重粮草，铠甲器械。多年的积聚，毁于一旦。这场恶仗，称为高梁河之战。辽方取得了重大的胜利。此后数年，宋军不再敢提北伐的事。不过，宋军虽然吃了大败仗，人员、物资损失惨重，但元气还没有彻底丧失。此后辽兵曾大举兴兵，南侵镇州，却在镇州城下，被北宋守军打得大败，丢下一万多尸体，丧失三个大将、一万多匹战马。偃旗息鼓逃回契丹本土。宋方报了一点仇，挽回了一些面子。

对于宋军在这场战争中失败的原因，当时有不少人认为，首先是宋太宗在战略、战术上犯了很大的错误。他不该先竭尽全力去攻打北汉，让辽军得以坐山观虎斗，以逸待劳。而是应养精蓄锐，扫平四海，先取幽州。幽州平服，北汉失去保护，便会不战而下。第二，既已经过多日苦战，攻取了北汉，将士们已经筋疲力尽，不应当马上就移师进攻幽州，以疲惫之卒，数百里奔袭，前往攻打以逸待劳、养精蓄锐的辽国军队，为自己埋下了失败的种子，岂有不败之理。这些意见，都不无道理。不过，还有一种意见认为，这幽州根本就用不着攻取，特别不应用战争手段收复，因为此种手段危害和平。这种意见有些似是而非，因为他们忽略了幽州在战略上，在传统文化上，在民族心理上，对于中原人民和中原朝廷的重大意义。宋人吕中说得比较中肯，他肯定了众人对宋太宗错误指挥的指责，但是，攻取幽燕诸州的战略目标还是对的，他说："燕、蓟之所当取者有二：一则版籍之民（国家的人民）苦于流徙，二则山河之险移于强敌。燕、蓟不收，则河北之地不固；河北不固，则河南不可高枕而卧也。特太宗时未有可取之机耳。"

这是就宋军一方来说的，在辽国方面，之所以取得如此胜利，也不是偶然的，第一，辽国上有萧后这样干练而富于韬略的女主，辅助景宗主持军政，出谋划策，下有韩德让、耶律休哥等忠勇有谋的将领指挥。萧后又"明达治道，闻善必从"，"群臣咸竭其忠"，"多得其死力"，君臣上下，比较一心。第二，辽军的军械战具精良。据《续资治通鉴长编》载，宋军曾缴获过一批辽军的攻城战具，经察看，"皆制度精好，锋锷钻利，梯冲竿牌，悉被以铁。城上悬板才数寸，集矢二百余。"兵精器良，自然有利于取得战争的胜利。第三，他们战略战术也比较高明。他们没有派兵出击，御敌于国门之外。因为刚攻下北汉的宋军，尽管筋力已疲，但锐气正盛。辽军巧妙地避开了宋军的锐气，利用宋太宗的错误，诱敌深入，将宋军拖入埋伏圈，拖得筋疲力尽，锐气尽失，然后突袭，一举而击溃之。史书上说，辽军比较善于游击作战，《辽史·兵卫志》谈到过辽军的作战特点：遇强敌，"必先料其虚实可攻次第，而后进兵""多伏兵断粮道""兵出，力不能加，驰还，勾集众兵与战"等等。这些战法，也符合游牧出身的辽国军队的特点；而加以巧妙地运用，则与萧后、耶律休哥等人在战略指挥上的高明和杰出有关。第一次交手就显示出，宋太宗在军事上，不是萧燕燕、耶律休哥等契丹君臣的对手。

第二次辽宋大战，也即是宋太宗的第二次北伐，正式爆发在太宗雍熙三年（986），但在此前四年，太平兴国七年（982），宋太宗就已经开始准备了。这一年，辽景宗死去，九

月，圣宗即位，次年（983）改元统和，萧后以皇太后的身份临朝称制，正式主持国政。此时，契丹内部诸贵族还未完全服帖萧太后、圣宗母子的统治，而外面又面临宋军再度的北伐，所以连萧太后也发出这样的感叹："母寡子弱，族属雄强，边防不靖，奈何？"

宋朝方面不少人也看到辽国此时的困境，岳州刺史贺怀浦，军器库使刘文裕，崇仪副使侯莫陈利用等人纷纷建议，乘此"契丹主年幼，国事决于其母，其大将韩德让宠幸用事，国人疾之"的时机，"乘其衅以取幽蓟"。这些话，说到宋太宗的心里去了，他确实想立即就发兵北伐。但此时，距高粱河之战才三年左右，宋人战争的创伤还没有完全平复，发动新的战争的工作还没有准备好，而一些权位更重、说话更有分量的大臣反对再次贸然启动战争。宋太宗也有些犹豫，因此，第二次北伐的事，就这样拖了下来。

在此期间，萧太后已经看到了形势的严重性，但她"明达治道"，又"神机智略，善驭左右"，很快地对辽国的政治、军事、经济局面进行了整顿。他倚靠韩德让、耶律休哥、耶律斜轸等蕃汉大臣，稳定了朝廷内部的形势，压制住了贵族内部的不满和反抗；施行一些有利于安顿幽燕地区农民生活和农业生产的政策，逐步地恢复了农业生产；又调整军事部署，令耶律休哥总领南面军务，立更休法，劝农桑，修武备，加强了辽国南京地区的军事力量。做好准备，等待着宋军的进攻。

又经过四年，到宋太宗雍熙三年，太宗皇帝感到军事上、物资上的准备，已经非常充分了。此时，守卫在宋辽边疆地区的知雄州节度使贺令图向太宗上了一道奏章，称辽国内部混乱，正是出兵的好时机。这一次，宋太宗再不听从其他大臣的劝告，毅然启动了第二次北伐战争。这一年在辽国是圣宗统和四年。

正月刚过几天，宋太宗就分东、中、西三路发兵北伐。东路出雄州（今河北雄县），中路出飞狐口（今河北蔚县黑山岭），西路出雁门关，直指辽的山后（太行山以西）地区。雄州一路主将为天平军节度使曹彬，授职幽州道行营前军马步水陆都部署，副将为河阳三城节度使崔彦进，中路还有一支队伍，主将为彰化军节度使米信，授职西北道都部署，沙州观察使杜彦圭为副将；飞狐口一路主将为靖难军节度使田重进，授职定州路都部署。雁门关一路主将为检校太师、忠武军节度使潘美，授任云、应、朔等州都部署，副将为云州观察使杨业。此外，宋太宗为防止辽军从水路救援幽州，还另派了一支军队，沿海道北上，直插平州（今河北卢龙北）、营州（今河北昌黎）。

宋太宗本来的战略意图，是想利用东路曹彬一路，制造声势，在涿州一线佯动，声言要进攻幽州，将辽军主力吸引过来，好为中、西路大军顺利夺取云、朔、寰、应等州县，断掉契丹的左右臂。然后三路军再会合一道，集中力量，攻取幽州。这大约是他吸取了高粱河之战失利的教训后，制定出来的。在大军出发前，他郑重地向东路军主将曹彬作了交代，说道："朕让潘美的大军先进军云中，你们的十万大军，只是声言要攻打幽州，但不可冒进，必须持重缓行，不要贪图小胜，中敌圈套。敌军听到我大军将云集幽州，必然集中各地兵力前往援救。他们的西线守军必然削弱，潘美、田重进就能掠得实地，然后乘虚直捣幽州城下，敌人首尾不顾，破敌必矣。爱卿要牢牢记住！"

战争开始，中路和西路军的进展都较顺利。田重进在飞狐口大败辽军，光复飞狐、灵丘二县和蔚州州城,擒获了契丹大将冀州防御使大鹏翼、康州刺史马军指挥使何万通;潘美从雁门关出兵,打败前来抵抗的辽军,光复了云、寰、朔、应四州,契丹寰州刺史赵彦章、朔州知州赵希赞等归降。东路米信在新城被契丹包围,经过血战,才带着一百多人突围而出。他会合曹彬大军,接连攻下了新城、固安二县及涿州。

前线的战报传到宋太宗那儿,他对曹彬军事进展的快速感到惊讶,正打算派人前去了解情况,曹彬的又一份奏章送到。太宗展开一看,大吃一惊。原来曹彬进至涿州,想到临行前皇上的告诫,要"持重缓行",便犹豫起来,驻军涿州,一连十几天,没有动作。然而十天下来,部队所带的军粮吃得差不多了,而后续粮食,一时又运不上来,他竟下令大军退出涿州,回到宋朝境内的雄州就食。这份奏章,就是报告这件事的。太宗大怒,道:"哪有强敌在前,而大军退却寻找食物的!"他立即差遣使者赶到曹彬军中,制止他继续退兵,命令他即速率兵沿白沟河而进,与米信军会合,然后就地驻军,养精蓄锐,声援西路大军。等潘美全部收复山后的州县后,再会合田重进的大军,东西合势,以取幽州。

然而,当曹彬部下的将军们听说潘美和田重进两路大军攻城略地,建立了不少战功时,都等不住了,纷纷向曹彬抱怨道:"大将军手握重兵,却如此怯懦,在此驻兵,逗延时日,我等有何面目面对三军将士?"他们要求曹彬迅速进军,以抢得首先攻入幽州的头功。曹彬控制不住诸将争功抢战的情绪,大约他自己也对太宗的告诫有所不理解,于是屈从了从将的要求,命令军士带足干粮,拉起军队,再去攻打涿州。

此时,涿州城内,已积聚了不少契丹军队,做好了战斗准备,曹军在涿州城外又被阻挡。而当时已到炎暑的天气,士兵们经过这样一来一往的折腾,饥渴的饥渴,中暑的中暑,人困马乏,士气和战斗力都大大降低,军队的纪律松懈起来,陷入了严重的困境。而宋军在固安地区遭遇契丹军队的狙击,军官被俘,粮食军械牛马器具被抢,粮道被截断,又面临着断粮之虞。

却说在辽国一方,萧太后闻报宋军三路来攻,气势汹汹,因为早有准备,所以并不感到意外和惊慌,而应对得非常从容。接报的当天,她就下诏急宣召将军耶律休哥、耶律斜珍等人来商议阻击宋军的事。她当众宣布,将与辽圣宗一起,率军亲征,南下与宋师对垒。并且委派耶律休哥担任主将,阻击东路的曹彬、米信大军;任命耶律斜珍率军西去,迎击潘美、杨业大军。同时,她还急切向各地派遣使者,调征兵马,来加强耶律休哥等人阻击宋人的军队。为严肃军队纪律,她授予主将们以专杀大权,以惩治那些临战畏敌、怯阵逃跑的人。

第二天,萧太后就与辽圣宗举行了严肃盛大的祭祀典礼,祭告契丹的祖宗的陵庙和山川神祇,以率军亲征大事。

祭典完毕,萧太后与辽圣宗都全身披褂,全副戎装,骑着雄俊的战马,率领着赳赳的武士,朝着南方进发了。

第七天,萧太后与辽圣宗的行帐已经进驻到涿州西北的骆驼口,这里是关外各路契丹军队南下必经的关口,也是宋军进军幽州的必由之路。萧太后坐镇此处,从容自若,指挥辽兵,可见其必战的决心与必胜的信心。

而此时的宋军，特别是曹彬的军队，却在涿州地区时进时退，折腾不止，犹豫不决。萧太后听探子来报告曹彬军队这些怪异的、违背军事常理的行为时，不禁笑了起来：谁说宋主善用兵，战将如云？曹彬是他的大将军，指挥大军如此进退无据，哪得不败！她决定先打败曹彬这路宋军，其他两路势单力薄，就容易对付了。

再说曹彬在涿州城下僵持了几天，携带的粮食又吃光了，而且粮路已断。曹彬无计可施，只得再次下令撤退。然而这次轻率的退军，给宋军的将士，给宋太宗北伐的雄心，带来又一场惨败的悲剧。

萧太后得知曹军正在退却，立即命令耶律休哥等军追击。当曹军退到歧沟关时，被耶律休哥追到，两军在关前大战。宋军饥饿疲乏，纪律不整，哪是精力饱满的辽兵的敌手，交战不到半天，便被打得大败，将士阵亡大半。余下的人马，沿着拒马河而逃，辽军紧追不舍。宋军在渡河时，被淹死的又不计其数。残部逃到高阳，再次遭到辽兵的狙击，死亡数万人，丢弃的戈矛铠甲，堆成一个大大的山丘。东路军遭到致命的打击。曹彬总算渡过拒马河，逃回宋京。

萧太后打败了东路军后，即集中兵力对付西路的潘美、杨业宋军。东路军的失败，也意味着宋太宗第二次北伐的失败，他不得不下令各路宋军迅速撤退。太宗知道，西路军所占领的云、寰、朔、应四州也保不住了，他特别命令潘、杨二人在撤军时，一定要将这四州的民众，安全转移到宋朝境内的许州、汝州安顿下来。此时，契丹十几万大军已经云集到云、朔等州，寰州已被契丹军重新占领。要将余下三州民众安全接出，是个很艰难的任务。而这个任务落到了老将杨业身上。

杨业，就是小说《杨家将》中的杨志令公，是个身经百战的将军，多次大败契丹军。契丹人尊称他为"杨无敌"，远远看到杨业的将旗，便要躲开。他有很丰富的实战经验，根据当时敌我力量对比，认为撤离三州民众，只能智取。他对潘美建议说：如今契丹兵势强盛，我军不可与他们硬拼。朝廷只是要求我军安全护送数州的民众，因此，我们应该避免与辽军直接交锋。我设计的撤离路线是，我大军从大石路撤离。撤离前，先派人密告云州、朔州守将，大军离开那天，我军佯赴应州，将契丹军引开，即让云州、朔州民众出城，引到石碣谷口，进入大宋境内。谷口则可埋伏一支千人的强弩部队，阻止契丹追兵。半路上再派支骑兵保护，三州的民众便能安全到达我大宋的境土。

可是，一些平日嫉妒杨业的将领，反对他的方案，他们说："我军尚有精兵数万，怎能畏敌如此？大军应该从雁门关北的大路上，张旗击鼓，堂堂正正地前往接引三州民众，看他契丹兵能奈我何？"

杨业说："绝不能这样做，如此强行，必败无疑。"

对方却反唇相讥道："将军素称'杨无敌'，现在却畏敌而不敢接战，是不是心怀异志呢？"杨业是个刚烈的武人，受不了他们的反激，慨然道："杨业并非怕死，只是当前形势不利，白白让我的士兵送命，又不能建立功业，我心不甘啊。既然诸位如此说，我就勉力效死在诸位的前面吧。"

临行，杨业流着眼泪对潘美说："此行必遭辽兵伏击，我死不足惜，但恐不能完成主上的嘱托。望诸位将军在陈家谷口左右埋伏一支部队,作为应援。等杨业转战至此,请即出动军队夹击辽兵。不然,我和我的兵士,都将死无葬身之地了。"他一面说一面指着附近的一个山谷入口。

潘美答应了他,在谷口布置了一支军队,等候杨业的归来。但从寅时(清晨4、5点钟左右)等到巳时(中午10、11点钟左右),前方的道路上,都没有什么动静。众人以为契丹军队已经被杨业打败,为了争功,众将领纷纷领兵离谷口。潘美也制止不住,也领兵跟着离开了。

却说杨业率着所部士兵北行,在朔州狼牙村果然遇到辽兵的伏击。虽然杨业与他的部下奋力杀敌,击毙辽兵不少,可是敌兵越杀越多。杨业且战且走,从午时(中午12~1点钟左右)杀到天黑,终于到达陈家谷口。可是当他张眼望去,静悄悄的谷口,空无一人。老将军拍着胸口,伤心至极。此时,他手下尚有数十名勇士。他对他们说:"我杨业一死保国,诸君家中尚有老小,不要随我葬身,这荒漠的沙场,各自逃命吧!"勇士们流着泪回答杨业道:"愿随将军捐躯报国,死而无怨!"于是他们转身冲入辽兵队里,拼死厮杀。最后,他部下的将士差不多都战死了。他的身上,受了数十处创伤,而被他杀死的辽兵也将近百人。这场厮杀,实在壮烈。最后,因他的坐骑受了重伤,将他掀下马来,被辽兵活捉。在辽国的兵营里,他不吃不喝,绝食三天,壮烈而死。

杨业被俘,意味西路军彻底失败。潘美领着部分残存的军队退回宋境,朔州、云州、应州的宋朝官吏都弃城而逃,州城相继落入契丹之手。

只有中路的田重进,进兵稳重,所以没有遭到大的失败,全军而回。

宋太宗的数十万雄师,就这样栽在萧太后这个智勇双全的契丹女人手里了。

对于宋太宗来说,这次战败,意味着他的北伐之梦彻底破灭,也意味着北宋王朝恢复故疆的雄心受挫,终宋一朝,只能局促于一个偏安的局面,至少从疆域而言,未能臻至于汉唐的辉煌。对于萧太后来说,这次战胜,意味着她在辽国主政的地位得到彻底的巩固,意味着在辽宋对局中,辽国的政治、军事形势有了根本的变化,辽国已从被动转为主动,从守势进入了攻势。此后的形势,不再是辽国担心宋军的北伐,而是宋人担心辽军的南征了。

澶渊会盟

话说宋太宗回到大梁,回想起两次北伐失败,余悸未消,却又少有未甘。第二年四月,他又想与萧太后这个女人再比拼一次。他派出使者,分赴河南、河北四十多个州郡,按八个丁壮男子,抽取一人当兵的比例,企图再组成一支名称定为"义兵"的军队,重征辽国,挽回自己的面子。然而,大宋多年集聚的精兵良将与军需物资,在两次北伐中,多已消耗殆尽,而宋太宗又没有认真总结军事遭到严重失败的教训,不衡量手中的实力,不顾天下人民的死活,企图驱使没有经过训练的百姓,去与辽国的虎狼之师对垒而孤注一掷

的想法,遭到大臣们的强烈反对。京东转运使李维清连上了三道奏疏,直言相劝道:"依照陛下这样的抽取壮丁法,天下的田土就没有人耕种了!没有粮食吃,陛下的将士怎样还能打仗?"宰相李昉等大臣也进谏:"圣人说:'以不教民战,是谓弃之。'陛下所要招募的兵丁,平素都是耕地种田的农民,从未受过军事训练,没有上过战阵,赶他们上战场去与凶狠的契丹人作战,不等于将绵羊喂进虎狼的嘴里吗?"宋太宗自知理亏,只得大大缩小征兵的范围和规模,征辽的事也不再提起了。

事实上,北宋王朝两次北伐失败下来,多年集聚起来的军力,能征惯战的宿将,损失了大半,元气大伤,短期内是很难恢复的。现在的形势,不是北宋谈论还能不能再度北伐,而是如何防范契丹铁骑南侵的问题了。

果然,随着宋兵的溃败,契丹的骑兵已经开始南下牧马了。端拱元年,契丹军队重新占领了涿州,又攻占了祁州、易州,烧毁城池,抢劫财物,将民众掳掠北去。北宋边境不断地遭到骚扰,救边的将士疲于奔命。而宋太宗也不再与群臣讨论北征的问题,而是频频下诏征求群臣的"备戎策",将防范"虏母",即萧太后的南侵为头等的军国大事。

后来,宋太宗采纳了众臣的建议,一面沿北部边境建置三大边防军镇,各自统领精兵十万,控扼要塞,成鼎立之势,互相救援,以阻止敌骑的袭扰;一面选使通好,准备与辽国讲和,息兵罢战。

萧太后虽然也有讲和之意,但她感到还没有逼迫宋朝真正到了非和不可的境地,而且契丹的一些大臣们也认为乘辽军的大胜,正好抓紧南侵,以攫取更多的军事胜利和经济效益,不主张完全停止对宋朝边境地区的军事骚扰。所以契丹的君臣们一面答应讲和,一面又屡屡派兵南下袭击,攻入宋境的府州与雄州,幸得宋军守将率领边州军民的奋力反击,数次将入侵的契丹军队打得落花流水,方保得边境一时的平安。但宋人方面也仅仅防守住城镇而已,并无反攻的能力,而且宋方军民也遭到不小的损失,府州知府折御卿就在与契丹入侵军队的作战中阵亡。宋太宗对此局面,也无可奈何。

至道三年(997),忧郁的宋太宗最终怀着未能恢复燕云故土的深深遗憾,告别他的金瓯未全的江山,"乘龙而去"了。宋真宗赵恒即位,改元咸平。辽宋间的和与战的问题,太宗留给了真宗去处理。

再说辽国方面,自破除了宋太宗雄兵三路对辽国南京地区的围攻之后,国力与威望都大大提升,萧太后的权威也升到了最高点,辽国的政治局面最终得到了稳定。在韩德让、耶律休哥等一批得力大臣的辅助下,萧太后与辽圣宗牢牢地掌握着辽国的政权。

许多契丹人认为宋人已经被彻底打垮,要消灭南朝,犹如摧枯拉朽,轻而易举,想乘此大好形势,进军大河南北,进而投鞭天堑,渡过长江,一举并吞南朝,他们主张继续对宋军作战。

萧太后何尝不想饮马黄河,立马吴山,挥鞭断流呢?何尝不想建立统一中华的不世奇功呢?因此,她支持对宋朝的入侵。终宋太宗之世,契丹军队对宋朝边境的骚扰不曾间断过。宋真宗即位后,契丹对宋的军事入侵更为加剧。有好多次入侵,还是萧太后与辽圣宗率军亲征的。

但是,辽国对宋朝的军事攻防形势虽然发生了颠倒性的转化,它实际的军事力量仍然还是有限的,他们的多次入侵,尽管给宋军和宋境的边民造成很多很大的损失,却始终深入不到宋的内地,不能牢固地占领宋的领土。在所经过的地方,辽军遭到宋朝军民顽强的拼命地抵抗,各路入侵的契丹军,多次遭到惨重的损失。例如咸平三年(1000),契丹大军入侵河间府,被高阳关贝、冀路都部署范廷召在莫州迎头痛击,丢下一万多士兵的尸体和所抢掠的人畜财物,狼狈奔逃出境。咸平四年,契丹军队入侵遂城,又遭高阳关都部署王显的痛击,丢下两万多士兵的尸体,逃回辽境。而宋朝一方,虽然国力有所削弱,缺少主动出击辽国的实力,但许多守边的将士们毕竟经过多年的征战,仍然保存着相当强的战斗力,有丰富的战斗经验,面对外寇的侵犯,君臣将士尚能上下一心,宋真宗曾数次亲临前线,激励将士抗战杀敌,所以契丹军队想轻易摧垮宋军的抵抗,也是一种幻想。

宋人的顽强抵抗,让萧太后处于矛盾之中,是继续与宋人作战,通过战争,取得军事、经济和政治上的利益呢,还是与宋人讲和,让契丹国内的人民和军队也能得到休养生息呢? 多年的征战,同样给契丹的民众和社会带来了巨大的创伤。因此萧太后也萌生过息兵罢战念头。她想争取比较长期的和平局面,让契丹的社会也能像南朝那样发展。

而宋朝方面,自太宗北伐失利以来,与辽国讲和,早已成为朝野议论的主流。只是在契丹铁骑不断入侵面前,要一个什么样的和平? 如何才能实现和平? 也是不太好回答的问题。真宗咸平二年(999),曾担任太宗第二次北伐时东路军主将的曹彬年老病逝。临终前,宋真宗到他病榻前看望他,向他请教与契丹的和战事宜。这个当年曾与契丹军队恶战的老将军,也是主张讲和的,他说:"太祖皇帝神圣英武,平定天下,还是要与契丹和好啊。"真宗连连点头道:"朕已明白老将军的意思了。朕一定委屈自己,而为天下苍生造福。只是与契丹讲和,也不能损贬国体,必须维持朝廷的尊严和百姓长远的利益。请将军放心吧。"

辽统和二十一年(宋咸平六年,1003),萧太后在归化州炭山凉殿接见了一个新俘虏的宋朝将军。此人是宋高阳关副都部署王继忠,也是个作战勇敢的人,他在望都县东北的康村与契丹军队发生恶战,由于他的副将畏缩退师,让他陷于独自与强大的敌军交战的境地,在重重包围之下,他与部下拼死战斗,直转战到白城附近,终于力尽被俘。萧太后怜他作战勇敢,规劝他投降了本朝,授予他辽南院户部使之职,赐姓名为耶律显忠。这个王继忠,后来,做了辽宋讲和的辽方信使。

辽圣宗统和二十二年(真宗景德元年,1004)闰九月,萧太后与辽圣宗,还有韩德让,再次率领大军,号称二十万人,大举南侵,一路杀来,最后打到澶州城下。

这次南侵,震动了宋朝朝野上下。大臣王钦若建议真宗皇帝逃往南方,迁都金陵,陈尧叟则主张真宗皇帝逃得更远一些,跑到成都去,把都城也迁过去。宰相寇准、毕士安则坚决反对王、陈二人的逃跑主义,他们都是主张坚决抗敌的人,寇准对真宗劝说道:"陛下能去的地方,契丹那个凶婆子也都能去呀,陛下到了成都,契丹兵如果跟踪而至,圣驾再跑到哪里去呢? 为今之计,唯有陛下御驾亲征,才能鼓舞士气,将契丹入侵军队赶出大宋的疆域之外!"

但宋真宗有些儿慑于契丹入侵的声势,担心宋军最终抵挡不住,而遭到更惨的失败。对于寇准、毕士安力主的御驾亲征,他总是犹犹豫豫。

寇准为他分析了当时辽宋双方的军事态势,说:"陛下不必惧怕,契丹军队虽然号称二十万,其实为数不多,只是虚张声势。只要陛下抓紧时间,调遣精兵,任命良将,分守要害,亲率三军,伸张大义,一定能打败敌人的进攻,保守住我大宋江山的。"

事实上,萧燕燕的这次南征,进展也并不很顺利。她先派辽国得力大将统军顺国王萧挞览进攻宋的威虏军、顺安军、北平砦、保州等地,都吃了大败仗,丧失了几个偏将军,军需辎重被宋军俘获不少。萧太后不得已,将萧挞览的兵力与自己所率军队合在一起,攻打宋的定州,又被宋兵阻击于唐河一线,辽的大军只得困驻在阳城淀,只派出小股骑兵,四出剽掠,并无斗志。

接着,辽军又攻打了宋的瀛洲城。数万辽兵集聚在瀛洲城下,攻势很猛,昼夜不停。辽军在城下砍树伐木,制造了大量的攻城器械,驱使大批征发来的奚人(辽国境内的一个少数民族)背负挡板,手持火炬作前锋,像蚂蚁一样地靠近城墙,攀附登城。萧太后与她的儿子耶律隆绪亲自擂击战鼓,督促攻城辽兵不要命地往城上蚁附而登。鼓声与砍树伐木的声音,响彻四方。辽军射向城上的箭,像雨点一样地密集。萧太后企图借此一战,击溃宋军的意志,鼓舞辽军的士气。

宋军方面的抵抗也十分激烈,知州李延渥率领本州防兵,加上贝、冀巡检史石普率领的将士,顽强地守在城上,当辽兵蚁附而上时,城上的垒石巨木及弓箭就像暴风雨一样倾泻而下,城墙上的辽兵则像秋风中的落叶一样,从城上坠落。

双方就这样残酷厮杀了十多天,辽军死了三万多人,受伤的还要多。可是瀛洲城依然在宋军手里。萧太后与辽圣宗只得放弃了对瀛洲城的围困,引兵他去。

另外一支进攻冀州的契丹军也被知州王屿打跑。

总之,契丹入侵军虽然攻进了宋境,却到处碰壁,进攻的力量遭到严重削弱,真有点进退失据,走投无路的味道。萧太后也尝到当年宋太宗的大军困屯在幽州、涿州的坚城之下,进退失据的滋味。

寇准听到所派出去的侦察人员来报告辽军当前所处的困境后,愈加坚定了他抗击敌军必胜的信心。他急速地选派了得力的将领,率领一批精练的军队,分守住契丹军南下的各处军事要害,加固了宋军防守的态势。

节令已到夏历十月份,北方已进入寒冷的冬天,契丹军的粮草越来越快接济不上,萧太后愈加想退兵。但是,如果就此退兵,毫无所获,实在有失体面。此时,那个先已在辽营的王继忠,见到促进辽宋和平的时机到了,便向萧太后进言,分析了辽与大宋讲和的好处。萧太后本已准备讲和,立即接受王继忠的建议,派李兴带着王继忠的信及萧太后致宋帝的密表,秘密来到宋莫州部署石普处下书议和。

宋真宗得到石普报来辽方要讲和的消息,仍然犹豫不决,叫来朝臣们讨论,大多数朝臣怕负责任,也不敢随便表态。还是毕士安提出用好言回答,拖延时间,慢慢再与辽国讲和的策略。

真宗说:"辽人如此凶悍,恐怕不会真心与我谈和吧?"

毕士安答:"臣曾从契丹投降过来的人那里了解到,房军虽然深入我境,可是频频遭到军事挫折,不能达到他们的军事目的,早就暗中打算退兵,却耻于找不到体面的理由。而且,房母率大军长期陷在南方,难道不怕别人乘她老巢空虚,而加以偷袭吗?他们这次来谈和,定然不是假的。"

听到毕士安的分析,真宗的心放了下来。便诏令答复王继忠,转告萧太后,同意讲和。而萧太后也通过王继忠,答复宋方,希望宋方先派使节去辽营议和。

于是,真宗决定派使节讲和。经枢密院的一再推荐,真宗选中了正在行在办事的鄜延路派到朝廷来的一员小官曹利用,授予阁门祗候、崇仪副使的职衔,作为宋方的使节,前往辽营谈判。

曹利用自小就善于辩论,言辞犀利,而且为人慷慨而有节操,是个比较合适的谈判人选。他带上有关授权文书,临行时,真宗特别交代他:"契丹南侵,不是求取太宗时所收复的关南土地嘛,就是想勒索我大宋的财物。土地是一定不能答应他们的,至于财物,汉朝就有以玉帛赐单于的先例,你……"真宗话还没完,曹利用已明白了皇上的旨意,即慷慨陈词道:"谨启圣上,房主如有非分的要求,臣决计不再活着回来见您!"

可是,当曹利用带着使命到大名府的时候,却被大名留守王饮若扣住不让前进。他认为辽兵气势正旺,所请求的和议,恐非具情。而不久,大名府又遭辽兵围困,这曹利用既到不了辽营,又回不到宋营。宋真宗方面不知曹利用到什么地方去了,而辽营方面则久不见宋使来议和。

萧太后有些耐不住了,就命大军强行绕过宋军防守的城市,越过大名府,直迫澶州。澶州是汴京北面的门户。一旦辽军占领澶州,汴京也就难守了。

边防告急文书迅速飞往汴京,一夜连来五封。而掌管军国重事的寇准却似胸有成竹,并不为如雪片一样的紧急军书而着急,像平常一样接客待物,谈笑自若。这可把宋真宗吓了。他派人把寇准找来,问他:"房、房骑即将临此,卿、卿将如何处之?"说话都有点儿结巴了。寇准却不慌不忙地回答道:"启禀圣上,只要圣上御驾亲征,莅临澶渊前线,不出五天,辽兵就可退了。"许多朝臣都被寇准的主意吓坏了,纷纷劝真宗不要轻举妄动,自冒危险,说是万一兵败,万乘之尊身陷房手,作为大宋臣子,可是万劫不复之罪呀。这样,也就出现了上文说到的迁都金陵或成都的议论来。

寇准坚持请真宗亲临前线,以鼓舞宋军士气的意见,毕士安也坚决支持寇准的主张。他们对真宗说:"河北军民日夜盼御驾亲临,得以瞻仰圣容。以圣上的英明神武,以及军民将士的齐心协力,若圣驾亲征,房军一定会自行逃遁。即使房军不肯自退,我军出奇兵扰乱敌人的营寨,筑深沟高垒坚守我方城寨营盘,将粮草难继的辽军拖困拖死,我佚敌劳,是一定能取得最后胜利的。如果此刻圣上回銮数步,河北前线的军心民心就会迅速崩溃,敌人就会乘胜深入,连金陵也到不了,大宋天下还守得住吗?"

真宗虽然觉得寇准说得句句在理,却仍有些犹豫。他对寇准说:"待朕再想一想,好吗?"

寇准也很无奈，只好退下殿来。在殿外，他恰好遇到殿前都指挥使高琼，灵机一动，就招呼高琼，说了要请真宗御驾亲征的想法，继而问道："太尉受国厚恩，今天国事危急，太尉有什么可以报答国恩的吗？"高琼说："愿以死相报，支持相公的主张。"

于是寇准带着高琼回到殿中。寇准对真宗说："圣上不以臣言为然，那就听听高太尉的意见吧。"高琼即表示完全支持寇准的意见。真宗这才答应亲征。可是他又提出要回内宫准备一下。

寇准说："机不可失。圣上一入深宫，臣再叩见不知何时。前方军情紧急，哪容片刻耽搁，望圣上即刻起驾出征。"

真宗这才痛下决心，命王旦为东京留守，点起京城兵马，趁着清晨的微光，启动了亲征的銮驾。

到了澶州南城，隔着黄河，望见契丹军势盛大，又生畏惧之心，众臣便乘机请求銮驾就驻在黄河南岸，不要过河冒险。寇准又急了，他坚持请宋真宗即刻过河，分剖了当前形势："军民见圣上不过河，内心益加恐慌，而敌人的气焰会愈加嚣张，不是争取胜利之道。圣上来到河边，却不去对岸，比不来澶州更加拖累人心士气。而今王超领劲兵屯驻中山，已经扼住辽兵的咽喉，李继隆、石保吉的军队已经控制了辽兵的左右肘，四方援兵来增援的，一天比一天多，圣上还有什么可犹豫、可畏惧的，而不敢进兵呢？"高琼亦帮助寇准请真宗进兵。还未等真宗点头，高琼就指挥卫士将真宗所乘的车辇推上渡船。

真宗就这样渡过黄河，到了抗击辽兵的最前线。真宗登上澶州北城门楼上，大张御盖。远近军民望见了皇帝的御盖，便都一齐欢呼雀跃，大呼"万岁"，声音响彻数十里。

契丹将士看到这一幕，也都惊呆了，士气为之大减。

真宗这时才感到寇准的意见和安排是完全正确的。他将前线的军事指挥、处置权完全交与寇准。在寇准的严明号令下，宋军获得了一股战胜敌人的勇气和力量。

却说此时，曹利用也已摆脱王钦若的控制，到了辽营，见到萧太后母子，递上文件信函，说明议和的来意。

萧太后与辽圣宗在一辆皇帝专乘的大车上，接见宋使。他们母子坐在车厢内铺着虎豹皮的交椅上，让曹利用坐在车下，在车辕上设一横板，板上摆了几样食器，赐给他饮食，其他辽国大臣则坐在两旁相伴。萧太后母子一面吃喝，一面与曹利用谈论辽宋讲和的条件。果然，萧太后提出了两项条件，其中之一就是索要关南的土地。这关南数州土地，是周世宗时从契丹手中夺回的，宋朝取不回燕云故地也就罢了，岂能将周世宗时取回的土地再奉送给贪得无厌的辽人？曹利用行前已向宋真宗立下保证，自然一口拒绝。于是这次和谈就告结束。萧太后派辽国大臣韩杞随曹利用一起到宋营来，面见真宗，做进一步的讨价还价。

与此同时萧太后命令加紧围攻澶州，企图在军事上先占到优势，再逼宋方答应他们索地、索物的要求。很快，萧太后率领辽军就进逼澶州。并派出大将萧挞览率领精锐之师，打算在天将明未明之际，以偷袭的手法，攻取澶州。

但萧挞览将要偷营的密谋和时间被宋军侦知。宋军守将李继隆便部署了伏兵，分据

各要害地形,专等辽军来袭。

到了预定时间,辽兵果然出现在宋军营前。萧挞览见宋营毫无动静,以为奇计得行,不觉喜上心头,而且贪功心切,便不顾一切,驱赶胯下坐骑,一马当先,就奔宋营而来。部下精兵,也随奔于后。他们哪知,宋营左右,都布下伏兵,前头是强弓硬弩,后面是铁甲步骑兵。弓弩中有一种大弩,叫床子弩,弓与弦是架在支架(即床)上的,有一床二弩、三弩的,张弓,搭矢,瞄准,发机都有专人负责,一弩射手有三四人到十多人不等,每发可射出二三支箭矢,远可达七八百步到一千多步,一箭可连贯二三人,在冷兵器时代,床子弩的威力可说是巨大的。此时宋营中的伏兵见辽兵袭来,便万箭齐发。李继隆手下战将张环正守着一具床子弩,立即扣动扳机,那箭头如凿子一样大小、锐利的弩箭,便嗖嗖地飞向辽兵。其中一支,不偏不倚,正射中萧挞览的额头。只听他大叫一声"啊呀",就一头栽下马来,躺在满地沙砾的战阵前。余下辽兵也顾不得生死,一窝蜂上前将萧挞览抢了,退回营寨,再也不敢出击。当晚,萧挞览就因伤重死去。主将一死,部下将士便都丧失斗志。萧挞览的死,给萧太后的打击很大,促使她痛下决心,放弃对关南地的需索,尽快与宋国讲和,好退兵回国。她担心的是,再相持下去,宋军集结更多,部署更周密,整个入侵辽军可能会遭到全军覆灭的命运。

却说曹利用带着契丹来使韩杞回到宋营,向宋真宗汇报了萧太后要求宋国向辽国割地和年贡岁币两个议和条件。真宗在割地条款上确实很坚决,他指示曹利用道:"契丹要求归还关南地事,极为无名。若必强要,朕当与之决战。但是,想到河北的民众因战争而遭到不小的损失,如果每年给他们提供一点钱财,弥补他们生活的不足,对朝廷倒也不伤大体,是可以考虑的。"

然而,寇准洞察到萧太后此刻急于求和的心情,感到当前军事形势对宋朝极为有利,割地自然绝不能答应,岁币也不应应允。不但不应该应允,还应该要求契丹向宋称臣,并逼萧太后交还燕云旧地。他向真宗剀切陈辞,说道:"如能获得萧老婆子同意我的条款,可以保证我大宋江山百年内无事。不然的话,不过几十年,虏寇义会产生新的侵犯我朝的欲望了。"审度当时的形势,寇准所论,未尝不是一法。燕云之地,不经一战,萧太后未必会拱手相送;宋人岁币之贡,或者可免。但无奈真宗罢战之心,似比萧太后更切,只望早一天息兵,及早班师,好回到他的宫殿中去。他对寇准说:"几十年以后的事,会有能够抵挡虏骑的人去承担。朕不忍生灵继续遭受战争的痛苦,就花点钱财,让曹卿去与契丹人讲和吧。"

寇准还想坚持自己的主张,不同意就此讲和,可是,已经有人在散布关于他的谗言:说他不想讲和,是想拥兵自重。寇准深知众口铄金的厉害,不得已,只得勉强同意了年送岁币的条件。

在曹利用将再次前往契丹军营传达宋朝方面的态度时,真宗特地表态说:"只要能够不再打仗,万不得已,即使每年给他们一百万钱财也是可以的。"这个皇帝话虽说得容易,可是他不知道,这些钱财,要耗尽多少宋朝百姓的血汗?寇准在朝堂上不敢当面驳回皇帝的意旨,可是下朝后,急忙将曹利用召到他营帐中,严厉地警告道:"虽然圣旨允许你百

万岁币,但你对虏母的应允,绝对不许超过三十万。否则,你回来,我要你的人头!"

曹利用领命来到契丹军营,萧太后等得有些急了,立即召见。但萧太后内心虽急于讲和,表面却仍坚持索地加岁币的强硬态度,她对曹利用说:"关南地是晋国送给我朝的,周世宗无理夺回,无论如何,现在应该归还我朝。"曹利用答道:"晋朝周朝的事,都成了过去,我朝不知道。至于每年赠送一点钱物,以帮补贵军军费的事,大宋皇上也还不甚愿意呢。割地的事,就免谈吧。"

契丹南面官政事舍人高正始争辩说:"我朝大军此番南下,就是要收复失去的故地。如果仅获得一些钱财就回去,我等实在愧对国人。"曹利用反驳道:"你为何不为契丹长远利益算计呢? 如果契丹朝廷采用你的意见,那两国之间,只能兵戎再见。贵军深入我境,已陷重围,将倦兵罢,粮草不继,而我大宋勤王之师,正四路结集,恐怕对贵军不利吧。"

最后还是萧太后审时度势,高瞻远瞩,从大局出发,同意依宋方的条款讲和,而所规定的岁币,也只有银十万两,绢二十万匹,比宋真宗准备应允的少了许多。而且规定,宋真宗与辽圣宗约为兄弟,真宗为兄,圣宗为弟。

曹利用与辽使回到宋营复命,获得宋真宗的旨准,宋辽和议就这样确定下来。接下来是双方通过使节,订立盟书,相互交换盟誓,这就是历史上有名的澶渊之盟。

澶渊之盟,对于辽国和萧太后来说,是占了大便宜的,第一,在当时并非有利于辽的军事形势下,入侵辽军能否全身而退,是个现实的严重问题,由于萧太后明智而果断地与宋方议和,就消除了军事上进一步遭受严重损失的危险;第二,由于盟约的签订,萧太后虽然没有争回周世宗所夺走的关南之地,但盟约规定,宋辽双方"沿边州、军各守旧疆",实即从法律上,将辽国实际占据的幽燕地区,变成了辽国的合法疆域,断绝了宋朝恢复幽燕旧疆的理由和念想;第三,从此凭每年从宋朝取得的一批钱财,对辽国的经济和财政,有很大帮助;第四,其实也是辽国最重要的一项成就,是取得了辽的南部边境较长时期的和平,为契丹民族和契丹国家的政治、经济与文化的治理和发展,加速其汉化与封建化进程,创造了一个良好的社会环境。在辽国,终于出现了圣宗中兴的局面。

辽的部分所得,正是宋朝方面的所失:第一,他失去了一次军事上战胜辽国,以报高梁河、拒马河宋军大败的一箭之仇的机会;第二,他被迫岁岁年年向辽国进贡钱财,让宋的民众和朝廷的财政长期承受着沉重的负担;第三,实际承认了辽对燕云诸州的占有权,长期丧失了收复旧疆的权利。但宋朝也有一大收获,这就是和平,尽管这和平并不那么辉煌。自此以后,北宋的北部边疆,终于获得了百年的安定局面,对北宋经济的发展,有着巨大的促进作用。

澶渊定盟后,萧太后即宣布契丹远征军退兵回国,宋真宗则下旨命大宋沿边各州军守军,不要阻挡回国辽军的道路,不要半路袭击他们。

接着,北宋军队也宣布班师回朝,宋真宗回到汴梁,好不高兴。第二年正月元旦,他就下诏大赦天下,宣布军队大复员,河北各州戍守士兵裁省二分之一,沿边守军裁省三分之二。这些裁省下来的士兵,多是农村的精壮劳力,他们回归农村,对加强宋朝北部地区农业生产,有很重要的意义。此外,宋真宗又加强了对宋辽边疆地区的管理,下诏禁止沿

边军队不得出境抢掠,原来所获契丹牛马都要送归原主。规定可以与契丹的农牧民互通有无。同时又要求沿边军政长官注意修葺城池,招抚流亡,广为储蓄,以防不测。

而在契丹境内,由于南部边疆的稳定,萧太后也得以将主要精力用于内部的经营。在她主持下,修筑了中京大定府(治所在今内蒙古赤峰市宁城西)。在原奚王牙帐建成中京城,在城中仿照中原宫殿,建筑起武功殿和文化殿,分别作为萧太后与辽圣宗起居和从事政治活动的场所。他们经常在此会见群臣,商讨国事。因为每年都可获得宋朝的岁币的补助,萧太后也曾多次诏令减免辽南京地区的农户的租税。民众的负担一度有所减轻。

总之,由于和议的成功,宋辽边境两边的民众都获得了一些实际的好处,实现了安居乐业的梦想。

如此局面,维持了大约百年左右。直到宋徽宗末年,金国在契丹的北方崛起,宋朝统治者实行了短视的对外政策,联合新兴之金,毁弃盟约,攻击百年之好的辽,取得失去近二百年的燕云故地,辽宋间的和平局面,终告结束。然而北宋并无力量消化灭辽后所取得的微小的军事胜利。辽为金灭亡后不久,北宋也为金朝所灭亡。这些后话,无论是宋真宗,还是萧太后,都是逆料不到的。

澶渊之盟前后,大约是萧太后政治、军事生涯最鼎盛的时期。她在辽国政治地位及威望升到了顶点。统和二十四年,辽圣宗率群臣给萧太后上了个尊号,长达二十一个字,叫作"睿德神略应运启化法道洪仁圣武开统承天皇太后",此时的萧太后,大约五十四岁左右。此后,她又执政了三年左右,到统和二十六七年,她已经到了五十六七岁光景,而此时辽圣宗也早已从即位时的十二岁少年,成长为三十八九岁壮年了。虽说圣宗对待萧太后,始终是恭顺有加,事事遵从母命,从不怀疑他母后执政的权威,从不与母后争夺亲政大权,但毕竟已经成长为有主见、有执政能力的皇帝。不用群臣的议论,也许萧太后自己也感觉,再如此代替儿子执政下去,不归政于皇帝,对于圣宗在群臣中的威望,将有不利影响,也许是她自立为景宗皇后以后在辽国政治舞台上的活动,已长达四十年,而有些疲倦了,于是,她在统和二十六年(1008)年末,主动退出权力的第一线,将执政大权交付给辽圣宗。

史书上并没有记载萧太后在归政之前有何疾病。但她在归政不到一个月,在统和二十七年(1009)的十二月,从辽中京来到辽南京时,便偶感不适,到第七天,就过世了。死时不过五十七岁。她病逝速度之迅速,足以令人产生某种遐想。有人推测说是因为她在活力尚在充盈的年纪,就归政于圣宗,因而产生了巨大的失落感,他人难以体会的苦闷笼罩着她,致使她的生命迅速凋亡。这自然也有可能。但古代的宫廷内幕神秘,堂皇华丽、仁爱和平的幕布后面,到底发生了何种变故,非外人所能了解,而史书记载语焉不详。萧太后的死因为何,如不能相信《辽史》所载,则只能永远是个谜了。至于《杨家将》里说杨四郎与重阳公主里应外合,攻下幽州,萧太后愤而自缢而死,纯属小说家言,是当不得真的。

萧太后死后,辽圣宗为她举行了隆重的葬礼,追谥她为神圣宣献皇太后,宋朝皇帝也

派出特使,吊唁她的逝世。萧太后的墓,据说在今辽宁省锦州市医巫闾山西的一个村子里,在东北,在北京,至今还留有一些有关萧太后的历史古迹。

萧太后的一生,可以说是叱咤风云的一生,萧太后可以说是中国历史上一位杰出的、曾经长期执掌国家大权的、有影响的、伟大的少数民族女性。不论你对她个人生活作风的评论如何,你都不能不承认这个事实。

贤德皇后

——明太祖朱元璋皇后马秀英

名人档案

马秀英：明朝的开国皇后马氏（民间称为大脚皇后），朱元璋结发之妻，寿51岁。汉族，宿州市灵璧县人，本名不详，但部分野史与地方戏曲称之为马秀英，不过《明史》上未见记载。

生卒时间：1332年~1382年。

性格特点：极具反叛精神，有胆有识。

历史功过：她生于乱世，有胆有识，在艰难逆境中，全力帮助朱元璋成就大业，五次救朱元璋死里逃生。做了皇后后，虽大富大贵，仍不娇，始终不忘民间劳苦，不改勤俭本色，不变平民心态，时常用自己的言行规劝、影响朱元璋。她惩奸佞毫不手软，扶良善鞠躬尽瘁，保忠臣机智灵活，助皇上能屈能伸，革陋习坚决果敢，倡新风大马金刀。朱元璋称她"家有贤妻，犹国之良相"。

史家评点：《明史》赞扬马皇后，"母仪天下，慈德昭彰"。史家公认的中国封建时代的第一贤后。

私订终身

马皇后名叫马秀英，比朱元璋小两岁。马秀英是宿州人，朱元璋是凤阳人，两个人本来不是一地人，但朱元璋自幼四处流亡，无意中竟然结识了马秀英。

早年，朱元璋在地主家做放牛娃，久而久之，他竟然成了这一带孩子的小头头。马秀英脸蛋好看，又好说话，当他们一起玩"过家家"的时候，朱元璋就当皇上，马秀英就当娘娘。两个人从小感情就很深。朱元璋为人有胆识，为了巩固他的小头头的地位，他决定给小弟兄们解解馋，竟然宰了东家的一头牛，结果，不但被东家轰了出来，还被暴打了一顿。这时候，马秀英的父母也去世了，她被送到了另一处的人家，两个人从此就天各一方

了。

　　朱元璋两手空空,无以为生,再加上名声不佳,想找份活干也没人敢用他,只好四处流浪。有一天,大雪纷飞,天快黑了,朱元璋还没找到过夜的地方,正惶惶然如丧家之犬,忽然看见一个大户人家的围墙根有一大堆马粪,落雪即化。他顿时眼睛一亮,心想果然天无绝人之路,原来他从小放牛,别的事不大懂,至于马粪一聚堆就发热,无人比他更通晓了。他一看到这堆马粪有半墙高,即断定中间已经腐熟干燥,足可以保住性命。于是,他手刨脚拨,在粪堆的半腰开始掏平洞。洞掏好以后,他似老虎做窝一般,忙把身子倒蹭进去。因为还要出气儿,脑袋只得留在外面,幸亏有个讨饭瓢,他往脑袋上一扣,就这样待了下来。

　　马粪堆中果然又背风又暖和,工夫不大,朱元璋的身子就不再哆嗦了。身子不冷了,肚子里又觉出饿来了,这一天他也没要着什么吃的,他看着漫天的大雪,想起自己的身世,不由得伤心地唱了起来:"老天无情下鹅毛,老天无情下鹅毛……"他不会唱别的,就这一句词唱了一遍又一遍。

　　没想到大雪纷飞的天气里还有人走动,而且还会来到这个马粪堆旁边。就在朱元璋唱得迷迷糊糊的时候,忽然听到有个女子的声音在叫他的名字,他以为自己是在做梦,就没有理会,没想到过了一会儿唤声又起,他没好气地问了声是谁,想不到来人竟是分别数年的马秀英。

　　朱元璋喜出望外,原来,马秀英就在这家大户人家做丫头。女大十八变,马秀英已经出落成如花似玉的模样,柳叶眉弯似天边月,樱桃小口自来红,只是小时候没缠过足,脚显得大了一点儿。这天马秀英正在院子里看雪,回到下处去歇息,正在看得出神时,忽然听到有人在唱自己儿时常唱的儿歌,声音隐隐约约的还有些熟悉,这一下马秀英吃惊不小,立即想是不是当年和自己在一块玩耍的朱元璋啊。她顺着声音慢慢地走了过去。后墙那扇小窗处传进阵阵歌声,由于只隔一墙,她听得清清楚楚,不由得双手合掌,暗谢上苍,这声音果然就是当年自己的玩伴。她悄悄地打开门,无声无息地走了出去。借着雪色,来到马粪堆前,先叫了声"元璋哥",没有回答。她忽然多了个心眼,记得朱元璋耳后有个小肉瘤,自己小时候常抚摸,现在得先摸一下,别万一认错了人。她掀起讨饭瓢,伸手一摸,果然有,才又唤第二声。

　　尽管谁也看不清谁,单凭一摸肉瘤,马秀英就认出了朱元璋。朱元璋更是喜出望外,没想到在这落魄将死的时候,竟然能遇到故人。一番惊喜之后,马秀英一时不好安排朱元璋,于是他们就跟跄了多半夜,来到一座关帝庙里。

　　忙活了大半晚上,借着微弱的灯光,两个人互相一端详,都觉得超出了想象:朱元璋虽蓬头垢面,但那股不怒自威的气质没变;马秀英脸似芍药月季花,更显得好看。这一看不要紧,朱元璋立即觉得自己窝囊,估计马秀英不会把鲜花插在牛粪上,就问马秀英打算下步怎么办。谁知马秀英风趣地说道:"还给你当娘娘吧!"一句话说得朱元璋心里热乎乎的。

　　这时的朱元璋依然落魄,但是马秀英却已经找到了一个好的归宿。马秀英虽然不忘当年的交情,朱元璋却心里有数,自己衣食尚不能自保,马秀英现在这么漂亮又不愁衣食,怎么能配得上人家呢?眼见她穿着虽不是绫罗绸缎、珍贵华丽的衣服,却也是上等人家小姐的打扮,朱元璋心里不由得自惭形秽。

马秀英给朱元璋卷起了厚厚的稻草,说天已经不早了,她必须马上回去,等到天亮再来看他。朱元璋如做梦一般,这个关帝庙虽然破旧了一点,却能遮避风寒,他躲在厚厚的稻草下,糊里糊涂地想着这一番出乎意料的相遇。这几天真的是太累了,不一会儿就睡了过去。

早上一睁开眼,朱元璋就闻到一股透彻心脾的香味,原来马秀英给他带来了丰美的食物,朱元璋早已忘记了肉是什么滋味了,他也顾不得礼貌,抓起一条鸡腿就啃了起来。马秀英一边看他吃,一边给他捉衣服上的虱子。朱元璋大为感动,他扔下手中的鸡腿,面对关帝跪下发誓说:"关帝君在上,如果日后朱元璋能富贵,一定报答今日之恩,若有半点对不住马秀英,你就用大刀劈了我!"

这一次的相遇,是朱元璋命运的转折点,以后的历史也证明,朱元璋没有食言,他始终善待马秀英。

帮助夫君

马秀英家原本也是富甲一方的大户,母亲郑氏生下她这个独生女儿后不久就病逝了,父亲生性豪爽,仗义疏财,结交了许多生死兄弟,为替一位朋友讨回公道而出手杀死了当地一个豪绅,为了避仇只好逃亡异乡。马父逃亡在外,小女儿无人照管,最后竟沦落成了小丫鬟,正好朱元璋也在那户人家放牛,所以两人才有机会相识。马父出走多年,始终惦记着女儿,最后联系到好友郭子兴,请他务必找到女儿,代为抚养。

郭子兴也是一方义士,受朋友之托自然不能怠慢,他费尽心思,终于找到了马秀英,将她接了出来。郭子兴的妻子张氏将马姑娘视如己出,精心抚养她长大。稍大一点,郭子兴亲自教马姑娘读书写字,张氏则教她针线女工,马姑娘也是聪慧过人,无论学什么,稍一指点,就能精通无遗。及笄之年的马姑娘,出落得一副好模样,面貌端庄,神情秀逸,一举一动都透露出大家风范,郭子兴夫妇十分钟爱。一个相面先生曾对郭子兴说:"此女天相,不可等闲视之!"郭子兴将信将疑,在为马姑娘挑选女婿时不由地十分谨慎。寻寻觅觅,始终没找到中意的人选。朝廷黑暗,各地义军蜂起,天下大乱,素有大志又颇具一定声望的郭子兴,也在境州聚众起义,反对元朝廷。起事之初,事多如麻,马姑娘的婚事也就暂时搁置下来了。

马秀英将自己的身世经历一一告诉了朱元璋,说到动情之处,声泪俱下。朱元璋虽经历坎坷,听后也不免落下泪来。马秀英说,如今你无处落身,就去投奔我义父吧,但是你不能打我的名号,男子汉大丈夫应当自食其力,才能不白活在这个世上。

郭子兴起兵不久,必须补充兵力,朱元璋刚刚 25 岁,立即就被接纳了下来。朱元璋

作战十分勇猛，而且颇有智略，数次出战，都立下了大功，被任命为"十夫长"，接着又连连得到升迁，成为郭子兴的爱将。一次打了个大胜仗之后，郭子兴设酒宴犒劳众将士，高级将领的席位设在郭子兴的帅帐中，朱元璋官职虽低，但因功高也被特请在其中。这次盛会，除庆功外，郭子兴夫妇还有一个目的，那就是趁这个机会，在将领中为马姑娘择一乘龙快婿。

郭子兴夫妇还不知道马秀英早已心有所属。酒宴开始后，郭夫人张氏拉着马姑娘躲在幕帐后暗暗观察。这时帐中的各位将领都酒兴正酣，神采飞扬，划拳喝令，觥筹交错，脸上满溢着胜利后的喜悦。马姑娘面含羞涩，只悄悄看了一眼，就将目光落在坐最后一席的朱元璋身上，他身材魁梧，面容黑粗，双眼深陷，脸长嘴阔，长相虽嫌粗陋，但眉目轩昂，英气逼人。马秀英向养母张氏表明了自己的选择，张氏也是个有眼光的女人，她早听丈夫说起过这位年轻军官的事迹，也深觉这人将来必有腾达之日，因此对养女的选择赞赏不已，立即赞同了这门婚事。

如此一来，由郭子兴夫妇做主，马姑娘的婚姻大事就定了下来，择一吉日，为两位年轻人在军营中举办了热热闹闹的婚礼，从此，在军中刚刚崭露头角的朱元璋与元帅郭子兴以翁婿相称，羡煞了不少英雄豪杰。

挽救丈夫

朱元璋娶了郭子兴的养女，又在军中屡屡建功获赏，惹得一些追随郭子兴起兵的亲信人物眼红，他们总想寻机拆他的台。朱元璋雄才大略，很快在濠州红巾军中崭露头角，不免遭人侧目，郭子兴亦对他有疑忌。诸将出征，掳获物都要贡奉郭子兴，朱元璋不猎取私财，无从进纳，更引起郭子兴的不快。马秀英见此情形，就把自家财产送给养母张夫人和郭子兴妾张氏，请她们在义父前为干女婿说点好话，以弥缝裂痕。

这时，国内群雄并起，很多起义队伍渐渐壮大开来，影响较大的有张士诚和陈友谅部；这样，义军作战的形势变得错综复杂了，不但要对付元朝廷，而且还要提防义军之间的吞噬。在这种情形之下，朱元璋对战机、战略产生了一些与郭子兴不同的意见，他生性直率，又仗着与郭子兴有亲密的翁婿关系，所以常常直陈自己的观点，这不免引起性情刚愎的郭子兴的不快。那些平日里嫉妒朱元璋的郭子兴亲信乘机大进谗言，说朱元璋如何骄恣，如何专擅，定是怀有异心，图谋不轨，郭子兴心起微澜。

这一天，郭子兴召集高级将领商议下一步的军事行动，众部将对郭帅的主张唯唯诺诺，连连称是；唯有朱元璋提出了异议，他毫无顾忌地恳谈自己的看法，使郭子兴甚觉反感，令他放弃自己的意见，朱元璋却据理力争，坚决不肯退让，最后翁婿两人竟大声争执起来。郭子兴大感脸上无光，一怒之下下令将朱元璋幽禁起来思过。

本来，郭子兴幽禁朱元璋是为了发泄一时之怒，也不曾想置他于死地，毕竟他还是一名得力的干将，又是自己的女婿。可郭子兴手下那批别有用心的亲信，却瞒着郭子兴，暗中下令看守人员断绝了朱元璋的饮食供给,把无法与外界取得联系的朱元璋暗暗推向死亡。

马秀英见丈夫无端被幽禁,心中十分焦虑,她想方设法接近关押丈夫的房屋,终于发现只要穿过一小片野坟地,就能靠近那间房子的后窗,而那后面是看守人员不会注意到的。这样,朱元璋断食的事情自然被马秀英知道了。可那时粮食供应相当紧张,每人每天只配给一定量的食品,即使元帅的女儿也不例外。马秀英又不敢告诉别人自己发现了那条通道,于是,她每次吃饭时都佯装身体不适,把食物要到卧室中。其实,她每次都只吃上几口,然后把大部分食物省下来,等到傍晚时,一个人壮着胆子穿过那片坟地,把一天省下的食物偷偷从后窗递给丈夫,得以勉强维持了朱元璋的生命。

可从马氏嘴中省下来的这点食物,毕竟填不饱朱元璋的肚子,为了能使丈夫吃饱,端庄高雅的马氏只好使出下策,到厨房行窃。这天,她看准了厨房中的馍馍刚蒸熟,厨子又离开了厨房,便悄悄地溜进去,掀开笼盖,也顾不得烫手,抓起几个热气腾腾的馍馍,连忙揣进怀里。不料刚一跑出厨房,就与养母张氏撞了个满怀,张氏见她神色慌张,不免大起疑心,关切地问道:"女儿何故如此慌张?"马氏以为自己的行为已被发现,顿时羞红了脸,两行泪也忍不住淌下来,垂首站在养母面前,半天不说话。张氏见她似有难言之隐,就把她带到自己房中,仔细询问,马秀英忍不住满腔的委屈,伏地大哭,然后把事情一五一十地告诉了养母。张氏听了大感震惊,也陪她落了不少泪,等到解开衣襟掏出藏在怀里的馍馍时,发现马秀英的胸部已被热气烫得又红又肿。这件事朱元璋铭感五内,当皇帝后还向大臣讲述,把它比作刘秀困在河北得到冯异豆粥麦饭的美事。

张氏当即就对郭子兴说明了情况,并替朱元璋说情。郭子兴听说自己的亲信竟敢背着自己干如此勾当,心中大为恼怒,马上下令放出朱元璋并恢复原职,把那几个玩弄阴谋的人关了进去。

成为皇后

至正十五年(1335年),朱元璋投到郭子兴门下还不满三年时间,却屡立战功,不断地得到提拔荣升,已成为郭子兴的副帅,总管兵符,节制诸将,有了很高的威望。不久,郭子兴病死,朱元璋顺理成章地顶替其位,成了义军元帅,继续抗元兴汉的大业。

第二年,朱元璋率军攻克了重镇集庆,将之改名应天府,自立为吴王,马秀英也随之成了吴王妃。当时吴王除对抗元军外,还与自称汉帝的陈友谅互相争夺地盘,战事频繁,无安宁之日。马秀英为了助丈夫一臂之力,亲自带领将士的妻女为部队制衣做鞋,使得前方士气大振。

朱元璋一鼓作气,率军南征北战,扫平了其他起义军,又回过头攻下了不堪一击的元都,恢复了汉族的天下,统一了中国。朱元璋定都应天府,也就是现在的南京,建立明朝,自己成了开国皇帝明太祖。

按理说，朱元璋应把马秀英接来，封为正宫娘娘。但没想到，从万人之下变成万人之上，身边已经美女如云，朱元璋却忘记了马秀英，迟迟不愿意将她接到南京来。与朱元璋一起南征北战的开国元勋，熟知朱元璋和马秀英底细的老伙伴们，纷纷上本，讲述为人君、为人夫的道理，劝他速将马秀英接来，封为正宫皇后，好早日龙凤呈祥，但朱元璋总以朝廷的四柱还没稳为由，一拖再拖。

或许朱元璋不是托词，从他一生对马秀英的感情来看，他从来没有背叛过马秀英，去宠爱其他的女人。从朱元璋的性格来看，他操持国务，从来不曾懈怠，国家刚刚建立，他忙于国事，建立国章制度，暂时忽略了个人生活之事，完全有可能。朱元璋虽不着急，那些追随他和马秀英打天下的开国元勋们却有些迫不及待了，他们没有请示朱元璋，而是众人私下商量，派骠骑大将军汤和以告假回乡省亲为名，回乡寻找马秀英。

由于战乱，马秀英和朱元璋一直分分合合。征战之初，马秀英还一直和朱元璋在一起，在和陈友谅作战时，朱元璋起初并不占优势，陈友谅攻势猛烈，朱元璋四处躲藏。在一次逃跑中，两个人失散了，从那以后，直到朱元璋做了皇帝，马秀英都不知道。

汤和找到马秀英时，她正在帮人春米。汤和率领大批官员、武士，一下子跪倒在马秀英面前，声称恭请娘娘千岁回宫。马秀英一见这么大的排场，又听汤和口称"娘娘"，方想到朱元璋已经做了皇帝。想起自己当年对朱元璋深情厚谊，如今他做了皇帝，自己却不知晓，不由得一阵伤心，她面不改色地问汤和："吴王已经做了皇帝了？"汤和回答："是"。马秀英继续问道："皇帝派你来的？"汤和无言。马秀英顿觉失望至极，汤和把来意一讲，她没有说一句话，顺手捡起一个火筷子，在纸上草草地画了一幅破庙捉虱图，对汤和说："国家初定，皇上繁忙，劳烦将军捎一封家信。"

汤和将信带回后，朱元璋一看这画，想起了当年自己落魄的情形，马秀英不嫌弃自己贫寒，以身相许，方才有自己的今日，他不由泪流满面。他传下旨意，命汤和带上凤冠霞帔，回凤阳接马秀英进京。马秀英将近京城之时，朱元璋率众臣出城相迎，手扶马秀英同登龙辇而回，并封马秀英为正宫娘娘。屡经坎坷，马秀英终于登基女主之位。

母仪天下

古代从南唐开始产生了一种陋习，就是妇女必定要缠足，脚小则人美，脚大则人丑。在我国的封建社会的很长一段时间里，如果谁家的姑娘不缠足，长出和男人一样大小的脚来，这姑娘即使长得再漂亮，身材再苗条，也会被别人看作丑八怪。当时就流行这么一句话："姑娘脚大，难找婆家。"姑娘们必须要有一双"三寸金莲"的小脚才算得上漂亮。

马秀英做了皇后，一双大脚却仍旧没有变样。马皇后小时候怎么会不缠足呢？原来，她的父亲马公早年逃亡在外，而她的母亲又死得特别早，家里没人照顾马姑娘，所以马姑娘的脚也就没有缠。马皇后当姑娘的时候，别人给他起了一个绰号，叫"马大脚"。她当了皇后，别人自然不敢这么叫了，可仍然还有很多人在背地里暗暗叫她"大脚皇后"。

"马皇后脚长得特别大,可心眼儿特别好。她很聪明,又很善良,温柔体贴,为人纯朴,也很有才干。朱元璋并没有因为这双大脚就讨厌她,而恰恰相反,朱元璋非常喜欢她,因为这一双大脚曾给他带来好运。

朱元璋与陈友谅对垒时,受了箭伤,无法行走。对方追击猛烈,马秀英随军出征,只好背起朱元璋逃跑。后来,太子朱标为此绘有图像,放在怀中。朱标与父亲朱元璋政见不合,朱元璋追打他,他故意把图像遗落在地,朱元璋见到,痛哭一场,也不打儿子了。这个记载未必是真实的,不过马氏不像当时的其他妇女缠足,是天足者,背丈夫是有可能的。不久,朱元璋就击败了陈友谅。

一个元宵灯节之夜,朱元璋与谋士刘伯温微服私访京城的灯会,在一家大商号门前,彩灯高悬,上面贴着很多灯谜,图文并茂,引来无数人围观猜测。朱元璋也凑过去看热闹,偶然注意到一则有趣的图画谜面,图上画着一妇人,触目的是一双天然大足,怀抱一个大西瓜,眉开眼笑,模样十分滑稽。朱元璋不解其意,于是问博学多才的刘伯温:"此谜何意?"刘伯温沉吟片刻答道:"此为淮西大脚妇人也!"朱元璋仍不知"淮西大脚女人"指谁,继续追问,刘伯温则诡笑着说:"可回宫问皇后娘娘。"

当晚回宫后,朱元璋急不可待地向他的马皇后提起此事,马皇后讪然一笑,说:"妾乃淮西人氏,且为天足,此谜谜底想必就是妾了。"朱元璋一听大怒,心想:"小小街民竟敢制谜嘲讽堂堂天后,岂有此理!"于是传旨捕拿制谜者。马皇后见状,大度地劝解道:"佳节吉日,与民同乐,又有何妨?何况妾本是天足,说又何错?不必小题大做,贻笑大方!"此事方才作罢。

区区一件小事,足以见马皇后的仁慈与大度,不愧为一个母仪天下的皇后。

朴实节操

在中国历代皇后中,马皇后无疑是最俭朴的皇后。攻下元都北京后,朱元璋的部下搜罗来元宫中大批的珍宝玩物,运到应天府,晋献给明太祖。朱元璋想自己从一个不名一文的穷小子,十多年时间就成了富拥天下的皇帝,眼下又拥有如此众多的宝物,自是喜不胜收,忙叫来马皇后一同玩赏。谁知马皇后见了,却不屑一顾地说:"元朝就是因为有了这些而不能保住国家,陛下不是自有宝物,要这些做什么呢?"明太祖闻言一怔,嗫嚅道:"朕知道皇后说的是以贤士为宝物啊!"马皇后见皇夫醒悟,忙拜贺道:"陛下有此宝物可得天下,臣妾恭贺陛下!妾与陛下起于贫贱,今贵为帝后,最怕生出骄纵奢侈,危亡起于细微,愿陛下以贤士为宝物!"这样看来,性情自负而多疑的明太祖,之所以在打下江山后还能任用贤臣,是与马皇后的劝导密不可分的。

马皇后不但劝皇夫以贤德治国,自己也以贤德勤治后宫,用自己的一言一行,倡导后宫嫔妃节俭仁慈的风尚。马皇后喜欢读古代史书,也常用古训来教导别人,她认为宋代多贤后,因此命女史官摘录她们的言行家法,用来传示后宫众嫔妃,有人感慨道:"宋代的

皇后也太过于仁厚了！"马皇后正色道："过于仁厚，不比刻薄好吗？"众人无话可说。马氏自奉节俭，衣服穿破了还要补了穿，听女史讲元世祖昭睿顺圣皇后用旧弓弦织成绸，做衣服穿，马后就命用旧料织制，做成盖被、巾褥，送给孤寡老人。

马皇后对子女也是充满仁爱，勉励他们学习，要求他们生活简朴，有比穿衣用物的，就严加教诲。她又把宫中利用旧料织成的被褥送给他们，并解释说：你们生长在富贵家庭，不知纺织的难处，要爱惜财物。

明太祖的衣履饮食，马皇后都亲自料理省视，而她虽然位居极贵，但决不忘记贫贱时和战争年代养成的好习惯。她虽自己节俭，但对妃嫔宫人的子女，却一点也不小气，都派给了丰厚的生活待遇；对宫中下人她也关心备至，常送些衣物食品，以示体恤；每逢文武官员夫人入朝，她都不忘送些礼品，并与她们寒暄交谈，就像对待家人。这样一来，宫廷内外的人对马皇后都十分尊敬。朱元璋也盛赞她道："贤后与当年唐太宗的长孙皇后相比，毫不逊色！"马皇后回答说："妾闻夫妇相保易，君臣相保难，陛下不忘同贫贱的妾身，愿也勿忘同艰难的群臣。妾只求无愧于心，哪里敢与贤德的长孙皇后相比呀！"她不但自己谦和崇贤，而且时时不忘提醒大功告成的皇夫，真不愧为一个精心佐夫治国的好皇后。

和朱元璋血缘最近的亲戚是侄儿朱文正，文正在对陈友谅战争中立功，因叔父未及时赏赐而不满，朱元璋因此杀了文正身边的亲信，还要治他本人的罪。马皇后也把文正当儿子看，这时劝朱元璋：这孩子立了好多战功，守南昌尤其不易，况且只是性急要强，并不是反叛，不要追究了，朱元璋这才将文正免官了事。

马皇后对娘家人极为怀念，每当说到父母早逝就痛哭流涕，朱元璋也因关心她而及于外家，要为马皇后访察亲属，以便封赏。马皇后认为封外戚容易乱政，不是好事，不让访找。事实上马皇后是孤儿，娘家已没有人了。朱元璋只好追封马公为徐王，郑媪为王夫人，在宿州为他们设立祠祭署，以邻居王姓主持奉祀的事。

马皇后不但有贤德，而且有才能，她广读经史，学问渊博，太祖所有的札记，都由她亲自执笔记下。每当太祖有所感慨和言论，她都仔细地记录下来，无论事态如何复杂，均能排布得条理分明，毫无疏漏之处。

朱元璋为了报答马皇后的美德与佐治之功，数次提议赐予皇后族人以高官厚禄，马皇后总是坚决谢绝，她说："外戚干政，易乱朝纲，官职恩赐外家，实非遵法！"这样，明代外戚虽然也享受高爵厚赐，但一般不授以高职，严禁干预政事，这规矩就是马皇后订下来的。

鉴于汉、唐两代的祸乱多由宦官参政而引起，善于以史为镜的马皇后特别在这方面给明太祖出了主意。明朝廷严格规定，内臣不得兼任外臣文武官职，不得着外臣冠服，不得与外廷诸司有文书往来，并在宫门前竖下铁牌，上写着："内臣不得干预政事，犯者斩！"如此一来，杜绝了宦官乱政之弊。

马后对待身边的妃子和宫人也都是和睦相处，是比较慈惠的。妃嫔中有人生儿子，一定厚待她们母子。马后以皇后的身份，还要管丈夫的饮食，宫女认为她不必这样做，她说有两方面原因，一是尽做妻子的责任，再一是怕皇帝饮食有不中意处，怪罪下来，宫人

担当不起,她好承受着。她多次设法保护宫女,有一次朱元璋盛怒要立即惩罚一个宫中下人,马后也假作发怒,命把那人捆绑起来,交给宫正司议罪。朱元璋不满地责问她:这是你皇后处理的事情,为什么要交给宫正司?马后回答:赏罚公平才可以服人,治理天下的君主,哪能亲自处理每一个人,有犯法的应当交给有关部门去办。朱元璋又问,那你为什么也发火?她回答说,当皇上愤怒时,我故意也发怒,把这事推出去,消释你的烦恼,也为有司能持平执法。

良士知音

身为皇后,她不但精心治理着后宫,还成为天下诸多良士的知音,这在历朝历代是不多见的。马皇后深知忠臣贤士对朝廷的重要性,十分注意以一个女性的细心来关心他们。每日早朝议事,若事情较多就常常要延续至晌午,这时奏事大臣就按惯例就在殿廷上用午餐。一天,马皇后命宦官取来为他们准备的菜肴品尝,她觉得味道欠佳,随即向明太祖建议:"人主奉宜薄,而养贤宜厚,否则怎能笼络贤德之士!"明太祖深以为然,就下令管理膳食的光禄寺卿改善官员们的午餐的质量。这看起来虽是一桩小事,却使官员们十分感激马皇后对他们的重视和关心,当然也就更加尽力于朝廷。

一次,明太祖巡视太学回宫后,马皇后关切地问:"太学有多少生徒?"太祖说有几千人。马皇后又问道:"人才可谓众多,他们有朝廷供给食用,而他们的妻子儿女谁来供养呢?"太学生是朝廷培养的一批有才之士,他们在太学学习期间,一应生活用度均由朝廷供给,但没有另外的俸银,他们的家人由谁供养,这问题过去倒是没有哪个朝廷顾及过。经由马皇后一提起,也引起了明太祖的重视,于是诏令特设"红板仓",储积粮食,赐给太学生家属,太学生从此无后顾之忧,一心治学,成为日后的栋梁之材。

明太祖朱元璋起于贫贱,身世坎坷,因而,表面上虽然睿智英明,豁达神武,但骨子里却藏着猜忌和苛刻。幸而身旁有一个仁慈宽厚的马皇后,常常遇事劝谏,减少了不少刑戮,挽救了无数的无辜受疑者,赦免大学士宋谦就是其中的一个事例。

宋谦是有名的文人学士,明代开国时的许多典章制度、礼乐刑政文典都是出自他的手笔,被明太祖尊称为"开国文臣之首"。他曾经辅佐明太祖19年,于洪武十年,也就是他68岁时告老还乡,回到青萝山中隐居。

三年以后,朝中大臣胡惟庸因图谋不轨被诛,宋谦的孙子宋慎因与胡惟庸关系密切而受株连被杀,宋谦因曾经教授胡惟庸经书也遭到明太祖的怀疑,72岁高龄的他被逮捕押到京城,危在旦夕。马皇后闻讯后,向太祖进言道:"宋先生曾经讲学宫中,一字为师,终身不移。民家为子延师,尚以礼全终始,何况天子呢?况且他隐居青萝山中,还能有什么施展?"太祖自负地说:"这个你不知道,此老儿不甘寂寞,虽隐居青萝山,但四方前去求教者络绎不绝,受业者遍及天下,倘有异志,如何得了!"他拒绝了马皇后的说情,马皇后沉默不语。

第二天，马皇后侍奉太祖午膳，摆出的全是素食，不见酒肉，太祖问是何故，马皇后垂泪答称："妾为宋先生作福事啊！"明太祖不由得恻然心动，于是赦令宋谦不死，而流放茂州。

马皇后的仁慈不但保护了重臣，同时也荫及了平民百姓。吴兴有一巨富叫沈万三，据说他家有一个奇妙的"聚宝盆"，能呼金唤银，因而家中金银堆积如山，沈万三性情豪爽浮躁，很喜欢显示自家的财力。在明朝开国之初修筑京城城墙时，他主动要求替朝廷分担一半的工程，这虽引起了朱元璋的不快，但因当时朝廷财力不足，就批准了他的请求。谁知，沈万三仗着财物富足，又调用方便，竟然比朝廷组织的工程还先完成，使得明太祖深感脸上无光。

朱元璋正想找借口惩治沈万三的时候，好大喜功的沈万三又申请犒劳皇家军队，明太祖闻言大怒，叱道："何等匹夫，意想犒赏天子之军，居心不正，实为乱民，诛！"这时，马皇后又出来劝谏，马皇后认为，虽然沈万三性过狂妄，但不至于获死罪，于是进谏道："妾闻国法是用来诛杀不守法的人，并不是用来惩罚国君不赏识的人。沈万三虽然狂妄，却未犯法，不当诛之。"明太祖觉得言语有理，也就没有诛杀沈万三，只是利用他的财力，派他去戍守云南边区。

据说，浦江有一个郑谦，家族和睦，十代同堂，当地人都称他家是"义门"，郡守也表彰他们家族的融洽和乐，赐予一块"天下第一家"的匾额。明祖听说此事后，颇感兴趣，特意把郑谦召到京城相见，问他家中人口共有多少，郑谦回答说："一千有余。"明太祖赞叹说："一千多人同居共食，同心合力，世所罕有，确实是天下第一家啊！"于是赐给了他丰厚的礼品让他回去。

马皇后在屏后听了他们的对话，心有不安，连忙传话给明太祖："陛下当初一人举事，尚得天下；郑谦家千余人，倘若举事，不是太容易了吗？"明太祖不免为之一惊，急命中官再召郑谦，问他道："你治理家族，有什么方法可循吗？"郑谦回答说："没有别的，只是不听妻子的话罢了。"明太祖听了释然一笑，不再追究，安心地放他回家了。这一次，明太祖虽然没有完全接受马皇后的意见，却又恰恰表现出他对马皇后的重视，他认为自己之所以成功，离不开妻子的辅佐，既然郑谦从不听从妻子的话，便认定他成不了大气候。

仁政治国

朱元璋是农家出身，对农民生活多少有点了解。他即位以后，也注意实行休养生息的政策。他告诫地方官员说："现在天下刚刚安定，百姓财力困乏，好像初飞的鸟，不能拔它的毛；新种的树，不能摇它的根。"他要官员们廉洁守法，不能贪赃枉法，加重人民的负担。以后，他又召集流亡农民，开垦荒地，免除三年的劳役和赋税；要各地驻军屯田垦荒，做到粮食自给。他还兴修水利，奖励植棉种麻。所以，明朝初年的农业生产有了明显的发展，新建立的明王朝统治也巩固下来。

但是，朱元璋总不放心那些帮助他开国的功臣。他设立一个叫作"锦衣卫"的特务机构，专门监视、侦察大臣的活动。大臣在外面或者家里有什么动静，他都打听得一清二楚。谁被发现有什么嫌疑，就会有牢狱之灾甚至杀头的危险。

朱元璋对待官员极为严酷，大臣上朝时惹他发了火，他就让人按在地上打板子，叫作"廷杖"，有的甚至当场就被打死。这种做法弄得大臣们个个提心吊胆，每天上朝的时候，都愁眉苦脸地向亲人告别。如果这一天平安无事，回到家里，亲人就高高兴兴地庆幸他又活了一天。

公元1380年，丞相胡惟庸被告发叛国谋反，朱元璋立刻把胡惟庸满门抄斩，还追究他的同党。这一追究，竟株连文武官员15000多人。朱元璋一发狠心，把那些有胡党嫌疑的人全杀了。

过了几年，又有人"告发"李善长和胡惟庸往来密切，明知胡惟庸谋反不检举揭发，采取观望态度，犯了大逆不道的罪。李善长是第一号开国功臣，又是朱元璋的亲家。朱元璋大封功臣的时候，曾经赐给李善长两道免死铁券。这一年，李善长已经77岁了，可是朱元璋仍然翻脸，借此机会，把李善长和他的全家七十几口全部处死。接着，又一次追查胡党，处死了11000多人，这次大狱史称"胡狱"。

马皇后见皇帝如此手狠，力劝朱元璋不要大开杀戒，人犯了罪，只要惩罚当事人就好了，再处死家人，于情于理都说不过去。她见朱元璋疑心重重，对手下的大臣都放心不下，为了避免血案的再次发生，就劝解朱元璋，将权力分开，大臣们就无力犯事了，这样也可以减少流血案件的发生。

朱元璋觉得这是一个好办法，马上予以采纳，他处心积虑，取消了丞相职位，由皇帝直接管辖吏部、户部、礼部、兵部、刑部、工部六个部的尚书；又把掌握军权的大都督府废了，改设左、右、中、前、后五个都督府，分别训练兵士，需要打仗的时候，由皇帝直接发布命令。这样一来，明朝皇帝的权力就大大集中了。

公元1382年，历尽磨难、殚尽心力的马皇后染上了重病，医治无效后，她坚持不肯再服药。朱元璋苦苦劝求，马皇后说：如果我吃药无效，你就会杀死那些御医，那不等于我害了他们吗！我太不忍心了。朱元璋答应不会惩治医生，但是马皇后还是不用药，以致死亡，她说："生死有命，我病已不治，服药何用！"马后替医生着想，竟至不顾自身的治疗。躺在病榻上，她念念不忘地反复叮嘱皇帝："愿陛下求贤纳谏，慎终如始，子孙宜贤，臣民得所！"然后，又把诸位王子公主叫到身边来，嘱咐说："生长富贵之中，当知蚕桑耕作之不易，当为天地惜物，且为生民惜福！"走到了生命的最后一刻，她仍然不忘以她的贤德影响着她的丈夫和子女，为国家操心不已。不久，马皇后溘然长逝，享年51岁，匆匆走完了她从孤女到母仪天下的沧桑一生。

明太祖失去了同甘共苦的结发妻子，也失去了他得力的助手，悲痛之情，无以言表。为了永远追念可敬可爱的马皇后，明太祖竟然决定不再立后。马皇后的所作所为，赢得了丈夫的尊敬与爱护。她生前，朱元璋褒奖她，比诸历史上的贤后唐太宗长孙皇后，为她父亲起坟立庙；她死后，朱元璋不再册立皇后，表示对她的敬重和怀念。这一对同甘苦共患难的夫妇，

互相眷恋,互相体贴,从这个意义上说,尽管丈夫多妻妾,她的生活还是完满的。

《明史》赞扬马皇后,"母仪天下,慈德昭彰"。的确,在封建时代,她是贤妻良母的典范,是"母仪天下"者中的佼佼者。她帮助丈夫成就帝业,谏止丈夫的败政,料理好家中、宫中事务,保持家庭和睦的局面,她对于朱元璋的家庭、对于朱明王朝都做出了贡献。

将门之女

——明成祖朱棣皇后徐氏

名人档案

徐氏:成祖朱棣皇后,濠州(今安徽凤阳)人。父徐达,官至中山王;母谢氏。建文四年(1402)被立为皇后。谥号"仁孝文皇后"。

生卒时间:1362~1407年。

性格特点:贤德聪明。

安葬之地:永乐七年(1409)朱棣在北京天寿山营建了陵墓长陵,然后把徐皇后安葬在此。

历史功过:在明朝史册上,她是被人誉为"女诸生"的人杰。朱棣称帝后,徐氏以她的,帮助成祖治理朝政,定国安邦。在儿女的教育上,徐后也要求的十分严格。她重视教学,开了女子可以入学堂的先例。明成祖时期之所以国富民强,这与徐皇后的卓识是分不开的。

史家评点:(后)贞静,好读书,称女诸生。——清·张廷玉《明史》

读书少说女诸生,佳儿佳妇事业成:

亲弟输情偏不取,独持卓识断私情。——清·顾宗泰

徐皇后秉性贤淑,善佐成祖,成祖亦颇加敬爱,所有规谏,多半施行。——蔡东藩《明史演义》

出身将门

徐氏,生于元顺帝至正二十二年(1362),是明朝开国元勋徐达的长女。父亲徐达出身贫苦,元末参加郭子兴的军队,郭子兴死后,徐达成为朱元璋手下有名的战将。他有勇有谋,身先士卒,屡立战功,备受朱元璋器重。朱元璋称吴王的时候,任为左相国,后任征房大将军,为朱元璋夺取政权南征北战,立下了赫赫战功。朱元璋1368年在南京称帝后,徐达因战功卓著,被任命为右丞相,后又封为魏国公。

徐氏自幼非常聪明伶俐,她记忆力很好,能够过目不忘,父亲给她讲的历史上英雄人

物的事迹,她都能一一复述,丝毫无误,对此连徐达夫妇都感到惊奇。于是专门为女儿聘请了一位教师。

徐氏读的书很多,包括四书、五经、史书和文学之类的书籍。她从书本上学到了许多文化知识,逐渐会写诗做文章;也学到了不少做人的道理和方法。由于徐达桌案上经常摆放一些兵书战册,徐小姐也经常浏览,故而颇懂一些排兵布阵的作战之法,这为后来她能镇定自若地指挥兵马守卫北平城奠定了基础。

朱元璋的四子朱棣比徐氏大两岁,生于元顺帝至正二十年,母硕妃。洪武三年,封为燕王。朱棣深得父皇和马皇后的喜爱,他长到十五六岁时,还没有定亲。皇帝朱元璋听说徐达有个才女女儿,便欲将她许给四子。于是,传命徐达入见。本来徐达对于太祖突然召见,心里正七上八下,不知吉凶祸福,听说是嫁女这事,自然笑逐颜开,这桩亲事就这么定了下来。

洪武九年(1376)正月二十七日,由宫中宣制官在宫中正式宣布:册徐氏为燕王妃。这一年朱棣17岁,徐氏15岁。从此,徐氏正式做了燕王妃。

婚后,夫妻恩爱。徐氏对燕王关怀备至,燕王对徐氏也体贴入微。另外,徐氏对于父皇及母后亦十分敬重,谨慎侍奉,因而颇得马皇后的宠爱。在以后4年的时间里,她直接聆听了马皇后的教诲。马皇后的言传身教,给她以深刻的影响。

洪武十三年三月,根据父皇的安排,朱棣要到他的封地北平(今北京)就藩,徐妃也一道同行。到了北平后,徐氏把从马氏那学到的东西用到燕王府中,将燕王府一整套机构,安排得井井有条,为燕王解除了后顾之忧,成为燕王的贤内助。

英勇迎敌

洪武三十一年(1398)朱元璋与世长辞,根据遗诏,朱允炆(系朱元璋长子朱标的儿子,继位前为皇太孙)做了皇帝,改年号建文,即建文帝。

朱允炆忠厚仁柔,但处事优柔寡断。那些为明朝江山屡立战功的王爷们,拥有重兵,独霸一方,他们以燕王朱棣为代表,早就对皇位窥伺已久。朱棣和徐氏商量怎样加强自己的力量。徐氏认为,宁王朱权,占据大宁(今内蒙古宁城县西),拥有骁勇善战的突厥族骑兵,按燕王现有军力,完全可以先攻大宁,收编宁王军队,然后合力迎击李军更有把握。李军是当时李景隆率领的南军,是奉皇帝的命令北伐燕军的。燕王决定留下徐氏及世子朱高炽坚守北平,自己率主力奔袭大宁。燕王临行之前,再三叮嘱他们,李景隆来时,只能坚守,千万不能出城迎击。还特意下令撤去卢沟桥的守兵,装成毫不设防的样子,以诱使南军长驱直入。这个计划是周密的,也是冒险的。

李景隆是一个"寡谋骄横,不知用兵"的将军,当他率领50万军队开到北平城下时,发现卢沟桥上没有守兵,更加得意,好像北平城不用攻打就唾手可得了。他兵分三路直取北平城。南军仗着人多势众,轮番攻击,日夜不停。就在这紧要关头,平素端庄文静的徐妃挺身而出,面对危急局势,不慌不乱,镇定自若。她一面鼓励将士英勇杀敌,誓死守城;一面组织城中健壮妇女,发给铠甲、长矛,上城杀敌,她也亲自登上城墙督战。

在她的影响下,守兵士气大振,登城妇女有枪的用枪,没枪的掷瓦、抛石,拼命厮杀。为了使李军不易破城,徐氏让妇女们端来水,泼向城墙,冰天雪地,很快结冰,这样更加增加了攻城的难度。一时间,李景隆军队再无良策。在徐氏的带领下,燕军终于守住了北平这座孤城,为燕王回师消灭李景隆的军队赢得了宝贵的时间。

十月十六日,朱棣在大宁得知了北平的战况,对自己这位贤妻大加称赞。燕王夺取了大宁,收编了宁王朱权的8万军队,火速回师增援,对南军实行南北夹击。李景隆闻风丧胆,生怕祸出不测,率先遁逃,连夜奔赴德州。第二年的四月初一,朱棣又率军南进,到建文四年(1402)六月十三日,攻陷南京城,朱棣在这场叔侄争皇位的"靖难之役"中取得了胜利。

建文四年(1402)六月十七日,朱棣登上了皇帝宝座,改元永乐,故称永乐大帝。

十一月,册封徐妃为皇后。

教子有方

徐皇后非常关心朝廷政事,她不但体察民情,关心老百姓疾苦,而且还常劝朱棣要与民休息。在徐后的辅佐下,朱棣在很多方面进行了改革,故而成祖时期,"为政之道,宽猛适中;礼乐刑政,施有其序"。徐后始终不忘马皇后的教诲,她和成祖一起大胆地对宫廷官员的设置进行了改革,选用那些品行端正、颇有名望的大臣入主宫廷,为明朝宫廷设置开了先河。

朱棣与他的父皇朱元璋一样,是一个励精图治的帝王。自从朱元璋废除丞相及中书省后,政务都由皇帝亲自审批处理。朱棣即位后,繁忙的政事迫使他日以继夜地操劳。徐后看到明成祖操劳国务很是辛苦,便想尽一切办法为他分忧。

后来,徐后发现所有国家政事都要朱棣一个人去完成。于是,她请求召见一下六卿的妻子,成祖答应了她的请求。徐后和六卿的妻子一一相见,亲切地劝她们能为自己的丈夫分担一些事情,好使他们没有后顾之忧。最后徐后赐给她们很多礼物。这些大臣的妻子,看到徐后对她们这么好,都非常感动,事后好好地服侍丈夫,千方百计地体贴丈夫。徐后的召见收到了奇效,自此以后,朝廷内外办事效率明显提高,这不能不说是徐后的功劳。

成祖共有4个儿子、5个女儿。4个儿子中,长子朱高炽、次子朱高煦、三子朱高燧,都为徐后所生。四子早夭,生母不详。5个女儿,即永安、永平、安成、咸宁、常宁公主。

徐后不但是位贤妻,而且是位良母。在对待子女的教育上,她因人施教,为后来明室江山的稳定发挥了重要的作用。洪武二十八年(1395),高炽被册为燕世子。徐皇后为了进一步帮助儿子成就大业,决定给儿子找一位贤德的王妃。她不顾门第观念,竟选中了

出身农民家庭的张氏。

张氏聪颖贤惠,待人和蔼,举止端重大方,无论做什么事,都非常细心。张氏入宫后,徐皇后教导她怎样正确处理宫中诸人的关系,怎样支持丈夫成就大业。徐皇后的言传身教对张氏影响很大,事实证明,正是由于张氏的功劳,后来仁宗的帝位方始保住。

历史上外戚弄权祸乱朝政,结果身败名裂、被抄家灭族者不乏其人。身为皇后的徐氏,牢记这一血的教训,说服引导亲眷自尊自爱,遵守朝廷法度。每当听说她的亲眷中有谁不守法度、扰害百姓时,立即传命召之入见,进行教训,促使改正。如听到她的亲眷中有谁奉法循礼有突出表现者,也召其入宫,给予赏赐,以资鼓励。

徐皇后建议明成祖朱棣广纳贤才,可她始终牢记太祖马皇后的话:"亲属未必有可用之才,且骄淫、不守法度,前代外戚覆败,皆由于此"的训示,严格约束外戚做官。

因此,在徐皇后在世之时,她没有为一个亲戚争官夺利。这一点,是难能可贵的。

在徐皇后时,她开了女子入学读书先例。明朝教育制度、机构已经比较完备了。京城设有国子监,相当于大学;府衙州县,设有中等学校,相当于高中;县以下城乡设有初等学校。各级学校也有了一定的统一教材,选拔一批学者从事讲学。可是这些学校大部为男子学校。男子8岁可入校读书,然而,对于女子如何教育却无明确规定。而女子可读的书很少,像《女诫》《女宪》《女则》等,大部分都是用封建礼教约束妇女或内容空洞无物。

为此,徐皇后决定编一部适于女子读的书,让广大妇女也受到良好的教育。于是她广泛浏览有关女子教育的现有资料,并结合孝慈马皇后的一些言论,著成《内训》20篇,书中把德作为首篇,次及修身、谨言、慎行等方面。该书开宗明义地提出了对待子孙的教育要宽严适度的原则,指出"本之以慈爱,临之以严格。慈爱不至于姑息,严格不至于伤恩",她把自己对子孙教育的经验也写在了书里。另外,她还派人广泛搜集古人的佳言善行,集成一个集子,命名为《劝善录》。明成祖看了这本书后,深为满意,下令将此书颁行天下。徐皇后为明代教育事业做出了贡献。

永乐五年(1407)夏季,徐皇后不顾炎热,还在伏案审订她的著述《内训》和《劝善录》。国事、家事、著述交织在一起导致长期过度的劳累,使她突然病发,经过御医多方调治,不见效果,病情一天比一天严重,七月四日,徐后去世,终年46岁。

按照徐皇后的遗嘱,丧事从简。朱棣对于徐皇后的死,十分伤心,为她在灵谷寺、天禧寺举行了隆重的大斋仪式。朱棣追赠徐氏谥号为"仁孝文皇后"。徐皇后死后,成祖朱棣再也没有册立皇后,以示对她的怀念。

永乐七年(1409)朱棣在北京天寿山营建了陵墓长陵,然后把徐皇后安葬在此。仁宗即位后,追尊徐氏为"仁孝慈懿成明庄献配天齐圣文皇后",后人简称她为"仁孝皇后"。

辅佐三帝

——大清孝庄文皇后

名人档案

孝庄文皇后：姓博尔济吉特氏，为蒙古科尔沁部落贝勒寨桑之女。天命十年（1625）嫁给努尔哈赤第八皇子皇太极为妻。翌年，皇太极继承汗位，于崇德元年（1636）改号称帝，封博尔济吉特氏为永福宫庄妃。顺治元年（1644），她的儿子福临即位称帝，尊生母为皇太后。康熙元年（1662），其孙炫烨嗣位，则尊亲祖母为太皇太后。她谥号孝庄，因儿子、孙子都即帝位，故称"孝庄文皇后。"

生卒时间：1362~1407年。

性格特点：柔韧端庄，无他玩好，而独嗜图史。

历史功过：她一生经历了清初三朝，此时正是政局动荡不安，斗争十分激烈的年代，也是由乱到治的历史时期。在这个特殊的历史年代里，她以自己的聪明才智和特殊地位，辅佐了三代皇帝，对清王朝的建立和全国的统一都起过积极作用，实是清朝开国的一名功臣。

初露锋芒

庄妃自幼"无他好，而独嗜图史"，颇通治国之道。皇太极时期，她"赞助内政，越既有年"，辅佐太宗文皇帝肇造王基。崇德七年（1642年），清取得松锦大战的胜利，明在关外的精锐已经丧尽，因此皇太极积极准备率领大军入关争夺天下，但是深感对关内的情况

不了解,急需"引路者"。他认为松山被俘,关在沈阳三官庙的明蓟辽总督洪承畴是最佳的人选。洪既深知明廷,又熟悉农民军的情况。因此,皇太极不惜一切代价劝其降清。他曾命汉官重臣范文程前去说降,又是金钱,又是美女,但洪承畴不为所动,大义凛然地说:"本帅只知有明,不知有清,只知有死,不知有降!"说罢面壁而坐,不饮不食,只求速死。皇太极真是拿他毫无办法。消息传到北京城,明王朝举国上下为之感动,立即为他举行了追悼会,崇祯皇帝还亲临祭奠。可是,此时洪承畴并未慷慨就义,不但降了清廷,而且当了清军入关的"开路先锋"。立此劝降大功的,不是别人,正是庄妃。

据野史传说,在洪承畴绝食的第四天,屈辱痛苦恍惚之间,忽然一位汉族打扮的俏丽女子推门而入,呜咽地陪坐在洪承畴的身边,竟使洪承畴丧失了戒心,视其为同病相怜之人,攀谈起来。并想起自己的娇妻爱子,百感交集,泪如泉涌。那女子一面为他拭泪,一面悄声劝道:"将军啊,人生求死容易,活下去才难。明朝比如一座大厦,将军你就是明朝的栋梁。如果栋摧梁折,明朝还靠什么来支撑? 当前,明清两国势均力敌,战则两败俱伤,和则共同兴旺。以将军的威望,若能保全性命,从中调停,把弄僵的局面扭转过来,达成协议,岂不是报效了朝廷和天下生民吗?"洪承畴沉吟不语。那女子又乘机娓娓道来:"将军纵使不念及家人和我小女子的私情,也应念及生民和社稷,清主仁慈宽宏,决不会为难将军的。"洪承畴刚刚点头,门就立刻打开了。原来大清皇帝皇太极"恰巧"来了,他正在盼望这个结果!

此后,洪承畴跟随多尔衮入关,攻城略地,灭明辅清,平定江南,扫荡云贵,击败李定国,除去明桂王,为清王朝驰骋疆场二十余年,真正称得上满清扫平中原的先锋。

这就是野史记载和民间流传的"庄妃劝畴",使洪承畴"弃旧图新",停止绝食,剃发归降,成为满清入关建立全国政权的"引路人"。

此事正史虽无记载,但从洪承畴由坚决不降而又很快降清,以及从庄妃一生热衷于政事的情况看,由她出面劝降洪承畴,这意味着皇太极亲临说降,而使洪承畴很快投降,这是有可能性的。

辅佐顺治

崇德八年(1643 年)八月九日,清太宗皇太极患脑溢血突然病故。因为他生前未立嗣子,所以"诸王兄弟,相争为乱,窥伺神器"。当时争夺皇位最激烈的是在睿亲王多尔衮(太宗之弟)和肃亲王豪格(太宗长子)叔侄之间。两白旗贝勒大臣支持多尔衮,两黄旗贝勒大臣拥戴豪格,双方剑拔弩张,大有火并之势。这时善于谋略的庄妃,虽然沉浸在年轻丧夫的悲痛之中,仍不忘国事,看到了满族贵族内部出现的继统危机,如果处理不好,必然影响清的前途。因此她为了清统治阶段的根本利益,把个人安危置之度外,挺身而出,干预此事,设法使自己的儿子福临继承皇位,以此来平衡协调多尔衮与豪格双方的争夺,从而制止了一场自相残杀的悲剧。当时她施展巧妙的政治手腕,笼络各方力量,特别是

将多尔衮叫进宫来,施加压力,立其子福临。在崇政殿诸王商讨立嗣会议上,有人提出要立豪格,可是他对形势估计不足,却虚假地表示谦让,"固辞退去",而立于殿外的两黄旗大臣举行武荐,要求"立帝之子"。大贝勒代善表示赞成,除了豪格以外,显然包括福临。多尔衮见此情景,虽然有人"劝睿亲王即帝位",但是他看到面对的形势不利,而庄妃会前要求立福临,正是摆脱眼前困境的唯一办法,于是对自己"即帝位","犹豫未允",采纳了庄妃的意见,表示同意"立帝之子"。既然豪格"固辞退去",便提出要立年方六岁的福临为帝,所谓"八高山(即固山)军兵,吾与右真王(即济尔哈朗)分掌其半,左右辅政,年长之后,当即归政"。

这个折中方案,既尊重"立帝之子"的要求,又便于日后对幼帝的控制,因此为双方贝勒大臣所接受。庄妃在这场继统斗争中取得了胜利,不仅阻止了满族贵族的内讧,而且使其子福临继承了皇位,成为清朝入关后的第一个皇帝,自己则被尊为皇太后。

顺治元年(1644年)清入关后,摄政王多尔衮的权势不断扩大,企图做皇帝的欲望也日益增加。为此他植党营私、打击异己、独专朝政,竟为自己建碑纪绩,命史官按帝王礼制记摄政王起居注、停止御前跪拜礼、私制御用服饰等等,根本不把顺治帝放在眼里,以皇帝自居。因此"大权在握,关内关外咸知仅有睿王一人"。皇太后见多尔衮所作所为,深知他随时都可能发动政变,夺取福临皇位。这必导致满族贵族内部混乱和斗争,不利于清初的统一,也不利于她们母子的命运。于是她为了对付这种危急的形势,粉碎多尔衮夺位阴谋,保住儿子福临的皇位,采取了以下策略:

一是韬晦之计。皇太后表面上对多尔衮准备夺位称帝的种种行径,皆无动于衷,置之不理。而幼帝福临在母后的授意下,"遨嬉胶桸,渔猎鄙事,无不为之"。因此多尔衮"安意无猜,得以善全"。这就起到了麻痹和延缓多尔衮政变的作用。

二是密切感情。关于太后下嫁之说,众说纷纭,不过蒙古族和满族有兄死则妻其嫂的传统习俗,后来虽经禁止,但影响仍存在。明遗臣张煌言在《建夷宫词》一诗中云:"上寿觞为合卺尊,慈宁宫里烂盈门,春宫昨进新仪注,大礼恭逢太后婚。"似指太后下嫁,正史无记载。王佩环先生在《清宫后妃》一书中有叙述,也认为有此事。与多尔衮加强感情联系,以确保福临的地位和政局的稳定确是事实。("下嫁"之谜详情见后。)

三是宣称皇父。顺治五年(1648年)十一月,顺治帝"加皇叔父摄政王为皇父摄政王,凡进呈本章旨意,俱书皇父摄政王",同时宣示中外,在给朝鲜国"咨文中有皇父摄政王之语"。这样就从形式上密切多尔衮与福临的关系,在表面上提高多尔衮的政治地位,以达到稳定、约束、限制多尔衮的作用。

以上策略收到了好的效果,多尔衮的皇帝梦始终未能实现。当他犯病时,曾无可奈何地感叹说:"若以我为君,以今上居储位,我何以有此病症。"

顺治七年(1650年)十一月十三日,时值寒冬,多尔衮心情不好,不顾身体有病,带领王公大臣往边外围猎,不慎从马上摔下受伤,经过简单治疗,又上马继续追猎,此时"度不自支",才回到喀喇城。他见病情日益加重感到不久于人世,在弥留之际,秘召其兄"英王(阿济格)语后事,外莫得闻"。但是从阿济格事后种种诡秘行动分析,多尔衮是对摄政王

权力的交接有所安排,因此他积极"计图摄政"。十二月九日,多尔衮病死。阿济格"即遣三百骑入京"企图逼宫夺权,制造动乱。但被随猎的大学士刚林发现,"知其意,立策马行日夜驰七百里,先入京",将此情急报皇太后和顺治帝。皇太后得知多尔衮已死,阿济格派兵入京逼宫,她沉着应战,"闭九门,遍告宗王、固山等为备,俄三百骑至,皆铠甲,尽收诛之,英王未知也"。然后"派兵役监英王至京",逮捕问罪,就这样粉碎了阿济格逼宫夺权的政变阴谋。

摄政王多尔衮死讯传到京城,满朝震惊,各有所思,人心浮动,谣言四起。皇太后为了稳住政局,特别要防止多尔衮的死党犯上作乱,授意顺治帝下诏"臣民易服举丧",亲率诸王、贝勒、文武百官出东直门迎接灵柩,以"帝礼"厚葬,追尊"义皇帝,庙号成宗"。至此,多尔衮获得了最高的荣誉和地位,生前未能称君,死后却被尊为帝。这当然是个绝顶高明的策略,使多尔衮的死党放心,不会因为他专权欺君,而罪及己身,所以没有闹事。

顺治八年(1551年)二月,议政大臣苏克萨哈上疏告发多尔衮生前"阴谋篡逆"等罪行。于是皇太后认为时机已到,想彻底清算多尔衮的罪行,借此清除敌对势力。因此,顺治帝诏示中外,公布多尔衮的罪状,指出多尔衮"逆谋果真,神人共愤,谨告天地、太庙、社稷,将其母子并妻所得封典,悉行追夺"。同时把多尔衮扶植的心腹党羽一网打尽,有的处死,有的监禁,有的贬革,从而进一步巩固了福临的帝位。

多尔衮死后,解除了夺位的威胁,皇太后精心辅助其子福临主政。她首先要求顺治帝努力学习汉族文化,精通治国安邦之术,同时下令把许多汉籍译成满文,供满族贵族阅读,从中汲取汉族统治经验;其次为了加速清初统一全国的进程,积极团结汉族的文官武将,使他们成为为清王朝效力的工具。顺治十年(1653年),她把在桂林战死的平南王孔有德的女儿孔四贞,"育之宫中,赐白金万两,岁俸视郡主"。同年,又把皇太极的第十四女和硕格纯长公主嫁给平西王吴三桂之子吴应熊为妻。由于明末清初长期战争,社会生产遭到严重破坏,所以她提倡节俭,曾多次把宫中的节省银两赈济受灾民众,等等。这些都表现出她的深远谋略和政治才能,确实难能可贵。

顺治十六年(1659年),南明永历朝延平王郑成功率领十多万大军北伐,势如破竹,由舟山进入长江,攻占镇江,包围南京,占领江苏、安徽四府三州二十四县。江西、浙江等省州县也有举旗响应的,一时震动了清廷。顺治帝对江南地区突然骤变的形势惊惶失措,束手无策。一会儿要逃往关外,一会儿又要率军亲征,皆遭到母后的反对和斥责。据史书记载:"当这个噩耗传至北京,皇帝完全失去了他镇静的态度,而常常有逃回满洲之思想。可是皇太后向他加以叱责,她说:他怎么可以把他的祖先们以他们的勇敢所得来的江山,竟这么卑怯地放弃了呢? 他一听皇太后这话,竟发起了狂暴的急怒。他拔出宝剑,并且宣称他决不变更的意志:要亲自去出征,或胜或死。为坚固他的言词,他竟然用剑把一座皇帝御座劈成碎块。"不过,顺治帝最终放弃亲征,遵照母后旨意,派兵南下,传旨驻守南京的江南总督郎廷佐坚守南京。最后清军取得南京之战的胜利,收复江南失地,时逼金、厦。所以顺治帝曾这样说:"朕自弱龄,即遇皇考太宗皇帝上宾,教训抚养,惟圣母皇太后慈育是依。"皇太后的精心辅佐,在很大程度上帮助其子顺治帝在清初复杂激烈的斗争中取得了重大胜利。

母子纠葛

这样一对相依为命的母子,按理说应当母慈子孝、关系融洽,但事实似乎并非如此。关于顺治皇帝和母后的关系,《清史稿·后妃传》仅有例行公事的四句话:"世祖即位,尊为皇太后。赠太后父寨桑和硕忠亲王,母贤妃。十三年二月太后万寿,上制诗三十首以献。上承太后训,撰《内则衍义》,并为序以进。"以上四句话总共 60 个字而已。而同一篇传记,记载康熙同他祖母关系的则有 715 个字。从中透露出顺治同他母亲的关系并不太协调。

1.立后之争

顺治小时候贪玩,母后管教过严,这是家庭中的常理。这一点不构成母子不和的原因。笔者认为导致顺治同母后关系不太协调的最关键因素是"情":"立后"和"下嫁"。皇太后和顺治帝母子间在"立后"的问题上存在着矛盾和分歧。前者出于国家大统,后者重于个人感情。自太祖、太宗开国创业以来,就把与蒙古"姻盟"视为团结蒙古各部,增强国力的重要政治措施,收到了很好的效果。来自蒙古科尔沁的皇太后深有体会,因此她为顺治帝两次"立后"皆出于此种政治目的。第一次立蒙古科尔沁部卓礼克图亲王克善之女为后,这是母后和叔父多尔衮给指定的。小皇后出身蒙古科尔沁贵族,从小娇生惯养,顺治不喜欢。虽然勉强成了亲,但婚后经常发生口角。不久顺治帝认为志意不协,传旨废后。虽然皇太后不同意,但是看到儿子执意要废,也就不强求了。于是将皇后废为静妃,改住在侧宫。就这样,顺治不顾母后和大臣的反对,强行废掉了皇后。直到顺治病危的时候,被废的小皇后想要见他一面都没给任何机会。第二次立蒙古科尔沁部贝勒绰尔济之女为后,顺治帝仍不满意,又要废后,却遭到母后的反对,未能废成。可见再立一个皇后,顺治还是不喜欢。

再者,顺治喜欢董鄂妃,爱得死去活来。后来皇太后得知,顺治帝已有意中人,是内大臣鄂硕之女董鄂氏,她很理解儿子的个人感情,便把董鄂氏召入宫内立为贤妃。但顺治帝要立董鄂氏为后,所以再次提出废后。这次不仅母后反对,而且知书达理的董鄂妃也不同意,于是顺治只好作罢。董鄂氏隶属满洲正白旗。父亲鄂硕任内大臣,母亲却是江南的一位才女。董鄂氏兼有满汉女子的优点,既有满洲人性格的豪放、开朗、洒脱,又有汉家才女的蕴藉、温柔、多愁善感。她外柔内刚,含而不露,有心胸、有见识,可谓是姿容绝代。顺治董鄂妃相遇也有一段故事。

顺治年幼即位,大权最初由叔叔多尔衮掌管。他自小形成暴躁、猜忌的性格。再加上娶了一个刻薄的妻子,事事过得不顺心。清初有命妇轮番入侍后妃的制度,这便给顺治帝与董鄂妃相识热恋提供了机会。董鄂妃经常到后宫来拜见皇太后。她天生丽质,又很朴素,看起来宛若仙子,引起了顺治的注意。董鄂氏之夫博穆博果尔经常从军出征,董

鄂氏出入宫苑侍候后妃,与福临相识并坠入情网。孝庄皇太后察觉后也曾采取措施,宣布停止命妇入侍的旧例,以"严上下之体,杜绝嫌疑"。但这一切并不能阻止福临对董鄂氏的迷恋。为了获得更多接近董鄂氏的机会,顺治十二(1655年)年二月,福临封博穆博果尔为和硕襄亲王,以示优宠。后来博穆博果尔得悉其中内情,愤怒地训斥董鄂氏。这事被福临知道,他打了弟弟一耳光。博穆博果尔因此羞愤自杀。未及守孝一年,董鄂妃便被顺治皇帝接进宫里封为王妃。一个月后,晋为贵妃,地位仅次于皇后。

顺治对董鄂氏的感情,已到了无以复加的地步。他认为董鄂氏有德有才,正是理想的皇后人选,准备二次废后。顺治的皇后是蒙古科尔沁博尔济吉特氏亲王的女儿,蒙古科尔沁自满清入关以前就始终支持皇太极平定满洲,夺取天下的战争,是蒙古四十九旗中最强大而举足轻重的一支。假如顺治再度废后,改立董鄂氏,蒙古女人失去中宫主子之位,势必影响满蒙关系,动摇大清帝国的立国之基。所有这些,顺治不是不知道。可是当一个人感情狂热的时候,理智难免就要丧失。董鄂氏没有显赫的家庭背景,她的母亲还是一个汉族女子。顺治册封董鄂氏为皇贵妃已经引起很多人因祖宗有"满汉不通婚"的制度而不满。孝庄太后毫不犹豫地对儿子的举动进行了抑制。结果,母子间出现隔阂,顺治皇帝甚至公然下令除去太庙匾额上的蒙古文字。同时,那位生活在感情荒漠中的蒙古皇后,对于安排自己命运的同族婆婆并无丝毫感激,相反把不幸和怨恨,统统归集到太后身上,连太后病倒也不去问候一声。这种微妙紧张的母子婆媳关系维持了五六年。

入宫不久,董鄂妃生皇四子荣亲王。不久爱子病逝,董鄂妃十分伤心悲痛,身体每况愈下。顺治十七年(1660年)八月,董鄂妃病逝。顺治帝似乎失去了一切,他"寻死觅活",不能自拔。年轻的顺治帝,本来就尚佛事,喜好参禅,取法名"行痴"。面对繁忙的国事,他却经常与僧人交往,把国家社稷置于脑后。董鄂妃死后他便企图净发为僧,步入空门。皇太后对此十分失望,坚决反对,出面阻止。顺治对董鄂氏去世非常哀伤,为此五天没有上朝。不久,顺治下旨礼部,称"奉圣母皇太后懿旨,皇贵妃佐理宫中事务多年,以其贤淑之德行教化宫闱,成绩斐然。如今突然去世,朕内心深为痛悼。现追封皇贵妃为皇后,以示褒奖推崇。朕仰承太后懿旨,特此追封,并加以下谥号:孝献庄和至德宣仁温惠端敬皇后。"顺治为董鄂氏亲撰行状,说她对皇太后"奉养甚至,左右趋走,皇太后安之";"事朕,候兴居,视饮食服御,曲体,无不悉";"至节俭,不用金玉,诵四书及易,已卒业;习书未久,即精",等等。并命学士王熙、胡北龙编纂《董鄂皇后语录》,大学士金之俊撰《董鄂皇后传》。当时听说的人都感到惊讶和不解:仅仅是一个贵妃,死后三天就被追封为皇后,皇帝何必如此滥加谥号?

贵妃辞世,留给少年天子无尽的哀思。四个多月之后,福临就溘然离世,追随爱妃而去。有人说,顺治皇帝并没有死,而是出家了。这不符合事实。从现有材料来看,顺治还是死了。顺治帝患天花有历史记载,清廷还曾禁止民间炒豆。还有更加直接的证据:顺治病危时,翰林院清孝陵掌院学士王熙起草《遗诏》。《王熙自定年谱》记载了这件事情:正月初二日,顺治帝突然病倒,病情严重。第二天,召王熙到养心殿。初六日子夜,又召王熙到养心殿,说:"朕患痘,势将不起。汝可详听朕言,速撰诏书。"王熙退到乾清门下西围屏内,根据顺治的意思撰写《遗诏》,写完一条,立即呈送。一天一夜,三次进览,三蒙钦定。到初七日傍晚《遗诏》撰写与修改完毕。当夜,顺治就去世了。顺治临终前说:"祖制火浴,朕今留心禅理,须得秉炬法语……"顺治帝死后被火化,由溪森和尚主持。四月十七日,溪森和尚在景山寿王殿为顺治遗体秉炬火化。溪森死后,他的门人编辑他的语录《敕赐圆照溪森禅师语录》记载了这件事。所以,顺治帝确是死了,而不是出家了。

2.董鄂妃是谁?

董鄂妃是何许人? 她有什么样的魅力令这位至高无上的年轻君主甘心为之生,为之死?

董鄂妃的来历有三说:

一说是《清史稿·后妃传》的记载:"孝献皇后栋鄂氏,内大臣鄂硕女,年十八入侍。上眷之特厚,宠冠后宫。"

二说是董鄂妃为秦淮名妓董小宛。董小宛原为江南名士冒辟疆之妾。传说,清军南下,董小宛被掳到北京,先留在王府,后被太后要了去。顺治看了喜欢,就从孝庄太后那里要到自己身边,用满洲姓董鄂氏。其实,只要用一些史料排比对照着看一看,就知道这个说法站不住脚。

民国初期,我国不少地方上演了《董小宛与冒辟疆》一剧,而根据冒辟疆《影梅庵忆语》记载,冒辟疆初识董小宛在崇德四年(1639 年)。那一年董小宛已经有十六岁了,顺治帝才两岁。顺治娶董鄂妃时是十九岁,董鄂妃才十八岁。如果董鄂妃就是董小宛,那么此时她应当是三十三岁了,这样的年岁显然不合。同时,《影梅庵忆语》对董、冒二人从相识、完婚、蒙难到董小宛病死,都有比较详尽的记录。大致的情形是:

崇德四年(1639 年),董小宛十六岁。冒辟疆初遇董小宛。

崇德六年(1641 年),冒辟疆又巧遇陈圆圆,于是疏远了董小宛。

崇德七年(1642 年),陈圆圆被周奎购到京师,冒辟疆重逢董小宛。

崇德八年(1643 年),董小宛二十岁,入冒辟疆家为妾。

顺治二年(1645 年),董小宛二十二岁。清豫亲王多铎领军渡江,破南京。冒辟疆在逃难中患病,"此百五十日,姬仅卷一破席,横陈榻旁。寒则拥抱,热则披拂,痛则抚摸,或欠身起伏,为之左右翼"。

顺治四年(1647 年),董小宛二十四岁。冒辟疆再病,"勺水不入口者二十余日"。董小宛侍疾。

顺治八年(1651 年),董小宛二十八岁,病死。当时不少文人墨客的悼念诗词均可证明董小宛确实是死在冒府。

董小宛比顺治大十四岁,同冒辟疆结婚九年未生育,并于顺治八年病死。冒辟疆写的《影梅底忆语》明白地写着董于顺治八年(1651 年)去世。这时世祖才十四岁,不可能纳董小宛为贵妃。所以董小宛即董鄂氏之说实属望风捕影,不能成立。

三说是董鄂妃原为顺治的弟弟、襄亲王博穆博果尔的妻子。这种说法主要来自《汤

若望传》的记述："顺治皇帝对于一位满籍军人之夫人,起了一种火热爱恋。当这一位军人因此申斥他的夫人时,他竟被对于他这申斥有所闻知的天子,亲手打了一个极怪异的耳刮。这位军人于是乃因怨愤致死,或许竟是自杀而死。皇帝遂即将这位军人底未亡人收入宫中,封为贵妃。"根据著名史学家陈垣先生的考证,她似乎就是顺治夺十一弟襄亲王博穆博果尔之妻。(本书采用此说)

3.太后下嫁之谜

太后同多尔衮有着说不清道不明的关系,这也就是历史上有名的太后下嫁。这也导致母子之间的关系并不是太好。

太后下嫁多尔衮的疑云之起,是由于张煌言收录在《奇云草》中的两首七绝,题为《建夷宫词》:

> 上寿觞为合卺尊,慈宁宫里烂盈门;
> 春宫昨进新仪注,大礼恭逢太后婚;
> 掖庭犹说册阏氏,妙选孀闺作母仪;
> 椒寝梦回云雨散,错将虾子作龙儿。

建夷是指建州之夷,是明朝遗民对清王朝的蔑称。觞是盛酒的杯子。合卺指成婚。慈宁宫是孝庄住的地方。阏氏是汉代匈奴君主的正妻之称呼。诗的前七句没有什么好解释的,无非是诋毁丑化敌国君主。最后一句颇费解。细推之,原来指的是多尔衮无子,以弟多铎之子为嗣。满文称侍卫为"虾"。多铎当时的职位有"领侍卫内大臣"一职。看来虾子指的是多尔衮的义子多尔博。也就是说,顺治子随母嫁,自为"龙儿",不必以多铎的"虾子"为子。以前我们常将这首诗作为无稽之谈,但从多方面的证据来分析,"太后下嫁"的确是事实。

论据一:保全皇位的政治婚姻

皇太极死时,庄妃才三十二岁,年仅六岁的儿子福临继位。一个是三十出头的寡妇,一个是只知玩耍的顽童。在当时,执掌朝中军政大权的实际上是睿亲王多尔衮。他手握重兵,成为朝中说一不二的人物,甚至连皇帝的大印"玉玺"也搬到睿王府内使用,以代理天下。小皇帝随时有被废掉的危险。人们认为,孝庄为了保住儿皇帝顺治的天子宝座,而委身于小叔子多尔衮。

论据二:弟娶其嫂的满族旧俗

从当时满族婚俗来看,嫂嫁小叔、兄纳弟妇之事常常发生,此事不足为怪,甚至还有不管辈分的婚俗(汉族礼教称之为"乱伦")。站在这样的历史背景下来思量,盛年寡居的孝庄与壮年英武的小叔子多尔衮的结合,也就没有什么不好理解的了。如顺治皇帝的大哥、皇太极的长子、肃亲王豪格在清贵族政治斗争中死去后,他的两个妻子就分别被叔父辈的多尔衮、阿济格娶去。庄妃是蒙古人,十三岁时就与其姑母一道嫁给皇太极,因其美貌聪慧能干,受宠多年,生有三女一子,其子后来就被立为顺治皇帝。崇德八年(1643年)皇太极死时,庄妃只有三十二岁,虽被尊为太后,仍风华正茂,美丽异常。多尔衮大权在握,岂能放过这天赐良机。这时清王朝刚入关,满洲贵族从东北刚入主北京,受到汉族文化与纲常礼教的影响与束缚很小,还大量保留原在东北时的旧婚姻风俗,如清皇室与贵族中寡妇改嫁的事频频发生。因此孝庄太后与小叔多尔衮结婚的事就是比较正常的事了。我们切不可用汉族的传统纲常礼教去要求和看待清初的满洲皇族。

论据三:多尔衮的"皇父"称谓

持下嫁说的人特别强调,在顺治朝多尔衮公开以皇上的父亲自居,称号就叫"皇父摄政王"。而只有皇帝的母亲下嫁了,多尔衮才有可能被称为"皇父"。人们认为,多尔衮称谓变化的过程,恰恰反映了太后与多尔衮的婚姻由隐秘到公开的过程。《朝鲜李朝实录》中记载,"皇父"称号非但举国轰动,甚至已经"声闻海外"。《朝鲜仁祖李倧实录》载:二十七年己丑(即清世祖顺治六年),二月壬寅,上曰:"清国咨文中,有'皇父'摄政王之语,此何举措?"金曰:"臣问于来使,则答曰:今则去叔字,朝贺之事,与皇帝一体云。"上曰:"然则二帝矣。"朝鲜邦外属国,国王都发现此举与"二帝"无异。大清朝难道就真的荒唐到这种程度不成?当然不是。其时清廷正推崇儒教,广纳天下饱学之士,断不会做这种令世界当作笑柄的糊涂事,但"皇父"一词确已明诏天下,一朝二帝,已经是无可争议的事实。

论据四:皇帝谕旨露出破绽

顺治十七年(1660)十二月二十四日,因乳母李氏病故,顺治降谕礼部,其中有这样几句话:"睿王摄政时,皇太后与朕分宫而居,每经累月方得一见,以致皇太后萦怀弥切。乳母竭尽心力,多方保护诱掖,皇太后眷念慈衷赖以宽慰。"这无意间透露,幼年皇帝顺治与母亲孝庄分宫而居,而且皇太后不是居于皇宫之中,否则母子之间为何"每经累月方得一见"?皇太后萦怀弥切,为何却不去看望皇上?皇上又为何不去探望生母,以解"皇太后眷念慈衷"?度之事理,其间必有一个超越两者之上的力量破坏了母子之情。这个力量,除了多尔衮之外,还能有谁?另外,徐柯《清稗类钞》中对"太后下嫁摄政王"有较为详细公允的记载。

论据五:风水墙的诉说

按清朝早期丧葬制度,皇后、妃嫔最终都要与皇帝合葬。可是,孝庄竟葬在丁遵化的清东陵风水墙外,而未与清太宗皇太极合葬于沈阳的昭陵。这种悖平常礼的葬法多年以来一直引起人们的种种议论,其中可能有难言之隐。有人认为,这是孝庄因改嫁而无脸到阴间见皇太极的刻意安排。史料中也确有这样的记载。太后在遗嘱中说,"卑不动尊",不忍再惊扰皇太极,这实在是托词。对祖母孝庄的心思,康熙自然心知肚明。但康熙又感到,将祖母单独安葬实在没有这样的先例,是件很棘手的事。于是他把这一难题留给了儿子雍正,将孝庄的棺材在东陵的地面上一直停放了三十八年之久,直到雍正三年(1725年)才为孝庄建陵,安葬。还需说明的是,长眠在清东陵的五个皇帝、十四个皇后、一百三十六个妃嫔,都葬在了风水墙之内,而只有孝庄葬在风水墙外。这又是为什么?孝庄皇太后于康熙二十六年(1687年)去世,享年七十五岁。

论据六:有人见过"太后下嫁诏"

关于孝庄太后下嫁多尔衮之事,虽由于后来清皇室受汉族影响日深、纲常礼教观念

加强,因而不让将此事记载到正史中,甚至原有的记载也被删改,使我们今天很难查到有关此事的正式记载,但我们仍可以从众多史料中看到有关此事的明显痕迹。如清故宫藏顺治朝的"批红"题本及《东华录》上,就记载顺治五年(1648年)多尔衮由"皇叔父摄政王"改称"皇父摄政王",并"亲到皇宫内院","自称皇父"。若无太后下嫁之事发生,此事是顺治皇帝所万万不能接受的。太后下嫁之事传播甚广,前面已经提到当时人的纪事诗,虽极尽嘲讽挖苦,但也是这件史事的一个有力旁证。1946年10月,近代学者刘文兴撰文《清初皇父摄政王多尔衮起居注跋》,其中写道,宣统元年(1909年),他的父亲刘启瑞任内阁侍读学士,奉命收拾内阁大库档案,"得顺治时太后下嫁皇父摄政王诏"。世上若果真有这一诏书,无疑是太后下嫁最具权威的铁证。

缔造明君

顺治十八年(1661年)正月初四日,顺治帝身患"病痘"(即天花),卧床不起,高烧不止,昏迷不醒,生命危在旦夕。此时皇太后不能不考虑其子身后之事,便授意翰林院学士王熙起草遗诏。遗诏内容反映了她的思想和意向,突出表现在以下三点:

第一、明谕立嗣。皇太后接受太宗未立嗣的教训,避免继统斗争的重演,另外又考虑到顺治帝患"病痘"早逝,长子已死,次子福全未出痘,三子玄烨已出痘,于是遗诏曰:"朕子玄烨,年八岁,颖慧,克承宗桃,兹立为皇太子。"

第二、异姓辅政。皇太后想到新帝年幼,须有重臣辅政,可是又忆起顺治初年,宗室多尔衮辅政期间的种种弊病,故决定选择非宗室大臣辅政,以便控制,故遗诏"特命内大臣索尼、苏克萨哈、遏必隆、鳌拜为辅臣,伊等皆勋旧重臣,朕以腹心寄托,保护冲主,佐理政务"。

第三、安抚满贵。皇太后深知,清初开国之时,以策略用人,重用大批汉官,满族贵族不满。为了安抚他们,在遗诏十四条罪己状中,有三条是向满族贵族罪己的,诏曰:"满洲诸臣或历世竭忠,或累年效力,宜加倚托,尽厥酞为,朕不能信任,有才莫展。且明季失国,多由偏用文臣,朕不以为戒而委任汉官,即部院印信间亦令汉官掌管,以致满臣无心任事,精力懈弛,是罪一也。"以此来增强和巩固满族贵族内部的团结。

七日,顺治帝病逝,将遗诏"布告中外,咸使闻知",使得顺康政权交接平稳过渡,玄烨继帝位,年号康熙,尊祖母为太皇太后。太皇太后对年仅八岁的康熙帝十分喜爱。她为了大清王朝的巩固与发展,培养孙子成为一代英主,一面加强教育,使他读书明理,提高以国事为重的个人素质,一面通过具体政务,增强他治国安邦的能力。康熙帝曾充满感激之情说:"忆自弱龄,早失依怙,趋承祖母膝下三十余年,鞠养教诲,以至有成,设无祖母太皇太后,断不能有今日成立,阁极之恩,毕生难报。"可见,太皇太后对康熙帝的影响是很深刻的。

顺治帝死后,太皇太后是清朝统治集团中德高望重、一言九鼎的人物,所以安徽桐城的秀才周南千里迢迢来到北京,请求太皇太后垂帘听政,遭到她的严词拒绝。但是她全力辅助康熙帝主政,教导康熙帝说:"祖宗骑射,武备不可弛。用人行政,务敬以承天,虚公裁决。""太后不预政,朝廷有险,上多告而后行。"因此许多重大政务的处理与她的意旨是分不开的。

1.铲除鳌拜

孝庄曾对辅政大臣深为信任,放手使用,所以辅臣权力很大,加之没有监督和约束的机构,从而为个别人结党营私、擅权乱政提供了可能。由于历史的原因及某些政见不同,辅臣中两黄旗的索尼(正黄旗)、遏必隆、鳌拜(镶黄旗),与正白旗苏克萨哈的关系日渐紧张。另一方面,随着时间的逝去,鳌拜居功自傲,权力欲逐步滋长。他联合遏必隆,扩展镶黄旗实力,擅杀朝中与自己存有积怨的大臣,专横跋扈的作风愈来愈显著。四辅臣在辅政期间当然做了不少有益的事,然而对处理满汉关系,却采取保守、倒退方针。在恢复祖制、首崇满洲的旗号下,歧视汉民,使汉民的积极性受到严重挫伤。当时,反清复明的战火尚未完全熄灭,经济凋敝,百废待兴。但满臣既缺乏治理经验,又不能与汉人切磋合作,大大妨碍了国家机器的正常运转。这便使得一些投机分子逐步取得辅臣信任,为非作歹,更加重了问题的严重性。玄烨亲政前夕,已是"学校废弛而文教日衰,风俗悟越而礼制日废"。地方、朝中各种机制都弊端丛生。

玄烨年龄还小,对此自然难以应付。但政治经验丰富的孝庄,却不露声色地密切注视事态发展,在继续任用辅臣的同时,采取了一些防患于未然的措施。

康熙四年(1665年)九月初八日,禀照孝庄的谕旨,十二岁的玄烨举行大婚典礼。索尼的儿子内大臣噶布喇之女赫舍里氏正位中宫,遏必隆之女落选,成为皇妃。在为孙儿择立皇后时,孝庄舍去遏必隆之女,选中赫舍里氏,旨在防范鳌拜利用镶黄旗之女成为皇后之机,进一步扩大实力,同时也是针对主幼臣骄的情况,对清朝元老索尼及其家族予以荣宠的笼络措施。

孝庄此生还改变了皇太极和福临时期,皇后均出自蒙古博尔济吉特氏的惯例。这并不意味着忽视满蒙贵族联姻政策,而是从巩固皇权、安定政局的现实需要出发,反映出孝庄作为杰出政治家的战略眼光与灵活态度。

玄烨大婚标志少年皇帝正在步入青年,其亲理政事已为期不远。换言之,孝庄是以此为孙儿早日亲政制造舆论,打下基础。当鳌拜得知玄烨选后的结果时,因"希冀落空,心怀妒忌",气恼万分,竟与遏必隆一起入宫"奏阻"。这恰恰证明孝庄这步棋的巧妙:既分化了四辅臣,使索尼同鳌拜之间出现芥蒂,又促使索尼更为效忠皇室,无形中增加了皇室的力量。不过,从其后的情况看,孝庄这时对鳌拜还未完全失去信任,仍希望他在辅臣任内能够善始善终。

康熙五年(1666年),发生换土地事件。鳌拜在索尼、遏必隆的支持下,将清朝入关初期圈占土地时分配给镶黄旗与正白旗的土地,强行互换,并再次圈占大量土地,致使广大农民流离失所,加剧了满汉民族矛盾。三辅臣还不顾玄烨的反对,矫诏将反对此举的大学士、管户部事务的苏纳海(正白旗)等三名大臣处死,造成一大冤案。这一事件说明,

鳌拜并未真正领会到孝庄的包容苦心,而是在擅权乱政路上愈走愈远。对此,孝庄也相应采取了进一步措施。

康熙六年(1667年)七月初七日,玄烨"躬亲大政",但辅臣们"仍行佐理"。孝庄特为孙儿收权安排过渡阶段,以使他在实践中逐步提高;同时也让辅臣有个适应过程,将他们因交权而产生的失落感,减少到最低限度,从而保证此次权力交接稳妥进行。

树欲静而风不止。康熙六年六月索尼去世,鳌拜实际上成了首席辅臣,遏必隆对他亦步亦趋,苏克萨哈更加孤立。玄烨亲政后,苏克萨哈立即请求"往守先帝陵寝",以逼迫鳌拜、遏必隆辞去辅政。鳌拜为清除异己,独掌辅政大权,竟罗织苏克萨哈的"罪状",企图将他置于死地。尽管玄烨坚决反对,但鳌拜等不肯罢休,一连七日强奏,竟将苏克萨哈及子孙全部处死,并没收家产。

苏克萨哈被除去后,鳌拜的权势进一步扩大,更为飞扬跋扈,欺君擅权。"文武各官尽出门下",甚至在"御前呵斥部院大臣,拦截章奏"。玄烨去南苑狩猎时,让随行的鳌拜奏闻祖母,但鳌拜"乃不遵旨",全然不把玄烨放在眼中。他的种种僭越行径,已构成对皇权的严重威胁。至此,孝庄终于做出决断,支持并指点孙儿拟定清除鳌拜集团的全盘计划。

此前,孝庄让玄烨广泛求言,制造舆论,通过各种举措,纠正辅臣政治上的失误与弊端。这使朝廷上下人心振奋,玄烨威望日增,鳌拜逐渐走向孤立。与之同时,玄烨在身边聚集起一批年轻的满族贵族成员。他们朝气勃勃,索额图即是其中的突出代表。索额图为索尼之子,孝庄选中他的侄女赫舍里氏做皇后,加深了索尼家族与清皇室的关系,也加强了正黄旗对皇室的向心力,并影响到镶黄旗。索额图对玄烨十分忠诚,在清除鳌拜集团的过程中,成为玄烨最得力的助手。

鳌拜集团附者甚众,盘根错节,已控制中央机构各要害部门。为最大限度地减少动荡和不必要损失,孝庄帮助玄烨制定了"擒贼先擒王",迅速打击主要党羽,震慑其他成员,稳妥解决问题的基本策略。据此,玄烨命索额图秘密地组织起一支善于扑击的少年卫队,又在行动前,有意将鳌拜的部分党羽遣往外地,以分散其力量,同时,玄烨还采取了其他一些周密部署。

康熙八年(1669年)五月十六日,鳌拜奉召进宫,旋即被卫队擒拿,其主要党羽也先后被逮捕归案。考虑到鳌拜以往为清朝所做的贡献,玄烨对他予以宽大处理,免死,没收家产,终身监禁;对其众多追随者,也只处死最主要的数人,其余一律宽免;就连遏必隆也被免罪,仅革去太师,后又给还公爵,值宿内廷,恢复对他的信任从而团结了镶黄旗。

清除鳌拜集团,排除了威胁皇权的潜在危险,扫除了清朝向前发展的绊脚石后,玄烨真正掌握了清朝大权。他在"首推满洲"的原则下,努力改善满汉关系,崇儒重道,发挥汉族官员积极性,发展生产,恢复经济。在短短几年内,政局进一步稳定,得到汉族地主阶级更广泛的拥护,经济也开始有了起色,为其后平定三藩之乱,打下重要基础,进而为康乾盛世开好了局。

铲除鳌拜集团的这场惊心动魄的政治较量,是玄烨继位后,祖母对他的一次关键性指导与帮助。当时，玄烨年仅十六岁，还缺乏足够的智谋与经验。若无祖母的指教、授计，他很难在亲政后第三年，便一举粉碎这一把持朝政多年、势力颇大的宗派集团，稳妥、彻底，不留后患。显然，鳌拜集团存在的时间愈长，对清朝的危害愈大，势必积重难返；如果玄烨的治国方针受到阻挠，三藩之乱将更加旷日持久，康乾盛世的出现也会大大推迟。

另一方面，在对鳌拜集团的斗争过程中，孝庄、玄烨祖孙相互加深了解，感情更为深厚。其间，玄烨表现出他那一年龄少有的胆略和杰出的组织才能，使孝庄满意而欣慰；另一方面，玄烨也从祖母身上学到很多东西，除坚决、果敢的作风外，对他印象最深的，是祖母对人处事宽厚豁达的态度，正是在祖母的影响下，他处置鳌拜及其党羽时，运用宽严相济，打击面小，安抚、团结绝大多数朝臣的策略，收到人心安定、朝政稳固的效果。孝庄的言传身教使康熙逐步具备了一代名君所应有的宽阔心胸与气度。这不仅在此次斗争中显示出来，在他其后的漫长统治岁月里，无论是平息党派之争，还是处理二废太子事件，或采取其他重要举措，这种方针、策略依然完整地保留下来。足见孝庄的智慧、品德与作风，已经体现在孙儿身上，由他继承并发扬光大了。

另外，孝庄指导玄烨宽大处理鳌拜集团，也是对当年两黄旗大臣同心合力，拥立幼主（福临）的回报，表明她为保护幼孙，从清朝的长远统治谋计，而不得不清除对她效忠多年的老臣时，手下留情。作为一位政治家，孝庄的这种做法难能可贵。

2.平三藩

康熙十二年（1673年）底，以明朝降将吴三桂等人为首的三藩发生叛乱。是年十一月，吴三桂在云南"以所部兵反"；十二月二十一日，冒充"朱三太子"的杨起隆在京举事；翌年三月，耿精忠据福建反；十五年尚之信据广东反，与此同时，有些地方原已降清的明朝官员纷纷响应。叛军气势凶猛，很快控制了南方广大地区，并延伸至陕西、甘肃等地。孝庄和康熙都面临着严峻的考验。

此前，吴三桂等反叛之心已露端倪，政治嗅觉敏锐的孝庄有所预感。康熙十一年（1672年）十二月十六日，她提醒孙儿在天下太平之际，应不忘武备，居安思危；随后，又通过其他措施，如令儒臣翻译儒家经典，颁赐诸臣等，帮助孙儿加强统治，进一步搞好君臣关系。因此，当三藩之乱突然发生，清朝统治面临巨大威胁的时刻，祖孙二人都表现得异常镇静。

吴三桂叛音刚至，康熙十三年（1674年）元旦来临。清廷仍同以往，举行盛大朝贺与筵宴，以此向臣民显示最高决策层无所畏惧的气概，以及与叛军决战决胜的坚定信念，起到安定朝野，鼓舞士气的作用。

在祖母的鼓励下，玄烨料理军务井井有条，持心坚定。康熙十三年（1674年）九月，他恢复了一度因"政务繁忙"而中断的"每日进讲"，坚持学习儒家经典。他甚至每日出游景山骑射，对于"投贴于景山路旁"的谣言诽谤，一概"置若罔闻"。多年后，玄烨回忆道："当时朕若稍有疑惧之心，则人心摇动，或致意外，结局则不可知也。"

康熙十四年（1675年）三月，蒙古察哈尔部布尔尼乘清廷集中力量对付三藩，无暇他顾之机，发动叛乱。因京城八旗精锐部分出征，部分肩负拱卫之责，前往平叛已无兵可

调。正当玄烨苦思筹集兵源，及派谁充任领兵之人时，孝庄向他建议："图海才略出众，可当其责"。玄烨"立召公，授以将印"。图海果然不负重托，率领数万名八旗家奴，迅即平定了布尔尼叛乱。这一事例表明，孝庄平时对文武重臣了如指掌，因而能在紧要关头，及时点拨玄烨，帮助他渡过难关。

平叛期间，每逢玄烨遇到棘手之事，孝庄便为之出谋划策，并凭借自己在朝中的崇高地位和威信，给予孙儿有力支持。举朝官员对此无不知之，一致认为："吴三桂叛乱以来，太皇太后心甚忧劳。"玄烨为表示对祖母的感激与爱戴，于康熙十六年（1677年）四月，"亲撰太皇太后大德景福颂，书锦屏恭进"；同年十二月，恭进太皇太后锦衣，亲撰表文中将祖母比之为"宫中尧舜"；十八年（1679年）二月，孝庄六十七岁生日，玄烨再次亲撰表文诗篇，书"万寿无疆"恭进，诗中写道："喜得万方同孝养，千秋福德井苍穹"，"宫中尧舜兼文母，恭捧南山万寿觞"。

因指挥得当，加之采取剿抚并用，重用汉人，孤立分化对方等一系列正确策略，平叛战争以清廷获得全胜而告结束。康熙二十年（1681年）十一月十四日，玄烨亲至太皇太后、皇太后宫报捷。整整八年，孝庄与孙儿一起，分担了无尽的焦虑与辛劳，当终于大功告成，普天同庆之时，他俩的内心感受，只有彼此最能理解，别人是难以真正体会到的。

孝庄在平定三藩之乱过程中起的作用，旁者是根本无以替代的，这一点举朝尽知。可当玄烨和大臣们请求按照朝中惯例，为她加上尊号时，她却表现了十分谦逊的作风，再三拒绝，并对奏请前来的大学士们说，八年以来，"皇帝焦心劳思，运奇制胜，故得寇盗削干，皇帝应受尊号，以答臣民之望。予处深宫之中，不与外事，受此尊号，于心未惬。"孝庄全力扶持康熙，想让孙儿的威望通过平定三藩更加扩大。为此，她尽量掩去自己的作用，将功劳一并归于爱孙。此举真是意味深远。

从孝庄作为玄烨政治导师和保护人的角度审视，随着玄烨不断成熟与孝庄的日渐衰迈，康熙二十年前后，他们的关系逐步过渡到一个新的时期。直至康熙二十六年（1687年）孝庄去世，尽管玄烨早已对各项政务应付自如，不再需要祖母的点拨，但还是将祖母视为顾问，"朝廷有黜陟，上多告而后行"；孝庄虽然精力不济，但也仍同以往，时刻关怀孙儿，处处予以支持。

祖孙情深

古今中外，晚辈对于自己最依恋的年长之人的感情很大一部分体现在对其健康状况的极大关注上，玄烨也是如此。随着孝庄年事不断增高，他无时无刻不在牵挂祖母的身体。祖母稍有不适，他会不由自主地陷入担忧与恐惧；祖母一旦安康，他便如释重负，欣喜若狂。为使祖母康健，去除病灾，玄烨还采取了一些具体措施，比如他曾分别于畅春园和南苑，建造恩佑寺和永慕寺，以给祖母祈求福佑；康熙二十一年（1682年）二月，他亲自居景山斋戒祭星，为祖母祈福，并派遣近御侍卫关保，偕同太监牛之奇、乾清宫首领太监顾文兴,"祭星三年"。然而,人的生老病死乃客观规律,玄烨的愿望与所做的一切,并不能扭转孝庄身体日渐衰弱的趋势。

康熙二十三年(1684年),孝庄七十二岁后,身体开始明显走下坡路,本已有的脑血管硬化、高血压等病症,进一步严重起来。从保留至今的孝庄画像看,她晚年比较胖,当是诱发这些疾病的重要因素。

康熙二十四年(1685年)六月,玄烨身体欠安,孝庄体恤爱孙"命往口外避暑静掇"。玄烨遂遵旨,协同四太子、皇长子巡幸塞外。不料玄烨返京前,八月二十八日深夜,孝庄突然中风,右肢麻木,言语不清。孝庄的近侍太监崔邦吉立刻告知请太医共同诊视、商议,又增加几味药,开下药方很快配制煎好,给孝庄服用。几位太医禀告闻信赶来的裕亲王福全、内务府总管图巴等人"太皇太后,脉尚好,断无大妨"。服药后,孝庄的病情迅速缓解。八月二十九日黎明,她吩咐一直在身边守候的福全传旨:"著蒙古喇嘛奈宁呼图克图看视。"奈宁呼图克图诊视后,认为"太皇太后中风乃因不洁食物入口而致",并建议由包括他本人在内的共四百名喇嘛,当日起即在慈宁宫花园诵经。孝庄同意了这一做法。

九月初一日,玄烨接到图巴等人关于孝庄突然发病的奏报,心急如焚,在折子上做了简短朱批:"知道。朕从速返回。"他星夜兼程,初二日正午抵京后,直奔慈宁宫祖母榻前。当玄烨看到祖母"慈体已安,尚在服药",才稍稍松口气。他为祖母"亲侍进药,侍奉至夜半"。此后数日内,玄烨每天两三次去祖母宫中问安探望。

由于医治及时,对症下药,孝庄的身体逐步恢复。为感谢神明的"助佑",她下旨"修葺庙宇",特命玄烨于康熙二十四年(1685年)九月十八日"吉日",前往白塔寺(位于今北京阜成门内)进香礼拜。十八日当天,玄烨正准备从宫中动身时,突然电闪雷鸣,下起瓢泼大雨。近侍担心雨大路滑,泥泞难行,请求玄烨稍停片刻,等雨停后再去。玄烨没有同意,他说:"近固莹祖母偶尔违和,朕心忧虑。今日痊愈,甚为庆幸,伺惮此往。"说完毅然冒雨祈祉。玄烨为了满足祖母的心愿,为使祖母能上保安康,可谓不惜任何代价,冒雨而行,对他来讲又算得了什么呢?

事实证明,在孝庄宫中专设御医,昼夜值守的措施,对于她此次中风后得到妥善救治,起到决定性作用。翌年五月,玄烨谕令吏部嘉奖两位有功的御医:"昨年太皇太后圣体偶有违和,命太医院御医李玉白、张世良殚心诊视,恭酌方药,今已万安,朕心欢悦。伊等克尽殿职,尔等可量加议叙。"可见孝庄自康熙二十四年秋发病,经正确的医治大大缓解后,又过了半年多时间,才完全康复。

孝庄初愈不久,康熙二十五年(1686年)二月,迎来她的七十四岁生日。玄烨特"上太皇太后万寿表",上面写道:"臣幼荷深思,长资明训,孝养难酬,罔极尊崇,聊展承欢,伏愿景命弥新,纯禧益茂,东朝永范,亿万年而成算,祖母常来。"在此前后,玄烨还特意为祖母铸造了一尊高七十三厘米的黄铜镀金四臂观音像,其莲座下沿刻有满、蒙、汉、藏四种文字写成的铭文:"大清昭圣慈寿恭简安懿章庆敦惠温庄康和仁宜弘靖太皇太后,虞奉三宝,福庇万灵,自于康熙二十五年,岁次丙寅,恭奉圣谕,不日告成。永念圣祖母仁慈,垂佑众生,更耪菩萨感应,圣寿无疆云尔。"这尊佛像后来一直被供奉在慈宁宫大佛堂。

万寿表和四臂观音像,是玄烨献给祖母七十四岁生日的两件珍贵礼物,反映出他感戴祖母,企盼祖母健康长寿的真切心愿,也是祖孙深情的千秋见证。

康熙二十六年(1687年)冬天,是玄烨一生永难忘怀,感情历程中最痛苦的日子。正是在此时,他平日最为担心,不愿想也不敢想的事,终于发生了。

是年十一月二十一日,七十五岁高龄的孝庄"旧症复发","疹患骤作",病势凶猛,不同以往。从这一天起,玄烨处理完政务,便立即趋至慈宁宫侍疾。他守候在祖母的床边,"衣不解带,寝食俱废",为祖母"亲调药饵"。孝庄入睡时,他"隔幔静候,席地危坐,一闻太皇太后声息,即趋至榻前,凡有所需,手奉以进。"孝庄心疼孙儿,多次让他回宫休息一下,但玄烨执意不肯稍离。他"唯恐圣祖母有所欲用而不能备,故凡坐卧所须以及饮食肴馔,无不备具",就连米粥也准备了三十多种,以供祖母所求。孝庄因"病势渐增,实不思食,有时故意索未备之晶,不意随所欲用,一呼即至。"见康熙如此殷切周到,正受病痛煎熬的孝庄也不禁老泪纵横,她抚摸着玄烨的肩背感叹道:"因我老病,汝日夜焦劳,竭尽心恩,诸凡服用以及饮食之类,无所不备。我实不思食,适所欲用,不过借此支吾,安慰汝心,谁知汝皆先令备在彼,如此竭诚体贴,孝之至也。唯愿天下后世,人人法皇帝如此大孝可也。"

为挽救祖母的生命,玄烨"在宫中五日竭诚默祷"。十一月二十七日,他下诏刑部,除十恶死罪等重犯外,其余一概减等发落,希望能以此好生之德,感动上苍,保佑祖母转危为安。然而,孝庄的病情仍在加重,"一句之内,渐觉沉驾,且夕可虑"。万般无奈之下,玄烨不顾众臣反对,断然采取了一项前所未有的举措。

十二月初一日凌晨,寒风刺骨。玄烨率王公大臣从乾清宫出发,步行前往天坛致祭。事前他亲自撰就的祭文中说:伏恳苍天佑助,"悯念笃诚,立垂昭鉴,俾沉疴迅起,遐算长延。若大数或穷,愿减臣龄,冀增太皇太后数年之寿"。玄烨跪在坛前,滴泪成冰,在场王公大臣无不感泣。三十四岁的玄烨竟然乞求上苍,以减少他本人的寿命为交换,尽可能地延长孝庄的生命,足见他对祖母感情之深,依恋之至。

可是,玄烨的赤诚并没有感动上苍,这次不同寻常的天坛之行,未能取得他期望的效果。由于为祖母延长寿命的愿望未能实现,玄烨自此以后放弃亲诣天坛求雨的做法,这从一个方面,反映出祖母之死对他所产生的巨大影响。

康熙二十六年(1687年)十二月二十五日,孝庄与世长辞。弥留之际,她嘱咐玄烨:"太宗文皇帝梓官安奉已久,不可为我轻动,况我心恋汝皇父及汝,不忍远去。务于孝陵近地,择吉安厝,则我心无憾矣。"她知道孙儿对她的感情,担心孙儿过度悲伤,特在遗诏中指出:"惟是皇帝大孝性成,超越千古,恐过于悲痛,宜勉自节哀,以万机为重。""其丧制,悉遵典礼,成服后三日,皇帝即行听政。"又叮嘱身为皇太后的儿媳:"我病若不起,皇帝断勿割辫。"

尽管玄烨已有精神准备,但事情真的到来时,仍然难以承受。孝庄逝世后一连十余日,玄烨水浆不入口,以至吐血昏迷。他违反清朝后丧皇帝例不割辫的祖制,不遵祖母遗旨,不听皇太后劝告,毅然割辫;又拒绝臣子关于"我朝向日所行,年内丧事不令踰年"的

奏告,决定将孝庄梓宫安放在慈宁宫内,直到翌年正月十一日发引。

康熙二十七年(1688年)新春佳节,玄烨坚持在慈宁宫为祖母守丧。他"每念教育深思,哀痛实难自禁",恸哭不止如前。正月十一日,孝庄的梓宫被迁往朝阳门外殡宫,发引时,玄烨"割断轿绳",坚持步行;途中每次更换抬梓宫的扛夫时,也"必跪于道左痛哭,以至奉安处,刻不停声。"玄烨执意为祖母持服守丧二十七个月,后经百官士民再三劝奏,才勉强同意依照祖母的遗嘱,"以日易月,二十七日而除"。

连续六十天"不宽衣解带,犹未盥洗"的侍疾、守丧生活与巨大悲痛,几乎摧毁了玄烨的身体,他"足疾虽痊,旧病丛生"。直到正月下旬,"力疾御门理事"时,还得令人扶着出入。玄烨晚年的高血压及心脏病等病症,很可能就是此时落下的病根。

康熙二十七年四月,玄烨亲自护送祖母的梓宫,前往遵化孝陵以南刚刚建成的暂安奉殿。孝庄去世后,玄烨谕令礼部并传谕诸王、大臣:"太皇太后祭物,俱照世祖皇帝往例。"表明祭祀孝庄的规格,完全同皇帝相同。"清代皇帝多孝子",此话不虚,后面要提到的风流皇帝乾隆也可谓"至孝之子"。

后人评说

孝庄与玄烨,是一对不平凡的祖孙。他们之间多方位、多层次的关系,给人启迪,令人深思。对孝庄来讲,玄烨不仅仅是亲孙子,在他身上,还倾注了自己对儿子福临的眷恋与负疚之情。她事实上给了玄烨双份的爱,将她作为一位母亲对亲生儿子的爱,与作为一位祖母对亲孙子的关怀,融为一体,全部倾注于玄烨。在与儿子的关系问题上,孝庄有过沉痛的教训,所以她要千方百计搞好祖孙关系,同时也倍加珍惜自己与玄烨的祖孙亲情。

在玄烨心目中,孝庄不仅是自己的亲祖母,正像他本人所讲的那样:"朕自八龄,皇考世祖章皇帝宾天,十一岁,又逢皇妣章皇后崩逝。早失依恃,未得久依膝下,于考妣音容,仅能仿佛,全仗圣祖母太皇太后抚育教训"。他对祖母"晨昏依恋三十余年",感到"依圣祖母膝下,如亲皇考妣音容。"玄烨将孝庄视为自己的亲生父母,同时也将孙儿的亲情和孝敬,与作为儿子未能给予父母的回报,合在一起,一并给了祖母。

孝庄与玄烨同时又是导师与学生的关系。在培育孙儿的过程中,她始终站得高,看得远。目标明确,寓爱于教。她对玄烨既疼爱备至,又要求严格;既充满祖母深情,又不失一位导师的威严。她认真总结、汲取教育儿子福临时的经验教训,不断改进方法。终于按照她心目中的模式,将玄烨培养成一位十分出色的皇帝。这对清朝的巩固与康乾盛世的出现,起到了不可估量的作用。孝庄在儿子福临身上没有能实现的目标与愿望,在孙子玄烨身上终于达到;从儿子那儿未能获得的爱与慰藉,终于从孙儿这里得到了补偿。康熙也用行动和事实完成了孝庄的毕生抱负。

玄烨不仅天资聪慧,其自幼所处环境与清朝面临的局势,使他很早就具有忧患意识

和紧迫感，所以能比较自觉、主动地按照祖母的指教，在各方面发奋苦学，不断提高治国能力。当他政治上完全成熟，可以独立处理国务后，祖母仍是他的导师和顾问。

孝庄能够培育出这样一个学生，原因是多方面的，就其个人而言，关键是具备完成这一艰巨育人任务的品格、素质、才能和修养。

首先，前面已经说过，她自己就很热爱学习，"无它好，独嗜书史"，"知书明理"，对满、蒙、汉三种文化都有一定了解，同时又有在皇太极、福临两朝三十几年的为政经验。所以，无论安排孙儿的学习，还是指导孙儿处理政务，都得心应手，游刃有余。其次，她深沉、坚韧、果断、敏锐，心胸宽阔，待人比较宽厚，这些对于玄烨的性格与气质，都起到潜移默化的影响。再者，孝庄极为关注清皇室即清朝的前途和命运，关心朝政，"索以爱民为念"。福临去世后，她虽然成为清廷的头号人物，却很少权力欲望，甘心退居幕后，除去牢牢掌握清朝大政方针的最后决定权外，一意扶持、培养孙儿，并于孙儿成长的过程中，逐步将权力移交给他，从而完全排除了祖孙之间存在权力之争的可能。正是由于这种远见卓识，她才能够充分发挥出自己的智慧和才能，在培养玄烨方面，收到圆满效果。

孝庄与玄烨的祖孙关系，还具有满、汉两种道德、伦理观相互作用、兼容并蓄；两种文化相互融合的鲜明特点。玄烨的孝养思想，除去孙儿爱敬祖母等满族固有的朴素成分外，还体现出汉族封建伦常准则。玄烨曾说："朕孝治天下，思以表率臣民，垂则后裔。"他为祖母所做的一切，既是出自真情，也是基于统治需要，旨在给自己的儿孙、臣民做出榜样，希望他们能像自己对待孝庄那样对待自己，忠于朝廷，从而达到巩固皇权统治，保证国泰民安的根本目的。利用儒家伦理以振朝纲真可谓一举多得。

康熙二十二年（1683 年）二月，玄烨命礼部议定："皇上在太皇太后、皇太后前行礼时，和硕亲王以下，入八分公以上，内大臣、侍卫、大学士等，照常随行礼，八旗一品大臣并部院衙门满汉尚书，俱令在午门外众班内行礼。"可见他不是将自己对长辈的孝敬，仅仅视为家庭内部祖孙、母子之间的事，而是有意识地纳入朝纲，要求全体朝臣遵循无误。

总之，孝庄身为祖母，在与孙儿玄烨的相处中，始终处于主动地位，起有关键性作用。可以说，是她精心培养起与孙儿的感情，精心设计了这种她所满意的祖孙关系，精心培育出了一位中国封建社会屈指可数的名君。这是代表新兴少数民族统治者的满洲贵族，入主中原后正处于蓬勃向上时期才能出现的现象，在古代中外历史上，也是非常罕见的。

另外，从孝庄皇后的晚年日常生活中，我们又可以看到她是多么的立足于传统。只有立足于民族传统才能更有利地吸收先进文化。

首先讲信佛。孝庄文皇后晚年经常礼佛、持斋、诵经，其目的无非是祈求国泰民安、祈福祛病。诵经礼佛是她晚年的主要精神生活；孝庄文皇后历经三朝，多遇大事，晚年年老体衰，除遇大事仍辅佐孙儿处理外，把自己的希望和祈求寄于佛事，是十分合理的解释。孝庄文皇后本出身于笃信喇嘛教的蒙古贵族。当满族进入辽沈地区以后，特别是清太宗时期，随着萨满教的逐渐衰落，对喇嘛教的尊崇则占据了更重要的地位。这当然是安抚蒙古贵族的政治因素。当天聪八年（1634）年蒙古察哈尔部败亡，墨尔根喇嘛以白驼载护法"玛哈噶喇"金身归来时，皇太极大喜，当即下令于盛京，城外建"实胜寺"。告竣之后,在当时产生了很大的影响。崇德四年(1639)年,太宗又派特使向西藏的达赖喇嘛致书,提出愿请高僧前来"宣扬佛法"。达赖果派使者至盛京,受到皇太极的盛情接待。当皇太极晚年患病之时,曾按喇嘛教的教义在盛京建四塔四寺,为太宗皇帝诵经祈福祛疾。在这种背景之下,孝庄文皇后仍笃信喇嘛教应是顺理成章,毫无疑义的。有关孝庄文皇后的许多记载都集中在有关崇尚喇嘛教上,而且言出必办,毫无拖延差错。

清入关后,孝庄文皇后辅佐幼帝,统一寰宇,培育一代英主成为最高决策人之一,在宫中享有崇高的地位与威望。而现存档案中,孝庄所下旨都集中在崇佛之事上,也说明礼佛在她的生活中占有何等重要的地位。据满清档案记载:"巴林公主供佛","额木齐喇嘛于乾清宫诵经两日","开光甘珠尔经用","众喇嘛为大行皇后诵经时,制作佛前所供各五十两之曼陀罗花四,银二百两","神武门内旁门面房每月众喇嘛诵经六日"。为皇太子事,兑换每月众喇嘛诵经时施舍之宝泉钱十吊八百,银八两六钱四分。这种记载非止一处。"准画佛经处来文,画佛房李修等九名画工,"宫中设有画佛经处、画佛房等专门机构,可见宫中需求量之多。而且,宫内诸处喇嘛诵经,梵声不断,上至太后、皇帝、皇太子、公主居处下至宫门都笼罩在梵声之中,说明崇尚喇嘛教十分普遍,礼佛是他们共同的精神生活。这样就使人想到:明末喇嘛教在宫中已趋沉寂,清入关后宫中盛行如斯,孝庄无论从哪方面说都无疑是德高望重的最长者,她的虔心礼佛已经广泛而深刻地影响到宫中生活,而孝庄正是宫中精神生活的最高领袖。

值得一提的是,作为一名虔诚的佛教徒,孝庄一向勤于佛事。当她的身体条件许可时,常常亲自前往寺庙,从事礼佛活动。如康熙十七年(1678年)十二月十八日,她曾去刚刚落成的南苑仁佑庙上香。有时,孝庄也让爱孙玄烨代往礼佛,除前述五台山之行及进香白塔寺外,又如康熙二十一年(1682年)四月,玄烨在盛京(今沈阳市)拜谒祖。返回途中,遵照祖母旨意,特地绕道辽阳州千手佛寺降香。他将祖母发来香资银六百两颁赐寺庙。

其次讲饮茶。满族作为我国北方少数民族,素喜食肉饮乳,故需茶解腥膻去油腻。这一生活习惯在家宴及大规模宴客中已为定制,延久相传。《龙江三记》载:"满洲有大宴会……每宴客,坐客南炕,主人先送烟,次献乳茶,名曰奶子茶。"可见饮茶在满族生活中占有重要位置。宫廷生活在许多地方仍保留着本民族旧有的习惯。对饮茶仍颇为喜好。同时据《清稗类钞》载,蒙古族有每日喝一次奶茶的习惯。可见饮奶茶是满、蒙民族共同的生活习惯而且在宫中一直保留着。所需茶叶由地方督抚进贡。清代是贡茶制度完善化朝代之一,清代贡茶主要分"岁贡"与"御贡"两种。据中国第一历史档案馆藏《宫中进单》及故宫博物院藏清宫茶叶,清代滇、闽、湘、鄂、陕、川、江、浙、皖、赣、粤、鲁等十二省六十五种御贡茶中并无苍溪、伯元茶之名,估计可能因当时战乱御贡受阻或因饮者习惯所以由皇商购买之故吧。

嘉庆《四川通志》云:"然腹地有茶,汉人或可无茶,边地无茶,番人或不可无茶。""茶乃番人之命"。明御使徐侨言,汉川茶少而直高……汉茶味甘而薄,于酥酪为宜,亦利番也。故而保宁府在苍溪发卖的茶利于以茶为命的蒙、藏及其他少数民族饮用,而孝庄文

皇后时常所饮乃苍溪发卖的红茶，而且可能是一直为蒙古民族所习惯饮用，所以应该认为这是一种传统的民族习惯。孝庄文皇后每月需苍溪茶一斤八两，数量不可谓不大，这与蒙古族每日喝一次奶茶习惯有关，因喝奶茶而用量较大。同时，孝庄文皇后一月茶资相当于几个民人匠役一天的收入，这固然反映出普通工匠与贵族生活水平的悬殊，但在贵族中来说，仍是花费不多，也见其极为简朴的一面。

再讲住蒙古包。从一些满文材料中，我们得知蒙古包是蒙古民族常居，也是满族在征战狩猎中的栖身之所。年迈位尊而常居深宫的孝庄文皇后常备蒙古包，此何用意？康熙十七（1678年）年七月"十四日准营造司咨称，奉旨，正蒙古包前之栅栏，著依照殿之蒙古包例制作；以斑竹为椽子，造八角蒙古包。钦此，准此，此蒙古包之椽子一百一十，其两头所钉铜把来二百二十，焊时配药，银一两九钱。八分"。康熙备蒙古包是为巡狩时所居，随从康熙第二次东巡盛京祖陵的高士奇和比利时传教士南怀仁分别在《启从东巡日录》和《鞑靼旅行记》中都有明确的记载与描述，此不多讲。孝庄文皇后出巡的机会自然要比康熙少得多，但也绝不是没有。据《清史稿》载："二十年，上复奉太后幸温泉……二十二年夏，奉太后出古北口避暑。秋，幸五台山至龙泉关"。也许不能设想孝庄文皇后在紫禁城中也住蒙古包，但出巡时住蒙古包却是可能的。但问题是康熙十七年"为太皇太后事"而有喇嘛诵经，说明此期间孝庄文皇后身体欠佳，那么于十九年修整蒙古包是为了实用还是一种精神寄托？人至暮年，习惯于怀旧。住在深宫，一生历经政治风云的孝庄文皇后，此时已年近七十高龄，在孙子已长大成人，平定三藩之乱已胜利在望，全国已日趋安定的时候，欲借康熙在十九年第二次东巡祖陵之机渴望回到生于斯长于斯的辽阔的科尔沁草原和盛京地区是很合乎情理的。因此修整蒙古包不排除实用的原因，同时也是孝庄文皇后的思想寄托。居住蒙古包既是满、蒙民族的习俗，也是满洲尚武的民族精神和艰苦创业的战斗作风的体现，因此居住蒙古包既表现了科尔沁草原的女儿对本民族、对故乡的怀念与依恋，更表现了德高望重的孝庄文皇后对满洲尚武精神和自强不息的战斗风格的继承。

笃信喇嘛教、嗜茶、居蒙古包，这几点都是满、蒙民族生活习俗的突出特征。孝庄文皇后晚年仍保持满、蒙民族的风俗习惯。一方面，她由于诚心礼佛，笃信喇嘛教并产生很大影响而成为宫中生活的精神领袖。另一方面，她坚持"祖宗骑射开基，武备不可弛"，在日常生活中承继和示范着满洲尚武精神，带动着清初诸帝和满洲贵族。她虽然没有垂帘听政，但她不仅在政治上继承、延续和光大了太祖的事业，而且在生活上传承、带动和示范着尚武精神，使太祖培育的战斗作风和生活习惯延续下去。这一点对满族统治集团来说也有着很重要的意义。

垂帘的"老佛爷"

——慈禧太后

名人档案

慈禧太后:孝钦显皇后,满族,又称"西太后""那拉太后""老佛爷",徽号"慈禧端佑康颐昭豫庄诚寿恭钦献崇熙"。死后清朝上谥号为"孝钦慈禧端佑康颐昭豫庄诚寿恭钦献崇熙配天兴圣显皇后"。咸丰帝的妃子,同治帝生母,光绪帝养母。慈禧博学多才,能书善画,书法长于行书、楷书,绘画有花卉等传世。

生卒时间:1835 年 11 月 29 日(道光十五年十月十日)~1908 年 11 月 15 日(光绪三十四年十月二十二日)。

安葬之地:葬于河北遵化定东陵。

性格特点:洞悉人性、工于心计、个人至上、敢作敢为。

历史功过:慈禧太后是晚清统同治、光绪两朝的最高决策者,她以垂帘听政、训政的名义统治中国四十七年。长期以来,有关慈禧的史学论著和文艺作品,大都只讲慈禧祸国殃民的一面,甚至把一些与慈禧毫不相干的恶行也加在慈禧的身上。在人们的心目中,慈禧已成为一个昏庸、腐朽、专横、残暴的妖后。

身世之谜

道光十五年(1835 年),慈禧出身于满洲镶蓝旗(后抬入满洲镶黄旗)一个官宦世家。慈禧的曾祖父吉朗阿,曾在户部任员外郎,遗下银两亏空,离开人世。祖父景瑞,在刑部山东司任郎中。在道光二十七年(1847 年)时,因没能按时赔偿其父吉朗阿在户部任职

时的亏空银两而被革职。外祖父惠显,在山西归化城当副都统。父亲名叫惠征,在吏部任笔帖式,是一个相当于人事部秘书、翻译的八品文官,后有升迁。根据清宫档案《内阁京察册》(清政府对京官三年一次的考察记录)记载:慈禧的父亲惠征,在道光十一年(1831年)时是笔贴式,道光十四年(1834年)考察被定为吏部二等笔帖式。道光十九年(1839年)时是八品笔帖式。道光二十三年(1843年)再次考察定为吏部一等笔贴式。道光二十六年(1846年)调任吏部文选司主事。道光二十八年(1848年)、二十九年(1849年)因为考察成绩又是一等,受到皇帝接见,被外放道府一级的官职。同年四月,任山西归绥道。咸丰二年(1852年),调任安徽的道员。

慈禧太后,由于她的特殊地位、身份、影响与作用,对她的身世,有多种说法。尤其是慈禧的出生地,可谓众说纷纭。主要有六种说法:(1)甘肃兰州;(2)浙江乍浦;(3)内蒙古呼和浩特;(4)安徽芜湖;(5)山西长治;(6)北京;

第一,根据慈禧的父亲惠征曾任过甘肃布政使衙门的笔帖式,认为慈禧出生在甘肃兰州说。传说慈禧出生在当年他父亲住过的兰州八旗马坊门。可专家查阅文献、档案,发现惠征虽然做过笔帖式,但其地点是在北京的吏部衙门,而不是在兰州的布政使衙门。

第二,根据慈禧的父亲惠征曾在浙江乍浦做官,认为慈禧出生在浙江乍浦。《人民日报》曾发表一篇题为《史界新发现——慈禧生于浙江乍浦》的小文。这篇文章说:慈禧的父亲惠征,在清道光十五年至十八年(1835~1838年)间,曾在浙江乍浦做过正六品的武官骁骑校,而慈禧正是在这段时间出生的,所以她的出生地在浙江乍浦。文章中说:在现今乍浦的老人当中,仍然流传着关于慈禧幼年的传说。当时的规定,京官每三年进行一次考核。有学者查阅了清朝考核官员的档案记载:这时的惠征被考核为吏部二等笔帖式,三年后又被作为吏部笔帖式进行考试,可见这时惠征在北京做吏部笔帖式,为八品文官。所以,这种说法值得怀疑。

第三,根据慈禧的父亲惠征曾做过安徽徽宁池太广道的道员,道员衙署在芜湖,因此说她出生在芜湖。慈禧既然生长在南方,便善于演唱江南小曲,由此得到咸丰帝的宠幸。许多小说、影视作品就是这么说的。我们当然不能以慈禧擅唱南方小曲,作为她出生在南方的证据。根据历史记载:惠征当徽宁池太广道员是在咸丰二年(1852年)二月,正式上任是在同年七月。而慈禧已经在咸丰元年(1851年)入宫,被封为兰贵人;档案中还保存有兰贵人受到赏赐的赏单。可见慈禧不会是生于安徽芜湖。

第四,根据慈禧的父亲惠征曾任过山西归绥道的道员,认为慈禧出生在今内蒙古呼和浩特说。慈禧的父亲惠征当年曾任山西归绥道,道署在归化城(今呼和浩特市)。据说在呼和浩特市有一条落凤街,慈禧就出生于落凤街的道员住宅里,甚至传说慈禧小时候常到归化城河边玩耍。但道光二十九年(1849年),惠征任山西归绥道道员时,慈禧已经十五岁,所以说慈禧不可能出生于归化城。不过,慈禧可能随父惠征在归化城住过。

第五,慈禧出生在今山西长治说。此说认为慈禧不是满洲人,生父也不是惠征。今山西长治当地传说:慈禧原是山西省潞安府(今长治市)长治县西坡村王增昌的女儿,名叫王小慊,四岁时因家道贫寒,被卖给上秦村宋四元家,改姓宋,名龄娥。到了十一岁,宋家遭到不幸,她又被转卖给潞安府(今长治市)知府惠征做丫头。一次,惠征夫人富察氏发现龄娥两脚各长一个瘊子,认为她有福相,就收她作干女儿,改姓叶赫那拉氏,取名玉兰。后来玉兰被选入宫,成了兰贵妃。可经专家考证,在这段时间,惠征没有任潞安府的知府。既然惠征没有在山西潞安府做过官,那么慈禧怎会在潞安被卖到惠征家呢?

第六,北京说。笔者以为慈禧后代的说法比较有说服力。慈禧的直系后裔叶赫那拉·根正认为:"其他说法中的女子,有可能那个地区出过某些宫女,不一定是慈禧,把这些事往她身上说,因为毕竟慈禧的名声太大。关于这个问题,在(上个世纪)九十年代初社会上炒作慈禧出生地问题的时候,我问过我的伯父景庄,他说:'这有什么可争可辩的呀。慈禧就是咱们家的姑奶奶,家谱上写着呢。'慈禧是1835年11月出生在北京西四牌楼劈柴胡同(她家老宅),她当时是卯时生人,她出生以后,家里请了几个保姆、几个嬷嬷、几个管家都有详细记载。"

总之,不管慈禧生长在哪里,她都是出身自官宦家庭。而她从小就聪慧、伶俐,特别是具有普通孩子难得的谋略和远见。据慈禧曾孙回忆:在慈禧十四岁的那一年,她家里出了一件大事。慈禧的曾祖父吉郎阿曾在道光时担任清户部员外郎,负责中央金库。但就在他卸任十几年后,在查账时,查到了库银亏空几十万两。道光接到奏报以后,非常气愤,下旨不管是谁,不管什么时期,凡是在银库的工作人员都要一查到底。经过反复的调查,最后竟查不出个结果。在这样的情况下,道光下令,就从亏损的那一年一直到现在,所有工作人员平摊这些亏空的银两,已经去世的,由他的儿子、孙子偿还。当时慈禧的曾祖已经去世,就把她的祖父给抓了起来。事情一出,家里立时乱了。年少的兰儿此时却表现得非常镇静,她劝自己的父亲惠征,将家里仅有的一点银两拿出来,交了出去,又让父亲带着她去亲戚和朋友家,借了一些银两。但她没有让父亲将这些银两全部交上去,而是用这些钱去上下通融。因为慈禧的祖父景瑞曾任刑部员外郎,认识很多的政府官员,有许多老关系,她的父亲也时任安徽的后补道台,也有很多朋友关系。正是在年少的慈禧的指点下,惠征打通了上下关系,很快将她的祖父营救了出来。她也因此受到了当时她所接触的那些满族贵族,特别是她的父母的偏爱。由此可见,她具有一般女子所没有的远见、胆识、谋略和手腕。这些都让她在后来的政治风云中立于不败之地。

辛酉政变

咸丰十年(1861年)七月十七日,咸丰帝病死。他临终前做了三件事:(一)立皇长子载淳为皇太子。(二)命载垣、端华、景寿、肃顺、穆荫、匡源、杜翰、焦祐瀛八人为赞襄政务大臣,八大臣控制了政局。(三)授予皇后钮祜禄氏"御赏"印章,授予皇子载淳"同道堂"印章(由生母慈禧掌管)。顾命大臣拟旨后要盖"御赏"和"同道堂"印章。不久,八大臣便同两宫太后产生了极大的矛盾。

　　1.三股势力

当时，朝廷主要分为三股政治势力：其一是顾命大臣势力，其二是帝胤势力，其三是帝后势力。三股政治势力的核心是同治皇帝，哪股政治势力能够同帝后势力相结合，它就会增加胜利的可能性。当时的清廷内有"南长毛、北捻子"之忧，外有列强重起战端之患。最高决策层为此产生了严重分歧，从而导致了其政治势力的重新分解组合，出现了三股势力集团。

第一股势力集团是聚集于咸丰周围握有重权的端肃集团，核心人物为怡亲王载垣、郑亲王端华、户部尚书肃顺。从该集团崛起来看，它是因太平天国农民起义猛烈发展，咸丰为使统治机构能够发挥得力的镇压功能，把决策权由"军机处"转移到几个干练的御前大臣手中而形成的。端肃集团对内主张坚决镇压农民起义。为此他们一方面尚严峻法，力除积弊，但对汉人又心存疑虑。他们对外态度是排外的。肃顺是咸丰一朝对外政策的制定者和执行人。他的全部努力就是确保中国处于对各部族首领的控制地位，因此，要清帝与欧洲的蛮夷酋长平起平坐。这对于欧洲人来说，是特别难以忍受的。这样就使列强的政治经济触角向中国更广、更深地伸展时受到阻碍。

为使清廷恭顺地履行不平等条约，打击端肃集团，培植为列强控制的集团就提到列强的议事日程上来。奕䜣集团应运而生。奕䜣曾是王位的有力竞争者，败北后长期失宠，但他不是个甘于寂寞的人物。1860 年英法联军攻占北京给其境况带来了转机。他通过与列强接触，思想发生了重大变化，提出"灭发捻为先，治俄次之，治英又次之"的处理"内忧外患"的行动原则，取得了站在阶级斗争前沿的地主阶级的拥护和支持。列强也需要从最高阶层内部来扶植一派抗衡端肃集团，奕䜣便成了他们的最佳选择。奕䜣集团的根基是地主阶级与列强的支持。而奕䜣为改受制于人的局面，在政治上求得主动，在《北京条约》签字后，曾请咸丰回朝，其目的也正是想借洋人之力，推倒端肃，钳制咸丰。这些请求均遭咸丰拒绝而作罢，但却说明了列强已涉足清廷最高统治层，并且渐渐成为各派别较量的不可忽视的一颗砝码。

咸丰之死使本已复杂的权力之争更加复杂。咸丰弥留之际遗语六岁载淳为太子。载淳即位后立即宣布："继承大统，尊孝贞皇后为母后皇太后，尊懿贵妃为圣母皇太后。"这样作为载淳生母的那拉氏取得了与钮祜禄氏同等的政治身份。权欲极强的那拉氏，对咸丰托孤的"赞襄政务"八大臣大权独揽极为不满，更对肃顺效"钩弋故事"的献策怀恨在心，决意要从其手中分权。此时那拉氏对内外矛盾处理的主张与端肃并无二致，而为争权她与奕䜣合流后，则与当时两大矛盾紧密相连了。

当时朝廷大臣实际上分为两部分：一半在承德，另一半在北京。即：前者是以肃顺为首的"承德集团"，后者是以奕䜣为首的"北京集团"。在北京的大臣，又发生了分化，一部分倾向于顾命大臣，大部分则倾向于帝胤和帝后势力，从而出现错综复杂的局面。"承德集团"随驾，主要人物是赞襄政务八大臣。"北京集团"以恭亲王奕䜣为首，其支持者为五兄惇亲王、七弟醇郡王、八弟钟郡王、九弟孚郡王，还有军机大臣文祥、桂良、宝鋆等人。

其实，咸丰帝弥留之际的"后事"安排，是一种意在调适权力平衡但又必然引起权力争夺的行政制度。上谕"钤印"的规定，从制度上确保了皇权不致旁落，排除了肃顺等人挟制天子的可能,但同时也为慈禧掌握清廷最高权力提供了可能,使慈安、慈禧太后处于虽无垂帘之名而有临政之实的地位,故此时人明确指出,实际是"(太后)垂帘(八大臣)辅政,盖兼有之"的权力机制。慈禧取得代子钤印权力后,便理所当然地成为皇权的代表,因而干预朝政也就成为顺理成章的事了。

2.政变

七月十八日,大行皇帝入殓后,以同治皇帝名义,尊孝贞皇后为皇太后即母后皇太后,尊懿贵妃为孝钦皇太后即圣母皇太后。

八月初一日,恭亲王奕䜣获准赶到承德避暑山庄拜谒咸丰的梓宫。据《我的前半生》记载:相传奕䜣化妆成萨满,在行宫见了两宫皇太后,密定计,旋返京,做部署。奕䜣获准同两宫太后会面约两个小时。奕䜣在热河滞留的六天里,尽量在肃顺等面前表现出平和的姿态,麻痹了顾命大臣。两宫太后与恭亲王,破釜沉舟,死中求生,睿智果断,抢夺先机,外柔内刚,配合默契。他们密商决策与步骤后,返回北京,准备政变。此时,咸丰皇帝刚驾崩十三天。

初五日,醇郡王为正黄旗汉军都统,掌握实际的军事权力。

初六日,御史董元醇上请太后权理朝政、恭亲王一二人辅弼的奏折。

初七日,兵部侍郎胜保到避暑山庄。胜保在下达谕旨不许各地统兵大臣赴承德祭奠后,奏请到承德哭奠,并率兵经河间、雄县一带兼程北上。

十一日,就御史董元醇奏折所请,两宫皇太后召见八大臣。肃顺等八大臣以咸丰遗诏和祖制无皇太后垂帘听政故事,拟旨驳斥。两宫皇太后与八位赞襄政务大臣激烈辩论。八大臣"晓晓置辩,已无人臣礼"。《越缦堂国事日记》记载:肃顺等人恣意咆哮,"声震殿陛,天子惊怖,至于涕泣,遗溺后衣",小皇帝吓得尿了裤子。最后,八大臣想先答应两宫太后,把难题拖一下,回到北京再说。殊不知,回北京等待他们的是难逃的厄运。

十八日,在承德宣布咸丰灵柩于九月二十三起灵驾,二十九日到京。

九月初一日,同治上母后皇太后为慈安皇太后、圣母皇太后为慈禧皇太后徽号。

初四日,郑亲王端华署理行在步军统领,醇郡王任步军统领。两宫太后召见顾命大臣时,提出端华兼职太多,端华说他只作行在步军统领;慈禧说那就命奕䜣作步军统领。奕䜣作步军统领就掌握了京师卫戍的军权。没过多久,奕䜣又兼管善捕营事。

二十三日,大行皇帝梓宫由避暑山庄启驾。同治与两宫皇太后,奉大行皇帝梓宫,从承德启程返京师。

二十九日,同治奉两宫皇太后回到北京皇宫。同治奉两宫皇太后间道疾行,比灵驾提前四天到京。两宫皇太后到京后,即在大内召见恭亲王奕䜣等。

三十日,发动政变。同治与两宫皇太后宣布在承德预先由醇郡王写就之谕旨,宣布载垣、肃顺等罪状:

(一)"上年海疆不靖,京师戒严,总由在事之王大臣等筹划乖张所致。载垣等不能尽心和议,徒以诱惑英国使臣以塞己责,以致失信于各国,淀园被扰。我皇考巡幸热河,实圣心万不得已之苦衷也!"

（二）以擅改谕旨、力阻垂帘罪，解载垣、端华、肃顺、景寿，穆荫、匡源、杜翰、焦祐瀛退出军机。

不久，同治帝在大典上穿小朝袍。初一日，命恭亲王为议政王、军机大臣。军机大臣文祥奏请两宫皇太后垂帘听政。《清史稿·文祥传》记载："十月，回銮，（文祥）偕王大臣疏请两宫皇太后垂帘听政。"命大学士桂良、户部尚书沈兆霖、侍郎宝鋆、文祥为军机大臣。

这次政变，因载淳登极后拟定年号为祺祥，故称"祺祥政变"；这年为辛酉年，又称"辛酉政变"；因政变发生在北京，又称为"北京政变"。其时，"辛酉政变"的三个主要人物——慈安皇太后二十五岁，慈禧皇太后二十七岁，恭亲王三十岁，真可谓年轻帝胤联盟战胜了老迈的宗室顾命大臣。

3.慈禧得胜与正统皇权

正如阎崇年教授在《正说清朝十二帝》一书中所分析的，"辛酉政变"的成功有以下几个直接原因。

第一，两宫皇太后和恭亲王奕訢，抓住并利用官民对英法联军入侵北京、火烧圆明园的强烈不满，对"承德集团"不顾民族、国家危亡而逃到避暑山庄的不满，而把全部历史责任都加到顾命八大臣头上，也把咸丰皇帝到承德的责任加到他们头上。这样便取得了政治上的主动，争取了官心、军心、旗心、民心，顾命八大臣则成了替罪羊。

第二，两宫皇太后和恭亲王奕訢，利用了顾命大臣对慈禧与奕訢的力量估计过低而产生的麻痹思想，又利用了两宫皇太后掌握"御赏""同道堂"两枚印章，顾命大臣虽可拟旨不加盖这两枚印章却不能生效的有利条件。

第三，两宫皇太后和恭亲王奕訢战术运用合理：抢占先机，先发制人，没有随大行皇帝灵柩同行，摆脱了顾命大臣的控制与监视，并从间道提前返回，进行政变准备。原定九月二十三日起灵驾二十九日到京，因下雨道路泥泞，而迟至十月初三日到京，比原计划晚了四天。两宫太后于二十九日到京，三十日政变，时间整整差了三天。这为她们准备政变提供了时间与空间。

第四，两宫皇太后和恭亲王奕訢意识到：这是他们生死存亡的历史关键时刻，唯一的出路就是拼个鱼死网破。慈禧曾风闻咸丰帝生前肃顺等建议他仿照汉武帝杀其母留其子的"钩弋夫人"故事，免得日后皇太后专权。但是，咸丰帝没有像汉武帝那样做，而是用"御赏"和"同道堂"两枚印章来平衡顾命大臣、两宫太后之间的关系，并加以控制。结果，这两枚印章使得两宫皇太后有能力打破最初的权力平衡结构。

另外，更深沉的原因是正统皇权思想在政变中的巨大影响作用。我们可以简单回顾一下政变前后的几次较量，便可一目了然。

较量之一：慈禧的太后封号。咸丰帝病逝当天，皇后钮祜禄氏即循例被尊为皇太后，率众妃嫔于灵前奠酒，那拉氏则无晋封。此举虽为肃顺等人抑制那拉氏、以示嫡庶等差的有意安排，但却不能无视其"母以子贵"的特殊政治身份以及由此而生的皇权分量。故此第二天，肃顺等不得不以"内阁奉上谕"的形式尊那拉氏为皇太后。

较量之二：慈禧有无干预朝政权。最初，肃顺等人拟实行"八大臣赞襄辅政制度"，凡"诏谕疏章"等事，皆由其拟定处理意见，"太后但钤印，弗得改易"。慈禧对此颇为不满，以拒绝钤印相抵制。"议四日"，肃顺等人只得妥协，同意以后的一切官员章疏均需送太后批阅；谕旨亦需由太后过目认可钤印发下后，才能生效；任命尚侍督抚等大员，由赞襄政务王大臣等"拟名请赘训拟定"，其他官员的任免，亦需"在御前擘签，两宫并许可"。肃顺等人之所以做如此妥协，大概不能仅以其政治上的幼稚不成熟来解释。他们面对的不是慈禧个人，而是充斥于人们心际脑海中神圣不可侵犯的皇权。在中国历史上，任何无视皇权并向其挑战的人，都不会有好下场，哪怕是握有实际军权、可以指鹿为马的权臣。肃顺等人不会不懂这点政治常识。

较量之三：慈禧是否垂帘听政。邓之诚先生曾说：慈禧太后"既已看摺……召见军机……且以来印代笔，即无异垂帘，所不同者，惟不召见外臣。"但是，慈禧并不满足于这种犹抱琵琶半遮面式的"听政"，而是热衷于名副其实的"垂帘听政"。九月初六，山东道监察御史董元醇上疏称：当此天下多事之秋，"皇帝陛下以冲、龄登基，所赖一切政务，皇太后宵吁思虑，斟酌尽善，此诚国家之福也"。要求清廷"明降谕旨，宣示中外，使海内咸知皇上圣躬虽幼，皇太后暂时权理朝政，左右并不能干预"。同时要求"于亲王中简派一二人，令同心辅弼一切事务"，朝政国政，"尽心筹划"，然后"再求皇太后、皇上裁断施行"。只有如此亲贤并用，才能"既无专擅之患，亦无偏任之嫌"。由此可见，董元醇提出以太后垂帘听政与亲王辅政制取代顾命大臣辅政制，完全是以维护皇权、防范臣下专擅立论的。肃顺等人面见两宫太后时，虽公然抗论，声称自己"系赞襄皇上，不能听命太后"，甚至说"请太后看折亦系多余之事"，但他们批驳董元醇请行太后垂帘听政主张时，也是以皇权为护符，以维护皇权立论的。这不仅令人感到颇有意思，更令人深思其故。肃顺等人以新帝名义拟旨痛斥董元醇称："皇考……特召载垣等八人，令其尽心辅弼。朕仰体圣心，自有深意。"董元醇"奏请皇太后暂时权理朝政，甚属非是……该御史必欲于亲王中另行简派，是诚何心！所奏尤不可行。"肃顺等人将拟定的这一谕旨递上，慈禧将其留中不发。肃顺等人以"决意搁车"停止办事的方式相抗。最后，慈禧以退为进，将董元醇的奏折及肃顺等人所拟谕旨同时发下。此后，肃顺等八大臣"始照常办事，言笑如初"。

就当时的结果来看，似乎肃顺等人取得了胜利。但在皇权思想颇盛的封建专制制度下，肃顺等人与慈禧围绕太后是否临朝听政问题的较量，是以肃顺等人为代表的臣权与以慈禧太后为代表的皇权的较量。肃顺等人的"胜利"中隐藏着危机与大祸，为慈禧以后治罪肃顺等人提供了口实。当时在热河化名守黑道人的军机章京即明确指出：如肃顺等人并不过分强求，慈禧未将董元醇的奏折及肃顺等人所拟谕旨发下，而是"将此折淹了，诸君（肃顺等人）之祸尚浅"。"搁车之后，（慈禧）不得已而发下，何以善其后耶！……吾谓诸君之祸，肇于搁车矣"。

须知，此段议论并非"辛酉政变"后人们的追思之论或后见之明，而是事前的前瞻预言。这位不出名的军机章京何以有此未卜先知之明？因其已看到肃顺等人与皇权抗争必然失败的命运。故此，这名军机章京大骂肃顺等人"可谓浑蛋矣"。"浑蛋者"，既是村

夫市井的粗俗之语，又是在讥责肃顺等人不识时务，竟敢冒天下之大不韪，公然与皇权对抗，在政治方面未免过于幼稚与无知。如果说肃顺等人在热河与慈禧的多次较量基本打成平手，主要是依赖于其在热河的强大影响及部分清廷官员暂时认可了这一非常时期的非常措施的话，那么，一旦清廷回到北京，广大官僚士大夫即要全力维护皇权的常态秩序了。肃顺等人的失败不但即将临头，而且充满了必然性。后来的历史也证明了这一点。

较量之四：曹操、王莽之流与孤儿寡母。清廷决定回到北京之时，肃顺等人自恃为赞襄政务王大臣，轻估了皇权思想对朝臣的巨大影响力量。而慈禧太后与小皇帝回到北京后，则竭力利用满朝文武的正统皇权思想和忠君意识，将自己打扮成长久受人欺侮的孤儿寡母。肃顺等人则是欺君藐上、专权谋逆的乱臣贼子。直如西汉王莽之于汉平帝及孺子婴，东汉董卓、曹操之于汉献帝等。慈禧与小皇帝刚至北京郊外，慈禧即对循例前来郊迎的元老重臣"涕泣"，"缕述三奸欺藐之状"，争取众多大臣的同情。大学士周祖培奏称："何不重治其罪？"其实早在热河之时，慈禧即密令醇郡王起草上谕，罗列了肃顺等人"不能尽心和议"，反对清帝回京，奏对之时，"常常置辩，已无人臣之礼，拟旨时又阳奉阴违，擅自改写"等罪名。慈禧此时虽暗藏杀机，却揣着明白装糊涂，故意以弱者的姿态询问，"彼为赞襄王大臣，可径予治罪乎？"奕訢也以"祖培等弱昧不足与共谋"，未向其透露政变机密。故此，尚蒙在鼓里的周祖培继而出谋划策称："皇太后可降旨，先令解任，再予拿问。"慈禧顺水推舟答称："善。"由此可见，慈禧太后一直在利用朝野上下的皇权思想及其颁布上谕之权与肃顺等人进行着殊死的较量。

咸丰十一年（1861 年）九月三十日，奕訢与文祥、周祖培等人入朝待命，载垣、端华等阻止说："外廷臣子，何得擅入？"奕訢等人立于宫门之外。未久，有旨下，命将肃顺、载垣等人治罪。载垣、端华厉声呵斥道："我辈未入，诏从何来？"赞襄政务王大臣与慈禧、奕訢的斗争已经公开白热化，文武百官及兵丁侍卫面临着是忠于"王事"，维护皇权，还是倒向赞襄政务王大臣一边的抉择。奕訢紧紧抓住人们的正统皇权和忠君思想，大声喝道："有王命在此，谁敢违者"。遂有"侍卫数人来前，撅二人冠带，拥出隆宗门"。另据晚清著名学者王闿运的《祺祥故事》记载，当奕訢向载垣、端华出示将其治罪的上谕时，两人面对赫赫皇权、皇命"皆相顾无语"。奕訢问其是否遵旨？载垣等只得向皇权低头称："焉有不遵。"遂束手被擒。赞襄政务王大臣的核心肃顺，面对慈禧等人手中的皇权，同样是无可奈何，无所作为的。浑宝惠先生曾说："以一少年之奕訢，偕睿王仁寿带领提署番役"，前去擒拿肃顺。肃顺虽心中不服，身边又有兵丁护卫，"尚犹咆哮，问谕旨所由来"，但仍是"事已去矣"。原因何在？"此无他，（皇）权在手耳"。

综上所述，慈禧等人掌握着小皇帝及颁布诏旨之权，奉有咸丰帝遗诏的赞襄政务王大臣实在无可奈皇权者何，正统皇权思想在政变中的巨大影响作用应该是具有决定性的，虽然它无影无形，但"辛酉政变"中双方每一次实力变化，都与它息息相关。正如台湾著名清史专家庄练先生所说："死的皇帝敌不过活的太后。"

4."辛酉政变"与满清国运

"辛酉政变"是君权与相权的一次大的冲突，表现了两宫皇太后和恭亲王的聪明才智。它的重大结果是清朝体制的一大改变。经过"辛酉政变",否定"赞襄政务"大臣,而由慈安皇太后与慈禧皇太后垂帘听政,这是重大的改制。"辛酉政变"后,恭亲王为议政王,这是当年睿亲王多尔衮辅政的再现。但有一点不同:既由帝胤贵族担任议政王、军机大臣,又由两宫太后垂帘听政。这样皇权出现二元:议政王总揽朝政,皇太后总裁懿定。这个体制最大的特征是皇太后与恭亲王联合主政,后来逐渐演变为慈禧独揽朝政的局面。随之产生一个制度:领班军机大臣由亲贵担任,军机大臣满人两人、汉人两人。在同治朝,大体维持了这种五人军机结构的局面。"辛酉政变"就满洲贵族而言,主要是宗室贵族同帝胤贵族的矛盾与拼杀。两宫皇太后特别是慈禧皇太后,主要利用和依靠帝胤贵族,打击宗室贵族,取得了胜利。

"辛酉政变"的意义不仅在于它完成了清政府最高权力由"顾命八大臣"到慈禧太后的权力转移,更重要的还在于它改变了清廷的内外政策,将其政权从濒于灭亡的境地挽救出来;在于它改变了其权力布局,对晚清政治具有深远的影响。

通过政变登上政治舞台的慈禧太后,为摆脱危机而施行了新的内外政策:

对外:执行议和外交,以取得"中外相安"并讨得列强对其政权的支持。为此,她采取了主动而积极的态度。突出的事例就是在宣布端肃等罪状时,就把"不能尽心议和,徒以诱惑英国使臣以塞己责,以致失信于各国"列为首要罪状。就列强一方而言,面对清廷动荡的局面,他们也清楚"实际上中国的前途是很黑暗的,除非外边给它强有力的援助",否则"这座房子就会倒塌下来,而我们的最好利益也就此埋入废墟"。列强对华政策由主要是"打"而变成"中立"。中外反动势力通过政变达成了默契,出现了"中外和好"的局面。

对内:实行满汉合流。太平军的作战力很强,八旗兵不堪一击,绿营也腐败透顶,湘军成了能和太平军相抗衡的唯一力量。为尽早将太平天国革命镇压下去,清廷注意调整国曾国藩等人的关系,给他们以更多、更大的权力。1861年11月即慈禧太后掌权的当月,就令曾国藩统辖苏、浙、皖、赣四省军务,所有四省巡抚、提督以下文武官员悉归节制。不久,又加其太子少保衔和协办大学士,随后重用左宗棠、李鸿章。曾国藩集团成为地主阶级当权派中最大势力集团。这与咸丰朝对汉族地主的猜忌、压制恰恰形成鲜明对比。满汉地主阶级为镇压农民起义,密切地合作起来。在中外反动势力联合绞杀下,太平天国农民起义被镇压,清政权在风雨飘摇中得到了暂时的喘息机会。

政变的另一结果是那拉氏调整了权力布局。这集中地表现为她实行垂帘听政。这种统治形式实质上是她个人独裁专政。故此。在她统治的四十八年的时间里,始终不惜以各种政治手腕竭力维护垂帘听政式的政治局面。权力布局的又一改变是:清政府的权力格局,由"内重外轻"变成"内轻外重",使中央集权和地方实力集团握有重权的矛盾现象为之解决。慈禧太后采取在地方实力派中扶植一派,抗衡另一派的手法,使他们之间相互制约,以利于她居间调节。但使用这种政策的结果则造成晚清政治中延绵不绝的众多派别的纷争。

政治格局变了,满清的国运有转机吗? 马上开始的由政变胜利者所主持的新政将决定这一切!

悲郁而逝

1.自强·求富

慈禧发动"辛酉政变",本系权欲驱使,但权力一旦在握,她也活得很不轻松。与其同类武则天相比较,她所面临的时代要远为复杂得多,堪称"古今未有之变局"。慈禧太后垂帘听政,一言九鼎。她的性格、心态和识见,对这场改革运动的进程和结局,干系十分重大。这位宫廷头号女人不能不使出浑身解数,以撑持风雨飘摇的老大帝国。

慈禧发动政变后,以"自强""求富"为宗旨的洋务运动迅即拉开序幕。很难设想,如果没有慈禧太后的支持,洋务运动怎么可能在强大守旧势力的阻挠下延续三十多年?很长一段时间里,慈禧被一些史家称为"顽固势力的总代表",说她"一贯顽固守旧"。殊不知慈禧掌权正值国事衰微之际,她并不缺乏改革进取之心。满清回光返照的"同治中兴"正是在慈禧当政期间发生的。而洋务运动如果可以算是中国走向现代化的第一次努力的话,这和慈禧大量信任、启用洋务派有必然的关系。

洋务派每办一事,必招致顽固派和清流党的攻讦,朝廷上无一日安宁。面对顽固派和清流党的嚣声,慈禧太后巧妙地施展其政治手腕,逐渐地减少来自他们的阻力。1866年,洋务派拟在同文馆加设天文、算学馆,选派科甲正途出身的人进馆学习。此议一出,文渊阁大学士、理学大师倭仁便倡首反对。他认为以中国之大,不患无才,"何必师事洋人"。慈禧见倭仁振振有词,即令他保举数员精通自然科学的中国教师,另行设馆授徒,以与同文馆的洋教习相比试。倭仁见上头动了真格,赶快申辩,说所谓中国"不患无才",不过是自己"以理度之",为想当然之事,"应请不必另行设馆,由奴才督饬办理。况奴才并无精于天文、算学之人,不敢妄保"。倭仁受此挫抑,后竟郁闷成疾,请求开缺休养。

清流派代表人物张佩纶也曾经领教过慈禧太后的厉害。中法战争期间,张佩纶放言高论,以谈兵事为能,对洋务派的军事外交政策不屑一顾。慈禧顺水推舟,任命张佩纶为福建海疆大臣,到前线指挥作战。张佩纶临事茫然,暗中却叫苦不迭。据《中法兵事本末》记载:"张佩纶、何如璋甫闻炮声,即从船局后山潜逃。是日大雷雨,张佩纶跣而奔,中途有亲兵曳之行,……乡人拒不纳,匿禅寺下院,距船厂二十余里。……适有廷寄到,督抚觅张佩纶不得,遣弁四探,报者赏钱一千,遂得之。"张佩纶的色厉内荏,慈禧的治人之术,于此可见一斑。但这次的代价是否也太大了。

慈禧一面应付顽固派、清流党的讧闹,一面给备受委屈的洋务派打气。1878年,曾国藩的长子曾纪泽出使英法前夕,与慈禧有段十分耐人寻味的对话:

慈禧:"也是国家运气不好,曾国藩就去世了。现在各处大臣,大多总是瞻徇。"

曾纪泽:"李鸿章、沈葆桢、丁宝桢、左宗棠均为忠贞、股肱之臣。"

慈禧:"他们都还不错,但都是老班子,新的都赶不上。"

曾纪泽:"郭嵩焘总是正直之人,此次亦是拼却声名替国家办事,将来仍求太后、皇上

恩典,始终保全。"

慈禧:"上头也深知郭嵩焘是个好人。其出使之后所办之事不少,但他挨这些人的骂也挨够了。"

曾纪泽:"郭嵩焘恨不得中国即刻自强起来,常常与人争论,所以挨骂。总之郭嵩焘系一个忠臣。好在太后、皇上知道他,他就拼了声名也还值得。"

慈禧:"我们都知道他,王大臣等也知道他。"

慈禧不仅对曾、左等洋务运动的"老班子"念念不忘,而且颇有后继乏人之虑。郭嵩焘作为洋务运动的新锐,是中国首任驻英法大使。他极力主张向西方学习,动辄与老臣们争论,得罪了许多人。在顽固派眼中,郭嵩焘被看成士林败类,名教罪人。"出乎其类,拔乎其萃,不容于尧舜之世;不能事人,焉能事鬼,何必去父母之邦。"这首刻薄的对联便是顽固派送给郭嵩焘的礼物。慈禧说他"挨这些人的骂也挨够了",实际上在为郭嵩焘鸣不平,同时对曾纪泽也是一种激励。

慈禧无疑是支持改革的,但处在一个社会大变革的时代,她与一个最高统治者应有的知识素养和精神面貌又有一定的差距。她没有主动吸纳新知识的渴求和行动,因而在不少问题上表现出惊人的无知。如认为修铁路破坏风水,火车要用驴马来牵引等等;她贪图安荣享乐,不惜挪用海军军费修造颐和园。无知和私欲,直接影响到她所支持的洋务运动的实绩。更为重要的是,她对事态的严重性、改革的进程和目标从未有过足够的心理准备和通盘考虑,而是在外力的刺激下被动地调整政策。这也表明慈禧仍然不够一个卓越政治家的前瞻视野。平心而论近代以来中国又有几个真正卓识的政治精英呢?

1895年的甲午战争失败后,1898年由光绪帝主持的"戊戌变法"维新应运而生。此事其他史书多有详解,笔者在此并不详谈。在大家的脑海里,"戊戌变法"运动是慈禧太后一手镇压下去的,慈禧此举成了阻碍中国进步的关键。然而,慈禧并非一贯就反对变法维新。甲午惨败,老佛爷岂能无动于衷?据费行简《慈禧传信录》载,早在变法之初,慈禧即对光绪说:"变法乃素志,同治初即纳曾国藩议,派子弟出洋留学,造船制械,以图富强也。""苟可致富强者。儿自为之,吾不内制也。"光绪素怕慈禧,待到慈禧坦露心迹,抑郁顿释,也就在几个书生的簇拥下放胆行动起来,恨不得把一千年的任务在一个礼拜之内便大功告成。欲速则不达,反而适得其反,得罪了大批既得利益者。他们的所作所为渐渐超过慈禧所能容忍的限度,以致吞下血腥政变的恶果。

慈禧的不满,大概有两个方面。其一,维新派有针对她的兵变计划,直接威胁到她的地位和生命。陈夔龙《梦蕉亭杂记》云:"光绪戊戌政变,言人人殊,实则孝钦并无仇新法之意,徒以利害切身,一闻警告,即刻由淀园还京。"在权力之争中,慈禧是比较心狠手毒的。如果改革要以牺牲她的权力为代价,那是万万不行的。其二,光绪帝和维新派全变、大变的急进变革主张,造成整个社会结构的强烈震荡,使许多与现存社会有利害关系的社会集团和政治势力觉得受到了威胁。百日维新期间,上谕达一百一十多件,令人目不暇接。各地方官员都怨声载道。光绪帝严惩阻挠变法的官员,树敌太多。至于废除八股改革科举制度,又在庞大士人群体中引起普遍恐慌。慈禧担心全线出击造成大厦倾覆,

便出面干涉,稳定政局。

"戊戌变法"运动虽被镇压,可那只是宫廷内的权力斗争,改革毕竟已是大势所趋,关键在于由谁主持改革,以及如何进行改革。精明的慈禧太后通过"戊戌政变"确保了自己的地位之后,立即主动发出继续改革的信息:"前因中外积弊过深,不得不因时制宜,力加整顿。而宵小之徒,窃变法之说,为煽乱之谋。业经严拿惩治,以遏横流。至一切政治有关国计民生者,无论新旧,均须次第推行,不得因噎废食。"慈禧的这一举动,给政变后万马齐喑的局面注入了兴奋剂。使主张变法维新的社会力量重燃希望之火,这实为她政治上的高明之处。

正当慈禧意欲缓进地推行改革时,义和团运动爆发。义和团运动,打着"扶清灭洋"的口号,对于痛恨洋人的慈禧太后而言,一开始就颇对胃口。然而在如何对待义和团的政策上,经过了激烈的争论,其间还夹杂着列强的干涉。到了1900年,中国的事不仅仅牵涉到中国人而已。

2.庚子之变

1900年初,义和团的主力转进直隶,逼进京畿。慈禧太后派刑部尚书赵舒翘、大学士刚毅先后去涿州调查情况。太后之所以对义和团采取慎重的态度,主要是义和团在痛恨洋人方面和太后有相似之处。义和团提出"保护中原、驱逐洋寇"。他们要焚烧教堂,因为教会"勾结洋人,祸乱中华"。他们要"三月之中都杀尽,中原不准有洋人"。

慈禧太后在1898年后痛恨洋人,其根源在于她发动政变废光绪,另立新君的举措,遭到洋人的极力干涉。据《庚子国变记》载:"首先是法国医官探视被后党宣布为病重的光绪,结果发现没事。上虽同视朝,嘿然一言,而太后方日以上病状危,告天下。""各国公使谒见,请法医人视病,太后不许,各公使又亟请之,太后不得已,召入。出语人曰:血脉皆治,无病也。"太后闻之不悦。以英国为首的列强反对太后废光绪,立新君。1900年1月24日,太后决定立端王载漪之子溥俊为大阿哥(皇位继承人),预定阴历元旦(1月31日)使光绪帝行让位礼。当时天下哗然。经元善等联名上书至二千人。"载漪害怕,遣人风各公使入贺,太后亦君各公使夫人饮,甚欢,欲遂立溥俊。各公使不听,有违言。太后及载漪内惭,日放谋所以报。会江苏粮道罗嘉杰以风闻上书大学士荣禄言事,谓:英人将以兵力会归政。因尽揽利权。"荣禄奏之,慈禧愈发生气。

其次是康有为为英人庇护这事使太后愤怒。"遂以李鸿章为两广总督,欲诡致之,购求十万金,而英兵卫之严,不可得。鸿章以状闻,太后大怒曰:此仇必报!"

可见,太后发现义和团从底层开始烧教堂、杀洋人的时候,其心态自是复杂的。一方面,她得到刚毅等的复命,言义民无他心,可以依靠。另一方面,她感到处处受洋人的"气",又找不到报复的机会。当1900年6月11日,董福祥的甘军受义和团的影响在永定门杀死日本使馆书记生杉山彬,并剖其尸后,局面已愈发不可收拾。当时群情激昂,据曾纪泽的女婿吴永(当时任怀来县知县)回忆,太后对义和团的认识是这样的:当乱起时,人人都说拳匪是义民,怎样的忠勇,怎样的有法术,描形画态,千真万确,教人不能不信。后来又说京外人心,怎样的一伙儿向着他们;又说满汉各军,都已与他们打通一气了,因此更不敢轻说剿办。后来接着攻打使馆，攻打教堂，甚至烧了正阳门，杀的、抢的，我瞧着不像个事，心下早明白。但那时他们势头也大了，人数也多了，宫内宫外，纷纷扰扰，满眼看去，都是一起儿头上包着红布，进的进，出的出，也认不定谁是匪，谁不是匪，一些也没有考究。这时太监们连着护卫的兵士，却真正同他们混在一起了。……这时我一个人，已做不得十分主意，所以闹到如此田地。我若不是多方委曲，一面稍稍迁就着他们，稳住了众心，一面又大力的制住他们，使他们对着我还有几人瞻顾；那时纸老虎穿破了，更不知道闹出什么大乱子，连皇帝都担着很大的危险。"

西太后的自述表明在普遍的仇外和反抗侵略情绪高涨的情况下，她如何利用了义和团而又出现了不可收拾结局的无奈心理。

真正导致局面无法收拾的，是义和团入城后发生的不受控制的灭洋教、杀洋人和二毛子事件导致的八国联军侵华。第一批八国联军由英海军提督西摩尔率领，自1900年6月10日自天津出发，16日向大沽炮台发出交出炮台的最后通牒。正是在11日发生日本外交官被杀、13日义和团入北京城的前后几天。15日，太后召大学士六部九卿入议，当着群臣哭泣。吏部侍郎许景澄进言："中国与外洋交数十年矣，民教相仇之事，无岁无之，然不过赔偿而止。唯有攻杀使臣，中外皆无成案，今交民巷使馆，拳匪日窥伺之，几于朝不谋夕，倘不测，不知宗社生灵，置之何也？"太常寺卿袁昶也进言："衅不可开，纵容乱民，祸至不可收拾，他日内讧外患，相随而至，国何以堪？"慷慨嘘唏，声震殿瓦。太后目摄之。可见太后是不以为然的。

太后不仅认为有何大不了的，而且她是执意要硬到底了。真正促使她下决心同各国一战的，是端王载漪在大沽炮台失陷同日，伪造的一份外交团照会。经荣禄进呈的这份照会，要求四件事：一、指明一地令中国皇帝居住；二、代收钱粮；三、代掌兵权；四、请太后归政皇帝，废大阿哥。据景善记载："刚毅来告诉我，他从未见过老佛爷那样地发怒，即使当她闻悉康有为谋反时也没有如此。彼族焉敢干预之权！她高喊着。是可忍，孰不可忍也；当灭此朝食。现老佛爷准立决死战，慈意所属，虽沐恩甚优之荣相，亦不敢劝阻，恐生意外也。"促使太后宣战的另一线索，是6月19日召开御前会议的当天，上海的《字林西报》发表了一篇社论，用强硬的词句斥责中国政府："中国与各列强同时作战，它是由西太后和她的奸党的选择而作战的。他们非常愚蠢，妄自尊大，自以为他们能够安全地抗拒列强联军……不管发生任何事件，这批奸党若不自动离去，就必须被逐出北京城。希望有可能把光绪皇帝寻出来，把他重新置于皇位之上。现时必须对中国人明白指出，挑起目前的战争的是西太后，我们不是对中国作战，而是对那个篡夺政权的北京政府作战。"

慈禧太后被几种力量推动着：一是洋人对她的攻击甚至想夺她的权，促使她对洋人强烈地痛恨；二是周围顽固派的火上浇油、吹风点火；三是义和团煽动的全面地对洋人的仇恨情绪，更给了她报仇的机会、理由和实力。这一切都使慈禧太后感到了莫大的激愤和冲动。6月20日，德国公使克林德在乘轿去总理衙门途中为虎神营士兵枪杀，使馆中的外国卫队得知后，结队外出准备寻衅。义和团立即开始攻打使馆。次日，清政府发布

了"宣战"上谕。

然而，慈禧太后真的是要倾全国之力与外敌决一死战吗？事实证明，当这口恶气出得差不多的时候，她也理性地认识到双方实力的差距，这时她也就害怕起来。她的宣战仅仅只持续了五天。6月21日宣战；6月22日发给义和团两万石粳米，同日悬赏洋人首级。据《景善日记》，"庄王出示悬赏，以励杀敌，杀一男夷者，赏银五十两；杀一女夷者，赏银四十两；杀一稚子者，赏银二十两"。25日，密谕各省遍杀洋人，但袁昶、许景澄将谕旨中的"杀"字改为"保"字或"保护"字。无人敢以此奏闻太后。同时，太后还赏给进攻使馆的神机营、虎神营和义和团银各十万两。

然而，自6月25日进攻使馆第一次明显的停火开始，7月18日到28日，8月3和4日，又有几次停火。据英人赫德的记述："有人从中给我们以部分的保护，这似乎是可能的事：历次攻击并不是由政府所能调动的数目的兵员所发动，攻击没有一次干到底，总是正当我们恐怕他们一定要成功的时候就停住了。假使在我们周围的军队真的彻底而决心的攻击的话，我们支持不了一个星期，或许连一天都支持不了。所以一种解释是可信的，那就是一定有某种保护。或许是知道摧毁使馆区将会对这个帝国和这个皇朝带来怎样的损失的一位聪明人，在发布命令和执行命令之间从中作梗。"其实，真正害怕的是太后本人。她从6月25日开始即派荣禄前往使馆要求停战，荣禄在当晚九时得的议和命令，次日带队往使馆界，悬一牌，书奉太后谕旨，保护使馆。洋人皆由馆中走出，与荣禄商议，于是有三记钟之久，不闻枪声。

慈禧态度变化的一个重要事件，是6月25日早上，端王、庄王、濂贝勒、瀛贝勒带领六十余名义和团员入宫，寻找二毛子，至宁寿宫门，太后尚未起床，他们大声呼噪，请皇帝出来，说皇帝是洋鬼子的朋友。太后在吃早茶时听到，大怒，斥退端王等。她这才意识到情况远比她意料的要复杂而危险，情况早已经超出了她的预料和掌控。

自此，朝廷占主流的意见已经倾向于议和。而6月26日，东南督抚们在密不公布"宣战"谕旨的同时，还和各国领事商订了《中外互相保护章程》九条。"东南互保"导致中外关系出现奇特的不统一局面。真正了解太后意图的，看来只有南方的地方大吏如两广总督李鸿章、两江总督刘坤一和湖广总督张之洞等。

慈禧还于7月20日起连日派人向使馆送西瓜、蔬菜、米面等物，又派人去慰问。8月2日，联军约四万人自天津出发，7日，清廷任命李鸿章为全权大臣，即日电商各国外交部，先行停战。但列强执意要攻入北京。8月14日，联军攻入北京，15日，西太后挟光绪帝出奔往太原、西安。9月7日发出上谕，对义和团痛加铲除。

3. 晚年悔悟

慈禧对无法收拾的局面，虽然归罪于义和团和办事不力的下臣，但并没有完全逃避个人轻率鲁莽的责任。根据她后来回忆说："依我想来，还算是有主意的。我本来是执定不同洋人破脸；中间一段时期，因洋人欺负得太狠了，也不免有些动气。但虽是没拦阻他们，始终总没有叫他们十分尽意的胡闹。火气一过，我也就回转头来，处处都留着余地。我若是真正由他们尽意胡闹，难道一个使馆有打不下来的道理？不过我总是当家负责的人,现在闹到如此,总是我的错头;上对不起祖宗,下对不起人民,满腔心事,更向何处诉说呢?"慈禧太后在决策时的处境,确实比较艰难。正如她自已所说:"去涿州查看义和团的两个'国家倚傍的大臣'(指刚毅和赵舒翘),回来复命时,曾问他们'义和团到底可靠不可靠?'他们并没有给回复。而余外的王公大臣们,又都是……要与洋人拼命地。教我一个人如何拿得定主意呢?"

慈禧还是把客观环境当做决策的理由,因此也摆脱了自身的罪责。这次打击似乎使她有所清醒,在回銮过程中,就急匆匆地准备在宫中召见各国驻华公使夫人,一反常态地要开展"夫人外交"。一方面表明她认识到妄自尊大可能会带来毁灭性的危险,另一方面,她也是极力地掩饰对洋人的刻骨仇恨。

慈禧对洋人的仇恨,据德龄公主的回忆,是相当普遍而深刻的。老佛爷(指慈禧)向来恨外国人,也许不是没有道理的,因为有这么多的外国人喜欢评论她的政府。她最讨厌的就是传教士,由此发展到痛恨一切外国人,不管他们在什么地方。下面的引文说明了慈禧对西方人、西洋文明的主要看法。

德龄回忆中慈禧曾说:

他们凭什么对我如此无礼! 这不是他们的国家,对这个国家的内政,他们应该没有发言权。难道我不能处罚我自己的臣民吗? 如果我派到外国的使节,他们干预那个国家的行动,试问,那个国家的政府能同意吗?……

他们不喜欢我们的生活方式,可是这是我们的生活方式,我们喜欢。他们不喜欢,他们可以走,我们并没有请他们来。他们到我们国家来,那是我们的容忍。……

当这些所谓文明国家的人还在把尾巴钩在树枝上打秋千的时候,我们的国家已经是一个文化发达的国家了,而这些国家竟厚颜无耻地派传教士到我们国家来宣传宗教,宣传文明!

他们给我们的人民灌输基督教的毒素,于是中国信洋教的人马上就不尊重我们的规矩和我们的传统习惯。中国内地发生的多数问题都是由信洋教的中国人引起的。

他们能给我们提供什么比我们已经有的更好的东西? 根本没有! 我们从远古时代起就懂得要尊敬父母。外国人不是这样,当他们达到一定年龄的时候就离开父母的家,并且从此就不再服从他父母了。

此外,她还多次抱怨西方的婚俗、有关教堂许多不真实的传闻。最终,她认为外国人已经成为中国的祸根,但愿有什么方法能让他们永远离开中国。

慈禧太后在八国联军侵华后,一反常态地招待外国公使夫人。当时有的公使夫人接到邀请后非常气愤,说:"还讲什么礼仪? 应该把她踩在我们脚下! 她用枪炮对付我们,应该请求原谅的是她,而不是我们对她彬彬有礼!"但1902年6月的这次召见,使这些外族贵妇感受到了身为一个没落帝国之主的威严,她们忘记了几天前聚会时大家义愤填膺的神情,一个个都被慈禧太后威严的仪表和这种庄严的场面深深震慑,都遵照觐见太后的礼节给她行了三次大礼。

可以说,慈禧在八国联军入侵北京,被迫西逃的打击下,必然是有所醒悟的。1900年

8月20日,她在逃至宣化县之鸡鸣驿,以光绪帝的名义,下诏罪己。诏曰:"近日衅起,团练不和,变生全猝,竟敢震惊九庙。慈舆播迁,自顾藐躬,负罪实甚。"

可以想见,慈禧在西逃的过程中,经历怎样的思想斗争过程。这从她在8月22日、12月1日分别两次降谕,一方面要求各中央、地方官员直言,另一方面要求各中央和地方大臣在两个月内提出新改举的迫切心情中可以看出。其实,慈禧太后就是从此时开始、从宫廷礼节开始,着手曾经被一再耽搁、而今不得不进行的改革,虽然为时有点晚,但仍然反映了"老佛爷"晚年的一些理性和积极的精神要素。1901年1月29日,慈禧在西安发布"预约变法"上谕,要求王公贵族、部臣疆吏"各就现在情形,参酌中西政要,举凡朝章国故、吏治民生、学校科举、军政财政,当因当革,当省当并,或取诸人,或求诸己……各举所知,各抒己见,通限两个月,详悉条议以闻。"上谕发布后,各地方反应强烈,其中尤以两江总督刘坤一、湖广总督张之洞二人联衔会奏三疏最为完备。慈禧阅罢,认为"事多可行,即当按照所陈,随时设法,择要举办。"同年四月,清政府设立督办政务处,命奕劻、李鸿章等六人为督理大臣。至此,清末"新政"正式上演。

4.清末新政

与"戊戌变法"相比较,清末"新政"实际上是一场更具现代化性质的改革。但对于满清政府而言,"新政"的果实他们觉得并不那么甜美。政治上,它在沿袭"戊戌变法"裁汰闲衙冗官方针的基础上,设立外务部、商部、学部、巡警部、邮传部等新的政府机构,使传统的六部体制不复存在;经济上,首先肯定了"戊戌变法"时奖励工商、发展实业的各种措施,而后颁布《商人通例》《公司律》《破产律》《商会简明章程》等多种经济法规,为工商业的发展提供必要的法制保障;军事上,"戊戌变法"时的主张为整顿团练、令八旗改练洋操,并着手改革军制,而"新政"则致力于用现代化军队建制编练新军,军队组成、武器装备和指挥水平明显改善;文化教育上,"戊戌变法"时提出改革科举制度、设立新式学堂、奖励游学,"新政"则宣布废除科举制度,大规模地开办新式学堂和派遣士人出国留学,并参照日本模式制定出中国最早的学制——《钦定学堂章程》以及《奏定学堂章程》。

作为最高统治者的慈禧,对"新政"寄予厚望。她在接近古稀之年,却对魏源的《海国图志》、徐继畬的《瀛寰志略》等介绍外国历史地理的书籍产生了极为浓厚兴趣,时常阅读以广见闻,这是以往帝王很少有过的事情。"新政"推行过程中,虽有着种种弊端,但绝非无善可陈,更不是什么"假维新"。"新政"的推行,确实在为中国逐步积累着现代化资源,为社会的转型准备着物质和社会方面的条件。《清史稿·后妃传》中称:"(慈禧)晚乃壹意变法,怵天命之难谌,察人心之将涣,而欲救之以立宪,百端并举,政急民烦,陵土未乾,国步遂改。"

不过,当时的国内外环境没有再给中国提供一个稳健改革的机遇。1904年,日俄战争爆发,岛夷小国战胜了庞然大物俄罗斯。国内外舆论认为,这是立宪国战胜专制国的铁证,"皆谓专制之政,不足复存于天下"。于是国内立宪的呼声,由微弱转为高涨。慈禧在强大舆论压力下,不得不将"新政"归于宪政改革。宪政改革,意味着要突破政治体制中最核心的部分。这一重大的举措,给清末改革带来了功能性紊乱,也给慈禧招致了难以承受的压力。

本来,后起国家的现代化在初期需要一个集权的中央政府,以便整合社会力量,充分调动和使用各种资源,稳健地推动现代化的进程,日本即是一个成功的先例。

日本从 1868 年开始明治维新,到 1889 年颁布《大日本帝国宪法》,历时二十余年。而中国在实行"新政"不久即转入宪政改革,其结果只能导致政治资源的分散,使原已就"内轻外重"的政治格局更趋严重。当时国内就有人痛切地指出:"论日本之政,其所以致富强者,以其能振主权而伸国威也。今之议者不察其本,而切切以立宪为务,是殆欲夺我自有之权,而假之以自便自私也。……夫日本以收将权而存其国,而我国以限君权而速其祸,不可谓善谋国者也。"

1906 年,光绪奉慈禧谕旨,宣布"预备仿行宪政",并以官制改革为下手处。官制改革以行政和司法相互独立为基本原则,"总使官无尸位,事有专司,以期各有责成,尽心职守。"由于官制改革牵涉权力和利益的重大调整,引起了统治集团内部的躁动不安。有关官制改革的条陈如雪片般飞到慈禧的眼前,其意见之纷杂、斗争之激烈实属罕见。老佛爷感觉"如此为难,还不如投湖而死。"区分清楚中央与地方的权限是官制改革中最头痛的问题之一。清政府本欲通过官制改革收取督抚的兵权和财权,哪知督抚却以设内阁、开国会相要挟,中央与地方的矛盾更加突出。官制改革陷于进退维谷的境地。

1908 年,宪政编查馆颁布九年预备立宪逐年筹备事宜清单。与此同时,慈禧和光绪帝联名发布《九年预备立宪逐年推行筹备事宜谕》。上谕中指出:"当此危急存亡之秋,内外臣工同受国恩,均当警觉沉迷,扫除积习。……所有人民应行练学自治教育各事宜,在京由该管衙门,在外由各省督抚,督饬各属随时催办,勿任玩延。"又云:"至开设议院,应以逐年筹备各事办理完竣为期,自本年起,务在第九年内将各项筹备事宜一律办齐,届时即行颁布钦定宪法,并颁布召集议员之诏。"这是慈禧生前颁布的最后一道谕旨,也可说是慈禧的政治遗嘱。

不久,慈禧悲郁而逝,权力轴心顿成虚弱,要求速开国会、速立宪法的呼声更趋高涨。立宪派的鞭策和清廷的拖延,导致两者合作的最终破裂。满清王朝在革命派和立宪派的呼喊声中土崩瓦解,清末改革以失败而告终。

功过评说

妇人干政是不符合中国正统观念的。于是晚清的衰败,中国的失败,都被夸大到必须由西太后负主要责任不可了。而中国在近代面临的千年未有之变局,面临的亡国灭种的危机,必须由一两个执政者负责,这种看法是偏离了实事求是的客观标准的。从政治斗争的核心问题——权力斗争的角度而言,慈禧只是做了她的角色必然要做的一些事情而已。文化、政治以及民族的危机实非她一人之过。

苏同炳对慈禧可谓不以为然。他假定:"如果不是道光误立奕詝,清代历史上不会出

现慈禧太后垂帘听政的局面，不致以一个浅薄无识的妇人握定中国的命运达四十余年。当可断言，慈禧虽有才具而实无见识，所以晚清中国的命运，才会在她手中变得衰败没落，终至有亡国灭种之危险。"但我们要知道，首先历史不可假设，即便假设六阿哥奕訢真的是皇上，也未必能挽救晚清中国的命运。其次，"同治中兴"正是在慈禧当政期间发生，而"洋务运动"如果确实可以算是中国走向现代化的第一次努力的话，这和慈禧大量信任、启用洋务派有必然的关系。

胡适的高徒唐德刚认为"西太后原是个阴险狠毒，睚眦必报，狐狸其貌而虎狼其心的泼妇人"。对于政治中的人物，是否适用普通的道德标准去衡量呢？

白克好司认为："如太后之为人，不可以寻常道德之见解观之，若执此以断，既不能得其真评。观于在太后以前及其同时代的人物，证以中国百姓之公论，则太后并非一残暴之君。不独此也，即英国近世，以争国家权力之故，其杀人之手段，亦难言乎仁道也"。这样的评价较为公允。

对于慈禧这样一位如此重要、又引来如此争议的人物来说，很难做出服众的公论。但是有几点似乎经常被忽略了：一是评价慈禧太后时，很容易不自觉地受正统思维的影响。妇人摄政在中国历史上都是遭怀疑和唾弃的。问题是，咸丰帝以后的几个皇帝如果能当政，就一定比慈禧太后强吗？实际上，中国危机的根源在于千年的王朝统治；二是评价慈禧太后的概念化倾向。历史人物的评价不能以"好人"或"坏人"的简单标准去衡量。对慈禧自然也不例外。

近代史研究的开创者蒋廷黻认为，自鸦片战争到庚子年，这六十年中所受的压迫，所堆积的愤慨，他们（指顽固派）觉得中国应该火速抗战，不然国家就要亡了。"我们不要以为顽固分子不爱国，从鸦片战争起，他们是一贯反对屈服，坚强地主张抗战。在戊戌年，西太后复政以后，她硬不割让三门湾给意大利，她令浙江守土的官吏准备抗战。后意大利居然放弃了要求。"当然，慈禧太后对于中国所处环境的认识、对于她的使命的认识远远不能和洋务派、维新派相比。慈禧本人在改革派和极端顽固派之间长期寻求平衡。在维护国家利益方面，她在大多数时期是坚决维护的。晚年慈禧从大难中醒悟，决定开创新时代时，却是覆水难收，没有第二次机会。

关于慈禧的政治是非评价已经太多太多，我不想在这里就她的政治功过再多做评论，下面只想从一个女人的视角评价作为女人的慈禧。

在众多的评价慈禧太后的著作中，德龄的描写是最有人情味的。德龄在《慈禧后宫实录》中，行文至最后，给我们展现了曾经统治世界上人口最多的古老帝国的"老佛爷"的另一面：她只不过是个女人。她有女人对美的追求，对青春的渴望。正是从这个角度，人们对于女人当政有着奇特的偏见。其实中国历史对女性而言是不公平的。这片土地上不知曾生长过多少杰出的女子，她们水晶般聪明，鲜花一样美丽。可惜她们只能在文字之外悄悄凋零。上天赐予她们才华，却没给她们施展的领地。然而，正当中国几千年来首次因为文化碰撞而陷入空前的困难之时，慈禧凭着自己超人的胆量和聪明，绕过重重阻碍，出现在历史的聚光灯下。也许多灾多难是那时中国不能摆脱的宿命，她的出现，此

时却显得那样不合时宜。她也曾在政治舞台上尽力调动自己的演技,然而事实证明,她的演出是一场失败之作。

平心而论,在强大的观念和制度笼罩之下,慈禧在她的政治演出中表现的才干和能力还是出人意料的杰出。她比大部分男人刚强果断。她可以称得上有胆有识,机智精敏。在她四十八年的统治生涯中,她始终牢牢控制着整个局面,把那些男人中的精英人物操纵在股掌之间。她很有胆量。就在英法联军逼近北京,咸丰皇帝准备仓皇逃走的时候,她从储秀宫的帷幕后面第一次站出来,冒着违反祖制的巨大危险,极力反对这个懦弱的决定。"当皇上之将行也,贵妃力阻。言皇上在京,可以震慑一切。圣驾若行,则宗庙无主,恐为夷人践毁。昔周室东迁,天子蒙尘,永为后世之羞焉。今若遽弃京城而去,辱莫甚焉。"在满朝王公大臣的惊慌失措之中,懿贵妃的这番话掷地有声,足以让满朝男子蒙羞。她很有度量。在丈夫死后,她以闪电般而且果敢的手段,发动宫廷政变,颠覆了由顾命八大臣组成的权力中心。她只杀了为首的三个大臣,对其他人都轻轻放过,并且当众焚毁了从三大臣家搜出来的政治信件,不追不问,从而使大批和政敌集团有牵连的官员都松了一口气,稳定了局面,安定了人心。她有一定眼光。西方文化冲击之下中国第一个明智的反应——"洋务运动"就是在她的支持下开始的。她支持派出留学生,支持兴办工厂,支持建设新式军队。在她统治的最后十年,她相当努力地推行了政治改革,准备采用西方的君主立宪政体。她的改革范围甚至比康有为当初的设想还要广泛,改革手段也显然比"戊戌变法"时的举措更切实有效。如果她遇到的是比较平稳的政治局面,也许她会成功地完成她的政治生涯,如果是那样,她在历史上留下的也许不会是像现在的这么多骂名。

造物弄人,她偏偏撞上了中国最尴尬、最困难的时候。在她扮演的双重角色之中,她本质上更是一个女人而不是政治家,虽然她刚强能干。据说,旗人家的女人往往比丈夫能干。许多八旗子弟在外面摆够了谱,回到家里,却要乖乖受女人的辖制。这样的女人,侄儿要叫她"伯伯",儿子不叫"妈妈"却叫她"爸爸"。慈禧无疑就是此类女子。光绪皇帝从小就叫她"皇爸爸"。碰巧,咸丰皇帝是那种较为软弱的男人,在内忧外患之中他直不起腰。这样的男人在生活中往往需要和欣赏个性坚强的女子,甚至产生一种不自觉的依赖心理。当慈禧第一次尝试着给他出出主意的时候,他并没有反对。于是,年青聪慧的慈禧借此机缘接近并最终走入了权力中心。

其实起初,她只是想替懦弱的丈夫当当家,后来,就是想保住爱新觉罗家的产业,以免孤儿寡母受人欺负。她只是一个爱享乐的精明的贵族女子,用她所熟悉的管理家庭的方式管理着国家。从现存的文献资料中,你可以看到许多她召对大臣的谈话记录。许多时候,这些谈话更像是和亲戚们唠家常,而不是政治家们之间的对话。晚清最有名的大臣曾国藩第一次进京面见太后,没想到慈禧和他谈的都是些家常,什么你兄弟几人,出京多少年了,曾国荃是你胞弟吗之类。曾国藩在当天的日记中惊讶且失望地写道:"两宫才地平常,见面无一要语。"毫无疑问,她热爱权力,也有学者称她是"权力欲驱使着灵魂",但是仅仅满足于用权力控制他人,维护自己的地位和生活而已。她并不想在政治领域建

功立业,青史留名。她没有男人那样为了事业、为了国家和民族牺牲自我的献身精神,她没有因政治而牺牲自己的私人生活。相反,她对自己的私人生活倾注了大量的热情。她更关心的是给自己建造园林,使她快乐的是和那些聪明的宫眷谈女人们的话题,是豢养宠物,是研制化妆品。以她的地位和条件,如果她敏感一些,事业心强一些,她完全有可能更深地接触崭新的西方文明,更理智地观察世界,明了中国的处境和需要,因而凭自己的才智把国家引导到更安全的轨道上来。可惜她仅仅对巴黎的时装、华尔兹舞感兴趣。每天处理完政务之后,她把大量的时间用于化妆、游赏、宴饮、看戏。她完全把自己置于一个传统女贵族的生活趣味当中,没有看到用另外的方式发挥自己才智的可能。她对圆明园、颐和园的情结以及对陵墓过分地追求豪奢也说明了这一点。

在权力斗争中她果断冷酷,在世界大势前却反应迟钝;她有足够的聪明和手段控制局势,却没有足够的热情和责任感去改变中国。在很多时候,她能明智地顺应时势,采纳正确的意见,比如信任汉人,支持“洋务运动”。也有很多时候,她为了维持自己的地位而做了许多错事,影响了整个国家的前途。比如她两次打击恭亲王,仅仅是因为恭亲王权力太大,让她不太放心。两次打击,使得这位大清王朝的主心骨心灰意冷,“依违两可,无所建白。”对晚清政局造成了不可忽视的影响。她进行的历次政治斗争,都是纯粹的权力之争而非政见之争。作为一个满族女人,慈禧太后能得知事情真相的机会非常少,但她在每个场合都能做到坚持自己的立场,从不被周围的反对力量所压倒。这迥然不同于东方宫闱中那些只会纺纱织布的女子。

有人把慈禧比作俄国女皇叶卡捷琳娜二世,实际上这种比较是不确切的。她有着叶卡捷琳娜的精明果敢,却没有叶卡捷琳娜的科学头脑和政治眼光。在后者的开明专制统治之下,俄国提高了行政效率,招致了大批外国科学家,科学技术得到了长足的发展,综合国力大大增强。而慈禧带给中国的新政却不那么成功。

她的素质使她完全能够跻身一流政治家的行列,但是她所成长的文化氛围局限了她的眼光,使她浪费了这个宝贵机会。这时的中国需要一个具有非凡气魄和超人识度的巨人来引导,才有可能摆脱沉重的惰性,度过重重劫难。可惜,历史没有产生这样的巨人,却把这个位置留给了她,一个过于专注自我的女人。这就是她的悲剧所在。

不过,如果抽去其他因素,单纯从女人这个角度去看慈禧的话,我们发现,她是相当亮丽的。无论是外表还是内质,都颇为光彩照人。她不像那个时代的大多数女子一样,自甘柔弱地依附在男人身上,因为习惯的强大而自我压抑,在不公正的自我牺牲中麻麻木木地消磨掉一生。她无所畏惧地向“男在上女在下”的传统进行挑战,冲破重重阻碍来张扬自己的生命热量。她身上具有许多现代女性的品质。慈禧极其自信,敢做敢当,从不压抑自己,也不委屈自己。面对一群男人组成的政治世界,慈禧毫不胆怯。她通过自己的聪明和狡黠成功地把这个世界变成了维护自己欲望的工具。慈禧精力充沛,热爱生命。她不像别的女人那样缺乏生命的热度,自甘于生命火焰有气无力地默默燃烧。《宫女谈往录》中有位老宫女回忆说:“太后就是讲精气神儿,一天到晚那么多的大事,全得由太后心里过,每天还是那么悠游自在,腾出闲工夫,讲究吃,讲究穿,讲究修饰,还讲究玩乐,总是精神饱满,不带一点儿疲倦的劲儿。"她特别爱美,二十五岁她成了寡妇,可是在寂寞的深宫里,她仍然满腔热情地打扮自己。她对美异常执着,四十多年里,天天都要在妆镜前消磨上几个小时,一定要把自己修饰得一丝不苟,光彩照人。她经常说:"一个女人没心肠打扮自己,那还活什么劲儿呢?"她天生喜欢大红大紫,喜欢明亮绚丽的东西。她冰雪聪明,刚进宫那会儿还不怎么识字,可是通过自学,她练出了一笔好字,诗也写得挺不错的。她喜欢唐诗宋词,喜欢《红楼梦》。这部小说是她在深宫的寂寞伴侣。她还喜欢绘画,留下了一批还过得去的作品。她有很高的艺术鉴赏力,对于园林建筑颇有造诣。她生活得富于情趣,生活中的每个细节都安排得有滋有味。

她有冷酷无情的时刻,可是也富于人情味儿。少女时代在绥远城居住的慈禧对文学、书画和历史非常有兴趣。她在此读书、学画、下棋、弹琴,且经常骑马射箭。对于少女慈禧的长相史书中并无记载,野史中描绘她:"每一出游,旁观者皆喃喃做欢喜赞,谓天仙化身不过是也。"特别是对身边的宫女,她极其和蔼可亲,很少疾言厉色。宫中的女仆们回忆起她来,话语中不无温馨:"老太后是最圣明不过的人,对自己最亲信的贴身丫头都是另眼看待的。不管外面有多不顺心的事,对我们总是和颜悦色。比如,她对我讲:'荣儿,你过来,你那辫梢梳得多么憨蠢,若把辫绳留长一点,一走路,动摆开了,那有多好看!'"在这些回忆录中,你看到的绝不是那个冷面冷心的铁女人,而是一个既威严又慈祥的老太太。

她是一个不完全的女权主义者,她的女权觉醒是不彻底的。由于文化传统的局限,她没有想到在男人的领域全面发展自己。在她的意识深处,她始终摆脱不了"相夫教子,看家守业"的身份定位。但作为一个女人,慈禧最对不起爱新觉罗家族的,正是在孩子教育上的失误。对独生子同治,她任母爱泛滥,过分娇纵,使这个孩子成了清朝十二代帝王中最没出息的一个,自制力极差。这样一个儿子,她怎能放手让他接管全部权力?而对继子光绪,她又矫枉过正,管束过严,教育出一个性格上过于懦弱的孩子。这样的继承者实在无法承担起拯救破坏帝国的重任。家庭教育的失误,无疑是慈禧这个聪明女人的最大败笔之一。这也许与慈禧自己过于强硬的性格有关,让儿子们都对她太畏惧。而这,又恰恰是她如此长久地涉足于政治不能自拔的部分原因。

不可否认的是,慈禧深深迷恋权力,这是她难以摆脱的弱点。权力这两个字具有太大的吸引力,对权力的渴望根植于人性深处。这个东西使得人性中根深蒂固的超越意识得到最充分的实现,这是任何强者都难以抵御的诱惑。从这点上来说,慈禧的失败是由于人性的普遍弱点而不是自己的性别因素。其实,作为统治者她有足够的智慧和权威。慈禧太后垂帘听政期间在军机大臣领班的职位上呆过的只有两个人——恭亲王和庆亲王。前者被贬黜过许多次,其荣誉被剥夺殆尽,而后者在三十年里则始终是个"不倒翁",所得到的荣耀全都原封未动地保存了下来。张之洞、刘坤一、王文韶这三位杰出的总督、大学士也是这样。慈禧太后从来都让他们担任重要职务,但他们从未遭过她的贬黜。因为他们都是她的国家里最进步的官员,但其中没有一个人强大到足以危及她的统治,所以没有必要提醒他们上面有个强权人物。因为,历史和事实都已经让所有人知道:只要

她大笔一挥，就可以让任何官员从天上掉到地下。

慈禧就是这样一个女人。她有着那个时代普通女人所没有的叛逆性格，却跳不出那个时代人们的局限。她妩媚又泼辣，她聪明又无知，她大胆又保守，她勤奋又贪图逸乐。她不太理解政治，政治也给了她千载骂名。

女人慈禧由着自己的性情，风风光光、曲曲折折走完了自己的一生。在生命的最后，她好像有一点后悔。她在病榻上留给人们的最后一句话是："以后勿使妇人干政。此与本朝家法有违，须严加限制。"她承认自己不成功地涉足了政治。她希望别人不要效仿她，而要做单纯的女人。可是，如果她不涉足政治，她怎么可能把女人做得那样风光？她给不出这个问题的答案。

而她或许会料到自己身后的骂名，但却万万想不到自己死后，会遭受盗陵抛尸的奇耻大辱，这也许是她最担心的！

扑朔迷离

——乾隆帝名妃香妃

名人档案

香妃：乾隆后妃，维吾尔族。
生卒时间：1734 年~1789 年。
安葬之地：葬于喀什市东郊 5 千米的浩罕村。
性格特点：忠于家乡旧爱，矢志不渝。

香妃之谜

"香妃"之名早在清朝末年的一些私人著述中就已出现了。据迄今为止的考证得知，最早出现香妃之名的当属光绪十八年(1892)萧雄写的《西疆杂述诗》卷四"香娘娘庙"，其中有"纷纷女伴谒香娘"一语。他在附录中进一步写道："香娘娘，乾隆年间喀什噶尔人，降生不凡，体有香气，性真笃，因恋母，归没于家。"光绪三十年(1904)刊印的《王湘绮先生全集》第五卷中，记有回妃被拐入宫，不顺从皇帝，最后被皇太后绞杀的情节。

"香妃"之名的广泛流传是在清王朝灭亡以后。1914 年，故宫古物陈列所从沈阳故宫和承德避暑山庄调来一批文物搞展览，其中有一幅年轻女子的戎妆像。在该画像下面的说明文字中，明确指出："香妃者，回部王妃也。美姿色，生而体有异香，不假熏沐，国人号之曰香妃。"从此以后，香妃之名大震。

由上述记载我们可以得到两个信息：第一，香妃是回族；第二，香妃之得名与生来就"体有异香"有关。人真的可以"不假熏沐"就"体有异香"吗？根据人的生理特征，每一个人通过汗腺、皮脂腺，都会分泌出一些气味来，人的五脏六腑内的气味通过人的一些器官也会排出来，几乎一人一味，有的气味浓，有的清淡些。香妃身上的香味是否属于这种

气味？我们不得而知。再者，一些爱美、生活讲究的女子，常洗一种"花草浴"或"奶浴"。还有一些女人喜欢搽抹一些具有特殊香气的高级脂粉之类。浴后、搽后，身体自然会散发出引人注意的、沁人心脾的香味来。香妃身上的香味是否来自化妆品或者浴液的气味？这对我们而言同样是个难解之谜。

反过来，说香妃之得名源于"体有异香"，也可能是一种望文生义的解释，也不能排除由于香妃长得太美、秀色可餐，故美其名曰"香妃"这种可能性。总之，为什么叫香妃，说法很多，至今尚无定论。

画像之谜。香妃貌美，应当是不用怀疑的，否则乾隆皇帝不会千里迢迢将这位回部女子纳为皇妃。香妃究竟美到什么程度？人们总希望一睹真容。目前，流传于世的、被称为香妃画像的有四种，一是身穿红色旗装的半身像，二是身穿欧式盔甲、手握战刀的半身像，三是身穿西式长裙、一手提花篮、一手拿花铲、头戴凉帽的坐像，四是太仓陆夫人在东陵裕妃园寝拍照的香妃吉服半身像。

第一幅旗装像是流传最广、利用率最高、人们最熟悉的画像，许多文章、书籍、画报，甚至商店广告中用的都是这幅像。在人们的心目中，这幅画像就是香妃像，一提起香妃，自然也就想到这幅像。

第二幅是戎装像。1914年古物陈列所展出的就是这幅，当时悬挂在武英殿后右旁的浴德堂内，下面附有文字说明。这幅像出自清宫当没有问题，但画上没有款识。有人说此画的作者是郎世宁。可是郎世宁的画作在《国朝院画录》和《石渠宝笈》中都有记载，此两书中未见有关此画的任何内容。有人说是他的"游戏之笔"。郎世宁有多大的胆子，敢以"游戏之笔"随便画当朝皇上的一名宠妃？曾经在古物陈列所工作过的缘故宫博物院副院长单士元先生回忆当时的情况时说："那时，我和几个同事根据民国政府内务部一位官员说的'这大概就是香妃'，并考虑到当时社会经济效益商定的，是没有查史料的，是错误的，是一种不负责任的行为，是应该纠正的。"原故宫博物院资深专家朱家溍先生特地写了一篇《"香妃戎装像"定名的由来》一文，进一步否定了这幅画是香妃像。在这篇文章里，朱先生讲述了他与当时古物陈列所的文物保管科科长曾广龄先生的一段对话：

我又问："既然原账上只是油画屏一件，而原画背后也没有记载的纸签子，那么根据什么定为'香妃'画像呢？"曾先生笑着回答："总之是官大表准。当时文物运到北京后（包括这幅画在内的一批文物是经曾广龄手从承德运到北京的——笔者），内务部朱总长看见这幅画像，就说这大概就是香妃吧。其实他也没有什么根据，只是顺口一说而已，就定下来了。"到此我方知所谓《香妃戎装像》也者，不过是以意为之而已。但这幅肖像画的是谁，尚待考证。

第三幅洋装像，也和前两幅一样，既没有款识，也没有图录记载，更没有专门论述，将它说成是香妃像，同样没有任何依据。以上三幅，充其量也只能说是传说中的香妃像。

第四幅是香妃吉服像。这幅像一般人很少见到。著名清史大师孟森先生在逝世前的最后一篇文章《香妃考实》中讲了这幅像的来源：

近日吴生丰培贻一容妃园寝神像，问其所从得？则云有太仓陆夫人藏。此夫人为陆文慎宝忠之子妇，徐相国郙之女，于民国二三年间至东陵，瞻仰各陵寝。至一处，守者谓即香妃冢，据标题则容妃园寝也。凡陵寝、园寝享殿皆有遗像，一大一小。小者遇有祭祀即张之。大者年仅张设一次。陆夫人以香妃之传说甚厖杂，亲至其园寝，始知流言之非实。请于守者，以摄影法摄容妃像以归。所摄乃其小者，大像封局，未得见也。

容妃就是传说中的香妃，我们将在下文中详细解说。太仓陆夫人在东陵容妃园寝所拍照的那幅容妃像刊登在孟森先生的遗著《清代史》一书上，来源清楚可靠。笔者于上世纪八十年代，在中国第一历史档案馆所藏的《清废帝溥仪档》中发现了一条史料，证实了东陵确有容妃像。这条史料是这样记载的：

毓彭（东陵守护大臣——笔者）在民国十四年旧历八月十七日给天津张园胡大人信中说："……护理总兵张之庆于毓彭未到任以先，听本地奸人之计划，视陵寝为奇货可居，凡官产官物一律排卖。各陵瓷器一百二十余件业已装箱运走。当铺所存软件，现正查点出售。红墙以内树株擅自砍伐。桃花寺行宫早已变价。其余裕陵圣容及容妃圣容均行携入署中。"

这条史料清楚表明东陵确有容妃像。这张容妃像与故宫现存的部分妃嫔半身吉服像，以及现藏在美国福利克兰博物馆的"心写治平"卷中的乾隆妃嫔画像相比，无论冠服样式，还是绘画手法、人物表情，基本是一致的。由此看来，陆夫人所摄的那幅容妃像还是可靠的。可惜现在不知流落到何方。

葬地之谜。被认为是香妃葬地的，起码有三处，即新疆的喀什、北京陶然亭北和遵化清东陵。

新疆的香妃墓位于喀什市东北郊区的浩罕村，占地30亩，是香妃的外祖父阿帕·霍加为自己的父亲阿吉·穆罕默德·优素福·霍加修建的，始建于明崇祯十三年（1640）。后来阿帕·霍加及其后人也陆续葬在了这座墓葬群内，成了一座家族墓葬群。300多年来，经过不断地修缮、扩建才形成了今天的规模，共葬阿帕·霍加五代72人，现有墓堆58个。以前此墓称"海孜来特麻扎尔"，译为"尊者之墓"。也有人称为"阿帕克和卓扎尔"的，简称为和卓墓，直到现在还有人这样称呼。此墓群最初并无"香妃墓"之称，后来才传说香妃也葬在里边，但连守墓人也不知哪座墓堆是香妃的。再到后来，不仅"香妃墓"叫得越来越多，越来越响亮，而且还明确了哪座墓堆是香妃的。更有甚者，有人将据说是当年运送香妃遗体的废旧驮轿也摆了出来，以证实香妃确实葬在那里。此墓建于1640年，而香妃之名正式出现于民国初年，况此墓又为家族合葬墓，而且迄今为止也没见到香妃葬入此墓的明确的文字记载，故称之为"香妃墓"应是后人附会之说。摆出的那副驮轿确是运送尸体用的，但怎么就能认定一定是运送香妃遗体的驮轿？据有关文献记载，此轿乃是咸丰六年（1856）运送一个死在北京的男子尸体时用的，从时间和性别上都与香妃毫无关系，根本就不能成为香妃葬入此墓的证据。根据中国民间习俗，已出嫁的女子死后，都要葬入婆家的坟地，而不归葬娘家祖茔。香妃既已成为大清皇帝的妃子，死后能归葬

新疆娘家祖坟吗?大清皇帝的妃嫔死后都葬入皇家陵园,陪伴在自己的夫君身旁,还从来没有发现过皇妃死后归葬娘家祖坟的例子。因此说,香妃不可能葬入新疆喀什的"香妃墓"。之所以冠以"香妃"之名,无非想借助香妃的名望来提高此墓的知名度罢了。

至于北京陶然亭北丛芦乱苇中的土堆,当地老人称之为"香冢",有人说是香妃的坟。此冢旁立有一碑,上面镌刻着:"浩浩愁,茫茫劫。短歌终,明月缺。郁郁佳城,中有碧血。碧亦有时尽,血亦有时灭。一缕香魂无断绝,是耶非耶?化为蝴蝶。"从碑文来看,葬于此处之人确为一女子,生前似乎发生过曲折离奇的情感故事,但其中未提香妃一个字,而且,大清皇妃死后岂能葬在荒草堆中?故此说也不可信。

遵化境内的清东陵是清王朝在关内开辟的规模宏大的皇家陵园,乾隆帝的裕陵就建在那里,其妃园寝建在裕陵旁边。这座妃园寝始建于乾隆十二年(1747),位于裕陵西0.5公里,坐北朝南。其建筑布局及规制为:园寝最前面有一道马槽沟,正中建一孔拱桥一座,东侧建三孔平桥一座。往北是东西厢房各5间,单檐硬山顶。东西值班房各3间,单檐卷棚顶。宫门一座,面阔3间,单檐歇山顶。前院内东侧燎炉一座。东西配殿各5间,单檐歇山顶。院内正中享殿一座,面阔5间,单檐歇山顶。享殿两侧各建园寝门一座。后院前部正中建方城、明楼。方城后为宝城、宝顶。在宝城两侧各建小宝顶一座。在宝城后有4排宝顶,计32座。整个园寝共建大小宝顶35座,葬人36位。其中香妃的宝顶建在大宝顶后第一排东端第一位。整座园寝除厢房和值班房为布筒瓦外,其他建筑及墙顶均覆以绿色琉璃瓦。这座园寝规制之高,建筑之完备,在清代妃园寝中仅次于景陵皇贵妃园寝,位居第二。其葬人之多,在清代妃园寝中也数第二。香妃即乾隆帝的容妃,葬在这座园寝,《大清会典》及其他官书、《昌瑞山万年统志》《陵寝易知》等书不仅有明确的文字记载,而且还绘有葬位图。清宫档案中还有关于容妃遗物、送葬人员等方面的资料。1979年10月,清东陵文物保管所对容妃地宫进行了清理,不仅找到了遗骨,而且还出土了许多有价值的文物,发现了一些文字。这一切都无可辩驳地证实了香妃就葬在这座妃园寝内。

婚姻之谜。根据档案记载,香妃是于乾隆二十五年(1760)二月进宫的,当时已27岁。那个时代,女子一般都在十几岁就出嫁。清帝挑选秀女,13岁的女孩子就可参选。多尔衮的母亲阿巴亥12岁就嫁给了努尔哈赤。孝庄文皇后13岁就与皇太极成了婚。孝康章皇后15岁就生育了康熙帝。香妃入宫时已经27岁,有人据此推测她很可能已经结过婚,而且婚史不会很短。如果香妃入宫前结过婚,那她以前的丈夫是谁?这次入宫,是因丈夫死了还是离婚了?如果是离婚,离婚的原因是什么?以前是什么时候结的婚?我们都无从得知。香妃也有可能在入宫前没有结过婚。那个年代虽然盛行早婚,但个别晚婚的也不是没有。当年叶赫部首领布扬古妹,丰姿绰约,聪慧柔顺,是有名的美貌佳人。也正因为她的美丽聪慧以及政治上的原因,到33岁才出嫁,成了著名的"老女"。香妃久负美名,远近闻知,她难道就不会是第二个"老女"吗?在民间,也有一些有地位、有财富的美貌女子,依恃自己的财、貌,高不成,低不就,总不能找到遂心如意的郎君,直到妙龄

花季已过,耽误了婚期。香妃会不会也属于这种情况呢?这个谜团恐怕真的难以解开了。

宝月楼之谜。宝月楼就是今天的中共中央、国务院所在地——中南海的南门,现名叫新华门。原来此楼不临街,南面有一道墙相隔。民国初年,袁世凯将中南海辟为总统府,把宝月楼更名为新华门,将南墙拆掉,露出宝月楼。从此以后,宝月楼即新华门就成了中南海的南门。许多专家学者都认为宝月楼是乾隆帝为了取悦香妃盖的。清史大师孟森先生也持这一观点,他说:"高宗不以置之后宫,特营西苑中一楼,以为藏娇之所。后并于所居之地,筑回教礼拜堂,并使内附之回民居其旁,屋舍皆用回风,以悦妃意,其承宠可想。"也有部分专家学者认为宝月楼之建与香妃无关。他们的依据有两条,一是乾隆帝在《宝月楼记》中说:

顾液池南岸逼近皇城,长以二百丈计,阔以四丈计,地既狭,前朝未置宫室,每临台南望,嫌其直长鲜屏蔽,则命奉宸,既景既相,约之杯杯。鸠工戊寅之春,落成是岁之秋。

乾隆帝讲得很清楚,所以建宝月楼是因为中南海南墙"直长鲜屏蔽"。建宝月楼可起到屏障作用。戊寅年是乾隆二十三年(1758)。宝月楼于这一年春天动工兴建,当年秋天完工。

二是《御制题宝月楼诗》中有"南岸嫌长因构楼,楼临直北望瀛洲"的诗句。在诗注中乾隆帝进一步讲了建宝月楼的用意:"瀛台皆前明所建,惟南岸向无殿宇,故为楼以配之。"由此可知,建宝月楼完全是出于遮挡、配景的需要。乾隆二十三年(1758)建宝月楼时,新疆大小和卓的叛乱正在嚣张之时,清军正全力以赴平叛,胜败难卜。而香妃是乾隆二十五年(1760)入宫的,所以也就不会是为了取悦香妃而建宝月楼。

有椁无棺之谜。清朝棺制,无论是皇帝、皇后,还是妃嫔,其棺木皆为内外两重,内为棺,外为椁。其区别只是木质、尺寸、颜色、纹饰、漆饰遍数的差别。有关人员清理香妃地宫时,竟发现香妃的棺木只有外椁,而无内棺。会不会是盗墓贼将内棺盗走了?在已清理的所有地宫中,还没有发现内棺被盗的先例。盗墓贼一般只盗随葬珍宝。内棺是木质,其价值远不如随葬珍宝高。笔者曾遍查地宫,没有发现内棺的残破碎片及可疑形迹,只发现外椁的一侧被砍透了一个长175厘米、宽60厘米的洞,其他部位基本完整。要从这个洞中取走内棺是不可能的。只有将外椁拆散,或将外椁盖完全揭开,才能将内棺取出。而香妃的外椁既没有被拆散,也没有被打开过。这一切都表明,香妃入殓时,根本就没用内棺。

为什么不用内棺?这可能与香妃信奉伊斯兰教有关。我国的回族和维吾尔族都信奉伊斯兰教。这两个民族的人死了都不用棺,而是将遗体裹上白布后,直接放置到墓穴内。乾隆帝为了民族的团结,一向尊重香妃的生活习俗和宗教信仰。也有可能香妃在临终前向皇帝提出了这方面的要求,于是乾隆帝采取了一个折中的办法,表面上仍按照大清皇家的传统形式使用外椁,但不用内棺,既维护了皇家的脸面和尊严,又尊重了香妃的民族习惯和宗教信仰,满足了爱妃的要求,可谓两全其美。以上只是笔者个人的看法。

到底香妃为什么只用椁,不用棺,有待专家学者们进一步研究考证,也有待于文字档案的证实。

死亡之谜。关于香妃的死亡,有两种说法。一种是被皇太后赐死,另一种是自然病死。前一种说法最具代表性的就是1914年古物陈列所在展出的所谓香妃戎装像下写的文字说明:

香妃者,回部王妃也,美姿色,生而体有异香,不假熏沐,国人号之曰香妃。或有称其美于中土者,清高宗闻之。两师之役,嘱将军兆惠一穷其异。回疆既平,兆惠果生得香妃,致之京师。帝命于西内建宝月楼(即今之新华门)居之。楼外建回营,氍毹韦鞴,具如西域式,又武英殿西之浴德堂,仿土耳其式建筑,相传亦为香妃沐浴之所。盖帝欲藉种种以取悦其意,而稍杀其思乡之念也。讵妃虽被殊眷,终不释然,尝出白刃袖中,示人曰:"国破家亡,死志久决,然决不肯效儿女汶汶徒死,必得一当以报故主。"闻者大惊。但帝虽知其不可辱而卒不忍舍也。如是者数年。皇太后微有所闻,屡戒帝弗往,不听。会帝宿斋宫,急召妃入,赐缢死。……

皇太后即乾隆帝的生母孝圣宪皇后,死于乾隆四十二年(1777),而香妃(容妃)死于乾隆五十三年(1788),比皇太后晚死11年,所以不可能是被皇太后赐死的。

香妃究竟是怎么死的,至今仍然是个待解之谜。

香妃给我们留下了太多的传说,太多的谜团,太多的想象空间,太强烈的寻求真相的渴望。历史上的香妃究竟是怎样一个人?我们接下来就详细介绍。

真实香妃

容妃就是香妃。我们上文提到,香妃和容妃是一个人。关于这个问题,史学界曾经有过争论,现在基本上达成了共识。做这种判断的理由是什么呢?

其一,乾隆帝只有一个来自新疆的妃子。容妃,无论是官书、档案记载,还是实物考证,都证明是来自新疆的妃子。既然香妃也是乾隆帝的新疆妃子,那么香妃只能是容妃。

其二,她们"二人"都来自新疆,都是维吾尔族,都信奉伊斯兰教,最后的封号都是妃。就是说家乡、民族、宗教信仰、封号是一样的,如果是两个人,不会如此巧合。

其三,她们"二人"的父亲、哥哥、五叔、六叔是相同的。新疆喀什香妃墓的资料中,提到香妃的父亲是艾力和卓,哥哥是哈山和卓即图地公(汉名),并说图地公曾"和妹妹香妃一起去北京"。从《西域同文志》卷十一和《西域图志》卷四十八记载的"和卓"世系中可知,艾力和卓即阿里和卓。这两个名词在维吾尔语中是一个词,只是汉字译写的差异。这两本书上还记载了阿里和卓的五弟是额色尹、六弟是帕尔萨,其子是图尔都。图尔都的维语原音为图尔迪,因他是公爵,因此称图尔迪公,快读则为图地公,与上面提到的哈山和卓是同一个人。中国第一历史档案馆藏的《容妃遗物折》中提到了部分容妃娘家人

的姓名,其中有额思音、帕尔萨、图尔都妻等。额思音就是香妃的五叔额色尹,帕尔萨就是香妃的六叔,图尔都妻就是香妃的嫂子。既然香妃和容妃的家属都是一样的,那么两个人自然就是一个人了。

历史上的香妃。那么,历史上的容妃即香妃到底是怎样的一个人?乾隆皇帝为什么要纳一个维吾尔族女子为妃?她一生的经历又如何?这也是世人普遍关注的问题。

容妃,生于雍正十二年(1734)九月十五日。她是新疆秉持回教始祖派噶木巴尔的后裔,其家族为和卓,故被称为和卓氏,也称霍卓氏。其父阿里和卓为回部台吉,哥哥叫图尔都。容妃家族世代居住在新疆的叶尔羌。

乾隆二十年(1755)五月,清政府派兵平定了新疆阿睦尔撒那的叛乱,解救了墨特的两个儿子波罗尼都和霍集占(大小和卓)。可是这两个人不但不感恩戴德,反而以怨报德,聚众叛乱,反对朝廷,分裂祖国。容妃一家反对叛乱,拥护朝廷,不顺从大小和卓,被迫离乡背井,全家从天山以南的叶尔羌迁移到天山北侧的伊犁居住。乾隆二十二年(1757),清政府再次派兵平叛。乾隆二十四年(1759)秋,大小和卓的叛乱被平定。配合清军平叛有功的容妃的五叔、六叔、哥哥及其家属先后被召进北京,封官晋爵,宴请赏赐,并为他们建回子营,让他们居住。容妃也来到了北京。为了感谢皇帝的恩德,表示对朝廷的忠心,额色尹和图尔都决定将美丽聪明的容妃送进皇宫,服侍皇上。

乾隆二十五年(1760)二月初四日,图尔都27岁的妹妹被封为和贵人,皇帝赏给了她大量衣物和银两。她一进宫就被封为贵人,没有经过常在和答应两级,表明了皇帝对这件事的重视,也表明了皇帝对这位来自新疆维吾尔族女子的喜爱。这年的四月八日,乾隆帝将宫中女子巴朗赐给图尔都为妻。和贵人的生活习惯和宗教信仰受到了皇帝的尊重和特殊的关照,专门为她在宫中设了回族厨师。容妃在圆明园居住时,曾在园中的方外观做礼拜,乾隆帝特意为她在方外观大理石墙上镌刻了《古兰经》文。和贵人入宫两年来,"秉心克慎,奉职惟勤",全宫上下对她的印象都很好。乾隆二十六年(1761)十二月三十日,乾隆帝奉皇太后懿旨,晋封和贵人为容嫔。五月二十一日举行了容嫔的册封礼。第二年图尔都晋封为辅国公。乾隆三十年(1765)正月,皇帝第四次南巡,容嫔和她的哥哥图尔都随驾同行。皇帝的妃嫔很多,而外出陪驾的妃嫔只有几位。容嫔能够随驾,表明了她在皇帝心目中的地位。一路上,容嫔兄妹第一次饱览了祖国内地的壮美山河,大开了眼界。

乾隆三十三年(1768)六月初五日,乾隆帝奉皇太后懿旨,晋升容嫔为容妃。同年十月二十六日,乾隆帝命文华殿大学士尹继善为正使、内阁学士迈拉逊为副使,持节赍册印,册封容嫔为容妃。乾隆三十六年(1771),容妃随皇帝东巡,拜谒了孔庙,登上了东岳泰山。乾隆四十三年(1778),容妃又随皇帝拜谒了盛京。在这次随行的6位妃嫔中,容妃已居第二位。

自乾隆三十一年(1766)乌喇那拉皇后死后,乾隆帝不再立皇后。自乾隆三十年(1765)庆贵妃死后,四十年(1775)令懿皇贵妃死后,不再封贵妃和皇贵妃。后宫中地位

最高的就是妃。当时宫中有 6 位妃，容妃就是其中一位。从乾隆四十三年（1778）七月以后，容妃已升到第三位，排在愉妃、颖妃之后。从乾隆五十年（1785）以后，可能是身体欠佳，容妃很少露面，皇帝往往单独赏给她物品。通过查阅清宫档案《赏赐底簿》得知，乾隆五十三年（1788）四月十四日，皇帝赏给了容妃 10 个春橘。这是迄今所查到的最后一次赏赐。5 天以后，即乾隆五十三年（1788）四月十九日，容妃在圆明园溘然长逝，终年 55 岁。她最大的遗憾就是未能给皇帝生育儿女。

容妃死后，乾隆帝为了让宫里人经常怀念她，特地将她在宫中几十年里积攒下来的物品分赠给各妃嫔、公主、格格和佣人以及她娘家的人。容妃的金棺暂安在畅春园西侧的西花园。同年四月二十七日从西花园奉移到北京东北郊的静安庄殡宫暂安。同年九月十七日，乾隆帝命皇八子仪郡王永璇护送容妃金棺奉移东陵。九月二十五日葬入裕陵妃园寝。

在乾隆皇帝的后妃中，有一个维吾尔族女子并不奇怪，这正是清王朝对边疆少数民族实行"怀柔"政策的具体体现。我国是一个多民族国家，清政府为了加强统治，维护国家的统一和民族团结，对边疆少数民族一向采取恩威并重的政策。对忠于朝廷、促进民族团结者恩礼有加；对制造分裂、搞独立、抗拒中央政府者，予以坚决镇压。乾隆帝纳图尔都之妹为妃，并给予优厚的待遇，目的就是想通过容妃家族在新疆的巨大影响，搞好民族团结，加强中央政府对新疆地区的统治。从康熙到乾隆年间，新疆曾多次发生少数民族贵族叛乱，虽然都被镇压下去了，但总不彻底，时叛时顺，不能保持持久和平。乾隆皇帝把维护统一、反对分裂的新疆上层人物额色尹、帕尔萨、图尔都、玛木特等召进京师，加官封爵，恩礼有加，并纳他们的女子为妃，结成秦晋之好，这都是有深刻用意的。从此以后，新疆的稳定局面保持了 60 年之久，这不能不说是乾隆帝的和亲政策发挥了作用。容妃即香妃作为施行这一政策的关键人物，在清宫中度过了 28 个春秋，深深赢得了皇帝的宠爱和信任，最后又葬入了大清的皇家陵园。容妃和她的家庭为民族团结和国家统一，做出了一定的贡献。

汉藏友好的使者

——文成公主

名人档案

文成公主：文成公主，唐朝宗室之女，汉族。文成公主在吐蕃生活了近40年，一直备受尊崇。

生卒时间：625～680年。

性格特点：聪慧美丽，自幼受家庭熏陶，学习文化，知书达理，并信仰佛教。

历史功过：由于文成公主的博学多能，对吐蕃国的开化影响很大，不但巩固了唐朝的西陲边防，更把汉民族的文化传播到西域。

史家评点：在她的影响下，汉藏两族的友谊有了很大的发展，所以把文成公主誉为最成功的女外交家实不为过。

身世之谜

我国历史上中央王朝的统治者，为了在政治上巩固与边疆地区少数民族上层的联盟，加强对边疆地区的统治，或求得边疆地区社会秩序的稳定，往往采取和亲或联姻的措施。

在唐朝，担任过和亲大任的公主和准公主一共有18位。

第一位执行和亲外交的唐朝公主，是贞观十四年(公元640年)嫁给吐谷浑王诺曷钵的弘化公主。

吐谷浑是古代少数民族慕容鲜卑的一支，后来分裂为东西两部，东部吐谷浑由慕容顺带领，在伏俟城(今青海省共和县境内)附近建立势力，依附于唐。慕容顺死了以后，他的儿子诺曷钵继位，唐朝廷又立新王为吐谷浑王。吐谷浑王颁行唐朝历法，奉唐朝年号。贞观十年(公元636年)，吐谷浑王赴长安向唐太宗请婚，太宗把宗室女弘化公主许配给他。弘化公主并不是皇帝的亲生女儿，但是为了和亲，就给她一个公主的头衔。贞观十三年(公元639年)冬，诺曷钵到长安迎娶公主，第二年二月，唐太宗派大将军李道明送亲，并配送了大量贵重的嫁妆，从此，吐谷浑和唐朝关系更加亲密。

唐朝和亲的公主按理说应该是皇帝的女儿，但是嫁到北方偏远又野蛮的部落，哪有呆在爸妈身边好呢？皇帝心疼自己的亲生闺女，公主也舍不得离开父母。因此唐朝中期以前的公主们，没有一个远嫁，全部许配给了本朝的臣子。

唐朝有名的和亲公主是嫁到吐蕃的文成公主和金城公主，和弘化公主一样，她们都不是皇帝的亲生女儿。两位公主前后相差近七十年，因为信奉佛教，分别携带释迦牟尼像和大量佛经入藏，对后来的藏传佛教影响很大。

文成公主究竟是谁的女儿？历史上没有记载。唐高祖李渊有19个女儿，唐太宗李世民有21个，除了小时候夭折的，都有文献记载，而且都嫁给了本朝的臣子。我们只知道文成公主是"唐宗室女"，应该姓李。那么，是皇帝的侄女？按照惯例，亲王的女儿也会有典籍的记录，但是历史上却没有这方面的记载。记载以"宗室女"身份出嫁，或许和宗亲关系较远，她父亲的爵位不会太高。但是"和亲"事关重大，就破格封她为公主吧。唐朝和亲的公主，还有的只是"宗室出女"，即某位公主的女儿，或某位王亲的外孙女。

文成公主嫁的是吐蕃王国的第一位国王松赞干布。出嫁时规格也很高，由礼部尚书江夏王李道宗主婚，持节送公主至吐蕃。队伍非常庞大，嫁妆非常丰厚，有释迦佛像、珍宝、360卷经典，还带了很多书籍、食物、缎被、药方和器械。松赞干布丝毫没有怀疑这位公主，他亲自率领部下到河源迎接，见了主婚人，以女婿的礼仪向他行礼，非常恭敬。李道宗官职不过正三品，身为吐蕃之主的松赞干布却以女婿的身份对待他，显然，松赞干布不疑文成公主的身份，还以为真的娶了唐太宗的亲生女儿。后来，松赞干布知道了文成公主的真实身份，但并没有怪罪她，两人相亲相爱，为唐朝和吐蕃的友好相处做了不少贡献。

从那以后，和亲公主"非帝女"的真实身份不再隐瞒。如金城公主入藏，就说明白了她是雍王李守礼的女儿。这次和亲是在唐中宗时代，中宗亲自送孙女辈的金城公主到始平县，再让左卫大将军杨矩送往吐蕃。金城公主和亲，在唐代是最为隆重的一次。金城公主后来虽促成唐朝和吐蕃的和睦，但只保得一时之太平。吐蕃壮大后，野心越来越大，后来又向唐王朝发动了进攻。

赞普求婚

吐蕃是中国古代藏族政权名,公元 7—9 世纪时存在于青藏高原。吐蕃人过着以游牧为主的生活,饲养牦牛、马、猪和独峰骆驼,有的也种植青稞和荞麦。

公元 7 世纪,松赞干布继位做了吐蕃赞普。松赞干布的父亲囊日论赞,是一位很有作为的赞普,但是由于内部分裂严重,继位不久的囊日论赞就被杀死了。受父亲的影响,少年时代的松赞干布就已显现出非凡的才能。父亲被仇人毒害而死后,13 岁的他继任赞普位。继位后,他一面稽查凶手,一面训练军队,很快平息各地的叛乱,先后降服周围的苏毗、多弥、白兰、党项、羊同等部。

松赞干布致力于政权建设,建立了完备的、以赞普为中心的高度集权的政治和军事机构。同时,他还制定法律、税制,任用贤明的大臣,采取许多措施鼓励百姓学习和运用先进生产技术,发展农牧业生产,使吐蕃的社会经济和人民生活迅速呈现发展之势。松赞干布看到当时大唐王朝国力强盛,就想和唐朝进一步发展友好关系。

唐贞观八年(公元 633 年),唐王朝与吐蕃王朝之间建立了外交关系,唐蕃经常派使者相互访问。有一次,松赞干布在和大唐使者聊天过程中,听说突厥和吐谷浑都和大唐的公主和亲了,而且私下里听说大唐的女子端庄文雅,不像吐蕃的女子那么朴实甚至野蛮,再加上想和唐王朝建立更加亲密的关系,于是他也想和唐王朝和亲。但是松赞干布美好的愿望并没有立刻得到实现,这次求婚有些曲折,经历了三次才成功。

第一次求婚在贞观十年,松赞干布派使者带着大量金银珠宝去长安向唐太宗求婚。

到了长安以后,一开始唐太宗对吐蕃的使者很客气,很爽快地就答应把公主嫁给吐蕃,还赐给了使者很多礼物,但这时杀出了一个程咬金。吐谷浑的使者也去求婚了,他们私下里对唐太宗说:"吐蕃的赞普松赞干布是一个很野蛮的人,当年他的第一个王妃尺尊公主就是抢来的。"唐太宗害怕女儿到吐蕃受罪,于是就借口说吐蕃的礼物太少,把婚约取消了。

吐蕃使者很郁闷,回去以后就和松赞干布说了。吐蕃和吐谷浑两国本来就在闹摩擦,松赞干布听了使者的回报,更加怨恨吐谷浑。他马上出动二十万人马进攻吐谷浑。吐谷浑王看吐蕃军攻势很猛,抵挡不住,就退到环海一带。

对于唐朝方面,松赞干布也非常不满,不但觉得没有面子,更因为这桩求婚还寄托着他的国家大计:他渴望公主能将先进的唐文化带进雪域,完成他武功之后"文治"的梦想。求婚不成那就只有逼婚了。为此他采用了"娶"尺尊公主时用过的老办法——当初尼泊尔的国王不愿把公主嫁给他的时候,松赞干布就是采用以五万兵马踏平尼泊尔的威胁办法逼婚成功的。

于是,松赞干布就趁打败吐谷浑这当儿,乘胜打到唐朝境内的松州,一方面展示自己

的实力向唐王朝示威，另一方面也尝试进一步开疆拓土。接着，他再次派使者带着贡品去长安求婚："你说我野蛮，是吧？那我就再抢一次婚！"还派人威胁唐王朝说："如果不把公主嫁给我，我就带兵打到长安。"

唐王朝的公主可不是好欺负的。唐太宗生气了，他没有答应，还正式下诏发兵，以侯君集为当弥道行军大总管、执失思力为白兰道行军总管、右武卫大将军牛进达为阔水道行军总管、左领军将军刘兰为洮河道行军总管，领兵五万讨伐二十万吐蕃军。这一次兵力战法都很得当，吐蕃兵败而返。

松赞干布只好俯首称臣，他派使者噶尔东赞去唐王朝谢罪。他在上书谢罪的同时，表示对大唐的强盛赞慕不已，同时仍然不屈不挠地提出第三次求婚。这就是有名的"唐太宗五难求婚使的故事"。

噶尔东赞是松赞干布时期的重臣之一，立下了极大的功劳，而且做了多年的"大伦"（即宰相），松赞干布的第一个王妃尺尊公主的求婚和迎娶都是他做使者。噶尔东赞是一个很聪明的人。由于吐蕃和唐朝刚刚有过战争，唐太宗对吐蕃的气还没消，于是处处刁难他，但都被噶尔东赞巧妙地应对了。在噶尔东赞提出要继续求婚的时候，唐太宗也想继续难为一下他。

当时来向唐太宗求婚的还有印度、波斯、格萨、鞑靼等地的使臣，太宗就说："这里来求婚的可不是你一个人啊！这样吧，我出几道题来考考你们，哪一个使者回答的最多，就把公主嫁到哪国去。"

唐太宗一边命人想题目，一边派人物色公主，当时，唐朝真正的公主们是不愿意远嫁的，这些和亲的使命通常是由一些堂姐妹们来完成。唐太宗也舍不得自己的亲生女儿们，于是就在唐姓宗室里挑出了文化素养较高、美丽而又温柔的女子，把她们封为公主，派她们去和亲。这次选派的就是文成公主。

第二天，唐玄宗召集五地的使者，由宫女报题，开始比赛。唐太宗出的这几道题既不涉及天文地理，也不涉及琴棋书画，而是几道智力题。噶尔东赞是个绝顶聪明的人，回答出了所有的题目。

第一道题是用丝线穿九曲珍珠。其他使臣都穿不过去，噶尔东赞用丝线缚住蚂蚁的腰，放在珠的孔口，慢慢吹气，让它爬过去，线也就穿成了。

唐太宗哈哈大笑，对噶尔东赞点点头。

于是宫女报第二道题："御马苑里有 100 匹小马驹关在左边的马厩里，有 100 匹母马关在右边的马厩里，请你们找出一个好方法为 100 匹小马驹找到自己的母亲。"

这时候，回纥使臣和吐蕃使臣都举手了，回纥使臣说："把 100 匹小马驹一一宰杀，母马听到自己的孩子哀鸣，定会痛苦嘶鸣。用此法，可一一辨出小马驹和母马。"

噶尔东赞听了微微一笑，站起来对太宗说："起奏天可汗，吐蕃使臣另有更好的方法解决此难题。"

唐太宗道："说来听听。"

噶尔东赞说:"我的方法是:把小马驹饿一整天,然后放它们出来,小马驹定会跑到母马处吃奶。这样既不伤害小马驹性命,又能让其和母马团聚,体现天可汗的宽厚仁慈,何乐而不为呢?"

唐太宗捋了捋胡须:"此法甚妙。出下一题。"

第三道题是令各国的使者各领一百只羊,一百坛酒;要将羊杀了,剥皮,吃光肉,揉好皮,喝完酒。其他使节有的肉没吃完便醉倒了,有的皮没揉好便累倒了,只有噶尔东赞令随从们慢慢地小碗喝酒,边吃边喝边揉皮子,最后完成皇帝交给的"任务"。

唐太宗看着各国的使臣,乐得哈哈大笑。然后又命人拿出一百根头、尾一般粗的木棒,让使臣认出头梢。噶尔东赞将木棒推进水里,头重尾轻,重的沉下,轻的浮在上面,认得一清二楚。

唐太宗哈哈大笑:"此法甚好。还有最后一题。"这时,三十位打扮得一模一样的宫女走了出来,"这里有 30 位美女,其中一位是文成公主,你们要在一刻钟时间内从中找出文成公主。"

其他使者稀里糊涂找了半天,都领了一个出来,噶尔东赞等他们找好,微微一笑,对太宗说:"赞普久闻文成公主芳名,倾慕公主良久。文成公主出生于皇宫,自然气度不凡,风华绝代,与众不同。臣已经辨认出来。"

唐太宗诧异地说:"哦? 指出来,给朕瞧瞧。"

噶尔东赞说:"公主知喜事而来,额头上有红痣乍现,且祥瑞出现,身后有彩蝶飞来。"

太宗、众宫女纷纷望着文成公主,文成公主摸摸额头,不仅嫣然一笑。原来噶尔东赞早就找服侍过文成公主的仆人打听过公主的模样和特征,得知公主眉心有一颗朱砂红痣,所以很快辨认出来。

唐太宗笑呵呵地说:"吐蕃使臣果然机智非凡,想必赞普更是聪明绝伦。既然吐蕃使者一一破解难题,文成公主就嫁给吐蕃赞普。"

噶尔东赞圆满地完成了任务,高高兴兴地带着文成公主回吐蕃了。大概是噶尔东赞把任务完成得太圆满,智力题回答得太好,本身又是吐蕃的大伦,唐太宗对他很是赏识,封其为右卫大将军。最后还把自己的外孙女段氏封作公主嫁给了噶尔东赞。

公主入藏

由于当时的吐蕃文化相对落后,唐太宗为文成公主准备了丰厚的嫁妆。最珍贵的一件陪嫁,则是释迦牟尼十二岁等身像。唐太宗还派自己的族弟、礼部尚书江夏王李道宗为主婚使节护送公主。

经过两个多月的准备,贞观十五年隆冬,一支十分壮观的送亲队伍,在李道宗的率领下,护送文成公主前往吐蕃和亲。

之所以要在隆冬季节出发，是因为由长安到吐蕃有一个多月的路程，要经过几条湍急的大河，隆冬季节河水平缓，便于送亲的队伍通过。这支队伍除了携带着丰盛的嫁妆外，还带有大量的书籍、乐器、绢帛和粮食种子；组成成员除文成公主陪嫁的侍女外，还有一批文士、乐师和农技人员，几乎就像是一个"文化访问团"和"农技队"。文成公主所到之处，留下了很多小故事。

最著名的小故事就是青海湖的由来。青海湖在汉朝时被称为"西海"，因为远离海洋的人们向往遥远的大海，所以高原上的湖泊几乎都用"海"来命名。汉朝的青海湖是传说中远古时代的瑶池，也是中国历代帝王公祭的"圣湖"。

文成公主西行的时候，唐太宗为了不让公主过于思念家乡，特赐她一面宝镜，无论她到哪里，镜中都能显出长安的景象；还为她用黄金各铸了日月之形的两面镜子相伴。当送亲的车队来到唐蕃分界之地，准备弃轿乘马的时候，文成公主再一次从宝镜里看了一眼家乡的景象，禁不住泪流满面。为了断绝对家乡的思念，专心走好未来的人生，坚强的文成公主没有把宝镜带走，而是把它扔到了山谷里。就在这个山谷里，这面宝镜变成了美丽的青海湖，那黄金铸就的日月镜就成了日月山。后来唐玄宗封这个湖为"青海湖"。

文成公主一面走一面流泪，流成了青海省东部海南藏族自治州内的"倒淌河"。一般东西走向的河流都是从西往东流，但"倒淌河"却不是。

还有一个小故事，是关于门巴族的。门巴族位于西藏林芝地区，这里有一种让女子披羊皮作为饰品的风俗，少女披羊尾和四条腿完整的小羊皮，成年女子披牛犊皮或山羊皮。这也和文成公主有关。据说她入藏时，为了辟邪，曾经身披兽皮，后来路过这个地方的时候，把用过的兽皮赐给了门巴侍女，从此沿袭至今。

队伍到了青海省湟中县的时候，随从大多数侍女都有高原反应，无法继续前进。文成公主不忍心看着这些姐妹跟自己奔向前途未卜的拉萨，就下令这些侍女就地下嫁。这些侍女都是从全国各地挑选来的美女，因此湟中多美女的传说就这样流传下来了。

经过一个多月顶风冒雪的艰苦跋涉，春暖花开的时候，文成公主一行来到了黄河的发源地——河源，这里水草茂盛，牛羊成群，一改沿途风沙迷茫的荒凉景象，让人精神为之一振。一路上很为吐蕃地势恶劣而忧心的文成公主这时也松了一口气，于是送亲队伍在这里作了几天的短暂休整。

这天早晨，文成公主在睡梦中被侍女叫醒。侍女兴奋地对她说："公主，赞普大人也到了。"

文成公主赶忙起来，让侍女给自己精心打扮一番，她看着镜子里的自己，喃喃地说："他终于来了，他是一个什么样的人呢？会不会真的像传言中的那样，是一个很粗鲁的人呢？"

门外的松赞干布已经等候多时。他这次是经过精心准备的，为了表示诚意，他特意命人从长安买来了汉族新郎结婚时用的衣服和帽子，以唐朝女婿见岳父的礼仪拜见了送婚使李道宗，拜见过以后，李道宗就请文成公主和松赞干布相见。

松赞干布看着文成公主落落大方地走出来，身着华美的盛服，神态端庄，气度文雅，果然是来自盛世的金枝玉叶，没有一点狂野之态。他不由得微微一笑。

文成公主微微抬起头，看到了眼前这个自己的准丈夫，她的心"扑通扑通"地跳了起来：眼前的这位赞普，看起来倒还像条汉子。他黝黑而粗犷，显然是由于高原的多烈日和狂风的气候造成的；高大健壮的身材和眉宇间流露出豪爽之气，显得十分英武。早就听说这位赞普年少有为，今天看起来还真的气度不凡啊！

但是让文成公主脸红的，更是他充满爱意的眼神。文成公主不好意思地低下头，心想："看起来还挺友好的，希望他也是一个温和的人吧！"

河源离逻些（今拉萨）路程并不遥远，送亲和迎亲的队伍汇合以后，一起往西前进，很快就到了逻些。送亲和迎亲的队伍前呼后拥、威风八面地进入了逻些城。吐蕃臣民举行了盛大的欢迎典礼。这一天是藏历四月十五日，也成了藏族的一个传统节日。

经过一段时间的安顿之后，在李道宗的主持下，松赞干布与文成公主按照汉族的礼节，举行了盛大的婚礼，全逻些城的民众都为他们的赞普和夫人歌舞庆贺。

松赞干布在婚礼上高兴地对李道宗说："我今天能得到大唐的公主为妻，实在很幸运。我要为公主修筑一座华丽的宫殿，来给后代看看。"

这座宫殿，就是布达拉宫。

整个布达拉宫共有1000间宫室，富丽壮观。松赞干布为了让文成公主高兴，专门叫人从大唐请来画匠，经过深思熟虑，画出了构图精巧、人物栩栩如生、色彩鲜艳的壁画。里面屋宇宏伟华丽，亭榭精美雅致，还开凿了碧波荡漾的池塘，种上了各色美丽的花木。一切都模仿大唐宫殿的模式，用来安顿文成公主，借以慰藉她的思乡之情。

文成公主的担心是多余的。松赞干布虽然看起来粗犷，却是一个非常文雅的国王，对文成公主更是体贴周到。为了与文成公主有更多的共同语言，松赞干布努力地向文成公主学说汉语，还脱下他穿惯了的皮裘，换上文成公主亲手为他缝制的丝质唐装。就这样，一对异族夫妻，感情融洽，互爱互敬，开始了他们新的生活。

夫妻相敬

文成公主和松赞干布结婚以后，两人相敬如宾，互相谦让，感情很是和睦。

文成公主不是一个权力欲很强的人，她不和后宫的佳丽们争风吃醋，表现得很有气度，这让松赞干布很放心。

文成公主以款款柔情善待松赞干布，使得这位生长于高原之地的吐蕃赞普深切体会到汉族女性的修养与温情，他对文成公主倍加珍爱。

文成公主读过很多书，对治理国家也很有自己的见地。她通过考察吐蕃的民情，对治理吐蕃提出了很多很有价值的建议。

吐蕃人有一个传统习惯，每天要用赭色制土涂敷面颊，据说是能驱邪避魔。文成公主刚到逻些就发现这一习惯了。一开始她还以为是这里的人民为了欢迎她故意这样做的，后来发现他们天天都这样，有时候，松赞干布也会这样，这让她很不习惯。文成公主请教了这里的大臣，仔细询问了这种习惯的由来，了解和揣摩了这种习惯，觉得这样做没有道理，又不卫生，实在是一项鄙俗的陋习。于是她决定帮助这里的人改变这种习惯。

这天，松赞干布也涂了面颊，晚上没有洗掉就闯到文成公主的寝宫，把文成公主吓了一跳。她叫人端来洗脸水，亲自为他洗掉颜色，边洗边问松赞干布："赞普今天涂这种土，感觉舒服吗？"

松赞干布回答说："一开始是有点不太舒服，但是一会儿就习惯了。"

文成公主用毛巾轻轻敷了敷松赞干布因为过敏而有点红肿的皮肤："你看，这里有点过敏了。这样对皮肤多不好？我看到女孩子每天也涂这种土，这样很伤皮肤啊！"

松赞干布摸了摸有点疼的面颊，说："是啊，这是父辈传下来的习惯，虽然不太好，但是大家都照章行事。"

文成公主说："我听说在脸上涂这种土，可以驱魔避邪，但是据我观察，似乎也没有起到什么作用。"

松赞干布点点头。

文成公主于是又说："既然没有作用，又不舒服，为什么不取消这种习惯呢？"

松赞干布握住文成公主的手："是啊，我一直都没有想过这个问题。你说得很有道理。明天我就下令废除这项习俗。"

但是任何一种习惯的废除都不是一个简单的过程，一开始，一些吐蕃人很不习惯，特别是一些老年人。年轻小姑娘们倒是很高兴，终于可以不用在脸上抹这些难看的土了。文成公主就让一些年轻人开导开导老年人，向他们说明道理。渐渐地，这些念旧的老人们也慢慢想通了，都觉得保持自己的本来面目，既方便又好看。到后来，他们甚至还十分感激文成公主为他们破除了陈规。

西藏远在内陆，以游牧为生，虽然也种植一些青稞、荞麦之类的农作物，但由于不善管理，常常只种不管，所以产量极低。文成公主来了以后，把汉族的小麦、花生、大豆这些常用作物的种子也带来了。在松赞干布和文成公主的授意下，农技人员开始有计划地向吐蕃人传授农业技术，他们把种子播种在高原的沃土上，然后精心地灌溉、施肥、除草，到了收获季节，产量很高。这令吐蕃人很感激这位中原来的公主。

文成公主还带来了种桑养蚕的技术。松赞干布选出一些人员，专门向唐朝的农技人员学习这项技术，然后传授给其他人。这样，吐蕃也逐渐有了自制的丝织品，光泽细柔，花色浓艳，极大地美化了吐蕃人的生活，使他们喜不胜收，都十分感谢文成公主人吐蕃后给他们带来的好处。

音乐和舞蹈是盛唐文化最重要的组成成分之一，唐朝的音乐不仅有自己的音乐，还受外来文化影响，有燕乐、"四方乐"。唐人所说的乐曲往往包括了音乐、歌唱、舞蹈等艺术门类,舞蹈也分很多种类,如健舞、软舞。健舞刚健雄强,节奏明快;软舞优妩柔婉,节奏舒缓。唐代最流行的健舞有胡旋、柘枝、胡腾等,都是来源于中亚的舞蹈。杨贵妃也是一个擅长舞蹈的人,很具有舞蹈天赋,尤其擅长表演胡旋舞。

文成公主进入吐蕃后,把盛唐丰富的音乐文化也带给了吐蕃。汉族乐师们开始履行职责,他们十分卖力地为松赞干布和文成公主演奏唐宫最流行的音乐,音乐舒缓优美,使松赞干布大有如闻仙乐的感觉。松赞干布很喜欢盛唐的音乐,选拔了一些有天赋的青年男女,跟随汉族乐师学习。

古代的皇帝都有史官记录他的言行以及朝廷里的一些大事。这些文官经过层层选拔,都是饱读诗书、满腹经纶的有识之士。在唐太宗派到吐蕃的送亲队伍中,也有这样一批文士。他们负责整理吐蕃的有关文献,记录松赞干布与大臣们的重要谈话,使吐蕃的政治走出原始性,走向正规化。

这让松赞干布非常欣喜,松赞干布读过一些书,深知知识就是力量。他命令大臣与贵族子弟诚心诚意地拜文士们为师,学习汉族文化,研读他们带来的诗书;接着他还派遣了一批又一批的贵族子弟,千里跋涉,远赴长安,研读诗书,把汉族的文化引回吐蕃。

文成公主带来的"文化访问团"和"农技队"在吐蕃尽心尽力地工作,而文成公主也在以自己的知识和见地,细心体察吐蕃的民情,然后提出各种合情合理的建议,协助丈夫治理这个地域广阔、民风剽悍古朴的民族。松赞干布对她的一些建议也尽力采纳。

文成公主参与治理,却从未要求松赞干布给自己一个什么官职,对于吐蕃的重大政治决策,她只是提出自己的看法,并不强行干涉,因此松赞干布和大臣们对她非常尊敬,经常向她讨教唐宫的政治制度以作为他们行政的参考,而广大的吐蕃民众更视她如神明。

文成公主出嫁几年以后,吐蕃的经济文化得到了很大的发展。因为有了这一层姻亲关系,唐朝和吐蕃的关系一直很好,唐太宗的目的达到了,双方后来经常互派使者访问。

贞观二十二年,唐太宗派长史王玄策出使吐蕃,一方面和洽双方关系,另一方面也是去看望远嫁的文成公主。

文成公主得知唐朝皇帝派人来看她,很是高兴,同时她也想通过唐朝的使节了解自己家人的情况。毕竟自己来到吐蕃,和家人相距千里之外。吐蕃到长安交通不便,通信也不发达。出嫁以后文成公主就没有家人的任何消息了。

文成公主等啊等,终于等到了唐朝大使来了的消息。文成公主赶紧收拾一下,和松赞干布一起迎了出去。

见了王玄策以后,两个人不由得大吃一惊。只见王玄策只带了几个随从,没有任何东西,而且全身都脏兮兮的,看起来狼狈不堪。他们赶紧让他坐下来,喝点水,然后问他是怎么回事。

王玄策叹了口气:"罪臣该死,有负陛下重托。陛下来的时候给公主带了很多绢帛文物,谁知途经天竺国时,不幸遭到天竺人的抢掠,除了我带着少量人马逃出外,大部分人

马及物品全被抢去了。"说完捶胸顿足,懊悔不已。

文成公主见状,赶紧安慰王玄策:"这是天竺的错,和您没有关系。"

松赞干布也说:"是啊,他天竺竟敢抢夺唐朝派来看我吐蕃的使节,加罪与你,肯定是有意挑衅,我一定要给天竺一点颜色看看。"

不久以后松赞干布就派遣大军讨伐天竺,捣毁了他们的都城,俘虏了天竺王子,还缴获了大批牲畜,救回了唐朝使节随从人员,算是替王玄策出了一口气。

唐蕃的友好关系延续了几十年。贞观二十三年,唐太宗李世民驾崩,太子李治即位,这就是唐高宗。唐高宗也很重视和吐蕃的关系,他继续奉行唐太宗的"拉拢"政策。他授松赞干布为驸马都尉,封西海郡王,派使者送去大量的诗书、粮种、金银、丝绸,还特意为文成公主送去了饰品和化妆品。

松赞干布非常感动,派人上书谢恩:"陛下刚刚继位,为臣一定会尽心尽力,为您效忠。如果有二心,就请出兵征讨吐蕃。"并献上十五种珠宝,请高宗代他放到太宗的灵前,以表达自己对太宗的怀念之情。

唐高宗对松赞干布的忠心十分感动,又晋封他为宾王,还赐给了他更多的绢帛;吐蕃使者趁唐高宗高兴之机,向他请求赐给造酒、碾米和制造纸笔墨砚的技术,唐高宗都一一答应了。唐蕃的关系,在文成公主联络的基础上,至此已到了水乳交融的顶峰。

松赞干布在文成公主的协助下,学习唐朝的文化、技术和政治制度,大力推行改革,同时任用贤臣,使吐蕃在军事、政治、经济、文化等各个方面,都取得了突飞猛进的发展,因而能称霸西域,成为大唐王朝西方的有力屏障。

菩萨转世

作为吐蕃赞普,松赞干布身边的女人当然不会少,他有三个藏族妻子。虽然其中的芒妃墀嘉为他生下了唯一的继承人贡松贡赞,但是这三位藏妃并不曾在结婚的时候立刻得到正式的王妃称号。出于各种因素考虑,松赞干布将他的王妃之位,优先给了尼泊尔公主尺尊。

当年吐蕃在松赞干布的领导下,实力蒸蒸日上。年轻的赞普东征西讨,征服了大片土地,威慑着周围的小国。当时松赞干布只有十几岁,正值婚龄,听说尼泊尔的公主年轻貌美,就想和尼泊尔联姻。但是尼泊尔国王不舍得女儿出嫁到这么远的地方,于是不同意。后来,松赞干布派了噶尔东赞去,威胁尼泊尔说:"如果不把公主嫁给松赞干布,就派大军杀到尼泊尔。"同时,在尼泊尔和吐蕃交界的地方,松赞干布也已经派了重兵驻扎。尼泊尔的国王看情况对自己不利,只好答应。他派出重臣护送尺尊公主出嫁。由于尺尊公主信仰佛教,因此陪送了佛经、佛像等。

由于尺尊公主特殊的身份,松赞干布把她封为第一个王妃,婚后对她也很好。这让尺尊公主有点安慰，于是就安心地呆在吐蕃，和松赞干布过日子。

尺尊公主的脾气还不是太坏，也不是一个很有权利欲的人，不过这可能是因为她是后宫独一无二的公主，后宫无人能和她相比，所以也没有人和她争。文成公主来吐蕃以后，情况就发生变化了。

同样是和亲的公主，尺尊公主早就明白自己的地位和身份。只是她比较幸运的是遇到了一个懂她的松赞干布。对于大唐公主的和亲，她心里有着女人特有的担忧与不平，可是，多年的宫闱生活早已让她学会了隐忍。难道她可以因为一己之私要求松赞干布舍弃吐蕃的利益吗？

在迎娶文成公主之前，松赞干布也安慰尺尊公主说："公主不必担忧，想来大唐的公主必有其深明大义的素养，你们一定会相处得很好的。你们两个以后将会享受同样的待遇。"

可是，在宫闱中生活多年的尺尊公主心里依然忐忑不安，毕竟一代君王的用情又能够维持多久呢？来了文成公主这个新妇，她这个尺尊公主真的会被放在同样的位置上吗？

此外，同样身为公主，文成公主毕竟是大唐赐婚的公主，是松赞干布派噶尔东赞多次出使求得的公主，这与尼泊尔为了保全国家而送来和亲的尺尊公主当然不可同日而语了。尺尊公主越想越不安，小女人的心理开始占上风，她决定先下手为强。

文成公主和松赞干布的婚礼在松赞干布离开逻些迎娶文成公主的时候就已经开始筹备了，有专门的大臣负责。国王不在了，皇后的权力就是最大了。醋意大发的尺尊公主百般阻挠婚礼的筹备，直到松赞干布回来时，新房还没有布置，整个逻些没有一点新婚的气氛。

负责筹备婚礼的大臣敢怒不敢言，松赞干布回来以后非常生气，但是，有文成公主在旁边，他又不好发作，于是就把这个大臣撤了职，换了另一个大臣负责婚礼的筹备，自己亲自监督。

一个月后，婚礼终于得以举行。

这次婚礼竟然比迎娶尺尊公主的更为隆重！

尺尊公主不禁有些气急败坏了。在婚礼吃饭的时候，她就迫不及待地对文成公主说："妹妹远从上国来，一路辛苦了。妹妹貌美贤淑，但是我比你年长，你来了以后，还是要以我为大的。"

文成公主没有想到她这么直接，但她是一个宽厚的人，她说："我没有和你较量的意思，我们作为姐妹，还是要同心协力，辅佐赞普是最主要的。还是和平相处吧！"

但文成公主的诚意并没有打动尺尊公主。她早就筹划了一场和文成公主的较量。过了一会儿，尺尊公主提到了文成公主带来的释迦牟尼等身像。尺尊公主也信仰佛教。她说："当初我在尼泊尔的时候，举国上下尊崇佛法，自从嫁到这雪域高原来，感觉离佛就远了，既然妹妹带来这尊等身像……"

正说着，尺尊公主起身跪在松赞干布面前："赞普啊，恕臣妻斗胆，能否为妹妹带来的这尊佛像盖一座寺院呢？"

松赞干布一听很高兴："两位王妃都信仰佛教，而且这尊释迦牟尼等身像世界上也只有四尊，那我就批准为你们俩建一座寺院吧！"

就这样，文成公主嫁过来不久，在尺尊公主的建议下，松赞干布下令修建了供奉释迦牟尼等身像的寺院，后世人称之为"大昭寺"。

所谓等身像，是佛祖释迦牟尼得道后应徒众要求建造的自己12岁、25岁等四个年龄段和真身一样大小的佛像，据说是参照了佛祖母亲的回忆，并由释迦牟尼本人亲自开光。

大昭寺名为尺尊公主主持修建，实际上是两位公主的较量。

大昭寺开始动工的时候困难重重。藏族的传说是，当时根本建不起墙，修了就倒。

这让尺尊公主很郁闷，在她没有办法的时候，文成公主通过考察，发现大昭寺建了又倒是由于有人破坏导致的。当时藏族有自己的信仰，大昭寺供奉的却是佛教的释迦牟尼，这引起了当地其他宗教的仇视，于是他们在夜里就偷偷地把已经建好的寺院墙推倒。

拉萨河谷是一个罗刹魔女的形状，文成公主经过考虑，决定把寺庙建在魔女的心脏部位，因为根据传说，只有这样才能镇住罗刹魔女。而且这里是一片湖水和沼泽地，不容易被人搞破坏。

文成公主虽然指明了建寺的方位，但是尺尊公主却不太愿意遵循，因为那关系到面子问题。在两个人僵持不下的时候，松赞干布察觉到了事情的微妙之处。

一天，松赞干布和尺尊公主一起吃饭，言谈中松赞干布问起建造大昭寺的情况，尺尊公主面有难色。

于是松赞干布拿出一枚戒指，对尺尊公主说："既然公主不能决定在哪里建寺，那就由上天来决定吧，我把戒指扔向天空，它在哪里落下，就在哪里建寺，你觉得怎么样？"

尺尊公主明白松赞干布的用心，于是就答应了。结果，戒指准确地落在了那片湖水中。

就这样，在松赞干布的调解下，大昭寺选址问题顺利解决。经过这件事情，尺尊公主也决定忘记过去，和文成公主友好相处。两人协助松赞干布处理事务，吐蕃在这个时候得到很大发展。

其实大昭寺建成以后，一开始供奉的是尺尊公主带来的释迦牟尼八岁等身像。八世纪前半期唐朝金城公主嫁到吐蕃后，把释迦牟尼的八岁等身像移置到小昭寺，而将文成公主带到吐蕃的释迦牟尼十二岁等身像迎到大昭寺供养。由于"昭"是藏语音译，意思是佛，所以称为大昭寺，即供奉大佛的神殿。

寺庙虽然建成了，但那个时候西藏还没有僧人，所以大昭寺建成以后，并没有人看管。后来经过几次扩建，建筑面积达25100多平方米，开始有少数僧侣看管寺庙，但不属于具体教派。黄教兴起后，每年在这里举行传昭大法会。历代达赖或班禅的受戒仪式也在这里举行。大昭寺成为西藏历来重大佛事活动的中心所在。

由于松赞干布和文成公主、尺尊公主在传播佛教方面的成就,在藏传佛教的经典中,他们被称为菩萨转世。松赞干布为护教三大法王之一,文成公主为救助菩萨,尺尊公主为怒纹菩萨。

文成公主为吐蕃百姓带来了福祉,吐蕃百姓把对她的感恩之情化成传说,世代流传。直到今天,藏族的传统八大藏戏中,第一出就是《文成公主》。对于藏族百姓来说,她就是天女神的化身。同时,把文成公主称为菩萨,也表达了他们对这位给他们带来新生活的中原公主的感激和敬仰之情。在雪域高原上,文成公主的地位是崇高的,假如有谁被比拟为文成公主,那是最高的赞美。

拉萨病逝

松赞干布和文成公主虽然很恩爱,但他们婚后却没有留下一男半女。松赞干布只有一个儿子,是芒妃为他生的,叫贡松贡赞。芒妃是一个部落首领的女儿,是松赞干布的第一个妻子。贡松贡赞从小聪明伶俐,松赞干布很喜欢他,并请来老师,教他读书习武。小贡松贡赞也从这位能言善战的父亲那里学到了很多东西,和父亲的关系很好。

贡松贡赞13岁那年,在吐蕃已经经营得蒸蒸日上的时候,松赞干布把王位传给了他,自己就辅佐儿子处理日常事务。小贡松贡赞在父亲的教诲下,对处理朝政有了越来越多的经验,松赞干布也越来越喜欢这个聪明懂事的儿子,觉得他很像自己。

贡松贡赞13岁继位,毕竟还是个孩子,孩子喜欢的东西他都喜欢。除了平时处理朝政、看书习武,他很喜欢去骑马。

骑马是贡松贡赞最大的爱好,没事的时候他就喜欢从他的随从中叫上几个年纪相仿的男孩子,和他一起去骑马。

逻些北面的彭域色莫岗是贡松贡赞常去的地方,这个地方不但一望无边,而且旁边就是峡谷,视野很广阔,马儿在这个地方跑得尤其欢。

小赞普最喜欢一匹黑色的骏马,这匹马最健壮,性子也最烈。18岁的小赞普正年轻气盛,每次驯服这匹马,骑在它身上奔驰的时候,他都有一种特别的成就感,所以每次骑马他都点名要牵这一匹。

一天午饭后,贡松贡赞又来了兴致,叫上他的随从赤桑羊顿等几个人,去彭域色莫岗骑马。这个时候正是春末夏初,天气已经渐渐热起来,加上是中午时分,气温达到了30多度。小赞普等几个人顶着烈日来到彭域色莫岗,叫人牵来了最心爱的马,纵身一跃骑了上去,一声口哨响彻云霄,一转眼,小赞普已经骑着马跑远了。他的随从赤桑羊顿见状,也赶紧策马跟了过去。

小赞普骑着马跑进了旁边的树林里,今天的马儿可能是太热,看起来有点烦躁不安,也有点不听话,跑到树林里后速度就放慢了。贡松贡赞甩了几鞭子,可似乎没有对它起

到太大的威慑作用。

贡松贡赞的马在林中的小路上跑着跑着就不跑了，它有点不安地走着。贡松贡赞一边打它，一边骂道："没用的东西，你不是厉害吗，怎么今天走一会儿就不走了?"树林里静悄悄的，只有他的马走路的声音。赤桑羊顿他们还没有来到。

突然，黑骏马呼啸了一声，贡松贡赞抬头一看，只见前方50米处，一条巨蟒正从一棵树上盘旋着往下爬。还没等他反应过来，就被马撂倒在地上。贡松贡赞没来得及防备，头部重重地栽到地上，马上就昏了过去。

赤桑羊顿几个人听到马叫，赶紧骑马飞奔进树林，找到小赞普的时候，他身下已经满是血了。那条巨蟒听到有大群人过来，已经悄悄地爬走了。赤桑羊顿吓得脸都白了，赶紧把小赞普扶到马上，送回了布达拉宫。

布达拉宫里，松赞干布正和文成公主讨论国事，听到侍从报说赞普受伤了，赶紧派医生过去看。

医生很快赶来，可这个时候的贡松贡赞已经失血过多，而且头颅骨破裂，没有撑到天亮就死了。

松赞干布很悲痛，从下午贡松贡赞被送回来他就一直陪伴在儿子身边，眼睁睁地看着医生给满身是血的贡松贡赞止血、敷药，眼睁睁地看着自己的儿子在痛苦的呻吟中死去。这位高原硬汉也流泪了。

人生最不幸的事莫过于中年丧子，特别对于松赞干布来说，仅有的一个儿子也离他而去了，这位国王难过的不仅是自己亲生骨肉的死去，更是对自己苦苦经营下来的吐蕃后继无人的担忧和无奈。

贡松贡赞死后，松赞干布一下子老了很多，他经常到儿子的墓前，一坐就是半天，别人多次劝他，包括文成公主和尺尊公主在内，可怎么劝也没有用，他和这个儿子的感情实在是太深了。不久，悲痛过度的松赞干布也与世长辞了，这一年松赞干布只有35岁。

松赞干布的去世，使整个吐蕃陷入了深深的悲痛中。按照吐蕃的风俗，对他实行了土葬。在吐蕃，只有松赞干布和少数几个赞普才可以土葬，土葬是吐蕃最隆重的一种葬礼。当时唐朝的皇帝唐高宗也派了使者到吐蕃吊祭松赞干布。

在松赞干布去世以后，吐蕃人民为他建造了一座巨大的土墓。这座土墓建造在松赞干布的家乡——琼结县琼结村。

这是一座土葬梯台墓。梯台高约五层楼，平面为正方形，顶边长约200米，底边长约250米，形状像埃及金字塔，但少了顶端的正方形锥体。松赞干布之后，几个继位的赞普都安葬在这里，分散在东南西北的几座山坡上，互相遥遥可望。十几座土垒高台，完好地保存了一千多年。

松赞干布的墓顶上，用花岗石块建起一个长宽数丈的用于守坟和烧香的神室，香烟缭绕。这个千年古坟，从来不断香火。

松赞干布去世后，文成公主没有离开吐蕃，她守护在这片神秘的高原上，继续努力传播她的文明。

松赞干布死后，他的孙子，也就是贡松贡赞的儿子芒松芒赞继位为赞普，这个小赞普只有几岁。因赞普年幼，所以国事多由噶尔东赞一手掌握着，家事则由文成公主操持，这时一切还算平稳。

但是不久以后噶尔东赞也死去了，他的儿子钦陵沿袭做了大轮，这时吐蕃与吐谷浑关系恶化。他们都上诉唐朝，请唐朝来判定谁对谁错，可是唐高宗性格优柔寡断，迟迟也没能做出裁决。钦陵年轻气盛，等不及，和吐谷浑动起武来，率兵把吐谷浑打败了。

唐高宗正不知道怎么裁决，看吐蕃竟然没等到唐朝的说法，先出兵了，不由得脸上挂不住。于是，唐高宗马上派薛仁贵率兵讨伐吐蕃。

吐蕃军队刚刚把吐谷浑打败，士气大振，看到唐朝的大兵来了，也不害怕，竟然把薛仁贵的军队打得落花流水，从此吐蕃人不再臣服大唐，甚至还经常侵犯大唐的边境。唐朝只好派大军常年驻守在唐蕃交界的地方，防止他们的侵扰，双方陷入了敌对局面。

从唐太宗贞观十五年文成公主下嫁松赞干布开始，到唐高宗咸亨元年薛仁贵率兵征讨吐蕃为止，整整持续了三十年。文成公主为吐蕃带去了唐朝的先进文化，使得吐蕃这个深居内陆的地区经济和文化都得到很大发展，唐朝吐蕃关系融洽。可惜唐高宗不能巩固这个良好的局面，轻易发动战争，造成了不可收拾的局面，使得唐太宗和文成公主苦心经营的局势结束，这不能不说是一件遗憾的事情。

公元680年，文成公主在拉萨因病去世，唐高宗特意派使者前往祭奠，想通过这件事情缓解双方的关系，可是使者没有受到吐蕃的礼遇，双方的关系也没能得到改善。但是文成公主的威信并没有因此而降低。

文成公主死后，吐蕃人到处为她建寺庙，以表达对她的怀念。一些随她前来的文士工匠也一直受到丰厚的礼遇，他们死后，也纷纷陪葬在文成公主墓的两侧。到现在，文成公主和她的文士工匠们，仍被西藏人视为神明。

值得安慰的是，唐高宗以后的皇帝，如唐中宗等人，都很注意和吐蕃的友好关系。公元710年，唐中宗，也就是唐高宗的儿子，把金城公主嫁给吐蕃赞普。公元729年，吐蕃赞普派使者来见唐玄宗，表示愿意和唐朝同为一家人，让天下百姓永远过太平日子，表达了唐蕃人民的友好感情和愿望。文成公主的凤愿在她去世以后又继续延续下来。

文成公主知书达礼，不避艰险，远嫁吐蕃。她让随从人员向当地百姓传授耕种方法，还亲自指导青稞等谷物的试种。她带去的工匠帮助吐蕃人制造农具、纺织机、碾米机，兴办制陶、酿酒、造纸、制墨等手工业。文成公主还鼓励和帮助吐蕃大臣创造了藏文。后来，她又把许多汉族书籍译成了藏文，促进了唐蕃的文化交流。她在吐蕃生活了近四十年，为发展吐蕃经济、文化做出了巨大的贡献。

神都弄潮儿

——太平公主

名人档案

太平公主：唐高宗李治之女，生母武则天。下嫁薛绍，再嫁武攸暨。生前曾受封"镇国太平公主"，后被唐玄宗李隆基赐死。

生卒时间：670~713 年。

性格特点：骄横放纵，凶狠毒辣，野心勃勃。

历史功过：太平公主是作为一个政治人物活跃在历史舞台上的。她一生参与了三次大的政治斗争，并且卷入的程度一次比一次深，起的作用也一次比一次大。

史家评点：太平公主是我国历史上赫赫有名的人物，她不仅仅因为是中国历史上第一个女皇武则天的女儿，而且几乎真的成了"武则天第二"。

金枝玉叶

太平公主约出生于高宗总章元年（公元 668 年）。公元 670 年，外祖母荣国夫人杨氏病逝，武后为了给杨氏追福，为 3 岁的太平公主请为女冠，加入道籍。

太平公主是唐高宗的女儿，武则天亲生。在众多的公主中，她最受宠爱，真可谓"金枝玉叶"，娇贵无比。

太平公主 10 岁那一年，吐蕃王要求她下嫁和亲。武后不舍得，拒绝了亲事。同时，武后为太平公主修了道观，名曰太平观，让她受了熏戒，断了吐蕃王的贪念。

高宗和武后是舍不得让太平公主孑然一身的。岁月易逝，太平公主成为娇艳欲滴的鲜花了。一天，太平公主著紫袍，束玉带，一副戎装打扮，在父母面前舞剑。高宗和武后哈哈大笑,问她:"你并不是男儿,怎么打扮成武将呢?"公主生气地说:"我既不是男儿,那么把这身戎装赐给驸马吧!"

高宗夫妇恍然大悟:爱女思春了。

高宗挑选驸马是十分谨慎的。千挑万选后,开耀元年,选定光禄卿薛瓘的儿子薛绍。薛绍年轻英俊,仪表非凡,出身河东名门。河东薛氏起自西晋,族大势众,有薛稷、薛元超等多人位至公卿,家门显赫。

薛绍是河东薛氏中最正宗的一族。帝王之女联姻名门士族,风俗使然,更可谓地造一双。从亲戚的关系上讲,薛瓘已娶太宗之女城阳公主,薛家早就是皇亲,这次婚姻更是亲上加亲,皆大欢喜。

预谋有功

随着年龄的增长,太平公主的阅历逐渐丰富了,竟与其他公主有着不同的一面,就是她的政治才能突出。高宗逝世后,武则天执掌大权。武则天瞧不起昏庸猖狂的中宗、听人摆布的睿宗,对太平公主很欣赏。

太平公主善于机变,武后经常与她商讨国事。她也十分乖巧,知道母后专制,律法严峻,她不仅内与谋,而且外检畏,成为母亲的最得力的助手。

太平公主的政治才华的首次显示是除掉薛怀义的密谋活动。薛怀义是武则天的男宠,受宠长达十年。薛怀义骄横无比,爱吃醋,引起了武氏的厌恶,决定秘密处死他。太平公主授意乳母张夫人、建昌王武攸宁等人,密挑宫中健妇一百多名,积极准备。

公元695年2月4日,薛怀义闯进内宫时,太平公主下令,健妇们冲上去,把薛怀义捆绑起来。将作大匠宗晋卿把薛怀义拴到树上勒死。尸体扔上垃圾车,运到白马寺,对外称暴毙。这件事做得十分利索,没有留下罪证。

薛怀义死后,性欲旺盛的武则天寂寞难耐。神功元年,太平公主把号称"白皙美容姿,善音律歌词"的20多岁的张昌宗推荐入宫。张昌宗又带来了兄长张易之,二人把武则天搞得舒舒服服。由于武氏的刻意扶植,他们后来居上,权倾朝野。

二张是无赖之徒,骄横难制。由于是武则天的男宠,魏王武承嗣、梁王武三思都向二张俯首帖耳,百依百顺。朝中势力的官员们争先恐后地攀附二张。从此,二张更加目中无人。

公元701年,19岁的皇太孙李重润和妹妹永泰公主及其女婿武延基(武承嗣长子),戏谈张易之兄弟与武则天的丑事。有人告密,武太后恼羞成怒,派人将他们活活打死。

宪台宋璟多次要除掉二张,都因为武则天的阻拦而失败。武太后晚年时,二张收买了包括李迥秀、杨再思、苏味道和李峤等众多宰相在内的官僚。

长安四年(公元704年)十二月,武氏病重,无法临朝,而太子却无法亲政,群臣不得召见,国事皆由二张做主。对此,诸武不安,李氏宗室也感到危机重重。面对这种局势,

太平公主见风使舵，站在太子李显一边，帮助他对付二张和诸武。

神龙元年(公元705年)正月，东都洛阳空气紧张。宰相张柬之、崔玄暐和相王府司马袁恕己，会同御林军将领桓彦范、敬晖、李多祚等人，共五百人攻入玄武门，冲进迎仙宫集仙殿，把张易之兄弟杀死，入殿逼武则天退位。

老谋深算的80岁宰相张柬之要求诛杀诸武，但缺乏政治经验的左御林军将军桓彦范反对诛杀，右羽林将军敬晖也反对诛杀，张柬之的主张无人附和。结果，武三思一派得以幸存。

当时中宗李显是众望所归，没有李显同意，众将不敢动武三思。在此次事变中，太平公主颇有胆略，史书皆言太平公主"预谋张易之有功，进号镇国太平公主。"

翦除韦武

神龙元年政变之后，二张虽除，但形势更加严峻了。

中宗的皇后韦氏势力壮大，又与诸武结成联盟。以韦氏为核心形成的韦、武集团胡作非为，无恶不作。其核心人物是韦氏、安乐公主和上官婉儿。

韦皇后与中宗患难多年，感情深厚，中宗复位后，她操纵中宗，权力快速膨胀。她百般乱政，处处效仿武则天。神龙三年冬，南郊祭天，这是天子的特权，她却要助祭，以抬高地位。后来她竟不顾夫妻之情，要自立为女皇。韦氏广为收买党羽，首先收买了爱女安乐公主，接着把机智非凡的上官婉儿收为心腹。

安乐公主是韦后最小的女儿，生在中宗的患难时期，因此受到格外的恩宠。安乐公主美艳惊天下，淫乱奢侈。其夫武崇训活着时，她就与崇训的族兄弟武延秀通奸，并广纳男宠，明目张胆。

改嫁武延秀后，她竟敢使用皇后车辇。安乐公主出行，公卿见了马上伏地叩头，荣耀超过太平公主。她夺百姓田地，民众怨声四起。她还营造佛寺，建筑皆超过宫廷。她自凿定昆池，绵延数里，石山峻峭，机关重重。安乐公主才疏学浅，却有称帝的野心。

安乐公主与韦氏合伙卖官。授官时，她竟敢手制赦书，跑到中宗面前，盖住内容，要求他签字。不仅安乐府内官吏充斥，而且朝臣多出其门，势力逐渐扩大。后来，安乐公主的欲望一发不可收拾，逼中宗废掉太子，让她当皇太女来继承帝位。安乐公主哭道："武氏尚为周天子，李氏女子为什么不可？"

中宗是少有的昏庸之君，他内由韦后、安乐任意摆布，外由宗楚客、纪处讷等奸臣摆布。上官婉儿一句话，他竟除掉亲生的太子。忠臣进谏，他轻则不听，重则捕杀。

在他的治理下，淫夫淫妇充斥宫廷，官场腐败透顶，国家弊端重重，阶级矛盾激化。由于中宗忠奸不分，韦武势力十分嚣张。

景龙四年(公元710年)，韦后看到中宗身强体壮，离老死之日太久，皇帝位遥遥无期。六月，韦后派人在中宗最爱吃的三酥饼里下毒，中宗丧命。太平公主要求立温王李重茂为太子，韦氏、武三思、上官婉儿等人坚决反对。韦氏秘不发丧，利用这个关键时刻大搞阴谋。

中宗死后的第八天，长安城一片寂静。傍晚，李隆基带着薛崇晔、刘幽求等人潜入钟绍京的城北禁苑。李隆基得到了太平公主的内应。二更时分，李隆基一声令下，众人果断出击。御林军万骑葛福顺等将率众趁乱斩杀韦氏诸将，申明大义后，御林军将士们表示拥护李唐。

接着，御林军攻占玄德门和白兽门，李隆基勒兵玄武门，约合会师于大内东部的凌烟阁前。三更时分，李隆基率众冲入玄武门，宫内大乱。韦氏跑到飞骑营调兵，飞骑将士怨恨韦、武平日刻薄，将她杀死。安乐公主被御林军斩首。天亮时，皇宫肃清，紧闭城门，缉捕韦、武党羽。一两天内，庞大的韦、武集团竟被轻易地铲除了。

一连几天，太平公主从宫内传命，封贬了大批官吏。甲子日，太平公主派人请相王李旦入宫即位。将至太极殿，太平公主让李旦在梓宫旁等候，自带几人先进入大殿，把小皇帝李重茂抱下御座。李旦继位，庙号睿宗，改元景云。

睿宗登基后，遇到的最大问题是立谁为嗣君。宋王李成器是长子，但他智力平平；三子李隆基立有大功。究竟立谁呢？

睿宗拿不定主意。不久，李成器宣布不做太子，说："国家安定时立嫡长子，危难时应该立有功的皇子。若不这样做，就遭到天下人的反对。我死也不敢当太子。"这句话十分有理：李隆基功劳大，威望高，理应立为太子；李成器既无功劳，又无才干。李成器被立为太子，地位无法稳固。李成器是无法治理国家的。李成器这样说，主要是怕将来遭到灭顶之灾。当时诸王、大臣们和太平公主都主张立李隆基为太子。

宰相刘幽求上奏："平王李隆基拯救陛下的危难，功劳最大，应立为太子。"在众人的坚持下，睿宗立李隆基为太子。李隆基故意推辞，睿宗不准。

睿宗放弃嫡长制继承法，跟他本人的经历也有关。从中宗到睿宗，都不符合传统。既然如此，在立太子问题上就不再遵循传统。

唐初之时，秦王李世民通过"玄武门之变"夺取皇位。长兄李成器的避让，避免了可能发生的流血事件。

公元705年到公元710年，是太平公主最受磨难的六年。但她城府极深，善于周旋，屡屡死里逃生，巧用谋略，铲除了韦、武，为匡复李唐立下大功。有唐一代，除去母亲武则天以外，她要算第二个在政治上最为杰出的女性了。

权倾朝野

李隆基成为太子后，在处理政事时，经常受太平公主的左右。太平公主"沉敏多谋

略",性格类似武则天。

自公元 710 年起,太平公主迈入权力的巅峰。她从辅佐武则天处理政事起,就善于揣测人心,先事逢合,无不中的。

睿宗对她言听计从。每遇军国大事,睿宗总去请她前来商讨。

有时,她因事不能上朝,宰相们跑到府上请示。太平批示后,睿宗签字就可执行了。每见群臣们有奏,睿宗总会问:"这件事与太平妹商量了吗?"

太平公主不辞劳苦,热衷于参决军国大政。朝中官吏求她举荐,她认真考察;穷酸文人到她府上,她慷慨资助。朝野上下称颂她的品德。

太子李隆基为王琚索官,睿宗只封他小县主簿。太平有所举荐,不是跃升地方显职,就是跃为将相。自宰相以下,罢升只由太平公主的一句话,真可谓"威震天下。"

所以《资治通鉴》说她"权倾人主",《唐书》道她"权震天下",绝非妄语。李隆基与姑母的关系是很好的。在政变中,里应外合。李隆基能成为太子,主要是得到了太平公主的支持。公主认为自己支持过李隆基,而太子刚 26 岁,没有政治经验,会顺从她的意见行事。

人往往在平坦的道路上摔跟头,政治失败同样在最得意的时候。太平公主没有料到她会在权力之巅跌下来,死无葬身之地。

太平公主自以为睿宗和隆基都是一家人,只要是为了李唐社稷,他们有何话说? 就在景云元年立为太子的当月,李隆基指使黄门侍郎崔日用,向太平公主的丈夫薛绍和太子少保薛稷寻找是非。睿宗一怒之下,双双罢免。太平公主见李隆基不听话,便拿废立太子吓唬他,没想到两下互争,矛盾激化了。

太平公主早在中宗时,就建有公主府,收买了大批官员。睿宗后期,朝中"宰相七人,五出其门,文武之臣,大半附之。"

值得一提的是,姚元之、宋璟等正直大臣坚决支持太子李隆基。因为他们佩服年仅 26 岁的李隆基在六月政变中的杰出表现,相信他是"社稷之主"。他们与李隆基的政治观点一致,对"外戚及诸公主干预朝政"十分不满,强烈呼吁改变这种混乱的局面。

拥护太子的大批权臣如姚元之、宋璟等,打着革除"弊政"的旗号活跃于朝野。李隆基与太平公主的矛盾不可避免地发生了。

十月,废黜太子的流言到处散布,新的斗争开始了。太平公主废黜太子,有个很好的理由,那就是"太子非长,不当立。"几个月前,太平公主要求以功劳建储,立李隆基为太子。不足半年,太平公主出尔反尔,打出维护嫡长制的旗号,显然是非法的活动。

她企图改立嫡长子李成器为太子,因为成器软弱无能,拥立他能使自己长久地专权。其罪恶的目的引起朝野上下的不满。

姚崇、宋璟于景云二年(公元 711 年)正月,向睿宗秘密上奏:"太平公主把持朝政,对太子十分不利。请将宋王及豳王贬为刺史,罢免岐、薛二王左、右御林军将领的职务,使左、右御林军归太子掌握。将太平公主迁到洛阳。"

睿宗听了二人的话，感到不安，反驳道："朕没有亲兄弟了，只剩太平一个亲妹妹，怎能迁到洛阳！"不久，睿宗采取了一系列措施，专门防备太子隆基。张说密奏："一定有人离间陛下和东宫的关系。望陛下令太子监国，则谣言不攻自破。"

姚崇劝道："张说所说，于国有利呀。"睿宗采纳了张说、姚崇的建议，于二月初一下诏：迁太平公主于蒲州安置；宋王李成器贬为同州刺史，豳王李守礼贬为幽州刺史，左右羽林大将军岐王隆范和薛王隆业解除军职。接着，睿宗命太子监国。

太平公主仍未离开长安，伺机报复。当她得知二月一日的诏书出自姚元之和宋璟的密谋，勃然大怒，到睿宗那里告李隆基的状。李隆基采取了以退为进的手段，上奏姚元之、宋璟离间骨肉，请给予罢免。

李隆基显然是在舆论上表示自己并无异心。看来，他虽已监国，但太平公主的权势仍是强大的。

二月九日，睿宗贬姚元之为申州刺史、宋璟为楚州刺史。两天后，宋王李成器等贬为刺史的命令作废。然而，太平公主被迁到蒲州，离开了长安。歧王和薛王兵权被剥夺，御林军归太子掌管，这对太平公主十分不利。

为了证明自己没有"离间姑、兄"的阴谋，李隆基主动建议召回太平公主。睿宗准其奏，他处理矛盾仍用老办法：既维护太子的利益，又偏袒太平公主的地位。

以上处理是睿宗搞平衡的结果。半年来，他看到太平公主与太子之间的矛盾激化，既不想放纵公主，又不想废了太子。他陷入十分矛盾的境地，每碰到激烈的争斗，总想息事宁人，从中调和。他以贬谪姚元之和宋璟作为代价，来换取太平公主迁到蒲州。双方矛盾不仅没有缓和，而且公开化了。

四月，随着宫廷争斗的激化，左右为难的睿宗竟萌发了不愿意做皇帝的念头。他趁太平公主远在蒲州，欲传位给太子。他召集三品以上官员商议，说："朕素怀淡泊，不以天子为贵。昔日为太子，已让给中宗。后居皇叔，坚辞不就。今天想传位给太子，卿等有何高见？"

消息传出，无论是太子集团还是公主集团都大感意外，谁都想不到即位不久的睿宗竟要"传位"了。太子李隆基以退为进，马上上表推辞，就连监国也要辞掉。拥护太平公主的殿中侍御史和逢尧对睿宗说："陛下为天下所敬仰，时年半高，不算寿高，传位太早了一些。"彼此对立的两大势力，出于各自的利益，竟在"传位"问题上观点一致。睿宗只好打消传位的主意，不提了。

四月戊子日，睿宗颁布诏书："政事皆取太子处分，若军马刑政、五品以上除授，凡事先与太子商量，再奏闻。"太子的权力扩大了。

太平公主自蒲州回到长安以后，吸取往日失败的教训，加紧安插亲信，排除异己。她把大批私党推举为权臣。益州长史窦怀贞曾是韦后的帮凶，劣迹臭遍朝野。由于投靠了太平公主，由益州长史任为京宫殿中监。五月，窦怀贞升任御史大夫、同平章事。九月，窦怀贞升为侍中。十月，降为御史大夫。同时，太平公主帮助崔湜成为中书侍郎、同中书门下三品。712年六月，岑羲升任侍中。窦、崔、岑等人是太平公主的心腹。在太平公主

的要求下,睿宗罢免了韦安石、张说、郭元振的相职,分别贬为东都留守、左丞、吏部尚书。

满盘皆输

公元712年7月,天空出现彗星。古代人把彗星当成灾难的预兆,太平公主和李隆基十分紧张,睿宗更是惊恐万分。太平公主收买了一位术士,术士对睿宗说:"彗所以除旧布新,帝座皆有变,太子应为天子。"

太平公主想利用彗星来挑拨睿宗、李隆基的关系,激怒睿宗废了李隆基。没有料到,弄巧成拙。胆小怕事的睿宗竟坚决表示"传位避天灾,吾志决矣。"

太平公主及其心腹们见大事不好,纷纷劝谏。针对众人的劝阻,睿宗强烈要求:"当年中宗之朝,悖逆娇纵,擅权侈靡,天灾屡至。朕当时极力劝谏,请选贤子立之,以避天灾,中宗不听,结果被韦氏毒死。"睿宗借鉴中宗的惨痛教训,表明再次传位的决心。

李隆基不了解情况,觉得有些突然。他进入皇宫晋见,跪在地上,叩头说:"一年多前,父皇已经想要让位,而这次重提传位,其意何在?"

睿宗真诚地说:"你小小年纪竟能除掉韦、武党羽,尊父为天子,你有治国的能力呀!现天意如此,你理应为天子。你若不孝,就等着在我的灵柩前即位吧!"李隆基深受感动,痛哭流涕。

七月壬辰,睿宗下诏赞扬太子监国已超过一年,政治清明,国家太平。接着,传位于太子。睿宗让位是与"无为"思想分不开的。半年多前,他曾与天台山道士司马承祯讨论"道经之旨"。睿宗问:"做人无为,则清高。治国无为,如何?"司马承祯说:"顺其自然而无私也。"睿宗听后赞叹不已。

太平公主不得已而求其次,劝睿宗大权自己掌握。睿宗只好同意了。睿宗自称太上皇,下达的诏书为"诰",五天一次在太极殿朝见群臣。唐明皇李隆基自称"予",下达的诏书叫作"制",每天在武德殿朝见群臣。大政事由睿宗处理,其他的交给李隆基处理。

当时的七个宰相,有四个是太平公主的心腹,只有郭元振、魏知古、陆象先三人不是。文武百官多数依附太平公主。

早在李隆基当太子时,请求睿宗任命王琚为诸暨主簿。王琚到东宫去致谢。李隆基马上召见他。王琚说:"韦后毒死中宗,大失人心,因此容易除掉。太平公主在武后身边多年,学到了很多手段,所以她多年来都能够立于不败之地,大臣们多半依附她,我真替你担心。"

李隆基请他坐在身边,哭道:"父皇的同胞,只剩下太平,我想劝父皇杀掉她,怕伤他的心;不杀掉,怕她扰乱朝政。怎么办呢?"

王琚说:"天子不应有妇人之仁,必须安定宗庙社稷。盖主是汉昭帝的姐姐,从小抚养他。后来她有罪,汉昭帝杀了她。为了社稷,天子岂能顾小节。"李隆基很欣赏他,求睿

宗任命他为太子詹事府司直。从此，王琚成为太子的重要谋士。

李隆基即位，任命王琚为中书侍郎。

宰相窦怀贞、崔湜、岑羲是太平公主的心腹，宰相刘幽求跟右羽林将军张暐密谋，把三个人杀死。不料，张暐竟把密谋泄露给侍御史邓光宾。李隆基为了自保，忍痛向睿宗汇报张暐、刘幽求、邓光宾的罪状。三个人被投入大牢。太平公主的党羽上奏："刘幽求等三人挑拨离间，应处死。"李隆基晋见睿宗，说刘幽求等三人有大功，不能杀。结果，三人被流放到外地，保住了性命。

公元713年6月，太平公主认为发动政变的时机已经成熟。她和党羽密谋废了明皇李隆基，掌握羽林军的常元楷和李慈经常出入公主府，参与密谋。这时，唐朝又一次处于关键时刻，如果不处死太平公主，她很可能篡位，国家就会大乱，黎民百姓也会遭殃。

不过，李隆基也精心地准备着。王琚对他说："局势太紧张了，必须立即行动。"尚书左丞张说从洛阳派人献给明皇一把佩刀，目的是催促他先下手为强。荆州长史崔日用对李隆基说："陛下以前是太子，若想对付她，还需用谋、用力。现在已经是皇帝，下一道制书就行了，谁敢不服？万一公主先下手，后悔就晚了！"

李隆基说："你说得对，但这样做恐怕会危及太上皇。"崔日用劝道："天子的孝顺在于安定天下。若公主得志，战争四起，还谈什么孝顺呀！若先安定了御林军，再抓公主逆党，就不会危及太上皇了。"李隆基采纳了他的意见，提拔他为吏部侍郎。

为了从根本上消灭公主势力，李隆基时刻在密谋着。

公元713年秋，窦怀贞等与太平公主同谋决定：七月四日，由常元楷和李慈率领御林军，冲进睿宗朝见群臣的武德殿，窦怀贞、萧至忠和岑羲等宰相在南牙举兵响应，废了李隆基。

魏知古是中立人物，故能探知一些密谋情况，向李隆基密报。李隆基和岐王隆范、薛王隆业、宰相郭元振、龙武将军王毛仲、殿中少监姜皎、太仆少卿李令问等商议，决定先发制人。

七月三日，李基隆和王毛仲、高力士等十多人，率三百士兵，出武德殿，入太极殿，召见常元楷和李慈，杀死他们，控制了御林军。御林军在朝堂和内客省擒杀了宰相萧至忠、岑羲、李猷、贾膺福。窦怀贞外逃后自杀。

睿宗闻变，慌忙逃到承天楼。这时，郭元振率军前来"护驾"，说，皇帝奉太上皇命诛杀太平公主、窦怀贞等，诸事都已按计划完成。不久，李隆基来到承天楼谒见，睿宗见事已至此，只好顺水推舟。

七月四日，睿宗下诏："自今天起军国政刑，一切皆归皇帝处理，以遂朕心。"睿宗主动搬到百福殿。

太平公主因住在宫外，闻变逃亡，隐入山寺。三日后，她知道难逃一死，回到公主府，被赐死。公主诸子及党羽几十人被杀。薛崇简因反对其母参与朝政，多次遭其打击。李隆基赦免了他。

明皇下令抄公主家产，财货山积，田园牲畜，数年征敛不尽。崔湜被贬到窦州，新兴王晋被判死刑，临刑前叹道："今吾死，太冤枉啦！"在审讯宫女元氏时，元氏供出崔湜与其

同谋用毒药谋害李隆基。结果,崔湜被赐死。

李隆基和太平公主之间斗争的实质,就是要不要改革弊政。太平公主及其党羽竭力维护"群邪作孽,法纲不振,纲维大紊"的弊政。太平公主代表着一股邪恶的社会势力。她的党羽多是贪婪的奸人,比如萧至忠表面上清苦,实际上贪得无厌。抄他的家时,财帛丰厚。僧惠范依附太平公主后,掠夺百姓的店铺,连州官都不敢管。御史大夫薛谦光揭发他,遭到太平公主的迫害,被贬为岐州刺史。如此腐朽的黑暗势力,其失败是迟早的事。

经过半年多的时间,太平公主的党羽被彻底铲除,唐朝由政治动乱转变为安定。当年十二月,玄宗改元"开元",宣布维新,李唐王朝开始走向鼎盛时期。